고범석의 금융권 공기업
약술·경제논술 및 객관식 문제집

고범석 편저

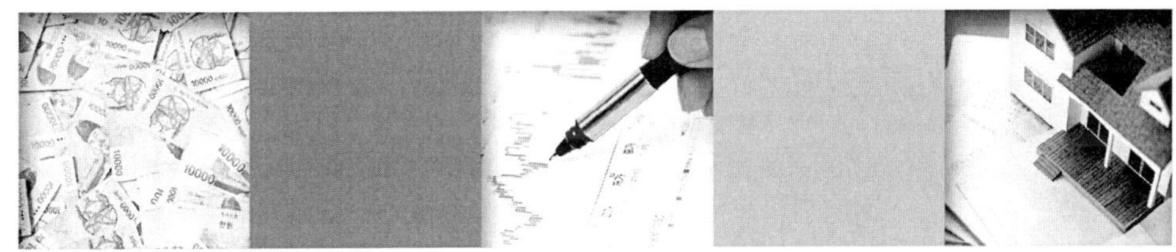

도서출판 오스틴북스

머리말

금융권 공기업 대비 강의를 시작한지 많은 시간이 흘렀다.
현재까지 한국은행·산업은행·수출입은행·예탁결제원 등 금융권 공기업 합격생을 다수 배출한 가운데 1판에 이어 2판을 새롭게 출간하게 되었다.
시중에 금융권 공기업을 대비한 교재는 거의 없는 걸로 알고 있어 항상 교재를 내는데 부담을 느낀다.

본서는 매년 이화여대 등 각 대학교에서 강의한 노하우와 다수의 합격생 그리고 선후배의 도움이 집약되어 있다.
그러나 매번 교재를 출간하고 나면 부족함이 보인다.
언제든지 많은 수험생들의 다양한 의견을 수렴해서 더 발전된 교재로 발전시킬 계획을 갖고 있다.

이 교재의 특징은 다음과 같다.
첫째, 수험생들이 지원하고자 하는 각종 금융권 공기업 정보를 수록하여 각 금융권 공기업들이 어떠한 일을 담당하는지 살펴보도록 하였다.
둘째, 경제이론의 전범위를 요약해놓음으로써 해당 교재를 통해 이론정리가 가능하도록 하였다.
셋째, 금융권 공사 기출문제를 수록하여 각종 금융권 공사의 기출문제가 어떤 식으로 출제되는지 살펴보고자 하였다.
넷째, 중요한 객관식 문제, 약술 및 논술문제 등을 수록하여 해당 교재 한 권으로 각종 금융권 공기업 시험에 대비하도록 노력하였다.
다섯째, 최근 국가가 도입한 직무기초능력(NCS ; National Competency Standards)의 기초자료를 수록하여 직무기초능력의 기본내용을 숙지하는데 도움이 되도록 하였다.

금융권 공기업 준비 수험생 입장에서 단권화된 교재로 활용하기에 충분하리라 믿고 싶다.
수험생 모두에게 '합격'이라는 기쁜 소식이 들리길 희망하며 건투를 빈다.

봉제산 경제 연구실에서
2015년 8월
저자 고범석

차례

차례

금융권공사 객관식문제 약술 논술

한국은행

1 설립목적

한국은행은 효율적인 통화신용정책의 수립과 집행을 통해 물가안정을 도모함으로써 나라경제의 건전한 발전에 이바지합니다. 또한 이 과정에서 금융안정에도 유의하여야 합니다.

물가안정은 돈의 가치를 지키는 것이며 돈의 가치는 물가 수준에 좌우됩니다. 물가가 오르면 같은 금액을 주고 살 수 있는 물건의 양이 줄어듭니다. 오늘날 물가안정은 돈을 발행하고 통화신용정책을 수행하는 중앙은행이 책임지고 있습니다. 한국은행도 물가안정 목표를 정하여 국민에게 공표하고 이를 달성하기 위하여 최선을 다하고 있습니다.

중앙은행의 통화신용정책은 금융시장을 통해 그 효과가 퍼져나가기 때문에 금융시장이 제 기능을 다하지 못하면 통화신용정책이 효과를 거둘 수 없게 됩니다. 또한 글로벌 금융위기를 계기로 세계적으로 중앙은행의 금융안정기능이 강화되어 나가는 추세이며 한국은행도 통화신용정책을 수행함에 있어 금융안정을 도모하는 데 적극 노력하고 있습니다.

② 비전

> **국민으로부터 신뢰받는 글로벌 선진 중앙은행**
> 효과적인 통화신용정책 수행으로 경제안정을 주도하고, 금융·경제에 대한 권위 있는 조사연구와 국민편의 위주의
> 금융·경제서비스를 통해 국민으로부터 신뢰받는 세계 최고수준의 선진 중앙은행을 지향

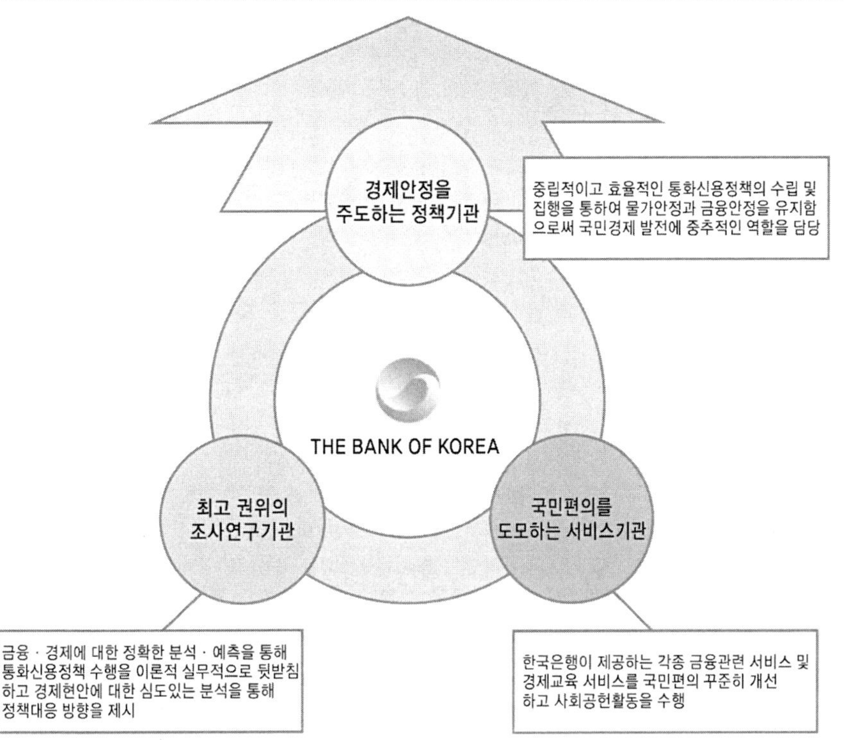

③ 중점추진전략

2013년 중점추진 전략목표 및 전략계획

전략목표	전략계획
1. 새로운 금융경제질서에 부응하는 조사연구 강화	① 통화금융 및 지급결제 관련 조사연구 강화 ② 대내외 연구교류 강화 ③ 국내외 연건 변화에 대응한 경제 분석 및 예측의 정도 제고 ④ 지속가능한 성장 방안 모색 ⑤ 물가안정목표제 운영의 효율성 제고 ⑥ 세계경제여건 분석 강화 ⑦ 통계인트라 확충
2. 통화정책의 효율성 제고	① 금융경제여건 변화에 투합하는 통화정책 운용체제 구속 ② 통화정책효과 분석기법 고도화 ③ 통화정책 수단 및 운용방식의 개선

3. 금융안정 책무의 성공적 수행	① 거시건전성정책의 효과적 수행 체계 구축 ② 금융안정을 위한 대내외 협력 강화 ③ 거시건전성정책에 대한 국민 인식 제고 ④ 거시건전성청책 관련 분석 연구 역량 제고
4. 금융 외환시장의 안정 도모	① 금융시장 및 외환시장의 충격흡수능력 제고 ② 금 외환시장 동향과 현안에 대한 모니터링 및 분석 강화
5. 지급결제의 안전성·효율성 확보	① 지급결제의 안전성 확보를 위한 감사 리스크관리 강화 ② 지급결제의 효율성 제고를 위한 인프라 확충 및 서비스 개선 ③ 지급결제시스템의 선진화 도모
6. 외화자산 운용의 효율성 제고	① 외화자산의 유동성 및 안전성 확보 ② 투자환경 변화를 반영한 투자다변화 전략의 효율적 추진 ③ 외화자산 운용역량 강화
7. 국제 정책공조 및 협력 강화	① 국제회의체, 국제기구 및 외국 중앙은행과의 정책협력 교류 강화 ② 국제 정책공조 및 협력활동을 뒷받침하는 국제의제의 개발과 연구
8. 효과적인 커뮤니케이션 수행	① 새로운 중앙은행 위상에 부응하는 커뮤니케이션 체계의 확립 ② 통화정책의 신뢰성 및 효율성 제고를 위한 커뮤니케이션 강화
9. 조직 및 인력의 경쟁력 제고	① 조직체계 및 조직운영방식의 지속적 개선 ② 인력의 전문성 및 경쟁력 강화 ③ 합리적인 보수 복지제도 확립 ④ 지역본부 및 국외사무소의 효율적 운영 ⑤ 체계적인 교육운련시스템 구축 및 정착 ⑥ IT환경 개선 및 행사(行洁) 운용 효율화 ⑦ 내부감사 기능 확충 및 내부통제 강화

④ 역사

한국은행은 우리 경제와 항상 고락을 함께하여 왔습니다.

어제와 오늘

우리나라는 1948년 정부수립 직후 근대적인 금융제도를 확립하고 통화신용정책을 중립적이고 민주적으로 수립 집행하기 위하여 중앙은행을 설립하는 것이 무엇보다도 시급한 과제였습니다.
이에 따라 1950년 5월 한국은행법이 공포되었고 같은 해 6월 12일 우리나라의 중앙은행이 태어나게 되었습니다.

한국은행은 창립 적후인 6·25동란중에는 전쟁비용을 조달하고 전쟁으로 인한 인플레이션을 수습하는 업무의 역점을 두었으며 전쟁이 끝난 후에는 경제 재건을 위하여 금융자금을 원활하게 지원하는 데 전력하였습니다.

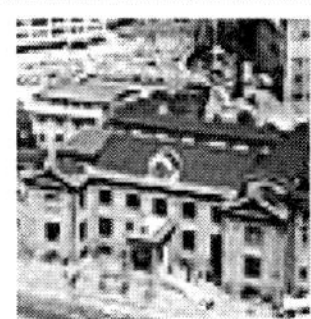

그후 경제개발계획이 본격적으로 추진되기 시작한 1960년대에는 경제성장에 필요한 자금을 동원하고 이를 효율적으로 배분하는 한편 고도성장 과정에서 크게 늘어난 통화량을 적적하게 조절하는 것이 중요한 정책과제였습니다.

1970년대에는 대외거래가 급격히 늘어나고 경제규모가 확대되는 데에 맞추어 금융제도를 개선하고 석유 파동 등 세계경제환경의 변화에 따른 국제수지 악화와 물가불안 등 경제의 대내외 불균형을 바로잡는 데 온 힘을 기울였습니다.

1960년대 전반에는 통화신용정책을 안정 위주로 운용함으로써 경제발전에 최대의 걸림돌이었던 만성적인 인플레이션을 퇴치할 수 있는 전기를 마련하였습니다. 1980년대 후반에는 경상수지가 흑자로 바뀌면서 급격히 늘어난 통화량을 흡수하기 위하여 여러 가지 통화관리 대책을 실시하였으며 아울러 경제의 각 부문이 골고루 발전할 수 있도록 중소기업 등에 대한 자급지원을 강화하였습니다.

1990년대에 들어서는 물가안정과 국제수지 개선을 위해 통화를 안정적으로 공급하면서도 금융자금이 성장잠재력 확충에 긴요한 부문으로 흘러갈 수 있도록 노력하였습니다. 아울러 공개시장조작의 활성화 등을 통해 간접조절방식에 의한 통화관리를 정착시키고 금융기관의 경쟁력을 강화하기 위하여 금리자유화를 앞당겨 추지하는 등 금융의 자유화가 순조롭게 이루어질 수 있도록 주력하였습니다. 1997년 외환위기 이후에는 금융기관 및 기업의 구조조정을 지원하고 실물경제의 원활한 회복을 뒷받침하는 한편 물가 및 금융시장 안정을 유지할 수 있도록 유연한 금리 정책을 통하여 환율을 안정시키고 신용경색을 해소하였습니다. 또한 종전의 통화량목표제를 물가안정목표제로 대체하여 시장친화적인 통화정책이 뿌리내리도록 하였습니다.

2000년대 들어서는 초반 신용카드사태 등으로 인해 불안했던 금융시장에 대규모 유동성을 공급하고 카드체 만기 연장 등의 조치를 통하여 시장을 안정화시켰습니다. 한편, 경제의 글로벌화가 빠르게 진전됨에 따라 대내외 불확실성이 증대되는 상황에서 2008년 글로벌 금융위가 발발하여 금리 인하 등 적극적인 금융완화 방안을 추진함으로써 글로벌 금융위기의 영향에서 빠르게 벗어날 수 있도록 하였습니다. 또한 우리경제가 견조한 성장르 지속하는 기운데 물가안정기조가 확고히 유지될 수 있도록 통화신용정책을 운용하고 있습니다.

5 주요기능 및 역할

1. 화폐의 발행

한국은행은 우리나라의 화폐를 발행합니다.

우리가 일상생활에서 사용하는 화폐 곧 지폐와 동전은 모두 한국은행에서 발행한 것입니다. 한국은행에서는 현재 지폐 4종류(천원권, 오천원권, 만원권, 오만원권)와 동전 6종류(1원화, 5원화, 10원화, 50원화, 100원화, 500원화)를 발행하고 있습니다. 한국은행은 한국조폐공사에 의뢰하여 만든 화폐를 보관하고 있다가 한국은행의 본부와 지역본부를 통하여 시중에 내보내는데 이를 화폐의 발행이라고 합니다. 이렇게 발행된 화폐는 시중에서 사용되다가 예금이나 세금납부 등으로 금융기관에 들어오게 되며 이중 일부는 다시 한국은행으로 돌아오게 되는데 이를 화폐의 환수라고 합니다. 한국은행은 환수된 화폐 중에서 깨끗한 것은 다시 시중에 유통시키고 파손되거나 더러워진 것은 골라내어 폐기합니다. 또한 한국은행은 훼손, 오염 등으로 인하여 사용하기 어렵게 된 화폐는 언제든지 새 화폐로 교환해 주고 있습니다.

2. 통화신용정책의 수립 및 집행

한국은행은 통화신용정책을 수립하고 집행합니다.

한국은행이 하는 가장 중요한 일은 통화신용정책을 수립하고 집행하는 것입니다. 통화신용정책이란 화폐(돈)의 독점적 발행 권한(발권력)을 부여 받은 중앙은행이 다양한 정책수단을 활용하여 돈의 양이나 금리가 적정한 수준에 머물도록 영향을 미치는 정책을 말합니다. 유통되는 돈의 양 또는 금리 수준은 가계나 기업의 경제활동 그리고 물가 등에 영향을 미친다는 점에서 통화신용정책의 중요성은 매우 크다고 할 수 있습니다.

통화신용정책의 최우선 목표는 중앙은행이 발행하는 돈의 가치, 즉 물가를 안정시키는 것입니다. 물가가 오르면 자신이 가진 돈으로 살 수 있는 물건의 양이 줄어들게 되어 생활의 수준이 낮아지게 됩니다. 또한, 중앙은행은 금융시장 상황을 면밀히 점검하는 한편 자금수급 불균형 등으로 금융기관의 유동성이 악화되거나 금융시장에서 자금이 원활하게 돌아가지 않을 때 유동성을 공급하는 등 금융시스템의 안정을 유지하는 역할을 합니다.

통화신용정책을 원활히 수행하기 위해서는 나라경제가 지금 어떠한 상태에 있고 앞으로 어떻게 될지에 대한 다양한 정보가 있어야 합니다. 이러한 정보를 토대로 한국은행 총재를 포함한 7인의 금융통화위원들은 매월 한국은행과 금융기관과의 거래에서 기준이 되는 기준금리(정책금리)를 정하고 여타 통화신용정책에 관한 결정도 내리게 됩니다.

한편 물가안정과 금융시장 안정 등을 달성하기 위한 한국은행의 통화신용정책 수단으로는 공개시장조작, 여·수신제도, 지급준비율제도 등이 있습니다. 공개시장조작은 한국은행이 금융시장에서 금융기관을 상대로 국채 등 증권을 사고팔아 이들 기관의 자금사정을 변화시킴으로써 돈의 양이나 금리 수준에 영향을 미치려는 가장 대표적인 통화신용정책 수단입니다. 또한 한국은행은 평상시 금융기관에 일시 부족자금 등을 대출해주거나 여유자금을 예수해 주며 비상시에는 금융기관 등에 긴급자금을 대출해 줌으로써 금융시장이 불안해지지 않도록 하기도 합니다. 한편 금융기관은 예금의 일정비율을 한국은행에 지급준비예금으로 예치해 두어야 하는데, 한국은행은 이 비율(지급준비율)을 조정하여 시중에 유통되는 돈의 양을 조절할 수도 있습니다.

3. 금융시스템의 안정

한국은행은 우리나라 금융시스템의 안정을 위한 업무를 수행합니다.

한국은행은 금융시스템의 안정성을 유지·강화하는 책무를 수행합니다. 이를 위해 한국은행은 국내외 경제여건, 금융시장의 안정성, 금융시스템의 건전성 상황 등을 종합적으로 점검합

니다. 또한 금융시스템의 이상 징후를 제때에 알아내어 그 위험성을 평가하고 조기에 경보하기 위해 다양한 지표를 개발하여 활용합니다. 이를 토대로 금융시스템에 잠재해 있는 취약요인과 그 영향을 분석하고 시스템 전반의 안정성을 평가하는 금융안정보고서를 발표합니다.

금융안정과 한국은행의 설립목적인 물가안정은 상호보완적인 관계에 있습니다. 먼저 물가안정을 위한 통화신용정책의 효과는 금융시스템을 통해 실물경제로 파급되기 때문에 금융시스템의 안정은 물가안정을 위해 중요합니다. 한편 물가가 안정되면 자원배분의 효율성이 높아지고 자산가격도 안정적으로 움직이는 경향이 있으므로 물가안정은 금융안정에도 도움이 된다고 할 수 있습니다.

금융시스템의 안정을 위해서는 기본적으로 이를 구성하는 금융기관, 금융시장 및 금융인프라가 안정되어야 합니다. 따라서 한국은행은 금융기관과 금융시장에 불안요인은 없는지를 상시적으로 분석하는 한편 필요한 경우에는 긴급자금의 공급을 통해 금융안정을 도모하기도 합니다. 금융기관에 긴급자금을 제공한 경우에는 해당 금융기관의 업무와 재산상황을 조사·확인하는 업무도 수행합니다. 이와 함께 금융기관에 대해서는 금융감독원에 검사를 요구하거나 금융감독원과 공동으로 검사하기도 합니다.

한편 한국은행은 금융인프라인 지급결제시스템이 효율적이고 안정적으로 운영되도록 하는 업무를 수행하며, 건전성 규제나 시장규율 관련 제도가 금융안정에 도움이 되는 방향으로 정비될 수 있도록 정부 및 금융감독원과 적극 협의하기도 합니다.

4. 은행의 은행

한국은행은 금융기관을 상대로 예금을 받고 대출을 해줍니다.

한국은행은 금융기관을 상대로 예금을 받고 대출을 해 주는 은행의 은행입니다.

일반 국민이나 기업을 상대로는 예금을 받거나 돈을 빌려 주지 않습니다.

한국은행은 금융기관으로부터 예금을 받아 이를 관리하고 있는데 이 예금은 금융기관 고객의 예금인출에 대비한 지급준비금으로서 뿐만 아니라 금융기관 상호간의 자금결제 또는 한국은행으로부터 받은 대출금의 상환자금 등으로 이용되고 있습니다.

또한 한국은행은 금융기관에 대하여 재할인 또는 담보대출의 형태로 금융기관에 자금을 대출합니다.

이러한 금융기관에 대한 통상적인 대출 외에도 한국은행은 금융기관이 일시적으로 자금이 부족하여 예금을 내주기가 어렵게 되는 경우에는 긴급자금을 빌려 주기도 하는데 이를 중앙은행의 '최종대부자 기능'이라고 합니다. 이와 같이 한국은행은 자금부족에 직면한 금융기관이 순조롭게 영업을 할 수 있도록 도와주는 역할을 하고 있으므로 우리나라 금융제도의 안전성을 지켜주는 마지막 보루라 할 수 있습니다.

5. 정부의 은행

한국은행은 국고금을 수납하고 지급합니다.

한국은행은 국민이 정부에 내는 세금 등 정부 수입을 국고금으로 받아 두었다가 정부가 활동
상 필요로 할 때 자금을 내주는 업무를 하는 한편 정부가 자금이 일시적으로 부족할 때 돈을
빌려주기도 하는 정부의 은행입니다.

정부는 사회간접자본 개발, 국민복지 향상, 교육, 국방 등 여러 가지 일을 하기 위하여 국민으
로부터 세금을 거둡니다. 한국은행은 정부를 대신하여 국민으로부터 세금을 받아 정부예금으
로 갖고 있다가 정부가 요구할 때 내줍니다.

그런데 국고금을 수납하고 지급하는 업무는 전국민을 상대로 하는 방대한 일이기 때문에 점포
와 인력이 제한된 한국은행이 모두 취급할 경우 국민들에게 큰 불편을 줄 수 있습니다. 따라서
한국은행은 각 금융기관의 점포를 대리점으로 지정하여 국고금을 수납하고 지급하는 업무를
대신 수행하도록 하고 있습니다.

또한 정부는 자금이 부족한 경우 매년 국회에서 미리 정한 한도 내에서 한국은행으로부터 대
출을 받거나 국채를 발행하는데 이때 한국은행은 정부의 국채발행업무를 대행하여 줍니다.

이 밖에 한국은행은 정부가 소유하고 있는 유가증권을 안전하게 보관하는 업무도 담당하고 있
습니다.

6. 지급결제제도의 운영 · 관리

한국은행은 자금의 지급결제가 편리하고 안전하게 이루어지도록 하고 있습니다.

상품이나 서비스를 구입할 때 우리는 대금을 현금으로 지급할 수도 있지만 신용카드나, 계좌
이체와 같은 금융기관의 서비스를 이용할 수도 있습니다. 이렇게 금융기관을 이용하여 대금을
지급하면 금융기관 사이에는 서로 주고받을 채권과 채무가 발생합니다. 또한 금융기관 상호간
의 금융거래를 통해서도 채권 · 채무가 발생할 수 있습니다. 이러한 금융기관들은 "은행의 은
행"인 한국은행에 계좌를 개설하고, 이를 이용하여 서로 간의 채권 · 채무를 결제합니다.

한국은행은 금융기관간 자금결제가 원활하게 이루어질 수 있도록 우리나라의 유일한 거액결
제시스템인 한은금융망(BOK－Wire＋)을 운영합니다. 한국은행은 자금수취와 지급간 불일치로
하루중에 일시적으로 결제자금이 부족한 금융기관에게는 일중당좌대출을 제공하여 자금결제
의 원활화를 도모합니다.

한편 한국은행은 우리나라의 지급결제가 안전하고 효율적으로 이루어질 수 있도록 지급결제
시스템을 모니터링하고 평가하는 한편 필요시에는 해당 시스템의 운영기관에 대하여 개선을
권고하는 감시업무를 수행합니다.

7. 외국환업무 및 외환보유액 관리

한국은행은 외환 건전성 제고를 통해 금융안정에 기여하며, 외화자산을 보유 · 운용합니다.

우리나라 환율은 외환시장에서의 외환 수급에 따라 자유롭게 결정되고 있습니다. 그러나 지나
친 쏠림현상 등으로 환율이 급격하게 변동할 경우 한국은행은 이를 완화하기 위해 미세조정
등의 시장안정화조치를 수행합니다.

한국은행은 외화유출입 변동성 완화 등 외환부문 거시건전성 제고를 통해 금융안정에 기여하고 있으며, 은행의 외국환거래에 대한 심사 및 검사업무를 수행합니다. 또한 국내 외환시장이 불안한 경우 외화자금을 원활하게 공급하기 위해 외국 중앙은행과 통화스왑계약을 체결하기도 하며, 위기예방 및 해결을 위한 국제공조 방안 마련에도 노력하고 있습니다.

한국은행은 우리나라 외환보유액이 국가비상금으로서 안전판 역할을 할 수 있도록 적정 수준으로 관리합니다. 외환보유액은 안전하고 유동성이 높은 외국 금융자산에 주로 투자하며 안전성을 해치지 않는 범위 내에서 수익성을 높이기 위해 노력합니다.

또한 한국은행은 국제통화기금(IMF), 세계은행(IBRD), 아시아개발은행(ADB) 등 우리나라가 가입하고 있는 국제금융기구와 금융거래를 하며 이들과 긴밀한 협력관계를 유지하기 위하여 정부와 함께 노력하는 등 국제금융사회에서 우리나라의 지위를 향상시키는 데 기여하고 있습니다.

8. 경제조사 및 통계작성

한국은행은 경제에 관한 조사연구 및 통계 업무를 수행합니다.

한국은행은 통화금융 동향은 물론 국내외 경제 전반에 관한 조사연구업무를 수행하고 있으며 이와 관련된 각종 통계를 작성·발표하고 있습니다.

통화신용정책을 포함한 경제정책을 수립하기 위해서는 경제현상에 대한 정확한 진단이 필요합니다. 한국은행은 경제조사 및 연구를 통하여 그때 그때의 국내외 경제의 움직임을 분석 전망하고 그 대책을 제시함으로써 통화신용정책은 물론 다른 여러 가지 국가경제정책을 세울 때 기초자료로 활용할 수 있도록 하고 있습니다.

한국은행이 작성하여 발표하고 있는 주요 통계에는 통화금융통계, 국민계정, 국제수지표, 자금순환표, 산업연관표, 기업경영분석, 생산자물가지수 등이 있습니다. 또한 한국은행은 조사통계월보, 연차보고서 등의 정기간행물과 각종 조사연구자료를 발간하여 정부와 경제계에서 널리 활용할 수 있도록 하는 한편 일반인들이 경제의 움직임을 쉽게 이해할 수 있도록 돕고 있습니다.

02 한국거래소

1 설립목적

(주)한국거래소는 "자본시장과 금융투자업에 관한 법률"에 의거 증권 및 파생상품 등의 공정한 가격형성과 그 매매, 그 밖의 거래의 안정성 및 효율성을 도모하기 위하여 기존 증권거래소, 선물거래소, 코스닥위원회, (주)코스닥증권시장 등 4개 기관이 통합되어 2005년 1월 27일 설립되었습니다.

> **• 설립근거**
> ① 자본시장과 금융투자업에 관한 법률 제373조
> ② 자본시장과 금융투자업에 관한 법률 제373조(설립)
> ③ 증권 및 장내파생상품의 공정한 가격 형성과 그 매매, 그 밖의 거래의 안정성 및 효율성을 도모하기 위하여 한국거래소를 설립한다.
>
> **• 주무기관**
> 금융위원회

2 주요기능 및 역할(거래소 정관 제2조)

- 유가증권시장 · 코스닥시장 · 코넥스시장 및 파생상품시장의 개설 · 운영에 관한 업무
- 증권 및 장내파생상품의 매매에 관한 업무
- 증권의 매매거래 및 장내파생상품거래에 따른 청산 및 결제에 관한 업무
- 장외파생상품거래의 확인, 청산 및 결제에 관한 업무
- 증권의 상장에 관한 업무
- 장내파생상품 매매의 유형 및 품목의 결정에 관한 업무
- 상장법인의 신고 · 공시에 관한 업무
- 시장 감시, 이상거래의 심리 및 회원에 대한 감리에 관한 업무
- 증권의 경매업무
- 유가증권시장 · 코스닥시장 · 코넥스시장 및 파생상품시장 등에서의 매매거래와 관련된 분쟁의 자율조정에 관한 업무

- 시장정보의 제공 및 판매에 관한 업무
- 각종 지수의 개발, 산출 및 판매에 관한 업무
- 시장과 관련된 전산시스템의 개발 및 운영에 관한 업무
- 부동산 및 전산장비 임대업무
- 외국 거래소(그 지주회사 포함) 및 증권·파생상품관련 기관과의 제휴·연계·협력 등에 관한 업무
- 외국 거래소 및 증권·파생상품관련 기관 등에 대한 시스템수출·업무자문 등에 관한 업무
- 석유제품현물전자상거래의 도입 및 운영에 관한 업무
- 법령에 따라 부여된 업무 또는 상기 업무에 수반되는 부대업무

3 비전과 미션

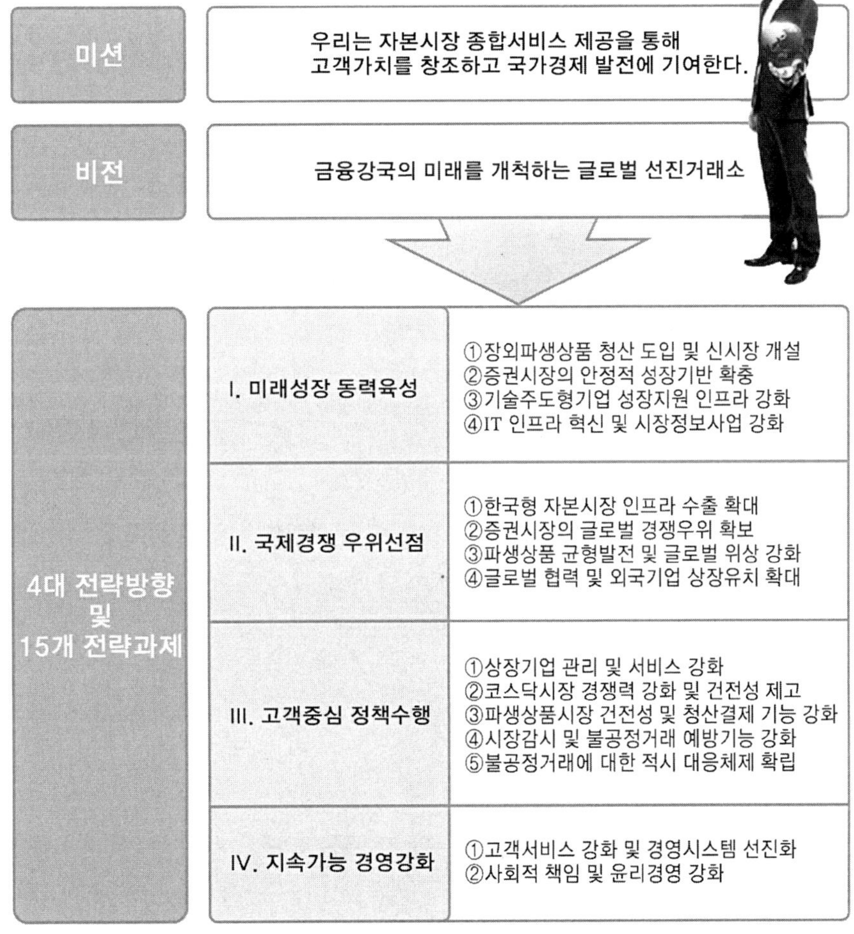

4 사업본부 소개

1. 경영지원본부

경영지원본부는 거래소의 경영전략 및 장기비전을 수립하여 발전방향을 설정, 추진하고 있습니다. 경영지원본부는 유가증권시장, 코스닥시장, 파생상품시장 및 시장감시 등 현업을 담당하는 본부들이 효과적으로 운영될 수 있도록 총괄·지원업무를 수행하고 있습니다.

① **경영전략 수립 및 장기비전 제시** : KRX는 국제 경쟁 우위 선점, 미래 성장 동력 육성, 고객 친화 정책 수행, 창조 경영 역량 강화 등 사업전략을 실천하여 글로벌 자본시장을 선도하는 일류거래소로 발전하고자 합니다. 경영지원본부는 글로벌 일류 거래소로서의 KRX 위상 정립을 위한 장기비전을 제시하고 이를 위한 사업전략 및 경영쇄신방안 등을 수립합니다.

② **타 사업본부의 효과적 운영을 위한 지원** : 경영지원본부는 인사, 총무, IT, 홍보 등 후선업무를 총괄하여 일관되고 효율적인 지원업무를 수행함으로써 3개 시장본부 및 시장감시본부의 원활한 업무수행을 지원합니다.

③ **국제화 업무** : 경영지원본부는 해외 선진거래소와의 제휴·연계 등을 통하여 협력을 강화하고 신흥시장 증권거래소 설립을 지원하며 IT시스템을 수출하는 등 국제화업무를 수행함으로써 KRX가 글로벌 일류 거래소로 발전하는데 일조하고 있습니다.

④ **지방소재로 지역사회 이바지** : KRX는 전국토의 균형있는 발전을 위하여 본사를 부산에 설립하였습니다. 이를 통하여 KRX는 부산 국제금융도시 건설 정책에도 이바지하고 있으며, 특히 본사에 위치한 경영지원본부는 지역사회 발전을 위한 다양한 사회공헌활동 및 공익사업을 수행하고 있습니다.

2. 유가증권시장

유가증권시장은 고객중심의 신뢰받는 시장으로서 거래규모 및 시가총액 세계10위권에 이르고 있습니다.

① **자본시장 육성정책과 기업공개정책에 힘입어 증권시장 발전** : 1956년 유가증권시장본부가 처음 개설되었을 당시에는 상장회사가 12개사에 불과하였으며 매매거래도 국채매매가 주류를 이루고 있었으나, 경제개발 5개년 계획 추진과 함께 효율적인 산업자금 조달을 위한 정부의 자본시장 육성정책과 기업공개정책에 힘입어 우리나라 증권시장은 짧은 기간 동안에 많은 발전을 하였습니다.

② **증권업무의 전산화로 증권시장의 인프라를 구축** : 유가증권의 원활한 유통과 공정한 가격 형성을 제일의 목표로 하는 유가증권시장본부는 이러한 증권시장의 양적성장을 뒷받침하기 위하여 매매방법을 지속적으로 개선한 바, 1975년의 포스트 매매제도 도입 이후, 1988년 전산매매의 병행을 거쳐 1997년 9월부터 전 종목을 전산 시스템으로 매매하고 있으며 각종 증권업무의 전산화를 위해 증권시장의 인프라를 구축, 개선하는 등 유가증권시장본부의 지난 반세기는 선진화를 위한 거침없는 발걸음이었습니다.

③ **여의도가 한국의 월스트리트로 발전** : 유가증권의 매매에 따른 결제업무를 원활히 하고 체계적인 유가증권의 보관 및 관리를 위해 1974년 현재 증권예탁원의 전신인 증권대체결제주식회사를 설립하였고, 증권시장의 효율적인 전산화를 위하여 1977년 증권전산주식회사를 설립하였으며, 증권시장의 질적, 양적 팽창에 따라 1979년 유가증권시장본부를 현재의 건물로 이전하여 여의도가 한국의 월스트리트의 모습을 갖추는 바탕이 되었습니다.

④ **시장이용자에 대한 서비스혁신을 통한 선진형 증권시장 구축** : 1992년 외국인이 우리나라 상장회사의 주식에 직접 투자할 수 있도록 증권시장이 개방되었으며, 1996년 주가지수 선물시장, 1997년 주가지수 옵션시장 등 금융파생 상품시장을 잇달아 개설하여 유가증권사업본부는 명실공히 세계 유수의 증권거래소로 거듭나게 되었습니다. 현재 유가증권시장본부는 국내외 50여개 회원 증권회사를 통해 미국, 영국, 일본 등 세계 60여개 국가의 국내외 투자자들이 우리나라 상장기업의 주식을 매매하고 있습니다.

⑤ **시장이용자로부터 신뢰받는 공정하고 투명한 시장 구현** : 한편 유가증권시장본부는 유가증권의 공정한 가격형성과 투자자 보호를 위해 다음과 같은 업무를 수행하고 있습니다. 수익성, 안정성 및 성장성을 갖춘 기업이 보다 많이 상장되도록 하여 투자자들이 믿고 투자할 수 있도록 하고, 상장법인으로 하여금 투자자의 투자판단에 필요한 모든 기업정보를 신속히 공시토록 하며, 공시된 정보는 전자공시시스템을 통하여 국내외 투자자들이 실시간으로 접할 수 있도록 하고 있습니다. 또한 투명한 증권 시장 구축을 위한 세계 최첨단 수준의 종합감리시스템을 구축, 주가감시 및 매매 심리 업무에도 만전을 기하고 있습니다.

⑥ **국제경쟁력을 갖춘 시장 이용자 지향의 종합증권시장 구축** : 유가증권시장본부는 국제 시장 간의 연계 및 제휴 등에 대비하여 외국거래소와 협력을 강화하고 있으며, 또한 첨단 전산시스템을 구축하고 국제화 및 정보화 시대에 부응하고 시장참가자의 이용편의성도 제고하고 있습니다. 아울러 시장의 투명성과 공정성 강화를 위한 현,선 연계 감리체제를 구축하고, 사이버 불공정 거래 조사 등을 강화하고 있습니다. 국내기업의 해외상장 증가와 해외기업의 국내 시장 진입 등의 국내외 경쟁체제에 대비해서 시장 구조를 개혁하고, 시장진입장벽을 완화하며 매매, 결제 등 각종 제도의 Global Standard화를 추진해 나가고 있습니다.

3. 코스닥시장

코스닥시장은 IT. BT. CT 등 신 성장산업을 중심으로 하는 종합증권시장입니다. 코스닥시장은 90년대 말 외환위기를 극복하고 'IT강국코리아'의 신화를 이룩하는데 지대한 공헌을 한 지식, 성장산업의 산실이자 국민소득 2만불시대를 향해가는 한국경제의 소중한 금융 인프라입니다. 1996년 7월 문을 연 코스닥시장은 정부의 중소·벤처 진흥정책 및 한국 IT 산업의 발전과 궤를 같이 하며 10년여의 짧은 기간 동안 괄목할 만한 성장을 이룩하였습니다.

① **공정하고 투명하며 효율적인 시장 확립 노력** : 코스닥시장본부는 세계적 수준의 증권시장에 적합한 경쟁력을 갖추기 위해 끊임없이 노력해 왔습니다. 공정하고 투명하며 효율적인

시장 확립을 위한 제도개선 및 IT 인프라 확충과 함께 해외 선진시장과의 유대강화와 아시아 신시장간 협력 주도를 통해 'Asian New Market Leader'의 비전을 실현해 가고 있습니다.

② **세계적 수준의 고객지향서비스 제공** : 시장 이용자 중심의 서비스를 개발하고 제공하기 위한 과감한 혁신은 코스닥시장본부의 또 다른 경쟁력입니다. 세계 증권시장 최초로 전산부문 CMM Level 3를 획득하고, 국내 금융업계 최초로 업무 전 부문 ISO 9001 인증을 획득한 사실 등은 코스닥의 고객지향 서비스가 세계적 수준의 성숙도에 이르렀음을 보여줍니다.

4. 파생상품시장

파생상품시장은 주가지수, 금리, 통화, 개별주식 및 일반 상품을 기초자산으로 하는 다양한 파생상품이 거래되는 국내 유일의 종합파생상품 거래소입니다. 국내 파생상품시장은 96년 코스피 200선물시장 개설을 필두로 국채선물시장, 미국달러 선물시장 등이 잇달아 개설되면서 세계적인 시장으로 성장하고 있습니다.

① **세계 최대의 KRX 파생상품시장** : 1996년 5월 코스피 200 선물시장이 최초로 개설되면서 열린 국내 파생상품시장은 1997년 코스피 200 옵션, 1999년 국채선물, 미국달러선물시장들이 잇달아 개설되면서 국제적인 거래소로 성장해 왔습니다. 더욱이 코스피 200 옵션의 폭발적인 거래증가에 힘입어 미국, 유럽 등 세계 유수의 거래소들을 제치고 세계 1위의 거래량을 기록하는 놀라운 성공을 거두어 세계 최대의 파생상품시장으로 자리매김하고 있습니다.

② **다양한 파생상품시장으로 최적의 위험관리수단 제공** : 급속히 변화하는 금융환경에 대응하여 적절한 위험관리수단을 갖추지 못했던 국내 금융시장은 96년 이후 파생상품시장의 개설로 효과적인 위험관리를 할 수 있게 되었습니다.

특히 1997년 아시아 금융위기를 겪으면서 기업과 투자자 등은 위험관리의 중요성을 깊이 인식하게 되었고, 이러한 수요는 파생상품 시장의 발전으로 이어지고 있습니다. 파생상품시장본부는 위험관리수요에 대응하여 주가지수, 채권/금리, 통화, 상품 및 개별주식 등 전 분야에 걸쳐 다양한 파생상품시장을 개설하여 투자자에게 제공하고 있으며, 앞으로 지속적인 신상품 개발을 통하여 금융시장발전을 위한 기반을 구축해 나갈 것입니다.

③ **금융산업의 국제경쟁력 강화** : 국내 파생상품시장의 개설은 투자주체들의 위험관리수단으로서 활용 외에도 국내금융시장의 경쟁력 강화에 큰 영향을 미치고 있습니다.

파생상품시장을 통하여 시장은 적정가격을 발견하고, 투자자원을 효율적으로 배분할 수 있게 되었으며, 금융기관은 파생상품을 활용한 다양한 수익구조의 상품을 개발하여 투자자에게 제공하게 되었습니다.

파생상품시장을 통한 국내 금융시장의 발전은 해외의 선진금융기관과 무한경쟁을 벌이게 될 우리나라 금융산업의 경쟁력 강화에 크게 기여하고 있습니다.

④ **고객을 위한 거래환경 조성** : 통합거래소 출범 이후, 국내 유일의 장내 파생상품시장을 운영·관리하는 파생상품시장본부는 KRX 3대 전략 중 하나인 '고객중심 경영 정착'이란 기치아래 투자자의 거래편의를 극대화하기 위하여 최선의 노력을 경주하고 있습니다.

투자자 편의를 제고하기 위하여 고객중심의 거래제도 정비를 지속적으로 추진하고 있으며, 안정적이고 신속한 거래환경 조성을 위하여 최첨단 거래시스템 구축업무에 매진하고 있습니다. 이와 더불어 변모하는 세계 금융환경에 투자자들이 적극적으로 대응할 수 있도록 다양한 신상품을 지속적으로 개발하여 제공할 것입니다.

⑤ **미래를 향한 도약** : 이미 세계 최대의 파생상품시장으로 우뚝 선 파생상품시장본부는 유동성, 안정성과 신속성을 바탕으로 세계적인 파생상품시장으로 더욱 발전하기 위하여 노력하고 있습니다.

파생상품시장본부는 세계 유수의 거래소들과의 연계거래 추진, 우수한 거래제도의 해외수출을 위한 아시아 신흥시장개척, 미국투자자의 원활한 시장진입을 위한 코스피 200 상품과 국채선물에 대한 투자적격시장 지위확보 등 선진 파생상품시장으로 도약하기 위해 전임직원이 하나되어 세계로 나아가고 있습니다.

5. 시장감시위원회

시장감시위원회는 투자자에게 투명하고 공정한 시장을 담보하고 시장의 신뢰도를 제고하기 위하여 설치된 위원회로서 한국거래소나 시장운영 부문과는 독립된 별도의 기구입니다. 시장감시위원회는 유가증권시장, 코스닥시장, 파생상품시장을 연계하여 감시하고 이상매매적출 심리, 회원감리 및 분쟁조정 등 자율규제 업무를 담당하고 있습니다.

① **한국거래소의 자율규제 전문기구** : 시장감시위원회는 한국거래소법에 의한 증권선물거래소의 내부기구로 증권·선물시장에 대한 자율규제업무를 수행합니다.

② **투자자들이 안심하고 참여할 수 있는 증권·선물시장 구축** : 증권시장과 선물시장에서의 시세조종 등과 같은 불공정거래 행위를 예방·규제함으로써 건전한 시장 질서를 유지하여 투자자들이 안심하고 참여할 수 있는 시장을 만듭니다.

③ **시장 참가자들 간의 분쟁을 공정하고 신속하게 해결** : 회원 및 투자자, 회원 상호간에 매매 거래와 관련한 분쟁이 발생할 경우, 증권·선물시장 전문가들의 구체적인 상담과 공정한 조정절차를 통해 분쟁을 신속하게 해결합니다.

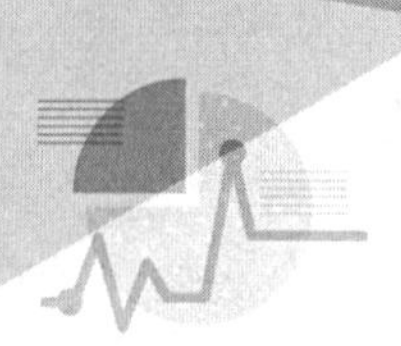

chapter 03

예금보험공사

1 설립목적 및 소개

예금보험공사는 금융기관이 파산 등으로 예금을 지급할 수 없는 경우 예금의 지급을 보장함으로써 예금자를 보호하고 금융제도의 안정성을 유지하는데 이바지 하고자 "예금자보호법"에 의거하여 설립되었습니다. 예금보험공사의 주요기능인 예금보험제도는 금융기관으로부터 보험료를 납부 받아 예금보험기금을 조성해두었다가 금융기관의 경영이 부실하거나 파산해 고객들의 예금을 돌려줄 수 없게 되면 예금을 대신 지급하는 제도입니다.

설립 이후 우리 공사는 국내 금융 산업의 중추적인 위기관리기구로서의 역할을 충실히 수행해 왔습니다. 1990년대 말 외환위기시 부실금융회사를 성공적으로 구조 조정함으로써 위기 극복에 기여하였고, 2008년 글로벌 금융위기를 성공적으로 대응하며 국내금융시장의 안정에 공헌하였습니다. 또한 2011년부터 시작된 대규모 저축은행 구조조정을 차질 없이 수행하여 금융안전망의 한 축으로서 역할을 공고히 하고 있으며, 경제 환경과 금융시장의 변화에 부합하도록 차등보험료율제 등 선진 예금보험제도를 구축해 나감으로써 금융 산업의 경쟁력을 강화하는 데에도 온 힘을 기울이고 있습니다.

2 비전 및 핵심가치

1. 비전

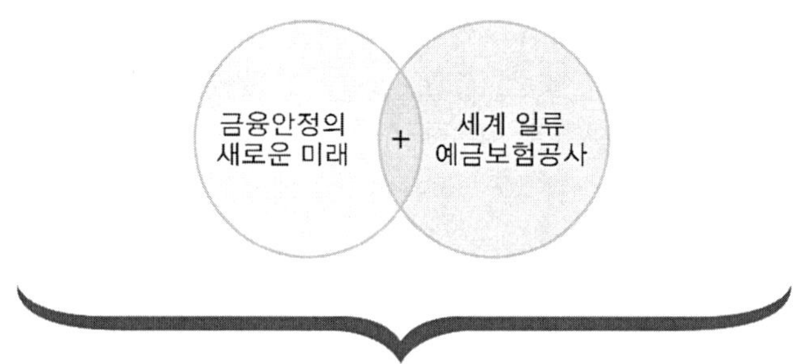

2. 핵심가치

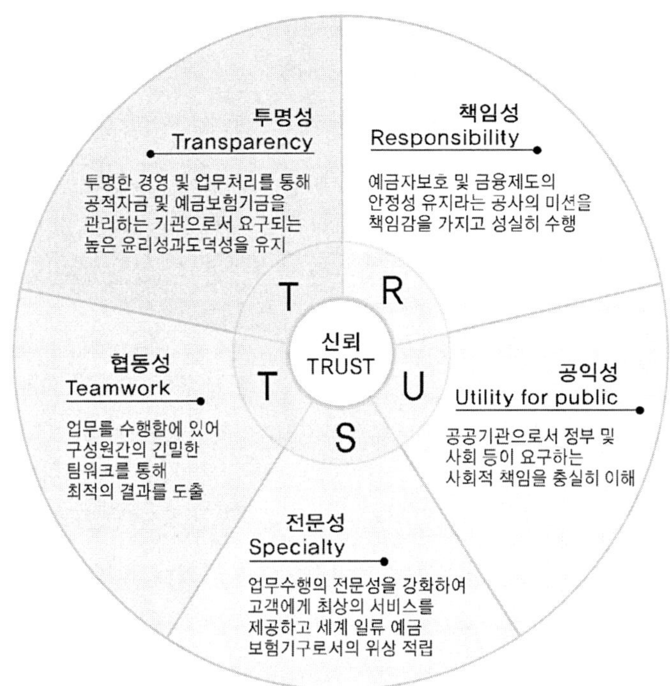

③ 주요 업무

1. 예금보험기금 조달

예금보험기금은 금융기관이 파산 등으로 고객들의 예금을 지급할 수 없을 때 이를 대신 지급하기 위한 재원으로, 동기금은 예금보험 대상 금융기관의 보험료, 정부와 예금보험 대상 금융기관의출연금, 예금보험기금채권 등으로 조성합니다.

2. 금융기관 경영 분석 등을 통한 부실의 조기 확인 및 대응

예금보험공사는 부실징후가 감지된 기관에 대한 임점조사와 부보금융기관의 경영분석 및 금융권별 리스크 평가모델을 통하여 부보금융기관의 부실 가능성을 조기에 파악함으로써 기금손실의 최소화를 위해 노력하고 있습니다.

3. 부실금융기관의 정리

부보금융기관과 부실금융기관간의 합병 등의 알선, 계약이전, 정리금융기관의 설립 및 자금지원 등을 통하여 부실금융기관을 정리함으로써 금융시스템의 안정에 기여하고 있습니다. 또한, 최소비용의 원칙, 손실분담의 원칙, 자구노력의 원칙, 투명성·객관성의 원칙하에 자금을 지원하고 해당금융기관과의 경영 정상화계획이행약정(MOU)체결 및 분기별 점검을 통하여 원활한 금융구조조정추진을 위해 노력하고 있습니다.

4. 보험금지급

금융기관이 영업정지나 파산등으로 고객들의 예금을 돌려주지 못하게 되면 예금보험공사가 이를 대신 지급합니다.

5. 지원자금의 회수

예금보험공사는 출자금 회수, 파산배당, 자산매각 등을 통하여 지원자금을 회수하고 있으며, 예금자 보호법 및 공적자금관리특별법에 의하여 예금보험공사(또는 직원)가 파산관재인으로 당연 선임될 수 있게 됨으로써 공적자금의 회수를 극대화할 수 있는 발판을 마련하였습니다.

6. 부실관련자에 대한 조사 및 책임추궁

예금보험공사는 부실 또는 부실우려 금융기관에게 그 부실 또는 부실우려에 책임이 있다고 인정되는 전·현직 임직원, 부실금융기관에 채무를 이행하지 않은 채무자(법인 포함) 등에 대하여 손해배상청구 소송을 제기하도록 하거나 대위청구를 함으로써 엄격하게 부실책임을 추궁하고 있으며, 이러한 부실 관련자의 은닉재산을 체계적으로 조사하고 환수함으로써 책임추궁 효과와 채권회수의 극대화를 추진하고 있습니다.

4 예금자보호제도

1. 개요

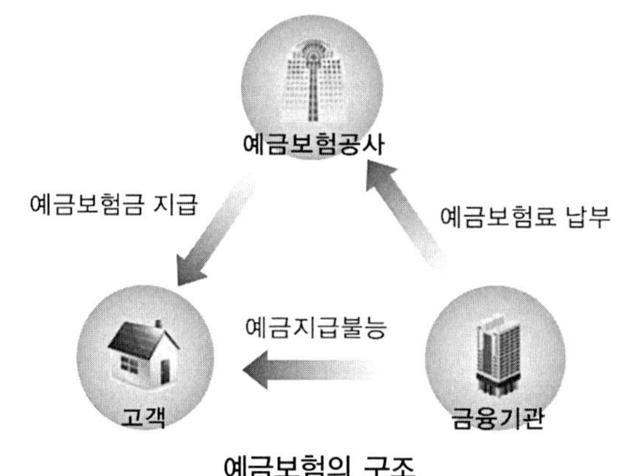

예금보험의 구조

① 예금 지급불능 사태를 방지 : 금융기관이 영업정지나 파산 등으로 고객의 예금을 지급하지 못하게 될 경우 해당 예금자는 물론 전체 금융제도의 안정성도 큰 타격을 입게 됩니다. 이러한 사태를 방지하기 위하여 우리나라에서는 예금자보호법을 제정하여 고객들의 예금을 보호하는 제도를 갖추어 놓고 있는데, 이를 '예금보험제도'라고 합니다.

② **보험의 원리를 이용하여 예금자를 보호** : 예금보험은 그 명칭에서 알 수 있듯이 "동일한 종류의 위험을 가진 사람들이 평소에 기금을 적립하여 만약의 사고에 대비한다"는 보험의 원리를 이용하여 예금자를 보호하는 제도입니다. 즉, 예금자보호법에 의해 설립된 예금보험

공사가 평소에 금융기관으로부터 보험료(예금보험료)를 받아 기금(예금보험기금)을 적립한
후, 금융기관이 예금을 지급할 수 없게 되면 금융기관을 대신하여 예금(예금보험금)을 지급
하게 됩니다.

③ 법에 의해 운영되는 공적보험 : 또한, 예금보험은 예금자를 보호하기 위한 목적으로 법에
의해 운영되는 공적보험이기 때문에 예금을 대신 지급할 재원이 금융기관이 납부한 예금
보험료만으로도 부족할 경우에는 예금보험공사가 직접 채권(예금보험기금채권)을 발행하는
등의 방법을 통해 재원을 조성하게 됩니다.

2. 보호대상 금융회사

은행, 보험회사(생명보험·손해보험회사), 투자매매업자·투자중개업자, 종합금융회사, 상호저
축은행입니다. '09. 02. 04「자본시장과 금융투자업에 관한 법률」의 시행으로 종전의 증권회
사 이외에 동 법률에 따라 투자매매업·투자중개업의 인가를 받은 자산운용회사 등도 포함되
었습니다. (동법 제78조에 따른 전자증권중개업무를 영위하는 투자중개업자 제외)

3. 보호대상 금융상품

예금보험공사는 예금보험 가입 금융기관이 취급하는 '예금'등 만을 보호합니다. 그런데 여기서
꼭 알아두어야 할 점은 모든 금융상품이 보호대상 '예금' 등에 해당하지 않는다는 것입니다.
예를 들어, 실적 배당형 상품인 투자신탁 상품은 보호대상 금융상품이 아닙니다. 운용실적이
좋은 경우에는 큰 수익을 올릴 수 있지만, 운용실적이 나쁜 경우에는 원금 손실도 발생할 수
있습니다.

4. 보호한도

예금자보호제도는 다수의 소액예금자를 우선 보호하고 부실 금융기관을 선택한 예금자도 일
정부분 책임을 분담한다는 차원에서 예금의 전액을 보호하지 않고 일정액만을 보호하고 있습
니다. 우리나라에서도 예금자보호제도 도입 시 1인당 2천만원(보험 회사의 경우 1인당 5천만원)
까지만 보호하여 왔습니다.

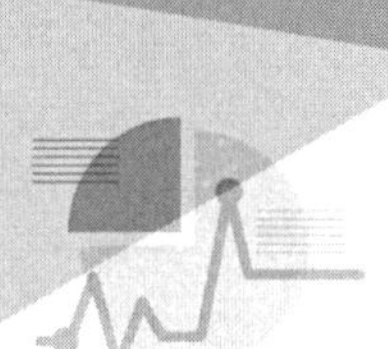

KDB산업은행

① 은행소개

KDB산업은행은 우리나라의 산업개발과 국민경제의 발전을 위하여 '54년 설립되었으며, 지난 반세기동안 국책은행으로서 성장동력산업 확충, 경제위기 극복 등 시대적 요청에 부응한 역할 수행으로 산업 및 국민경제 발전을 선도하였습니다.

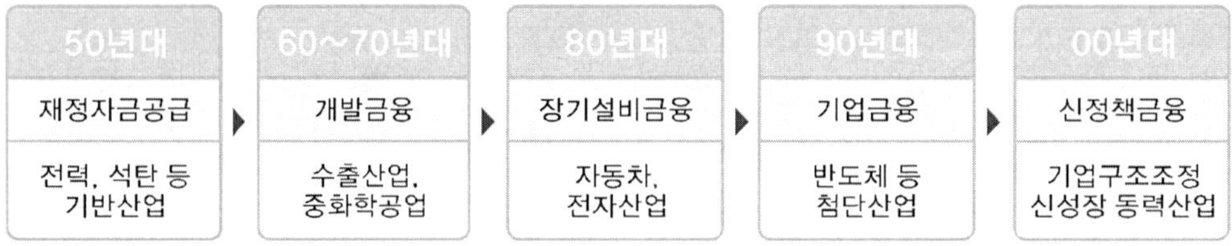

① '50년대 : 전쟁으로 파괴된 산업시설의 복구와 전력, 석탄 등 기반산업의 시설증강을 중점 적으로 지원

② '60~'70년대 : 경제개발 5개년 계획에 부응하여 전력, 석탄 등 기초에너지산업과 철강, 조 선, 기계 등 중화학공업, 수출전략산업부문의 설비금융을 중점 육성

③ '80년대 : 자동차, 전자산업 등 장기 설비금융을 지원하여 국가 성장기반 구축에 기여

④ '90년대 : 경제의 개방화 추세에 부응하여 국제경쟁력 제고를 위한 기업금융 확대와 반도체 등 첨단산업을 중점적으로 육성

⑤ '00년대 : 국책은행으로서 금융시장의 불안을 해소하고 기업구조조정을 주도하면서, 미래 성장동력 발굴, 사회간접자본 확충 등 상업금융기관이 감당하기 어려운 시장경제 보완과 시장선도 역할을 담당

⑥ **향후 역할** : 산업은행은 금융환경 변화에 따른 새로운 정책금융 수요에 원활히 대응하고 금 융산업 발전에 부응하는 시장친화적·선진적 방식의 기업지원을 확대하는 등 정책금융의 중추적인 역할을 수행해 나갈 것입니다.

2 관계회사 소개

KDB금융지주

2009년 10월, KDB산업은행이 금융지주회사로 체제 전환을 통해 KDB금융그룹으로 새롭게 탄생하였습니다.
당 그룹은 KDM산업은행, KDB대우증권, KDB캐피탈, KDB자산운용, KDB인프라 등 5개의 자회사로 구성되어 있으며 KDB산업은행의 기업
고객을 기반으로 각 계열사가 보유한 전문성을 결합하여 시너지를 극대화함으로써 KDB만이 가능한 특유의 차별화된 사업 포트폴리오를
구축하여 'PIONEER beyond Best 금융그룹'으로 성장해 나가고 있습니다.

KDB대우증권

1999년 8월 대우계열에서 분리되어
2000년 5월 KDB산업은행 자회사로 편입된
KDB대우증권은 유가증권의 매매 및 위탁매매 업무,
유가증권 매매의 중개, 유가 증권의 인수 · 매출,
수익증권 판매업무 등을 주요사업으로 하는
국내 굴지의 종합증권사입니다.

KDB캐피탈

KDB캐피탈은 벤처기업에 대한 투자와 기업활동에
필요한 운영자금 및 설비자금의 대출 또는
리스금융, 팩토링 등을 제공하고 있는
여신전문금융회사입니다.

KDB자산운용

KDB자산운용은 2004년 5월 자회사로
편입되었으며, 간접투자자산운용업법에 의한
간접투자기구운용업무, 투자자문 및 일임업무
등을 주요사업으로 하는 자산운용회사입니다.

KDB인프라

KDB한국인프라자산운용은 2003년 10월에
설립되었으며, 국내 최초의
사회기반시설(Infrastructure)에 투자하는
인프라펀드 전문자산운용사로서 순수 국내자본으로
조성된 3조 1천억원의 국내 최대규모의 펀드를 운용
하고 있습니다.

3 비전

Pioneer Bank beyond Best

새로운 영역을 개척하는 파이어니어 정신으로
금융의 새 길을 열어가는 아시아 Pioneer Bank

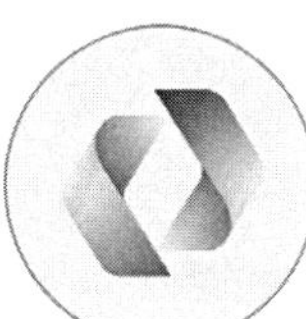

4 경영방침

혁신으로 고객창조

- 고객창조가 경영의 초고
  목표
- 끊임없는 혁신으로 고객기반
  확대

고객과 동행발전

- 고객이 신뢰하는 금융동반자
  위상 강화
- 고객에 대한 헌신을 통해 고객과
  은행의 동반성장 추구

지속적 금융 개척

- 경영 영토를 스스로 넓혀가는
  개척정신 연마
- 역발상의 혁신으로 새로운
  금융영역 확장

부단한 대외진출

- 한국기업이 집중 진출한 아시아
  시장 공략 강화
- 국내기업과 동반지출을 통한
  해외영업 활성화

05 한국자산관리공사(캠코)

❶ 개요

한국자산관리공사 캠코는『금융회사 부실자산 등의 효율적 처리 및 한국자산관리공사의 설립에 관한 법률』에 따라 설립되어 금융회사 부실채권 인수, 정리 및 기업구조조정업무,금융소외자의 신용회복지원업무, 국유재산관리 및 체납조세정리 업무를 수행하고 있는 준정부기관입니다.

공사는 상시 구조조정기구로서 국가경제와 금융산업발전에 이바지하고 있으며, 국유재산관리 등 정부위탁업무의 효율적 추진을 통한 국가재정 수입극대화를 도모함은 물론외환위기 및 글로벌금융위기 등 위기극복의 최일선에서 금융, 기업, 가계, 공공부문을 포괄하여 지원하는 국가경제안전판으로서 '국가자산 종합관리기관'의 역할을 수행하고 있습니다.

❷ 비전 및 미션

① 비전 및 미션

선진 종합자산관리로 국가경제 지속성장 추구
국가 자산 종합관리기관

금융과 공공자산의 가치를 높여주는 국민경제 도약대

"금융과 공공자산의 가치를 높여주는"	"국민경제 도약대"
• 공공금융부실자산을 가치자원으로 전환하여 경제순환을 원활히 함 • 금융 기업의 자산 및 국가 재정 건전성 제고에 기여	• 국가경제위기에 선제적 대응으로 모든 경제주체에 희망을 주는 역할 수행

② 핵심가치

책임	업무에 대한 책임, 사회에 대한 책임을 바탕으로 대국민 신뢰도 제고를 통한 공적가치 창출
미래	미래지향적 사업추진을 통해 위기상황에 선제적으로 대응하여 지속가능한 발전 추구
나눔	사회적 책임 역할 수행 및 기여를 통해 성장·발전의 과실을 사회전반에 확산

③ 전략목표

- 공공자산 가치증대로 재정건전성 제고
- 서민경제의 안전판 역할 수행
- 금융·기업 자산 건전성 제고
- 지속성장을 위한 경영기반 강화

3 주요 기능 및 역할

① 금융회사 부실채권의 인수, 정리 및 기업구조조정업무
② 「구조조정기금」관리운용 업무
③ 「국민행복기금」관리운용 및 신용회복지원업무
④ 국·공유재산 관리, 개발 업무
⑤ 체납조세정리 업무
⑥ 전자자산처분시스템「온비드」관리운용

4 연혁

1. 1962~1972 [초석]

성업공사 창립식 부실채권정리기관의 여명과 공사의 설립 : 1962년 4월 6일 국내 최초 부실채권정리기관의 여명이 환하게 밝아 오르기 시작했다. 한국산업은행으로부터 승계한 부실채권과 비업무용자산을 정리하기 위한 전담기구로 공사가 그 힘찬 출발을 알린 것이다. 공사는 창립 4년만인 1966년 승계업무를 완전히 종결지으며 그 존재가치를 입증하고,「금융기관의 연체대출금에 관한 특별조치법」제정과 함께 업무의 대상을 한국산업은행에서 금융회사 전반으로 확대했다.

2. 1973~1982 [변화]

한국자산관리공사의 본사 사옥 역동하는 국가경제와 공사기능의 확대 : 1970년대 들어 본격적으로 가시화되기 시작한 경제개발의 효과를 바탕으로 공사는 업무의 범위의 지속적인 확대를 통해 종합적인 부실자산정리기관의 면모를 확충해나가기 시작했다. 공사는 1980년대 초반 우

리 금융산업에 거세게 불어닥친 자율화와 국제화, 민영화 등 변화의 파고와 꿋꿋이 맞서며, 계속되는 진군을 멈추지 않았다.

3. 1983~1992 [상생]

한국자산관리공사 사옥 업무의 고도화와 독자적 경영기반의 확충 : 1966년 제정이래 공사 업무수행의 근간이 돼왔던「금융기관의 연체대출금에 관한 특별조치법」의 계속되는 유명무실(有名無實)화 속에서 공사는 혹독한 시련기를 맞았다. 그러나 금융회사에 머물러 있던 업무의 대상을 정부 제정분야로 확대하고, 기업의 부동산투기 억제를 위한 정부의 '5·8 부동산특별대책 집행기관'의 임무완수를 통해 관련업무의 고도화에 집중함으로써 다가오는 미래를 준비해 나가기 시작했다.

4. 1993~2002 [도약]

한국자산관리공사 컷팅식 부실채권정리 전담기관으로의 도약과 외환위기의 극복 : 1997년 국가경제 전반을 강타한 IMF 외환위기는 공사에 있어서는 하나의 시험대이자 새로운 도약의 발판이었다.「금융기관 부실자산 등의 효율적 처리 및 성업공사 설립에 관한 법률」의 제정이라는 창립 이후의 오랜 숙원을 이룬 공사는 한층 강호된 사업기반을 바탕으로 부실채권정리기금의 운영 주체로서 건국 이래 최대의 경제 환란인 IMF 외환위기를 정면에서 돌파해나가기 시작했다.

5. 2003~ [비상]

캠코 성공스토리 표지 한국경제의 버팀목으로 서다 : 공사는 IMF 외환위기에 이어 2002년 신용카드대란, 2008년 글로벌 금융위기 등 잇따라 들이닥친 국가적 경제위기 극복을 선두에서 이끌며 국가경제 안전망의 역할을 완벽하게 수행했다. 공공·기업·금융·가계 등 국가경제 4대 부문을 지원하는 국가자산 종합관리기관으로서 공사는 창립 50년을 넘어 100년을 향한 미래를 활짝 열어나가고 있다.

⑤ 주요업무 소개

1. 금융회사 부실채권정리

① **부실채권인수·정리** : 캠코는 금융회사, 기업, 가계, 정부 등 각 부분의 부실을 효율적으로 처리하여 대한민국 경제 안전판으로서의 역할을 충실히 수행하고 있습니다.

　㉠ IMF 외환위기와 부실채권정리기금 설치·운용 : 캠코는 지난 1997년 IMF 외환위기 당시 총 39.2조원의 공적자금(부실채권정리기금)을 투입하여 금융기관에서 발생한 약 111조원에 이르는 부실채권을 신속하게 인수·정리하는 한편 금융구조조정을 지원하여 우리 경제가 외환위기를 조기에 극복하는데 중추적인 역할을 수행하였습니다.

　특히 '부실채권정리기금'을 관리·운용함에 있어 '국민부담의 최소화'를 기본원칙으로 하여 금융기관으로부터 인수한 부실채권을 효율적으로 신속하게 정리함으로써 투입된 공적자금보다 8.9조원을 초과회수하는 세계적으로도 유례가 없는 성과를 거둘 수 있었습니다.

캠코가 부실채권 정리 분야에서 거둔 이러한 성과는 지난 2009년 G20(주요20개국) 금융정상 회의에서 모범케이스로 소개될 만큼 금융위기 극복의 성공적 사례로 평가받고 있으며, 캠코는 국제적으로도 널리 알려진 금융구조조정 및 부실채권 정리 전문기관으로서의 위상을 확보하게 되었습니다.

ⓛ 공사 고유계정을 통한 상시 구조조정 지원 : 부실채권정리기금의 부실채권 인수 종료(2002.11월) 이후에는 공사 고유계정으로 금융회사 부실채권을 지속적으로 인수·정리하여 금융회사의 건전성 제고 및 개인신용회복 지원 등 상시 구조조정기구 역할을 수행하고 있습니다.

특히, 2008년말 저축은행 PF 대출채권 부실화가 금융산업 전반의 부실로 번질 위험이 커짐에 따라 5천억원을 우선적으로 매입하고, 2009년 3월에는 1.2조원의 부실채권을 인수하여 총 1.7조원을 지원하였습니다. 뿐만아니라 가계 부실채권도 공사계정으로 지속적으로 인수함으로써 사회안전판으로서의 역할에도 최선을 다하고 있습니다.

ⓒ 금융위기 선제적 대응을 위한 구조조정기금 설치·운용 : 2009년도에 들어 금융회사 연체율이 계속 상승하여 대규모 부실채권의 대량발생 가능성이 증가함에 따라, 공사 인수재원만으로 예상 부실채권을 모두 처리하기에 부족할 것으로 예상되어, 부실이 현실화되기 전 선제적으로 대응하기 위하여 40조원 규모의 구조조정기금을 설립하여 금융안전판으로서의 역할을 수행하였습니다.

또한 급속한 유동성 위기에 빠진 국내 해운산업의 지원을 위해 '선박펀드'를 조성하고 유동성을 신속히 지원함으로써 실물경제로의 파급을 사전에 차단하는 시장 방파제로서의 역할도 수행하였습니다.

향후에는 구조조정기업 자산 및 기업부실채권 등으로 인수를 확대하고, 인수한 부실채권 등은 유형별 특성에 따라 기금운용 기간 내에 최적의 방안으로 정리할 것입니다.

② **기업구조조정** : 캠코는 기업의 회생을 지원하여 공적자금의 효율적 관리를 추구합니다.

㉠ 1997년 외환위기 이후 금융기관이 보유하는 부실자산의 효율적 정리 및 부실징후기업의 경영정상화 노력을 지원하기 위해 공사 내에 부실채권정리기금이 설치되었으며, 동 기금을 재원으로 1997년 11월부터 5년간 채권금융기관으로부터 111조원의 부실채권을 인수하였습니다.

그 중 70% 가량의 채권이 기업채권으로서 기업의 구조조정을 통하여 채권을 효율적으로 정리하는 업무를 수행하고 있습니다.

기업채권은 대우계열사 등의 기업개선작업(Work-out) 채권 및 기업회생절차(舊 법정관리) 중인 채권이며, 또한 국내 대우계열사 구조조정의 성공을 위하여 함께 인수한 368개 해외채권금융기관으로부터 차입한 해외채권이 포함되어 있습니다.

공사는 이들 채권에 대하여 기업 경영정상화를 통한 공적자금 회수극대화를 추진하고 있습니다.

③ **해외산업** : 캠코는 다양한 기관들과 해외 구조조정시장의 정보를 수집, 파악하고 있으며, 투자환경과 시장정보를 체계적으로 관리해 경쟁력 있는 시장분석 기능을 수행하는 한편 각국 구조조정기구와의 교류 확대로 글로벌 네트워크를 구축하고 있습니다.

1997년 외환위기 이후 캠코는 금융기관의 부실채권을 정리하는 과정에서 국제입찰, ABS 발행 등의 선진 금융기법 노하우를 습득·축적하였고, 공적자금의 초과회수라는 세계적으로 드문 성공사례를 보였습니다. 이에 따라 외국 정부기관 및 국내외 투자은행 등에서 캠코의 부실채권 정리 경험에 대한 교류요청이 있어 16개 기관과 상호업무협력 양해각서를 체결한 바 있으며, 해외 부실채권 정리기구 임직원을 대상으로 20회의 연수를 실시하였습니다. 이러한 교류를 바탕으로 2007년 12월 중국 부실채권시장에 진출, 406백만 위안을 투자하여 중국의 4대 자산관리공사 중 하나인 동방 AMC로부터 156개 차주의 부실채권을 인수하였습니다. 2009년 이후에는 미국, 일본 등 선진국 부실채권 시장도 유망할 것으로 판단하고 이들 시장으로 진출하기 위하여 다각적인 노력을 기울이고 있습니다.

투자업무	• 해외부실자산에 대한 투자 • 해외 부실자산에 대한 투자자원 및 투자중개
컨설팅업무	• 해외 부실채권정리기구 설립 및 운용 자문 • 부실자산 정리를 위한 계약 구조설계 및 마케팅 자문역할을 하는 재무자문 • 해외 구조조정시장 정보 수집 및 투자환경분석
업무대행	• 국내 민간투자자의 해외 구조조정시장에 진출 지원 • 해외 M&A 거래지원 및 투자업무 대행

2. 개인신용회복 지원

① **개인신용회복 지원 현황** : 금융 소외자의 신용회복을 지원하고 서민경제 활성화에 앞장서고 있습니다.

㉠ 신용회복지원현황 개요 : 캠코는 지난 2004년에는 '카드대란'으로 심각한 사회적 문제로 떠오른 금융소외자 지원을 위해 '한마음금융'과 '공동추심기구 희망모아'를 설립·운영함으로써 금융소외자에게 채무유예 및 채무감면의 신용회복을 제공하여 경제적 재기를 꿈꿀 수 있도록 지원한 바 있습니다.

2008년에는 '신용회복기금'을 공사에 설치하여 경기침체로 고통 받는 금융소외자 및 서민계층에 대한 신용회복지원 사업을 더욱 확대·강화함으로써 서민경제가 다시금 활기를 되찾을 수 있도록 노력하고 있습니다.

㉡ 신용회복지원 현황(2012년 1월말) {총 1,432 천명, 132,983 억원}

② **캠코신용지원** : 금융 소외자의 신용회복을 지원하고 서민경제 활성화에 앞장서고 있습니다.

㉠ 캠코신용지원 : 개인 및 가계의 부실채권문제가 국가경제는 물론 사회 전반의 큰 현안으로 떠오르면서 공사는 신용카드사를 비롯한 제2금융권의 부실채권을 정리하고 개인 채무자의 회생을 지원하는 업무에 역점을 두고 있습니다. 캠코는 '개인신용회복지원'을 위한 다양한 프로그램을 마련하여 신용불량자들의 채무부담을 줄여주고 이를 통하여 신용

질서를 다시 확립하고 나아가 위축되었던 국내경기를 회복시키는데 일조하고 있습니다. 한국자산관리공사(캠코)는 금융기관의 부실채권을 인수하여 정리하는 국내 최대의 부실채권 정리 전담기관입니다. 지난 97년말 이후 각 금융기관은 금융구조조정을 추진하는 과정에서 부실한 대출채권 가운데 상당 부분을 우리 공사에 매각 하였습니다. 따라서 공사가 인수한 채권의 채무관계자(주채무자, 연대보증인 등)는 캠코와 채권채무관계를 가지게 되었습니다.

2003년도에 대폭 증가한 개인신용불량자의 신용회복지원을 위해 채무조정제도를 재정비하고 신용지원업무를 수행하는 조직을 확대/운영하고 있습니다. 이에 따라 공사에 채무를 부담하는 신용불량자는 서울 본사와 전국 9개지사에서 손쉽게 신용지원 서비스를 받을 수 있습니다.

아울러 본지사의 오프라인뿐만 아니라 신용지원 전용 홈페이지를 활용한 신용회복에도 적극 나서고 있습니다. 개인신용지원 홈페이지 온크레딧(OnCredit)을 통해 공사에 채무를 부담하고 있는 신용불량자들은 직접 방문하거나 전화를 하지 않고서도 홈페이지를 이용하여 방문시와 동일한 신용회복지원서비스를 받을 수 있습니다.

> **온크레딧**
> 온크레딧은 우리 공사의 「개인신용지원 대상 고객」을 위한 인터넷 신용지원 전용 홈페이지입니다.

③ 국민행복기금

　㉠ 국민행복기금이란? : 제도권 금융에서 소외된 분들께서 경제적 회생을 하실 수 있도록 연체채권 채무조정, 바꿔드림론을 통한 고금리 대출의 저금리 환승, 자활프로그램 제공 및 복지지원을 위한 종합 신용회복 지원 기관입니다.

　㉡ 설립배경

　　ⓐ 소득 양극화와 신용격차의 확대, 금융혜택의 편중에 따른 금융소외자 문제의 심화

　　ⓑ 취업은 물론 정상적인 경제 주체로서의 사회활동이 어렵고, 경제 주체의 감소로 인해 우리경제 전반에 큰 손실이 초래

　　ⓒ 금융소외자의 과도한 채무 부담을 줄여 회생의 기회를 제공하고 새로운 자활지원프로그램을 통해 정상적인 경제활동의 주체로 복귀할 수 있도록 지원하는 통합 신용회복지원 프로그램 필요

　㉢ 국민행복기금 설립 및 관리체계 : 한국자산관리공사(캠코)는 부실채권정리의 오랜 경험과 조직을 갖추고 있는 국내 최대 부실채권 정리 전담 기관으로, 대상 고객이 캠코에 채무재조정을 신청하면, 신청자의 금융기관 채무를 매입한 후 채무재조정을 지원하게 됩니다.

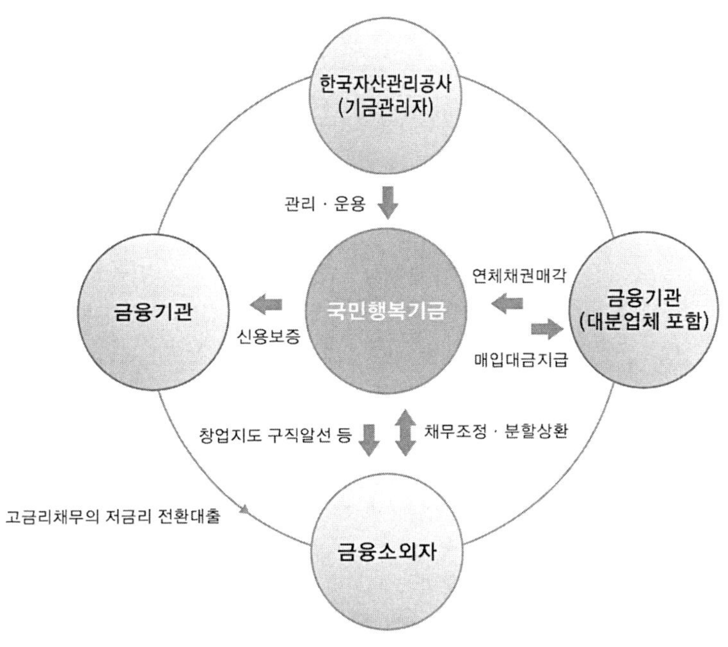

㉣ 설립추진 경과

국민행복기금 설립추진경과

일자	추진내용
2012. 11. 11	새누리당 「국민행복기금」 설치를 중심으로 하는 「가계부채 종합대책」 공약발표
1013. 02. 21	대통령직 인수위 5대 국정목표, 21개 국정전략, 140개 국정과제로 국민행복기금 설립 계획 발표
1012. 09. 25	금융위원회 「국민행복기금 주요내용 및 추진계획」 발표
2013. 03. 29	「국민행복기금」 출범식 개최(4. 1부터 업무 개시)

㉤ 국민행복기금 : 국민행복기금은 한시적인 일회성 대책에 머물지 않고 금융소외자에 대한 지속적이고 종합적인 금융지원책을 마련하고 있습니다.

④ 서민금융나들목

㉠ 서민금융나들목이란? : 서민금융나들목은 정부의 「금융소외자 지원 종합대책」의 일환으로 마련, 운영되고 있는 서민생활 안정을 위한 종합상담센터입니다.

㉡ 설립배경

ⓐ 국내 모든 채무조정 프로그램 비교 등으로 이용자에게 가장 적합한 프로그램 정보를 제공하고 인터넷 채무조정 신청가능

ⓑ 정부·지방자치단체 및 관련단체의 금융지원(생계비, 학자금, 임차보증금 등) 정보제공

ⓒ 노동부 및 보건복지가족부와 협력하여 취업안내·직업훈련, 복지지원 프로그램도 One-Stop 맞춤형으로 안내

ⓓ 신용평가회사의 개인별 신용평가 등급도 무료로 조회 가능

ⓔ 인터넷 사용이 어렵거나 심도 있는 상담 및 정보안내가 필요한 자를 위하여 고객지
원센터(1588-1288) 운영
ⓕ 개인정보(지역, 채무, 소득, 취업희망직종, 계층 등)입력으로 채무조정, 금융지원, 취업,
복지 등 4대 부문의 지원 정보를 One-Stop으로 일괄 검색(맞춤형)가능

ⓒ 제공서비스

맞춤형 금융컨설팅	현재 재무상태에 대한 종합적인 진단, 신용현황 개선을 위한 최적의 방안을 종합적으로 분석해 드립니다.
맞춤형 통합검색	채무조정, 금융지원, 취업 및 창업지원, 복지지원 정보를 맞춤형으로 일괄 검색하실 수 있습니다.
채무조정정보	채무조정에 대한 모든 것을 안내하여 드립니다. 맞춤형 채무조정프로그램 검색은 물론 인터넷 신청까지 가능합니다.
금융지원정보	정보·공공기관·지방자치단체등에서 제공하는 다양한 대출정보를 안내하여 드립니다.
취업 창업정보	취업·직업훈련·창업과 관련된 정보를 종합적으로 안내하여 드립니다.
복지정보	보건복지가족부·지방자치단체 및 복지시설 등에서 제공하는 복지정보를 분야별로 안내하여 드립니다.
신용관리	신용정보 조회방법, 신용관리요령, 불법추심을 종합적으로 안내하여 드립니다.

⑤ 한마음금융

㉠ 한마음금융 : 신용불량자 문제는 기본적으로 경기회복을 통해 채무자의 채무상환능력을
높여야 근본적인 해결이 가능하나 이는 일정기간의 시일이 소요되는 만큼 단기적으로
도 적극 대응할 필요성이 있습니다. 한마음금융의 개인 신용회복지원 노력은 궁극적으
로 신용불량자 문제로 파생되는 사회/경제적인 제반문제를 해소한다는 목적에 중요한
의미를 둘 수 있습니다. 캠코는 한마음 금융의 자산관리자로서 그 역할을 성실히 수행
하고 있습니다.

㉡ 배드뱅크 프로그램이란? : 대상채무자가 회사로부터 장기 저리로 신규대부를 받아 채권
금융기관에 대한 기존 대출채권을 상환하고 채권금융기관은 대상채무자에 대한 신용불
량정보를 등록/해제함으로써 대상채무자의 신용회복 프로그램을 활성화시키기 위한 절
차를 말합니다.

ⓒ 한마음금융 구조도

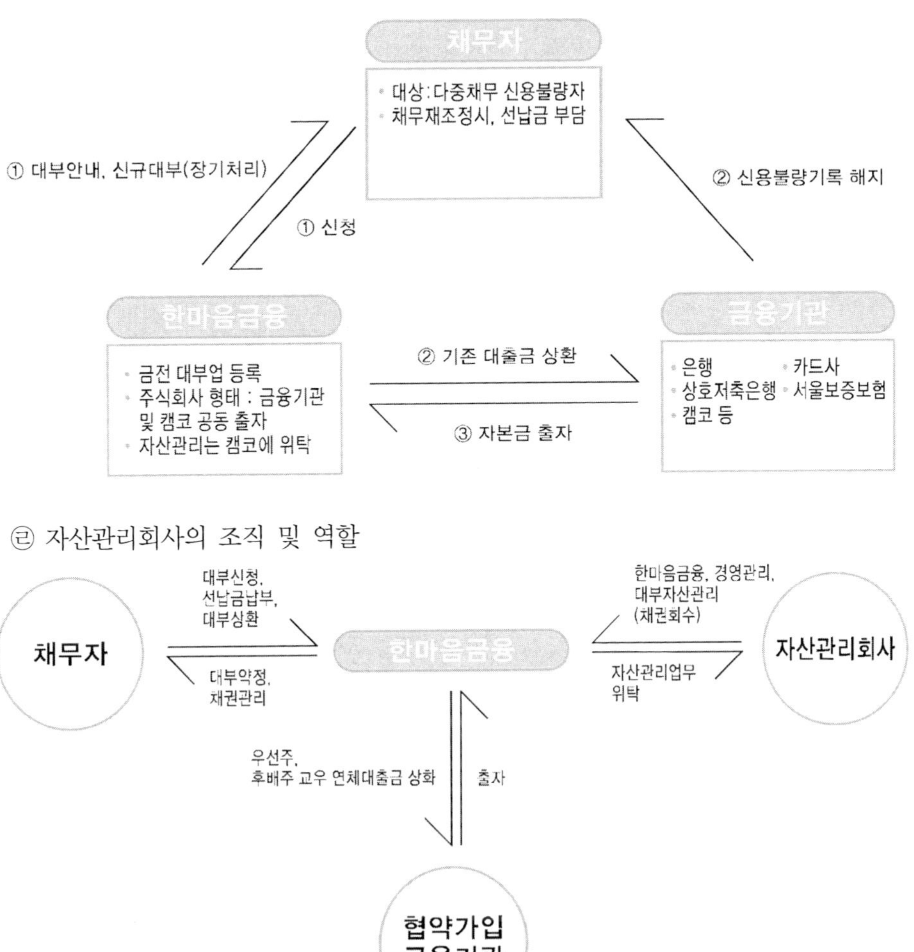

ⓔ 자산관리회사의 조직 및 역할

ⓜ 한마음금융 : 한마음금융(주)은 서류상의 회사로, 실질적인 운영조직은 없으며, 대부자산관리업무 등은 자산관리회사에 위탁하여 운영합니다. 채무자는 한국자산관리공사 본지사 및 국민은행 NPL센터 등 전국 20개 지역 영업점을 통하여 상환하게 됩니다.

⑥ 희망모아

㉠ 희망모아란? : 희망모아는 신용불량자들의 희망을 모아 재기의 기회를 마련할 수 있도록 지원해드리는 채권금융기관 공동의 신용회복지원 및 추심기구입니다.

특히 2004년도 신용불량자들에 대한 대부를 통한 신용회복 지원을 위해 출범한 배드뱅크 한마음금융㈜ 대상 채권 중 미신청 채무자들에 대한 금융기관 공동의 채권추심 및 신용회복지원 프로그램입니다.

ⓛ 설립 배경

ⓐ 배드뱅크 프로그램 대상자의 고정성과 운영의 한시성으로 신용불량자의 경제적 회생 기대효과를 증진시킬 필요성 개별 금융기관의 추심활동으로 인한 다중채무자의 고충 및 불법 추심 문제가 여전히 상존

ⓑ 추심의 효율성 측면이나, 채무자의 부담측면에서 채권자와 채무자 모두가 윈-윈 할 수 있는 공동추심프로그램 활성화 필요

ⓒ 설립 추진 경과

일자	추진내용
2004. 03. 10	배드뱅크 프로그램을 통한 신용불량자 대책 발표
2004. 05. 20	한마음금융(주) 출범 및 영업 개시
2004. 11. 23	한마음금융(주) 대부신청기간 종료
2004. 11. 17	한마음금융(주) 이사회 공동추심기구 설립 계획 승인
2005. 01. 27	공동추심기구 설립을 위한 운영위원회 설립/운영위원 : 국민은행, 조흥은행, 삼성카드, LG카드, 자산관리공사
2005. 03. 23	금융채무불이행자 신용회복지원 방안 발표
2005. 05. 16	2005.5.16 희망모아 설립 및 업무 개시

ⓔ 희망모아 : 희망모아는 신용불량자들의 희망을 모아 재기의 기회를 마련할 수 있도록 지원해드리는 채권금융기관 공동의 신용회복지원 및 추심기구입니다.

⑦ 기초수급자지원

㉠ 기초생활보장수급자를 위한 신용회복지원 : 국민기초생활보장법에 의한 수급자가 채권금융기관에 대한 채무상환부담으로 인해 최저 생계 유지에 지장을 받지 않도록 하기 위하여 사회 통합 및 사회보장적 차원에서 수급자의 최저 생활을 보장하고, 채권 금융기관의 자산건전성 및 유동성을 제고하기 위한 프로그램입니다.

㉡ 지원배경

ⓐ 국민기초생활보장수급자가 채무상환부담으로 인해 최저 생계 유지에 지장을 받지 않도록 사회 통합 및 사회보장적 차원에서 이들에 대한 신용회복지원의 필요성 요구

ⓑ 기초수급자 중 신용불량자는 소득원이 없거나 불안정한 사람이 대다수이며 향후 상당기간 채무상환 여력이 부족하므로 기초수급자에서 벗어날 때까지 채무 상환을 유예하기 위해

ⓒ 유예 기간 이후에 장기 분할 상환하도록 하는 등 신용회복지원 대책이 필요

㉢ 운영구조 : 한국자산관리공사(캠코)는 부실채권정리의 오랜 경험과 조직을 갖추고 있는 국내 최대 부실채권 정리 전담 기관으로, 대상 고객이 캠코에 채무재조정을 신청하면, 신청자의 금융기관 채무를 매입한 후 채무재조정을 지원하게 됩니다.

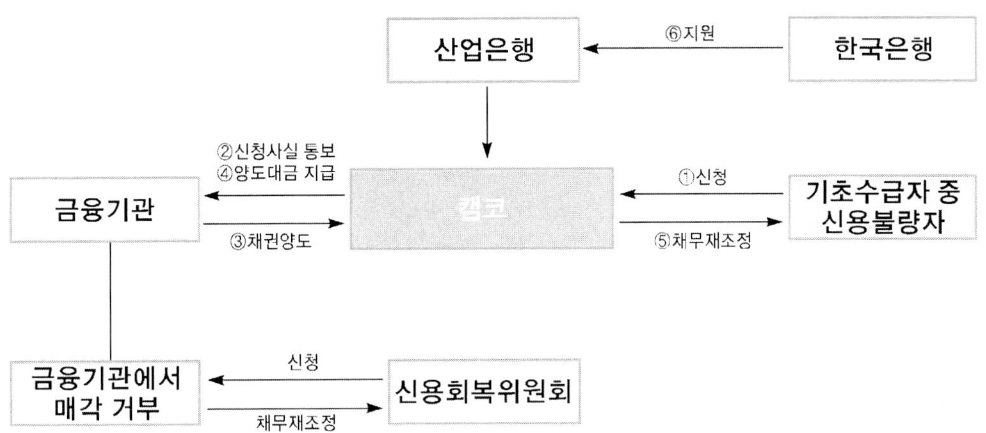

㉹ 신용회복지원 : 신용회복지원은 국민기초생활보장법에 의한 수급자가 채무상환부담으로 인해 최저 생계유지에 지장을 받지 않도록 하기 위하여 수급자의 최저 생활을 보장하고, 채권 금융기관의 자산건전성 및 유동성을 제고하기 위한 프로그램입니다.

3. 정부위탁재산 관리 · 매각

① 국유재산관리 · 개발 : 국유재산관리의 선진화 및 최유요화를 추구합니다.

  ㉠ 국유재산 개요

   ⓐ 국유재산이란? : 국가가 행정목적을 수행하기 위해 필요로 하여 소유하고 있는 일체의 재산(광의) 및 국가의 부담이나 기부의 채납, 법령 또는 조약에 따라 국가소유로 된 재산(협의)를 말합니다.

   ⓑ 국유재산의 범위

    ㉮ 부동산과 그 종물

    ㉯ 선박, 부표, 부잔교, 부선거 및 항공기와 그들의 종물

    ㉰ 정부기업이나 또는 성부시설에서 사용하는 중요한 기계와 기구

    ㉱ 지상권, 지역권, 전세권, 광업권 그 밖에 이에 준하는 권리

    ㉲ 지분증권, 채무증권, 수익증권, 투자 계약증권, 파생결합증권, 증권예탁증권

    ㉳ 특허권, 저작권, 상표권, 실용신안권, 디자인권 그 밖에 이에 준하는 권리

ⓒ 국유재산의 분류

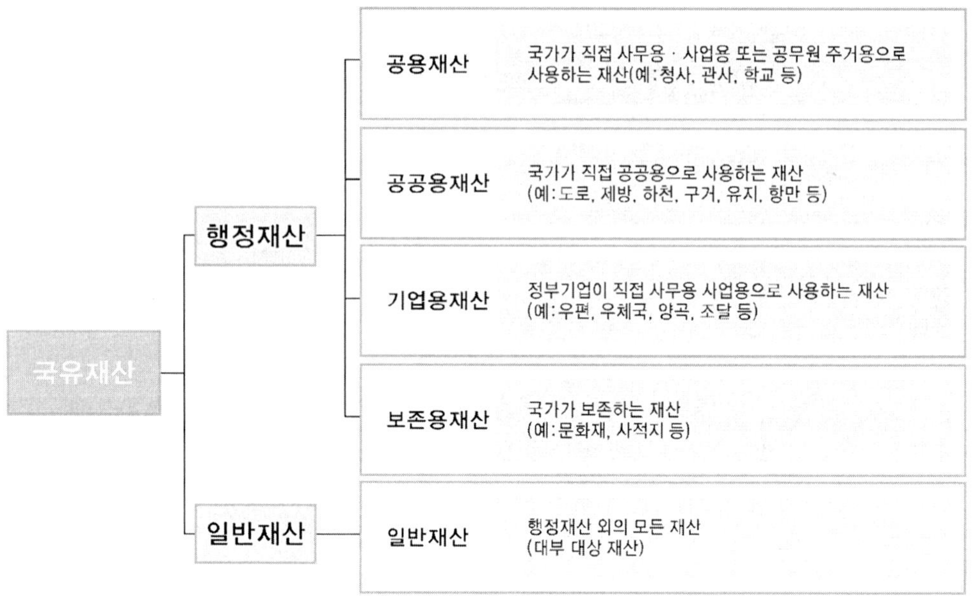

ⓛ 부동산 관리

ⓐ 국유재산 대부(임대)

㉮ 법률의 규정에 의해 국가가 국가 이외의 자에 대해 사법상의 계약을 체결하여 사용·수익하게 하는 것으로 국유재산 중 일반재산의 임대를 말합니다.

㉯ 임대(대부)절차 : 재산 정보공개 → 임대(대부)신청 → 현장 확인 및 담당자 상담 → 수의·입찰[임대(대부)계약 체결] → 사용·수익 → 계약만료 후 반환

㉰ 임대(대부)시 유의사항

• 계약내용을 준수하여야 하며, 대부받은 재산에 대하여 아무런 연고권을 주장할 수 없습니다.

• 대부재산의 보존을 잘 해야 하며, 재산관리 소홀로 손해가 발생 시 배상 및 원상복구 의무가 있습니다.

• 통상의 수선에 소요되는 비용 및 기타 승인을 받지 아니한 개보수로 인하여 발생한 비용 등은 청구하지 못합니다.

• 07.01.01부터 부가가치세법 개정으로 대부료에 별도의 부가가치세가 부과됩니다.

ⓑ 국유재산 매각

㉮ 국유재산은 재산의 위치, 규모, 형상, 용도 등으로 보아 매각하는 것이 유리하다고 판단되는 경우에 '종합계획 심의'를 거쳐 매각합니다.

㉯ 매각방법 : 원칙은 공개경쟁입찰이나 다음의 경우 수의계약방식으로 진행합니다.

• 폭이 좁고 긴 토지로 인접 사유토지와 합필이 불가피한 토지

- • 국가지분의 토지를 '공유지분권자'에게 매각시
  - • 기타 상세 사유는 하단 '매각절차 상세안내(다운로드)'를 참조하세요.
  - ㉔ 매각절차 : 매수신청 → 현장확인 및 담당자 상담 → 국유재산종합계획 수립(매각심의위원회 개최) → 종합계획 승인 → 감정평가 → 수의·입찰(매매계약 체결) → 대금수납 및 소유권 이전
  - ㉕ 가격결정 및 소유권 이전
    - • 가격결정방법 : 2개 감정평가 법인의 평가액의 산술평균(적용기간 1년)
      − 3천만원 미만일 경우 1개 감정평가 법인 평가액으로 결정
    - • 매각대금은 계약체결시 계약금으로 10% 이상을 납부후 60일내 잔금을 납부하면 소유권 이전 완료(1천만원 초과시 3년 분할납부 가능)
      주택재개발구역 안의 토지매각시 분할납부의 경우 저당권 설정 후 매각대금 완납 전에 소유권 이전 가능

ⓒ 변상금

  - ㉮ 변상금이란 국유재산법 또는 다른 법률에 의하여 대부 또는 사용·수익허가 등을 받지 아니하고 국유재산을 점유하거나 이를 사용 수익한 자에게 부과하는 금액(당해 재산의 대부료·사용료의 100분의 120)을 말합니다.
  - ㉯ 부과기준
    - • 요율 : 대부료 또는 사용료 합계액의 100분의 120
    - • 산정방법 : 재산가액 × 대부요율(사용요율) × 100분의120 × 무단점유기간(최대 5년 소급부과)
  - ㉰ 무단점유자에 대한 조치
    - • 불법시설물 철거 : 정당한 사유없이 점유하거나 이에 시설물을 설치한 경우에는 행정대집행법을 준용하여 필요한 조치를 시행(국유재산법 제74조)
    - • 불법행위 제재 : 고발
    - • 행정·일반재산을 규정에 위반하여 사용한 경우 : 2년이하 징역 또는 700만원 이하 벌금

ⓓ 온비드 : 캠코에서 운용하는 공매포탈 온비드에 가시면 다양한 자산의 입찰공고 열람 및 입찰 참가가 가능합니다.

ⓒ 증권관리

  - ⓐ 국세물납이란? : 조세는 금전납부가 원칙이나 일정요건을 충족할 경우 금전 이외의 재산으로 조세를 납부할 수 있는데, 이를 물납이라 합니다. 물납이 가능한 조세에는 국세 중에는 상속세, 증여세, 법인세, 양도소득세 및 종합부동산세가 있으며, 지방세 중에는 재산세가 있습니다.

ⓑ 국세물납 증권의 종류

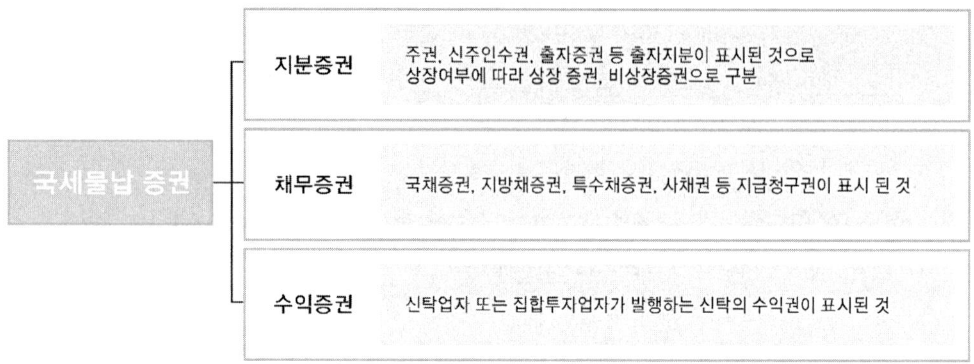

ⓒ 국세물납 관리 및 처분 흐름도

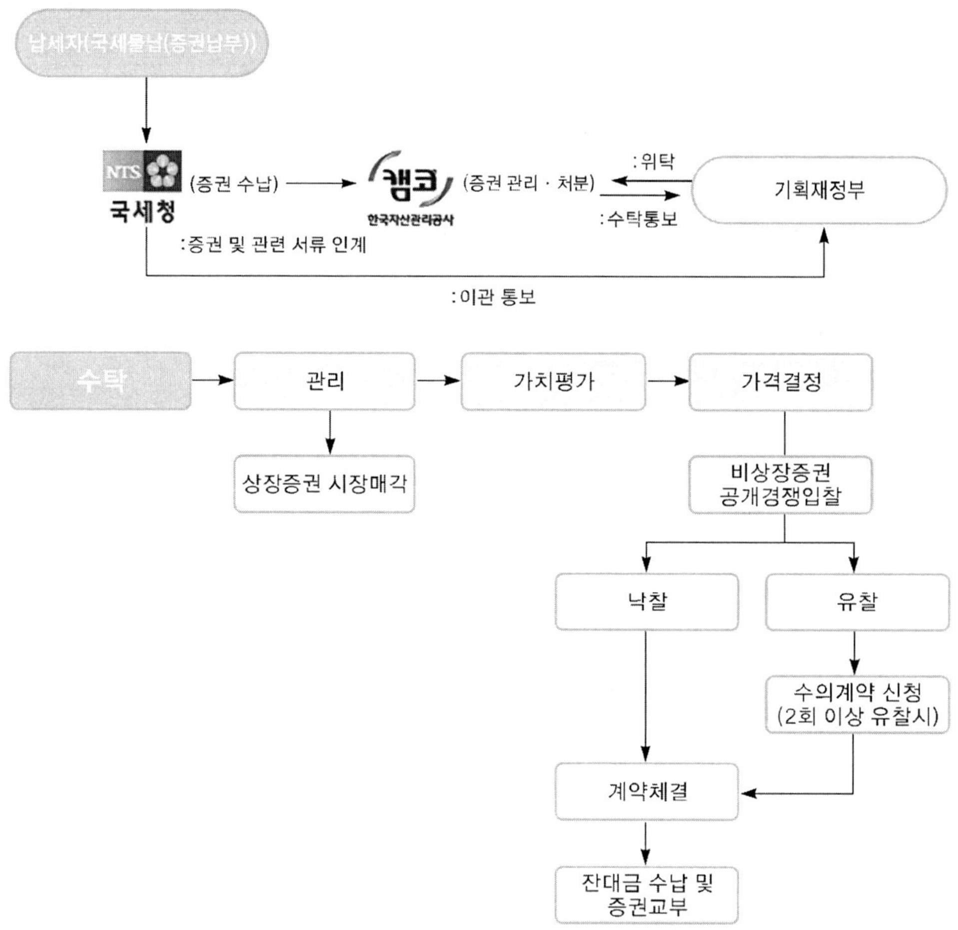

ⓓ 국세물납증권 매각 안내

㉮ 매각방법

- 상장증권 : 증권시장(유가증권시장 및 코스닥시장)을 통하여 시장가격으로 매각
- 비상장증권
  - 원칙 : 온비드를 이용한 일반경쟁입찰
  - 예외 : 수의계약(두 번에 걸쳐 유효한 입찰이 성립되지 아니한 경우)

ⓔ 비상장증권 매각절차

㉮ 일반경쟁입찰

입찰서 제출 입찰보증금 납부 ▶ 낙찰 결정 심사 ▶ 낙찰자 결정 ▶ 매매계약 체결 ▶ 잔대금 수납 ▶ 증권 교부

㉯ 수의계약

매수신청서 등 제출 ▶ 매수신청의 적정성 심사 ▶ 계약 결정 ▶ 계약보증금 납부 및 매매계약 체결 ▶ 잔대금 수납 ▶ 증권 교부

ⓛ 국유부동산 개발

ⓐ 국유부동산 개발 우수사례

나라키움 저동빌딩(2008년 설립)

- 서울시 중구 저동 소재 옛 남대문세무서 부지
- 연면적 26,938m²의 지상 15층, 지하 4층 업무시설 및 근린생활 시설로 이루어진 민(民)·관(官) 복합건물
- 기획재정부의 위탁을 받아 '국유지 개발 제1호' 시범사업으로 진행
- 기존의 관공서 이미지를 탈피하여 경제성(Economy)과 생태 (Ecology)를 디지털 감성으로 담아낸 미래지향적 오피스 빌딩으로 주목

나라키움 대전센타(2009년 설립)

- 대전시 서구 월평동 282-1번지 소재
- 연면적 41,358m²에 3개동(지상 15·9·8층, 지하 1층)으로 구성된 첨단 친환경 청사
- 미활용 국유지를 활용해 산재한 정부 산하기관을 한 곳으로 통합하여 국민편익 증대와 지역경제 활성화에 기여하는 새로운 개발모델로 주목

ⓑ 국유지 개발의 확대·발전 : 정부는 2005년 경제정책조정회의를 통해 「국유지 관리 제도 혁신방안」을 마련한 이후, 종래의 소극적인 유지·보존에서 탈피하여 국유재산의 활용도를 높이는 효과적인 관리 방안을 모색하여 왔으며, 이러한 정책기조 하에서 공사는 적극적인 지원으로 그간 9건의 국유지 위탁개발 시범사업을 성공적으로 수행하였습니다.

국유지 위탁개발은 정량적인 재산의 가치증가 외에도 국유재산에 대한 인식 전환에도 큰 기여를 하고 있습니다. 개발 전에는 저활용 되고 있거나 낡고 노후화 되어 대부(임대) 활용이 곤란하고 잦은 민원이 야기되거나 쓰레기 집단 투하장 등으로 방치되던 국유재산을 위탁개발을 통하여 주변 환경과 조화되는 새로운 재산으로 탈바꿈시키고 있습니다.

국유재산개발 홍보를 위해 대국민공모를 통해 선정된 '나라키움'이라는 명칭을 활용하여 일체감을 부여하는 등 국유재산의 정성적인 가치 또한 증대시키고 있습니다.

② 공유재산관리·개발 : 공유재산의 효율적 관리를 통한 가치를 재창조합니다.

㉠ 공유재산 개요

ⓐ 공유재산 개요(현재메뉴) 공유재산 관리 공유재산 개발 공유재산의 정의 : 공유재산이란 지방자치단체의 부담, 기부채납(寄附採納)이나 법령에 따라 지방자치단체 소유로 된 재산입니다.

ⓑ 공유재산의 분류

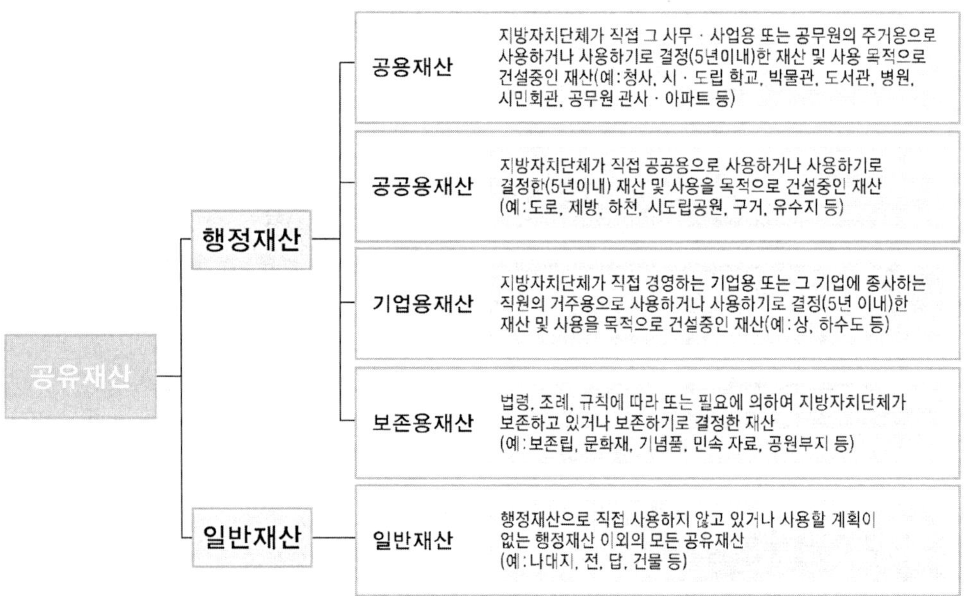

※ 공유재산은 국유재산과 소유주체만 다를 뿐 개념적 정의는 유사합니다.

ⓒ 공유재산의 범위

㉮ 부동산과 그 종물(從物)

㉯ 선박, 부잔교(浮棧橋), 부선거(浮船渠) 및 항공기와 그 종물

㉰ 공영사업 또는 공영시설에 사용하는 중요한 기계와 기구

㉱ 지상권·지역권·광업권과 그 밖에 이에 준하는 권리

㉲ 저작권·특허권·디자인권·상표권·실용신안권과 그 밖에 이에 준하는 권리

ⓑ 주식, 출자로 인한 권리, 사채권·지방채증권·국채증권과 그 밖에 이에 준하는 유가증권
- 부동산신탁의 수익권
- 제1호 및 제2호의 재산으로 건설 중인 재산

ⓛ 공유재산관리

    ⓐ 공유재산 위탁관리 : 공유(일반)재산의 관리·처분에 관한 행정사무(대부, 매각, 변상금 부과, 체납처분 등)를 한국자산관리공사 등의 수탁기관에게 맡기고 수탁기관의 권한과 책임 하에 수행하도록 하는 것입니다.

        ㉮ 일반재산의 위탁관리는 일반 토지·건물의 관리 전반에 관한 사무를 위탁하는 방식으로 특수 시설물(병원 등)의 운영을 위탁하는 행정재산의 관리위탁과는 다른 개념입니다.

    ⓑ 위탁재산의 관리 : 한국자산관리공사는 공유(일반)재산의 효율적 관리를 위해 재산을 등급화하여 유형별 맞춤형 관리를 추구합니다.

1단계 실태조사/등급화	2단계 원상회복	3단계 상품화를 통한 대부	4단계 매각/관리 전환

· 실태조사
 -실태조사서 활용
  및 전산 입력
 	
· 재산의 등급화
 -전산 활용으로 재산의
  등급화 DB구축
	· 무단점유 해소
	 -무단점유 재산의
	  원상회복 강화
	
	 -변상금 부과 및 수납을
	  통한 세외수입 확충
		· 대부계약 활성회
		 -OnBid를 통한 홍보 및
		  대부계약 활성화 유도
		
		· 부가가치 창출
		 -선진화된 관리기법
		  활용을 통한 가공
		  개발로 부가가치 창출
			· 불요불급 재산의 매각
			 -집단화 재원 마련
			
			· 고나리전환
			 -현황에 따라 공용·환경용
			  재산 관리전환
			 -지역주민 편의시설
			  (운동시설 등)설치 후
			  관리전환

    ⓒ 공유재산 위탁관리 효과

세외수입 증대	공유재산의 적극적인 관리를 통해 관리비용을 절감하고 세외수입을 증대시켜 줍니다.
행정부담 완화	일반재산의 위탁관리로 지방자치단체의 행정주담을 덜어줍니다.
업무 효율성 제고	민간기관의 전문성을 활용하므로 재산관리 업무 효율화를 가져옵니다.
지역주민 만족도 제고	적극적인 임대·매각 정보 제공르로 지역주민의 만족도를 높여줍니다.

ⓒ 공유재산개발

    ⓐ 공유재산 위탁개발 : 한국자산관리공사가 위탁받은 재산에 자체 자금으로 시설물을 개발(신축 또는 리모델링)한 후 개발된 재산의 소유권을 지방자치단체에 귀속시키고 일정기간 관리·운영을 위탁받아 임대 또는 분양을 통한 수익으로 개발비용을 회수하는 방식입니다.

    ⓑ 공유재산 위탁개발 추진구조 : 지방자치단체가 공유재산 개발을 의뢰하면, 한국자산관리공사는 자체 자금으로 시설물 등을 축조한 후 시설물 준공과 동시에 소유권을 지방자치단체에 귀속시킵니다.

준공 후 지방자치단체는 일정 기간동안 한국자산관리공사에 관리·운영을 위탁하고 공사는 위탁 기간 동안 지방자치단체를 대리하여 임대 또는 분양사업을 수행하게 됩니다.

ⓒ 공유재산 위탁개발 효과

재정부담 최소화	지자체 재정부담을 최소화하면서 적기에 필요시설의 개발이 가능합니다.
공공성과 수익성의 조화	지자체 주도의 개발로 공공성과 수익성이 조화된 공유재산의 최유효 활용이 가능합니다.
재정수입 증대	공유재산 가액 증가 및 지자체 재정수입 증대에 기여합니다.
지역경제활성화	공유재산의 활용도 제고 및 지역경제 활성화에 기여합니다.

ⓓ 공유재산 위탁개발 사례

㉮ 대구 시민회관 리노베이션

- 지원공간 부족 및 건물 노후 등 문화시설로 한계를 가지는 시민회관을 리모델링하여 문화시설 활용도 제고 및 지방자치단체 재정부담 최소화
- 지상5층, 지하4층의 공연장 및 근린생활시설, 시민휴식공간으로 이루어진 첨단 문화시설로 재탄생

㉯ 광주 남구청사 개발

- IMF금융위기 당시 공사가 중단된 방치건축물(구 화니백화점)을 광주 남구청사로 개발하여 저활용 건축물 활용도 제고 및 쾌적한 행정서비스 제공
- 지상9층, 지하6층의 광주 남구청사, 판매·근생시설이 포함된 첨단 행정복합건물로 재탄생

㉰ 동대문구 글로컬타워 개발

- 나대지 상태인 상업용지를 동대문구청의 예산을 최소화 하면서 문화·복지시설로 개발 추진 중

③ **체납조세정리** : 압류재산의 체납처분절차를 수행하여 국가 및 지방자치단체 재정수입 증대에 기여하고 있습니다.

㉠ 체납조세정리란? : 국세징수법 및 지방세법 등에 따라 국세청, 자방자치단체, 공공기관 등으로부터 세금 납부능력이 있음에도 불구하고 장기간에 걸쳐 체납하고 있는 불량 체납자들의 압류재산을 위임받아 공매를 통하여 연간 약 3,900억원의 국가 재정수입 증대로 정부의 신규 정책사업 수행 재원확보에 기여하고 있습니다.

체납조세를 정리하는 정부위탁업무는 중장기적으로 세무행정의 업무 부담을 완화시키고 세무행정조직의 효율성 증진을 위해 현재의 압류재산 매각에서 소유권 이전까지의 업무분야뿐 아니라 독촉, 재산조사 등 체납처분절차 전 분야에 걸친 대행을 위임 받을 수 있도록 효과적인 방안들을 마련하고 있습니다.

이 경우 원활한 세정과 행정조직 확대에 따른 재정수요의 증가 억제 및 체납세액 징수

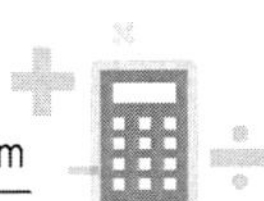

업무의 전문성 활용으로 업무효율성을 높이고 공정과세의 실현에 기여할 것으로 기대됩니다.

4. 온비드

인터넷 자산처분시스템 「온비드」는 최첨단 전자유통시스템으로 국가경제와 가계경제를 풍요롭게 지켜드립니다.

① **온비드란?** : 온비드는 On Line Bidding의 약어로 한국자산관리공사(캠코)가 45년간의 공매 노하우와 첨단 정보화시스템을 바탕으로 캠코는 물론 전국 공공기관의 다양한 공매정보를 통합하고, 인터넷에서 직접 공매에 참여할 수 있도록 만든 국내 최고의 공매포털시스템으로서, 입찰자가 인터넷으로 입찰서를 직접 제출하고 입찰집행자는 인터넷상에서 낙찰자를 선정하여 그 결과를 제공하며, 또한 보증금 환급까지 One-Stop으로 가능하게 해줍니다. 2007년 10월부터는 온라인상으로 계약을 체결할 수 있는 전자계약 서비스를 제공하고 있습니다.

② **Onbid는 국가가 지정/고시한 정보처리장치 입니다.**

재정경제부 고시 제2006-6호(2006.3.10자) 및 행정자치부 고시 제2006-1호(2006.1.2자)에 의거 온비드는「국가를 당사자로 하는 계약에 관한 법률 시행령」제22조 제1항 및 「국유재산법」제33조 제2항과 「공유재산 및 물품관리법 시행령」제13조 및 제26조에 의한 지정정보처리장치로 고시되었습니다.

이에 따라 공공기관이 입찰의 방법으로 국유재산, 공유재산 및 물품 등의 자산을 관리 처분하는 경우에는 온비드를 이용하는 것이 의무로 되어 있습니다.

③ **Onbid는 인터넷 기반의 시스템으로 고객편의를 추구합니다.**

온비드를 통해 언제 어디서나 인터넷으로 입찰참여 및 계약체결을 할 수 있습니다. 또한 전국 공공기관의 자산처분 공매 공고와 물건정보를 24시간 조회하실 수 있습니다.

④ **Onbid는 전자정부 시책에 발맞춘 안전한 시스템입니다.**

정부는 1999년부터 전자정부방침을 확립하여 조달(G2B), 민원(G4C) 분야의 시스템을 구축하였고, 캠코는 이러한 정부정책에 적극 부응하여 안전한 전자자산처분시스템 온비드를 구축하게 되었습니다. 이러한 안정성을 바탕으로 온비드는 2010년도에 총 거래금액 10조원, 가입회원 61만명을 돌파하는 실적을 거두었습니다.

⑤ **Onbid는 특허받은 독창적인 시스템입니다.**

2003년 8월 특허청으로부터 '공매시스템 및 공매시스템을 이용하여 공매를 진행하는 방법'에 대한 발명특허를 획득함으로써 독창성과 효율성 및 안전성을 동시에 인정받았습니다. 온비드는 공신력 있는 시스템으로 자산처분 분야의 인터넷 이용 확산에 기여할 것입니다.

06

금융감독원

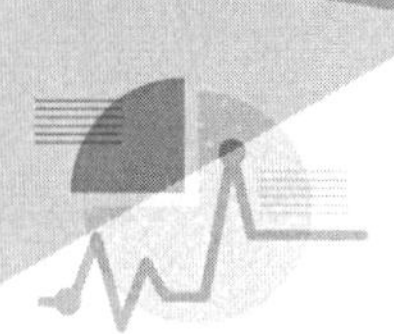

1 설립근거 및 목적

1. 기관소개

① 금융감독원은 금융감독기구의설치등에관한법률에 의거 은행감독원, 증권감독원, 보험감독원, 신용관리기금 등 기존 4개 감독기관이 통합되어 1999.1.2. 설립되었음 그 후 2008.2.29.에 개정된 "금융위원회의 설치 등에 관한 법률"에 의거하여 현재의 금융감독원으로 거듭남

② 금융감독원은 금융산업의 선진화와 금융시장의 안정을 도모하고 건전한 신용질서와 공정한 금융거래 관행을 확립하며 예금자 및 투자자 등 금융수요자를 보호하여 국민경제 발전에 기여함을 목적으로 함

③ 금융감독원은 금융회사에 대한 감독업무, 이들 회사의 업무 및 재산상황에 대한 검사와 검사결과에 따른 제재업무, 금융분쟁의 조정 등 금융소비자 보호업무, 기타 금융감독위원회의 업무 보좌 등의 기능을 수행함

2. 기관연혁

① 1997. 12. 금융감독기구의설치등에관한 법률 제정

② 1998. 4. 금융감독위원회 및 증권선물위원회 발족

③ 1999. 1. 금융감독원 설립

④ 2008. 2. 금융위원회의 설치 등에 관한 법률 개정

3. 경영 목표

① 금융회사 감독

　㉠ 금융산업의 선진화와 금융시장의 안정 도모

　㉡ 건전한 신용질서와 공정한 금융거래관행 확립

　㉢ 예금자 및 투자자 등 금융수요자 보호 → 국민경제의 발전에 기여

2 기능 및 역할

1. 금융회사 감독

은행, 금융투자회사, 보험회사, 비은행금융회사, 금융지주회사 등 금융회사 경영활동과 관련된 인허가 및 건전성 감독

2. 금융회사 검사

금융회사를 대상으로 영업 및 재무활동의 건전성을 점검하여 금융회사의 건전경영 확보 및 공정한 금융거래질서 유지

3. 자본시장 감독

유가증권 발행기업의 경영활동이 투명하게 공시되고 공정한 유가증권 거래가 이루어지도록 감독하여 유가증권시장의 건전한 발전을 도모

4. 회계 감독

상장법인등의 감사보고서에 대한 감리, 기업회계 기준 등에 대한 해석 및 공인회계사 시험관리

5. 금융소비자 보호

금융소비자가 금융회사를 이용하는 과정에서 발생하는 불편사항에 대한 금융민원 상담·처리·분쟁조정·금융교육 및 홍보 등을 통하여 금융소비자의 권익 보호

6. 국제협력 및 교류

각종 국제회의 참가 및 유치를 담당하고 외국 금융감독당국 및 국제금융기구와의 교류·협력 확대 도모, Annual Report, Financial Supervision in Korea, Weekly Newsletter 발간 등을 통한 해외 홍보활동 수행

7. 조사연구 및 통계편제

금융감독정책의 방향을 설정하고 선진 금융감독 및 금융시장 제도를 구축하는데 필요한 지식을 축적하기 위해 다각적인 조사연구 업무를 수행하고, 연차보고서, 조사연구서 리뷰 등의 정기간행물 발간

8. 주요 기능

① 금융회사의 업무·재산상황에 대한 검사 및 검사결과에 따른 제재
② 금융위원회 및 증권선물위원회의 위탁에 의한 금융회사 감독, 증권 불공정거래 조사 및 회계감리
③ 금융위원회 및 소속기관에 대한 업무지원

3   비전

금융은 튼튼하게 소비자는 행복하게

금융은 튼튼하게

급변하는 대내외 금융환경과 다양한 위험요인에 선제적이고 적극적으로 대응하여 금융시장의 안정을 도모하고 건전한 신용질서를 확립하겠다는 의지입니다.

소비자는 행복하게

금융회사에 비해 사회적 약자인 금융소비자의 이익을 최우선으로 고려하는 한편, 그 과정에서 금융소비자 피해를 적극적으로 구제 예방하고 불합리한 제도·약관·굼융관행을 신속히 개선하여 금융소비자의 만족도를 높이겠다는 의지입니다.

4   윤리경영

윤리경영세부추진체계

1. 금융감독원 윤리헌장

① 우리 금융감독원은 신용질서와 공정한 금융거래관형을 확립하고 금융소비자를 보호하기 위하여 설립되었다.

② 금융감독원 임직원은 주어진 소명을 완수하고 국민으로부터 신뢰받는 금융감독기구의 일원으로 거듭나기 위하여 다음과 같이 윤리헌장을 제정하고 실천해 나가고자 한다.

행동지표

① 우리는 금융산업의 건전한 발전과 금융시장의 안정을 통해 국민의 재산을 보호하고 국민경제에 이바지하고자 신명을 바쳐 주어진 소임을 다한다.

② 우리는 항상 금융소비자의 입장에서 생각하고 금융소비자의 권익보호를 위해 최선을 다한다.

③ 우리는 높은 윤리의식을 바탕으로 지위나 권한을 남용하지 낳으며 담당직무와 직위를 이용하여 부당한 이익을 추구하지 아니한다.

④ 우리는 투철한 준법정신과 전문성을 바탕으로 투명하고 공정한 자세로 맡은 바 소명를 엄정하게 수행한다.

⑤ 우리는 공무수행자로서 높은 사명감과 긍지를 가지고 사회공동체의 일원으로서 공익활동에 적극 참여하고 사회적 책임을 다한다.

⑥ 우리는 변화와 혁신의 자세로 우리 스스로가 더욱 청렴하고 겸손하게 업무에 임한다.

⑦ 우리는 금융시장의 법질서를 위반하는 행위에 대해서는 '법과 원칙'에 따라 엄정하게 조치하여 시장에서 금융윤리가 철저히 정립될 수 있도록 노력한다.

⑧ 우리는 금융시장 상황에서 대한 정보수집 및 분석능력을 함양하고 적극적으로 정보를 공유하며 금융시장의 문제점에 대해 보다 신속한 대응자세를 갖춘다.

2. 임직원행동강령

① **공정한 직무수행을 저해하는 지시에 대한 처리** : 임직원은 상급자가 부당한 이익을 도모하기 위해 공정한 직무수행을 저해하는 지시를 한 경우 이에 소명하고 지시에 따르지 않는다.

② **이해관계 직무의 회피** : 임직원은 자신이 수행하는 직무가 자신의 이해와 관련 되거나 친척이 직무에 관련되는 경우 직무를 회피한다.

③ **특혜의 배제** : 임직원은 직무 수행시 지연·혈연·학연 등을 배제한다.

④ **예산의 목적외 사용 금지** : 임직원은 여비·업무추진비 등 직무수행을 위한 예산을 목적외의 용도로 사용하지 않는다.

⑤ **정치인 등의 부당한 요구에 대한 처리** : 임직원은 정치인 또는 정당 등으로부터 부당한 직무수행을 강요받거나 청탁을 받은 경우에는 상부에 보고한다.

⑥ **인사청탁 등의 금지** : 임직원은 자신의 승급·전보 등 인사에 관하여 부당한 영향을 미치기 위해 청탁을 하지 않는다.

⑦ **이권개입 등의 금지** : 임직원은 직위를 이용하여 부당한 이익을 얻거나 타인이 부당한 이익을 얻도록 하지 않는다.

⑧ **직무관련 정보를 이용한 거래 등의 제한** : 임직원은 직무수행과 관련하여 알게 된 정보를 이용하여 유가증권·부동산 등 재산상거래 또는 투자를 하지 않는다.

5 심의 및 자문기구

1. 금융분쟁조정위원회

금융분쟁조정위원회는 <금융위원회의설치등에관한법률> 제51조에 의해 금융기관 이용자 간의 금융분쟁을 신속하고 공정하게 해결하기 위하여 대한민국의 금융감독원에 설치된 준사법기구이다. 금융분쟁조정위원회는 금융기관 이용자 또는 기타 이해관계인이 금융기관과 관련하여 분쟁 조정을 신청할 경우, 관계 사안에 따라 당사자간 합의를 권고하거나, 사실 확인 등을 거쳐 분쟁조정에 관한 사항을 심의·의결한다. 금융분쟁조정위원회는 위원장 1인을 포함한 30인 이내의 위원으로 구성되며 위원장은 금융감독원 부원장으로 하고 위원은 금융감독원 부원장보와 법조계, 소비자단체, 금융계, 학계 등 분야별 전문가를 위촉하여 구성한다. 금융분쟁조정위원회는 소송외 분쟁해결기구로서 자율적 분쟁조정 기능을 수행하지만 위원회의 조정안을 양 당사자가 수락한 경우에는 당해 조정안은 재판상 화해와 동일한 효력을 갖게 된다는 점에서 준사법적 기능을 수행한다고 할 수 있다.("금융위원회의 설치 등에 관한 법률" 제5절 금융분쟁의 조정)

2. 제재심의위원회

제재심의위원회는 <금융기관검사및제재에관한규정>에 근거한 제재 심의에 관한 금융감독원장의 자문 역할을 수행하는 기구이다. 제재심의위원회는 금융기관 또는 그 임직원에 대해 금융위원회 또는 금융감독원장이 조치하는 영업상, 신분상, 금전적 제재를 심의하는 역할을 수행토록 하여 제재 처분의 공정성과 형평성을 도모하기 위하여 운영하고 있다. 제재심의위원회는 제재심의담당 부원장, 금융감독원 법률자문관 등 내부위원 2인과 금융위원회 당해 부의안건관련 담당국장, 금융 관련 법령에 전문지식이 있거나 금융에 관한 학식과 경험이 있는 변호사, 교수, 금융전문가 등 중에서 금융감독원장이 위촉하는 6인의 외부위원 등 총 9인으로 구성한다. 제재심의위원회 회의는 재적위원 과반수의 출석으로 성립하고 출석위원 과반수의 찬성으로 의결한다.

6 관계

1. 금융위원회와의 관계

금융위원회는 금융에 관한 정책과 제도, 금융회사 감독 및 검사와 제재, 금융회사의 인허가 등 금융감독과 관련된 주요 사항을 심의 및 의결하는 대한민국 국무총리실 소속 중앙행정기관으로서, 대한민국 법령이 정하는 바에 따라 금융감독원의 업무를 지도 및 감독할 수 있다. 금융감독원은 고유업무인 금융기관에 대한 검사 및 제재 외에 금융위원회와 소속기관인 증권선물위원회에 대한 업무를 지원하는 업무를 수행한다.

2008년 2월 이전까지는 금융감독위원회 위원장이 금융감독원장을 겸하도록 대한민국 법에서 규정함에 따라 금융감독원이 금융감독위원회의 업무를 직접적으로 보좌해 왔다. 2008년 2월, 대한민국의 법개정에 따라 금융위원회의 금융정책기능과 금융감독원의 감독집행기능을 명확히 구분하고 상호견제와 균형을 확보한다는 차원에서 금융위원회 위원장과 금융감독원장을 분리하여 임명토록 하였다. 그리고 금융감독원장은 금융위원회 당연직 위원으로서 금융위원회 위원장에게 금융감독원 업무의 범위안에서 필요한 안건의 사정을 요청할 수 있도록 하였다. (국회 <법률지식정보시스템> "국회 재정경제위원회 심사보고서" 참조)

2. 한국은행과의 관계

한국은행은 금융통화위원회가 통화신용정책의 수행을 위하여 필요하다고 인정하는 경우에는 금융감독원에 대하여 은행 등 금융회사에 대한 검사를 요구하거나, 한국은행 직원이 금융감독원의 금융회사 검사에 공동으로 참여할 수 있도록 요구할 수 있다. 또한 금융감독원에 대하여 검사결과의 송부를 요청하거나 검사결과에 대하여 필요한 시정조치를 요구할 수 있으며, 금융위원회가 통화신용정책과 직접 관련되는 조치를 하는 경우 이러한 조치에 대해 이의가 있을 때에는 재의를 요구할 수 있다. 한편, 금융감독원, 한국은행, 기획재정부, 금융위원회 및 예금보험공사 등 6개 기관 간의 '정보 공유 및 공동검사 양해각서'(2009년 9월)에 의해 금융감독원과 한국은행 간의 정보공유 범위를 확대하였을 뿐만 아니라 긴급한 경우 지체없이 공동 검사를 수행토록 하는 등 협력을 강화하였다.

3. 예금보험공사의 관계

예금보험공사는 업무수행을 위하여 필요하다고 인정하는 경우 금융감독원에 대하여 부보 금융회사에 대한 검사를 요청하거나, 예금보험공사 소속직원이 검사에 공동으로 참여할 수 있도록 요청할 수 있다.

4. 한국자산관리공사와의 관계

금융기관부실자산 등의 효율적 처리 및 한국자산관리공사의 설립에 관한 법률 제47조(감독)에 의해 금융위원회는 한국자산관리공사의 업무를 감독하며 그 감독상 필요한 명령을 할 수 있고, 금융감독원장은 금융위원회의 지시에 따라 한국자산관리공사의 업무, 회계 및 재산에 대해 검사할 수 있다.

5. 금융위기 극복을 위한 조치

① **외환시장 안정화 조치** : 2008년 10월 정부는 대한민국 외에서 외화차입에 어려움을 겪고 있는 대한민국 내 금융회사의 외화유동성 지원을 위해 은행 대외채무에 대한 지급보증 계획을 마련하였고, 이후 2008년 11월 14일 금융감독원은 18개 대한민국의 은행과 외화지급보증에 따른 양해각서(MOU)를 체결하였다. 대한민국 정부가 은행의 대외채무 지급을 보증하고 이에 대해 은행은 외화유동성 확보노력, 실물경제에 대한 원활한 유동성 공급지원, 경영합리화 및 자본확충 계획 등을 내용으로 하고 있다. 이후 지급보증은 2009년 12월 31

일까지 연장되었고, 이러한 노력에 대한 결과로 2009년 상반기 중 국내은행의 중장기(1년 초과) 차입실적은 140.2억달러로 '08년 하반기(48.5억달러) 대비 91.7억달러 증가하였다.

② 은행자본 확충 : 경기침체 심화로 인한 차주의 채무상환 능력 악화 및 기업구조조정 추진에 따른 부실여신 증가 등으로 BIS비율의 추가 하락이 예상됨에 따라 금융감독원은 국내은행을 대상으로 증자 및 내부유보 확대 등을 통해 은행 스스로 자기자본을 확충하도록 권고하였다. BIS비율 위주의 목표 수준을 제시하게 되면 은행들이 동 목표 수준을 유지하기 위하여 자기자본의 증대보다는 대출을 감축하게 되는 디레버리징(deleveraging)을 우선 선택함으로써 신용경색의 악화와 실물경제의 위축을 가중시킬 수 있다는 점을 고려하여 은행별로 필요한 자기자본 확충 규모를 제시하였다. 국내은행은 적극적인 자기자본 확충에 나서 2008년 10월에서 12월까지 총 16.2조원의 자본을 확충하였고 이러한 자본확충 노력으로 2008년말 국내은행의 BIS비율은 12.3%로 금융위기 이전 수준을 회복하였다. 자본확충 세부내역을 살펴보면 증자 5.9조원, 신종자본증권 발행 0.3조원, 후순위채권발행 8.9조원, 자사주매각 1.1조원 등이다.

③ 은행권 부실채권 정리 : 금융위기에 따른 경기하락, 2008년 하반기 이후 지속적으로 추진되었던 기업구조조정 등의 영향으로 2008년 하반기부터 은행의 부실채권 비율이 급등하여 2008년 6월말 0.70%에서 2009년 6월말 1.51%로 0.81%p 상승하였다. 이에 따라, 금융감독원은 대한민국 내 은행에 대해 2009년 말까지 부실채권비율을 원칙적으로 1% 수준으로 감축하도록 지도하였고, 금융감독원은 은행별로 목표비율을 협의하여 확정하였다.

④ 원화 유동성비율 제도 개선 : 금융위기 직후 채권시장의 신용경색 현상이 심화되고 있는 상황에서 잔존만기 1개월 기준으로는 유동성에 큰 문제가 없음에도 불구하고 3개월 기준 유동성비율 규제를 준수하기 위하여 CD 및 은행채의 발행수요가 증가하게 되어 은행채 수익률 스프레드의 상승과 CD 등 여타 금리의 동반 상승이 야기되는 등 금융시장 전반에 부정적인 영향이 나타나게 되었다. 이에 따라, 2008년 10월 금융감독원은 원화유동성 비율의 잔존만기를 3개월에서 1개월 이내의 유동성 자산 및 부채를 기준으로 산출하도록 관련 규정을 개편하였다.

6. BCBS(Basel Commiittee on Banking Supervision)정례회의 유치 등 국제협력

금융위기를 겪으면서 각국의 감독당국은 기존의 바젤Ⅱ 자본규제가 미시건전성 규제에 편중되어 있어 시스템리스크의 확산과 금융위기 재발을 막는데 한계가 있었다는 인식을 공유하게 되었다. 이에 금융감독원은 BCBS(Basel Committee on Banking Supervision), FSB(Financial Stability Board) 등과 같은 국제기구 주도하에 진행되고 있는 금융위기 극복을 위한 정책 공조나 글로벌 금융감독 제도 개편 논의에 적극적으로 참여하였다.

금융감독원은 2009년 3월 BCBS에 정식회원으로 가입 한 이후 14개의 실무그룹, 2개의 정책그룹(PDG, Policy Development Group) 및 바젤위원회 회의(level 1), 최고위급 회의(GHOS, Group of Governors and Heads of Supervision)에 참여하고 있다. 2010년에는 두 차례 BCBS의

회의가 서울에서 개최(2010.6.16일~17일 PDG(Policy Development Group), 2010.10.19일)되었는데, 금융감독원은 G20 서울 정상회의에서 핵심 규제사항에 대한 국제적 합의가 원활하게 도출될 수 있도록 적극적인 중재역할을 수행하였다. 이와 관련, 금융감독원이 제시한 의견이 BCBS의 회원국 지지를 얻어 2010년 11월 G20정상회의에서 "자본 및 유동성 규제방안"이 승인되자, 종전의 국제기준 추종자(rule follower) 위치에서 나아가 국제기준 제정자(rule setter)로서 한국 금융감독원의 국제적 위상이 높아진 것으로 평가되었다. 이후 BCBS는 2010년 12월 "자본 및 유동성 규제방안"에 대한 기준서(Rules text)를 발표하였다.

7. 기업 구조조정

2008년 9월 리먼브라더스 파산 이후 신용경색이 심화되고 경기침체가 현실화됨에 따라 경기민감 업종인 건설·조선·해운업체 등에 대한 구조조정의 필요성이 대두되었다. 이에 따라 금융감독원은 2008년 11월 기업의 금융애로 해소 및 재무개선 등을 지원하기 위해 금융위원회와 합동으로 기업재무개선지원단을 설치하고 그해 12월 구조조정 추진방향 및 추진체계를 발표하였다. 기업구조조정의 핵심 원칙은 채권금융기관이 자율적으로 기업구조조정을 추진하고 기업재무개선지원단, 채권금융기관, 채권금융기관 조정위원회, 대한민국 정부는 각각 필요한 역할을 분담하기로 한 점이다. 2010년에는 효율적인 상시 구조조정 추진을 위한 신용위험평가 기준을 마련하였으며, 동 기준에 의해 연 1회 정기평가 및 분기별 수시평가를 실시하고 있다. 2010년 중 구조조정 대상으로 선정된 업체수는 279개사이며 이 중 102개사에 대하여 워크아웃을 통한 경영정상화를 추진하였다.

7 서민금융 지원

1. "서민금융119" 포털사이트

글로벌 금융위기 영향 등으로 서민들의 금융애로가 증가함에 따라 2009년 3월 금융감독원은 서민들에게 필요한 대출안내 등 금융관련 정보를 종합적으로 제공하기 위하여 서민전용 금융 포털사이트인 서민금융 119서비스(s119.fss.or.kr)를 개설하였다. 동 포탈사이트(서민금융119서비스)에서는 서민들의 금융생활에 직결된 대출안내, 무료신용 조회, 전화금융 사기 대응요령, 제도권 금융회사 조회, 금융지식 제공, 신용회복 및 자활지원제도, 불법금융행위 제보 등의 서비스를 제공하고 있고, 370여개 개관의 홈페이지와 연결되어 있다.

2. "맞춤형 서민금융상담" 실시

금융감독원은 2009년 11월 4개 유관기관과 합동으로 "맞춤형 서민금융상담" 행사를 개최하였다. 이후 2011년 4월에는 금융감독원과 10개 기관(한국자산관리공사, 한국대부금융협회, 신용회복위원회 등)과 업무협약(MOU)을 체결하고 매월 정례적으로 행사를 개최하고 있다.

동 행사는 크게 강영과 상담으로 진행되는데 강연 내용은 저소득 가계의 신용관리방법, 가계의 합리적인 경제생활, 재테크 방법 등에 관한 내용이며 참석자들은 강연장 밖에 마련된 상담

부스에서 서민금융 유관기관의 전문상담원들과 1：1로 개별 상담을 받는다. 주요 상담 내용은 사금융피해(불법이자율 채무조정), 햇살론, 새희망홀씨대출, 미소금융, 바꿔드림론(20% 이상의 고금리 채무를 저금리 채무로 전환), 개인 워크아웃, 노후설계(재무상담), 본인에게 적합한 대출상품 안내, 전월세 자금대출, 개인회생 및 파산제도 상담 등이다. 행사 참가신청은 금융감독원 홈페이지(www.fss.or.kr), 서민금융119 사이트 또는 한국이지론 사이트(www.egloan.co.kr)를 통해 접수가 가능하다.

한국수출입은행

1 기관소개

기업의 자본재수출과 주요자원 수입, 해외투자 및 해외자원개발 등 대외경제협력에 필요한 금융을 제공하고, 대외경제협력 기금 및 남북협력 기금을 운용·관리함으로써 국민경제의 건전한 발전을 촉진하는 공적수출신용기관

2 설립목적

수출입은행은 수출입, 해외투자 및 해외자원개발 등 대회 경제협력에 필요한 금융을 제공함으로써 국민 경제의 건전한 발전을 촉진함을 목적으로 합니다.

3 기능 및 역할

공적수출신용기관(ECA)으로서 국가 대외거래 지원	• 해외건설·플랜트, 선박 등 주요 수출산업 및 창조경제 부문의 금융지원 • 해외투자 해외자원개발산업 대한 전략적 지원 • 국민경제에 긴요한 주요자원 및 필수원자재 등의 수입 지원
대외경제협력기금(EDCF)을 통한 대 개도국 경제협력 증진	• 개도국 경제개발 원조 사업에 대한 심사, 차관공여계약체결, 자금집행 및 사후관리 • 공적개발원조(ODA)정책방향 연구
남북협력기금(KCF)를 통한 통일기반 조성에 기여	• 유무상 지원 사업에 대한 심사, 자금집행 및 사후과리 • 북한의 조선무역은행과 함께 청산결제 전담은행으로 지정

4 연혁

• 1976.07. 한국수출입은행 설립(최초 법정자본금 1,500억원)
• 1977.01. 수출보험업무(정부대행사업) 취급 개시

- 1987.06. 대외경제협력기금업무(정부위탁업무) 취급개시
- 1991.03. 남북협력기금업무(정부위탁업무) 취급개시
- 1992.07. 수출보험업무 한국수출보험공사(신설)로 이관
- 2003.09. 남북한 청산결제은행으로 공식지정
- 2005.12. 국제개발은행의 신탁기금 운용, 관리업무(정부위탁업무) 취급개시

5 경영목표 및 전략

① 경영목표 : 대외경제협력증진을 통한 국민경제의 건전한 발전 도모
② 경영전략
    ㉠ 해외건설·플랜트사업의 주도적 발굴 및 금융지원 강화
    ㉡ 조선해양산업의 지속가능성장 견인
    ㉢ 新전략산업으로서 서비스산업에 대한 지원기반 확충
    ㉣ 관계금융 중심으로 중소·중견기업 지원체계 재정립
    ㉤ 국내외 유동성을 활용한 레버리지 효과 제고
    ㉥ 아국기업의 글로벌 경쟁력 강화 지원
    ㉦ 여신운용의 합리성 제고

6 비전/경영전략

수출입은행은 '융합'의 방식을 통해 성장의 장애요인을 돌파하고 국가경제 발전을 선도하는 대외정책금융 전담기관으로 거듭나려 합니다.

Innovative ECS
①금융주도로 정체 위기의 '현' 전략산업의 수출 및 성장 부흥
②'미래' 전략산업의 발굴과 지원을 통한 신성장 동력 확보
③민간자본 연계 및 금융 자문을 통해 수은 파급효과
　최대화 및 국가 경쟁력 확보

내수 및 중소중견 기업 성장 촉진'관계금융' 파트너
④수출입, 해외진출 및 판로 다각화를 통한 중소중견기업 강화
⑤관계금융 지원을 통한 중소 · 중견기업 생산성 강화
⑥내수 부흥을 촉진하는 서비스 산업 성장 지원

1. 한국 전략산업
　추가 성장

2. 국내 산업간
　불균형 해소

'융합'을 통해 대한민국 성장의 장애요인을 돌파하는
'통합 Solution Provider'
⑨수출입금융, EDCF, 남북협력기금 간 '융합'을 통한
　전략적 사업 발굴 및 개발
⑩'Control Tower' 기능 강화를 통한 전행적 전략 실행 지원

3. 경제협력을 통한
　동반 성장

4. 통일시대 선도

단순 수탁 기관이 아닌 개발협력 사업 주도 기관
⑦EDCF사업 고도화 통한 국격 제고 및 개도국 성장
　지원을 통한 동반 성장

수은의 특화된 개발협력 노하우를 통한 북한 개방 유도,
통일시대 선도
⑧북한 개발 로드맵 수립 및 국제협력 촉진을 통한
　북한 개발협력 사업 선도와 통일 시대 선도

PART
01

7 핵심가치

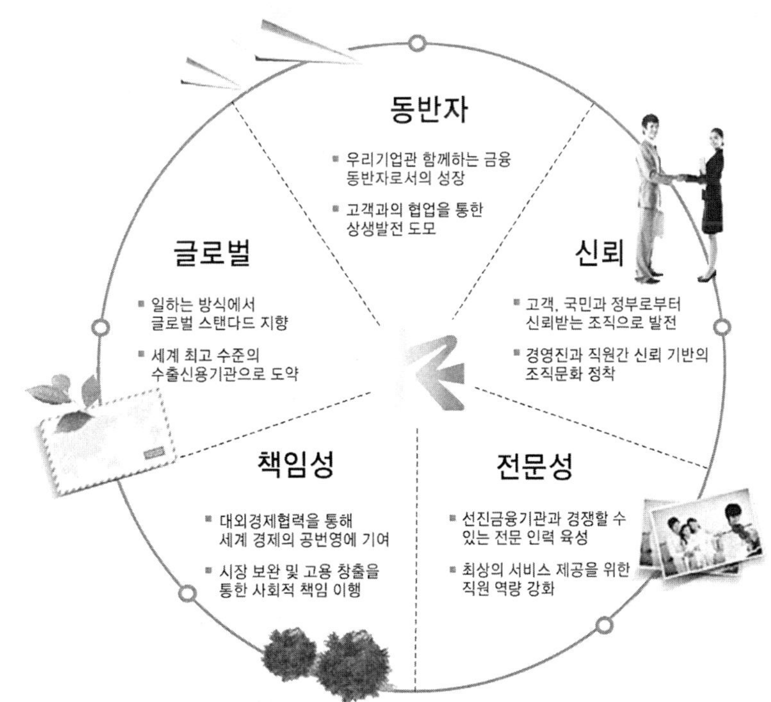
동반자
■ 우리기업과 함께하는 금융
　동반자로서의 성장
■ 고객과의 협업을 통한
　상생발전 도모

글로벌
■ 일하는 방식에서
　글로벌 스탠다드 지향
■ 세계 최고 수준의
　수출신용기관으로 도약

신뢰
■ 고객, 국민과 정부로부터
　신뢰받는 조직으로 발전
■ 경영진과 직원간 신뢰 기반의
　조직문화 정착

책임성
■ 대외경제협력을 통해
　세계 경제의 공번영에 기여
■ 시장 보완 및 고용 창출을
　통한 사회적 책임 이행

전문성
■ 선진금융기관과 경쟁할 수
　있는 전문 인력 육성
■ 최상의 서비스 제공을 위한
　직원 역량 강화

08

한국무역보험공사

1 개요

한국무역보험공사(K-sure)는 우리나라 '수출 · 수입보험제도'를 전담 · 운영하는 정부출연기관으로 '92년도 설립되었습니다.

1. 수출보험이란?

수입자의 계약 파기, 파산, 대금지급지연 또는 거절 등의 신용위험과 수입국에서의 전쟁, 내란 또는 환거래 제한 등의 비상위험 등으로 수출자 또는 수출금융을 제공한 금융기관이 입게 되는 손실을 보상합니다.

궁극적으로 우리나라의 수출을 촉진하고 진흥하기 위한 수출지원제도입니다.

수출보험제도는 그 공익적 특수성으로 인하여 위험의 측정이나 보험료의 결정 등이 '대수의 법칙'에 의하여 이루어지기 보다는 수출 등 대외거래에 대한 지원필요성에 따라 이루어지고 보험자인 무역보험공사 역시 특별법에 의하여 설립된 특수법인으로서 영리를 목적으로 하지 않습니다.

2. 수출보험의 기능

수출자는 수출대금을 받지 못하여 발생한 손실을 보상받을 수 있기 때문에 위험성이 있는 외상거래나 신규 수입자의 적극적인 발굴을 통한 신시장 개척 및 시장다변화를 도모할 수 있습니다.

금융기관은 담보능력이 부족한 수출업체에 대해서도 수출보험증권이나 수출신용보증서를 담보로 활용하여 무역금융 지원 확대 및 위험도가 높은 수출거래에 대한 지원이 가능합니다.

3. 수출보험의 종류

무역보험공사는 각종 대외거래와 관련하여 13개의 보험제도, 2개의 보증제도 및 기타 서비스를 제공하고 있습니다.

① **단기성**(결제기간 2년 이내의 수출거래) : 단기수출보험, 수출신용보증(선적전, 선적후, Nego), 중소기업Plus+보험 등

② **중장기성**(결제기간 2년 초과 수출거래) : 중장기수출보험(선적전, 공급자신용, 구매자신용), 해외사업금융보험, 해외투자보험(주식, 대출금, 보증채무, 부동산에 대한 권리), 해외자원개발펀드보험, 해외공사보험, 수출보증보험, 이자율변동보험, 서비스종합보험(기성고 · 연불방식)

③ 기타 보험종목 및 서비스 : 환변동보험, 신뢰성보험, 수입자 신용조사 서비스, 해외채권 추심대행 서비스

4 수입보험이란?

원유, 철, 시설재 등 국민경제에 중요한 자원이나 물품을 수입하는 경우 국내기업이 부담하는 선급금 미회수 위험을 담보하거나 국내기업에 대한 수입자금 대출지원이 원활하도록 지원하는 제도입니다.

① 수입보험의 세부종목

   ㉠ 수입자용 수입보험 : 국내기업이 주요자원의 수입을 위하여 해외에 소재하는 수입계약 상대방에게 선급금을 지급하였으나 비상위험 또는 신용위험으로 인하여 선급금이 회수되지 못함에 따라 발생하는 손실을 보상

   ㉡ 금융기관용 수입보험 : 금융기관이 주요자원의 수입을 위하여 필요한 자금을 국내수입 기업에 대출하였으나 국내기업의 파산 등으로 대출금이 회수되지 못함에 따라 발생하는 손실을 보상

2 비전

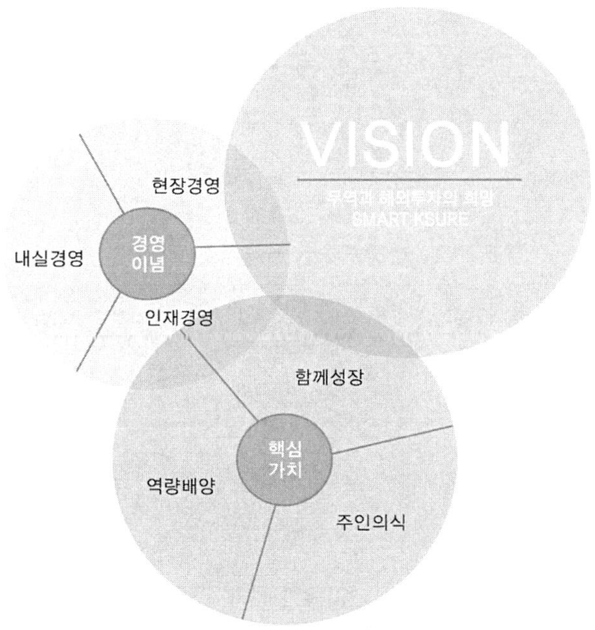

3 연혁

① 1992년 7월 7일 한국수출보험공사 설립
② 2010년 7월 7일 K-sure 한국무역보험공사로 개칭

4 경영전략

설립목적	무역과 해외투자 촉진을 통해 국가경쟁력을 강화하고 국민경제 발전에 이바지

경영비전	무역과 해외투자의 희망, Smart K-sure

비전목표	무역투자금융 창조기관으로서 경쟁우위확보

함께성장		내실경영
주인의식	핵심가치 · 경영이념	현장경영
역량배양		인재경영

비전목표	총량지원 215조원	글로벌금융 51조원	중소중견 지원실적 58조원	기금규모 1.8조원	고객만족도 최우수
전략방향	무역투자정책의 핵심 실행기관	경쟁력 있는 무역투자금융	중소중견기업 글로벌화 지원	전문역량 제고 및 견실한 조직구현	고객만족과 브랜드가치 제고

경영전략 전개도

최적의 무역 및 금융 솔루션 제공
- 단기 포트폴리오 개편
- 해외리스크 핵심역량 강화
- 단기제도운영 패러다임 선진화

해외 프로젝트 수주경쟁력 강화
- 해외 프로젝트금융 지원강화
- 해외투자와 해외진출 자원체계 고도화
- 산업별 맞춤형 지원 강화

단기경영전략

글로벌 전문기업 체계적 육성
- 수출기업 성장생태계 조성
- 수출신용보증 운영 내실화
- 중소·중견기업 해외사업지원 통한 글로벌화 견인

내실경영 위한 경쟁력 강화
- 전문역량 제고 및 조직경쟁력 강화
- 기금건전성 제고
- 고객만족경영 강화
- 생산성 향상 추진

단기 경영잔략

한국예탁결제원

1 소개

한국예탁결제원은 증권 등의 집중예탁과 계좌간 대체, 매매거래에 따른 결제업무 및 유통의 원활화를 위해 1974년 12월 6일에 설립되었다. 대한민국 금융위원회 산하 기타공공기관으로 본사는 부산광역시 문현금융단지 부산국제금융센터에 위치하고 있다. 서울 여의도와 경기도 일산에 각각 여의도 사옥과 일산센터가 소재하고 있다.

2 연혁

① 1974년 12월 한국증권대체결제주식회사로 출범
② 2009년 2월 한국예탁결제원으로 사명 변경
③ 2014년 11월 본사 부산 이전

3 역할

① 자본시장을 지원하고 있습니다.

한국예탁결제원은 증권의 발행·유통시장에서 발생하는 증권관리사무를 담당함으로써 증권의 보관과 결제의 안정성을 확보하고 증권관리사무의 효율성을 제고하여 궁극적으로 자본시장과 국민경제의 발전에 기여하고 있습니다.

② 증권종합관리서비스 제공기관입니다.

한국예탁결제원은 증권의 발행의 유통이 원활하게 이우어지는데 필요한 종합증권서비스를 제공하는 기업입니다.

㉠ 증권의 유통성 증대를 통해 증권거래를 활성화시켜 투자자들이 투자자금을 ㄹ조기에 회수할 수 있습니다.

㉡ 실물증권의 이동에 따른 분실·도난·위조증권의 유통을 방지함으로써 증권거래의 안정성을 확보합니다.

㉢ 증권토자자를 대신하여 증권관리사무를 중립적으로 처리하므로 투자자들은 안전하고 간편하게 권리를 확보할 수 있습니다.

ⓔ 간편한 증권발행르로 발행회사의 비용을 절감시키고, 발행회사의 증권관리사무를 혁신
하여 자금조달을 용이하게 합니다.
ⓜ 실물증권에서 파생되는 각종 증권관리사무의 개선을 통해 투자자와 증권회사 등 이용자
의 업무부담을 경감시키고 있습니다.
ⓑ 증권예탁결제에 관한 정보를 종합관리하여 필요한 정보를 이용자에게 신속하고 편리하
게 제공합니다.

1. 발행시장 지원

① 채권등록 업무
② 전자단기사채 관리 업무
③ 명의개서대행 업무
④ 사채관리회사 업무
⑤ 증권용지 관리 및 증권발행 대행 업무

2. 유통시장 지원

① 증권등 예탁 및 권리관리 업무
② 장내외 증권시장 결제 업무
③ 상장증권 위탁매매거래에 대한 청산 및 결제 업무
④ 전자투표 관리 업무
⑤ 증권정보 관리 업무
⑥ 금(金)현물시장 금지금 보관 및 결제 업무

3. 자산운용시장 지원

① 집합투자증권 설정, 환매관리 업무
② 집합투자재산 집중 운용지시 업무
③ 수익자명부 작성, 관리 업무
④ 펀드보고서 통합관리 업무
⑤ 펀드 일반사무관리 업무

4. 증권파이낸싱 지원

① 증권대차거래 중개 업무
② Repo 관리 업무
③ 담보콜거래 관리 업무
④ 선물대용증권 관리 업무
⑤ 장외파생상품거래 담보관리 업무
⑥ 고객담보관리 업무

5. 글로벌 증권시장 지원

① 외화증권 예탁, 결제 및 권리행사 업무

② 해외증권 전환, 행사, 지불대리인 업무

③ 외국인을 위한 보관기관, 상임대리인 업무

④ 해외DR 원주관리 업무

⑤ 외국법인을 위한 KDR 발행 및 관리 업무

4 미션 및 비전체계

미션 Mission	우리는 편리하고 안전한 금융투자 인프라를 제공하여 자본시장 발전에 기여한다.

비전
Vision

세계 일류
종합증권서비스 기업
World Class Securities Service Provider

핵심가치
KSD Value

고객 Client	사회 Community	직원 KSDian
신뢰받는 파트너 우리는 신뢰를 바탕으로 고객과 함께 한다.	**따뜻한 기업시민** 우리는 기업시민으로서 사회적 책임을 다한다.	**책임있는 전문가** 우리는 책임감을 가진 전문가를 지향한다.

경영이념
Management
Philosophy

열정(Passion), 원칙(Principle), 전문성(Professional)

전략목표
Strategic
Objectives

세계일류의 예탁결제시스템 구축	경쟁력 있는 부가 가치 서비스 제공	글로벌 자본시장 비즈니스 강화	부산 본사시대의 지속적인 경영혁신

5 전략목표 및 전략과제

1. 세계 일류의 예탁결제시스템 구출

① 증권의 전자화 확대

② 청산결제 서비스의 국제정합성 제고

③ 예탁, 권리관리 서비스 고도화

6 주요 기능

1. 예탁결제제도와 집중예탁제도

증권예탁결제제도란 투자자, 금융투자회사 등이 중앙예탁결제회사에 계좌를 개설하고, 소유하고 있는 유가증권을 예탁한 후 매매거래 등에 따른 결제를 실물의 이동 없이 계좌 간 대체로 처리하는 제도이다.

증권매매거래와 소유권 변동을 위해 유가증권이 대량유통되는 업무의 번잡함을 줄이고 도난이나 분실 등의 사고발생 위험을 해소하여 유통의 원활화를 기하자는 것이 예탁결제제도의 취지이다. 우리나라에서는 1973년 제5차 증권거래법 개정에 의해 증권예탁결제제도가 최초로 도입되었고, 예탁결제업무를 수행하는 회사로 1974년 12월 한국예탁결제원의 전신인 한국증권대체결제주식회사가 설립되었다. 예탁결제제도가 자리잡기 위해서는 증권발행이 표준화, 정형화될 필요가 있다. 특히, 1975년에 연이어 발생한 주권위조사건 이후 규격화된 유가증권의 발행이 요구되었으며 이를 위해1977년 8월에 '통일규격 유가증권 취급규정'이 제정되었다. 또한 유가증권의 발행에 따른 사고를 예방할 수 있으려면 전문발행대행기관이 발행업무를 맡도록 하는 것이 필요하다. 따라서 '통일규격 유가증권 취급규정'에서는 발행업무를 명의개서 대리인에게 위탁하도록 하였다.

명의개서는 주주가 회사에 대해 자신의 권리(주주권)를 주장하기 위해 주주명부에 자신의 성명을 기재하는 행위이다. 명의개서를 위해서는 주주 본인이 발행회사를 찾아가야 하고 또 발행회사 입장에서는 주주관리 업무에 많은 인력과 시간을 투입해야 하는 어려움이 발생하게 된다. 기업공개정책으로 인해 증권시장이 성장하면서 명의개서, 권리주주의 확정 등 발행회사의 업무가 폭증하게 되자 발행회사를 대신해서 전문기관이 그것을 처리해주는 명의개서대리인제

도가 도입되었다. 1974년 증권거래법 개정에 의해 예탁결제회사인 한국증권대체결제회사가 증권예탁결제업무와 명의개서업무를 함께 수행하다가, 1984년 4월의 개정 상법에 의해 명의개서대리인제도가 법제화되었으며 상장법인뿐 아니라 주식회사 전체로 이 제도가 확대, 시행되었다. 집중예탁제도는 기본적으로 증권거래를 계좌 간 대체에 의해 결제하도록 함으로써 실물증권의 이동에 따른 비용을 줄이고 유가증권의 매매거래에 따른 결제처리의 신속성, 효율성, 안정성을 도모하기 위한 것이다. 집중예탁제도가 중앙예탁결제회사에 유가증권을 집중예탁하고 예탁한 증권의 양도나 질권설정 등의 권리이전을 할 때 실물증권을 인도하지 않고 장부상의 대체기재(book-entry)만으로 증권의 교부가 있었던 것과 동일한 효력을 인정하기 때문이다. 하지만 이 제도는 여전히 실물증권의 발행을 전제로 하여 장부상 대체기재를 실물증권의 점유나 교부와 동일한 것으로 의제하는 것으로서 실물증권의 발행으로부터 완전히 벗어나지 못하고 있다는 한계를 가지고 있다.

2. 전자증권제도 도입

전자증권제도는 주권, 채권 등 유가증권을 종이 형태의 실물로 발행하지 않고 해당 권리를 전자등록부에 기재하여 권리의 취득, 양도 및 행사를 가능하도록 하는 제도이다. 전자증권제도에서 투자자는 금융투자회사 등에 개설한 계좌를 통해서만 증권을 취득, 보유하거나 양도할 수 있다. 이 제도는 1983년 덴마크가 세계 최초로 도입한 이래, 프랑스, 영국, 스웨덴 등 유럽국가들을 중심으로 급속히 확산되었고, 증권관리제도의 새로운 국제표준으로 자리잡아 가고 있다. 전자증권제도는 유가증권이 중앙예탁결제회사에 통상 90% 정도 예탁되어 부동화되는 경우 자연스럽게 이루어 질 수 있다. 이 단계에서는 실물 증권 수요와 필요성이 거의 사라지게 되어 형식적으로 실물증권을 굳이 발행할 필요가 없어지기 때문이다. 국내의 경우 2013년 1월 전자증권제도의 일환이라고 할 수 있는 전자단기사채제도가 시행되어 2015년 1분기 기준 그 발행액이 203조원에 달하고 있다. 발행회사의 경우 증권 발행절차를 간소화하고 자금조달 비용을 질감힐 수 있으며 금융기관은 실물증권 관련 비용과 업무처리시간을 대폭 절감할 수 있다. 투자자 입장에서는 실물증권 보유로 인해 발생하는 위조, 변조, 도난, 분실 등의 위험을 방지할 수 있고, 각종 권리행사가 더욱 편리해진다. 증권시장 측면에서는 발행증권의 수량, 투자자별 보유현황 및 거래내역 등이 전자적으로 관리되므로 증권의 발행, 유통에 관한 현황파악이 용이하여 증권시장의 투명성이 제고되는 효과가 있다. 금융위원회는 2015년 6월말 관련 법안을 입법 예고하였다.

3. 전자투표와 전자위임장 서비스

전자투표제도란 주주가 주주총회에 직접 출석하지 않고 인터넷을 이용하여 의결권을 행사하는 제도이다. 주주총회는 주로 특정 지역과 특정 기간에 집중되어 개최된다. 이에 따라 회사는 주주총회 성립요건을 달성하기 어렵고 주주는 주주총회 참석에 제약을 받게 된다. 이러한 회사와 주주 모두의 불편을 해소하기 위해 2010년 전자투표제도가 국내에 도입되었다. 최초 도입 이후 4년간 상장회사 중에 전자투표제를 채택한 곳은 79곳이었으나 2014년에는 346개 기업이 전자투표제를 채택하였다.

전자위임장제도란 발행회사 등 위임장 권유자가 위임장 용지 및 참고서류를 인터넷상에 게시하고 주주는 공인전자서명을 통해 전자적으로 위임장을 수여하는 제도이다. 주주는 전자투표와 전자위임장 관리기관인 한국예탁결제원을 통하여 주주총회 관련 자료를 제공받고 전자적 방식으로 의결권 등 주주권을 행사하거나 전자위임장을 행사한 후 회사가 제출한 주주총회 결과를 조회할 수 있다. 발행회사는 전자투표 및 전자위임장 제도를 이용하여 주주에 대한 권리 행사 서비스를 개선하고 주주 중시 경영을 통한 기업 이미지를 높일 수 있으며 주주총회 관리 업무 전산화 달성 및 위임장 교부 관련 비용 절감 등의 혜택을 누릴 수 있다. 주주 입장에서는 주주총회에 직접 참석하지 않고 언제 어디서나 인터넷에 접속하여 편리하게 의결권 행사가 가능하여 주주권이 강화되는 효과가 있다.

4. 펀드넷(FundNet)

펀드넷은 한국예탁결제원이 운영하는 자산운용(집합투자)시장의 펀드전산망 허브로서 자산운용회사, 매매중개회사, 수탁회사, 일반사무관리회사, 판매회사 등 여러 참가자 간 시스템을 연계하여 표준화된 데이터 및 메시지로 효율적인 펀드 관련 업무를 지원하고 있다. 종전의 '간접투자자산운용업법'에 근거하여 2004년 4월 펀드넷이 구축, 오픈되었다. 펀드넷은 집합투자증권의 설정환매, 집합투자재산의 운용지시, 펀드별 예탁결제, 수익자명부관리 등 펀드의 생성, 성장, 소멸에 이르기까지 집합투자증권 및 집합투자재산의 관리와 관련된 서비스를 제공하고 있다. 펀드넷이 도입되기 전까지 국내 자산운용산업은 수작업 업무환경에 의존하고 있었다. 이를 펀드넷이 디지털 체계로 전환함으로써 처리시간 및 사무착오가 축소되어 관련 사무 비용을 대폭 절감하였다. 2013년 기준 펀드넷을 통한 비용 절감 효과는 687억원에 달하는 것으로 분석되었다. 집합투자재산의 투명한 관리로 투자자의 신뢰를 높이고 펀드운용 관련 정보를 표준화하고 그 수집의 적시성과 신속성이 확보되어 수탁회사, 금융감독원 등 외부감시기관의 실질적 준법감시활동이 쉽게 이루어질수 있도록 지원하는 측면도 있다.

5. 미수령 주식 찾아주기 캠페인

미수령주식이란 유상증자, 주식배당 등으로 발생한 주식을 주주가 주소변경 등의 사유로 통지를 받지 못했거나, 상속인이 상속내용을 모르고 찾아가지 않아 명의개서대행회사가 보관하고 있는 주식을 말한다. 이러한 미수령주식을 국민들에게 찾아줌으로써 가정경제, 국가경제에 보탬이 되기 위해 미수령주식 찾아주기 캠페인이 시작되었다. 국내 명의개서대행회사(한국예탁결제원, KB국민은행, 하나은행) 중 한국예탁결제원은 2009년부터 2014년까지 6년간 연속적으로 캠페인을 실시하였고, 2013년부터는 '찾아주는 캠페인'으로의 패러다임 전환을 통해 더욱 적극적으로 서비스를 제공하였다. 행정자치부와 법원행정처 등의 협조를 통해 사망주주의 상속인을 확인하고 주식을 찾아가도록 안내했다. 특히 2014년에는 정부 3.0 추진계획에 근거하여

캠페인 실시의 효과를 극대화하고자 다른 명의개서대행회사인 KB국민은행, 하나은행과 최초로 공통캠페인을 실시하였다.

주주의 미수령주식을 효과적으로 찾아주기 위해 행정자치부와 함께 미수령주식 소유자의 현재 주소지를 파악하고 미수령주식 수령과 관련한 안내문을 우편 발송하는 방식으로 캠페인을 진행했다. 또한 국민편의를 위해 주식찾기 전용창구와 콜센터도 설치, 운영하였다.

2014년 10월 1일 한국예탁결제원에서 대국민 미수령주식 찾아주기 캠페인 공동추진을 위한 협약식을 갖고 10월 한 달간 캠페인을 진행하였다. 명의개서대행회사 3개사의 2014년도 미수령주식현황을 보면 총 347,250천주(3,318억원, 액면가 기준)에 이르며 이중 상장주식은 11,971천주(859억원), 비상장주식은 335,279천주(2,459억원, 액면가 기준)에 이르고 있다. 한국예탁결제원은 수혜자를 더욱 확대하고자 2014년도의 경우 주식 뿐만 아니라 미수령 배당금을 찾아주는 캠페인까지 추가적으로 실시하였다.

2009년부터 시작된 이 캠페인은 5년간 8,685명의 주주에게 약 5천3백만주(시가 6,358억원)의 주식을 찾아주었고, 주주들과 정부로부터 효과를 인정받는 성과를 이루었다. 특히 2014년 당시 캠페인에서는 1970년대 초 태평양화장품(현 아모레퍼시픽) 소속 백화점에 근무했던 60대 임 모 씨가 우리사주 조합원으로 유상증자에 참여해 매입한 10만원어치 주식이 주가 상승 등으로 1억3500만원으로 불어나는 기쁨을 만끽하기도 했다. 또한 행정자치부는 정부 3.0과 관련하여 민원24시에 기반한 생활정보서비스로 선정하고 한국예탁결제원의 미수령 주식 조회서비스와의 시스템 연계를 추진중에 있다.

신용보증기금

1 개요

중소기업의 든든한 희망 디딤돌이 되겠습니다.

신용보증기금은

신용보증을 통하여 중소기업의 금융을 원활히 하고
신용정보의 효율적인 관리 운용을 통하여 건전한 신용질서를 확립함으로써 균형있는 국민경제의 발전에 선도적인 역할을 수행하고 있는
세계최고수준의 <u>중소기업 종합지원기관</u>입니다.

• 신용보증, 경영지도, 신용보험, 산업기반신용보증 등 중소기업자원 기관
• 출연금의 12∼13배에 이르는 신용을 창출하여 국가 경제의 선순환구조 유도
• 긴급한 경제위기 극복에 기여함으로써 사회안전망으로서의 역할 수행

2 연혁

• 1961년 7월 1일−신용보증기금 준비금제도 실시
• 1967년 3월 3일−중소기업신용보증법 시행−중소기업 신용보증제도 실시
• 1972년 8월 3일−8. 3 긴급명령에 의하여 신용보증제도 확충−전 금융기관에 신용보증기금 설치
• 1974년 12월 21일−신용보증기금법 제정・공포
• 1975년 3월 1일−신용보증기금법 시행
• 1976년 6월 1일−신용보증기금 창립
• 1995년 5월 30일−산업기반신용보증기금 설치
• 1996년 12월 30일−신용보증기금법 5차 개정−정부출연 예산 소관을 중소기업청으로 변경
• 1997년 4월 10일−소기업및 소상공인지원을 위한 특별조치법 제정・공포, 신용보증기금이 어음보험업무를 취급토록 규정
• 1998년 5월 25일−근로자의 주거안정과 목돈마련지원에 관한 법률 개정, 1999년 1월 1일부터 주택금융신용보증기금의 관리 기관으로 지정

- 1999년 1월 1일 – 산업은행, 기술신용보증기금의 산업기반신용보증기금을 신용보증기금의 산업기반신용보증기금에 통합
- 2000년 12월 31일 – 신용보증기금법 6차 개정 – 금융기관 출연시한 폐지
- 2003년 7월 29일 – 소기업 및 소상공인지원을 위한 특별조치법 개정·공포, 신용보증기금이 어음보험과 함께 매출채권보험을 취급토록 규정
- 2004년 3월 1일 – 한국주택금융공사로 주택금융신용보증업무 이관
- 2004년 3월 2일 – 매출채권보험업무 시행
- 2005년 3월 25일 – 신용정보업무 한국기업데이터로 이관
- 2006년 6월 1일 – 신용보증기금 NEW CI 선포
- 2008년 7월 21일 – 안택수 이사장 취임
- 2012년 2월 6일 – New 비전 선포 : "기업이 행복한 세상, 함께가는 Value Creator"
- 2012년 6월 19일 – 인도네시아 자카르타에서 인도네시아 신용보증공사 잠크린도(Jamkrindo)와 양국의 신용보증제도 발전과 국제협력 강화를 위한 양해각서(MOU)를 체결
- 2014년 12월 22일 – 대구 신서혁신도시로 이전

3 주요업무

신용보증

① 일반보증 : 기업이 금융기관 등에 대하여 부담하는 각종 채무에 대한 보증
② 유동화회사보증 : SPC의 유동화 자산을 기초로 발행된 유동화증권에 대한보증
③ 보증연계투자 : 신용보증관계가 성립한 기업의 유가증권을 인수

창업기업 지원

창업상담부터 창업 후 컨설팅서비스까지 맞춤형 원스톱 서비스 제공
(창업상담 ▶ 창업스쿨 ▶ 창업자금보증 ▶ 창업기업컨설팅)

신용정보 종합관리

보증기업의 신용정보를 수집 분석하여 체계적으로 관리

주요업무

기업경영지도

중소기업의 생산성 향상과 경쟁력 재고를 위한 경영컨설팅 및 진단지도

신용보험

중소기업이 매출채권(어음 및 외상매출금) 회수불가능으로 인해 손해가 발생할 경우 보험금을 지급함으로써 연쇄도산 방지

산업기반 신용보증

SOC민간투자사업자가 대출을 받거나 사회기반시설채권을 발행할 때 부담하는 채무에 대한 보증

1. 보증/보험/SOC

① 신용보증
② 투·융자지원
③ 신용정보
④ 채권관리
⑤ 전자상거래보증
⑥ 신용보험
⑦ 매출채권보험
⑧ 어음보험
⑨ 산업기반신용보증기금
⑩ 은행권창업재단수탁업무

2. 창업 및 경영지원 등

① Job Cloud
② 창업지원업무
③ 창업지원종합시스템
④ 경영지원사업개요
⑤ 기업연수
⑥ 컨설팅
⑦ e-지식몰
⑧ 신보스타기업
⑨ 좋은일자리·최고일자리 기업 제도
⑩ 중소기업제품홍보관
⑪ 구매/매각정보
⑫ 각종서식
⑬ 업무가이드

4 비전2020

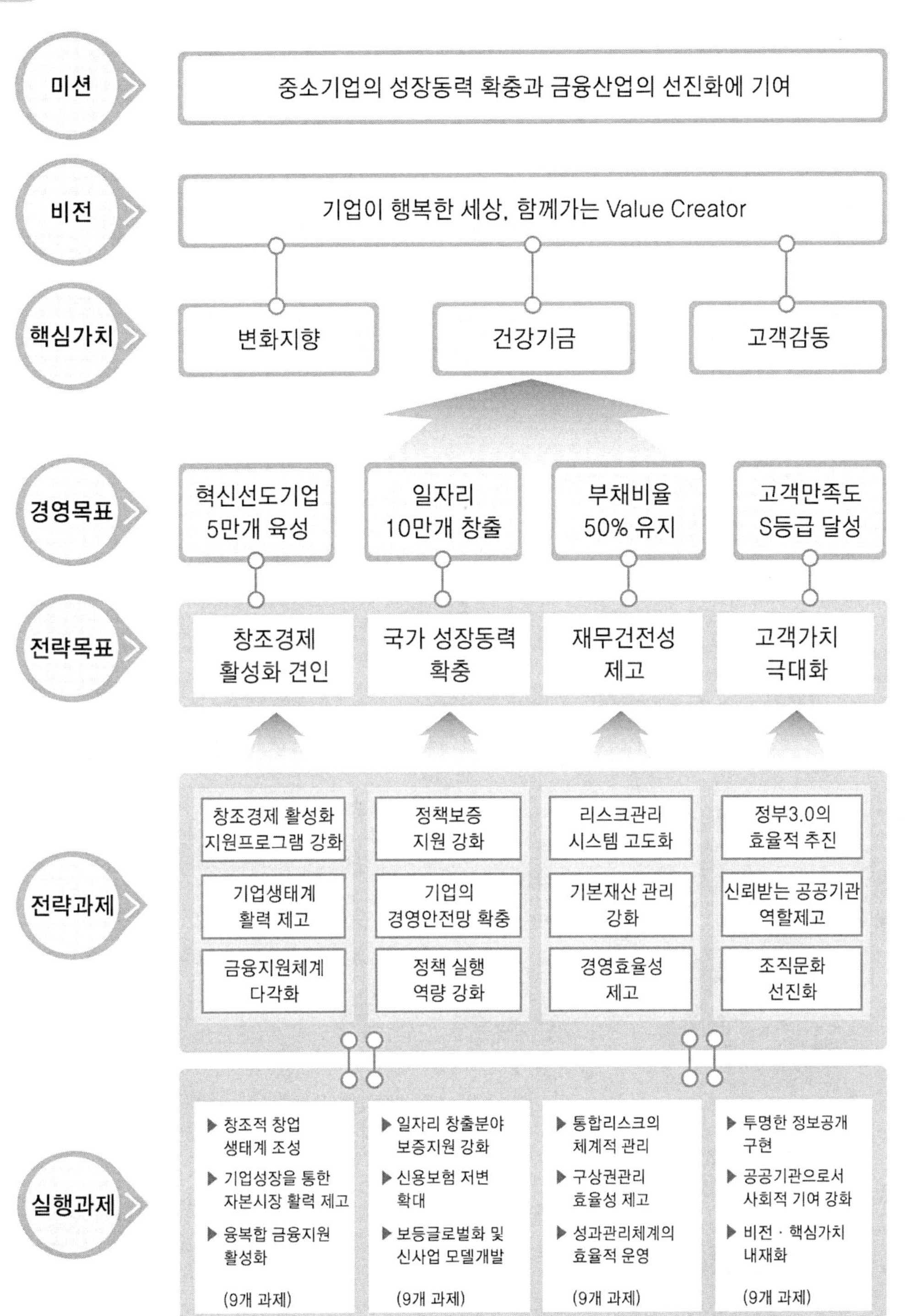

미션
중소기업의 성장동력 확충과 금융산업의 선진화에 기여

비전
기업이 행복한 세상, 함께가는 Value Creator

핵심가치
변화지향
건강기금
고객감동

경영목표
혁신선도기업 5만개 육성
일자리 10만개 창출
부채비율 50% 유지
고객만족도 S등급 달성

전략목표
창조경제 활성화 견인
국가 성장동력 확충
재무건전성 제고
고객가치 극대화

전략과제
창조경제 활성화 지원프로그램 강화
정책보증 지원 강화
리스크관리 시스템 고도화
정부3.0의 효율적 추진
기업생태계 활력 제고
기업의 경영안전망 확충
기본재산 관리 강화
신뢰받는 공공기관 역할제고
금융지원체계 다각화
정책 실행 역량 강화
경영효율성 제고
조직문화 선진화

실행과제
▶ 창조적 창업 생태계 조성
▶ 기업성장을 통한 자본시장 활력 제고
▶ 융복합 금융지원 활성화
(9개 과제)
▶ 일자리 창출분야 보증지원 강화
▶ 신용보험 저변 확대
▶ 보등글로벌화 및 신사업 모델개발
(9개 과제)
▶ 통합리스크의 체계적 관리
▶ 구상권관리 효율성 제고
▶ 성과관리체계의 효율적 운영
(9개 과제)
▶ 투명한 정보공개 구현
▶ 공공기관으로서 사회적 기여 강화
▶ 비전·핵심가치 내재화
(9개 과제)

5 경영혁신

① 비전추진 시스템을 Main System으로 다양한 Sub-System(환경변화모니터링·전략과제관리·
변화관리·성과관리)을 연계하여 운영
② 환경변화 모니터링을 통해 도출된 혁신과제를 전직원의 공감대 형성을 통하여 실행하고,
추진성과를 점검·분석하여 피드백

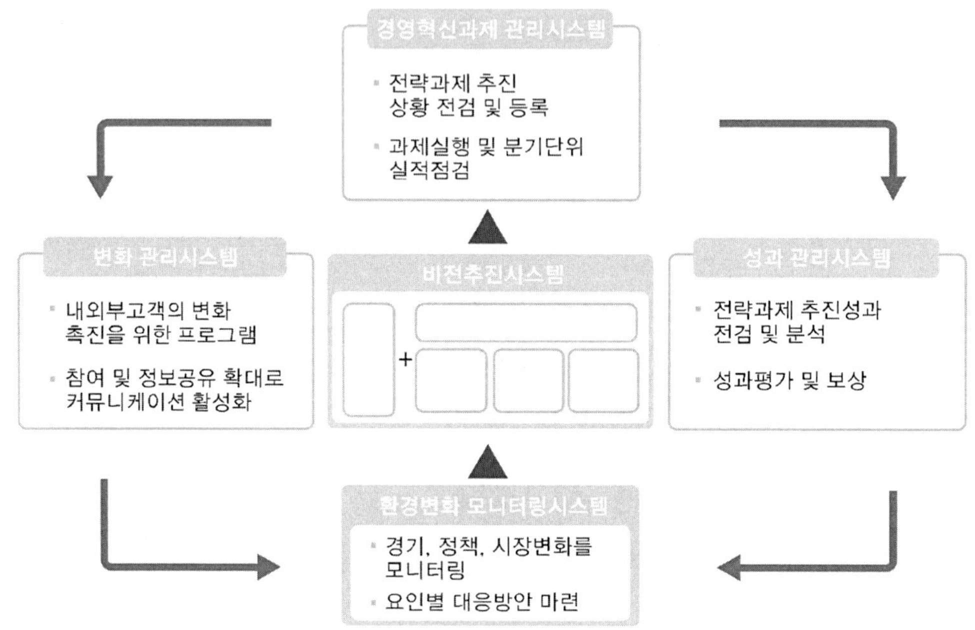

6 사회공헌활동

이웃사랑나눔단

신용보증기금은 전국의 영업점 단위로 전개하여 오던 사회공헌
활동을 보다 체계적으로 추진하기 위해 2005년 12월에 '이웃사
랑 나눔단'을 결성하였습니다.

그동안 베출어주신 성원에 보답하는 깊은 이웃에 대한 나눔경영
을 실천하여 사회적 책임과 역할을 다하는 것이라 생각합니다.
이를 실천하기 위해 우리는 2006년을 사회공헌활동 원년으로
정하고, 종합적인 방안을 확정하여 사회공헌활동에 적극 나서게
되었습니다.

앞으로도 신보는 중소기업과 함께하는 차별화된 사회공헌활동프
로그램을 개발하고 주위의 소외된 계층을 찾아 지원함으로써 아
름다운 사회를 만들어 나가는 희망디딤돌 역할을 성실히 수행해
나갈것입니다. 우리 '이웃사랑나눔단'에 많은 관심과 끊임없는
격려를 부탁드립니다.

활/동/분/야

중소기업 현장봉사   자원봉사 활동   장학사업   환경보호

활/동/재/원

신보엔젤기금   **법인 후원금**

임직원의 자발적 기부금   회사 기부금

7 보증상품

① 기업일반자금보증
② 혁신형창업기업보증
③ 청년창업특례보증
④ 구매자금융보증
⑤ 네트워크론 보증
⑥ 무역금융보증
⑦ 일반시설자금보증
⑧ 일차자금보증
⑨ 태양광발전시설자금보증
⑩ 건설공사브릿지론보증
⑪ 이행보증
⑫ 담보어음보증
⑬ 전자상거래보증
⑭ 전자상거래 담보용보증
⑮ IT설비투자지원사업 협약보증
⑯ 납북협력기금대출 협약보증

11

기술보증기금

1 개요

기술보증기금은 기술신용보증기금법에 의해 설립된 정부출연기관으로서 기술혁신형 기업에 기술보증 및 기술평가를 중점지원하여 기업의 기술경쟁력을 제고하고 나아가 우리경제의 지속적인 성장동력 창출의 일익을 담당하고 있는 금융위원회 산하 기금관리형 준정부기관(기술금융 전문지원기관)이다. 1989년 설립되었다. 부산광역시 남구 문현금융로 33번지(문현금융단지 내)에 위치하고 있다.

2 주요기능 및 역할

① 기술신용보증
② 기술평가
③ 보증연계투자
④ 유동화회사보증(P-CBO)
⑤ 기업에 대한 기술지도 및 경영지도
⑥ 구상권 행사
⑦ 신용보증제도의 조사·연구

3 연혁

- 1989. 4. 기술신용보증기금 설립
- 1994. 2. 기술우대보증제도 시행
- 1997. 3. 국내 최초로 기술평가센터 개소
- 1998. 11. '98 벤처기업대상' 대통령표창 수상
- 1999. 2. 기술평가보증제도 시행
- 2002. 4. 벤처투자보증제도 시행
- 2004. 8. 총보증공급 100조원 달성
- 2005. 4. 중앙기술평가원 개원
- 2005. 9. 부산으로 본점 통합이전

- 2006. 5. "New CI" 제정
- 2006. 6. 벤처기업 확인기관 선정
- 2006. 10. "06벤처기업대상" 대통령표창 수상
- 2007. 4. 기술평가모형(KTRS) 국내특허 취득
- 2007. 6. "06년 정부산하기관" 경영실적평가 1위
- 2008. 1. 전 지점을 기술평가센터로 전환
- 2010. 6. 공공기관 경영실적평가 우수기관 선정(4년연속)
- 2011. 4. 문현 국제금융단지내 본사 입주
- 2011. 12. 총 보증지원 200조원 돌파
- 2012. 6. 보증연계투자 업무 법제화
- 2013. 11. 제26차 ACSIC 국제회의 개최
- 2014. 6. 공공기관 최초 기술신용평가기관(TCB) 선정

4 목표

1. 기업지원 다각화

① 기술금융영역 확대
② 수요중심의 TB생태계 구축 및 고도화
③ 기술·경영컨설팅 지원 강화
④ 기술신용평가 시장 선도

2. 창조금융의 중심

① 맞춤형 창조금융 지원 확대
② 기술창업 및 일자리 창출 강화
③ 중소기업 R&D 지원 선도
④ 재도전 금융환경 조성

3. 신뢰받는 기술평가

① 기술평가인프라 고도화
② 기술평가 시스템의 공신력 강화
③ 기술평가 수요기반 창출
④ 기술평가사업의 글로벌화

4. 경영안정과 성장지속

① 중장기 재정건전성 확보   ② 보증자산의 질적구조 개선
③ 고객과 사회에 대한 책임이행 ④ 조직효율성 및 역동성 제고

5 경영전략

1. 개요

기술보증기금은 기술금융을 선도하는 기술금융전기관으로서 창의(Creativity), 혁신(Innovation), 열정(Passion)을 최우선으로 하겠습니다.

- 미션

기술금융 활성화를 통한 우리경제의 신성장동력 창출

- 비젼

도전하는 기술기업의 Partner, 기술금융의 Global Leader

- 핵심가치

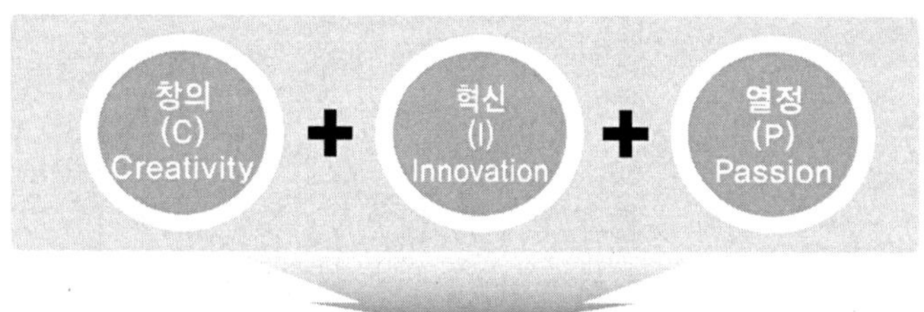

- 목표

- 전략

①기술금융영역 확대	①맞춤형 창조금융 지원 확대	①기술평가 인프라 고도화	①중장기 재정 건전성 확보
②수요중심의 TB 생태계 구축 및 고도화	②기술창업 및 일자리 창출 강화	②기술평가 시스템의 공신력 강화	②보증자산의 질적구조 개선
③기술·경영 지원 서비스 강화	③중소기업 R&D 지원 선도	③기술평가 수요기반 창출	③고객과 사회에 대한 책임이행
④기술신용평가 시장 선도	④재도전 금융환경 조성	④기술평가사업의 글로벌화	④조직 효율성 및 동성 제고

6 비전

Vision 도전하는 기술기업의 Partner, 기술금융의 Global Leader

7 핵심가치

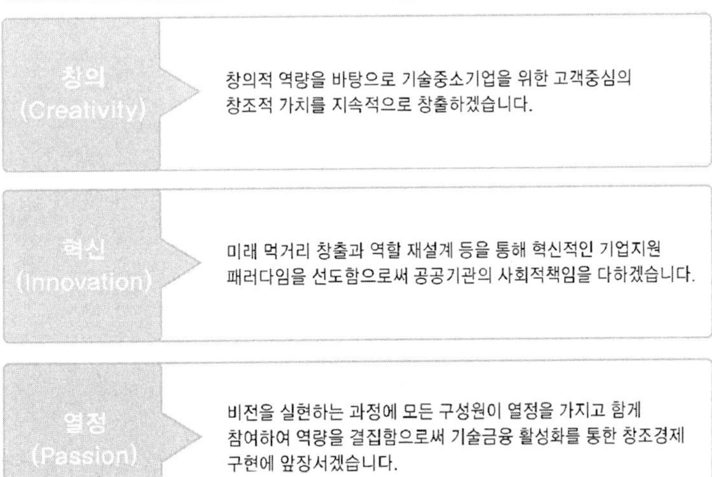

8 경영이념

기술중시 창조경영	고객의 기술과 아이디어를 소중히 생각하고 중소기업이 창의의 나래를 펼칠 수 있도록 다양한 창조금융상품을 지속 개발하고 적극 지원
혁신기반 가치경영	정보개방과 칸막이 제거를 통한 협업 강화 등 기업지원시스템 전반의 혁신을 통해 새로운 가치를 창출하고 기술금융의 Global Leader로 도약
고객존중 윤리경영	내·외부 고객을 존중하고 소통강화를 통해 전직원의 열정을 결집시키며, 윤리경영 실천을 통해 공공기관의 사회적 책임을 다함

9 주요업무

① 보증지원

② 기술금융·평가

③ 창업지원/벤처·이노비즈인증

④ Tech－Bridge

  ㉠ Tech－Bridge란?

    ⓐ 연구소 등이 보유중인 공급기술과 중소기업이 필요로 하는 수요기술을 연결(Bridge)하고, 기술사업화에 필요한 기술금융 지원을 통하여 국가 R&D사업의 기술이전 및 사업화 성공률 제고를 위하여 구축한 기술이전·사업화를 위한 전용 플랫폼

  ㉡ Tech－Bridge의 차별화

    ⓐ Tech－Bridge는 대학·연구소가 보유한 공급기술 외, 전국 50여개의 영업점을 통해 중소기업이 필요로 하는 진성의 기술수요 DB를 보유한 국내 유일의 플랫폼

    ⓑ 기술이전과 사업화를 위한 자금을 One－Stop으로 지원 받을 수 있는 국내 최초 서비스

  ㉢ 기대효과

    ⓐ 공공연구소의 우수기술을 맞춤형으로 제공, 기업의 사업기회 확대 및 개방형 기술혁신(Open Innovation)을 촉진

    ⓑ 수요기업 발굴 및 금융 연계지원을 통해 적극적인 국가 R&D과제발굴 및 기술의 사업화를 촉진

ⓒ 공공정보를 적극적으로 개방하고 공유하며 부처간 칸막이를 없애 소통하고 협력하는
정부3.0 패러다임에 부합

금융권공사 객관식문제 약술 논술

PART 02

01 논술대비방법

논술대비방법

1 목차 구성

답안 작성 시 목차구성을 하는 것이 좋다. 지원자들이 많은 상황에서 채점자가 모든 수험생의 글을 읽는 것은 시간적으로 한계가 있다.

따라서 논술 작성 전 목차구성 시간을 10분 정도 잡는 것이 좋다.

합격생 답안을 확인해보면 어떻게 구성을 할지 알 수 있을 것이다.

중국 금리 인상에 대하여 논하시오.

Ⅰ 중국의 금리인상

중국은 최근 기준 금리 0.25% 상승을 공식적으로 발표했다. 더블딥에 대한 우려측에서도 뜻밖의 결정을 한 중국정부에 대해 세계 각국은 다양한 분석을 진행하고 있다. 중국정부의 금리 인상 배경과 중국 및 한국 경제에 미치게 될 영향에 대해 논해 보고자 한다.

Ⅱ 중국의 금리인상 결정에 대한 배경

1. 인플레이션에 대한 우려

중국은 최근 10%의 고도 경제 성장률을 기록해오고 있다. 하지만 경제성장과 함께 인플레이션에 대한 우려 또한 급증해왔다. 인플레이션의 경우, 부동산, 주식 시장 등에 자산 버블을 유발해 경기 불안정을 초래 할 수 있다.

2. 위안화 절상에 대한 국제사회의 압력

미국은 중국이 의도적으로 위안화 평가 절하를 유도하여 경상수지 흑자를 만드록 있다고 주장해왔다. G20을 앞에두고 위안화 절상 압박을 무모화 시키고, G20에서 영향력을 확대시키기 위해 중국 정부는 금리를 인상했다.

Ⅲ 중국의 금리 인상이 중국 및 한국 경제에 미치는 영향

1. 중국 경제에 미칠 영향

중국의 금리가 인상되면 외환이 중국으로 유입될 것이고 달러 등의 외환의 가치가 하락 하고 위안화 가치가 상승하게 되어 환율이 하락한다. 중국의 환율이 감소할 경우 중국 수출 제품이 가격이 상승에 중국 수출에 악영향을 끼칠 것이다. 또한 중국 제품의 교역 규모가 매우 크므로 글로벌 인플레이션 발생 시킬 수 있다. 또한 금리 인상은 중국 국내 소비와 투자를 위축시켜 중국 경제가 침체 될 수가 있다. 13억 인구의 대규모 시장에 수출하는 국가들은 중국경기침체로 수출이 약화 될 가능성이 있다.

2. 한국경제에 미치는 영향

중국의 금리인상은 자국 뿐만아니라 대중국 최대 교역국가인 한국경제에도 지대한 영향을 미칠 것이다.

먼저, 중국 금리인상을 통한 위안화 가치 절상은 상대적으로 원화의 가치를 하락시키게 된다. 결과적으로 한국의 대 중국 수출이 증가하는 긍정적 효과를 유발한다.

하지만, 원자재의 많은 비중을 중국에서 수입해 오는 한국은 원자재의 가격을 상승시켜 기업의 생산 비용을 증가 시키게 되고, 결국 비용 증가로 인한 인플레이션을 유발하게 된다 .

Ⅳ 향후 전망

중국은 금리인상 정책을 통해 물가상승을 억제하여 경기과열을 막고 위안화 걸상에 대한 국제사회의 압력을 종식시킴으로써 일거 양득의 효과를 보았다. 하지만 금리인상으로 중국의 수출이 감소할 가능성과 그에 따른 국내 경기악화, 그리고 중국산 제품의 가격 상승으로 인한 글로벌 인플레이션유발 등 부정적인 측면도 있다. 한국 경제에는 대중국 수출 증가라는 긍정적 측면도 있겠지만, 중국으로부터 수입해오는 원자재 가격 상승과 그에 따른 경기침체 및 비용증가 인플레이션 등 부정적인 영향을 끼치기도 한다. 금리인상을 통한 위안화 절상이 비록 단기적으로는 한국경제에 긍정적 영향을 끼칠지 모르나, 장기적으로는 중국경제의 침체와 글로벌 인플레이션을 유발시킬 수 있다는 점에서 중국정부는 추가적인 금리인상에 신중을 가해야 할 것이다.

② 경제 신문을 읽을 것

경제신문을 통하여 최근 경제 이슈를 매일 체크해야 한다.

엔저(円低)가 심리적 저지선이턴 달러당 100엔 선을 뚫었다. 엔저는 한층 무서운 기세로 한국 경제를 공습하게 됐다. 한국 경제가 '달러당 세 자릿수 엔화가치' 상황에 내몰린 것은 2009년 4월 14일 이후 4년1개월 만이다. 신성호 우리투자증권 리서치본부장은 "무제한 돈 풀기로 대변되는 일본의 (1) '아베노믹스'와 미국 경제 회복 기대감이 달러당 100엔이라는 심리적 저지선을 무너뜨렸다"며 "일본 정부가 지속적인 부양정책을 공언한 만큼 엔화가치 하락 속도는 더 빨라질 수 있다"고 예상했다.

(2-1) <u>국내 금융시장은 직격탄을 맞았다.</u> 전날 7개월 만의 기준금리 인하에 20포인트 이상 올랐던 증시는 30포인트 넘게 하락했다. 코스피는 이날 34.70포인트(1.75%) 하락하며 1944.75로 마감했다. 한동안 강세를 보여왔던 코스닥 지수도 569.70으로 전날보다 3.65포인트(0.64%) 떨어졌다. 현대차·기아차 주가가 2~3% 동반 하락했고 철강·기계·조선 업종 등의 주가도 2% 이상 내렸다.

KDB대우증권 서대일 선임연구원은 "엔화가치가 달러당 100엔 밑으로 떨어진 것은 우리 증시에 좋을 게 하나도 없다. 한국 경제의 성장 동력인 수출에 부담이 되는 만큼 당분간 증시의 반등은 힘들 것"이라고 말했다.

(2-2) <u>엔저 가속화는 수출 의존도가 높은 한국 경제에 초대형 악재다.</u> 삼성경제연구소는 엔화가치가 달러당 100엔이 되면 올해 경제성장률은 1.8%포인트 하락하고, 경상수지는 125억 달러 감소(달러당 94.5엔 대비)할 것으로 전망했다. 엔화가치가 달러당 100엔보다 높았던 1~4월에도 수출은 전년 동기보다 0.5% 늘어나는 데 그쳤다. 일본과 경쟁하는 품목이 많은 브라질(-19.9%)·터키(-8.1%)·인도네시아(-7.6%) 등 신흥시장에서 수출 감소가 두드러졌다.

기업들은 초비상이다. <u>자동차·철강·조선 등 일본과 치열하게 경합하는 주력 수출업종에는 빨간불이 들어왔다.</u> 자동차 업종은 특히 엔저의 상처가 깊다. 지난달 자동차 수출은 26만1501대에 그쳐 1년 전 같은 기간보다 5.6% 줄었다. 전년 동월비 수출 감소는 2월부터 석 달 연속 이어지고 있다.

한국자동차산업연구소에 따르면 엔화 대비 원화가치가 10% 오르면(원-엔 환율 하락) 한국 자동차 수출액이 12%가량 감소한다. 현대차 관계자는 "지난해 말부터 엔저 대응을 해오고는 있지만, 달러당 100엔 선이 무너지면서 위기감이 더 커졌다"며 "24시간 환율 모니터링 체제를 강화하고 있다"고 말했다. 관건인 미국 시장에서 그동안 국내 업체가 선방할 수 있었던 것은 미국에서 파는 차의 상당수가 현지 생산이기 때문이다.

그러나 엔저로 개선된 수익성을 바탕으로 한 일본차의 공격적인 영업은 한국 업체를 긴장시키고 있다. 닛산은 최근 미국에서 판매 중인 18개 모델 중 7개 모델 가격을 최대 10.7% 낮췄다. 도요타는 2012 회계연도(2012년 4월~2013년 3월 기준) 영업이익이 5년 만에 1조 엔을 넘었다. 1년 전보다 3.7배 늘어난 규모다. 도요타는 한국에서 파는 캠리·프리우스 등의 가격을 5월 한 달간 300만원 낮춰 한국 시장을 잠식하고 있다.

선박해양구조물 부문의 수출도 1분기엔 27.3% 급감했다. 원자재 비중이 큰 철강도 14.5% 줄었다. (2-3) <u>여행업계는 일본의 5월 황금연휴 특수를 놓쳤다.</u>

<u>대한상공회의소 조사에 따르면 여행사 10곳 중 9곳(93%)에서 일본 '골든 위크' 기간 중 일본인 관광객의 예약률이 지난해보다 감소했다.</u> 호텔의 일본 투숙객은 20~30%, 백화점의 일본 관광객 매출은 약 10% 감소한 것으로 업계는 추정하고 있다. 임상혁 전국경제인연합회 상무는 "엔저로 인해 밖에서는 수출 경쟁력이 떨어지고, 국내에선 경제민주화 관련 법안으로 규제가 강화돼 기업의 부담이 커지고 있다"고 말했다.

앞으로가 더 문제다. 그동안 달러당 100엔 선은 전 세계 외환딜러들 사이에 일종의 마지노선 역할을 했다. 마지노선이 뚫리면 걷잡을 수 없이 무너지는 것이 현실경제의 속성이다. 시장에선 엔화값이 달러당 105~110엔까지 떨어지는 것은 시간문제라고 보고 있다.

역사적으로 엔저는 단순히 몇몇 한국 기업을 위축시키는 것이 아니라 한국 경제의 근간을 뒤흔드는 요인으로 작용해 왔다. 성태윤 연세대 경제학부 교수는 "1997년 외환위기를 비롯해 한국 경제가 위기를 겪은 이면에는 항상 엔저가 있었다"면서 "통화당국은 추가적인 금융완화를 검토하고 외환당국은 필요한 조치를 강구해야 한다"고 말했다.

엔-달러 환율이 달러당 100엔을 돌파하면서 정부가 대책 마련에 부심하고 있다. 직접적인 시장 개입보다는 수출 중소기업을 실질적으로 도울 수 있는 방안을 찾는 데 주력한다는 방침이다.

기획재정부 관계자는 10일 "최근 급변하고 있는 엔저 상황을 예의주시하고 있다"면서 "이어지는 국내 피해에 대비해 다양한 대응 방안을 고민하고 있다"고 말했다. 이 관계자는 그러나 "100엔이 깨졌다고 하지만 이는 상징적이고 심리적인 차원에서 의미가 큰 것일 뿐"이라며 "국내 산업에 미칠 영향은 원-엔 환율과 원-달러 환율 움직임을 종합적으로 보고 판단해야 한다"고 덧붙였다. 그는 이에 따라 "시장에서의 대응보다 엔저에 타격을 입는 중소기업 등에 대한 지원책이 대책의 중심을 이룰 것"이라고 설명했다. 현오석 경제부총리 겸 기획재정부 장관도 9일 대외경제장관회의를 마친 뒤 "엔저에 대해 당연히 고민하고 있지만 외환시장에 시그널을 주는 것은 바람직하지 않다"고 지적했다.

사실 정부가 시장에 개입할 방법도 마땅치 않다. (3) 정부는 그동안 선물환 포지션 규제 강화, 외국인 채권투자 과세, 외환건전성 부담금 강화 등 '외환규제 3종 세트'를 검토해 왔다. 하지만 채권거래세 같은 '한국형 토빈세'는 해외로부터의 투자를 위축시킬 가능성이 크다. 선물환 포지션과 외환건전성 부담금은 상대적으로 손대기 쉽고 투기적 거래를 억제하는 효과가 있다. 그러나 전 세계적으로 진행되는 엔저를 막기엔 역부족이란 평가가 일반적이다.

지난달 초만 하더라도 엔화 약세에 대한 정부의 입장은 느슨했다. 당시 현 부총리가 주재한 경제장관간담회에 관계기관 합동으로 제출된 '엔화 약세의 영향 및 대응방안' 보고서는 "수출 등에서 엔저의 영향이 아직 본격화되지 않고 있다"고 진단했다. 기재부는 우리 브랜드와 품질 경쟁력이 높아져 환율 변동이 수출에 미치는 영향이 과거에 비해 축소됐다면서, (2-4) 대일 의존도가 높은 부품소재 등 수입단가 하락으로 완제품 수출경쟁력 제고에 긍정적이라고 주장하기도 했다.

1. 아베노믹스

아베노믹스란 아베 신조 일본 총리의 공격적인 통화완화 정책과 재정확대 정책으로 일본경제를 부활시킬 수단으로 엔화 약세 유도를 목표로 하고 있다.

2. 한국경제에 미치는 효과

(2-1) : 주가 하락-주가 급락으로 5월 11일 하루동안 유가증권 시장의 시가총액은 20조원 감소0

(2-2) : 수출산업에 타격-석유화학, 전기, 자동차, 철강, 조선, 기계 산업의 수출감소

(2-3) : 일본인 여행객 감소

(2-4) : 수입단가 하락으로 완제품 수출경쟁력 제고

3. 대책

① 정부대책-외환규제 및 규제완화

최근 경제민주화 명분으로 각종 법안이 전방위적으로 추진되고 있음(예를 들면, 60세 이상 정년 의무화 법안, 유해 물질 배출 기업에 대해 매출의 5%를 과징금으로 매기는 유해화학물질 관리 법 등)

② 기업대책-품질향상과 기술 개발, R&D와 원가절감 노력 필요, 해외진출 및 FTA 활용(IT 업체의 경우 일본 업체와 비교해 단순 가격 경쟁력뿐 아니라 기술·품질 경쟁력에서도 앞서 무역수지 흑자를 기록)

4. 향후 전망

(4-1) 미국 경제 회복과 이에 따른 달러 강세 여부

(4-2) 엔저 정책에 따른 일본 경제의 회복 여부

(4-3) 엔캐리트레이드의 부활여부

③ 일반 신문을 통하여 일반 시사 이슈도 체크해야 한다.

금융권 공사의 경우 시사 경제 이슈 뿐 아니라 일반 시사 이슈도 출제된다.
2013년 주택금융공사에서 4.1 부동산 대책과 관련하여 현 우리나라 부동산 현황 설명과 DTI·LTV 규제 완화에 대한 의견에 대한 주제가 출제되었다.

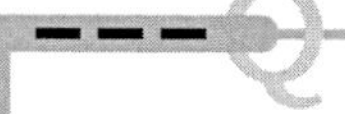

저출산고령화에 대하여 논하시오.   (산업은행 · 2012)

④ 논술을 준비하기 위해서는 스터디가 필수다.

스터디를 통하여 서로의 답안을 비교해야 본인의 답안 구성이 다른 경쟁자보다 나은지 아니면 어떤 부분이 부족한지 확인해야 한다.
처음 준비할 때는 무조건 쓰지 말고 공부하듯이 인터넷을 통하여 자료를 준비해서 정리하는 것이 더 바람직하다.

5 합격생 답안

1. 한국은행

주제	북한의 군사적 행동에 따른 지정학적 리스크가 우리 경제에 미치는 영향을 평가하라.
	예시
서론	북한의 핵문제를 해결하기 위한 6자회담이 다음 일정을 정하지 못하고 표류하고 있는 가운데 미국은 북한에 금융제재를 가하는 등 강경한 입장을 취하고 있다. 북한과 미국, 일본과의 대립관계는 해결의 실마리를 보이지 않고 북한의 미사일실험 등 군사적 행동을 강행하고 있어 상황이 악화되고 있는 양상이다. 이러한 북한의 위협적 행동이 우리나라 경제에 미치는 영향을 논하겠다.
본론	경제시장이나 금융시장은 시장 내부적인 위험에 노출되고 내부충격에 의해 반응하기도 하나 시장 외부적인 충격이나 위험에 노출되기도 한다. 우리나라의 경우 북한의 존재가 이러한 위험요소인데 이를 보통 국가리스크(sovereign risk)라고 한다. 북한의 위협적 군사행동은 외국의 기업, 금융기관의 입장에서 우리나라에 대한 투자를 꺼리게 하는 요소가 된다. 왜냐하면 투자는 시간과 자금이 많이 소요가 되는데 위기상황 발생시 이러한 투자비용을 단기에 회수하여 철수하기란 불가능하기 때문이다. 따라서 외국기업의 투자가 시설, 설비투자가 아닌 이자율 차이를 노린 단기자금유입형태로 이루어진다면 위기상황 발생시 금융시장 혼란으로 이어질 가능성이 크다. 그리고 북한의 위협적 행동은 국가신용등급이 상승하지 못하는 원인으로 작용한다. 국가신용등급이 국가리스크에 의해 낮아지면 우리나라 기업이 외국에서 발행하는 채권의 이자율이 높아져 기업의 자금조달비용이 높아지는 부작용을 낳는다. 마지막으로 한국의 대외국가이미지를 실추시킨다. 우리나라에 큰 관심을 갖고 있지 않은 외국인의 경우 남한과 북한을 혼동하는 경우가 많은데 우리나라 수출상품, 해외거주민의 이미지에 대한 편견을 갖게 한다.
결론	이러한 국가리스크를 완화시키는 방안으로는 북한과의 경제협력 강화가 최우선이다. 북한이 극단적 행동을 하지 못하도록 북한과 공동체 의식을 심어주고 북한의 경제를 시장경제체제로 전환하는 노력을 기울여야 한다.

2. 수출입은행

주제	1929년 대공황의 발생원인과 세계 경기 침체를 비교하시오.
	예시
서론	1929년 대공황은 주식시장 폭락과 함께 시작되어 뉴딜정책 이전까지 막대한 피해를 입혔다. 그 원인으로서는 1차전쟁으로 인한 공급과잉으로 초대된 공급·수요 불균형, 내수시장 포화 등등이 있지만 결정적 원인으로서는 정부의 초기 출구전략이 주식시장의 폭락을 이끌었다.
본론	1929년 미국은 경기침체를 대비해 금리를 인하하였다. 은행저축의 기회비용과 대출의 기회비용이 작아지자 높은 수익을 올릴수 있는 주식시장에 투자하였다. 그리고 금리인하 정책으로 기대인플레이션이 높아짐에 따라 정부는 다시 금리인상하게 되는데 이는 주식시장에서 자금회수와 대출부담 상승 등으로 이어져 경제전반에 악영향을 미치게 되었다. 즉 잘못된 금융정책이 화를 불러 일으켰다.

| | 2012년 현재의 세계경제 침체는 재정위기이다. 하지만 이러한 재정위기는 2008년 금융위기를 극복하기 위한 재정정책의 공모서부터 시작되었다.
2009년 금융위기로 세계경기 침체가 이어지자 각국의 세계공조를 통해 일시다발적으로 막대한 재정정책을 펼쳤다. 하지만 이 와중에 부채비율이 높아지자 채무부담 원금상환에 대한 불확실성의 상승으로 다시금 위기를 초래하였다. |
| 결론 | 우리는 지금껏 재정정책과 금융정책이 성공한적도 혹은 1929년/2012년과 같이 실패한 경우도 보았다. 하지만 성공과 실패에 리스크를 건 재량적인 정책실행 보다 경기에 상관없이 준칙적으로 시행한다면 오히려 경기변동을 줄일 수 있지 않을까 생각한다. |

6 <논술 작성시 명심해야 할 사항> – 한국은행 현직자의 조언

1. 모르는 주제가 나와도 당황하지 말자.

내가 아는 주제가 나오면 물론 이보다 좋을 순 없지만 내가 모르는 주제가 나와도 당황하지 말자. 왜냐하면 내가 모르는 주제이면 남도 모를 가능성이 크기 때문이다. 그러므로 논리 위주로 논술을 작성하면 좋은 점수를 얻을 수 있다.

2. 장황한 논술은 금물

보통 수험생들은 논술을 얼마나 길게 써야 하는 지에 대해 관심을 갖는다. 이는 논술은 길게 써야 한다는 압박관념이나 통념 때문일 것이다. 그러나 논술의 가장 중요한 점은 자신의 주장을 채점자에게 명확히 전달하는 것이며 뼈대 70%~80%와 살이 20%~30%을 유지하는 것이 가장 중요하다. 논술이 길어질수록 자신의 주장의 초점이 흐려질 수 있다는 점을 유의하자. 그러므로 많은 주장이나 내용을 담기 보다는 자신의 주장을 정확히 전달하는 데 주력해야 한다.

3. 통계자료 제시 및 영문표기는 매우 유용(+α 얻기)

논술에서 제시한 자신의 주장을 뒷받침할 수 있는 가장 좋은 근거는 통계이다. 그러므로 지금부터라도 올해(또는 현재) 경제성장률, 콜금리 수준, 물가상승률, 인구성장률 등 주요 통계수치에 관심을 갖고 암기하는 것이 중요하다. 각종 통계자료는 통계청, 한국은행, 경제연구소 홈페이지를 통해 쉽게 구할 수 있다. 또한 2002년, 또는 2000년 수치도 같이 알아두자. '2000년 몇 %에서 2006년 현재 몇%로 증가(감소)하였다'라는 자료를 제시하면 확실한 플러스 요인이 된다.

또한 경제이론이나 경제용어 등을 영문표기로 병기하면 좋다. 예를 들어 '우리나라의 자연성장률은 5%이다'라는 서술에 자연성장률(natural growth rate)라고 표기하든가 '통화정책 운용시 정책의 일관성이 중요하다'에서 정책의 일관성(consistent policy) 등으로 표기하면 채점자에게 공부를 대강하지 않았구나 라는 인상을 주게 되어 +α를 얻을 수 있다.

4. 이쁜 글씨는 중요하지 않다.

모르긴 해도 채점자 중에 글씨를 잘쓰는 사람은 흔하지 않을 것이다. 만약 자신의 글씨에 익숙한 채점자라면 여러분의 잘못쓴 글씨에도 익숙할 것이다. 그러므로 글씨를 이쁘게 쓰기 보다는 잘 알아볼 수 있도록 글씨는 약간 크게 쓰는 것이 중요하다.

5. 그래프나 표는 꼭 들어가야 하는가?

말로 설명이 되는 부분은 말로 설명하는 것이 바람직하다. 어차피 그래프나 표도 자신의 주장을 뒷받침하는데 사용될 것인데 그래프나 표를 사용하면 논술 전체에 일부분에 해당해야 하는 부분을 집중적으로 많은 지면을 할애하여 설명하게 되어 전체 흐름을 망가트릴 수 있기 때문이다. 또한 정확하지 못한 그래프는 감점 요인이 된다.

6. 서론, 본론, 결론을 알아볼 수 있도록 구분하자.

이를 위해 한 부분에서 다음 부분으로 넘어갈 때 한 줄을 띄어준다든가 하는 표시를 해주는 것이 중요하다.

7. 채점자가 논술을 채점하는 시간은 얼마?

대학원 조교나 박사과정의 강사인 친구나 선배에게 물어보면 일반적으로 80명 수강생 수업의 답안지를 채점하는 데 하루나 이틀이 꼬박 걸린다고 한다. 그러나 실제 한 사람의 답안지를 채점하는 시간은 보통 1~2분이며 아마 논술 채점하는 게 걸리는 시간은 대략 1분일 것인데 채점자가 본인의 채점 흐름을 방해하는 복잡하고 논점없는 논술을 높게 평가할 지, 간략하면서도 자신의 논점을 잘 드러내는 논술을 높게 평가할 지 곰곰이 생각해보자.

8. 기본적인 논술문의 구조

서론에서는 논술문제에서 출제자가 제시하는 한 두단락의 글이나 문장을 약간 변용 인용하여 문제제시를 한다면 자신이 어떠한 방향(경제적 효과를 분석한다든가, 찬반 입장의 근거를 든다든가, 장단기 효과를 분석한다든가, 원인과 해결책을 제시한다든가)으로 논술을 할 것이라는 것을 적어준다.(전체 논술의 10%~15%)
본론에서는 서론에서 제시한 논술방향에 따라 서술하며 뇌노톡 봉계사료 또는 과거 사례, 이론으로 자신의 주장을 뒷받침해야 한다. 또한 자신의 의견과 다른 의견, 자신이 제시할 수 있는 또 다른 주장근거를 본론 말미에 간략히 제시하여 논술의 균형을 잡아줄 수 있다. 또 이는 지면과 시간의 제약만 없다면 더 많은 의견을 서술할 수 있었다는 인상을 줄 수도 있다.(65%~75%)
결론 부분은 본론의 주장을 간략히 요약해주고 본론에서 다룬 주장이나 해결책의 효과가 극대화될 수 있는 전제 또는 고려해야 할 사항에 대해 서술한다.(전체논술의 15%~20%)

7 논술의 중요성

1. 논술은 전략과목이다.

수험자를 합격가능성이 80%가 넘는 수험자집합과 그렇지 못한 수험자집합으로 나누자 그리고 합격가능성이 80%미만인 수험자군은 일단 제끼고 80%가 넘는 수험자군을 대상으로 생각해보

자. 이들이 시험을 치르는 전공과목과 논술과목의 점수 중 어느 과목의 표준편차가 더 클 지 생각해보자. 아마, 아니 거의 확실하게 논술일 것이다.

대개 전공과목 시험시간은 부족하다. 그러므로 어려운 문제가 나오면 한 문제(비록 그 문제의 배점이 높더라도) 정도 날리는 것은 대세에 지장을 주지 않는다. 왜냐하면 그 문제를 포기하고 다른 문제에 더 많은 시간을 할애하여 정확히 풀면, 어려운 문제를 푸느라 시간낭비하고 쉬운 문제를 대강 푸는 것보다 낫기 때문이다. 또 어려운 문제는 대다수의 수험생들이 풀다가 포기하므로 아예 포기하는 것이 좋을 수 있다. 즉 시험의 당락은 컷트라인을 넘느냐의 문제가 아니라 선발인원 안에 들어가느냐의 문제이기 때문이다.

논술시험을 생각해보자. 논술의 주제 중 황당한 주제는 나오지 않는다. 대개 해당년도 신문지상에 오르내리거나 사회이슈가 된 문제, 우리나라 또는 세계가 직면한 사회문제가 나온다. 또 논술시험의 시간은 상대적으로 부족하지 않다. 또 시간이 부족하다면 논술을 간결하게 쓰면 되는 것이다. 그러나 대부분의 수험자들은 논술을 전공과목보다 비중이 작다고 생각하거나 귀찮기 때문에 논술을 등한시한다. 그러나 한 번쯤 고민해본 주제에 대해 논리적으로 자신의 생각을 드러낼 수 있다면 모범답안을 작성하여 고득점을 할 수 있는 전략과목이다. 자신이 접해 보지 못한 문제가 나와도 어느 정도 사고력과 기술만 있으면 글을 전개해 나갈 수 있다. 이러한 준비를 한 사람과 못한 사람의 논술은 판이하게 다르며, 이는 즉 점수의 표준편차가 크다는 것을 의미한다.

2. 논술이 논술로 끝나는가?

경영학이나 경제학을 전공으로 시험에 응시한 경우 주로 논술 주제는 경영 및 경제 분야에서 나온다. 그럼 논술은 전공시험의 연장으로 한마디로 말해서 객관식, 단답형, 계산문제, 약술문제를 뛰어넘는 가장 큰 배점을 가진 전공시험 문제인 것이다. 그리고 논술 문제는 그 특성상 전공지식 뿐 아니라 사고능력을 요구하며 표현력을 요구한다. 그러므로 가장 고난도의 전공시험 문제인 것이다.

또한 논술은 면접시험과도 직결된다. 대개 논술의 주제는 사회이슈에 대한 것이기 때문에 논술시험 준비와 면접시험 준비를 병행하여 하면 효율적이다. 논술을 바꿔 생각하면 글로 쓰는 면접시험이라고 표현할 수 있다.

결론적으로 논술은 입사시험의 발이나 손이 아닌 머리인 동시에 심장인 것이다. 머리와 심장을 갖는다는 것은 곧 합격을 의미한다.

3. 논술 공부 효율적으로 하기

① 열라 쓰자.(×) → 꾸준히 쓰자.(○)

논술 공부는 전공공부와 달라 집중 공부, 즉 벼락치기가 통하지 않는다. 마치 영어회화와 같이 꾸준히 연습하고 관심을 갖고 공부하는 것이 중요하다. 논술을 두려워 하거나 귀찮아 하지말고 논술에 익숙해져야 한다. 시험 기간이 1년 남은 수험자의 경우 1~2주에 한편 논술연습을 하고 3개월을 남겨두고 그동안 써온 논술을 복습하거나 개선하면 큰 부담없이 좋은 성적을 얻을 수 있다. 만약 시험이 1~2개월 남은 수험자의 경우 매일 매일 논술을 쓸 수 밖에 없다.

② **열라 읽자.**(×) → **가려서 읽자.**(○)

보통 논술을 잘하려면 글을 많이 읽고 특히 신문 사설을 많이 읽어야 한다고 한다. 그런데 그렇지 않다. 물론 교수나 신문사의 논설집필진이 글을 잘 쓰겠지만 그들의 글과 우리가 쓰는 글은 성격이 틀리다. 그들은 글을 쓰면 돈을 받지만 우리는 채점을 받는다. 또한 그들의 글은 뼈대보다는 살, 또는 정치적 논리에 좌우되지만 우리는 뼈대위주로 우리의 생각을 잘 전달하는 것이 중요하다. 그럼 어떤 글을 읽어야 하나? 신문의 경우 오히려 사설이나 논단보다는 기사가 중요하다. 경제신문이나 내용이 풍부한 신문을 구독하여 주요 이슈나 사회 문제에 대한 글을 읽어 '그들의 주장'보다는 '사실(fact)'를 섭취하도록 하자. 이것이 나중에 실전에서 큰 도움이 될 것이다. 또한 기업의 경제연구소(LG경제연구원, 삼성경제연구소 등), 주요 연구소(금융연구원, KDI등), 주요기관(한국은행, 금융감독원, 예금보험공사, 코트라, 재정경제부) 등의 웹싸이트를 정기적으로 방문하여 업데이트된 자료를 검색하여 볼만한 경제동향, working papers, 보도자료를 출력하거나 컴퓨터에 저장하여 두어 짬짬이 읽으면 큰 도움이된다. 물론 이러한 자료 중 수식이 엄청 들어간 자료나 난해한 내용을 이해하려고 하기보다는 핵심 논리나 근거자료 위주로 읽는 것이 도움이 된다.

만약 이것이 귀찮다면 뉴스레터를 받아보자. 주요 기관들은 그 기관이 발표한 각종 자료를 매일 또는 1주일 단위로 이메일로 보내주는 뉴스레터 서비스를 제공한다. 아침 일찍 일어나 각 기관에서 보낸 자료를 읽어보는 걸로 하루를 시작한다면 마치 자신이 임원이 된 듯한 착각을 하며 보람차게 하루를 시작할 수 있지 않을까?

③ **열라 생각하자.**(×) → **분석적으로 생각하자.**(○)

주어진 시험 시간 내에 모범 답안에 가까운 답안을 작성하려면 사고를 분석적으로 할 수 있어야 한다. 특히 듣도보지도 생각지도 못한 논술 문제가 튀어나왔을 때 사고를 분석적으로 할 수 있느냐는 합격을 가르는 중요한 능력이 된다. 분석적 사고라 함은 그럼 어떤 것일까라는 의문이 생긴다. 그런데 이런 분석적 사고는 단기간에 기를 수 있는 것이 아니나 논술을 분석적으로 작성하는 방법은 간단하다. 어떤 문제나 이슈에 대해 논할 때 그 문제에 의해 일어나는 긍정적 효과와 부정적 효과는 무엇인지, 또 장기적 효과와 단기적 효과는 무엇인지, 이익을 얻는 자는 누구이며 손해를 보는 자는 누구인지, 1차 효과는 무엇이며 파급효과는 무엇인지 등 문제를 다양한 방법으로 접근해보는 것이다. 그리고 이러한 방법이 안통한다싶으면 이럴 경우 또는 저럴 경우의 가정을 상정하여 주제에 대해 논하는 것이 꽤 괜찮은 방법이다.

사실 논술의 길이는 대학교 답안지 한 페이지면 적당하니 이러한 접근법으로 문제를 접근하면 한 페이지는 넉넉히 채울 수 있을 것이다. 그러니 이제부터 논술 분량에 대한 걱정을

접어두도록 하자. 그리고 분석적 사고력을 기르는 방법 중 마케팅관련 서적을 많이 읽는 것이 좋다고 한다. 그러니 마케팅 관련 서적을 심심풀이로 읽는 것도 나쁘진 않다고 생각한다.

④ 스터디는 필수(×) → 목표달성을 위한 선택사항(○)

보통 논술 등 입사시험을 대비하여 스터디가 유행이다. 과연 스터디는 필수적이고 효과적인가? 스터디는 3~4명이 모여서 공부함으로써 내가 생각못하는 부분을 남에게서 보완하고 뒤숭숭한 맘이 들고 열공모드에서 이탈하고 싶을 때 이를 바로 잡아주는 장점이 있다. 그러나 이러한 시너지효과도 제대로 된 구성원이 모였을 때 가능한 일이고 그렇지 못할 때는 역효과만 내는 것이 일반적이다. 이는 어떤 스터디모임의 경우 합격자를 한 명도 못내고 어떤 스터디모임은 멤버의 90%이상이 합격하는 것을 종종 보고듣는 걸로 입증이 된다. 그러므로 스터디를 굳지 하지 않는다고 너무 조바심 내지말고 스터디의 실익을 따져서 선택해야 할 것이다.

⑤ 모범답안 무작정 외우기(×) → 논술의 유형 파악하기(○)

가끔 간큰 친구들 중에 논술 모범답안을 무작정 외우는 사람들이 있다. 물론 본인이 써본 주제 중에 똑같은 혹은 유사한 문제가 시험에 나온다면 이보다 더 좋을 수는 없지만 현실적으로 너무 위험한 방법이다. 논술 공부를 효과적으로 하기 위해서 일단 논술의 유형을 파악하는 것이 중요하다. 논술은 흔히 전공과 관련되는 주제, 시사이슈 문제, 윤리적 문제, 자신의 가치관이나 생각을 바탕으로 한마디로 소설을 쓰는 문제로 크게 나뉠 수 있다. 이 중 전공관련 주제는 어느 정도의 전공지식과 내공이 바탕이 되고 평소 약간의 논술 연습을 하였다면 어느 정도 선방할 수 있는 문제다. 그리고 시사이슈문제도 평소 신문을 틈틈이 보고 가끔 주말에 TV까지 봐준다면 충분히 답안을 작성할 수 있다. 그러나 윤리적 문제나 소설을 쓰는 문제는 난해한 문제로 분석적 사고를 요하는 문제이다. 이러한 문제에 대비하기 위해 분석적 사고가 필요한 것이다. 그러므로 모범답안을 외우기 보다는 각 유형에 대비하는 훈련이 필요하다.

8 2014년 금융권 공사 논술 기출문제

1. 수출입은행

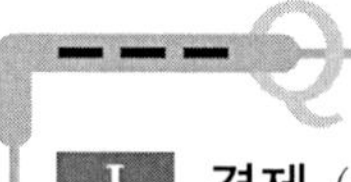

I 경제 (택 1)

1 사회후생함수와 사회무차별곡선에 대하여 설명하고 여러 가지 사회후생함수에 대하여 논하시오.

2. 금융정책이랑 중앙은행이 각종 금융 정책수단을 이용해 물가안정, 완전고용, 국제수지 균형 등 정책목표를 달성시키는 정책이다. 이때 중간지표로 통화량과 이자율을 사용하는데 is곡선이나 lm 곡선이 불안정한 경우 두 지표 중 어느 지표를 사용하는 것이 적절한가?

Ⅱ 법학

3. 계속적보증의 유효성/채무인수/상법상 영업양도 중 2문제를 골라 서술하시오.

2. 금융감독원

Ⅰ 법학

금융소비자보호가 대두되고 있는 현실에서

1. 특히 금융소비자보호를 위해 (가) 금융소비자 피해자의 소송에서의 입증 책임완화 (나) 징벌적손해배상제도의 도입 (다) 증권투자자집단 소송제와 같은 집단소송제의 도입 세 가지가 강조되고 있다. 각각의 의미와 찬반을 모두 기술하라.

현재 No-kids존이 사회적 문제가 되고 있다.

2. 노키즈존을 만들자는 원인은 무엇인가? 그리고 찬반을 제시한 뒤 대안을 제시하시오.

Ⅱ 법학

3. G-SIB에 대하여 논하시오.

Ⅲ 경영

1. 전공논술

4. 금융기관의 시스템 리스크 증가에 따른 대리인문제 특징, 대응방안

2. 일반논술

5. 미국 양적완화 축소에 따른 금융기관별 영향과 대응방안/노키즈존 찬반 중 택일

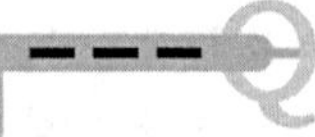

3. 신용보증기금

Ⅰ 논술 : 3문항 (50분)

1 (1) 아베노믹스의 환율절하를 통한 총수요증대의 경로를 설명하고 장기적으로 성공할것 인지 논하시오.
(2) 유럽의 TLTRO가 엔화가치에 미치는 경로를 설명하시오.
(3) 아베노믹스의 세번째 화살이었던 소비세증대가 일본 경제에 미치는 영향을 논하시오.

2 (1) 한국은행의 기준금리 인하조치가 가계부채 문제에 대해 미치는 긍정적, 부정적 효과를 서술하시오.
(2) 가계부채 문제를 완화하기 위해서 필요한 조치는 무엇이라 생각하는가?

3 (1) 구입효과가 무엇인지 설명하시오.
(2) 구축효과가 무엇인지 설명하시오.

4. 한국거래소

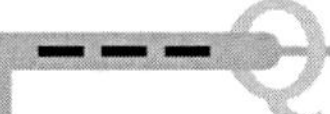

Ⅰ 일반논술 (3주제 중 2가지 선택으로 모든 직렬 공통)

(1) 기준금리의 중요성과 기준금리인하로 인한 영향
(2) 공무원연금공단의 수익률 저하에 따른 해외투자비율 증대의 장단점, 대안
(3) 사회초년생으로서 은행대출을 이용한 바람직한 자금증식방안

Ⅱ 경제 전공논술 (3주제중 2가지선택)

1.

(1) 완전경쟁시장의 특징 적고, 해당내용을 독점시장과 비교해 설명
(2) 독점적경쟁시장과 과점시장을 시장구조에 따라 비교하라.
(3) 장기균형을 보았을때 어떤게 가장 바람직 하다고 생각하는지 장단점을 들어 설명(소비자잉여, 효율성 측면에서)
(4) 독점시장이 더 기술혁신적일수 있다는 것을 설명하라.

2.

(1) 재정정책의 효과를 새고전학파와 새케인즈 학파의 총공급 총수요 곡선을 통해 설명하기
(2) 정책의 효과를 총공급 총수요곡선으로 설명하되, 고전적이분성과 화폐의 중립성을 포함하여 설명하라.

Ⅲ 경영 전공논술 (3주제중 2가지선택)

(1) 두 회사가 금리스왑(차입조건은 주어져 있음)을 통해 동일한 이득을 가져갈 수 있는 스왑
    전략을 제시
(2) 포트폴리오가 위험분산효과가 있음을 증명하고 포트폴리오의 체계적 위험을 설명하시오.
(3) 제시된 자본거래 내역을 적용한 자본변동표의 빈칸을 채우시오.

Ⅳ 법학 (3주제중 2가지선택)

(1) 상호보유주 통지의무, 정관에서 5년된 주주에게 의결권 두개준 거 효력/ 퇴임이사에게 퇴
    직위로금 줄수 있게하되 이사회에서 액수 정할수 있게 한 정관 효력
(2) 표현대표이사 약속어음발행에 398조 적용여부, 속어음 수취인이 어음금 지급 청구할수 있
    는냐와 관련해 공동대표에서 대표이사 1인이 다른 대표이사에게 대표권위임가부
(3) 합병당사회사가 합병시 해야할 절차

5. 산업은행

Ⅰ 경제

1 A국 환율 그래프가 그려져 있음

1-1 환율급등과 관련해 이자율과 물가와의 관계를 설명하시오.
1-2 그래프에 나타난 현상을 무엇이라고 하며 그 이유는 무엇인가?
1-3 실질환율이란 무엇이며 명목환율과의 관계를 설명하시오.
1-4 환율급등 이후의 균형을 찾아가는 과정에서 A국의 경제상황을 설명하시오.
1-5 IS-LM-BP 모형을 이용해서 A국의 재정정책이 유효한지 통화정책이 유효한지 설명
    하시오. 또한 이론적 한계를 논하시오.

Ⅱ 법학

2 집단의사결정의 장단점을 서술 한 후 이와 연계하여 조직의 리더 역량을 논하시오.

6. 예탁결제원

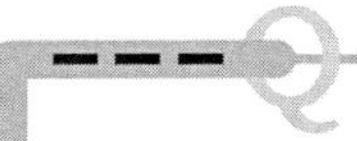

Ⅰ 법학 (3문제 중 택2)

(1) 장외파생상품 거래를 할 수 있는 권리능력이 상법상 주식회사에 있는가?

(2) 분쟁의 해결절차에서 소비자만 불복해 소제기할 수 있고 금융회사는 절차 실효성을 위해 불복할 수 없다는 주장을 헌법상 평가하라.

(3) 신주발행무효의 소

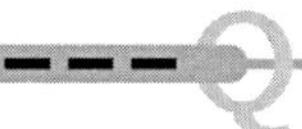 **경제** (3중 택 2)

(1) 글로벌 금융위기이후 세계적으로 저성장 고실업의 문제에 직면하고 있다. 디플레이션 위기에 대한 해결책을 선진국과 개도국의 정책적공조로 어떻게 풀어가야 하는가?

(2) 우리나라 저축률의 문제와 해결방법을 쓰시오.

(3) 미국의 금리인상이 우라나라의 금융시장과 실물시장에 미치는 영향

7. 한국은행

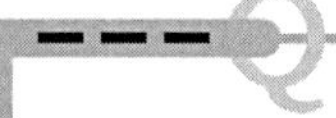 **경제**

1. 전공논술

주요국(유로존, 미국, 일본)간 상반된 통화기조의 배경, 전망, 국내 미칠 영향 및 한은이 대비해야 될 점

2. 일반논술

고령화와 세대간 갈등의 원인과 해결책

8. 서울보증보험

금융기술의 정의와 사례, 금융산업에 미칠 영향, 금융기업들의 대응방안

금융권공사 객관식문제 약술 논술

금융권공사 대비 객관식 문제 및 약술·논술 문제

경제학 기초 및 수요·공급의 이론

주제 1 기회비용과 매몰비용

1 이론요약

기회비용 (opportunity cost)	① 어떤 것을 선택함으로 포기할 수 밖에 없는 많은 선택가능성 중에서 가장 가치 있는 것 ② 회계비용에는 인건비, 임대료 등 누가 보아도 비용임이 명백한 것들만이 포함되지만 기회비용에는 명백한 비용뿐 아니라 암묵적 비용도 포함
매몰비용(sunk cost)	① 일단 지출된 후에는 다시 회수할 수 없는 비용 ② 매몰비용은 명백한 비용이기는 하지만 경제적 의사결정 고려시 제외해야 하는 비용

2 객관식 문제

01

갑 국장은 다음과 같은 <상황>에서 10억원의 예산을 경제학적 원리에 따라 지출하여 순편익(총편익－총비용)을 극대화하고자 한다. <보기>에서 옳은 것을 모두 고르면? (국회 8급 · 2010)

● 상황 ●

① 신규 프로젝트인 A 프로젝트의 총비용은 10억원이며 총편익은 25억원이다.
② B 프로젝트에는 이미 20억원이 투자되었으며 프로젝트를 완성하기 위해서는 추가적으로 10억원의 예산이 필요하다. 더 이상 예산을 투자하지 않으면 10억원의 금액을 회수할 수 있다. 프로젝트가 완성되면 30억원의 총편익이 발생한다.
③ 모든 비용과 편익은 현재가치로 환산한 액수이며, 다른 상황은 전혀 고려하지 않는다.

● 보기 ●

가. 10억원을 A 프로젝트에 투자할 때의 기회비용은 15억원이다.
나. 추가로 10억원을 B 프로젝트에 투자할 때의 기회비용은 25억원이다.
다. B 프로젝트의 매몰비용은 10억원이다.
라. 갑 국장은 B 프로젝트에 예산 10억원을 투자한다.

① 가, 나   ② 가, 다
③ 나, 다   ④ 나, 라
⑤ 다, 라

가. B프로젝트의 경우 완성 시 순편익 20억원이 발생하고 불완성 시 10억원의 금액이 회수가능하므로 B프로젝트를 완성하는 것이 낫다. 따라서 A프로젝트의 기회비용은 20억원이 된다.

나. 추가로 10억원을 B 프로젝트에 투자하면 B프로젝트에 투자하지 않음으로 인한 10억원과 A프로젝트의 순편익인 15억을 포기해야 하므로 기회비용은 25억원이다.

다. B 프로젝트에는 이미 20억원이 투자되었으므로 B 프로젝트의 매몰비용은 10억원이다.

라. A프로젝트의 기회비용은 20억원이고 B프로젝트의 기회비용은 25억원이므로 갑 국장은 기회비용이 작은 A프로젝트에 예산 10억원을 투자하는 것이 낫다.   정답 ③

02

갑은 영화를 관람하는데 20,000원의 가치를 느낀다. 영화관람권을 5,000원에 구입하였지만 영화관에 들어가기 전에 분실하였다. 영화관람권을 5,000원에 다시 구입하고자 한다. 이 시점에서의 매몰비용과 영화관람권 재구입에 따른 기회비용은 각각 얼마인가? (단, 분실된 영화관람권의 재발급이나 환불은 불가능하다.)   (감정평가사 · 2010)

	매몰비용	기회비용
①	5,000원	5,000원
②	5,000원	10,000원
③	10,000원	5,000원
④	10,000원	10,000원
⑤	20,000원	5,000원

영화관람권을 분실함에따라 5,000원은 다시 회수할 수 없는 금액이 되었기 때문에 매몰비용이 된다. 또한 영화를 보지 않을 경우 사용되지 않을 5000원은 영화권재구입에 따른 기회비용이 된다.   정답 ①

3 약술문제

01

다음 글을 읽고 v_1과 v_2의 범위를 구하시오.

클래식 기타 애호가인 문석은 유명 기타리스트인 고석호의 독주회 일반석 표를 30,000원에 예매했다. 그런데 뒤늦게 문석은 그날 주희와 약속이 있다는 것을 깨달았다. 예매는 취소가 가능한데 규정상 5,000원의 수수료를 물고 25,000원만 돌려 받을 수 있다. 문석은 약속을 뒤로 미룰 수도 있었지만 주희와 만나기로 하고 예매를 취소했다.

그런데 문석이 예매를 취소한 후 미희가 그 독주회의 70,000원짜리 로열석 표를 공짜로 두 장 얻었다며 보러 가자고 제의했다. 이에 문석은 주희와의 약속을 깨고 미희와 독주회를 보러 가기로 했다. 단, 문석이 일반석에서 독주회를 볼 때의 효용은 v_1, 주희와의 약속을 지킬 때의 효용은 v_2이다.

해설 문석이 일반석 표를 30,000원에 예매한 것으로부터 '$v_1 \geq 30,000$원'임을 알 수 있다. 문석이 독주회를 가면 v_1의 효용을 얻고 주희와의 약속을 지키면 v_2와 환불금액 25,000원을 얻는데 문석은 후자를 택했으므로 '$v_1 \leq v_2 + 25,000$원'임을 알 수 있다. 따라서 $v_2 \geq v_1 - 25,000$원이 된다.

주제 2 생산가능곡선

1 이론요약

구분	내용
개념	생산가능곡선(PPC)이란 주어진 요소투입량으로 최대한 생산가능한 재화의 조합을 나타내는 곡선이다.
기울기 －한계변환율	① 생산가능곡선의 기울기는 한계변환율(MRT)로서 요소투입량이 일정하게 주어진 상태에서 X재를 한 단위 더 생산하기 위해 포기해야 하는 Y재의 양으로 정의한다. ② 한계변환율은 재화생산에 있어 기회비용을 나타내며 두 재화 생산에 있어 한계비용의 비율로 표현할 수 있다. $$MRT_{XY} = -\frac{\Delta Y}{\Delta X} = \frac{MC_X}{MC_Y}$$ ③ 생산가능곡선의 기울기는 2이며 이는 X재를 1단위 더 만들기 위한 추가적인 비용이 Y재보다 2배 더 든다는 의미를 갖고 있다.

생산가능곡선 상의 점과 내부, 외부점	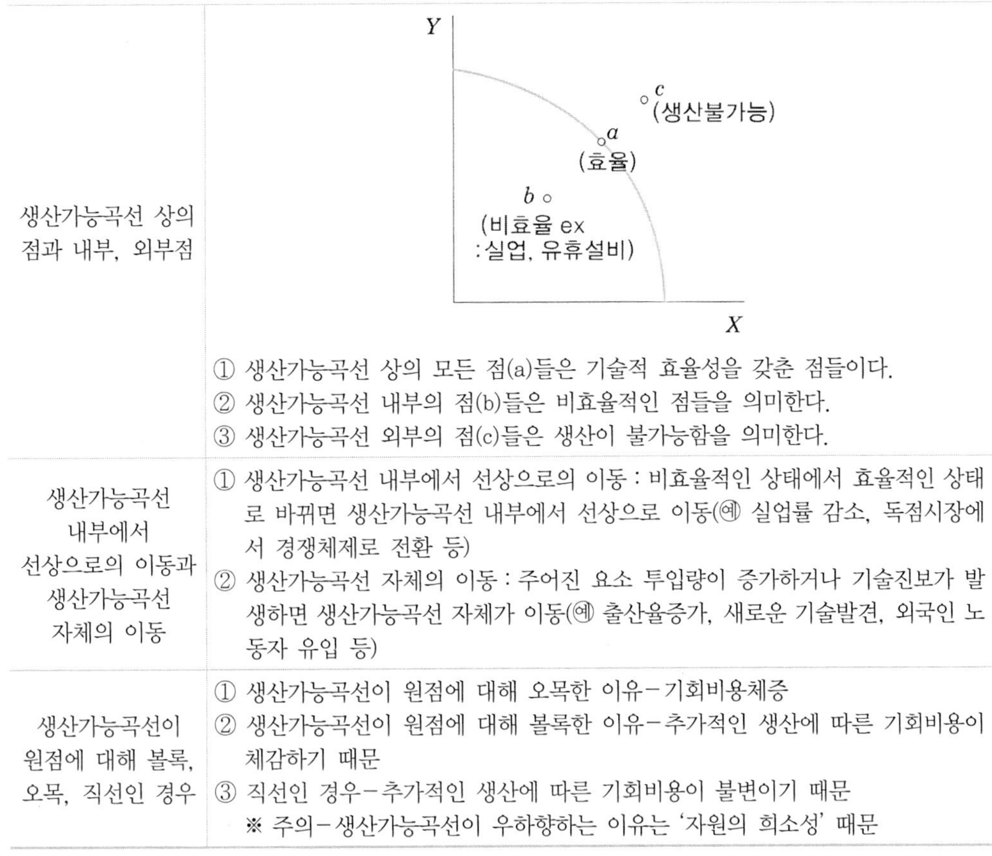 ① 생산가능곡선 상의 모든 점(a)들은 기술적 효율성을 갖춘 점들이다. ② 생산가능곡선 내부의 점(b)들은 비효율적인 점들을 의미한다. ③ 생산가능곡선 외부의 점(c)들은 생산이 불가능함을 의미한다.
생산가능곡선 내부에서 선상으로의 이동과 생산가능곡선 자체의 이동	① 생산가능곡선 내부에서 선상으로의 이동 : 비효율적인 상태에서 효율적인 상태로 바뀌면 생산가능곡선 내부에서 선상으로 이동(예 실업률 감소, 독점시장에서 경쟁체제로 전환 등) ② 생산가능곡선 자체의 이동 : 주어진 요소 투입량이 증가하거나 기술진보가 발생하면 생산가능곡선 자체가 이동(예 출산율증가, 새로운 기술발견, 외국인 노동자 유입 등)
생산가능곡선이 원점에 대해 볼록, 오목, 직선인 경우	① 생산가능곡선이 원점에 대해 오목한 이유-기회비용체증 ② 생산가능곡선이 원점에 대해 볼록한 이유-추가적인 생산에 따른 기회비용이 체감하기 때문 ③ 직선인 경우-추가적인 생산에 따른 기회비용이 불변이기 때문 ※ 주의-생산가능곡선이 우하향하는 이유는 '자원의 희소성' 때문

2 객관식 문제

01

생산가능곡선(PPC)과 관련하여 다음 설명 중 옳지 않은 것은? (수출입은행)

① 자원의 희소성은 PPC를 우하향하게 한다.
② 리카도의 비교우위론은 직선 형태의 PPC를 전제로 삼는다.
③ PPC가 원점에 대해 오목한 것은 한 재화의 생산을 증가시켜 나갈 때 그 재화의 평균생산비가 증가해 나간다는 것을 의미한다.
④ 경기회복에 따른 실업감소는 PPC의 이동과는 무관한 일이다.
⑤ 재화생산에 있어 규모의 경제가 발생하면 PPC는 원점에 볼록한 형태이다.

해설 ① 자원의 희소성은 PPC를 우하향하게 하고 기회비용과 관련하여 생산가능곡선이 원점에 대해 오목하거나 볼록하다.
② 리카도의 비교우위론은 생산요소가 노동만 존재하므로 직선 형태의 PPC를 갖는다.
③ PPC가 원점에 대해 오목한 것은 한 재화의 생산을 증가시켜 나갈 때 그 재화의 기회비용 또는 한계생산비가 증가해 나간다는 것을 의미한다.
④ 경기회복에 따른 실업감소는 PPC의 내부점에서 선상으로 이동한다.
⑤ 재화생산에 있어 규모의 경제가 발생하여 기회비용이 체감하면 PPC는 원점에 볼록한 형태이다.　　**정답 ④**

02

X재와 Y재를 생산하는 K국가의 생산가능곡선상에는 두 개의 재화생산조합점 $(x_1, y_1) = (200, 300)$과 $(x_2, y_2) = (240, 290)$이 있다. 다음 중 기회비용 체증의 법칙이 성립하기 위한 이 생산가능곡선상의 재화생산조합점 (x_3, y_3)은? (단, x_1, x_2, x_3는 각각 X재의 생산량, y_1, y_2, y_3는 각각 Y재의 생산량)　　(감정평가사 · 2011)

① (160, 310)　　　　　　　　② (160, 315)
③ (280, 270)　　　　　　　　④ (280, 280)
⑤ (280, 285)

해설 X재를 40개 생산하기 위해서 Y재를 10개 줄여야 하므로 기회비용의 값은 1/4이다. 따라서 기회비용이 체증하기 위해서는 1/4보다 커야 한다. ③의 경우 X재를 40개 생산하기 위해서 Y재를 20개 줄여야 하므로 기회비용의 값은 1/2이다. 생산가능곡선이 볼록한 이유는 바로 이러한 기회비용체증법칙 때문이다.　　**정답 ③**

---

3 약술문제

01

생산가능곡선이 원점에 대해 오목한 형태를 취하는 이유로 무엇인지 서술하시오.

해설 X재 생산을 위하여 Y재 생산에 투입된 생산요소를 사용하여야 하는데 X재 생산을 계속 함에 따라 Y재 생산에 많은 기여를 하는 생산요소까지도 사용하게 되므로 Y재가 많이 감소하게 된다. 따라서 생산가능곡선이 원점에 대해 오목해지게 된다. 즉, 기회비용이 체감하거나 또는 생산요소가 각 재화생산에 기여하는 정도가 다르기 때문이다.

주제 3 시장수요곡선의 도출

1 이론요약

구분	내용
시장수요곡선의 도출	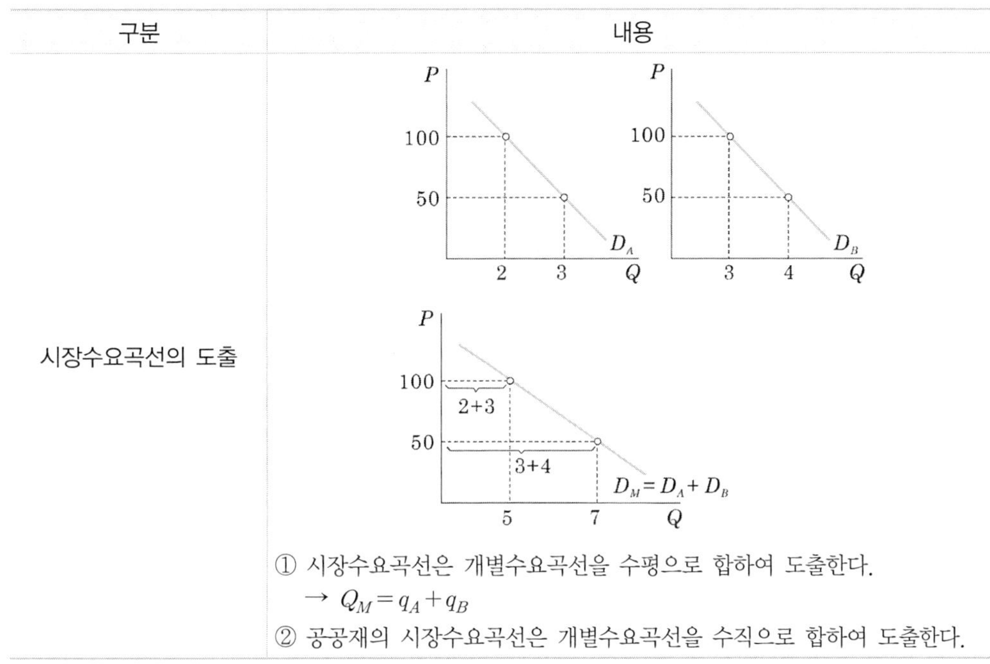 ① 시장수요곡선은 개별수요곡선을 수평으로 합하여 도출한다. $\rightarrow Q_M = q_A + q_B$ ② 공공재의 시장수요곡선은 개별수요곡선을 수직으로 합하여 도출한다.

2 객관식 문제

01

어떤 재화에 대한 시장수요함수를 추정해본 결과 $p = 140 - 8q$(p는 가격, q는 수량)로 나타났다. 만약 이 경제의 소비자와 똑같은 수요함수를 가진 새로운 소비자가 복제되어 소비자 수가 두 배로 증가하였다면 시장수요곡선은 어떻게 나타나는가?　(감정평가사 · 2007)

① $p = 280 - 8q$　　　　　　　　② $p = 280 - 16q$

③ $p = 140 - 16q$　　　　　　　④ $p = 140 - 4q$

⑤ $p = 70 - 4q$

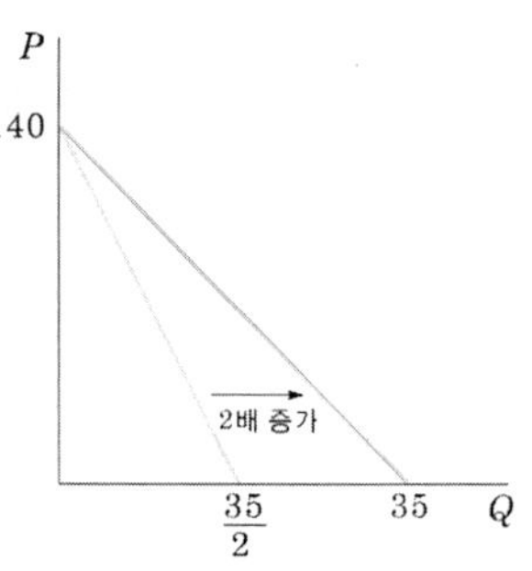

 동일한 수요함수인 경우 소비자 수가 두 배로 증가한다면 p 절편은 동일하고 기울기만 1/2로 완만해진다. 따라서 기울기 -8을 2로 나누어주면 된다.

정답 ④

02

어떤 개인의 수요곡선이 $P=20-2Q$이고 각 개인의 수요곡선이 동일하다고 가정하자. 시장 전체의 소비자가 100명이라면 시장전체 수요곡선은?

① $P=20-200Q$ ② $P=2,000-2Q$
③ $P=20-(1/50)Q$ ④ $P=2,000-200Q$

 시장전체 수요곡선은 개별수요곡선의 수평합을 통하여 도출할 수 있다. 수평합을 하게 되면 기울기가 완만해지는데 2명이면 1/2로 완만해지고 100명이면 1/100로 완만해진다. 따라서 시장전체 수요곡선은 P절편은 같고 기울기만 1/100로 완만해진다.

정답 ③

3 약술문제

01

A와 B 두 명으로 구성된 어떤 가구를 가정하자. 어떤 사적 재화에 대한 A와 B의 수요함수는 각각 $P=10-\dfrac{1}{2}Q_A$와 $P=20-2Q_B$라고 한다. 이 가구의 시장수요함수를 도출하시오.
(단, P는 가격, Q_A, Q_B는 각각 A, B의 수요량, Q는 가구수요량)

 시장 수요함수는 두 부분으로 나뉘어 질 수 있는 데,
(1) $P \geq 10$에서는 A의 수량이 0이 되면서 시장수요함수가 B의 수요함수와 일치하게 된다. 따라서 이 때의 수요함수는 $Q=10-(1/2)P$가 된다.
(2) $P<10$은 부분에서는 A의 수요함수와 B의 수요함수의 합이 시장수요함수가 되기 때문에
$Q=30-(5/2)P$가 된다.
이렇듯 가격수준에 따라 수요함수는 다를 수 있다.

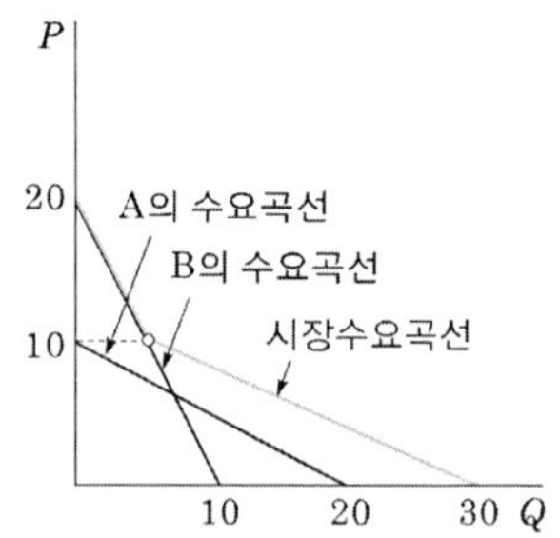

02 베블렌효과와 속물효과에 대하여 서술하시오.　　　　　　　　　　　(산업은행 · 2012)

(1) 베블렌 효과

베블렌 효과란 과시욕구 때문에 재화의 가격이 비쌀수록 수요가 늘어나는 수요증대 효과를 말한다. 미국의 사회학자인 베블렌(Veblen)은 저서 '유한계급(Leisure class)론'에서 유한계급에 속하는 사람에게는 값비싼 물건을 남들이 볼 수 있도록 과시적으로 소비하는 것이 사회적 지위를 유지하는 수단이 된다고 했다. 대중사회에서는 누가 더 잘 사는지 알 수 없기 때문에 사람들은 자신을 알리려고 과시적 소비를 한다고 주장한 것이다.

(2) 속물효과

속물효과란 특정 상품에 대한 소비가 증가하면 그에 대한 수요가 줄어드는 소비현상을 말한다. 다수의 소비자가 구매하는 제품을 꺼리는 소비현상을 뜻하는 경제용어로, 남들이 구입하기 어려운 값비싼 상품을 보면 오히려 사고 싶어하는 속물근성에서 유래한다. 소비자가 제품을 구매할 때 자신은 남과 다르다는 생각을 갖는 것이 마치 백로같다고 하여 백로효과라고도 하며, 스납효과(snob effect)라고도 한다.

03 경제 내에 두 개입 A, B가 있다고 하자. 빵에 대한 각 개인의 수요곡선은 $q_A = 400 - p_A$, $q_B = 600 - p_B$라고 한다. 한편 빵의 시장공급곡선은 $Q = 100 + \frac{1}{2}P$이다. 빵의 시장균형과 각 개인의 수요량을 구하시오.

시장수요곡선은 $Q_d = 1{,}000 - 2p$이므로 빵의 시장균형가격과 균형거래량은 각각 $P^* = 360$, $Q^* = 280$을 얻는다. 시장균형가격을 개별수요곡선에 대입하면 $q_A^* = 40$, $q_B^* = 240$을 얻을 수 있다.

주제 **4** **수요의 탄력성**

1 **이론요약**

1. 수요의 가격탄력성과 매출액과의 관계

구분	내용
개념	수요의 가격탄력성이란 해당상품의 가격에 변화가 생겼을 때 수요량의 변화를 측정하기 위해 고안된 개념이다. $$\varepsilon_p = -\frac{\Delta Q^D}{\Delta P} \times \frac{P}{Q^D}$$

수요의 가격탄력성과 매출액과의 관계	① 비탄력적인 경우 가격 하락시 매출액은 감소하고 가격 상승시 매출액은 증가한다. ② 탄력적인 경우 가격 하락시 매출액은 증가하고 가격 상승시 매출액은 감소한다. ③ 단위탄력적인 경우 가격이 하락하든지 상승하든지 매출액은 변하지 않는다.

2. 수요의 소득탄력성과 교차탄력성

① **수요의 소득탄력성**(income elasticity of demand) : 수요의 소득탄력성 (ε_M) = 수요의 변화율/

소득의 변화율 $\dfrac{\Delta Q/Q}{\Delta M/M} = \dfrac{\Delta Q}{\Delta M} \cdot \dfrac{M}{Q}$

수요의 소득 탄력성(ε_M)		상품의 구분	
$\varepsilon_M > 0$	$0 < \varepsilon_M < 1$	정상재	필수재
	$\varepsilon_M > 1$		사치재
$\varepsilon_M <$	0	열등재(하급재)	

② **수요의 교차 탄력성**(cross elasticity of demand) : 수요의 교차탄력성(ε_C) = Y재 수요의 변화율/

X재 가격의 변화율 $= \dfrac{\Delta Q_Y/Q_Y}{\Delta P_X/P_X} = \dfrac{\Delta Q_Y}{\Delta P_X} \cdot \dfrac{P_X}{Q_Y}$

수요의 교차탄력성(ε_C)	상품의 구분
$\varepsilon_C > 0$	대체재
$\varepsilon_C < 0$	보완재
$\varepsilon_C = 0$	독립재

3. 수요곡선이 직각쌍곡선인 경우(수요의 가격탄력성이 항상 1인 경우)

구분	내용
특정재화에 대한 지출액이 소득에서 차지하고 있는 비중($\alpha\%$)이 일정한 경우	$P_X X = \alpha M \rightarrow X = \dfrac{\alpha M}{P_X}$ (수요함수) ① 수요의 가격탄력성 = 1 ② 수요의 소득탄력성 = 1 ③ 수요의 교차탄력성 = 0
특정재화에 대한 지출액이 β원으로 일정한 경우	$P_X X = \beta$원 $\rightarrow X = \dfrac{\beta}{P_X}$ (수요함수) ① 수요의 가격탄력성 = 1 ② 수요의 소득탄력성 = 0 ③ 수요의 교차탄력성 = 0

2 객관식 문제

01

주요 공공교통수단인 시내버스와 지하철의 요금은 지방정부의 통제를 받는다. 지하철 회사가 지하철 수요의 탄력성을 조사해 본 결과, 지하철 수요의 가격탄력성은 1·2, 지하철 수요의 소득탄력성은 0·2, 지하철 수요의 시내버스 요금에 대한 교차탄력성은 0.4인 것으로 나타났다. 앞으로 지하철 이용자의 소득이 10% 상승할 것으로 예상하여 지하철 회사는 지방정부에 지하철 요금을 5% 인상해 줄 것을 건의하였다. 그런데, 이 건의에는 시내버스의 요금 인상도 포함되어 있었다. 즉 지하철 수요가 요금 인상 전과 동일한 수준으로 유지되도록 시내버스 요금의 인상을 함께 건의한 것이다. 이 때 지하철 요금 인상과 함께 건의한 시내버스 요금의 인상 폭은 얼마인가?

(국회 8급 · 2013)

① 3% ② 5%
③ 8% ④ 10%
⑤ 15%

해설 지하철 이용자의 소득이 10% 상승하면 지하철 수요량은 2% 상승한다.
지하철 회사의 요청으로 지하철 요금이 5% 인상되면 지하철 수요량은 6% 하락한다.
따라서 지하철 수요량은 전체적으로 4% 하락하게 되는데 시내버스의 요금이 인상되면 지하철 수요량이 증가하여 요금 인상 전과 동일한 수준으로 유지될 수 있다.
따라서 시내버스의 요금이 인상되어 지하철 수요량이 4% 상승하면 되는데 교차탄력성이 0.4이므로 시내버스의 요금은 10% 상승하면 된다.
정답 ④

02

'아빠의 청춘'이라는 연극을 공연 중인 ○○ 기획사의 전략 회의 장면이다.

- 현재의 연극관람료 : 7,000원
- 관람료 조정 시 예상되는 관람객 수의 변화

관람료	관람객 수
6,000원	100,000명
7,000원	80,000명
8,000원	60,000명

이에 대한 설명으로 가장 적절한 것은?

① 현재 ○○기획사의 매출액 규모는 6억원이다.
② 위 연극 서비스의 시장균형가격은 6,000원이다.
③ 위 연극 서비스 수요의 가격 탄력성은 탄력적이다.
④ 전무 K씨가 경제전문가라면 관람료 인상을 제안할 것이다.
⑤ 위 연극 서비스의 수요곡선은 수직선에 가까운 형태를 띤다.

[해설]
① 매출액이란 가격×판매량이므로 7,000×80,000으로 5억 6천만원이다.
② 현재 연극관람료가 7,000원이므로 시장균형가격은 7,000원이다.
③ 관람료가 6,000원일 때 매출액은 6억원이고 관람료가 7,000원일 때 매출액은 5억 6천원이다. 관람료가 상승할 때 매출액이 감소하므로 수요의 가격탄력성은 탄력적이다.
④ 전무 K씨가 경제전문가라면 수요의 가격탄력성이 탄력적이므로 관람료 인하를 제안해야 한다.
⑤ 위 연극 서비스의 수요곡선은 수평선에 가까운 형태를 띤다.

정답 ③

03

X재의 가격이 5% 상승할 때 X재의 소비지출액은 전혀 변화하지 않은 반면, Y재의 가격이 10% 상승할 때 Y재의 소비지출액은 10% 증가하였다. 이때 두 재화에 대한 수요의 가격 탄력성은? (공인노무사. 2013)

① X재 : 완전탄력적, Y재 : 단위탄력적 ② X재 : 단위탄력적, Y재 : 완전탄력적
③ X재 : 단위탄력적, Y재 : 완전비탄력적 ④ X재 : 완전비탄력적, Y재 : 비탄력적
⑤ X재 : 완전비탄력적, Y재 : 단위탄력적

[해설]
X재의 가격이 5% 상승 시 X재의 소비지출액은 전혀 변화하지 않으므로 수요의 가격탄력성은 단위탄력적이다. Y재의 경우 Y재의 가격이 10% 상승 시 Y재의 소비지출액은 정확히 10% 증가하였다. 소비지출액의 변화율은 가격변화율＋수량변화율이므로 수량변화율이 0%일 때 소비지출액의 변화율과 가격변화율과 일치한다. 따라서 Y재 수요의 가격탄력성은 완전비탄력적이다.

정답 ③

04

아래 표의 x, y, z, w는 각 재화 X, Y, Z, W의 수요곡선 상의 점이다. 자료에 따르면 각 점에서 가격이 10원 상승할 때 각 재화의 수요량은 모두 10단위 감소했다고 한다. 각 점에서의 가격탄력성을 e_x, e_y, e_z, e_w라고 할 때 대소 관계를 바르게 나타낸 것은? (국회 8급 · 2011)

	x	y	z	w
가격(원)	1,000	1,000	500	500
수량(개)	500	1,000	500	1,000

① $e_x > e_y = e_z > e_w$ ② $e_y > e_x = e_w > e_x$
③ $e_x > e_y > e_x > e_w$ ④ $e_w > e_y > e_z > e_x$
⑤ $e_w > e_y = e_z > e_x$

 수요의 가격탄력성을 구하는 식은 다음과 같다.

$\varepsilon = -\Delta Q / \Delta P \times P / Q$

그런데 문제에서는 $\Delta Q = -10$와 $\Delta P = +10$으로 네 점 모두 같은 값이 주어졌기 때문에, $\varepsilon = -(-10/10) \times P/Q$에 각 점의 P와 Q만을 대입해 주면 된다. 그러면 결과가 $e_x = 2$, $e_y = 1$, $e_z = 1$, $e_w = 0.5$가 나옴을 알 수 있다.

정답 ①

05

어떤 재화의 시장수요를 $P = 12 - bQ$로 나타낼 수 있다고 하자. 여기서, Q와 P는 각각 수요량과 가격이고 b는 양($+$)의 상수이다. 다음 중 수요의 가격탄력도에 대한 옳은 설명을 모두 고른 것은?

(공인회계사 · 2005)

> 가. 가격이 9원에서 8원으로 하락할 때와 3원에서 2원으로 하락할 때의 수요량 변화분은 같다. 따라서 가격 9원에서의 탄력도와 3원에서의 탄력도는 같다.
> 나. 9원에서의 탄력도는 3이다.
> 다. 3원에서의 탄력도는 3이다.
> 라. b의 값을 알아야만 탄력도를 숫자로 구할 수 있다.

① 가

② 나

③ 다

④ 가, 나, 다

⑤ 라

가. 시장수요곡선이 우하향 형태이므로 가격이 높을수록 수요의 가격탄력성이 크다.

따라서 가격 9원에서의 탄력도가 3원에서의 탄력도 보다 크다.

나. 9원에서의 탄력도를 구하면 다음과 같다.

$$e_p = -\frac{dQ}{dP} \times \frac{P}{Q} = -\frac{1}{\frac{dP}{dQ}} \times \frac{P}{Q} = \frac{1}{b} \times \frac{12 - bQ}{Q}$$

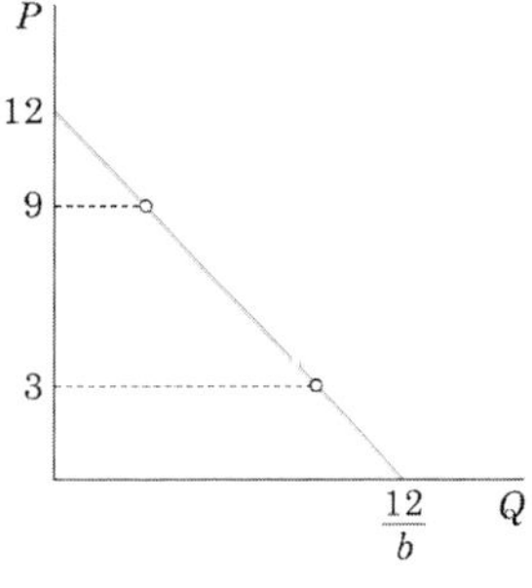

$P = 9$원일 때의 수요량은 $\frac{3}{b}$이므로 수요의 가격탄력성은 3이다.

다. $P = 3$원일 때의 수요량은 $\frac{9}{b}$이므로 수요의 가격탄력성은 $\frac{1}{3}$이다.

라. b의 값을 알지 못해도 탄력도를 숫자로 구할 수 있다.

정답 ②

쌀에 대한 시장수요함수는 다음과 같다.

$$Q^D = 100 - P$$

이때 P는 쌀의 가격이고 Q^D는 쌀의 수요량이다. <보기>에서 옳은 것을 모두 고른 것은?

(국회 8급 · 2012)

● 보기 ●

ㄱ. 쌀의 수요탄력성은 가격의 증가함수이다.
ㄴ. 쌀의 수요는 비탄력적이다.
ㄷ. 쌀 판매로부터 얻는 수입은 가격의 증가함수이다.
ㄹ. 쌀의 수요량이 75이면 쌀의 수요탄력성은 1이다.

① ㄱ ② ㄷ
③ ㄱ, ㄷ ④ ㄴ, ㄷ
⑤ ㄴ, ㄹ

ㄱ. 시장수요곡선은 우하향의 직선이므로 가격이 상승하면 수요의 가격탄력성은 커진다. 따라서 쌀의 수요탄력성은 가격의 증가함수이다.
ㄴ. 시장수요곡선위의 모든 점에서 수요의 가격탄력성의 값이 다르기 때문에 쌀의 수요가 비탄력적인지 탄력적인지 알 수 없다.
ㄷ. 쌀의 판매수입은 수요의 가격탄력성이 1보다 클 때는 가격 하락 시 증가하므로 쌀 판매로부터 얻는 수입은 가격의 감소함수이다. 쌀의 판매수입은 수요의 가격탄력성이 1보다 작을 때는 가격 하락 시 감소하므로 쌀 판매로부터 얻는 수입은 가격의 증가함수이다.
ㄹ. 쌀의 수요량이 50일 때 시장수요곡선의 중점이 되므로 쌀의 수요탄력성은 1이다. 쌀의 수요량이 75이면 가격이 25이므로 수요의 가격탄력성은 1/30이다.

정답 ①

07

다음 중 바나나에 대해 완전비탄력적 가격탄력성과 완전비탄력적 소득탄력성을 갖고있는 소비자는?

(공인회계사 · 2002)

① 모든 소득을 바나나에만 사용하는 소비자
② 소득의 일정비율(양수)을 바나나에 사용하는 소비자
③ 매일 바나나를 일정량 소비하는 소비자
④ 소득이 증대되면 증대된 소득을 모두 바나나에 소비하는 소비자
⑤ 가격이 조금만 상승하여도 바나나 소비를 중단하는 소비자

 X재를 바나나라고 하자.

① 모든 소득을 바나나에만 사용한다면 바나나의 수요함수는 다음과 같다.

　$P_X X = M$, 따라서 수요곡선이 직각쌍곡선이므로 수요의 가격탄력성과 소득탄력성 모두 1이다.

② 소득의 일정비율을 바나나에 구입한다면 바나나의 수요함수는 다음과 같다.

　$P_X X = kM$ (k : 바나나 구입비율), 따라서 수요곡선이 직각쌍곡선이므로 수요의 가격탄력성과 소득탄력성 모두 1이다.

③ 매일바나나를 일정량 소비하면 수요곡선이 수직선이므로 수요의 가격탄력성은 0이다.

　또한 소득이 증가하더라도 구입량의 변화가 없으므로 수요의 소득탄력성은 0이다.

④ 소득이 증대되면 증대된 소득을 모두 바나나에 소비하는 소비자는 수요의 소득탄력성이 1보다 크다. 예를 들면 X재 가격이 5천원, Y재 가격이 1만원, 소득이 1만원일 때 X재 10개, Y재 5개 구입하고 있다고 하자. 소득이 1만원에서 2만원으로 1만원 증가했을 때 증가된 소득 1만원을 모두 Y재 구입에 사용한다면 Y재 구입량은 15개 될 것이다.

　따라서 Y재 수요의 소득탄력성은 1보다 크다.

⑤ 가격이 조금만 상승하여도 바나나 소비를 중단하는 소비자는 수요의 가격탄력성이 무한대이다. **정답 ③**

08

각종 탄력성에 대해 설명한 다음 보기 중 옳은 것은? (수출입은행)

① 엥겔의 법칙은 식품이 열등재임을 의미한다.

② 경제가 장기적으로 성장할 때 소득탄력성이 높은 분야의 재화와 서비스 생산이 증가한다.

③ 수요함수가 $Q = 10 - 2P$일 때 수요의 가격탄력성은 $P/(P-5)$이다.

④ 부채와 선풍기처럼 두 상품이 대체관계에 있으면 수요의 교차탄력성은 음$(-)$의 값을 갖게 된다.

⑤ 가격과 상관없이 매주 5,000원 어치의 생선을 사는 현철이의 생선수요의 가격탄력성은 무한대이다.

　① 엥겔의 법칙이란 소득증가로 총지출이 증가할 때 식료품 지출비중이 작아지는 경우로 식료품이 필수재임을 의미한다.

② 경제가 성장하면 국민들의 소득이 증가하므로 소득탄력성이 높은 재화의 수요가 증가하여 해당 재화가 이전보다 더 생산된다.

③ 수요함수가 $Q = 10 - 2P$인 경우

　수요의 가격탄력성은 $-\dfrac{dQ}{dP} \times \dfrac{P}{Q} = -(-2) \times \dfrac{P}{10-2P} = \dfrac{P}{5-P}$이다.

④ 대체재인 경우 교차탄력성은 양$(+)$의 값을 갖게 되고 보완재인 경우 음$(-)$의 값을 갖게 된다.

⑤ 항상 일정한 금액의 구입하는 경우 수요곡선은 직각쌍곡선의 형태를 갖게 되며 수요의 가격탄력성은 1의 값을 갖는다.

정답 ②

---

③ 약술문제

01

영희는 소득이나 화장품 가격의 변화에 관계없이 소득의 5분의 1을 화장품 값으로 지출하는 경우 영희의 화장품 수요에 대한 가격탄력성과 소득탄력성은 얼마인가?

어떤 재화를 소득의 일정비율만큼 구입하는 경우 수요의 가격탄력성과 소득탄력성 모두 1이다. 따라서 영희의 화장품 수요에 대한 가격탄력성과 소득탄력성은 모두 · 1의 값을 갖는다.

주제 5 공급의 가격탄력성

1 이론요약

구분	내용
개념	공급의 가격탄력성(η)이란 고려대상이 되는 상품의 가격에 작은 변화가 생겼을 때 공급량의 변화를 측정하기 위해 고안된 개념이다. $$\eta = \frac{공급량의\ 변화율}{가격의\ 변화율} = \frac{\Delta Q^S}{\Delta P} \cdot \frac{P}{Q^S}$$
공급곡선의 형태와 가격탄력성	
공급곡선이 우상향의 직선인 경우	

① 공급곡선이 가격축을 통과하는 경우 (S_0의 경우)
- 모든 점에서 공급의 가격탄력성이 1보다 크다.
- 우측으로 이동할수록 공급의 가격탄력성이 작아진다.
② 공급곡선이 수량축을 통과하는 경우 (S_1의 경우)
- 모든 점에서 공급의 가격탄력성이 1보다 작다.
- 우측으로 이동할수록 공급의 가격탄력성이 커진다.

공급탄력성의 결정 요인	① 비용 상승 정도 : 생산량이 증가할 때 비용이 급격히 상승할수록 비탄력적이 게 된다. ② 저장 가능성 및 저장 비용 : 저장이 어렵고 저장비용이 많이 들수록 탄력성이 작아진다. ③ 기간 : 보다 장기일수록 탄력성이 커진다. ④ 생산전환 가능성 : 타 상품으로 생산 전환 가능성이 클수록 탄력성이 커진다.

2 객관식 문제

01

어떤 상품시장의 수요곡선은 기울기가 -1인 직선이며 공급곡선도 일정한 기울기를 갖는 직선이다. 이 시장의 초기균형점에서 수요와 공급의 가격탄력도는 각각 1의 값을 갖는다. 공급곡선이 우측으로 평행 이동하는 경우 새로운 균형점에서의 탄력도를 설명한 것 중 옳은 것을 모두 고른 것은? (공인회계사 · 2008)

가. 공급의 가격탄력도는 1보다 크다.	나. 공급의 가격탄력도는 1이다.
다. 공급의 가격탄력도는 1보다 작다.	라. 수요의 가격탄력도는 1보다 크다.
마. 수요의 가격탄력도는 1이다.	바. 수요의 가격탄력도는 1보다 작다.

① 가, 라 ② 가, 바
③ 다, 라 ④ 다, 바
⑤ 나, 마

초기균형점에서 수요와 공급의 가격탄력성이 각각 1의 값을 갖기 때문에 수요곡선은 중점을 지나고 있고 공급곡선은 원점을 통과하는 형태이다. 이때 공급곡선이 우측으로 평행이동하면 수요곡선의 중점보다 아래쪽에 위치하므로 수요의 가격탄력성은 1보다 작다. 또한 공급곡선은 수량축 절편을 통과하게 되므로 공급의 가격탄력성 역시 1보다 작다.   **정답** ④

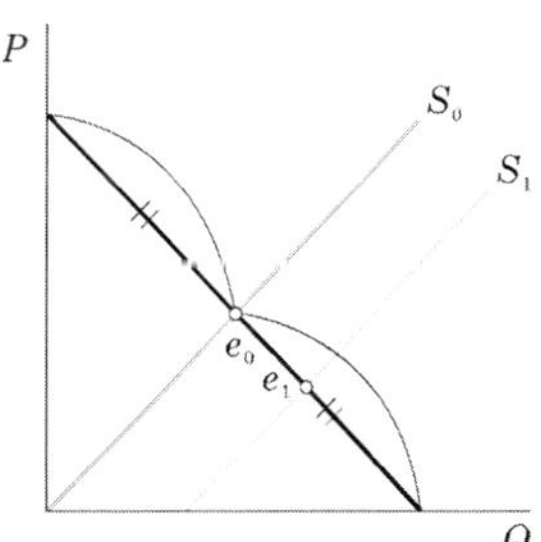

02

아래의 그림과 같이 수요곡선과 공급곡선이 직선인 경우 점 a에서 수요의 가격탄력성과 점 b에서 공급의 가격탄력성 값은 각각 얼마인가?

(보험계리사 · 2011)

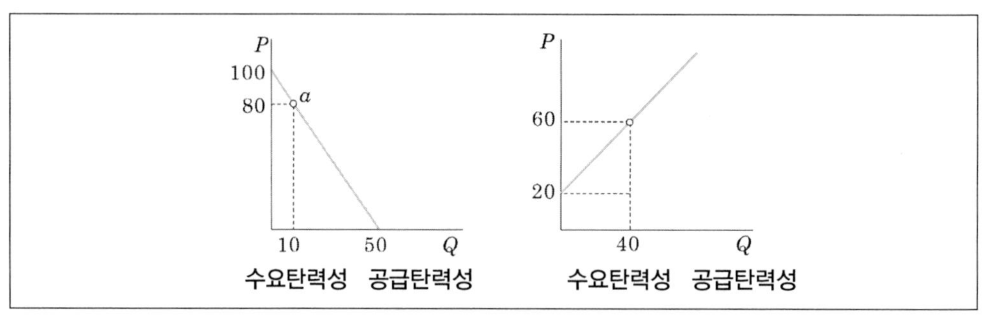

① 4 $\dfrac{2}{3}$ ② 4 $\dfrac{3}{2}$

③ $\dfrac{1}{4}$ $\dfrac{2}{3}$ ④ $\dfrac{1}{4}$ $\dfrac{3}{2}$

해설

① 수요의 가격탄력성 $= -$ (수요곡선 기울기의 역수) $\dfrac{P}{Q} = \dfrac{50}{100} \times \dfrac{80}{10} = 4$

② 공급의 가격탄력성 $= -$ (공급곡선 기울기의 역수) $\dfrac{P}{Q} = \dfrac{40}{40} \times \dfrac{60}{40} = \dfrac{3}{2}$

정답 ②

---

3   **약술문제**

01

직선으로 표시되는 공급곡선 S_1, S_2, S_3, S_4, S_5 상의 점 A, B, C, D, E, F, G, H에 대한 가격탄력성의 크기를 순서대로 바르게 나타내시오. (단, ε_i는 i 점에서의 가격탄력성, $i = A$, B, C, D, E, F, G, H)

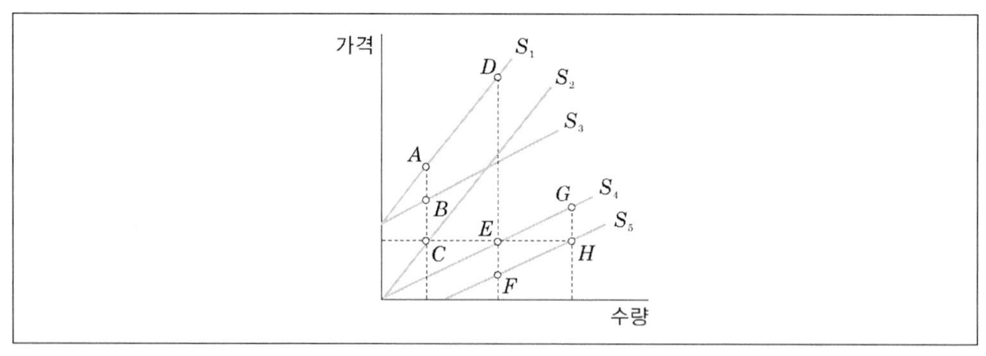

해설 수량축을 통과하는 직선의 공급곡선은 곡선 상의 모든 점에서 탄력성이 항상 1보다 작지만 공급곡선의 우상방으로 이동할 수록 탄력성의 값은 커진다.($\varepsilon_F<\varepsilon_H<1$) 원점을 통과하는 직선인 공급곡선은 기울기에 상관없이 가격탄력성이 항상 1이다. ($\varepsilon_C=\varepsilon_E=\varepsilon_G=1$) 공급곡선이 가격축을 통과하는 직선의 공급곡선의 경우, 곡선 상이 모든 점에서 탄력성이 항상 1보다 크다. 하지만 가격축을 통과하는 공급곡선의 경우 우상방으로 이동할 수록 탄력성은 1보다 큰 값이지만 그 값이 점점 작아진다. 또한 같은 점에서 시작할 경우 기울기가 완만하면 탄력성이 더욱 크다. ($1<\varepsilon_D<\varepsilon_A<\varepsilon_B$)

따라서 $\varepsilon_F<\varepsilon_H<1=\varepsilon_G=\varepsilon_E=\varepsilon_C=1<\varepsilon_D<\varepsilon_A<\varepsilon_B$ 　　　　　　정답 ①

주제 6 수요 및 공급이론의 응용

1 이론요약

1. 소비자 잉여와 생산자 잉여

구분	내용
소비자 잉여	① 소비자 잉여란 어떤 상품에 대해 소비자가 최대한 지불해도 좋다고 생각하는 가격(수요가격)에서 실제로 지불하는 가격(시장가격)을 뺀 차액을 말한다. ② 위의 그림에서 소비자가 재화 구입 시 최대한 지불할 용의가 있는 금액($A+B$)에서 실제 지불액(B)을 차감한 것을 말한다.
생산자 잉여	① 생산자 잉여란 판매금액에서 생산비용을 차감한 금액을 말한다. 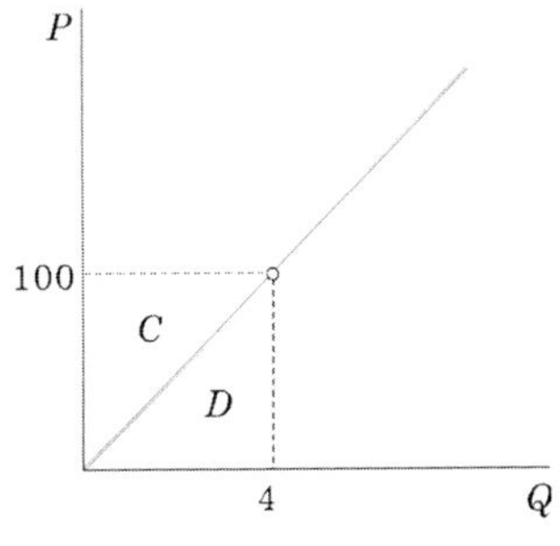 ② 위의 그림에서 생산자가 재화 판매 시 판매수입($C+D$)에서 최소한 받고자 하는 금액(D)을 차감한 것을 말한다.

2. 최고가격제와 최저가격제

구분	최고가격제	최저가격제
그림	소비자 잉여의 변화 : D−C 생산자 잉여의 변화 : −D−E 사회적 잉여의 변화 : −(C+E) * 가격상한은 반드시 균형가격보다 낮아야 함	* 가격하한은 반드시 균형가격보다 높아야 함
목적	소비자 보호	생산자 (공급자)보호
사례	임대료 통제, 이자율 규제, 아파트 분양가 상한제 등	최저임금법, 농산물 가격 지지제도 등
효과	① 초과수요 발생 ② 암시장 발생 ③ 사회적 후생손실 발생 ④ 재화의 품질 저하	① 초과공급 발생 → 최저임금법의 경우 비자발적 실업이 발생하나 자발적 실업은 감소 ② 암시장 발생 ③ 사회적 후생손실 발생 ④ 재화의 품질 개선
기타	가격상한제로 인하여 통제가격이 하락할수록 사회적 후생손실은 증가	① 노동수요가 탄력적이면 노동자의 총노동소득은 감소 ② 노동수요가 비탄력적이면 노동자의 총노동소득은 증가 ③ 노동공급의 탄력성과는 무관

3. 조세와 보조금

구분	조세	보조금
그림	소비자 P_1 지불가격 생산자 P_2 수취가격 P_0 • 소비자 잉여의 변화 : $-B-C$ • 생산자 잉여의 변화 : $-D-E$ • 정부의 조세수입 : $B+D$ • 사회적 잉여의 변화 : $-(C+E)$	생산자 P_2 수취가격 P_0 소비자 P_1 지불가격 • 소비자 잉여의 변화 : $C+D$ • 생산자 잉여의 변화 : $A+B$ • 정부의 보조금 지급 : $-(A+B+C+D+E)$ • 사회적 잉여의 변화 : $-E$
조세부과의 효과	① 조세를 부과하면 소비자 지불가격은 상승하고 생산자 수취가격은 하락한다. ② 조세부과는 사회적 최적 거래량보다 거래량을 감소시키므로 사회적 후생손실이 발생한다.	① 보조금을 지급하면 소비자 지불가격은 하락하고 생산자 수취가격은 상승한다. ② 보조금 지급은 사회적 최적 거래량보다 거래량을 증가시키므로 사회적 후생손실이 감소한다.
과세 및 보조금 지급대상에 따른 귀착	조세를 누구에게 부과하든지 조세부과의 효과는 동일하다.	보조금을 누구에게 지급하든지 보조금 지급의 효과는 동일하다.
상대적 부담과 초과부담	① 상대적으로 탄력적인 경제주체가 조세부담은 작아진다. $$\frac{\text{수요의 가격탄력성}}{\text{공급의 가격탄력성}} = \frac{\text{생산자 부담}}{\text{소비자 부담}}$$ ② 수요와 공급의 가격탄력성이 커질수록 초과부담은 커진다.	① 상대적으로 탄력적인 경제주체가 보조금 지급의 이득이 작아진다. $$\frac{\text{수요의 가격탄력성}}{\text{공급의 가격탄력성}} = \frac{\text{생산자 이득}}{\text{소비자 이득}}$$ ② 수요와 공급의 가격탄력성이 커질수록 초과부담은 커진다.

2 객관식 문제

01

소비자잉여에 대한 다음의 서술 중 옳은 것은? (서울시 7급 · 2013)

① 공급이 감소하여 가격이 상승한 경우 소비자잉여는 감소한다.
② 수요가 증가하여 가격이 상승한 경우 소비자잉여는 감소한다.
③ 수요의 탄력성이 클수록 소비자잉여도 크다.
④ 공급의 탄력성이 클수록 소비자잉여도 크다.
⑤ 소비자잉여를 늘리는 정책은 자원배분의 효율성도 제고한다.

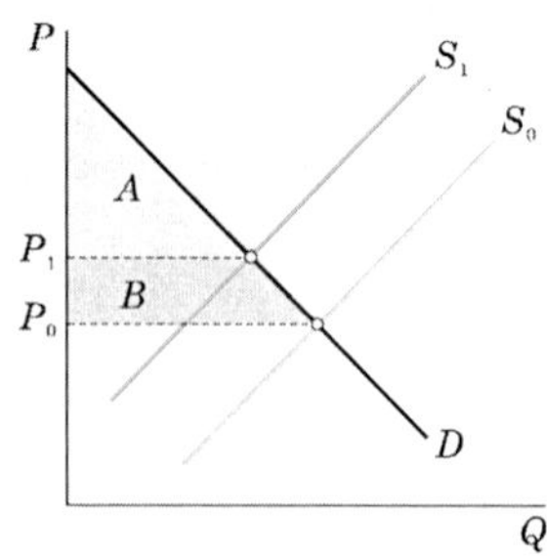

공급이 감소하면 가격이 상승하고 거래량이 감소하므로 소비자잉여는 감소한다.
수요가 증가하면 가격이 상승하고 거래량이 증가하므로 공급자잉여는 증가하나
소비자잉여의 변화는 알 수 없다.
수요의 탄력성이 클수록 소비자잉여는 감소하나 생산자잉여는 변화하지 않는다.

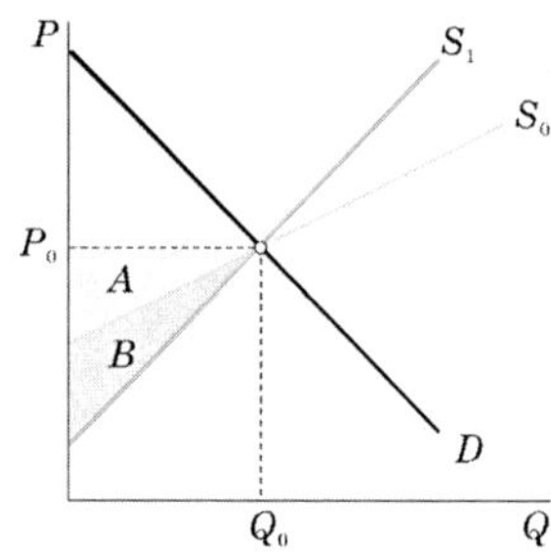

공급의 탄력성이 클수록 생산자잉여는 감소하나 소비자잉여는 변화하지 않는다.
생산자에게 보조금을 지급하면 가격이 하락하고 거래량이 증가하여 소비자잉여는 증가하나
자원배분의 비효율성이 발생한다.

정답 ①

02

한 주부가 청바지를 1벌에 8,000원에 구매하려고 한다. 그런데 현재 청바지 가격은 1벌에 5,000원이다. 만약 청바지에 대한 물품세가 1벌 당 5,000원이 부과되어 청바지의 가격이 10,000원으로 상승하였을 경우 옳지 않은 것은?

(지방직 7급 · 2008)

① 세금이 부과되기 전 소비자잉여는 3,000원이다.
② 세금이 부과되고 나면 소비자잉여는 발생하지 않는다.
③ 세금이 부과되고 나면 사회적 순손실은 3,000원 만큼 발생한다.
④ 세금이 부과되고 나면 사회적 순손실은 5,000원 만큼 발생한다.

세금이 부과되기 전 주부는 청바지를 1벌에 8,000원에 구매하려고 하고 실제 시장가격은 5,000원이므로 소비자 잉여는 3,000원이다.
세금이 부과되면 시장가격은 10,000원이 되어 주부는 청바지를 구입하지 않는다.
따라서 소비자잉여는 발생하지 않고 세금 부과로 소비자 잉여가 3,000원 감소하므로 사회적 순손실은 3,000원 만큼 발생한다.

정답 ④

03

정부가 생산자를 보호하고 생산자들의 수입을 증대시키기 위해 최저가격을 도입하고 자 한다. 이러한 정책의 효과에 관한 설명과 가장 거리가 먼 것은?

(서울시 7급 · 2003)

① 수요의 가격탄력성이 낮을수록 효과가 크다.
② 공급의 가격탄력성과는 크게 관계가 없다.
③ 대체재가 많을수록 효과가 크다.
④ 소비자잉여가 감소한다.
⑤ 시장에서의 거래량은 감소한다.

정부가 최저가격을 도입하면 가격이 상승하므로 시장에서의 거래량은 감소한다.
대체재가 많을수록 수요의 가격탄력성이 커지므로 가격 상승 시 거래량이 많이 감소한다.
따라서 생산자들의 수입이 감소한다.

정답 ③

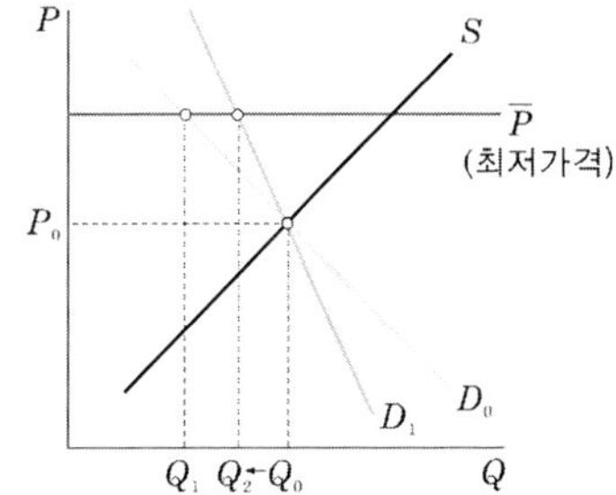

04

어떤 재화의 수요곡선과 공급곡선이 각각 다음과 같이 주어져 있다고 하자.

$$Q_S = 100 + 3P$$
$$Q_d = 400 - 2P$$

여기서 Q_S : 공급량, Q_d : 수요량, P : 재화의 가격

정부가 이 재화의 수요자들에게 단위당 15의 조세를 부과할 경우 생산자가 부담하는 세금(A)과 수요자가 부담하는 세금(B)은 각각 얼마인가? 그리고 조세부과로 인한 경제적 순손실(C)은 얼마인가?

(국회 8급 · 2013)

	A	B	C
①	5	10	270
②	6	9	135
③	6	9	270
④	9	6	135
⑤	9	6	270

조세부과 하기 전의 균형거래량과 균형가격은 각각 280, 60이다. 정부가 이 재화의 수요자들에게 단위당 15의 조세를 부과하면 수요곡선은 $Q_d = 370 - 2P$가 된다. 따라서 조세부과 후의 균형거래량과 균형가격은 각각 262, 54가 된다.

소비자가 지불하는 가격은 69가 되어 조세부과 전보다 9원이 상승한다. 수요자가 부담하는 세금은 9원, 생산자가 부담하는 세금은 6원이 되며 경제적 순손실은 $\frac{1}{2} \times 18 \times 15 = 135$가 된다.

정답 ②

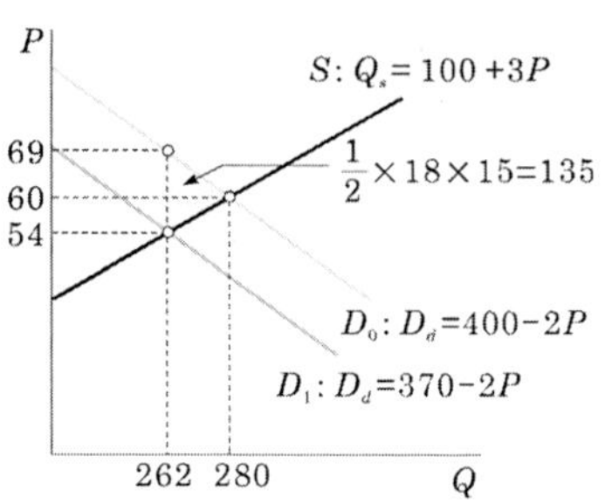

05

다음 그래프는 생산자 보조금 지급과 사회후생의 변화에 관한 것이다.

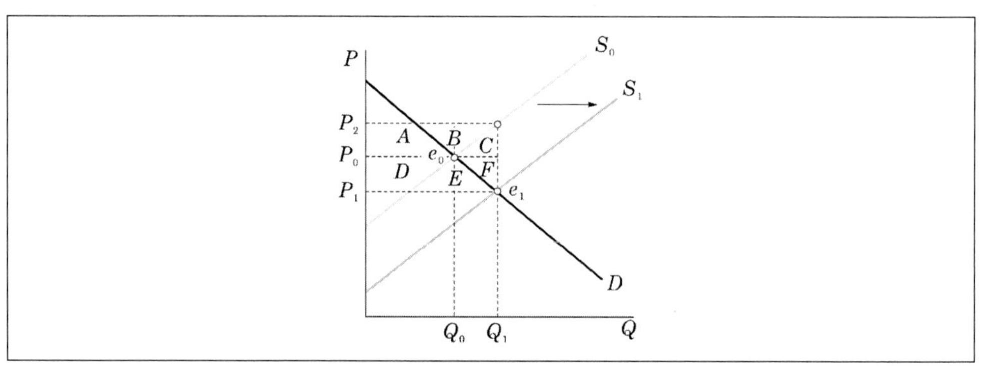

아래의 설명 중 옳지 않은 것은? (S_1 : 원래의 공급곡선, S_2 : 보조금 지급 이후의 공급곡선, D : 수요곡선, E_1 : 원래의 균형점, E_2 : 보조금 지급 이후의 균형점, P : 가격, Q : 수량)

(국회 8급 · 2010)

① 보조금 지급 후 생산자가 최종적으로 수취하는 가격은 P_3이다.
② 보조금 지급으로 인한 생산자잉여의 증가분은 $a+b$이다.
③ 낭비된 보조금의 크기는 $c+f$이다.
④ 보조금의 크기는 $a+b+c+d+e+f$이다.
⑤ 보조금 지급으로 인한 소비자잉여의 증가분은 $d+e+f$이다.

보조금이 생산자에게 지급이 되면 공급곡선이 보조금만큼 하방이동을 하며 가격이 P_2로 낮아지고 수량은 Q_2 증가하게 된다. 생산자는 가격이 낮아졌지만 보조금 지급으로 인해 실제로 P_3의 금액을 수취하기 때문에 생산자잉여가 $a+b$만큼 증가하게된다. 또한 소비자잉여의 경우는 가격이 P_1에서 P_2로 낮아지면서 $d+e$만큼 증가하게 됨을 알 수 있다. 단위당 보조금은 공급곡선사이의 수직거리고 보조금 지급 후 수량이 Q_2이기 때문에 보조금의 크기는 $a+b+c+d+e+f$이다. 하지만 보조금 중에서 소비자와 생산자 아무쪽에도 귀속되지 않은 보조금이 낭비된 보조금으로, $c+f$가 된다.

정답 ⑤

06

청바지에 대한 수요는 $40,000$원에서 완전탄력적이고 청바지의 공급은 $S = 5P - 160,000$이라고 한다. 정부가 청바지 거래량을 25%만큼 감소시키려면 정확하게 얼마만큼의 판매세를 공급자에게 부과하여야 하는가?

(보험계리사 · 2006)

① 1,000원
② 2,000원
③ 3,000원
④ 4,000원
⑤ 5,000원

판매세를 공급자에게 부과하면 공급곡선의 P절편이 판매세만큼 상방이동하므로 다음과 같이 식을 변형한다.

$$P = \frac{1}{5}Q + 32,000 + x \,(x : \text{판매세})$$

따라서 $P = 40,000$, $Q = 30,000$을 대입하면 x는 $2,000$이 도출된다. **정답 ②**

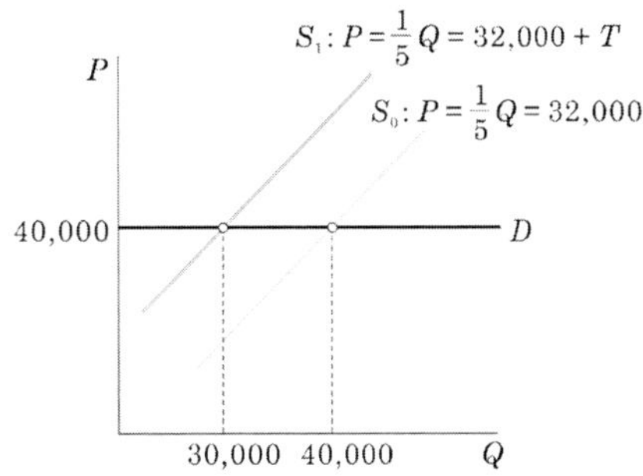

07

밀의 수요는 탄력적이고 휘발유의 수요는 비탄력적이다. 정부가 두 상품의 적정 소비수준을 유지하기 위해서 공급자에게 세금을 부과하여 각 상품의 거래량을 현재 수준의 $3/4$으로 감소시켰다. 이런 상황에서 발생하는 경제현상에 대한 설명으로 옳지 않은 것은?

(7급 · 2009)

① 밀보다 휘발유 가격의 상승률이 더 크다.
② 밀 시장에서 소비자의 총지출은 감소한다.
③ 휘발유보다 밀의 균형거래량이 더 큰 비율로 감소한다.
④ 휘발유 시장에서 소비자의 총지출은 증가한다.

두 상품의 적정 소비수준을 유지하기 위해서는 밀보다 휘발유에게 더 큰 세금을 부과해야 한다.
따라서 밀보다 휘발유 가격의 상승률이 더 크기 때문에 밀 시장에서 소비자의 총지출은 감소하고 휘발유 시장에서 소비자의 총지출은 증가한다. **정답 ③**

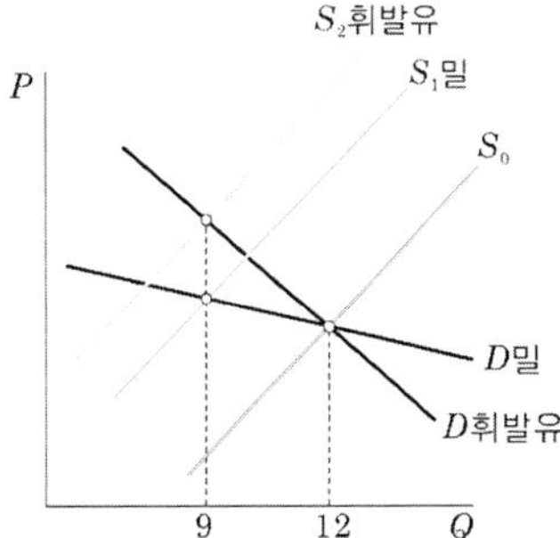

01

정부가 생산자에게 담배 한 갑당 1000원의 개별소비세를 부과한 후 소비자잉여가 400만원 감소하였고 생산자잉여는 300만원 감소하였으며 정부는 650만원의 세수를 얻었다고 한다. 이 경우 소비자의 균형 담배소비는 (   )갑에서 (   )갑으로 감소하였겠는가? (단, 담배에 대한 수요곡선과 공급곡선은 모두 직선이다.)

해설   정부의 조세수입은 개별소비세와 담배거래량의 곱으로 구할 수 있으므로 개별소비세를 부과한 후의 담배거래량은 6,500갑이다. (1,000원 × 담배거래량＝6,500,000)

개별소비세 부과 후 소비자잉여와 생산자잉여의 감소액의 합은 700만원이나 정부의 조세수입은 650만원이므로 사회적 후생손실은 50만원이다.

$\dfrac{1}{2} \times 1,000 \times$ 담배거래량 감소분 ＝ 500,000 이므로 담배거래량 감소분은 1,000갑이다. 개별소비세 부과전 담배거래량은 7,500갑이다.

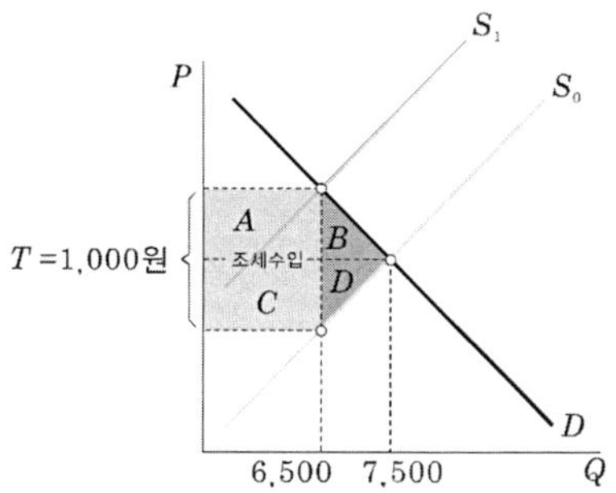

02

어느 상품의 수요와 공급은 다음 표와 같다고 가정한다. 정부가 상품 1단위당 30원의 종량세를 생산자에게 부과할 경우, 과세후 후생손실을 구하시오.

가격(원)	수요량	공급량
10	130	40
20	110	50
30	90	60
40	70	70
50	50	80
60	30	90
70	10	100

조세부과 전 균형가격은 40원이고 균형거래량은 70이다.
조세부과 후 균형가격은 50원이고 수요량은 50, 공급량은 80이 된다.
따라서 과세 후에 정부의 조세수입은 $30 \times 50 = 1,500$원이 된다.
후생 순손실은 $600/2 = 300$원이 된다.　　　　　정답 ①

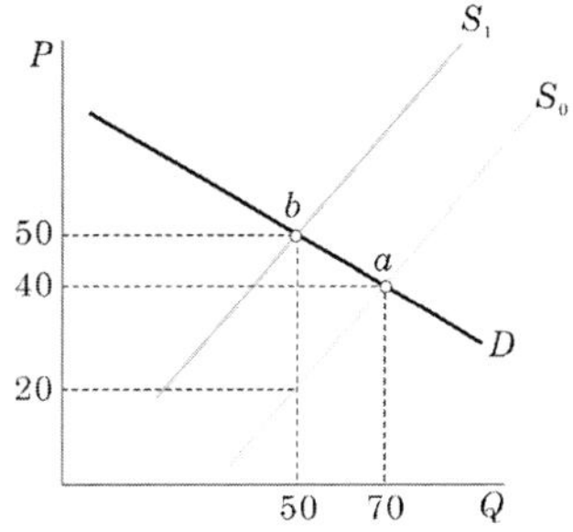

03

모딜리아니－밀러의 자본구조이론이 현실에서 성립되지 않은 이유을 설명하시오. (예탁결제원 · 2013)

(1) MM의 제1정리
① 기업의 재무관리 정책이 기본적으로 무의미 하다는 것을 말한다.
② 기업이 어떤 부채－자본 비율을 선택하든가에 투자자들은 전혀 관심을 갖지 않는 다는 것이다. 이는 기업이 선택한 자본구조가 그 기업 주식의 시장가격에 아무런 영향을 주지 않는다는 의미이다.

(2) MM의 제2정리
타인자본의 감세효과를 고려하면 최적자본구조는 100% 타인자본을 사용하는 것이다.

(3) 현실에서 성립되지 않는 이유
법인세가 존재하면 부채를 통해서 자금을 조달하는 것이 유리하지만 기업들이 100% 부채로 자금을 조달하면 기업의 파산위험이 높아지기 때문이다.

주제 7 논술문제

01

정부는 담배소비세를 인상하고자 한다.

(1) 정부는 흡연율 하락과 정부의 재정수입 증가를 동시에 달성하기 위하여 담배소비세를 인상하고자 하는데 해당 목적을 달성할 수 있는지 논하시오.
(2) 정부의 담배소비세 인상에 따른 효과와 문제점을 논하고 흡연율을 줄이기 위한 대책을 논하시오.

 **(1) 정부는 흡연율 하락과 정부의 재정수입 증가를 동시에 달성하기 위하여 담배소비세를 인상하고자 하는데 해당 목적을 달성할 수 있는지 논하시오.**

1) 인상 이유

① 정부는 가격을 2,000원 정도 인상해 흡연율을 낮춤가 동시에 정부의 재정수입을 증가시키겠다고 한다.

② 물가 상승을 감안하여 담배가격을 인상하고자 한다.

2) 수요의 가격탄력성

① 개념

㉠ 수요의 가격탄력성(ϵ_p)이란 해당상품의 가격에 변화가 생겼을 때 수요량의 변화를 측정하기 위해 고안된 개념이다.

$$\varepsilon_p = 수요량의\ 변화율/가격의\ 변화율 = -\frac{\Delta Q^D/Q^D}{\Delta P/P} = -\frac{\Delta Q^D}{\Delta P} \cdot \frac{P}{Q^D}$$

㉡ 여기서 $\dfrac{\Delta Q^D}{\Delta P}$는 수요곡선의 기울기의 역수이며, $\dfrac{P}{Q}$는 원점에서의 직선의 기울기를 의미한다.

② 가격탄력성의 구분

$\varepsilon_P = \infty$	완전탄력적
$\varepsilon_P > 1$	탄력적(가격에 민감)
$\varepsilon_P = 1$	단위 탄력적
$\varepsilon_P < 1$	비탄력적(가격에 둔감)
$\varepsilon_P = 0$	완전비탄력적

③ 현실적용

㉠ 수요의 가격탄력성은 국가의 소득분배 및 조세부담 효과를 분석하는데 사용할 수 있다.

㉡ 수요의 가격탄력성은 시장에서 기업이 가격 및 산출량을 결정하는 기업의 경영상 의사결정분석에 사용할 수 있다.

3) 가격탄력성과 판매수입 (매출액)과의 관계

① 판매수입이란 $P \cdot Q$를 말하며 기업은 판매수입(매출액), 소비자입장에서는 총지출액이라 한다.

② 가격이 변할 경우 기업의 판매수입($P \cdot Q$)이 변하는 정도는 수요의 가격탄력성과 밀접한 관계가 있다.

가격탄력성의 크기	기업의 판매수입($P \cdot Q$)	
	가격 하락시	가격 상승시
$0 < \varepsilon_P < 1$	감소	증가
$\varepsilon_P = 1$	불변	불변
$\varepsilon_P > 1$	증가	감소

③ 가격이 탄력적이면 가격 변화 시 소비자들이 민감하게 반응하므로 가격변화 보다 수요량이 더 많이 변동하게 되어 가격변동과 판매수입은 역의 관계를 가진다.

④ 가격이 비탄력적이면 가격 변화 시 소비자들이 가격에 둔감하므로 가격변화보다 수요량이 적게 변동하게 되어 가격변동과 판매수입은 정의 관계를 가진다.

4) 가격탄력성 결정요인

① 상품의 성격 : 필수품의 ε_P는 작고 사치품의 ε_P는 크다.

② 대체재의 존재여부 : 긴밀한 대체재가 존재할수록 ε_P는 커진다.

③ 지출비중 : 소비자의 전체지출에서 차지하는 비중이 클수록 ε_P는 커진다.

④ 시간 : 고려되는 시간이 길수록 ε_P는 커진다.

⑤ 상품의 정의 : 보다 폭넓게 정의될수록 ε_P는 작아진다.

5) 결론

담배는 기호품에 해당하므로 담배수요의 가격탄력성은 일반적으로 비탄력적이라고 볼 수 있다. 이 경우 담배소비세를 인상하여 담배가격을 인상하면 흡연율은 낮아지지 않으나 정부의 재정수입은 증가할 수 있다.

(2) 정부의 담배소비세 인상에 따른 효과와 문제점을 논하고 흡연율을 줄이기 위한 대책을 논하시오.

1) 가정

정부는 생산자에게 담배소비세를 부과하고 한다고 하자.

2) 설명

① 현재의 균형가격과 균형수량은 P_0와 Q_0이다.

② 만약 정부가 생산자에게 종량세를 부과한다면 공급곡선은 S_0에서 S_1으로 평행 이동 한다.

③ 따라서 소비자 지불가격은 P_1이 되고 소비자 지불가격에서 조세를 차감한 P_2가 생산자 수취가격이 된다.

④ 정부는 종량세 $\times Q_1$ 만큼 조세수입액을 얻게 된다.

⑤ 소비자의 부담은 $P_1 \leftrightarrow P_0$, 생산자의 부담은 $P_0 \leftrightarrow P_2$이 된다.

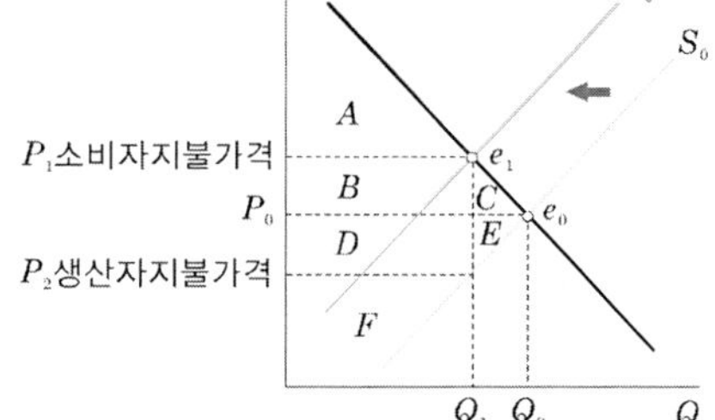

3) 조세의 상대적 부담과 사회적 후생손실

① 가격탄력성과 조세의 상대적 부담

㉠ 수요의 가격탄력성이 커지면 생산자 부담은 증가하고 소비자 부담은 감소한다.

㉡ 공급의 가격탄력성이 커지면 생산자 부담은 감소하고 소비자 부담은 증가한다.

㉢ 따라서 상대적으로 비탄력적인 경제주체인 소비자의 조세부담은 커진다.

② 사회적 후생손실

	조세부과전	조세부과후	변화
소비자 잉여	A+B+C	A	-B-C
생산자 잉여	D+E+F	F	-D-E
정부의 조세수입		B+D	B+D
사회적 잉여	A+B+C+D+E+F	A+B+D+F+	-C-E

③ 기타

㉠ 담뱃값을 과도하게 인상하면 결국 담배를 끊지 못하는 저소득층 흡연자들이 오른 세금의 대부분을 감당해야하므로 담뱃값 인상은 소득역진적 효과를 불러올 수 있다.

㉡ 담배값을 과도하게 인상하면 정부의 조세수입은 오히려 감소할 수 있다.

㉢ 담배값의 상승은 소비자 물가의 상승을 가져올 수 있다.

4) 대책

정부의 담배소비세 인상은 사회적으로 비효율성을 유발할 수 있으므로 담배수요가 감소하도록 하는 지속적인 금연정책이 바람직하다.

'담배세수 6천억 더 걷혀'

올해 담뱃값이 2,000원 오르면서 '증세 효과'가 뚜렷하게 나타나고 있다. 국민건강 증진을 위해 담뱃값을 올렸다는 정부 주장과 달리 실제로는 담배 판매량 감소분보다 세수 증대 효과가 큰 것이다.

10일 기획재정부 등 관계부처에 따르면 정부가 올해 1월부터 4월까지 담배 판매로 거둔 세금은 지난해 같은 기간보다 6000억원가량 증가했다. 특히 담배 판매량이 회복세를 보이면서 지난달에는 작년 4월에 비해 담뱃세가 3500억원 더 걷힌 것으로 파악됐다.

KT&G 등 담배업체 4곳의 판매량은 지난해 12월 80억개비에서 올해 1월 37억개비로 폭락했지만 3월 50억개비, 지난달 61억개비로 서서히 증가하는 추세다. 3~4월 판매량은 지난해 같은 기간보다 30% 정도 감소했지만 담뱃값이 80% 오르면서 세수는 큰 폭으로 늘었다.

이는 지난달 "담뱃값 인상에도 편의점들의 담배 판매량은 20% 정도만 줄었다"는 편의점 업계 발표와 숫자상 다소 차이가 있을 뿐 내용상으로는 비슷한 결과다.

보건복지부는 당시 "담배소비량을 대표하는 지표는 담배반출량인데 1분기 담배 반출량은 전년 같은 기간보다 44.2% 줄었고, 금연을 결심한 흡연자도 작년보다 3배 이상 증가했다"면서 편의점 업계 주장을 일축했다.

그러나 연초 급감했던 담배소비량이 최근 회복세를 보임에 따라 "정부가 국민건강보다 증세를 위해 담뱃세를 인상했다"는 비판을 피하기 어려워 보인다. 정부는 올해 담뱃값을 2,000원 인상하면 담뱃세가 2조8547억원 증가할 것으로 예상하고 있다. 지난해 담뱃세로 6조7427억원을 징수했다는 점을 감안하면 올해는 담뱃세로만 9조~10조원의 세금이 걷힌다는 뜻이다. 담뱃세에 포함된 소비세 지방교육세 건강증진부담금 폐기물부담금 개별소비세도 함께 증가할 전망이다.

소비자 이론

주제 1　무차별곡선이론

1　이론요약

1. 공리

구분	내용
공리(axiom)	① 주어진 선호관계를 효용함수로 대표하기 위해서는 일정한 공리를 갖추어야 한다. ② 공리란 가장 기본이 되는 가정을 말한다.
완비성	① 모든 상품묶음은 비교가능하다. ② 즉 상품묶음에 대해 선호관계를 설정할 수 있어야 한다.
이행성	① 세 개의 상품묶음 A, B, C가 있을 때 $A \geq B$이고 $B \geq A$이면 반드시 $A \geq C$가 성립한다. ② 즉, 소비자의 선호에 일관성이 있어야 한다.
연속성	① 상품묶음의 양에 조그만 차이가 있다면 소비자의 선호에도 조그만 차이밖에 없다. ② 즉, 선호순서가 갑자기 변하는 것을 배제한다. → 완비성, 이행성, 연속성을 만족시키면 연속적이고 미분가능한 효용함수가 도출된다.
강단조성	① 강단조성이란 적어도 어느 한 재화의 소비가 증가하면 만족이 증가하는 것을 말한다. 강단조성은 더 많을수록 더 좋다는 다다익선을 의미한다. (the more, the better) 반면 약단조성은 모든 재화의 소비가 동시에 증가하는 경우에만 만족이 증가하는 것을 말한다. ② 완전보완재에 대한 선호는 강단조성의 가정을 만족시키지 못한다. ③ 무차별곡선이 원점에 대해 오목하더라도 강단조성은 만족한다. 따라서 무차별곡선이 원점에 대해 오목할 가능성을 배제시키려면 볼록성의 가정이 도입되어야 한다.
강볼록성	① 강볼록성이란 각각의 상품묶음보다 그 상품묶음에 포함되어 있는 각 상품들의 가중평균으로 구성된 상품묶음을 강선호하는 것을 말한다. ② 강볼록성은 소비자가 다양한 재화를 선호함을 의미한다. ③ 강볼록성을 가정하면 무차별곡선에 직선인 부분이 존재하지 않으므로 무차별곡선은 원점에 대해 볼록하게 그려진다. ④ 완전대체재에 대한 선호는 볼록하지만 강볼록하지는 않다.

2. 무차별곡선

구분	내용
개념	무차별곡선이란 소비자에게 동일한 수준의 효용을 주는 상품묶음의 집합을 그림으로 나타낸 것을 말한다.
그림	① A점에서의 효용과 B점에서의 효용이 동일하다면 A점과 B점은 동일 무차별곡선 상에 위치하게 된다. 따라서 무차별곡선 상에 있는 모든 점은 동일한 효용을 갖게 된다. ② C점은 A점과 B점보다 X재와 Y재의 구입량이 더 많기 때문에 C점을 통과하는 무차별곡선에서의 효용이 A점과 B점을 통과하는 무차별곡선에서의 효용보다 더 커야 한다. $(I_1 > I_0)$
성질	① 원점에서 멀어질수록 더 높은 효용수준을 나타낸다. (단조성) ② 우하향한다. (단조성) ③ 서로 교차하지 않는다. (이행성) ④ 원점에 볼록하다. (볼록성) → 한계대체율이 체감하기 때문

3. 한계대체율

구분	내용
개념	① 한계대체율은 동일한 효용수준을 유지하면서 X재 1단위를 더 소비하기 위하여 포기해야 하는 Y재의 수량을 나타낸다. ② 한계대체율은 무차별곡선의 기울기로 두 상품 사이의 주관적 교환비율을 의미한다.
그림	① 한계대체율은 A점과 B점을 연결한 직선의 기울기로 $MRS_{XY} = -\dfrac{\Delta Y}{\Delta X} = \dfrac{MU_X}{MU_Y}$ 이다. ② X재를 1단위 더 소비하기 위하여 Y재를 2단위 포기할 용의가 있으므로 X재의 한계효용이 Y재의 한계효용보다 2배 크다.

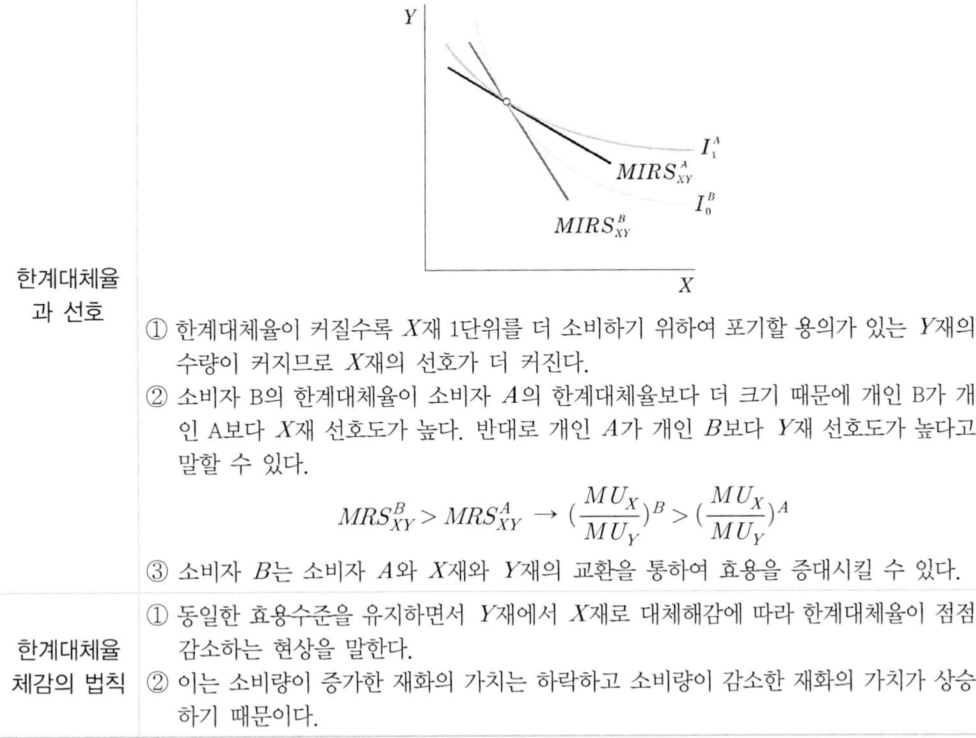

한계대체율 과 선호	① 한계대체율이 커질수록 X재 1단위를 더 소비하기 위하여 포기할 용의가 있는 Y재의 수량이 커지므로 X재의 선호가 더 커진다. ② 소비자 B의 한계대체율이 소비자 A의 한계대체율보다 더 크기 때문에 개인 B가 개인 A보다 X재 선도도가 높다. 반대로 개인 A가 개인 B보다 Y재 선도도가 높다고 말할 수 있다. $$MRS_{XY}^B > MRS_{XY}^A \rightarrow (\frac{MU_X}{MU_Y})^B > (\frac{MU_X}{MU_Y})^A$$ ③ 소비자 B는 소비자 A와 X재와 Y재의 교환을 통하여 효용을 증대시킬 수 있다.
한계대체율 체감의 법칙	① 동일한 효용수준을 유지하면서 Y재에서 X재로 대체해감에 따라 한계대체율이 점점 감소하는 현상을 말한다. ② 이는 소비량이 증가한 재화의 가치는 하락하고 소비량이 감소한 재화의 가치가 상승하기 때문이다.

4. 특수한 형태의 무차별곡선

① 콥-더글라스 효용함수

구분	내용
효용함수	$U = X^a Y^b$, $0 \leq a+b \leq 1$
특징	X, Y 개간 어느 정두의 대체성이 존재한다.
한계대체율	① 한계대체율은 다음과 같이 도출된다. $\rightarrow MRS_{X,Y} = \dfrac{aY}{bX}$ ② 따라서 한계대체율은 X재와 Y재의 비율로 표시되며 동일한 효용수준을 유지하면서 Y재에서 X재로 대체해감에 따라 한계대체율이 감소하므로 무차별곡선은 원점에 대해 볼록한 형태를 갖는다.
소득소비곡선	① 콥-더글라스 효용함수의 효용극대화를 구하면 다음과 같다. $$MRS_{XY} = \frac{P_X}{P_Y} \rightarrow \frac{aY}{bX} = \frac{P_X}{P_Y} \rightarrow Y = \frac{b}{a}\frac{P_X}{P_Y}X$$ ② X재와 Y재의 소비비율 $\left(\dfrac{Y}{X}\right)$은 소득의 변화와 관계없이 일정하다. ③ 따라서 소득소비곡선은 원점을 통과하는 직선의 형태를 갖는다. 즉, X재와 Y재의 소득탄력성은 1이다.

동조적 효용함수	① 동조적 효용함수란 한계대체율이 $\dfrac{Y}{X}$에만 의존하는 효용함수를 말한다. 즉, 동조적 선호란 소비자의 선호가 X재에 대한 Y재의 비율 (Y/X)의 함수일 때의 효용함수로 선호순서에서 두 재화의 수량의 비율이 중요한 역할을 한다. ② 소비자가 소비묶음$(X_0,\ Y_0)$를 $(X_1,\ Y_1)$보다 선호한다면 각 소비묶음에 임의의 양수 t배를 해주었을 때에도 여전히 $(tX_0,\ tY_0)$를 $(tX_1,\ tY_1)$보다 선호하는 경우를 말한다. ③ 콥－더글라스 효용함수의 한계대체율은 $MRS_{X,Y}=\dfrac{aY}{bX}$이므로 동조적 효용함수이다.
무차별곡선	

② 레온티에프 효용함수

구분	내용
효용함수	$U=\min\left(\dfrac{X}{a},\ \dfrac{Y}{b}\right)$
특징	① 무차별곡선은 L자형의 형태를 가지며 수직선에서는 한계대체율이 무한대이고, 수평선에서는 한계대체율은 0이다. ② 무차별곡선이 꺾여진 점에서는 한계대체율을 정의할 수 없다.
무차별곡선	① 오른쪽 신발과 왼쪽 신발은 한 짝씩 있을 때 보완 관계가 된다. ② 이 경우 1 : 1로 보완관계이므로 효용함수식은 $U=\min(X,\ Y)$가 되며 균형식은 $Y=X$이다. ③ 효용함수식을 만들기 위해서는 X절편의 숫자를 a에 대입하고, Y절편의 숫자를 b에 대입하여 도출한다.

가격효과	① 레온티에프 효용함수는 X재와 Y재를 일정비율로 소비하므로 완전보완관계를 나타낸다. ② 따라서 대체효과는 0이므로 가격효과와 소득효과는 일치한다.
소득소비곡선과 가격소비곡선	레온티에프 효용함수는 예산선과 효용함수의 꼭짓점이 만나는 점에서 효용극대화를 달성하므로 소득소비곡선과 가격소비곡선은 일치하며 원점을 통과하는 직선의 형태로 도출된다.

③ 선형 효용함수

구분	내용
효용함수	$U = aX + bY$
특징	우하향 직선의 형태를 가지며 한계대체율은 일정하다.
무차별곡선	① 무차별곡선의 기울기는 $\dfrac{a}{b}$이므로 한계대체율은 $\dfrac{a}{b}$로 일정하다. ② X재와 Y재는 완전대체재의 관계를 갖는다. 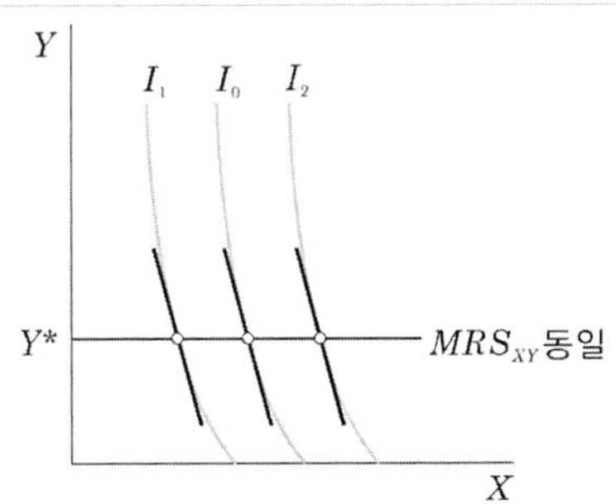

④ 준선형 효용함수

구분	내용
효용함수	$U = v(X) + bY, \ U = aX + v(Y)$
개념	준선형 효용함수란 반만 선형이라는 의미로 두 재화 가운데 하나에 대해서 효용함수가 선형형태인 것을 말한다.
X재에 대한 준선형 효용함수의 경우 $\rightarrow U = aX + v(Y)$	① X재에 대한 준선형 효용함수의 한계대체율은 $MRS_{X,Y} = \dfrac{a}{v'(Y)}$ 이므로 Y재에 의존한다. 즉, Y재 소비량이 일정하면 한계대체율은 모두 동일하다. ② Y재화의 소득효과와 소득탄력성은 0이다. ③ X재화의 소득탄력성은 1보다 크다.

Y재에 대한 준선형 효용함수의 경우
$$\rightarrow U = v(X) + bY$$

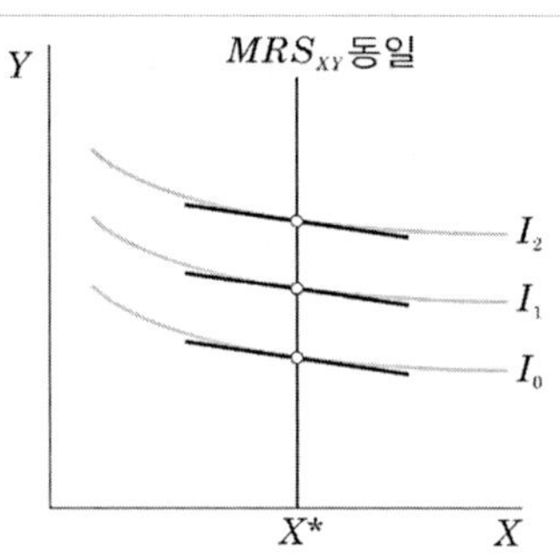

① Y재에 대한 준선형 효용함수의 한계대체율은
$$MRS_{X,Y} = \frac{v'(X)}{b}$$ 이므로 X재에 의존한다.

즉, X재 소비량이 일정하면 한계대체율은 모두 동일하다.
② X재화의 소득효과와 소득탄력성은 0이다.
③ Y재화의 소득탄력성은 1보다 크다.

⑤ 중독성이 큰 재화의 경우

구분	내용
효용함수	$U = X^2 + Y^2$
개념	중독성이 큰 재화란 해당 재화의 소비가 늘수록 어떤 재화를 한 단위 더 얻기 위해서 포기할 용의가 있는 다른 재화의 양이 더욱 증가하는 경우가 해당된다.
무차별곡선	① 중독성이 큰 재화의 경우 무차별곡선은 원점에 대해 오목한 형태를 가지면 한계대체율은 체증한다. ② X축에 있는 재화가 마약과 같이 중독성이 강한 재화라면 X재의 소비량이 증가할수록 해당 재화의 가치는 상승하고 한계대체율이 체증한다.

5. 소비자 균형

구분	내용
효용극대화 조건	 ① 소비자는 소득제약 하에서 효용을 극대화 하고자 하며 소득제약은 예산선으로, 효용은 무차별곡선을 통해 표현된다. ② E점에서 효용극대화가 달성된다. $$MRS_{XY} = \frac{P_X}{P_Y} \rightarrow \frac{MU_X}{P_X} = \frac{MU_Y}{P_Y}$$ ③ 효용극대화 조건은 두 재화의 주관적인 교환비율(MRS_{XY})과 객관적인 교환비율($\frac{P_X}{P_Y}$)이 일치한다는 것을 의미한다.
효용극대화 조건을 만족하지 못한 경우	① A점의 경우 $$MRS_{XY} > \frac{P_X}{P_Y} \text{이므로 } \frac{MU_X}{MU_Y} > \frac{P_X}{P_Y} \rightarrow \frac{MU_X}{P_X} > \frac{MU_Y}{P_Y}$$ 따라서 소비자는 X재 소비량을 늘리고 Y재 소비량을 줄여야 하므로 예산선을 따라 우측으로 이동하게 된다. ② B점의 경우 $$MRS_{XY} < \frac{P_X}{P_Y} \text{이므로 } \frac{MU_X}{MU_Y} < \frac{P_X}{P_Y} \rightarrow \frac{MU_X}{P_X} < \frac{MU_Y}{P_Y}$$ 따라서 소비자는 X재 소비량을 줄이고 Y재 소비량을 증가시켜야 하므로 예산선을 따라 좌측으로 이동하게 된다.

6. 예외적인 소비자균형

① 완전대체재인 경우

구분	내용
한계대체율이 상대가격보다 큰 경우 $(MRS_{XY} > \dfrac{P_X}{P_Y})$	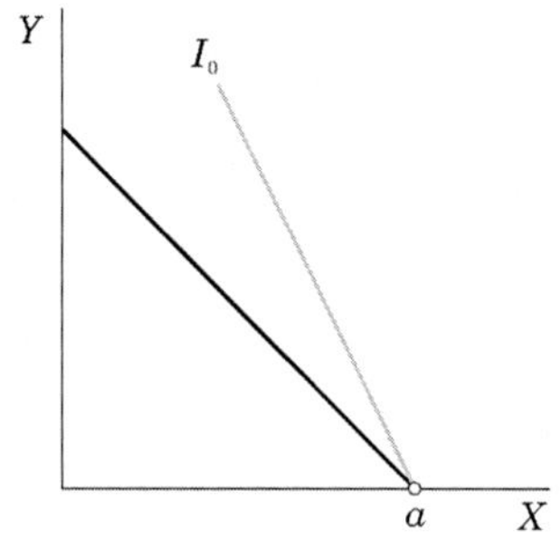 a점에서 효용극대화가 달성되며 X재만 구입한다.
상대가격이 한계대체율보다 큰 경우 $(\dfrac{P_X}{P_Y} > MRS_{XY})$	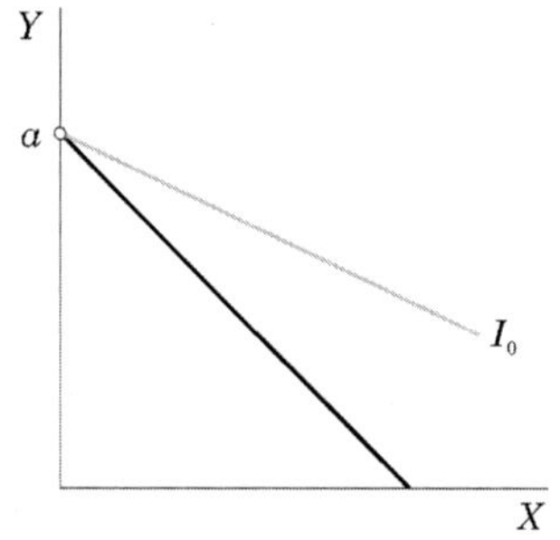 a점에서 효용극대화가 달성되며 Y재만 구입한다.
한계대체율과 상대가격이 같은 경우 $(MRS_{XY} = \dfrac{P_X}{P_Y})$	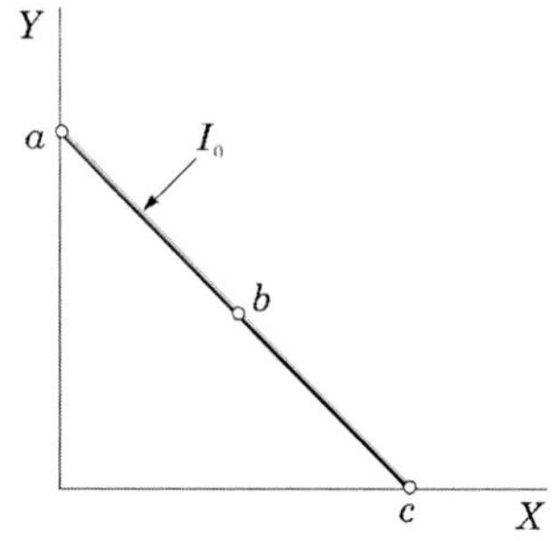 a점, b점, c점 모두 효용극대화가 달성되며 X재와 Y재 모두 구입가능하다.

② 완전보완재인 경우

구분	내용
효용극대화가 달성되는 경우	완전보완재의 경우 무차별곡선이 굴절되는 꼭짓점에서 효용극대화가 달성되며 소득소비곡선과 가격소비곡선이 일치한다.

7. 소비자균형의 이동

① 소득소비곡선과 엥겔곡선

구분	내용
소득소비곡선 (Income Consumption Curve ; ICC)	소득소비곡선이란 소득이 변할 때 소비자 균형점을 연결한 곡선을 말한다.
엥겔곡선	소득소비곡선은 각 소득수준에서 특정재화에 대한 구입량을 나타내지 못하므로 각 소득수준에서 소비자가 특정한 상품을 얼마만큼 구입할 지를 나타내는 엥겔곡선을 도출한다.

| 소득탄력성과 소득소비곡선,
엥겔곡선의 형태 | 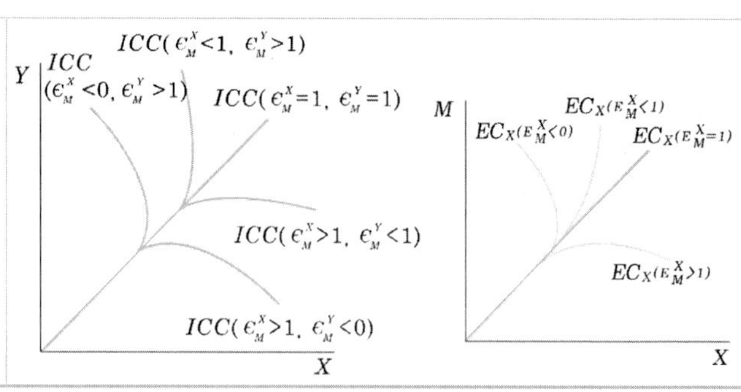 |

② 가격소비곡선과 수요곡선

구분	내용
가격소비곡선 (Price Consumption Curve : PCC)	가격소비곡선이란 가격이 변할 때 소비자 균형점을 연결한 선으로 가격소비곡선을 통하여 수요곡선을 도출할 수 있다.
가격소비곡선과 수요곡선	수요곡선 선상에서 b점에서의 효용이 a점에서의 효용보다 크다.
가격탄력성과 가격소비곡선	

8. 가격효과

구분	내용
가격효과	① 명목소득이 일정할 때 재화의 가격이 변화함으로써 최적소비가 변화하게 되는 효과를 말한다. ② 가격효과는 대체효과와 소득효과의 합으로 나타낸다. → 가격효과＝대체효과＋소득효과
대체효과	① 대체효과는 실질소득($\frac{M}{P_X}$, 주관적인 만족도)이 일정할 때 상대가격$\left(\frac{P_X}{P_Y}\right)$의 변화로 인한 효과를 말한다. ② X재의 상대가격이 하락하면 X재 구입량이 증가하고 X재의 상대가격이 상승하면 X재 구입량이 감소한다.
소득효과	① 소득효과는 상대가격이 일정할 때 실질소득 변화에 따른 효과로 재화의 종류(성격)와 연관되어 있다. ② 실질소득이 증가하면 정상재의 경우 거래량이 증가하나 열등재의 경우 거래량이 감소한다.

9. 보통수요곡선과 보상수요곡선/보상변화와 대등변화

① 보통수요곡선과 보상수요곡선

구분	내용
보통수요곡선	① 보통수요곡선은 명목소득이 일정한 상태에서 가격효과 즉, 가격의 변화와 수요량 변화간의 관계를 나타내는 곡선이다. ② 보통수요곡선은 대체효과와 소득효과를 포함하고 있으며 효용극대화로부터 도출된다.
보상수요곡선	① 보상수요곡선은 실질소득이 일정한 상태에서 대체효과만을 나타내는 곡선이다. ② 보상수요곡선은 보통수요곡선에서 소득효과를 제거하고 대체효과만을 반영한 수요곡선으로 지출극소화로부터 도출된다. ③ 보상수요곡선에서는 동일한 수준의 효용을 갖게 된다.
완전보완재의 경우	① 완전보완재의 경우 대체효과가 없으므로 가격변화와 소득효과가 일치한다. ② 완전보완재의 보상수요곡선은 수직선이 된다.

정상재인 경우	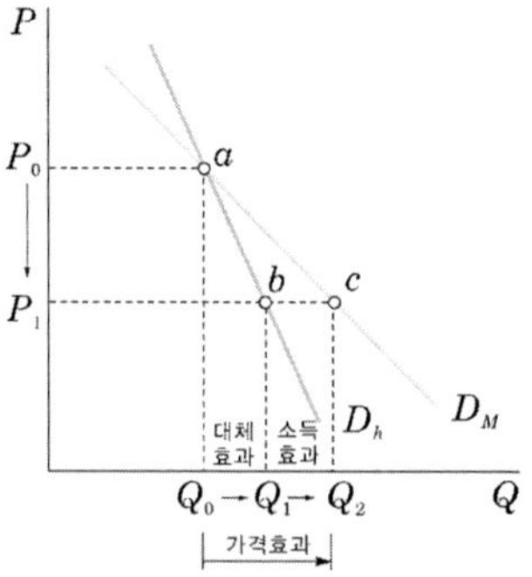
열등재인 경우	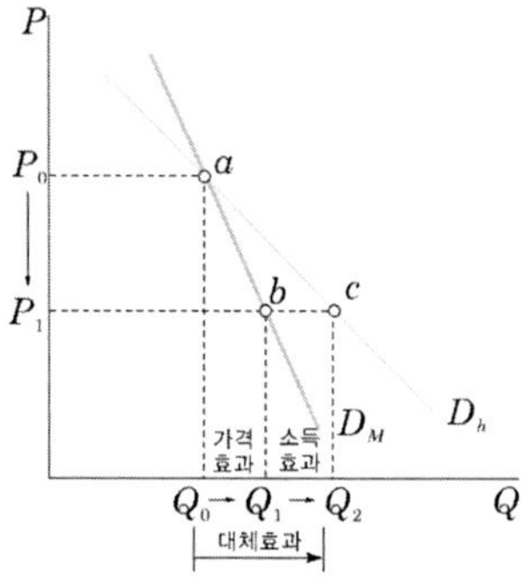

③ 콥-더글라스 효용함수의 한계대체율은 $MRS_{X,Y} = \dfrac{aY}{bX}$ 이므로 동조적 효용함수이다.

기펜재인 경우	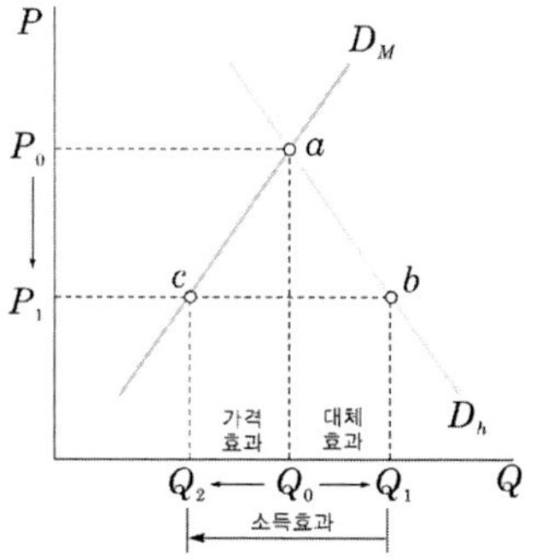

② 보상변화와 대등변화

구분	내용
보상변화	보상변화란 가격이 변동하여 효용이 변할 때 원래의 효용수준으로 되돌리기 위한 소득의 변화로 변화 후 가격을 기준으로 후생을 평가한다.
대등변화	가격이 변동하여 효용이 변할 때 달성된 효용수준을 가격변화 전의 예산선하에서 명목소득으로 달성하고자 할 때 필요한 명목소득의 크기로 변화 전 가격을 기준으로 후생을 평가한다.

비교	① 보상변화는 원래의 효용수준에 대응하고 대등변화는 가격변화 이후의 효용수준에 대응한다. ② 서로 다른 가격체계에 기초하고 있기 때문에 소득효과가 0이 아닌 한 결코 일치하지 않는다.
그림	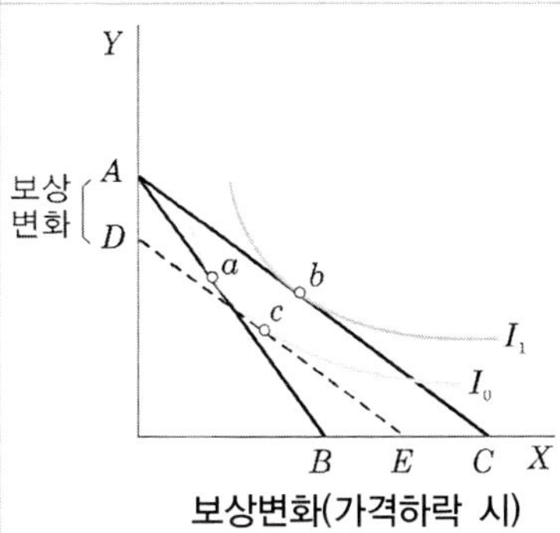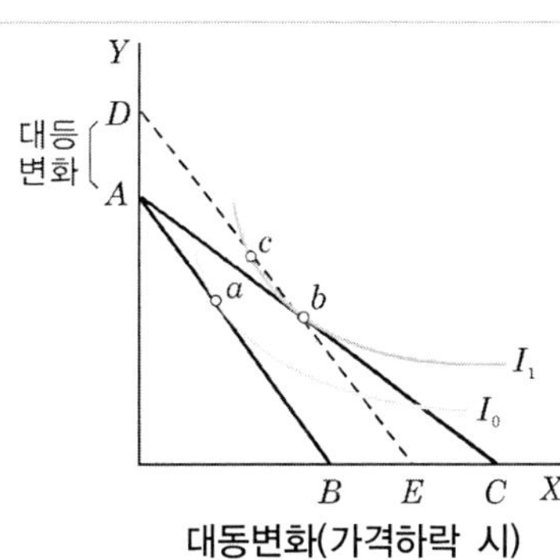

2 객관식 문제

01

두 재화 X재와 Y재에 대한 소비자 A의 선호체계는 효용함수 $U_A = 10XY$로 표현될 수 있으며, 소비자 B의 선호체계는 효용함수 $U_B = 10X^2 Y^2$으로 표현될 수 있다고 하자. 다음 설명 중 옳지 않은 것은?

(CPA · 2010)

① 소비자 A의 무차별곡선은 원점에 대하여 볼록하다.
② 소비자 A와 소비자 B는 동일한 선호체계를 갖고 있다고 말할 수 있다.
③ X재 소비가 증가할수록 소비자 A의 Y재에 대한 한계효용이 커진다.
④ X재 1단위, Y재 2단위를 소비하는 것과 X재 2단위, Y재 1단위를 소비하는 것은 소비자 B에게 무차별하다.
⑤ 동일한 예산제약 하에서 두 소비자의 최적 소비조합은 서로 다를 수 있다.

 소비자 A와 소비자 B의 한계대체율은 다음과 같다.

$$MRS_{XY}^A = \frac{MU_X}{MU_Y} = \frac{10Y}{10X} = \frac{Y}{X}, \quad MRS_{XY}^B = \frac{MU_X}{MU_Y} = \frac{20XY^2}{20X^2 Y} = \frac{Y}{X}$$

소비자 A와 소비자 B의 한계대체율이 같다는 것은 A와 B는 동일한 선호체계를 갖고 있고, 동일한 예산제약 하에서 두 소비자의 최적 소비조합이 같다는 말과 같다.

무차별곡선에서 우하방으로 이동하면 X재의 소비는 증가하고 Y재 소비는 감소한다. 따라서 $MRS_{XY} = \frac{Y}{X}$

이기 때문에 한계대체율은 체감한다. 즉, 무차별곡선은 원점에 대해 볼록한 모양을 가진다.
또한 $MU_Y = 10X$이므로 X재 소비가 커질 수록 Y재에 대한 한계효용이 커짐을 알 수 있다.
X재 1단위, Y재 2단위를 소비하는 경우 B의 효용은 $U_B = 10 \times 1^2 \times 2^2 = 40$이고, X재 2단위, Y재 1단위를 소비하는 경우 B의 효용은 $U_B = 10 \times 2^2 \times 1^2 = 40$이므로 소비자 B에게 동일한 효용을 가져다 준다.

정답 ⑤

02

두 재화(X재, Y재)를 소비하는 A의 효용함수는 $U_A = XY$이고, B의 효용함수는 $U_B = XY + X^2Y^2$이다. A, B의 소비활동에 대한 다음 설명 중 옳은 것은? (국회 8급 · 2012)

① A는 B보다 항상 효용이 더 높다.
② A는 B보다 항상 효용이 더 낮다.
③ P_X(X재가격) $> P_Y$(Y재가격)이면 A가 B보다 X재를 더 많이 소비한다.
④ P_X(X재가격) $< P_Y$(Y재가격)이면 B가 A보다 Y재를 더 많이 소비한다.
⑤ A와 B가 똑같은 예산으로 X, Y재를 소비하면 두 사람의 X, Y재 소비량은 같다.

해설

개인 A의 한계대체율은 $MRS_{XY} = \dfrac{MU_X}{MU_Y} = \dfrac{Y}{X}$이고, 개인 B의 한계대체율은 $MRS_{XY} = \dfrac{Y+2XY^2}{X+2X^2Y} = \dfrac{Y}{X}$이
다. 두 사람의 한계대체율이 동일하므로 같은 예산으로 X, Y재를 소비하면 X재와 Y재의 소비량은 같다.

정답 ⑤

03

효용극대화를 추구하는 소비자 甲의 효용함수는 $U(x, y) = \min \{x, y\}$이다. 甲의 수요에 관한 설명으로 옳은 것은? (단, 甲은 X재와 Y재만 소비하고, x는 X재 소비량, y는 Y재 소비량을 나타낸다.) (감정평가사 · 2012)

① 수요의 가격탄력성이 0이다.　　　② 수요의 가격탄력성이 1이다.
③ 수요의 교차탄력성이 0이다.　　　④ 수요의 교차탄력성이 −1이다.
⑤ 수요의 소득탄력성이 1이다.

해설

X재와 Y재는 보완재 관계이므로 가격소비곡선과 소득소비곡선이 일치하며 원점을 통과하는 직선의 형태로 도출된다. 따라서 수요의 가격탄력성은 1보다 작고, 수요의 소득탄력성은 1이 된다.　　**정답 ⑤**

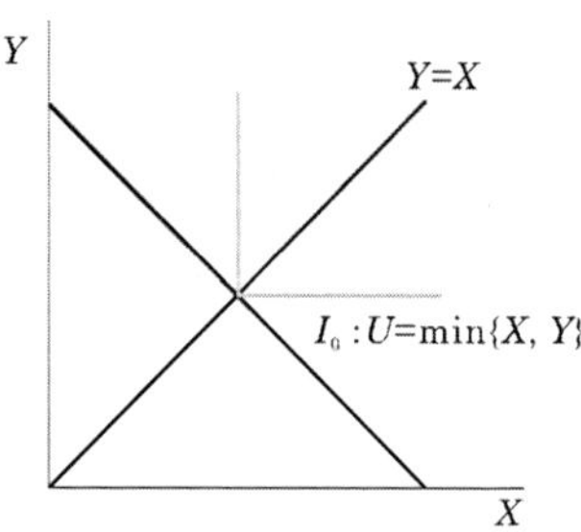

04

효용극대화를 추구하는 소비자 갑의 효용함수는 $U(x, y) = \min\{2x, y\}$이다. 갑의 수요에 관한 설명으로 옳지 않은 것은? (단, 갑은 X재와 Y재만 소비하고, x는 X재 소비량, y는 Y재 소비량이다.) (감정평가사 · 2013)

① 상대가격변화에 따른 대체효과는 0이다.
② X재 수요의 소득탄력성은 1이다.
③ 가격소비곡선은 수직선의 형태를 갖는다.
④ 소득소비곡선은 원점에서 출발하는 직선의 형태를 갖는다.
⑤ 갑의 효용함수는 1차 동차함수이다.

① X재와 Y재의 관계는 완전보완관계이므로 대체효과는 0이다.
② 소득소비곡선과 가격소비곡선 모두 원점에서 출발하는 직선의
　　형태를 갖고 있으므로 X재와 Y재 수요의 소득탄력성은 1이다.

정답 ③

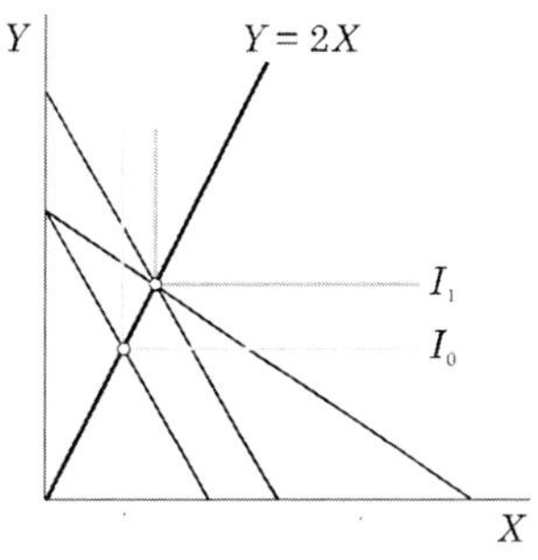

05

두 재화 x, y를 소비하는 소비자의 효용함수는 $u(x,\ y) = x^{\frac{1}{2}} y^{\frac{1}{2}}$ 이다. 이 소비자가 효용을 극대화한다고 할 때 다음 중 옳은 것은?　(감정평가사 · 2008)

① 소득이 2배가 되면 각 재화의 소비량이 2배보다 작게 증가한다.
② 소득이 2배가 되면 효용이 2배보다 작게 증가한다.
③ 소득소비곡선은 수평선이다.
④ 가격소비곡선은 원점을 지나는 45도선이다.
⑤ x재와 y재의 가격이 같다면 x재와 y재의 소비량은 동일하다.

효용함수가 콥－더글라스 효용함수인 경우 X재와 Y재의 수요함수는 다음과 같다.

$$X = \frac{M}{2P_X},\ Y = \frac{M}{2P_Y}$$

즉, X재와 Y재의 수요함수는 $P_X X = \frac{M}{2}$, $P_Y Y = \frac{M}{2}$ 이므로 직각쌍곡선의 형태를 갖는다.

직각쌍곡선의 경우 X재와 Y재의 수요와 소득의 가격탄력성이 모두 1의 값을 갖는다.
수요의 가격탄력성이 1이면 가격소비곡선은 수평선의 형태를 갖게 되고 수요의 소득탄력성이 1이면 소득소비곡선은 원점을 통과하는 직선의 형태를 갖는다.

효용함수에 수요함수를 대입하면 $U(X,\ Y) = \frac{M}{2}(\frac{1}{P_X P_Y})^{\frac{1}{2}}$ 이 되므로 소득이 2배가 되면 효용도 2배 증가한다.

정답 ⑤

06

X재와 Y재만을 소비하는 갑의 효용함수는 $\sqrt{X}+Y$이며, 예산제약식은 $\frac{1}{8}X+Y=1$이다. 효용을 극대화하는 갑의 X재에 대한 수요량은? (단, $X \geq 0$, $Y \geq 0$이다.) (감정평가사 · 2010)

① 2

② 4

③ 8

④ 16

⑤ 32

해설

효용을 극대화시키기 위해 $MRS_{XY} = \dfrac{MU_X}{MU_Y} = \dfrac{P_X}{P_Y}$을 만족해야 하기 때문에, $\sqrt{X}+Y$을 한계대체율로 전환

시키면 $\dfrac{\frac{1}{2}X^{-\frac{1}{2}}}{1} = \dfrac{1}{2\sqrt{X}}$이며 $\dfrac{P_X}{P_Y}$는 예산제약식의 기울기이기 때문에 $\dfrac{1}{8}$이 된다. 따라서 $\dfrac{1}{2\sqrt{X}} = \dfrac{1}{8}$로

계산하면 $X=16$, $Y=-1$이 나오게 된다. 하지만 조건에서 X, Y는 0보다 크므로 $X=8$, $Y=0$이 된다.

정답 ③

07

X재와 Y재만을 소비하는 갑의 효용함수는 $U=-\sqrt{X}+Y$이며, 예산제약식은 $3X+2Y=10$ 이다. 효용을 극대화하는 갑의 Y재에 대한 수요량은? (단, U는 효용, $X \geq 0$, $Y \geq 0$)

(감정평가사 · 2011)

① 0

② 2/3

③ 1.5

④ 5

⑤ 10

해설

효용극대화조건은 $MRS_{XY} = \dfrac{P_X}{P_Y}$이므로 $\dfrac{-\frac{1}{2}X^{-\frac{1}{2}}}{1} = \dfrac{3}{2} \rightarrow \sqrt{X}=-\dfrac{1}{3}$

조건에서 $X \geq 0$이므로 $\sqrt{X}=-\dfrac{1}{3}$이 성립될 수 없다.

따라서 X의 구입량이 0이 되며 예산식에 대입을 하면 Y재에 대한 수요량은 5로 도출된다. **정답** ④

08

세 재화를 소비하는 한 소비자의 효용함수가 다음과 같이 주어져 있다.

$$U(X_1,\ X_2,\ X_3) = \min[2X_1,\ X_2,\ 3X_3]$$

이 소비자의 소득이 70이 각 재화의 가격이 $(p_1,\ p_2,\ p_3) = (1,\ 2,\ 3)$으로 주어진 경우 효용 극대화 소비량은?

(CPA · 2011)

① $(10,\ 20,\ \dfrac{20}{3})$ ② $(\dfrac{25}{3},\ \dfrac{35}{3},\ \dfrac{35}{3})$

③ $(21,\ 14,\ 7)$ ④ $(\dfrac{25}{3},\ \dfrac{70}{3},\ 35)$

⑤ $(\dfrac{140}{13},\ \dfrac{70}{13},\ \dfrac{210}{13})$

- 소비자균형조건 : $2X_1 = X_2 = 3X_3$
- 예산제약식 : $X_1 + 2X_2 + 3X_3 = 70$

두 조건을 다 만족을 해야하는 X_1, X_2 X_3을 구해야한다. 만약 X_1을 구하고자 한다면 $X_2 = 2X_1$, $X_3 = \dfrac{2}{3}X_1$ 을 예산식에 대입하여 X_1에 대한 식을 만든 후 계산을 하면 $X_1 = 10$의 결과가 도출된다. 마찬가지의 방법으로 X_2, X_3을 구하면 $X_2 = 20$, $X_3 = \dfrac{20}{3}$이 나온다.

정답 ①

09

소비자 선호체계와 소비자 선택에 관한 설명으로 옳지 않은 것은?   (감정평가사 · 2011)

① 효용함수가 $U = X + Y$이고, X재의 가격이 Y재의 가격보다 높을 때 X재만을 소비한다.
② 효용함수가 $U = \min\{X,\ Y\}$이라면 항상 동일한 양의 X재와 Y재를 소비한다.
③ 한계대체율은 무차별곡선 기울기의 절대값을 나타낸다.
④ 두 무차별곡선이 교차할 수 없다는 성질은 선호체계의 이행성으로부터 도출된다.
⑤ 효용함수가 $U = (X + Y)^2$이면 무차별곡선은 직선이다.

① 효용함수가 $U = X + Y$일 경우, $Y = -X + U$로 기울기가 -1이기 때문에 X재 가격이 Y재 가격보다 높을 때는 Y재만을 소비하게 된다.
② 효용함수가 $U = \min\{X,\ Y\}$는 두 재화가 완전보완재일 경우로, X재와 Y재를 반드시 $1 : 1$의 일정비율로 소비함을 의미한다.
③ 효용함수 $U = (X + Y)^2$는 $Y = -X + \sqrt{U}$로 기울기가 -1이기 때문에 우하향의 직선의 기울기를 가짐을 알 수 있다.

정답 ①

10

두 재화만 소비하는 소비자의 소득소비곡선이 우하향한다. 이로부터 추론할 수 있는 것을 모두 고르면?

(감정평가사 · 2008)

> 가. 두 재화가 보완재이다. 나. 두 재화가 모두 정상재이다.
> 다. 두 재화 중 한 재화만 열등재이다. 라. 두 재화 중 한 재화만 엥겔곡선이 우상향한다.

① 가, 나 ② 가, 다
③ 나, 라 ④ 다, 라
⑤ 가, 다, 라

해설

① X재가 열등재이거나 Y재가 열등재이면 소득소비곡선이 우하향 할 수 있다.

② 즉, 소득이 증가할 때 X재와 Y재 중 한 재화가 열등재이면 소득소비곡선이 우하향 할 수 있다.

③ 따라서 한 재화는 정상재이므로 두 재화 중 한 재화만 엥겔곡선은 우상향한다.

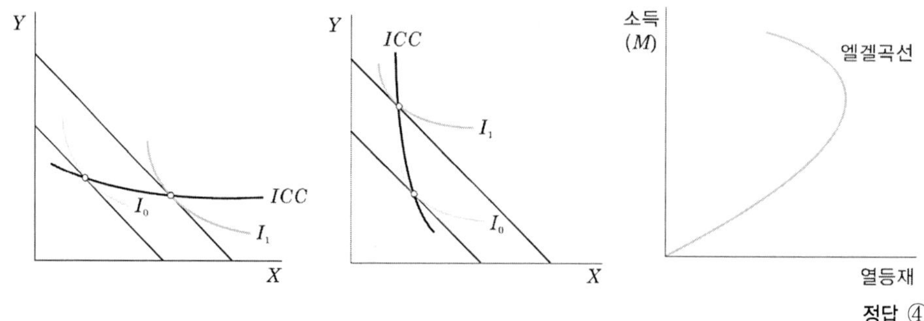

정답 ④

11

효용을 극대화하는 소비자 A는 X재와 Y재, 두 재화의 소비에 자신의 소득을 모두 지출한다. 이 때 (   )안에 들어갈 용어로 옳게 묶인 것은?

(공인노무사 · 2012)

> A의 X재에 대한 수요는 가격 비탄력적이다. 다른 조건이 일정할 때 X재의 가격이 상승하는 경우 A의 Y재 소비량은 (가)하고, X재 가격에 대한 Y재 수요의 교차탄력성은 (나)이다.

① 가 : 감소, 나 : 음(−) ② 가 : 감소, 나 : 양(+)
③ 가 : 증가, 나 : 음(−) ④ 가 : 증가, 나 : 양(+)
⑤ 가 : 불변, 나 : 영(0)

① X재에 대한 수요의 가격탄력성이 비탄력적이면 가격소비곡선은 우상향한다.

② 가격소비곡선이 우상향하기 위해서는 X재의 가격이 상승하는 경우 X재와 Y재의 소비량 모두 감소해야 한다.

따라서 X재와 Y재는 보완재 관계이므로 Y재 수요의 교차탄력성은 0보다 작다. **정답 ①**

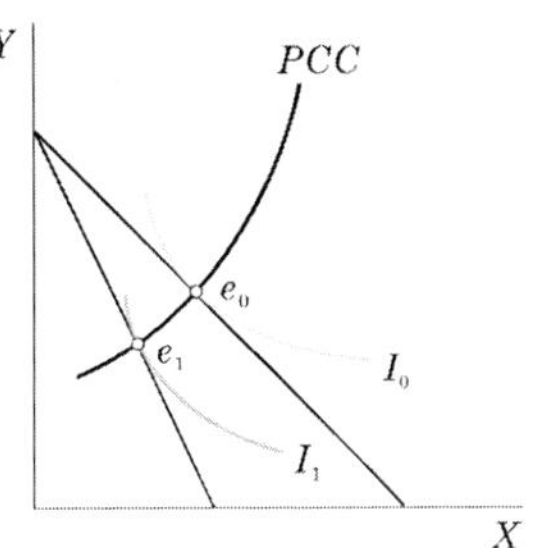

12

X재와 Y재를 소비하는 어느 소비자의 효용함수가 $U(X, Y) = 3X + 4Y$이고 X재 가격은 3원, Y재 가격은 1원이다. <보기>에서 옳은 것을 모두 고른 것은? (국회 8급 · 2012)

• 보기 •

ㄱ. 이 소비자는 주어진 소득으로 전부 Y재만을 소비하는 것이 최적이다.

ㄴ. 다른 조건은 불변인 채 X재 가격이 1로 하락하면 이 소비자는 X재만 소비한다.

ㄷ. Y재의 엥겔곡선은 기울기가 $\dfrac{1}{P_Y}$인 직선이다.

ㄹ. 소득소비곡선은 원점을 통과하는 직선이다.

ㅁ. X재 수요의 소득탄력성은 1보다 작고, Y재 수요의 소득탄력성은 1보다 크다.

① ㄱ, ㄷ
② ㄱ, ㅁ
③ ㄱ, ㄴ, ㄹ
④ ㄱ, ㄷ, ㄹ
⑤ ㄷ, ㄹ, ㅁ

① 예산선의 기울기가 무차별곡선의 기울기보다 가파르기 때문에 Y재만 구입한다.

② X재 가격이 1로 하락하더라도 상대가격이 한계대체율보다 크기 때문에 여전히 Y재만 구입한다.

③ Y재만 구입하기 때문에 예산선에서 $P_Y Y = M$이 도출된다. 엥겔곡선은 소득이 변할 때 효용극대화 구입량과의 관계이므로 Y재의 엥겔곡선의 식은 $Y = \dfrac{1}{P_Y} M$이 된다.

④ 따라서 Y재의 엥겔곡선의 기울기는 $\dfrac{1}{P_Y}$이다.

⑤ 소득소비곡선은 아래와 같이 도출되므로 원점을 통과하는 직선이다.

⑥ 소득이 변할 때 X재 구입량은 0이므로 X재 수요의 소득탄력성은 0이 된다.

⑦ 따라서 Y재의 수요곡선은 $P_Y Y = M$이 되어 Y재 수요의 소득탄력성은 1이 된다. **정답 ④**

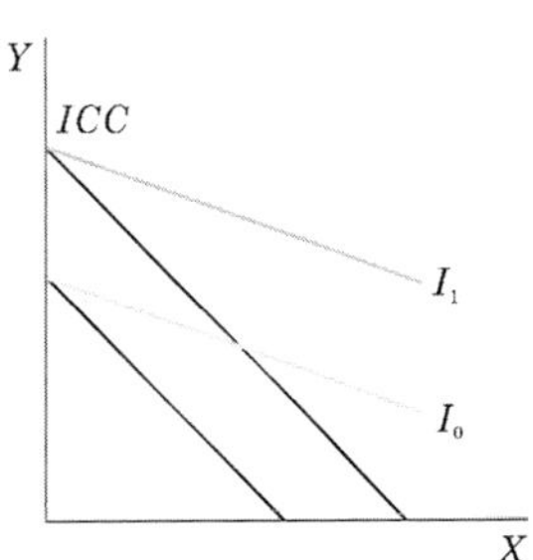

13

다음의 효용함수에 대한 설명으로 옳은 것은? (CPA · 2012)

$$U = x^{0.5} + y^{0.5}$$

가. 무차별곡선은 원점에 대하여 볼록한다.
나. 두 재화의 수요는 대체관계에 있다.
다. 각 재화는 정상재이며 소득탄력성이 1보다 큰 사치재이다.
라. x의 가격 변화에 대한 가격소비곡선(PCC)은 우하향하는 직선이다.
마. 소득소비곡선(ICC)은 원점을 지나는 직선이다.

① 가, 나, 다   ② 나, 라, 마
③ 가, 나, 마   ④ 가, 라, 마
⑤ 나, 다, 라, 마

가. $MRS_{XY} = \dfrac{0.5x^{-0.5}}{0.5y^{-0.5}} = \sqrt{\dfrac{y}{x}}$ 이다. 무차별곡선을 따라 x재 소비량이 증가하고 y재 소비량이 감소하면 한

계대체율은 체감한다. 따라서 무차별곡선은 원점에 대하여 볼록한 형태를 갖는다.

라, 마. 가격소비곡선과 소득소비곡선은 효용극대화 조건을 통해 도출할 수 있다.

$$MRS_{XY} = \frac{P_X}{P_Y} \rightarrow \sqrt{\frac{y}{x}} = \frac{P_X}{P_Y} \rightarrow Y = \left(\frac{P_X}{P_Y}\right)^2 X$$

따라서 원점을 지나는 직선의 형태로 도출된다.

다. 원점을 지나는 직선의 경우 X재와 Y재 모두 소득탄력성의 값은 1이다.

나. x재 수요함수를 구하기 위해서는 효용극대화 조건과 예산제약식을 연립하면 된다.

$$P_X X + P_Y \left[\frac{P_X^2}{P_Y^2} X\right] = M \rightarrow X = \frac{1}{P_X \left(1 + \dfrac{P_X}{P_Y}\right)} M$$이므로 Y재 가격이 상승하면 X재 구입량이 증가한다.

따라서 X재와 Y재의 관계는 대체재이다. 정답 ③

14

가격효과에 대한 다음 설명 중 옳은 것을 모두 고르면? (CPA · 2013)

(가) 열등재의 경우 가격이 상승하면 보통수요가 보상수요보다 더 많이 감소한다.
(나) 소비자의 선호가 단조성과 강볼록성을 만족하면 보상수요곡선은 항상 우하향한다.
(다) 두 재화를 소비하는 소비자의 효용함수가 $u(x_1, x_2) = \min\{x_1, x_2\}$로 주어지는 경우, 한
재화의 가격 변화 시 두 재화 모두 소득효과는 0이고 대체효과만 발생한다.
(라) 미래소득이 0인 소비자가 현재소득을 현재소비와 미래소비에 배분하여 효용을 얻는 저축
결정모형에서 현재소비가 열등재라면 이자율이 상승할 경우 저축은 반드시 증가한다.

① (가), (나) ② (나), (다)
③ (나), (라) ④ (가), (다)
⑤ (다), (라)

해설
(가) 열등재의 경우 가격이 상승하면 대체효과에 의해 수요량이 감소하지만 소득효과에 의할 때 수요량은 증가한다. 따라서 보상수요는 대체효과만 고려하므로 보상수요가 보통수요보다 더 많이 감소한다.

(나) 단조성은 무차별곡선의 우하향 형태를 결정하고 강볼록성은 원점에 대하여 볼록한 형태를 결정한다. 따라서 소비자의 선호가 단조성과 강볼록성을 만족하면 무차별곡선이 원점에 대하여 볼록한 우하향의 형태로 도출되므로 소비자균형은 한 점에서 도출된다. 이런 경우에는 보상수요곡선은 항상 우하향한다.

(다) 효용함수를 볼 때 x1과 x2는 완전보완관계이므로 대체효과는 발생하지 않고 가격효과와 소득효과는 일치한다.

(라) 이자율 상승 시 대체효과의 경우 현재소비가 감소하고 소득효과의 경우 저축자의 경우 현재소비가 감소한다. 따라서 저축은 반드시 증가한다.

정답 ③

15

X와 Y 두 재화만을 소비하는 어떤 소비자는 한계대체율이 체감하는 무차별곡선을 가지고 있다. X재와 Y재의 가격은 각각 2원과 3원이며, 효용극대 소비점은 $(X,\ Y)=(18,8)$이다. 이제, Y재의 가격만 2원으로 하락하였다고 하자. 이러한 가격하락으로 인한 실질소득의 증가는, 이 소비자의 경우, Y재 3단위의 소비를 증가시키는 효과를 가진다. 실질소득의 증가효과를 제거한다면, Y재 가격하락의 순수한 효과는 X재와 Y재를 각각 13단위씩 소비하는 것으로 나타난다. 가격 변화 후의 새로운 효용극대 소비점을 옳게 나타낸 것은?

(CPA · 2005)

① (13, 16) ② (13, 17)
③ (14, 16) ④ (14, 17)
⑤ (15, 15)

해설
가격하락 이전의 소득은 60원이다. Y재 가격이 하락하여 X재 13개, Y재 13개를 구입하면 구입액은 52원이 된다. 즉, Y재 가격의 하락이 실질소득을 8원 증가시키는데 지문에서 실질소득의 증가는 Y재 3단위의 소비를 증가시킨다고 하였으므로 실질소득 8원 중 6원은 Y재 구입에 사용되고(왜냐하면 Y재 가격은 2원이기 때문) 나머지 2원은 X재 구입에 사용된다.

따라서 새로운 효용극대 소비점은 (14, 16)이 된다.

정답 ③

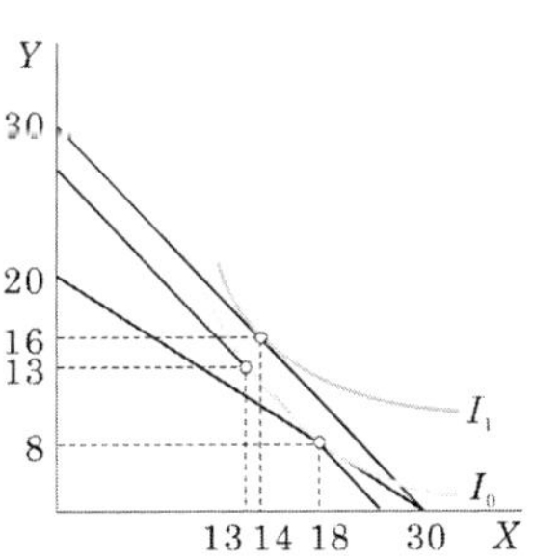

지원이는 고정된 소득으로 X재와 Y재만을 소비한다고 가정하자. Y재의 가격은 일정한데 X재의 가격이 하락함에 따라 소비균형점이 E_0에서 E_1으로 이동하였다. 이로부터 알 수 있는 것은?　(CPA · 2012)

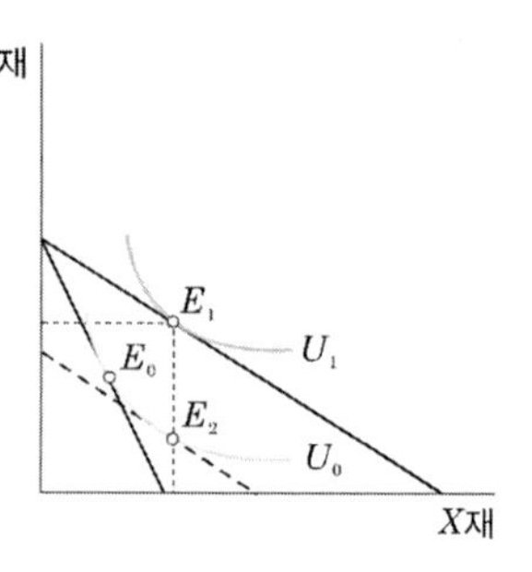

① X재는 열등재인 동시에 기펜(Giffen)재이다.
② X재의 보상수요곡선은 보통수요곡선보다 가파르다.
③ X재에 대한 대체효과와 소득효과는 반대방향으로 작용한다.
④ X재의 수요는 가격에 대해 비탄력적이다.
⑤ X재의 엥겔곡선은 우상향한다.

해설 ① X재 가격이 하락할 때 E_0에서 E_2로의 이동이 대체효과이고 E_2에서 E_1으로의 이동이 소득효과이다.
② 소득효과는 발생하지 않으므로 X재가 정상재인지 열등재인지 알 수 없다.
③ 소득효과가 0이기 때문에 X재의 보상수요곡선과 보통수요곡선은 일치한다. 또한 X재의 엥겔곡선은 수직선의 형태를 갖는다.
④ 가격소비곡선은 우상향의 형태를 가지므로 X재의 수요는 가격에 대해 비탄력적이다.　정답 ④

3　약술문제

무차별곡선의 볼록성의 의미에 대해 쓰고 x재가 재화, y재가 비재화일 때 무차별곡선을 그리시오.

(한국은행 · 2013)

해설 **(1) 볼록성의 의미**
① 무차별곡선이 원점에 볼록한 이유는 극단적인 재화소비보다 중간의 재화소비를 더 선호한다는 것을 의미한다.
② 재화묶음이 (0, 10)인 a점과 (5, 5)인 b점을 비교할 때 극단적인 재화소비보다 중간의 재화소비를 더 선호한다면 b점이 a점보다 만족감이 더 커야 한다.
③ 따라서 b점을 통과하는 무차별곡선이 a점을 통과하는 무차별곡선보다 상방에 위치해야 하며 이는 원점에 볼록한 경우에 가능하다.

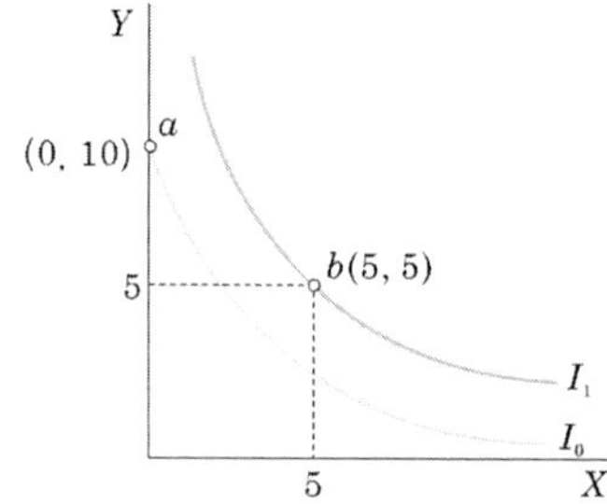

(2) x재가 재화, y재가 비재화일 때 무차별곡선의 형태

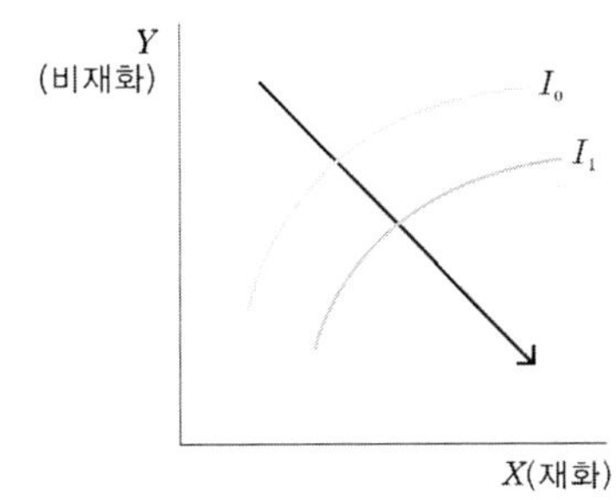

02

x재와 y재화만 소비하며 효용함수가 $U = X^{0.5} Y^{0.5}$인 소비자가 있다. 현재 두 재화의 가격과 이 소비자의 소득이 각각 $Px = 100$, $Py = 100$, $M = 1,000$이다. X재의 시장을 개방하면 X재의 가격이 $Px = 25$로 하락한다. x재 시장을 개방할 때 소비자의 보상변화와 대등변화를 구하라.

(1) 보상변화의 도출

① 개방을 하기 전에 소비자가 누리는 효용의 크기는 $\frac{1}{2} \times 1,000 \times (\frac{1}{100 \times 100})^{0.5} = 5$이다.

② 변화된 가격체계 하에서 5의 효용을 누리기 하기 위해서 필요한 소득은 500이다.

$$\frac{1}{2} \times M \times (\frac{1}{25 \times 100})^{0.5} = 5$$

(2) 대등변화의 도출

① 개방을 하고 난 이후에 소비자가 누리는 효용의 크기는 $\frac{1}{2} \times 1,000 \times (\frac{1}{25 \times 100})^{0.5} = 10$이다.

② 10의 효용을 개방 전의 가격수준으로 누리게 하기 위해서 필요한 소득은 2,000이다.

$$\frac{1}{2} \times M \times (\frac{1}{100 \times 100})^{0.5} = 10$$

정답 ①

03

두 재화 X, Y에 대해 소비자의 효용함수가 $U(X, Y) = \ln X + Y$라고 하자. (단, $\ln X$는 자연로그함수를 의미한다.) X, Y의 가격이 $(P_X, P_Y) = (2, 4)$이고 이 소비자의 소득수준은 $M = 12$라고 하자. 소비자의 효용을 극대화하는 X와 Y를 구하시오.

해설

$$MRS_{XY} = \frac{P_X}{P_Y} \rightarrow \frac{1}{X} = \frac{2}{4} \rightarrow X = 2$$

예산식 $2X + 4Y = 12$에 $X = 2$를 대입하면 $Y = 2$가 도출된다.

04

홍길동의 효용함수는 $U = x^{\frac{1}{2}} + y$라고 한다. 한편 x재의 가격은 2만원, y재의 가격은 1만원이다. 홍길동의 소득이 20만원일 경우

(1) 효용을 극대화시키는 x와 y의 수량을 구하시오.
(2) 소득효과가 발생하는가?

해설

(1) 예산선 : $2x + y = 20$

효용극대화조건 : $MRS_{XY} = \frac{P_X}{P_Y} \rightarrow \frac{\frac{1}{2}X^{-\frac{1}{2}}}{1} = \frac{2}{1} \rightarrow X^{-\frac{1}{2}} = 4$

따라서 $X = 1/16$, $Y = 19(7/8)$

(2) $X^{-\frac{1}{2}} = 4$를 볼 때 소득의 변화가 X재 수요량에 영향을 주지 않으므로 소득효과는 0이다.

05

콥－더글라스 효용함수 $U(x,\ y) = x^{\alpha}y^{\beta}$를 생각해보자. 이때 $\alpha + \beta = 1$이라고 하자. 상품의 가격이 각각 p_x, p_y이고 소득이 M이라고 하자.

(1) x재의 수요함수를 구하시오.
(2) x재 수요의 가격탄력성을 구하고 엥겔곡선의 형태를 유추하시오.

해설

(1) 예산선 : $P_xX + P_yY = M$

효용극대화 조건 : $MRS_{XY} = \frac{P_X}{P_Y} \rightarrow \frac{\alpha}{\beta}\frac{y}{x} = \frac{p_x}{p_y} \rightarrow \alpha p_y y = \beta p_x x$

효용극대화 조건을 예산선에 대입하면 $p_x x + \frac{\beta}{\alpha}p_x x = M \rightarrow x = \frac{M}{p_x}(\frac{\alpha}{\alpha + \beta})$

$\alpha + \beta = 1$이므로 x재의 수요함수는 $x = \frac{\alpha M}{p_x}$가 된다.

(2) $p_x x = \alpha M$이므로 직각쌍곡선의 형태를 가진다. 따라서 x재 수요의 가격탄력성의 값은 1이다. 즉, 가격소비곡선은 수평선으로 그려진다. 또한 $M = \frac{p_x}{\alpha}x$이므로 기울기가 $\frac{p_x}{\alpha}$인 직선의 형태가 된다.

06

효용함수가 $u(x_1,\ x_2)=x_1 x_2$, 두 재화의 가격이 각각 5와 10일 때 50만큼의 효용수준을 최소한의 지출로 달성하기 위한 보상수요의 크기를 찾고자 할 때 지출액을 구하시오.

$$x_1 x_2 = 50,\quad MRS_{XY} = \frac{P_X}{P_Y} \rightarrow \frac{x_2}{x_1} = \frac{1}{2}$$

따라서 $x_1 = 10, x_2 = 5$

이 때의 지출액은 100이다.

07

효용함수가 $U(x_1,\ x_2)=x_1 x_2$, 재화 1의 가격은 2, 재화 2의 가격은 1, 소득은 120이다. 이제 재화 1의 가격이 1로 하락할 경우

(1) 보상변화의 크기는 얼마인가?
(2) 대등변화의 크기는 얼마인가?]

(1) $MRS_{x_1 x_2} = \dfrac{p_1}{p_2} / 2x_1 + x_2 = 120$를 연립하면 $x_1 = 30, x_2 = 60$이 도출된다.

따라서 효용은 1800이다. 재화 1의 가격이 1로 하락할 경우 $MRS_{x_1 x_2} = \dfrac{p_1}{p_2} / x_1 + x_2 = 120$를 연립하면 $x_1 = 60, x_2 = 60$이 도출된다. 따라서 효용은 3600이다. 보상변화는 바뀐 예산선을 기준으로 1800의 효용을 얻기 위해 필요한 최소한의 금액이기 때문에 $\dfrac{x_2}{x_1} = 1$과 $x_1 x_2 = 1800$을 연립해서 풀면 $x_1 = x_2 = 30\sqrt{2}$를 얻는다. 따라서 보상변화는 $120 - 60\sqrt{2}$가 된다.

(2) 원래의 가격에서 3,600의 효용을 얻기 위해 필요한 최소한의 금액을 구하기 위해 $2x_1 = x_2$를 $x_1 x_2 = 3600$에 대입하면 $x_1 = 30\sqrt{2}$, $x_2 = 60\sqrt{2}$가 도출된다.

따라서 대등변화는 $120\sqrt{2} - 120$이 된다.

08

소비자 갑의 한계대체율을 측정했더니 $MRS_{XY} = \dfrac{Y}{X}$(즉, 두 재화 수요량의 비율)임을 알게 되었다고 하자. 그렇다면 X, Y재에 대한 갑의 수요의 소득탄력성은 각각 얼마인가?

$$MRS_{XY} = \frac{P_X}{P_Y} \rightarrow \frac{Y}{X} = \frac{P_X}{P_Y} \rightarrow P_X X = P_Y Y$$

예산선에 대입하면 X재의 수요곡선은 $2P_X X = M \rightarrow X = \dfrac{M}{2P_X}$

X재 수요의 소득탄력성은 $\dfrac{dX}{dM} \times \dfrac{M}{X} = \dfrac{1}{2P_X} \times \dfrac{M}{\dfrac{M}{2P_X}} = \dfrac{1}{2P_X} \times \dfrac{2P_X M}{M} = 1$

09

소비자 갑의 효용함수가 $U(X,\ Y) = X + Y$와 같을 때 가격은 $P_X = 20$, $P_Y = 10$으로 주어져 있다면 갑의 소득−소비곡선은 어떤 형태를 갖게 되는가?

해설

$$MRS_{XY} = \frac{1}{1} = 1 < \frac{P_X}{P_Y} = 2$$

따라서 갑의 소득−소비곡선은 Y축으로 도출된다.

10

소비자 갑의 한계대체율을 측정한 결과 $MRS_{XY} = \dfrac{1}{X}$ (X재의 수요량에만 의존)의 관계가 성립한다면 갑의 소득−소비곡선은 어떤 형태를 갖겠는가?

해설

효용극대화 조건에 의하여 $MRS_{XY} = \dfrac{P_X}{P_Y} \rightarrow \dfrac{1}{X} = \dfrac{P_X}{P_Y} \rightarrow P_X X = P_Y$

$X = \dfrac{P_Y}{P_X}$ 즉, 상대가격이 일정하므로 소득−소비곡선은 Y축과 평행한 수직선이 된다.

11

효용함수 $U(X,\ Y) = XY$와 $U(X,\ Y) = 2X^2 Y^2 + 5$는 서로 다른 선호서열을 나타내는지 아니면 동일한 선호서열을 나타내는지 설명하라.

해설

$f(u) = a + bu^2$를 단조증가함수라고 하는데 단조증가함수란 f라는 함수가 있을 때 u의 값이 증가함에 따라 f(u)의 값이 증가하면 f는 단조증가함수라고 한다. 함수의 형태를 단조증가함수에 의해 바꾸는 것을 단조변환이라 한다. 단조변환이 허용되는 효용이론을 서수적 효용이론이라 하고 단조변환이 허용되지 않는 효용이론을 기수적 효용이론이라 한다. $U = 5 + 2(XY)^2$이므로 $U(X,\ Y) = XY$와 $U(X,\ Y) = 2X^2 Y^2 + 5$는 동일한 선호서열을 갖고 있다.

주제 2 현시선호이론

1 이론요약

1. 개요

구분	내용
의의	① 전통적인 소비자 이론에서는 효용이라는 개념을 전제로 하고 소비자의 선호체계에 대해 일련의 가정을 함으로서 논의를 시작한다. ② 현시선호이론에서는 이러한 가정을 전제로 하지 않고 소비자가 실제로 시장에서 드러낸 행동으로부터 소비자의 선호관계를 도출할 수 있는 경우가 어떤 경우인지를 밝히고 이로부터 소비자 행동을 분석하려는 이론이다. 이로부터 수요의 법칙도 도출할 수 있다.
현시선호	예산집합에 속하는 다른 어떤 상품묶음들도 선택가능하지만 그것들을 선택하지 않고 (x0, y0)를 선택한 경우 다른 모든 상품묶음들에 대해 (x0, y0)가 현시선호되었다고 한다.

2. 약공리와 강공리

구분	내용
약공리	① 만약 상품묶음 Q_0가 다른 상품묶음 Q_1보다 현시선호 되면 어떤 경우에라도 Q_1이 Q_0보다 현시선호 될 수 없다. ② 즉, 가격 P_0에서 Q_1보다 Q_0를 구매했으면 가격이 변한 후에도 Q_0보다 Q_1을 선호할 수 없다는 최소한의 가정을 의미하고 일관성의 공리라고도 한다. ③ 예산선 AB에서 Q_0를 구매했으면 예산선이 CD로 바뀌더라도 Q_0를 구매해야 한다. ④ 예산선이 EF로 바뀐 경우 Q_1을 구매했다면 약공리가 위배되지 않는다. 왜냐하면 Q_0를 구매할 수 없기 때문이다. $$P_0Q_0 \geq P_0Q_1 \ \rightarrow \ P_1Q_0 > P_1Q_1$$

강공리	① 상품묶음 Q_0가 Q_1보다 선호됨이 간접적으로 시현되면 Q_1이 Q_0보다 선호됨이 간접적으로 시현될 수 없다. ② 즉, 임의의 상품묶음 Q_0, Q_1, Q_2에 대해서 Q_0가 Q_1보다 직접현시선호되고 Q_1이 Q_2보다 직접현시선호되면 Q_0가 Q_2보다 간접선호된다는 공리로 이행성의 공리라고도 한다. ③ 강공리는 간접현시선호의 일관성을 보장하기 위해 약공리보다 강한 가정을 가진다.
약공리와 강공리의 관계	강공리를 충족하면 약공리는 만족되나 약공리가 충족된다고 하더라도 반드시 강공리가 만족되는 것은 아님이 밝혀져 있다.

2 객관식 문제

01

다음의 그림은 예산선이 P_A에서 P_B로 변화되었을 때, 소비자의 선택이 P_A에 있는 A_1, A_2, A_3 중의 어느 한 점에서 P_B에 있는 B_1, B_2, B_3 중의 어느 한 점으로 이동하는 것을 보여 준다.

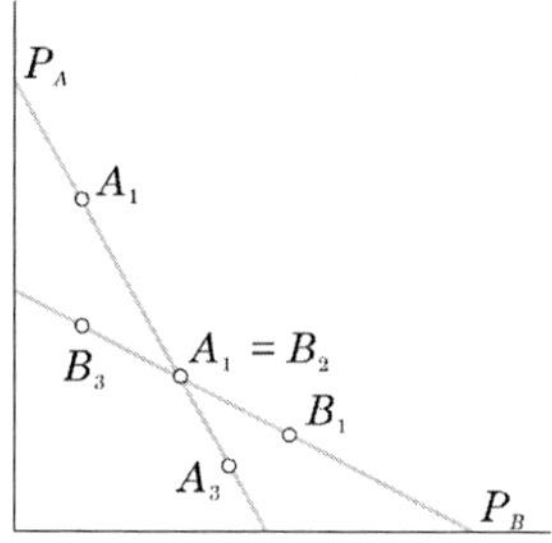

다음 중 현시선호이론에 의해 정당화될 수 없는 것은?

(CPA · 2002)

① A_1에서 B_1으로 이동
② A_1에서 B_2로 이동
③ A_2에서 B_2로 이동
④ A_3에서 B_1으로 이동
⑤ A_3에서 B_3으로 이동

해설 예산선 P_A에서 A_3, B3를 모두 구입가능함에도 A_3를 구입하였으므로 A3가 B3보다 직접현시선호되었다. 예산선 P_B로 변했음에도 A_3, B3 모두 구입가능하므로 A3를 구입하여야 한다. 그러나 B3를 구입하였으므로 약공리가 성립되지 않는다.

정답 ⑤

02

예산선(Budget Line)이 '가'일 때 소비점은 E였다. 예산선이 '가'에서 '나'로 변하였다고 할 때, 다음 중 사실이 될 수 없는 것은?

(공인회계사 · 2000)

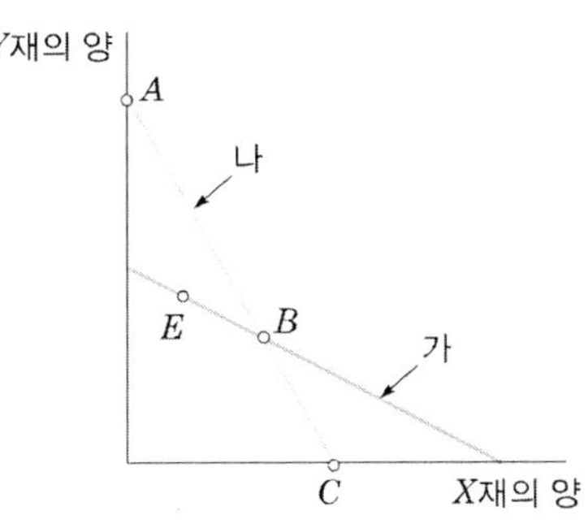

① 소득이 증가하고 X재의 가격이 상승
② 소득이 감소하고 Y재의 가격이 하락
③ X재의 가격이 상승하고 Y재의 가격이 하락
④ 예산선이 변하여서 소비자의 효용이 증가
⑤ 새로운 소비점은 BC선상의 한 점에 존재

해설 예산선이 '가'일 때 소비점이 E였다면 예산선이 '나'로 변할 때 약공리 충족구간은 AB구간이 되어야 한다. 따라서 새로운 소비점은 BC선상의 한 점에 존재할 수가 없다.

정답 ⑤

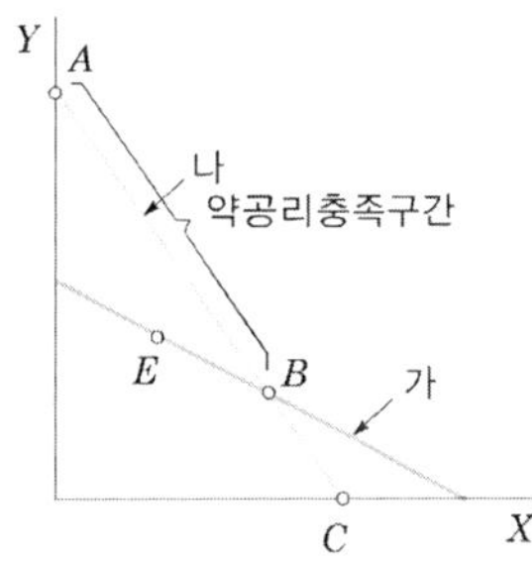

03

두 재화 X와 Y의 가격이 제1기에 $P_X = 10$, $P_Y = 40$이었으며 갑은 재화 소비조합점 $(x,\ y) = (60,\ 20)$을 선택하였다. 현시선호이론에 관한 다음 설명 중 옳은 것만을 모두 고른 것은? (단, x, y는 각각 X재와 Y재의 소비량, P_X와 P_Y는 각각 X재와 Y재의 가격)

(감정평가사 · 2011)

> 가. 제2기에 가격이 $P_X = 20$, $P_Y = 30$으로 변화했을 때, 갑이 재화소비조합점 $(65, 15)$를 선택했다면 갑의 선택은 약공리를 위배하지 않는다.
> 나. 제2기에 가격이 $P_X = 20$, $P_Y = 20$으로 변화했을 때 갑이 재화소비조합점 $(50, 30)$을 선택했다면 갑의 선택은 약공리를 위배한다.
> 다. 강공리가 성립하면 약공리는 항상 성립한다.

① 가   ② 가, 나

③ 나, 다   ④ 가, 다

⑤ 가, 나, 다

해설 (가) 제2기에는 가격이 변함에 따라 (65,15)의 재화묶음을 소비하는 데는 1750(=(20*65)+(30*15))이 소요된다. 이 금액은 제2기의 가격으로 제1기의 재화묶음을 구입하는데 필요한 금액인 1800(=(20*60)+(30*20))보다 작아서 제2기의 가격으로는 최초의 구입점의 구입이 불가능하다. 최초구입점이 구입불가능할 때는 바뀐 예산선 어느 점에서도 구입하더라도 약공리에 위배되지 않는다.   **정답 ④**

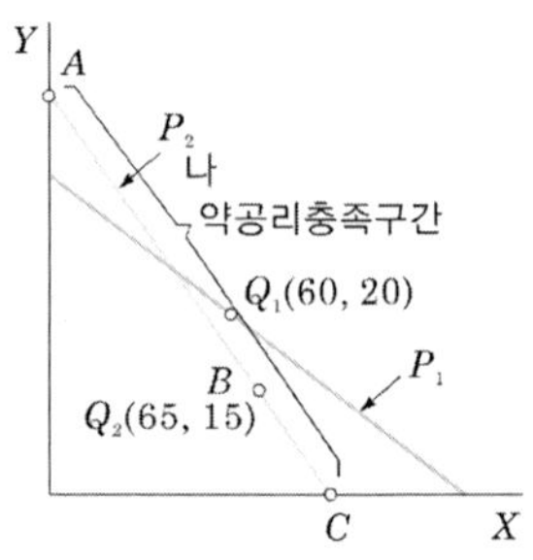

(나) (나)의 경우는 (50,30)을 소비하는 데 있어서 16000이 소요가 된다. 제2기의 가격으로 제1기의 재화묶음을 구입하는 데 필요한 금액은 1600(=(20*60)+(20*20))이므로 제2기의 가격으로 제2기의 재화묶음을 구입할 때와 제1기의 재화묶음을 구입할 때의 금액은 동일하다. 제2기에는 제1기보다 X재의 상대가격이 상승하고 Y재의 상대가격이 하락했기 때문에 X재의 구입량이 제1기보다 감소하여야 약공리에 위배되지 않는다. 따라서 (나)의 경우 X재 재화량이 1기에는 60, 2기에는 50으로 약공리에 위배되지 않는다.

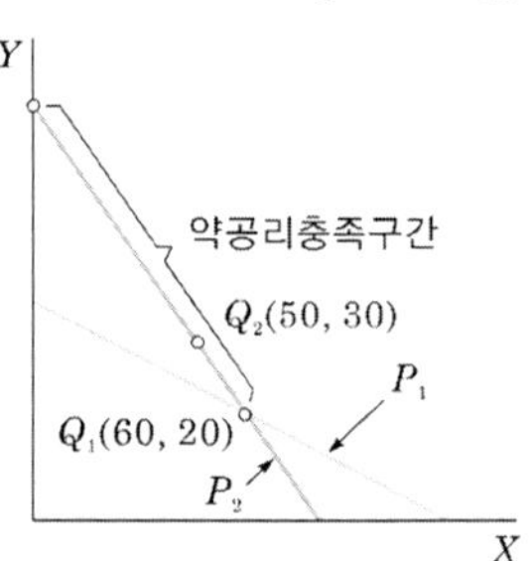

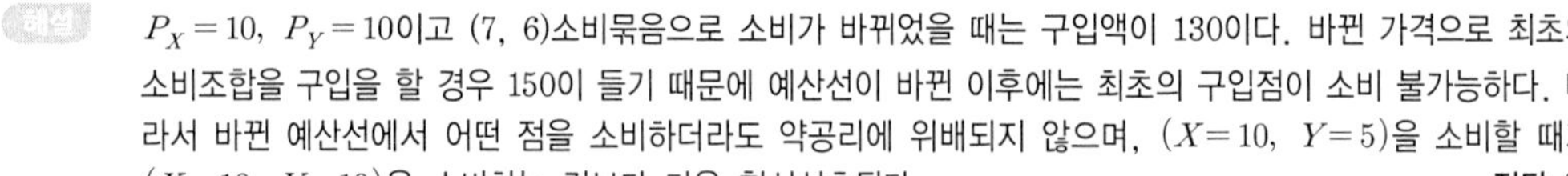

두 재화 X재와 Y재를 소비하는 영희는 X재와 Y재의 가격이 각각 5와 10일 때 소비조합 $(X=10, \ Y=5)$를 선택하였으며 X재와 Y재의 가격이 각각 10과 10일 때 소비조합 $(X=7, \ Y=6)$을 선택하였다. 다음 설명 중 옳은 것은?   (CPA · 2010)

① 어느 소비조합도 다른 소비조합보다 현시선호되었다고 할 수 없다.

② 소비조합 $(X=10, \ Y=5)$가 소비조합 $(X=7, \ Y=6)$보다 현시선호되었다.

③ 영희의 선호체계는 현시선호이론의 약공리를 위반하였다.

④ 소비조합 $(X=7, \ Y=6)$이 소비조합 $(X=10, \ Y=5)$보다 현시선호되었으며 현시선호이론의 약공리가 위반되었다.

⑤ 소비조합 $(X=7, \ Y=7)$이 소비조합 $(X=10, \ Y=5)$보다 현시선호되었으며 현시선호이론의 약공리가 위반되지 않았다.

해설 $P_X=10$, $P_Y=10$이고 (7, 6)소비묶음으로 소비가 바뀌었을 때는 구입액이 130이다. 바뀐 가격으로 최초의 소비조합을 구입을 할 경우 150이 들기 때문에 예산선이 바뀐 이후에는 최초의 구입점이 소비 불가능하다. 따라서 바뀐 예산선에서 어떤 점을 소비하더라도 약공리에 위배되지 않으며, $(X=10, \ Y=5)$을 소비할 때가 $(X=10, \ Y=10)$을 소비하는 것보다 더욱 현시선호된다.   **정답 ②**

05

철수는 용돈으로 X, Y만 소비한다. 용돈이 100원이고, X, Y의 가격이 각각 1원일 때 철수는 $(X, Y) = (50, 50)$을 소비했다. 그런데 X의 가격은 그대로인데 Y의 가격이 두 배로 오르자 어머니가 원래 소비하던 상품묶음을 구매할 수 있는 수준으로 용돈을 인상해 주었다. 다음 중 옳지 않은 것은?

(국회 8급 · 2011)

① 철수의 용돈은 50원만큼 인상되었다.
② 새로운 예산집합의 면적은 이전보다 크다.
③ X의 기회비용이 전보다 감소하였다.
④ 철수의 효용은 변화 전의 효용 이상이다.
⑤ 철수는 Y를 50개보다 많이 구매할 것이다.

Y재 가격이 두배로 오르면서 어머니가 기존 소비묶음을 그대로 구입할 수 있게 용돈을 올려 주셨으므로 철수는 1500(=(50*1)+(50*2))원의 용돈을 받게 된다. 따라서 50원만큼의 용돈이 인상이 되었고, 예산선이 우측으로 이동을 하였기 때문에 새로운 예산집합의 면적이 이전보다 더욱 커진다. 또한 용돈인상 전에는 X재의 기회비용이 1이였으나 Y재의 가격이 2배로 인상됨에 따라 X재를 1개 사는 것과 Y재를 0.5개를 사는 것이 같아지므로 X재의 기회비용은 0.5가 된다. 용돈은 인상이 되었으나 Y재의 상대가격이 상승하였기 때문에 철수가 합리적인 소비를 하기 위해서는 Y재 구입량이 이전보다 작아야 한다. **정답 ⑤**

06

커피 한 잔의 가격이 3천원에서 4천원으로 상승하면 매월 커피 소비량이 20잔에서 10잔으로 감소하는 사람이 있다. 이 사람에게 커피가격의 상승은 얼마만큼의 월소득 감소와 같은가? (단 이 사람의 커피소비량은 소득과 무관하다)

(수출입은행)

① 1만원
② 2만원
③ 2만원보다 많이 감소
④ 1만원보나 적세 짐소
⑤ 1만원보다 많고 2만원보다 적게 감소

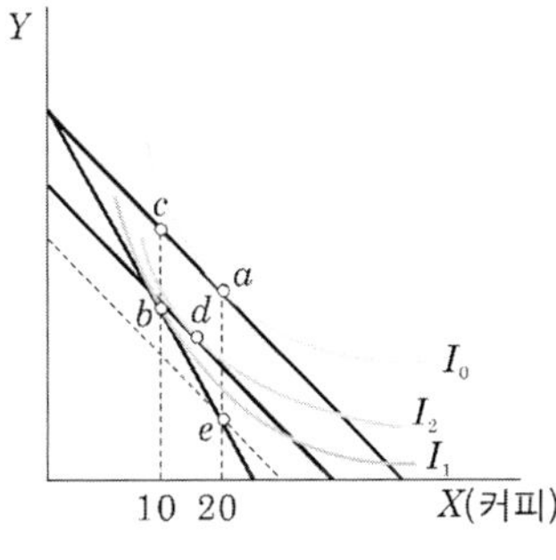

최초의 균형점이 a점 이었으나 커피가격의 상승으로 균형점이 b점으로 이동하였다. 가격상승 이후 커피구입량이 10잔이고, 커피가격이 1잔당 1천원으로 상승하였으므로 커피가격 상승이전보다 Y재 구입액이 1만원 만큼 감소하고 b점과 c점사이까지의 거리가 1만원에 해당된다. 커피가격 변화없이 소득이 1만원 감소하면 예산선이 안쪽으로 평행이동하고 이 때 균형점이 d점이 될 것이다. 효용수준(I_2)은 커피가격 상승시보다 더 높기 때문에 커피가격 상승에 따른 소득감소효과가 1만원 보다 더 크다는 것을 의미한다. 소득이 2만원 감소하였다면 예산선은 e점을 지나는 점선이 되고 커피 가격 상승시의 효용이 더 높으므로 커피가격 상승에 따른 소득감소효과는 2만원보다는 작다는 것을 알 수 있다. **정답 ⑤**

07

어떤 소비자가 예산집합 $\triangle ABO$하에서 상품조합 ㉮를 현시선호하고, 약공리가 성립한다. 이 소비자의 소득이 증가(예산집합 $\triangle CDO$)하거나 시장에서 X, Y 재화의 가격비율이 바뀐 경우, 이 소비자의 선택변화와 관련하여 다음 설명 중 옳지 않은 것은?

(수출입은행)

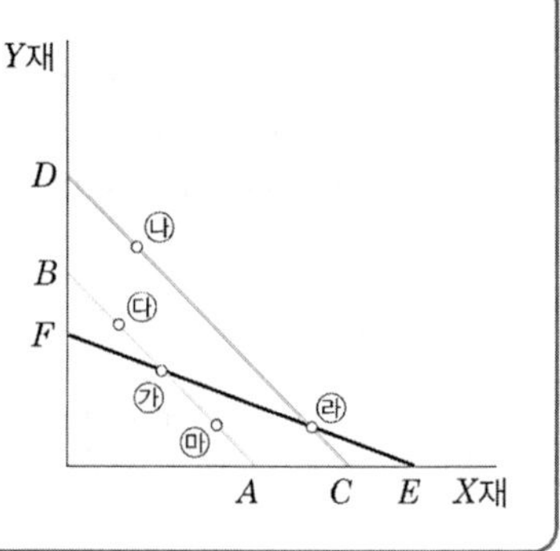

① 소득이 증가(대체효과 없이 소득효과만 존재)하여 ㉯ 상품집합이 선택된다면 X재와 Y재는 정상재이다.

② 소득이 늘어나도 ㉮보다 ㉲를 직접 현시선호하지 않는 것은 소비자의 선택에 일관성이 있음을 나타낸다.

③ 가격비율의 변화는 가격벡터가 AB에서 EF로 회전하는 것으로 나타낼 수 있다.

④ X재 가격 하락에 따른 대체효과는 ㉱로 나타날 수 있다.

⑤ 기준년도의 소비량이 ㉰, 비교년도의 소비량이 ㉱인 경우 후생수준 개선여부는 불분명하다.

해설 소득이 증가하여 예산선이 AB에서 CD로 우측이동하였을 때 약공리 충족구간은 CD 전 구간이 되며 이 때 ㉯를 선택하였다는 것은 X재 구입은 감소하고 Y재 구입은 증가한 경우이다. 따라서 X재는 열등재이고 Y재는 정상재이다.

정답 ①

3 약술문제

01

A씨는 회사 근처의 식당에서 점심을 일년에 300번 사먹는다. 그런데 점심값이 500원 오른다고 한다. 그 대신 회사에서 일년에 15만원을 보조해 준다면 A씨의 후생은 값이 오르기 이전과 비교하여 어떠한가? 또한 그가 여전히 점심을 300번 사먹겠는가? 현시선호이론을 적용하여 그 결과를 말하시오.

해설 최초 예산선 : $P_x X + P_y Y = M$

가격변화 후 예산선 : $(P_x + 500)X + P_y Y = M + 15,000$

바뀐 가격체계 하에서 소득보조 시 이전의 예산선 상에서 소비할 수 있음에도 불구하고 새로운 보조하의 예산선 상에서 소비하므로 X 소비량은 줄고 후생은 증가함을 알 수 있다.

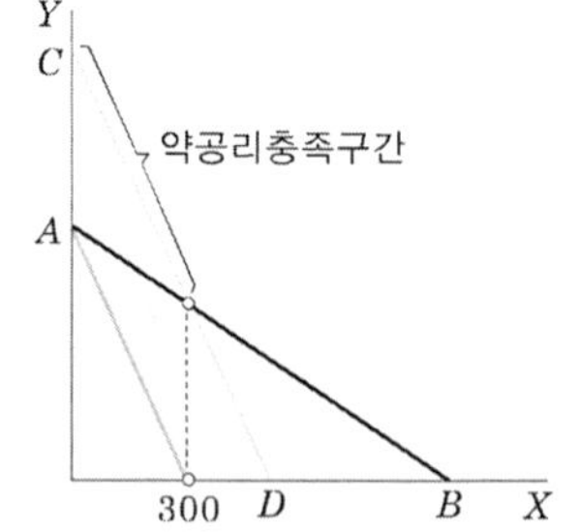

02

자신의 소득을 두 재화 X와 Y에 모두 지출하는 소비자가 있는데 이 소비자의 소득은 6,000원이고 X재와 Y재의 가격이 각각 200원과 700원일 때 X재 16개와 Y재 4개를 구입했다. 소득은 그대로 6,000원인데 X재와 Y재 가격이 각각 100원과 1,000원으로 바뀌었을 때 X재 10개와 Y재 5개를 구입했다면 강공리를 위반하는지 판단하시오.

$P^0 Q^0 \geq P^0 Q' \rightarrow P'Q' \geq P'Q^0$ (성립불가)

$P^0 Q^0 \geq P^0 Q' \rightarrow P'Q' < PQ^0$ (성립가능)

$200 \times 16 + 700 \times 4 > 200 \times 10 + 700 \times 5 \rightarrow 100 \times 16 + 1,000 \times 4 < 100 \times 10 + 1,000 \times 5$

따라서 강공리를 위반하고 있다.

03

A시의 시민은 대중교통(X재)과 그 밖의 재화(Y재)를 소비하여 효용을 얻는다. 현재 A시의 70세 이상 노인은 X재를 반값에 이용하고 있다. 이제 A시에서 70세 이상 노인에게 X재 요금을 할인해 주지 않는 대신, 이전에 할인받던 만큼을 현금으로 지원해 주기로 했다(이하 현금지원정책). X재 소비와 Y재 소비는 이전 보다 어떻게 변할지 설명하시오.

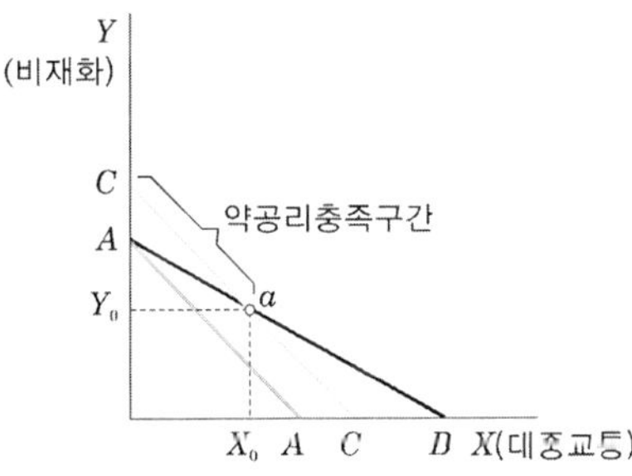

초기 예산선은 $\overline{AA}$이었다가 X재의 가격이 하락하면 예산선은 $\overline{AB}$로 변한다.

A시에서 X재 요금을 할인해 주지 않는 대신 예전만큼 소비하도록 현금지원을 한다면 a점을 통과하는 예산선 $\overline{CC}$가 되어야 한다. 따라서 약공리 충족구간은 aC가 된다.

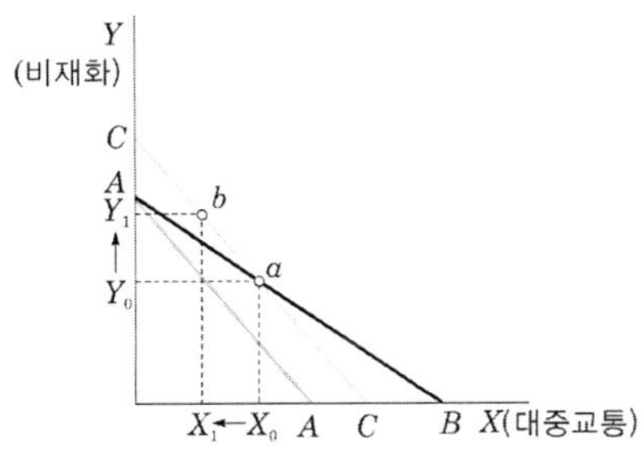

약공리 충족구간에서 b점을 선택했다면 X재 소비량은 감소하고 Y재 소비량은 증가한다.

> 주제 **3** **소비자이론의 응용**

1 이론요약

1. 지수

① 지수의 종류와 산출방법

종류 산출방법	수량지수	가격지수	명목소득(변화)지수
라스파이레스式 : 기준년도의 수량이나 가격을 사용하여 지수를 산출	$L_Q = \dfrac{P_0 \cdot Q_1}{P_0 \cdot Q_0}$	$L_P = \dfrac{P_1 \cdot Q_0}{P_0 \cdot Q_0}$	$N = \dfrac{P_1 \cdot Q_1}{P_0 \cdot Q_0}$
파쉐式 : 비교년도의 수량이나 가격을 사용하여 지수를 산출	$P_Q = \dfrac{P_1 \cdot Q_1}{P_1 \cdot Q_0}$	$P_P = \dfrac{P_1 \cdot Q_1}{P_0 \cdot Q_1}$	

② 수량지수와 경제적 후생

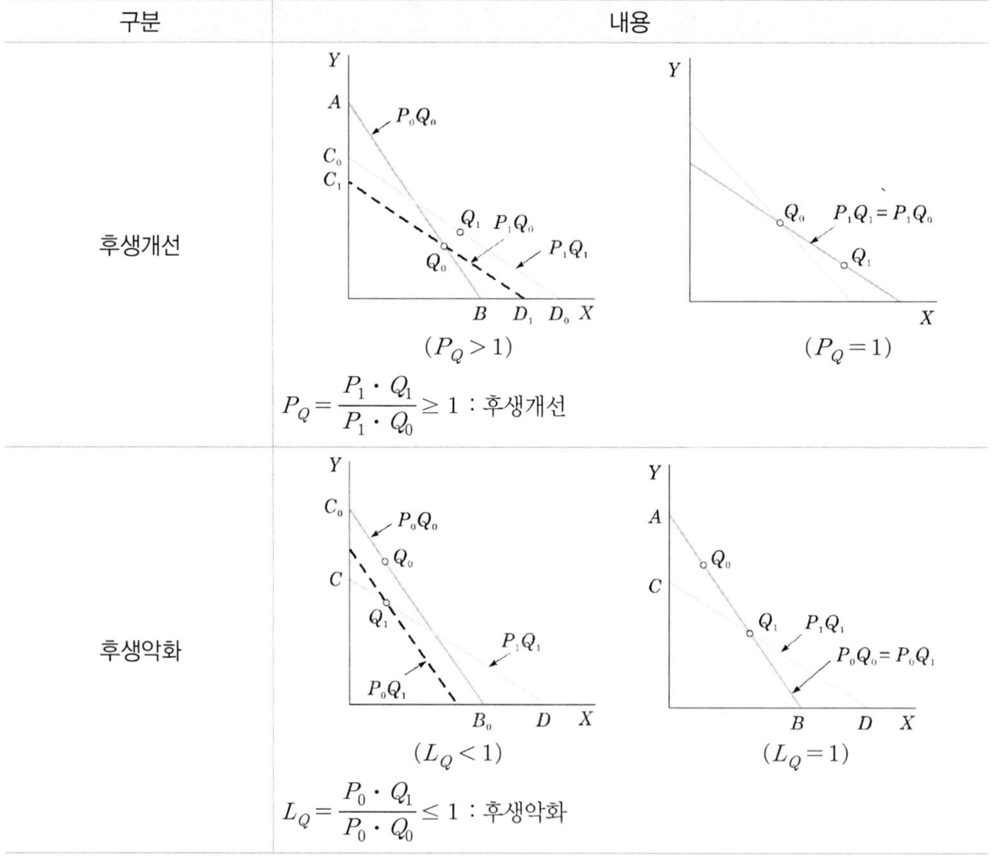

구분	내용
후생개선	$P_Q = \dfrac{P_1 \cdot Q_1}{P_1 \cdot Q_0} \geq 1$: 후생개선
후생악화	$L_Q = \dfrac{P_0 \cdot Q_1}{P_0 \cdot Q_0} \leq 1$: 후생악화

후생변화를 평가할 수 없는 경우	$L_Q > 1$과 $P_Q < 1$: 후생변화를 평가할 수 없는 경우

③ 가격지수와 경제적 후생

구분	내용
후생개선	① 명백한 개선 : $N \geq L_P$ ② 소득증가율이 물가변화율보다 크거나 같으므로 명백한 개선이 발생한다.
후생악화	① 명백한 악화 : $N \leq P_P$ ② 물가변화율이 소득증가율보다 크거나 같기 때문에 생활수준의 명백한 악화가 발생한다.
후생변화를 평가할 수 없는 경우	$L_Q > 1$과 $P_Q < 1$: 후생변화를 평가할 수 없는 경우

2. 사회복지지출

① 보조유형별 효과

구분	내용
현금보조와 현물보조	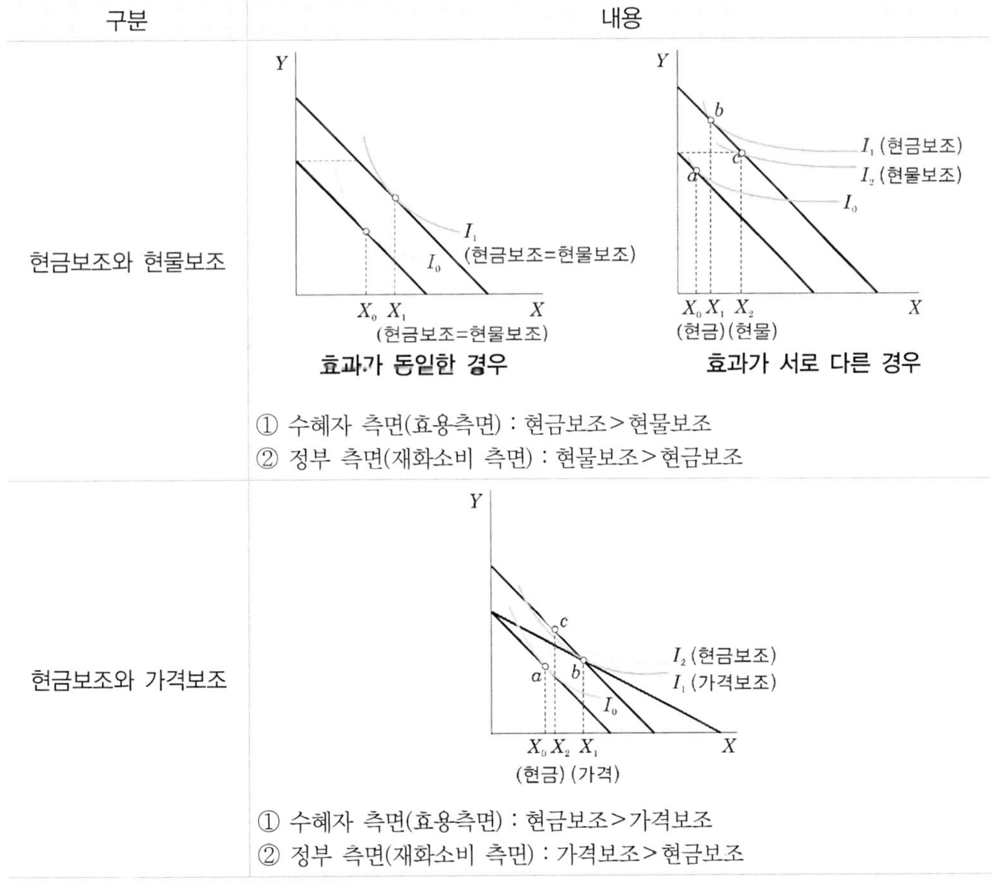① 수혜자 측면(효용측면) : 현금보조 > 현물보조 ② 정부 측면(재화소비 측면) : 현물보조 > 현금보조
현금보조와 가격보조	① 수혜자 측면(효용측면) : 현금보조 > 가격보조 ② 정부 측면(재화소비 측면) : 가격보조 > 현금보조

결론	① 수혜자 측면(효용측면) : 현금보조≥현물보조＞가격보조 ② 정부 측면(재화소비 측면) : 가격보조＞현물보조≥현금보조

② 완전보완재일 때 현금보조와 가격보조

구분	내용
현금보조와 가격보조	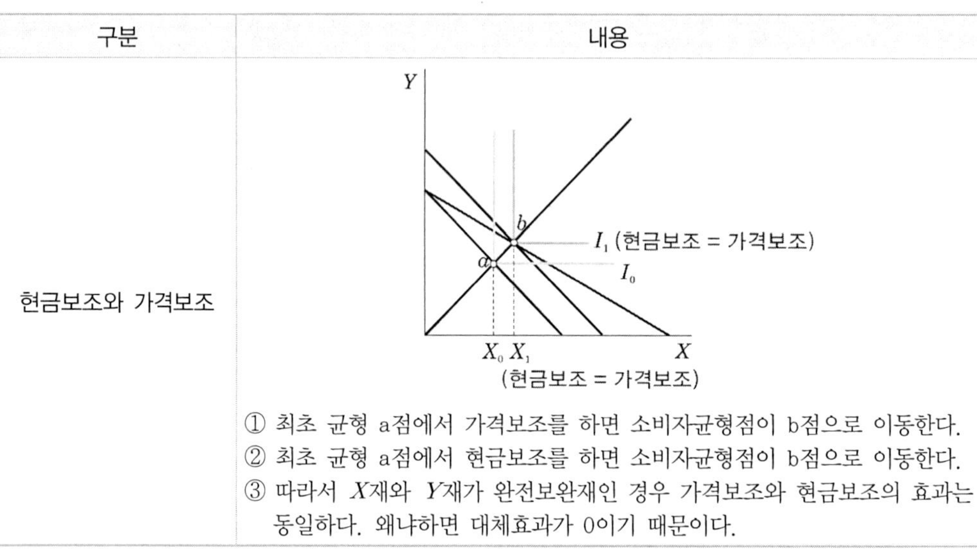 ① 최초 균형 a점에서 가격보조를 하면 소비자균형점이 b점으로 이동한다. ② 최초 균형 a점에서 현금보조를 하면 소비자균형점이 b점으로 이동한다. ③ 따라서 X재와 Y재가 완전보완재인 경우 가격보조와 현금보조의 효과는 동일하다. 왜냐하면 대체효과가 0이기 때문이다.

3. 시점간 자원배분 모형 또는 2기간 모형

① 소비자 균형

구분	내용
예산제약	$$Y_1 + \frac{Y_2}{(1+r)} = C_1 + \frac{C_2}{(1+r)}$$ Y_1 : 현재소득, Y_2 : 미래소득, C_1 : 현재소비, C_2 : 미래소비, r : 실질이자율
효용극대화 조건	$$MRS_{C_1, C_2} = 1 + r \ \rightarrow \ \frac{MU_{C_1}}{MU_{C_2}} = 1 + r$$
저축자와 차입자	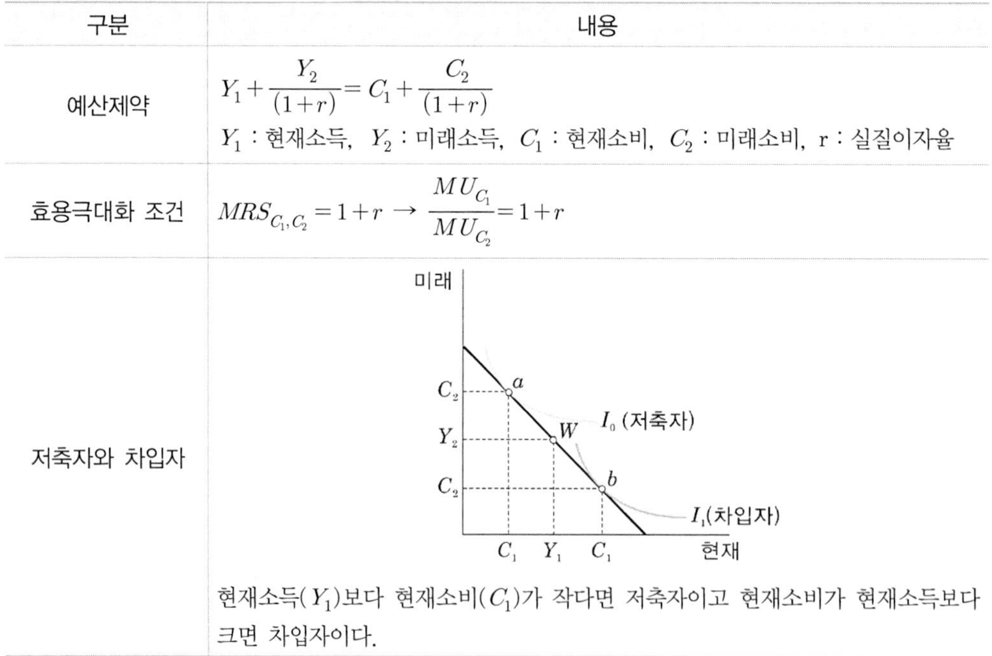 현재소득(Y_1)보다 현재소비(C_1)가 작다면 저축자이고 현재소비가 현재소득보다 크면 차입자이다.

② 이자율 상승시

	대체효과(현재소비의 기회비용 증가)	소득효과	가격효과
저축자인 경우	현재소비 감소/ 저축증가	소득증가로 현재소비 증가/ 저축감소	대체효과>소득효과 → 현재소비 감소/저축증가
			소득효과>대체효과 → 현재소비 증가/저축감소
차입자인 경우	현재소비 감소/ 저축증가	소득감소로 현재소비 감소/ 저축 증가	현재소비 감소/저축증가

2 객관식 문제

01

다음 표는 2009년과 2010년의 소비지출을 나타낸 표이다. 경제 내에 A와 B 두 종류의 상품이 있고 각 상품의 연도별 상품가격과 구입량은 다음과 같다. 다음 설명 중 옳은 것은? (CPA · 2010)

연도	A		B	
	가격	구입량	가격	구입량
2009년	100	50	50	100
2010년	110	45	60	105

① 2010년은 2009년에 비하여 후생수준이 낮아지지 않았고, 파셰 수량지수는 1보다 크다.
② 2010년은 2009년에 비하여 후생수준이 낮아지지 않았고, 파셰 수량지수는 1보다 작다.
③ 2010년은 2009년에 비하여 후생수준이 높아지지 않았고, 파셰 수량지수는 1보다 크다.
④ 2010년은 2009년에 비하여 후생수준이 높아지지 않았고, 파셰 수량지수는 1보다 작다.
⑤ 각 상품의 소비량의 증감이 서로 상쇄되기 때문에, 후생수준을 비교하려면 구체적 효용함수에 대한 정보가 있어야 한다.

어떤 시점에서의 가격, 재화의구입량이 변했을 때, 기준시점에 비하여 후생수준이 개선, 악화되었는지를 평가할 수 있는 방법이 라스파이레스방식과 파셰방식을 이용하는 것이다. 문제에서는 수량지수를 묻고 있기 때문에 라스파이레스방식은 기준년도 가격을 가중치로, 파셰방식은 비교년도 가격을 가중치로 두면 된다. 따라서, 계산을 하면 다음과 같다.

① 라스파이레스 수량지수 : $\dfrac{P_0 Q_1}{P_0 Q_0} = \dfrac{(100 \times 45)+(50 \times 105)}{(100 \times 50)+(50 \times 100)} = \dfrac{9,750}{10,000}$

② 파셰 수량지수 : $\dfrac{P_1 Q_1}{P_1 Q_0} = \dfrac{(110 \times 45)+(60 \times 105)}{(110 \times 50)+(60 \times 100)} = \dfrac{11,250}{11,500}$

두 수량지수 모두 1보다 작기때문에 2010년은 2009년에 비하여 후생수준이 낮음을 알 수 있다. **정답 ④**

경기침체로 인해 저소득층의 소득이 감소하고 생필품의 소비도 감소함에 따라 정부는 현금지급, 생필품 현물지급, 또는 생필품 값을 할인해주는 가격보조 방식 중 한 가지 수단을 통하여 결과적으로 보조방식에 관계없이 저소득층 가구당 동일하게 200만원에 상당하는 지원을 하기로 결정하였다. 생필품(X)과 현금(M)에 대한 저소득층의 효용함수는 $U = (X, M) = \sqrt{XM}$ 이라고 할 때, 정부지원 방식의 효과에 대한 다음 설명 중 옳은 것은? (단, 지급된 현물을 현금으로 교환하거나 생필품을 할인된 가격으로 사서 정상가에 되팔아 현금화하는 것은 금지되어 있다)

(CPA · 2010)

① 생필품이 열등재인 저소득층에게는 현금지급보다 현물지급 방식이 더 큰 만족을 준다.
② 현물지급 방식에 비해 가격보조 방식이 저소득층의 생필품 소비를 촉진시킨다.
③ 현금지급 방식이 생필품 소비의 극대화를 위해서는 가장 효과적인 수단이다.
④ 생필품이 정상재일 경우에만 현물지급이 현금지급 방식와 동일한 효과를 가진다.
⑤ 저소득층의 만족을 극대화하려면 가격보조 방식이 가장 효과적인 수단이다.

해설 저소득층에게 현금지급의 지원을 할 경우, 예산선이 바깥으로 평행이동하게 되면서 효용이 커지게 된다. 하지만 현물보조나 가격보조의 경우는 현금지급보다 저소득층의 구입가능영역이 작기 때문에 현금보조가 가장 효용수준이 크다. 하지만 소비를 촉진시키기 위해서는 가격보조가 가장 바람직하다.　　　　정답 ②

영수는 지금 소득 210을 가지고 있다. 그는 이 돈으로 한 재화를 현재와 미래에 소비하여 효용을 얻는다. 현재의 재화 소비량을 x_0, 미래의 소비량을 x_1이라 하자. 영수의 효용함수는 $U(x_0, x_1) = x_0 x_1$이다. 재화의 가격이 1이고 이자율은 r이라 하면 영수의 예산제약식은 $x_0 + \dfrac{1}{1+r}x_1 = 210$ 이다. 영수의 효용극대화와 관련된 설명 중 옳지 않은 것은? (CPA · 2012)

① 현재의 소비량 $x_0 = \dfrac{210}{(2+r)}$ 이다.
② 이자율이 5%일 때 현재의 저축은 105이다.
③ 이자율이 10%일 때 현재의 저축은 105이다.
④ 영수의 미래소비로 표시한 현재소비의 한계대체율은 $\dfrac{x_1}{x_0}$ 이다.
⑤ x_0를 가로축에 x_1을 세로축에 표시하는 좌표상에서 예산선의 기울기는 $-(1+r)$이다.

해설 효용극대화 조건은 $MRS_{x_0 x_1} = 1 + r \rightarrow \dfrac{x_1}{x_0} = 1 + r \rightarrow x_1 = (1+r)x_0$

예산제약식에 대입하면 $x_0 = x_1 = 105$가 도출된다.　　　　정답 ①

04

현재 (t기)와 미래($t+1$기)만 있는 2기간 생애주기 모형을 가정하자. 소비자 A의 현재소비(C_t)와 미래소비(C_{t+1})에 대한 무차별곡선은 원점에 대해 강볼록하다. A는 현재의 주어진 근로소득(Y_t)만 가지고 있으며 2기간에 걸쳐 소비한다. 이 때 기간별이자율은 r이다. 대표소비자의 예산제약식이 다음과 같을 때 옳은 것을 모두 고르면? (단, $r>1$이고, 현재소비와 미래소비는 모두 정상재이다.)

(CPA · 2010)

$$C_t + \frac{C_{t+1}}{(1+r)} = Y_t$$

가. 이자율 상승은 현재소비의 기회비용을 증가시킨다.
나. 근로소득세가 부과되면 현재소비는 감소하지만, 미래소비는 증가한다.
다. 근로소득세가 부과된 후 저축이 증가하였다면 대체효과가 소득효과보다 컸음을 의미한다.
라. 이자소득세가 부과된 후 저축이 감소하였다면 대체효과가 소득효과보다 컸음을 의미한다.

① 가
② 가, 라
③ 나, 다
④ 나, 다, 라
⑤ 가, 나, 다, 라

해설 이자율이 상승하게 되면 현재소비를 위해 포기해야하는 미래소비가 더욱 커진다는 말이므로, 기회비용이 증가하게 된다. 근로소득세가 부과되면 실질소득이 감소함에 따라 소득효과는 발생하지만 현재소비의 상대가격은 변하지 않았으므로 대체효과는 발생하지 않는다. 그렇기 때문에 실질소득감소로 인해 현재소비와 미래소비가 둘다 감소한다. 이자소득세가 부과되면 현재소비의 상대가격이 낮아지고 미래소비의 상대가격이 높아져서 저축이 감소하는 대체효과가 발생하며, 소득효과에 의해서는 실질소득이 감소하여 현재소비가 감소하고 저축이 증가하는 현상이 발생한다. 따라서 이자소득세로 인하여 저축이 감소하였다면 대체효과가 소득효과보다 크다는 말이다.

정답 ②

05

2기간 생존하는 소비자의 효용함수가 $u(c_1,\ c_2) = \sqrt{c_1 c_2}$ 라고 하자. 여기서 c_1과 c_2는 각각 1기와 2기 소비를 나타낸다. 이 소비자의 1기와 2기 소득은 각각 100과 330이고 시장이자율이 10%일 때 다음 중 옳은 것을 모두 고르면?

(CPA · 2013)

(가) 1기와 2기의 최적 소비는 각각 200과 220이다.
(나) 2기 소득의 증가는 1기와 2기의 최적 소비를 모두 증가시킨다.
(다) 1기 소득 1단위 증가가 1기 소비에 미치는 영향은, 1기 소득과 2기 소득 각각 1단위 증가가 1기 소비에 미치는 영향보다 더 작다.
(라) 주어진 시장이자율로 자유롭게 저축을 할 수 있으나 차입은 100까지만 가능할 때, 시장이자율이 9%이면 이러한 차입제약은 유효하지 않다.

① (가), (나)　　　　　　　　　　② (다), (라)

③ (가), (나), (다)　　　　　　　④ (나), (다), (라)

⑤ (가), (나), (다), (라)

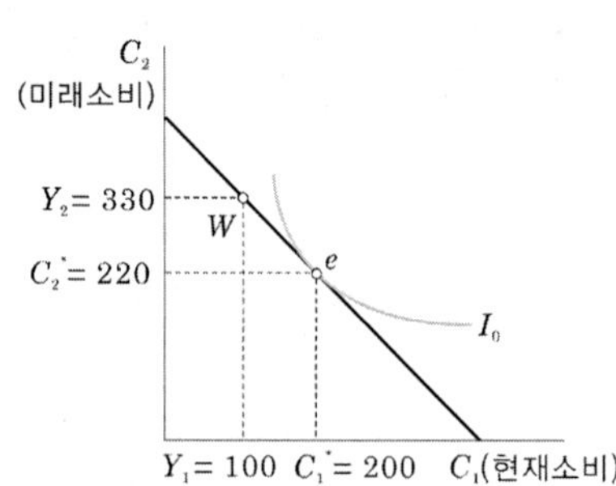

① $MRS_{c_1 c_2} = \dfrac{MU_{c_1}}{MU_{c_2}} = \dfrac{c_2}{c_1}$ 이고 예산선의 기울기는 1.1이므로 효용극대화 조건은 $c_2 = 1.1 c_1$ 이다.

② 2기간 모형은 예산제약식은 $Y_1 + \dfrac{Y_2}{(1+r)} = C_1 + \dfrac{C_2}{(1+r)}$ 이므로 1기와 2기의 소득과 이자율을 각각 대입하면 $1.1 C_1 + C_2 = 440$이 된다.

③ 효용극대화 조건과 연립하면 $C_1 = 200$, $C_2 = 220$, $Y_1 = 100$이 도출되어 저축의 크기는 -100이다.

(라) 이자율이 9% 일 때 차입제약이 존재하면 차입할 수 없기 때문에 유효하다.

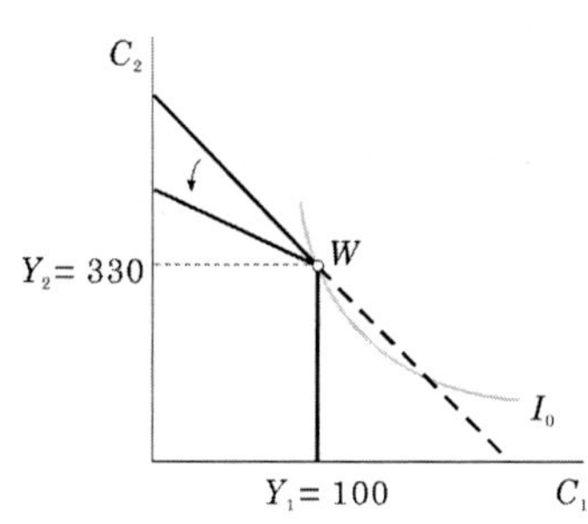

(나)　　　　　　　　　　　　　　　(다)

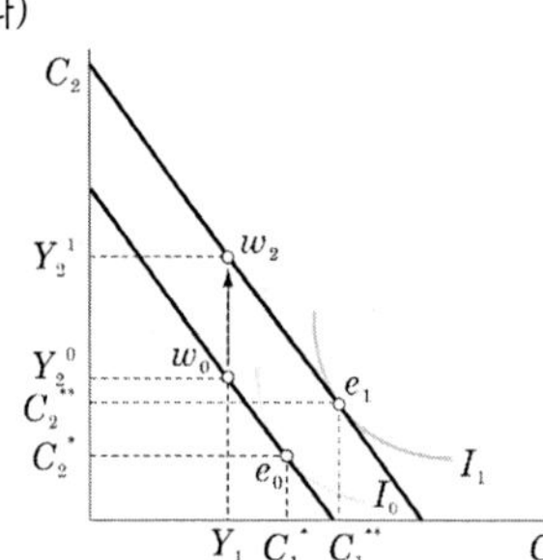

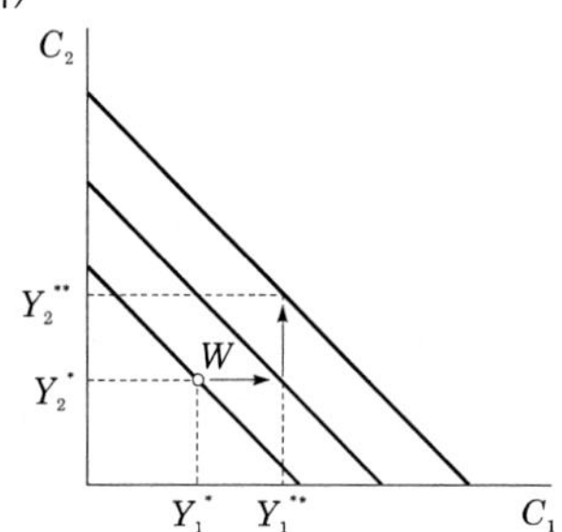

정답 ③

06

피셔의 2기간 최적소비선택모형에서 제1기에 소득이 소비보다 큰 소비자에 관한 설명으로 옳은 것을 모두 고른 것은? (단, 기간별 소비는 모두 정상재이며 저축과 차입이 자유롭고 저축이자율과 차입이자율이 동일한 완전자본시장을 가정함) (공인노무사 · 2012)

> 가. 제1기의 소득증가는 제1기의 소비를 증가시킨다.
> 나. 제2기의 소득증가는 제2기의 소비를 감소시킨다.
> 다. 실질이자율이 증가하면 제2기의 소비는 증가한다.

① 가
② 가, 나, 다
③ 가, 다
④ 나
⑤ 나, 다

2기의 소득이 증가하면 제1기의 소비와 제2기의 소비 모두 증가한다. 정답 ③

3 약술문제

01

차입제약이 존재할 때와 존재하지 않을 때의 소비자의 효용 차이를 서술하시오.

(정책금융공사 · 2011)

① 유동성제약(차입제약)이 존재한다면 미래소득흐름 또는 항상 소득이 증가하였다 하여 즉시 현재소비를 증가 시킬 수 없게 된다.

② 즉, 유동성 제약이 없는 경우 최적 소비점은 a가 되어 효용은 I_0 이지만, 유동성제약이 존재하게 된다면 현재소비는 현재소득(b) 수준에서만 가능하다.

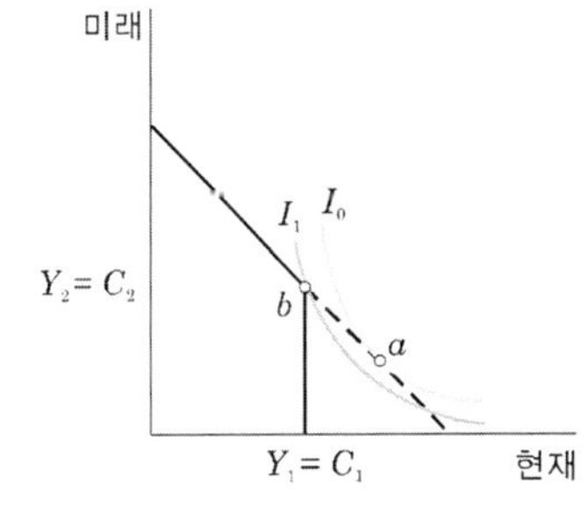

1. 이론요약

1. 개요

구분	내용
기대효용이론	① 기대효용정리에 의하면 불확실성하에서도 확실성하에서처럼 효용함수가 존재함을 증명하였다. ② 불확실성하에서의 선택의 기준은 기대효용 (expected utility)이다.
기대소득(기대치)	기대치(기대소득)이란 불확실한 상황에서 예상되는 금액(소득)의 크기를 의미하며 다음과 같이 계산한다. 기대치 : $E = \sum (\text{사건의 확률}) \times (\text{사건의 소득}) = p \times w_1 + (1-p) \times w_2$ (소득 w1을 얻을 확률이 p, 소득 w2를 얻을 확률이 $1-p$)
기대효용(효용의 기대치)	기대효용이란 불확실한 상황에서 얻을 것으로 예상되는 효용의 기대치를 의미하며 다음과 같이 계산한다. 기대효용 : $E(U) = \sum (\text{사건의 확률}) \times (\text{사건의 효용})$ $= p \times U(w_1) + (1-p) \times U(w_2)$

2. 확실성 등가와 위험프리미엄

구분	내용
확실성 등가 (Certainty Equivalence ; CE)	① 확실성 등가란 불확실한 상태에서 기대되는 효용의 기대치인 기대효용과 동일한 효용을 주는 확실한 재산의 크기를 의미한다. ② 또는 자신의 불확실한 소득과 동일한 가치가 있는 확실한 소득을 말한다.
위험프리미엄	① 위험프리미엄이란 불확실한 자산을 확실한 자산으로 교환하기 위하여 지불할 용의가 있는 금액을 말한다. ② 위험기피자의 입장에서 위험부담을 회피하기 위해 지불할 용의가 있는 금액을 말한다. 위험프리미엄 = 기대치$(E(w))$ - 확실성 등가

3. 공정한 보험과 공정한 도박

구분	내용
공정한 보험	기대손실액과 보험료가 동일한 경우를 말한다. → 기대손실액 = 보험료
공정한 도박	상금의 기댓값과 도박 참가비가 같은 경우를 말한다. → 상금의 기댓값 = 도박 참가비

4. 위험에 대한 태도와 보험시장

구분	내용
위험기피자	 ① 한계효용이 체감하므로 효용곡선이 하방 기준으로 오목한 모양 ② 불확실한 상태에서의 기대효용 : $E(U)$ < 효용 : $U(w)$ ③ 기댓값이 확실성등가보다 크므로 위험프리미엄은 양(+)의 값을 갖는다. ④ 최대보험료＝공정보험료＋위험프리미엄
위험선호자	① 한계효용이 체증하므로 효용곡선이 하방 기준으로 볼록한 모양 ② 불확실한 상태에서의 기대효용 : $E(U)$ > 효용 : $U(w)$ ③ 확실성등가가 기댓값보다 크므로 위험프리미엄은 음(−)의 값을 갖는다. ④ 공정보험료＝최대 보험료＋위험프리미엄
위험중립자	① 한계효용이 일정하므로 효용곡선은 직선 형태 ② 불확실한 상태에서의 기대효용 : $E(U)$ ＝ 효용 : $U(w)$ ③ 기댓값과 확실성등가가 같기 때문에 위험프리미엄은 영(0)의 값을 갖는다. ④ 최대보험료＝공정보험료

2 객관식 문제

01

기대효용이론에 관한 설명으로 옳은 것은? (단, U는 효용수준, M은 자산액) (감정평가사 · 2011)

① 폰 노이만-모겐스턴 효용함수에서 효용은 서수적 의미만 갖는다.
② 갑이 가지고 있는 복권 상금의 기대가치는 500이고 이 복권을 최소 450에 팔 용의가 있다면 50을 갑의 위험프리미엄으로 볼 수 있다.
③ 위험기피자는 기대가치가 0인 복권을 구입할 것이다.
④ 위험선호자는 기대가치가 0인 보험에 가입할 것이다.
⑤ 을의 폰 노이만-모겐스턴 효용함수가 $U = M^{1.5}$로 주어졌다면, 을은 위험기피자이다.

> **해설** 위험프리미엄은 기대치에서 확실성등가를 뺀 값으로, 문제에서는 기대치 500에서 확실히 받을 수 있는 금액인 450의 확실성등가를 뺀 50이 위험프리미엄이 된다. 위험기피자는 확실한 자산을 더 선호하여 안정성을 추구하는 개인들이기 때문에 기대가치가 0인 보험에 가입할 것이며, 위험선호자는 불확실성이 내포된 것을 선호하기 때문에 기대가치가 0인 복권을 구입할 것이다. 또한 $U = M^{1.5}$의 효용함수는 아래쪽으로 볼록한 형태로, 을은 위험선호자이다.
>
> **정답** ②

02

현수의 효용함수는 $\sqrt{C}$ (C는 소비)이다. 현수의 소비가 100일 확률이 0.5이고 196일 확률이 0.5일 때 소비 변동에 따른 불확실성으로 인하여 현수가 소비의 평균값을 항상 소비하지 못해 발생하는 후생비용을 나타내면 얼마인가? (국회 8급 · 2012)

① 4 ② 6
③ 8 ④ 10
⑤ 12

> **해설** ① 기대소비는 $(0.5 \times 100) + (0.5 \times 196) = 148$이고 기대효용은 $(0.5 \times 14) + (0.5 \times 10) = 12$이므로 확실성등가는 144이다.
> ② 소비의 평균값을 항상 소비하지 못해 발생하는 후생비용이란 위험프리미엄을 의미하므로 위험프리미엄은 $148 - 144 - 4$이다.
>
> **정답** ①

3 약술문제

01

철수가 x만큼의 재산을 가지고 있을 때 효용수준이 $u(x) = \sqrt{x}$ 라고 하자. 1년 후 철수가 소유한 재산의 가치는 90%의 확률로 지금과 동일한 $x = 100$원일 수도 있지만 10%의 확률로 불의의 사고를 당하여 $x = 0$원이 될 수도 있다고 한다. 최대한의 보험료를 구하시오. (수출입은행 · 2012)

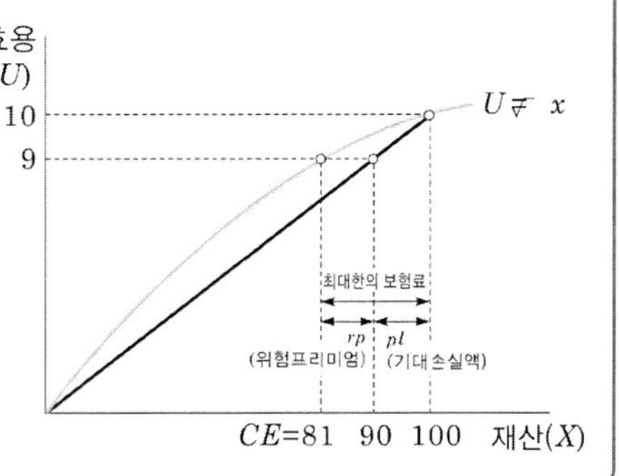

철수가 소유한 재산의 기댓값은 $(0.1 \times 0) + (0.9 \times 100) = 90$이고 기대효용은 $(0.1 \times 0) + (0.9 \times 10) = 9$이다. 기대손실액은 $0.1 \times 100 = 100$이고 위험프리미엄은 9이다. 따라서 최대한의 보험료는 19원이다. 보험회사의 입장에서 최대의 이윤을 얻기 위해서는 최대한의 보험료를 요구해야 하며 철수가 최대한의 보험료로 가입하면 보험회사는 최대 9원의 이윤을 얻을 수 있다.

02

위험 기피적인 소비자는 다음의 두 복권 중에서 어느 것을 더 선호할 것인지 판단하고 그 이유를 간단히 설명하라.

① 복권 A : 100원과 0원을 받을 확률이 각각 1/2이다.
② 복권 B : 80원과 20원을 받을 확률이 각각 1/2이다.

복권 A와 복권 B 모두 기댓값이 50으로 도출된다.
그래서 불확실성하의 소비자의 선택은 보수의 기대치가 아니라 기대효용에 의해 결정된다.
따라서 복권 B의 기대효용이 복권 A의 기대효용보다 크므로 위험기피적인 소비자는 복권 B를 더 선호할 것이다.

01

과도한 가계부채시 확대재정정책이 경기회복에 악영향을 줄 수 있는 근거를 IS-LM 곡선을 통해 제시하시오.

해설

(1) 피셔의 시점간 자원배분모형

① 피셔의 시점간 자원배분모형에 따르면 소비는 이자율의 감소함수이다.
  ⊙ 대체효과 : 이자율 상승 → 현재소비의 기회비용 증가 → 현재소비 감소
  ⓒ 소득효과 : 차입자의 경우 실질소득 감소 → 현재소비 감소
② 차입자는 소비의 이자율 탄력성이 크므로 전체 가계 가운데 차입자의 비중이 증가할수록 소비의 이자율 탄력성이 커진다.

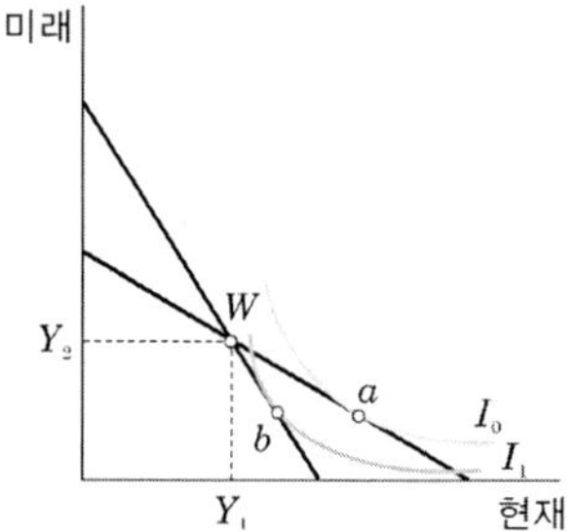

(2) IS-LM 곡선

① 확대재정정책의 효과
  ⊙ 가계부채가 많을 때 확대 재정정책의 사용에도 불구하고 경기회복 정도가 작다.
  ⓒ 즉, IS가 완만한 경우 IS곡선이 IS2에서 IS3으로 이동하므로 균형국민소득이 y2까지 증가한다. 따라서 IS곡선이 가파른 경우보다 확대 재정정책의 효과는 줄어든다.

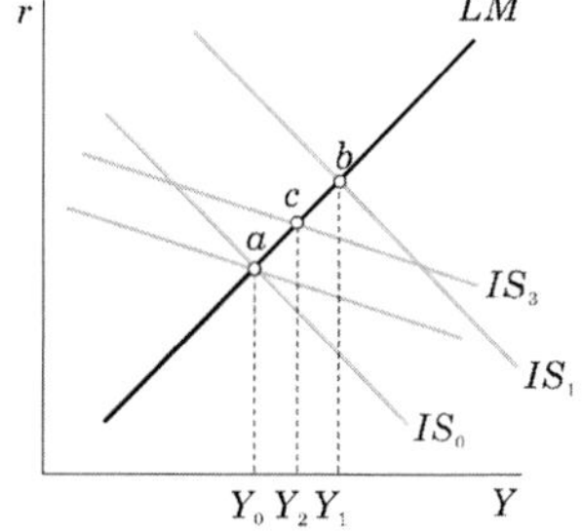

② 확대금융정책의 효과 : 확대금융정책을 실시하면 LM곡선이 우측이동하며 IS곡선이 완만한 경우 국민소득이 Y_0에서 Y_2로 증가하므로 가계부채가 많을 때 확대금융정책을 실시하는 것이 바람직하다. **정답** ①

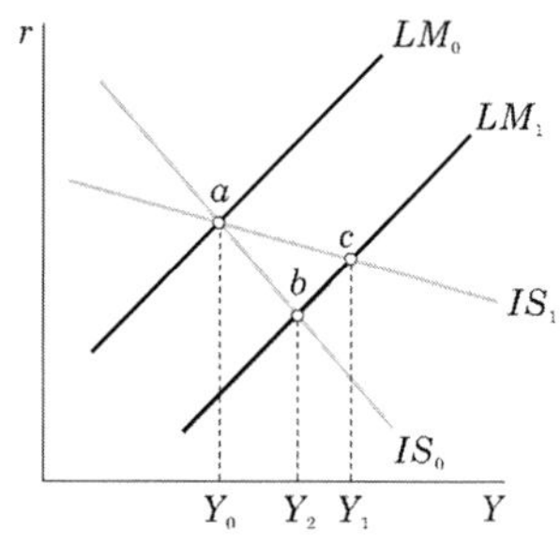

생산자 이론

주제 **1** 생산이론

1 이론요약

1. 일반적인 등량곡선

구분	내용
개념	① 동일한 수준의 산출량을 생산할 수 있는 여러 가지 다른 생산요소의 조합을 나타내는 곡선을 말한다. ② 등량곡선을 장기생산함수라고 하는 이유는 노동과 자본 모두 가변투입요소이기 때문이다.
성격	① 노동－자본 평면상의 모든 점들은 그것을 지나는 하나의 등량곡선을 갖는다. ② 등량곡선은 우 하향한다. ③ 원점에서 더 멀리 떨어져 있는 등량곡선일 수록 더 높은 산출량을 대표하게 된다. ④ 두 등량곡선은 서로 교차할 수 없다. ⑤ 등량곡선은 원점에 대해 볼록한 모양을 갖는다. → 한계기술 대체율 체감의 법칙 때문
한계기술 대체율	① 한계기술대체율이란 산출량을 동일한 수준에서 유지하는 상태에서 노동 투입량의 변화에 따른 자본투입량의 변화를 나타낸다. 이는 곧 등량곡선의 기울기에 (−)를 붙인 것으로 두 요소 한계생산의 비율과 같아진다. $$MRTS_{LK} = -\frac{\Delta K}{\Delta L} = \frac{MP_L}{MP_K}$$ ② A점과 B점을 연결한 직선의 기울기는 노동을 1단위 더 사용하고 자본을 2단위 줄이면 생산량이 그대로 유지된다는 의미이다. ③ 따라서 노동의 한계생산(MP_L)이 자본의 한계생산(MP_K)의 2배이다.

2. 특수한 형태의 등량곡선

구분	내용
선형생산함수 $Q = aL + bK$	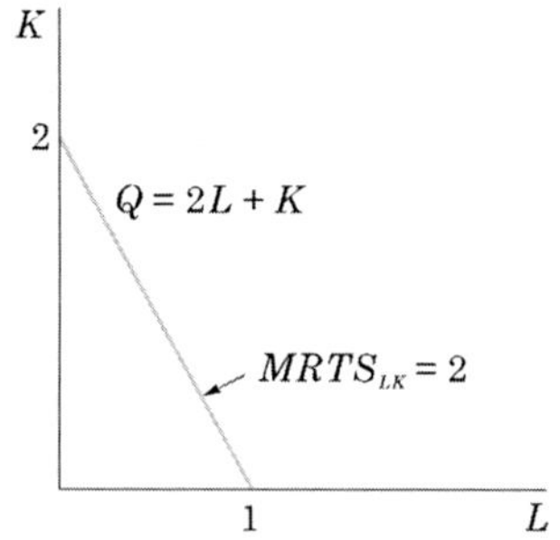 （그래프: 세로축 K, 가로축 L, $Q = 2L + K$, $MRTS_{LK} = 2$） ① 두 생산요소가 완전대체인 경우로 대체탄력성의 값은 무한대(∞)이다. 　→ 위의 사례는 노동과 자본이 1 : 2의 완전대체관계를 갖는다. ② 등량곡선은 우하향의 직선 형태를 갖는다. ③ 한계기술대체율은 일정한 값을 갖는다. ④ 1차동차 생산함수로 규모수익불변의 특징을 갖는다.
레온티에프 생산함수 $Q = \min(aL,\ bK)$	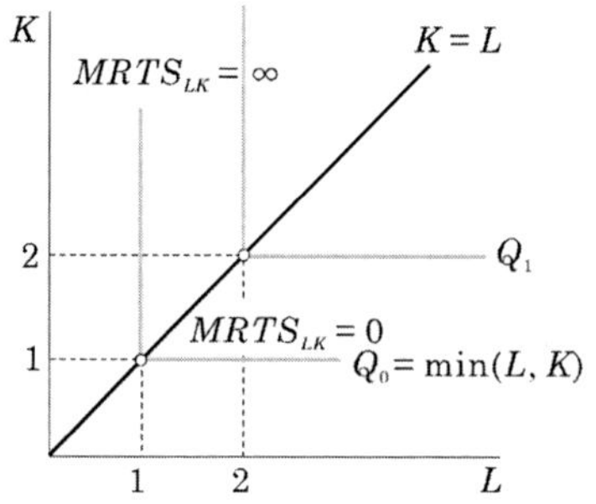 （그래프: 세로축 K, 가로축 L, $K = L$, $MRTS_{LK} = \infty$, $MRTS_{LK} = 0$, Q_1, $Q_0 = \min(L, K)$） ① 두 생산요소가 완전보완관계를 갖고 있으며 대체탄력성의 값은 0이다. 　→ 위의 사례는 노동과 자본이 1 : 1의 완전보완관계를 갖는다. ② 등량곡선은 L자형이다. ③ 한계기술대체율은 수직선 영역에서는 무한대(∞)이며 수평선 영역에서는 0의 값을 갖는다. ④ 1차동차 생산함수로 규모수익불변의 특징을 갖는다.
콥－더글라스 생산함수 $Q = AL^{\alpha}K^{1-\alpha}$	① 1차동차 생산함수로 규모수익불변의 특징을 갖는다. ② 1차동차 생산함수는 오일러의 정리가 성립한다. 　→ $MP_L \times L + MP_K \times K = Q$ 　즉, 기업의 판매수입 중에서 노동사용대가와 자본사용대가를 지불하면 기업의 이윤은 0이 된다는 것을 의미한다. ③ 대체탄력성의 값은 1이다. ④ 한계기술대체율의 값은 $\dfrac{\alpha}{1-\alpha} \times \dfrac{K}{L}$ 이므로 콥－더글라스 생산함수의 등량곡선은 원점에 대하여 볼록한 형태이다. ⑤ α는 노동소득분배율과 생산의 노동탄력성을 의미한다. ⑥ $1-\alpha$는 자본소득분배율과 생산의 자본탄력성을 의미한다.

3. 동차 생산함수와 동조 생산함수

구분	내용
동차 생산함수	① k차 동차생산함수란 생산함수 $Q=f(L,K)$에서 생산규모 L과 K를 각각 t배 증가시켰을 때 산출량이 t^k배만큼 증가하는 생산기술을 나타내는 함수를 말한다. $$\rightarrow t^k Q = f(tL,\ tK)$$ ② 선형생산함수와 레온티에프 생산함수는 1차 동차 생산함수이다. ③ 콥−더글라스 생산함수의 경우 지수의 합이 1이면 1차 동차 생산함수이다. ④ 동차함수의 확장선은 원점에서 나오는 직선이다. → 확장선이 직선이라는 의미는 재화를 생산하는 생산요소의 결합(K/L)이 산출량에 관계없이 일정하다는 것을 의미한다. → 즉, 동일한 확장선상의 모든 등량곡선의 기울기, 즉 한계기술대체율이 같다는 것을 의미한다.
동조 생산함수	① 동조적 생산함수는 동차생산함수를 일반화한 것이다. ② 동조적 생산함수란 $Q=f(L,\ K)$가 동차생산함수 일 때 동차생산함수의 합성함수를 말한다. $$H = H(f(L,\ K))$$ ③ 동차생산함수는 반드시 동조생산함수 이지만 역으로 동조생산함수가 반드시 동차생산함수가 되는 것은 아니다. ④ 동조적 생산함수의 확장선은 동차생산함수와 같이 원점에서 나오는 직선이다.

4. 생산자 균형

구분	내용
생산자 균형 조건	① 생산자 균형은 등량곡선과 등비용선이 접하는 E점에서 달성된다. 따라서 등량곡선의 기울기인 한계기술대체율과 등비용선의 기울기가 일치한다. → $MRTS_{LK} = \dfrac{w}{r}$ ② 생산자 균형이 달성되면 비용극소화가 성립된다. ③ 생산자 균형에서 주어진 산출량을 최소비용으로 생산하는 생산방법을 나타낸다. 즉 원점을 연결한 직선의 기울기인 $\dfrac{K}{L}$값이 크면 클수록 자본집약적이고 작으면 노동집약적이다. ($\dfrac{K}{L}$: 요소집약도)

생산자 균형조건이 달성되지 않는 경우	① A점 : $MRTS_{LK} > \dfrac{w}{r}$ 이므로 $\dfrac{MP_L}{MP_K} > \dfrac{w}{r} \;\to\; \dfrac{MP_L}{w} > \dfrac{MP_K}{r}$ 노동고용을 늘리고 자본고용을 줄여야 한다. ② B점 : $MRTS_{LK} < \dfrac{w}{r}$ 이므로 $\dfrac{MP_L}{MP_K} < \dfrac{w}{r} \;\to\; \dfrac{MP_L}{w} < \dfrac{MP_K}{r}$ 자본고용을 늘리고 노동고용을 줄여야 한다.
한계생산물 균등의 법칙	$$\dfrac{MP_L}{w} = \dfrac{MP_K}{r}$$ ① 이는 노동구입에 사용된 단위 비용 당 한계생산과 자본구입에 사용된 단위비용 당 한계생산이 같아져야 함을 의미한다. ② 만약 이러한 관계가 성립되지 않는다면 요소구입량을 조정함으로서 주어진 산출수준을 보다 적은 비용으로 생산할 수 있다.

5. 대체탄력성

구분	내용
개념	대체탄력성이란 $MRTS_{LK}$에 1% 변화가 생겼을 경우 자본 - 노동 결합비율 $\left(\dfrac{K}{L}\right)$에는 몇 %의 변화가 발생하는지를 나타낸다.
의미	$\sigma =$ 요소투입비율의 변화율 / $MRTS_{LK}$의 변화율 $$= \dfrac{\Delta(\frac{K}{L})/(\frac{K}{L})}{\Delta MRTS_{LK}/MRTS_{LK}} = \dfrac{\Delta(\frac{K}{L})/(\frac{K}{L})}{\Delta(\frac{w}{r})/(\frac{w}{r})}$$ ① 분모는 등량곡선이 완만해질수록 더욱 작아진다. ② 분자는 등량곡선이 볼록해질수록 점점 더 작아지고 등량곡선이 완만해질수록 더욱 커진다. ③ 따라서 두 가지 효과는 등량곡선의 형태에 따라 상반된 방향으로 변한다.
생산함수와 대체탄력성의 크기	① $\sigma = 0 \;\to\;$ 레온티에프 생산함수 ② $\sigma = 1 \;\to\;$ 콥-더글라스 생산함수 ③ $\sigma = \;\to\;$ 선형생산함수
결론	① 등량곡선의 곡률이 크면 클수록 대체탄력성은 작아진다. ② 등량곡선의 곡률이 작으면 작을수록 대체탄력성은 커진다.

6. 규모수익

구분	내용
규모수익불변	 ① 규모수익불변이란 생산규모를 t배 증가시키면 산출량이 t배 증가하는 생산기술을 말한다. 　• $f(tL,\ tK) = tf(L,\ K) = tQ$ 　• $k = 1 : f(tL,\ tK) = t^k Q = tQ$ ② 1차 동차생산함수는 규모에 대한 수익불변을 나타낸다. ③ 규모수익불변의 경우 평균비용이 일정하다.
규모수익체증	① 생산규모를 t배 증가시키면 산출량이 t배 이상 증가하는 생산기술을 말한다. 　• $f(tL,\ tK) > tf(L,\ K) = tQ$ 　• $k > 1 : f(tL,\ tK) = t^k Q > tQ$ ② 생산을 늘릴수록 기술적으로 유리 (분업에 의한 전문화)한 경우 규모수익체증이 발생한다. ③ 평균비용이 감소하는 규모의 경제가 발생한다.

규모수익체감	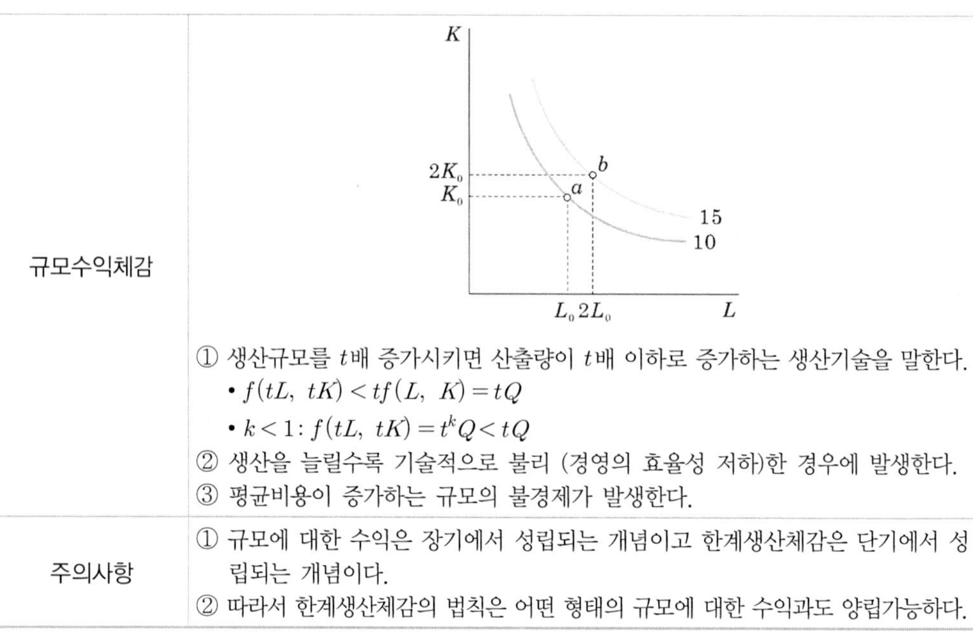① 생산규모를 t배 증가시키면 산출량이 t배 이하로 증가하는 생산기술을 말한다.
	  ・ $f(tL,\ tK) < tf(L,\ K) = tQ$
	  ・ $k < 1 : f(tL,\ tK) = t^{k}Q < tQ$
	② 생산을 늘릴수록 기술적으로 불리 (경영의 효율성 저하)한 경우에 발생한다.
	③ 평균비용이 증가하는 규모의 불경제가 발생한다.

주의사항	① 규모에 대한 수익은 장기에서 성립되는 개념이고 한계생산체감은 단기에서 성립되는 개념이다. ② 따라서 한계생산체감의 법칙은 어떤 형태의 규모에 대한 수익과도 양립가능하다.

7. 확장경로

구분	내용
개념	① 산출량이 증가할 때 비용을 극소화시키는 생산요소의 조합을 연결한 곡선을 말한다. ② 확장경로란 생산요소의 가격이 일정할 때 각 생산수준에서의 최소비용점을 연결한 곡선으로 소비자 이론에서의 소득소비곡선(ICC)과 같은 개념이다.
형태	① 일반적으로 확장경로는 두 생산요소가 정상요소이면 원점을 지나는 우상향의 곡선이나 노동이 열등요소이면 좌상향으로 굴절되는 곡선 일 수 도 있다. ② 동조 생산함수 또는 동차 생산함수의 확장경로는 원점에서 나오는 반직선이 된다. 왜냐하면 생산량에 관계없이 자본–노동의 투입비율이 $\left(\dfrac{K}{L}\right)$로 언제나 일정하기 때문이다.

2 객관식 문제

01

A기업의 생산함수는 $Y = \sqrt{K+L}$ 이다. 이에 관한 설명 중 옳은 것은? (단, Y는 생산량, K는 자본, L은 노동, $K>0$, $L>0$)   (보험계리사 · 2011)

① 이 기업의 생산함수는 규모에 대한 수확불변을 나타낸다.
② 자본과 노동의 완전보완관계이다.
③ 이윤극대화를 위해 자본과 노동 중 하나만 사용해도 된다.
④ 등량곡선은 원점에 대해 볼록하다.

해설 생산요소의 투입량이 t배 변화였을 때 생산량이 어떻게 변하는 지에 따라서 규모에 대한 수익을 분류한다. 문제에서의 $Y = \sqrt{K+L}$를 t배했을 때 $\sqrt{tK+tL} = \sqrt{t}\sqrt{K+L} = t^{0.5} \times Y$로, t배 증가하였을 때 생산량은 $t^{0.5}$배로 작게 증가했기 때문에 규모에 대한 수익체감현상이 나타난다. 또한 등량곡선은 K를 y축으로 두기 때문에 K에 대하여 정리하면 $K = -L + Y^2$으로 기울기 -1인 등량곡선이 도출됨을 알 수 있다. 기울기가 -1로 우하향의 직선의 등량곡선은 두 생산요소가 완전대체적일 때의 등량곡선으로 대체가 언제나 가능하며 두 생산요소 중 하나만 사용해도 무방하다. $Y^2 = L+K \rightarrow K = -L + Y^2$이므로 우하향의 직선형태이다. 따라서 노동과 자본간의 완전대체가 가능하므로 자본과 노동 중 하나만 사용해도 된다.   **정답 ③**

02

노동(L)과 자본(K)을 생산요소로 투입하여 비용을 최소화하는 기업의 생산함수는 $Q = L^{0.5}K$ 이다(Q는 생산량임). 이에 관한 설명으로 옳지 않은 것은?   (공인노무사 · 2013)

① 규모에 대한 수익이 체증한다.
② 노동투입량이 증가할수록 노동의 한계생산은 감소한다.
③ 노동투입량이 증가할수록 자본의 한계생산은 증가한다.
④ 노동과 자본의 단위당 가격이 동일할 때 자본투입량은 노동투입량의 2배이다.
⑤ 자본투입량이 증가할수록 자본의 한계생산은 증가한다.

해설 1.5차 동차생산함수이므로 규모수익은 체증한다.

노동의 한계생산은 $MP_L = 0.5L^{-0.5}K = \dfrac{0.5K}{\sqrt{L}}$이므로 노동투입량이 증가할수록 노동의 한계생산은 감소한다.

자본의 한계생산은 $MP_K = L^{0.5}$이므로 노동투입량이 증가할수록 자본의 한계생산은 증가한다.

비용극소화 조건은 $MRTS_{LK} = \dfrac{w}{r}$이므로 $\dfrac{MP_L}{MP_K} = 1 \rightarrow 0.5\dfrac{K}{L} = 1 \rightarrow K = 2L$

따라서 자본투입량은 노동투입량의 2배이다.
자본투입량과 자본의 한계생산은 관계없다.   **정답 ⑤**

03

비용을 극소화하는 기업의 생산함수가 $Q = K^a L^b$ 이고, 자본(K)과 노동(L)의 요소가격이 각 각 $P_K = 50$, $P_L = 100$ 으로 주어졌다고 하자. 다음 설명 중 옳은 것은? (단, Q는 생산량, 요소평면에서 가로축은 L, 세로축은 K이며, $a > 0$, $b > 0$) (공인회계사 · 2010)

① 자본재의 가격이 상대적으로 싸므로 자본만 이용해서 생산한다.

② 자본과 노동은 항상 가격의 역비율인 2 : 1의 비율로 투입된다.

③ 확장경로는 원점을 통과하고 기울기가 $\dfrac{2a}{b}$ 인 직선이다.

④ $a = b = 1$ 인 경우 생산함수는 규모에 대한 수확불변이고, 비용함수는 선형이 된다.

⑤ 이 기업의 생산함수는 초기에는 규모에 대한 수확체증, 나중에는 수확체감의 현상을 보인다.

 확장경로는 총비용변화시 생산자균형점을 연결한 선이므로 생산자균형조건을 통해서 도출하면 된다. 생산자 균형조건은 한계기술대체율과 생산요소의 가격비가 일치할 때이므로

$$MRTS_{LK} = \frac{MP_L}{MP_K} = \frac{b}{a}\left(\frac{K}{L}\right), \ \frac{P_L}{P_K} = 2 \ \to \ K = \frac{2a}{b}L 로 \ 도출된다.$$

따라서 확장경로는 원점을 통과하는 직선의 형태를 갖는다.

$a = b = 1$이면 2차동차함수이므로 생산함수는 규모에 대한 수확체증이다. 정답 ③

04

$Y = AK^{0.3}L^{0.7}$인 콥-더글라스 생산함수에 대한 설명으로 옳은 것을 <보기>에서 모두 고 르면? (Y=생산량, K=자본량, L=노동량) (국회 8급 · 2011)

> 가. 자본가에게는 전체 소득의 30%, 노동자에게는 전체 소득의 70%가 분배된다.
> 나. 만약 이민으로 노동력만 10% 증가하였다면 총생산량과 자본의 임대가격은 상승하나 실질 임금은 하락한다.
> 다. 만약 노동력과 자본 모두가 10%씩 증가하였다면 총생산량, 자본의 임대가격, 실질임금 모 두 10%씩 증가한다.
> 라. A는 기술수준을 나타내는 매개변수로 A가 상승하면 총생산량은 증가하나 자본의 임대가 격과 실질임금은 변화하지 않는다.

① 가, 다, 라   ② 가, 나

③ 가, 나, 라   ④ 가, 나, 다

⑤ 가, 다

해설
가. 자본가의 소득분배율은 지수값인 30%이고 노동자의 소득분배율은 70%가 된다.

나. 이민으로 노동량이 증가하면 노동의 한계생산성이 감소하므로 실질임금은 하락하고 노동량의 증가로 자본의 한계생산성이 증가하므로 자본임대료는 상승한다.

왜냐하면 $MP_K = 0.3A(\frac{L}{K})^{0.7}$, $MP_L = 0.7A(\frac{K}{L})^{0.3}$이기 때문이다.

다. 1차 동차생산함수이므로 오일러의 정리가 성립된다. 따라서 노동력과 자본 모두 10%씩 증가한다면 총생산량은 10% 증가한다. 그러나 MP_K, MP_L은 불변이므로 자본임대료와 실질임금은 변하지 않는다.

라. A가 상승하면 노동과 자본의 한계생산성이 증가하므로 자본임대료와 실질임금 모두 상승한다. **정답 ②**

05

기업 A의 생산함수가 $Q = 2K + L$이고, 단위당 노동의 가격이 1이고 자본의 가격은 3이다. 10개를 생산하기 위한 최소비용은? (단, Q는 생산량, K는 자본, L은 노동이다.) (2013 · 보험계리사)

① 4

② 6

③ 8

④ 10

⑤ 12

해설
생산함수를 통해 노동과 자본의 2 : 1로 완전대체관계임을 알 수 있다.

단위당 노동의 가격이 1이고 자본의 가격은 3이라면 노동구입비용은 2, 자본구입비용은 3이 발생하기 때문에 노동만 구입한다.

따라서 10개를 생산하기 위하여 노동투입량은 10이 필요하므로 최소비용은 10이 발생한다. **정답 ④**

06

기업의 생산기술과 생산비용에 대한 다음 설명 중 옳은 것을 모두 고르면? (CPA · 2010)

가. 규모에 대한 수확체증(increasing returns to scale)과 규모의 경제(economies of scale)는 동일한 개념이다.

나. 노동투입량이 동일하더라도 자본투입량의 크기에 따라 노동의 한계생산이 변화할 수 있다.

다. 노동의 한계생산과 노동의 평균생산의 차이를 알고 있으면, 노동투입량 증가에 따라 노동의 평균생산이 증감하는지 여부를 알 수 있다.

라. 원점으로부터 등량곡선의 거리가 2배가 된다는 것은 생산량도 2배가 됨을 의미한다.

① 가, 다

② 가, 라

③ 나, 다

④ 나, 라

⑤ 나, 다, 라

가. 일반적으로 규모수익체증은 규모의 경제가 발생하나 항상 그런 것은 아니다. 규모수익체증이 규모의 경제가 발생하기 위한 조건은 1차 동차함수에서 가능하다. 생산요소투입을 증가시키면 산출량이 증가하는데 요소투입의 증가율보다 산출량 증가율이 높은지 낮은지 혹은 같은지에 따라 규모에 대한 수확체증, 규모에 대한 수확체감, 규모에 대한 수확불면으로 나눈다. 따라서 규모에 대한 수확체증은 규모의 경제의 종류 중 하나이다.

나. 자본은 노동자들의 일의 효율에 직접적인 영향을 주기 때문에, 자본투입량의 크기는 노동의 한계생산을 변화시킨다.

다. 노동의 한계생산이 평균생산보다 클 때는 평균생산이 증가하며 작을 때는 감소하고 같을 때는 평균생산이 극대가 된다. 이렇듯 노동의 한계생산과 평균생산의 차이를 알고 있으면 노동투입량이 증가할 때 평균생산물의 증감여부를 알 수 있다.

라. 등량곡선의 거리가 원점으로부터 2배가 되었다는 말은 자본과 노동이 2배로 증가했다는 것이다. 생산량은 등량곡선의 거리로는 정확히 알 수 없다.

정답 ③

07

기업 A의 노동과 자본의 투입량과 산출량 수준을 관찰한 결과 다음과 같은 표를 얻었다. 이 표에서 발견할 수 없는 현상은? (단, 생산에 투입되는 요소는 노동과 자본뿐이다.) (감정평가사 · 2012)

노동투입	자본투입	총생산
1	4	20
2	2	20
3	2	28
4	1	20
4	2	35
4	3	38
4	4	40

① 규모의 경제
② 규모수익불변
③ 노동의 한계생산 체감
④ 자본의 한계생산 체감
⑤ 노동에 대한 자본의 한계대체율 체감

① 노동과 자본투입이 모두 2일 때는 총생산이 20이었다가 노동과 자본투입 모두 4로 증가할 때 총생산이 40이 되므로 규모수익불변이다.

② 노동이 4로 고정되어 있는 상태에서 자본이 1, 2, 3, 4로 증가하면 총생산이 20, 35, 38, 40이 증가하므로 자본의 한계생산은 체감한다.

③ 자본이 2로 고정되어 있는 상태에서 노동이 2, 3, 4로 증가하면 총생산이 20, 28, 35로 증가하므로 노동의 한계생산은 체감한다.

④ 노동투입과 자본투입이 (1, 4), (2, 2), (4, 1)에서 총생산이 20으로 동일하므로 등량곡선을 그리면 등량곡선은 원점에 대하여 볼록한 형태를 갖는다.

정답 ①

08

어느 기업의 확장경로(expansion path)는 원점을 지나는 직선의 형태로 나타나는데, 생산량 Q 를 100단위씩 증가시켜 600단위까지 늘려감에 따라 원점에서부터의 거리를 표시하면 아래 표와 같다. 생산량 증가에 따른 규모에 대한 수익(returns to scale)은? (공인회계사 · 2007)

Q	100	200	300	400	500	600
거리	6	11	15	17	22	29

① 불변이다가 체감한다.　　　　　② 체감하다가 불변이 된다.
③ 체증하다가 불변이 된다.　　　　④ 체감하다가 체증한다.
⑤ 체증하다가 체감한다.

생산량이 400단위까지는 거리의 폭이 감소하다가 생산량이 400단위를 넘어가면서 거리의 폭이 증가한다. 즉, 400단위까지는 노동과 자본을 체감적으로 증가시켜도 생산량은 100단위씩 증가하므로 규모수익체증이 발생하다가 생산량이 400단위를 넘어가면서 노동과 자본을 체증적으로 증가시켜도 생산량은 100단위씩 증가하므로 규모수익체감이 발생한다.　　　　정답 ⑤

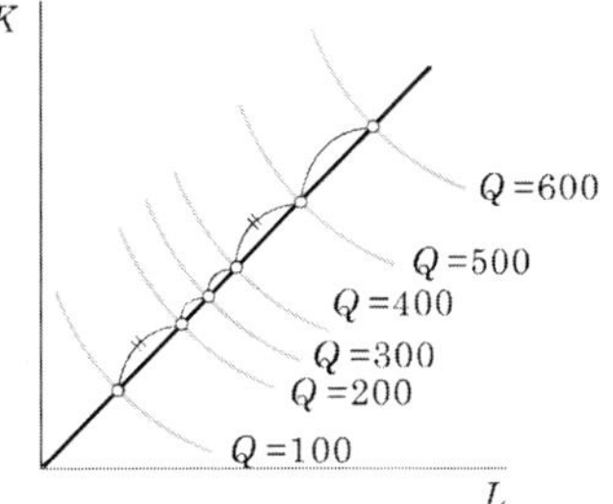

09

등량곡선이 우상향으로 이동하는 경우는? (수출입은행)

① 총비용의 증가　　　　　② 총비용의 감소
③ 총수입의 증가　　　　　④ 총수입의 감소
⑤ 한계수입의 감소

총비용이 증가하면 등비용선과 접하는 생산자 균형점이 우측으로 이동한다.
따라서 총비용이 증가하면 등량곡선이 우상향으로 이동한다.　　　　정답 ①

3　약술문제

01

어떤 기업이 전력(E)과 노동(L)을 투입하여 일정한 양의 제품을 생산한다. 최근의 유가상승으로 전력 가격이 20% 상승하였음에도 불구하고 이 기업의 총비용에서 전력요금이 차지하는 비중이 10%로 일정하게 유지된다고 한다. 생산량을 Q로 표시할 때 이 기업의 생산함수를 설명하시오. (단, 1차 동차생산함수라고 가정한다.)

 콥-더글라스 생산함수의 경우 노동과 자본의 지수값은 각각, 노동소득분배율과 자본소득분배율을 나타내므로 기업의 입장에서는 총비용 중에서 노동과 자본이 차지하는 비중으로 이해할 수 있다.

따라서 유가상승으로 전력 가격이 20% 상승하였음에도 불구하고 기업의 총비용에서 전력요금이 차지하는 비중이 일정하게 유지된다는 것은 콥-더글라스 생산함수의 경우에 해당된다. → $Q = E^{0.1} L^{0.9}$ **정답** ①

주제 2 비용이론

1 이론요약

1. 단기비용의 종류

구분	내용
단기총비용	① 단기총비용이란 주어진 생산시설 하에서 일정 산출량을 최소비용으로 생산하는 비용곡선을 말한다. → $STC = TFC + TVC$ ② 단기총비용곡선상의 모든 점은 주어진 산출량을 생산하는 최소비용수준을 나타낸다. ③ 단기총비용곡선은 단기생산함수로부터 도출하기 때문에 수확체감의 법칙, 즉 비용체증현상이 나타난다. ④ 고정요소는 자본 1가지만 존재하므로 총고정비용은 다음과 같이 나타낼 수 있다. → $TFC = rK$ ⑤ 가변요소는 노동 1가지만 존재하므로 총가변비용은 다음과 같이 나타낼 수 있다. → $TVC = wL$
단기평균비용	① 단기평균비용이란 산출량 한 단위당 비용수준을 말한다. $$\frac{STC}{Q} = \frac{TFC}{Q} + \frac{TVC}{Q} \rightarrow SAC = AFC + AVC$$ ② 평균고정비용은 총고정비용곡선으로부터 도출되며 직각쌍곡선의 형태를 갖는다. ③ 평균가변비용곡선은 총가변비용곡선에서 원점으로 연결한 직선의 기울기로 측정되며 U자 형태를 갖는다.
단기한계비용	① 산출량을 추가적으로 한 단위 더 생산하는 데에 소요되는 총 비용증가분으로서 총 비용곡선 또는 총가변비용곡선 상의 각 점에 접하는 접선의 기울기와 같음 $$MC = \frac{\Delta TC}{\Delta Q} = \frac{\Delta TFC}{\Delta Q} + \frac{\Delta TVC}{\Delta Q} = MFC + MVC$$ ② $MFC = 0$이므로 한계비용은 결국 한계가변비용을 뜻하며 고정비용은 한계비용과 전혀 무관하다.

단기비용곡선 의 관계	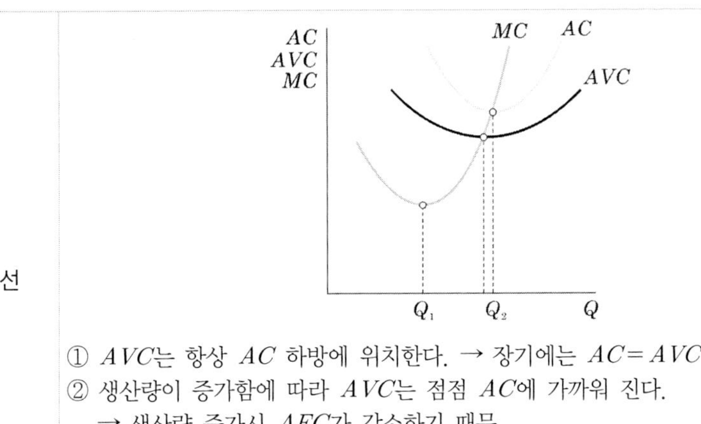 ① AVC는 항상 AC 하방에 위치한다. → 장기에는 $AC=AVC$이다. ② 생산량이 증가함에 따라 AVC는 점점 AC에 가까워 진다. → 생산량 증가시 AFC가 감소하기 때문 ③ AVC의 극소점은 AC의 극소점보다 왼쪽에 위치한다. 왜냐하면 AFC의 감소가 AVC의 증가보다 크기가 큰 영역이 존재하기 때문이다. ④ MC는 AVC 및 AC의 최저점을 통과한다.

2. 장기 비용

구분	내용
장기총비용	모든 생산요소가 가변적 일 때 일정 산출량을 최소비용으로 생산하는 비용함수로 장기총비용은 단기총비용의 포락선이다.
장기평균비용	① 장기에서 산출량 한 단위당 비용을 말한다. $$LAC=\frac{LTC}{Q}$$ ② 장기평균비용곡선은 단기평균비용곡선의 포락선이다. ③ 장기평균비용이 계속 하락하는 부분을 규모의 경제, 장기평균비용이 계속 상승하는 부분을 규모의 불경제라 부른다. ④ 장기평균비용곡선의 최저점에서의 단기평균비용곡선에 상응하는 공장규모를 최적시설규모라 부른다. ⑤ 장기평균비용이 U자형 인 것은 규모의 경제 때문이다. ⑥ 단기평균비용의 최저점을 연결한 것이 장기평균 비용이 아니다.
장기한계비용	① 장기에서 산출량 한 단위 증가 시에 추가로 늘어난 장기총비용의 크기를 말한다. $$LMC=\frac{dLTC}{dQ}$$ ② 장기한계비용은 단기한계비용의 포락선이 아니다.

3. 장기비용곡선과 단기비용곡선과의 관계

구분	내용
장기총비용과 단기총비용과의 관계	① 장기총비용곡선은 단기총비용곡선의 포락선이기 때문에 단기총비용은 장기총비용보다 작을 수 없다. ② 단기총비용은 수확체감의 현상이 나타나지만 장기총비용은 규모의 문제가 나타난다.
장기평균비용과 단기평균비용과의 관계	① SAC는 LAC보다 작을 수 없다. ② LAC는 SAC의 포락선이다. ③ LTC와 STC가 접하는 산출량수준에서 SAC와 LAC는 접한다. ④ LAC최하점 좌측에서는 SAC최하점 좌측과 LAC가 접하고 LAC 최하점 우측에서는 SAC최하점 우측과 LAC가 접한다. ⑤ SAC가 U자형인 것은 수확체감현상이, LAC가 U자형인 것은 규모의 경제가 나타나기 때문이다.
장기한계비용과 단기한계비용과의 관계	① STC와 LTC가 접하는 산출량 수준에서는 SMC가 LMC와 교차하지만 SMC의 기울기가 LMC의 기울기보다 가파르다. ② LMC는 SMC의 포락선이 아니다. ③ 최적시설규모에서 $LAC = LMC = SAC = SMC$의 관계가 성립한다.

4. 규모수익과 장기비용곡선

구분	내용
규모수익불변 (CRS)	① 규모수익불변의 경우 생산비용을 2배 늘리면 산출량도 2배로 증가한다. 즉, 산출량과 총생산비용은 정비례한다. ② LTC가 원점통과하는 직선이므로 LAC와 LMC는 수평선이다.
규모수익체증 (IRS)	① 규모수익체증의 경우 생산비용을 2배 늘리면 산출량은 3배 이상 증가한다. ② LTC곡선은 체감적으로 증가하므로 LAC와 LMC는 우하향의 형태로 도출된다. → 생산규모가 커지면서 장기평균비용이 점차 작아지는데 이 때 규모의 경제가 존재한다고 말한다.

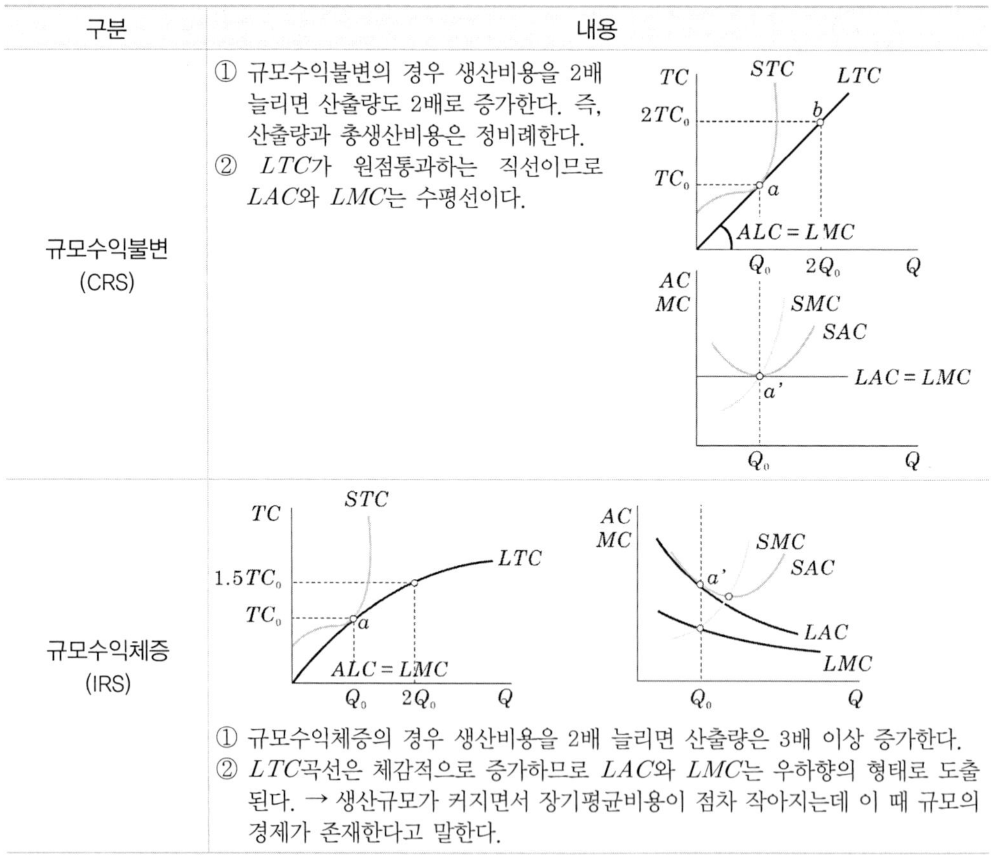

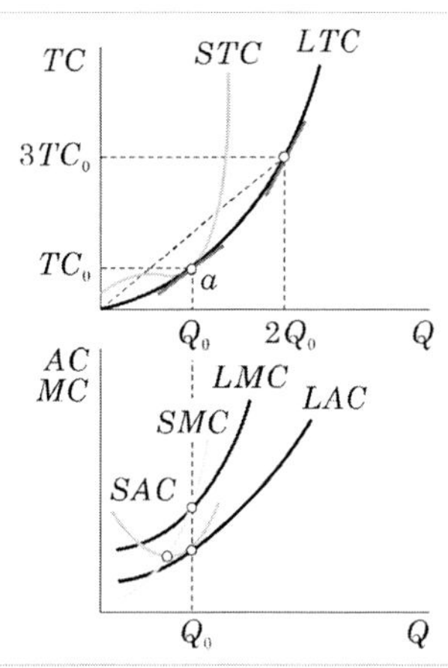

규모수익체감 (DRS)	① 규모수익체감의 경우 생산비용을 2배 늘리면 산출량은 2배 미만으로 증가한다. ② LTC곡선은 체증적으로 증가하므로 LAC와 LMC는 우상향의 형태로 도출된다. → 생산규모가 커지면서 장기평균비용이 점차 커지는데 이때 규모의 불경제가 존재한다고 말한다.
규모의 경제와 규모의 불경제	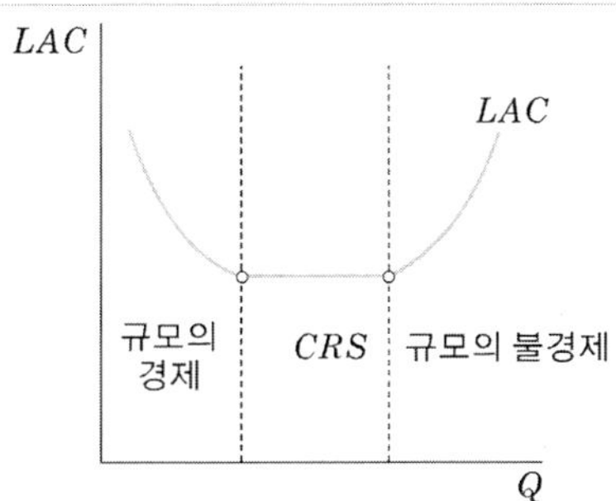① 장기평균비용(LAC)이 우하향하는 영역을 규모의 경제라고 한다. ② 장기평균비용(LAC)이 우상향하는 영역을 규모의 불경제라고 한다.

2 객관식 문제

01

어느 기업의 생산량(Q)과 가변생산요소(x)는 단기에 $Q = 2\sqrt{x}$ 의 관계를 갖는나. 가변생산요소는 x만 존재한다. 이 기업의 단기비용은 가변비용과 고정비용으로 구성되어 있으며, 고정비용은 500이다. 생산요소인 x의 단위당 비용이 100일 때 이 기업의 단기 비용함수는?

(공인회계사 · 2009)

① $500 + 200/Q$ ② $500 + 25Q^2$

③ $500 + 200\sqrt{Q}$ ④ $500 + 50Q$

⑤ $500 + 50\sqrt{Q}$

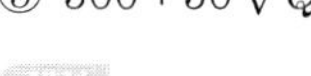 단기비용은 총고정비와 총가변비의 합이므로 단기비용함수는 $STC = 500 + 100x$이다. $Q = 2\sqrt{x}$ 이므로 $x = \dfrac{1}{4}Q^2$이다. 따라서 단기비용함수는 $500 + 25Q^2$이다.

정답 ②

02

어떤 기업의 총비용(TC)함수가 $TC = Q3 - 4Q2 + 6Q + 10$으로 표시된다고 하자. 다음 설명 중 타당한 것은? (단, Q는 생산량) (공인회계사 · 2003)

① 이 비용함수는 장기비용함수이다.
② 평균비용(AC)함수는 $Q_2 - 4Q + 6$이다.
③ 한계비용(MC)은 전 생산량 구간에서 체증한다.
④ 조업중단가격(shutdown price)은 2 이다.
⑤ 이 기업의 생산은 규모의 경제(economies of scale)를 보인다.

해설 ① 고정비용이 10 존재하므로 이 비용함수는 단기비용함수이다.

② 평균비용(AC)함수는 총비용함수를 생산량(Q)으로 나눈 값으로 $Q_2 - 4Q + 6 + \dfrac{10}{Q}$이다.

③ 한계비용(MC)은 $3Q^2 - 8Q + 6$이며 2차 함수이므로 U자 형태를 갖는다. 따라서 생산량이 증가하면 감소하다가 증가한다.

④ 조업중단가격(shutdown price)은 평균가변비용의 최저점에서 결정된다. 평균가변비용은 $Q^2 - 4Q + 6$이므로 최저점을 구하기 위해서는 접선의 기울기가 0인 되는 점을 찾으면 된다. 따라서 생산량(Q)으로 미분을 하면 $2Q - 4 = 0$에서 조업중단이 결정되므로 생산량은 2, 조업중단가격은 2 이다. 정답 ④

03

어떤 기업의 생산함수는 $Q = L + 2K$ 이다. 여기에서 Q는 생산량, L은 노동투입량, 그리고 K는 자본투입량을 나타낸다. 노동의 단위당 임금이 300, 자본의 단위당 임대료가 500인 경우 이 기업의 비용함수 $C(Q)$로 알맞은 것은? (공인회계사 · 2008)

① $250Q$ ② $300Q$
③ $500Q$ ④ $800Q$
⑤ $1000Q$

해설 노동과 자본이 2：1로 완전대체관계이므로 노동 2단위 투입시 비용은 600이고 자본 1단위 투입시 비용은 500이다. 따라서 자본만 투입한다.

이 때 총비용함수는 $TC = 500K$인데, $Q = 2K$이므로 $TC = 500 \times \dfrac{1}{2} Q = 250Q$가 된다. 정답 ①

04

비용을 최소화하는 기업 A의 생산함수는 $Q = \min(2L, K)$이다. 노동시장과 자본시장은 모두 완전경쟁시장이고 W는 임금율, R은 자본의 임대가격을 나타낸다. $W = 2$, $R = 5$일 때 기업 A의 한계비용(MC)곡선은? (단, Q는 생산량, L은 노동투입량, K는 자본투입량, Q, L, K는 모두 양($+$)의 실수임) (공인노무사 · 2012)

① $MC = 3Q$

② $MC = 7Q$

③ $MC = 3$

④ $MC = 6$

⑤ $MC = 7$

$Q = 2L = K$이므로 총비용함수는 $TC = WL + RK$에서 $TC = 2 \times \dfrac{1}{2}Q + 5Q = 6Q$이다.

따라서 한계비용은 TC를 Q로 미분하여 $MC = 6$으로 도출된다.　　　　　정답 ④

05

소규모 기업인 A기업의 생산함수가 $Y = L^2$로 주어져 있다고 하자. 이에 대한 설명으로 옳지 않은 것은? (단, L은 노동, Y는 생산량을 나타냄)　　(국회 8급 · 2013)

① 규모의 경제가 나타난다.

② 노동투입이 증가함에 따라서 노동의 한계생산은 증가한다.

③ 생산요소시장이 완전경쟁적일 때, 평균비용은 우하향한다.

④ 생산요소시장이 완전경쟁적일 때, 한계비용은 우하향한다.

⑤ 한계비용이 평균비용을 통과하는 점에서 효율적 생산량이 존재한다.

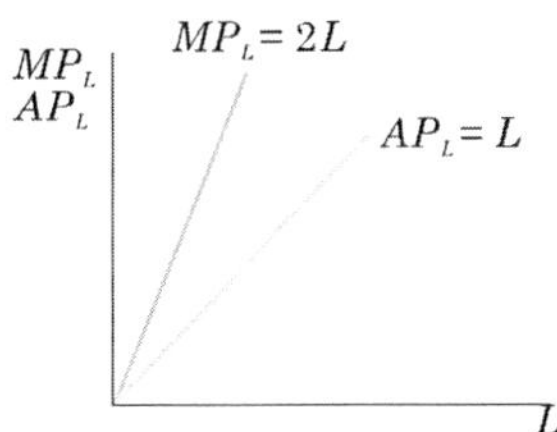

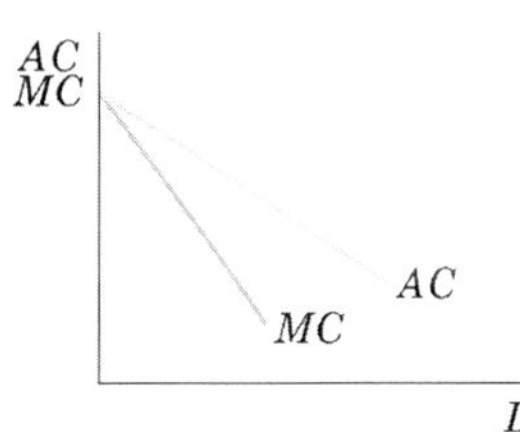

① 노동의 한계생산(MP_L)은 2L이고 노동의 평균생산(AP_L)은 L이다.

② 평균가변비용은 평균생산과 역관계이고 한계비용은 한계생산과 역관계이므로 평균비용과 한계비용 모두 우하향한다. 따라서 규모의 경제가 발생한다.

③ 한계비용과 평균비용이 만나는 점은 생산량이 0일 때 밖에 없다.　　　　　정답 ⑤

06

기업의 생산함수는 $Y = L - 100$이고, 노동 1단위당 임금은 1이다. 다음 설명 중 옳은 것은? (단, L은 노동, Y는 생산량, $Y > 0$이다.)　　(감정평가사 · 2010)

① 노동의 한계생산이 체감한다.

② 노동의 평균생산은 일정하다.

③ 생산량이 늘어남에 따라 평균비용은 처음에는 감소하나 생산량이 일정 수준을 넘어서면 점차 증가한다.

④ 생산량이 일정수준을 넘어서면 한계비용이 평균비용보다 더 커진다.

⑤ 규모의 경제가 나타난다.

에 평균가변비용은 감소한다. 또한 평균비용이 지속적으로 감소하기 때문에 한계비용은 평균비용보다 항상 아래에 있으며 따라서 총비용 또한 지속적으로 감소하여 규모의 경제가 나타남을 알 수 있다. **정답 ⑤**

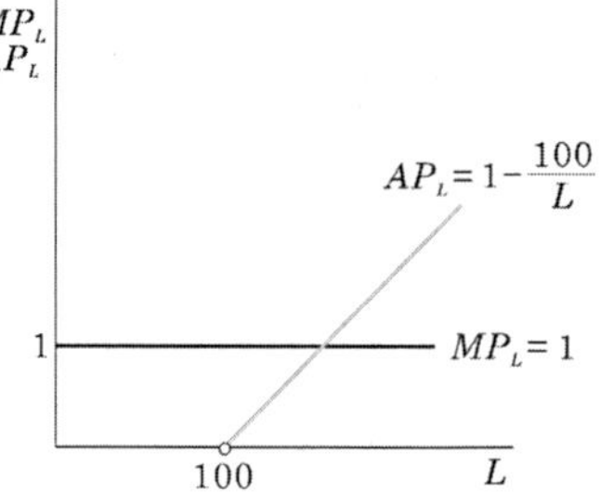

07

어떤 상품의 생산함수가 $q = L^{\frac{1}{2}} K^{\frac{1}{2}}$이고, 단기에 자본이 16단위로 주어졌다고 한다. 임금률은 2이고 자본의 임대료율이 5일 때 단기 총비용함수(STC)와 장기 총비용함수(LTC)를 구하면?

① $STC = \dfrac{1}{8}q^2 + 80$, $LTC = 4\sqrt{\dfrac{5}{2}}q$ ② $STC = \dfrac{1}{4}q^2 + 80$, $LTC = \dfrac{1}{8}q$

③ $STC = 4q + 40$, $LTC = 8q$ ④ $STC = 8q + 40$, $LTC = \sqrt{2}q$

⑤ $STC = \dfrac{1}{16}q^2 + 80$, $LTC = 2\sqrt{\dfrac{5}{2}}q$

해설

$STC = wL + r\overline{K} = 2L + 80$

이때, $q = L^{\frac{1}{2}} \times 4 \rightarrow L^{\frac{1}{2}} = \dfrac{1}{4}q \rightarrow L = \dfrac{1}{16}q^2$

따라서 단기 총비용함수는 $STC = \dfrac{1}{8}q^2 + 80$이 된다.

장기 총비용함수는 확장경로를 통하여 구할 수 있다.
확장경로는 총비용 증가 시 생산자 균형점을 연결한 선이기 때문에 생산자 균형조건을 사용하면 된다.

$MRTS_{LK} = \dfrac{w}{r} \rightarrow \dfrac{K}{L} = \dfrac{2}{5} \rightarrow K = \dfrac{2}{5}L$

$LTC = wL + rK = 2L + 5K = 4L$

$q = L^{\frac{1}{2}} K^{\frac{1}{2}} = L^{\frac{1}{2}} (\dfrac{2}{5})^{\frac{1}{2}} L^{\frac{1}{2}} = \sqrt{\dfrac{2}{5}}L \rightarrow L = \sqrt{\dfrac{5}{2}}q$

따라서 장기 총비용함수는 $LTC = 4\sqrt{\dfrac{5}{2}}q$가 된다. **정답 ①**

3 약술문제

01

어떤 기업의 생산함수가 다음과 같다. 즉, 1단위의 생산물을 생산하는 데 자본과 노동을 각각 2단위와 1단위의 고정비율로 투입한다. 자본임대료가 3, 임금이 1이라 하자. 이 기업의 장기총비용함수를 구하시오.

(정책금융공사 · 2011)

① 자본의 가격은 3이고 노동의 가격은 1이므로 총비용은 $TC = L + 3K$로 주어진다.

② 장기에 모든 생산요소가 변하고 자본이 2단위 투입될 때 노동은 1단위가 투입되어 한 단위의 생산이 이루어지므로 장기총비용함수는 $TC = L + 3K = 6Q + Q = 7Q$이다.

주제 1 완전경쟁시장

1 이론요약

1. 완전경쟁시장의 특징

구분	내용
개념	완전경쟁시장이란 어느 공급자와 수요자도 공급 및 구매량의 조절을 통해 시장 가격에 영향을 줄 수 없을 정도로 시장에 많은 수의 공급자와 수요자가 있는 경우를 말한다.
조건	① 다수의 판매자와 구매자 ② 기업의 자유로운 진입과 퇴거 (장기) → 장기이윤은 항상 0이다. ③ 상품의 동질성 ④ 완전한 시장정보
수요곡선	개별기업은 가격수용자(price setter)이므로 시장수요곡선은 우하향하나 완전경쟁기업이 직면하는 수요곡선은 수평선이다. → 수요의 가격탄력성은 무한대
이윤극대화 조건	① 수요곡선이 수평선인 경우 가격과 평균수입 및 한계수입이 모두 같아진다. $$P = AR = MR$$ ② 이윤극대화 조건은 MR＝MC이므로 완전경쟁 기업의 이윤극대화 조건은 P＝MC이다.

2. 완전경쟁기업의 단기공급곡선

구분	내용
개념	(그래프)
손익분기점	① 손익분기점이란 이윤이 0이 되는 점을 말한다. ② 가격이 AC보다 높다면($P>AC$) 단기적으로 이익을 얻게 되나 낮다면 ($P<AC$) 손실을 입게 된다. 즉, 가격이 AC의 최저점과 일치하는 상태가 곧 손익 분기점이다.
생산중단점	① 생산중단점이란 일시 휴업을 하는 경우로 단기에 조업을 중단하면 총고정비용만큼 손실이 발생한다. ② 기업의 조업 또는 생산 중단은 기업이 입는 손실이 총고정비용보다 더 클 때이다. 즉, $TC-TR>TFC$이면 생산을 중단한다. 이 관계는 $AVC>P$로 바꾸어 쓸 수 있다. 또는 TVC>TR이면 생산을 중단한다. ③ 따라서 평균가변비용(AVC)의 최소점이 생산중단점이 된다.
완전경쟁기업의 단기공급곡선	완전경쟁기업의 단기공급곡선은 평균가변비용(AVC)곡선 최저점 이상의 한계비용곡선이 된다.
정리	① P>AC → 초과이윤 발생 ② AC>P>AVC → 손실이 발생하는 생산을 중단해서는 안된다. ③ AVC>P → 총가변비용이 총수입보다 커서 평균가변비용이 가격보다 크다면 조업을 중단해야 한다.

3. 이윤과 생산자 잉여

구분	내용
이윤	이윤＝총수입－총비용
생산자 잉여	생산자 잉여＝총수입－총가변비용＝(총수입－총비용)＋총고정비용＝이윤＋총고정비용
양자의 관계	① 단기에는 총고정비용이 발생하므로 생산자 잉여가 이윤보다 크다. 　→ 생산자 잉여＞이윤 ② 장기에는 총고정비용이 0이므로 생산자 잉여와 이윤이 같아진다. 　→ 생산자 잉여＝이윤

4. 단기균형

구분	단기
단기균형	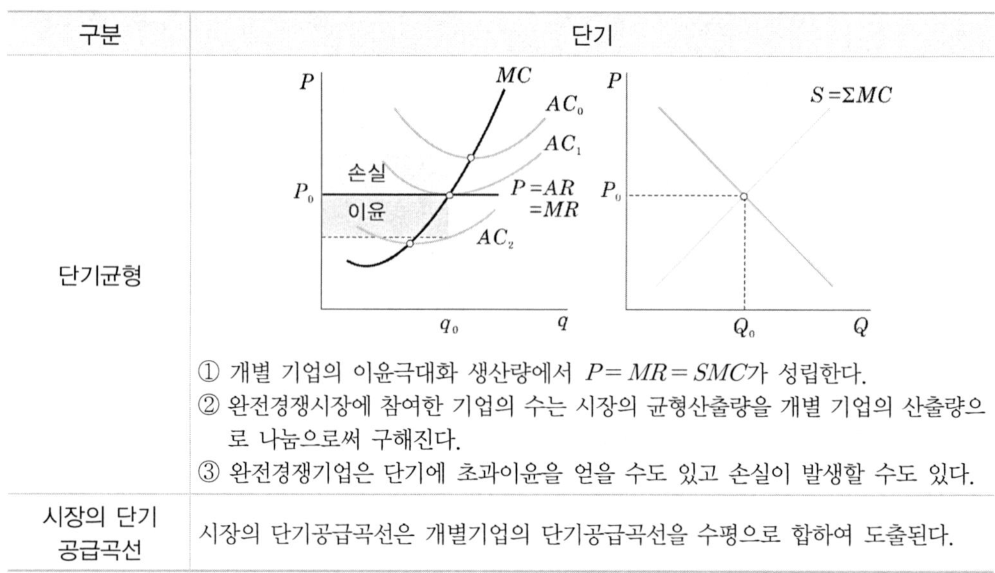 ① 개별 기업의 이윤극대화 생산량에서 $P = MR = SMC$가 성립한다. ② 완전경쟁시장에 참여한 기업의 수는 시장의 균형산출량을 개별 기업의 산출량으로 나눔으로써 구해진다. ③ 완전경쟁기업은 단기에 초과이윤을 얻을 수도 있고 손실이 발생할 수도 있다.
시장의 단기 공급곡선	시장의 단기공급곡선은 개별기업의 단기공급곡선을 수평으로 합하여 도출된다.

5. 장기균형

구분	장기
장기균형	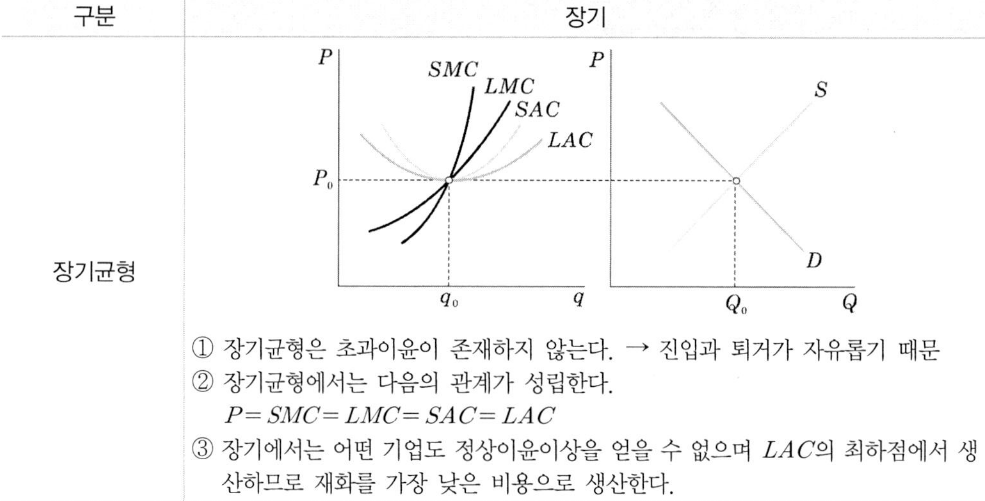 ① 장기균형은 초과이윤이 존재하지 않는다. → 진입과 퇴거가 자유롭기 때문 ② 장기균형에서는 다음의 관계가 성립한다. $P = SMC = LMC = SAC = LAC$ ③ 장기에서는 어떤 기업도 정상이윤이상을 얻을 수 없으며 LAC의 최하점에서 생산하므로 재화를 가장 낮은 비용으로 생산한다.

시장의 장기공급곡선	① 비용불변산업의 경우 → 산업 전체의 장기균형점을 연결하면 수평의 장기공급곡선이 도출 ② 비용체감산업의 경우 → 산업 전체의 장기균형점을 연결하면 우하향의 장기공급곡선이 도출 ③ 비용체증산업의 경우 → 산업 전체의 장기균형점을 연결하면 우상향의 장기공급곡선이 도출

6. 평가

구분	내용
장점	① 경쟁이 이루어지고 $P=MC$에서 생산을 한다. ② 장기에는 LAC의 최저점에서 생산이 이루어진다. 즉, 모든 기업이 장기균형에서 장기평균비용곡선의 최저점에서 생산하기 때문에 $X-$비효율성이 발생하지 않는다. → $X-$비효율성이란 눈에 보이지 않는 비효율성으로 주어진 산출량을 생산하기 위해 지불해야 하는 최소비용을 초과하는 실제비용수준을 말한다. ③ 완전경쟁시장에서는 파레토 효율적으로 자원을 배분한다.
단점	완전경쟁은 이론적으로 자본주의 경제의 이상형이며 다른 시장과 비교기준이 된다는 점에서 중요하지만 공평한 소득분배는 보장하지 못한다.

2 객관식 문제

01

아래의 그림은 완전경쟁시장에서 어떤 개별 기업의 한계비용 (marginal cost)과 평균비용(average cost)을 나타낸다. 현재 시장가격이 P_0라고 할 때 <보기>에서 옳은 것을 모두 고른 것은? (국회 8급 · 2012)

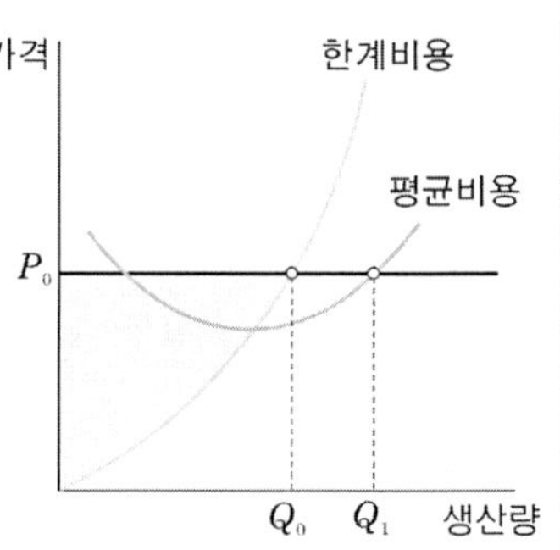

가. 장기적으로 이 시장에서의 총공급량은 지금보다 증가한다.
나. 장기적으로 이 시장에서의 개별기업의 공급량은 지금보다 증가한다.
다. 이 시장의 현재 총수요량은 Q_1이다.
라. 이 기업의 이윤은 위의 색칠한 부분과 같다.

① 가   ② 가, 다
③ 가, 라   ④ 나, 라
⑤ 가, 다, 라

해설 현재 이 기업은 이윤이 발생하므로 장기적으로 시장으로의 진입이 증가할 것이다.
따라서 총공급량은 지금보다 증가한다.
현 그림에서 평균비용이 장기평균비용곡선이라면 장기평균비용곡선의 최하점에서 생산이 이루어지므로 개별 기업의 공급량은 지금보다 감소할 수 있다.
시장수요곡선은 개별기업의 수요곡선을 수평합하여 도출해야 정확히 알 수 있다.   **정답** ①

02

완전경쟁시장에서 어떤 기업의 한계비용함수가 다음 표로 표시된다. 시장가격이 5일 때 이 기업의 이윤을 극대화하는 생산량은? (CPA · 2012)

생산량	1	2	3	4	5	6
한계비용	6	5	4	3	4	6

① 2   ② 3
③ 4   ④ 5
⑤ 6

이윤극대화 1계조건은 MR＝MC이고 2계조건은 MC곡선의 기울기가 MR곡선의 기울기보다 클 때이다.

생산량이 2일 때 한계수입과 한계비용이 일치하나 MR곡선의 기울기가 MC곡선의 기울기보다 크므로 2계조건이 성립되지 않는다.

생산량이 5일 때는 한계수입이 한계비용보다 크므로 생산을 증가시키지만 생산량이 6일 때는 한계비용이 한계수입보다 크므로 생산을 감소시켜야 한다.

따라서 이윤을 극대화 하는 생산량은 5가 된다. **정답 ④**

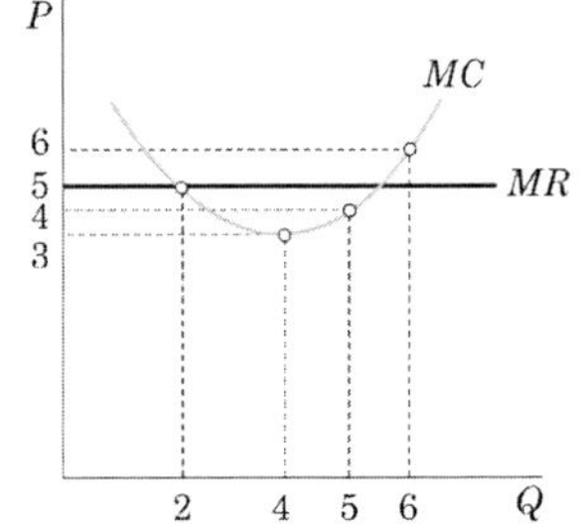

03

아래의 그림은 어느 기업의 평균수입과 평균비용을 나타낸 것이다. 이에 대한 설명으로 옳은 것은? (국회 8급 · 2011)

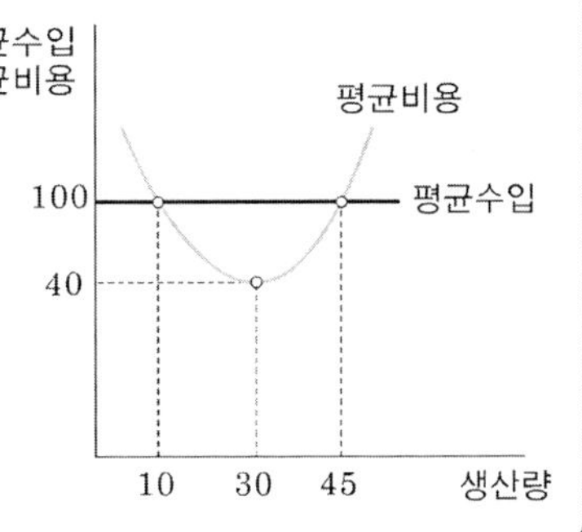

① 생산량이 증가함에 따라 가격은 떨어진다.

② 평균비용이 감소하는 구간에서는 생산량을 늘릴수록 이윤이 증가한다.

③ 최대 이윤은 1,800원이다.

④ 생산량을 44에서 45로 늘리면 이윤은 증가한다.

⑤ 생산량이 30일 때 한계비용은 한계수입보다 크다.

평균수입이 수평선이라는 것은 $D = MR = AR$이라는 뜻으로, 위의 그래프는 완전경쟁기업의 그래프가 되겠다. 완전경쟁기업에서는 생산량의 증감과 상관없이 가격이 항상 일정하며, 평균비용이 감소하는 생산량 증가 구간에서는 평균수입과 평균비용의 차이가 커지는 데 이말은 총수입이 총비용보다 커진다는 것으로, 이윤이 증가하게 된다. 이윤극대화 조건은 $MR = MC$인데 MC가 AC곡선의 최소섬을 시나녀 우싱향하기 때문에 이윤극대화 생산량 구간은 30과 45사이이다. 하지만 1800원은 생산량이 30일 때의 이윤으로 최대 이윤은 1800보다는 크다. 생산량을 44에서 45로 늘리면 평균비용과 평균수입의 차이가 줄어들면서 이윤은 감소하게 되고, 생산량이 30일 때는 한계비용이 한계수입보다 하방에 위치하기 때문에 더욱 작다. **정답 ②**

04

완전경쟁시장에서 이윤극대화를 추구하는 A기업의 총비용함수는 $TC = Q^2 + 3Q + 10$이며, 재화의 가격이 13이다. 이 때 A기업의 생산자잉여는? (단, TC는 총비용이고, Q는 생산량이다.)

(감정평가사 · 2010)

① 15

② 20

③ 25

④ 30

⑤ 35

해설 생산자잉여는 한계수입이 한계비용보다 높을 때의 순이익의 합이다. 완전경쟁시장에서는 한계수입이 가격과 같기 때문에 한계수입은 13이며, TC를 미분하여 MC를 구하면 $MC = 2Q + 3$이 나온다. 각 함수를 그래프에 대입하면 다음과 같다.

$MR = P$이기 때문에 $2Q + 3 = 13$를 통해 Q를 구하면 Q는 5가 나온다.

즉 파란색부분이 생산자잉여이고 계산하면 $(10 \times 5) \times \dfrac{1}{2} = 25$의 결과가 나온다. 정답 ③

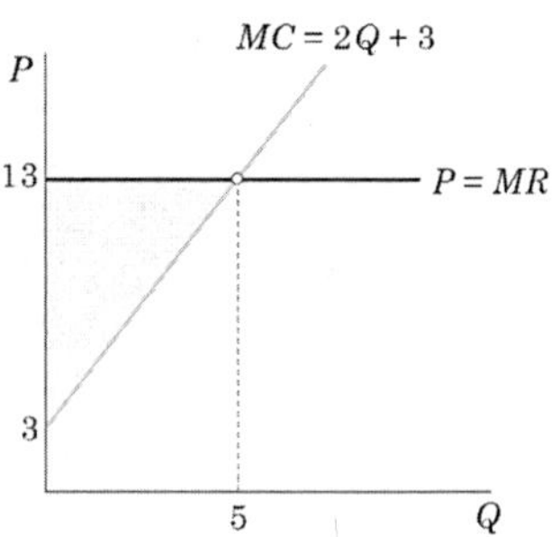

05

두 생산요소 자본 K와 노동 L을 투입하는 A기업의 생산함수가 $Q = (\min L,\ 3K)^{0.5}$로 주어져 있다. 산출물의 가격은 p, 노동의 가격은 $w = 4$, 자본의 가격은 $r = 6$인 경우, 이윤을 극대화하는 A기업의 공급(Q_S)곡선은? (단, 생산물시장과 생산요소시장은 완전경쟁적이다.)

(감정평가사 · 2013)

① $Q_S = p \times \min(w,\ 3r)$ ② $Q_S = \dfrac{p}{12}$

③ $Q_S = p \times \max(w,\ 3r)$ ④ $Q_S = 6p$

⑤ $Q_S = \dfrac{p}{6}$

해설 ① 이윤은 총수입에서 총비용을 차감하여 계산되므로 다음과 같다.

이윤 $= p \times Q_S - (wL + rK)$

② 생산함수의 양변을 제곱하면 $Q^2 = \min(L, 3K)$가 되므로 $Q^2 = L = 3K$의 관계가 성립된다. 따라서 이윤을 다음과 같이 나타낼 수 있다.

이윤 $= p \times Q_S - 4Q^2 - 2Q^2$

③ 이윤의 식을 Q로 미분하여 0으로 두면 이윤극대화가 달성되므로 A기업의 공급곡선은 다음과 같이 도출된다.

$\dfrac{d\Pi}{dQ} = p - 12Q_S = 0 \ \rightarrow \ Q_S = \dfrac{p}{12}$ 정답 ②

06

생산함수가 $y = \sqrt{x}$ 이고, 상품 한 단위의 가격은 p이며 원재료 한 단위의 가격은 1이라고 할 때 다음 중 옳지 않은 것은? (단, y는 생산량, x는 원재료의 양, $y > 0$, $x > 0$ 이다.)

(보험계리사 · 2013)

① 공급함수는 $y = p/2$이다. ② 이윤함수는 $py - y^2$이다.

③ 비용함수는 $C(y) = y^2$이다 ④ 탄력성은 1/2이다.

① 비용함수는 $C=1x$이고, $y^2=x$이므로 $C(y)=y^2$이다.
② 이윤은 총수입에서 총비용을 차감해야 하므로 이윤함수는 $py-y^2$이다.
③ 이윤극대화에서 공급함수가 도출되므로 이윤함수를 y로 미분하여 0으로 두면 공급함수는 $y=p/2$이다.
④ 공급함수가 원점을 통과하는 직선이므로 탄력성은 1이다

정답 ④

07

완전경쟁기업의 총비용이 $TC=Q^3-6Q^2+12Q+32$와 같을 때 기업이 단기적으로 손실을 감수하면서도 생산을 계속하는 시장 가격의 구간은?

(국회 8급 · 2011)

① 2~6 　　　　　　② 2~8
③ 3~10 　　　　　　④ 3~8
⑤ 3~12

$AVC=Q^2-6Q+12$이므로 최저점을 구하면 $\dfrac{dAVC}{dQ}=2Q-6=0$으로

생산량이 3일 때이다. 따라서 평균가변비용은 3이다.

또한 $AC=Q^2-6Q+12+\dfrac{32}{Q}$ 이므로

최저점을 구하면

$$\dfrac{dAC}{dQ}=2Q-6-32Q^{-2}=0 \rightarrow (Q-4)(Q^2+Q+4)=0$$

생산량이 4일 때이다. 따라서 평균비용은 12이다.
그러므로 기업이 단기적으로 손실을 감수하면서도 생산을 계속하는 시장
가격의 구간은 3~12이다.

정답 ⑤

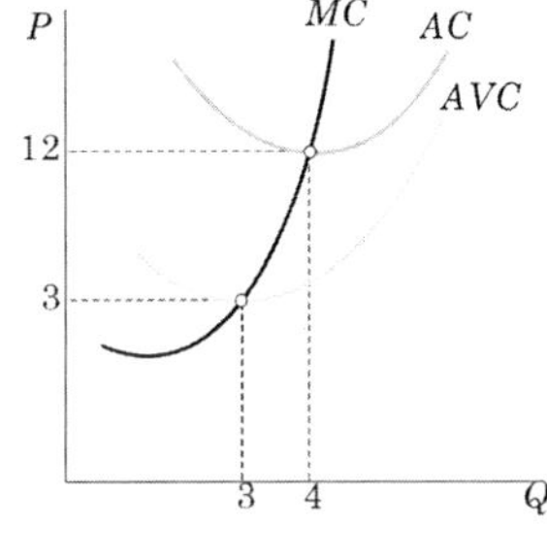

08

노동과 자본을 생산요소로 사용하고 있는 어떤 완전경쟁기업의 생산함수는 $q=\sqrt{LK}$ 이다. 자본투입량이 일정수준으로 고정되어 있을 때, 주어진 요소가격 하에서 이 기업의 단기비용함수는 $C^S(q)=\dfrac{q^2}{4}+16$이다. 이 기업의 단기의사결정에 관한 다음 설명 중 옳은 것은? (단, q는 생산량, L은 노동투입량, K는 자본투입량이다.)

(공인회계사 · 2013)

① 생산물의 시장가격이 5인 경우, 이 기업은 0의 이윤을 얻는다.
② 생산량이 일정수준 이하이면, 동일한 생산량에 대하여 이 기업의 단기평균가변비용은 단기한계비용보다 높다.
③ 이 기업의 단기공급곡선은 단기한계비용곡선과 동일하지 않다.
④ 생산물의 시장가격이 0을 초과하는 한, 이 기업은 생산을 중단하지 않는다.
⑤ 노동의 단위당 가격이 상승하더라도 생산물의 시장가격이 변하지 않으면, 이 기업의 단기생산량은 변하지 않는다.

① 총가변비가 $\dfrac{q^2}{4}$ 이므로 평균가변비용은 $\dfrac{1}{4}q$이고 한계비용은 $\dfrac{1}{2}q$이다.

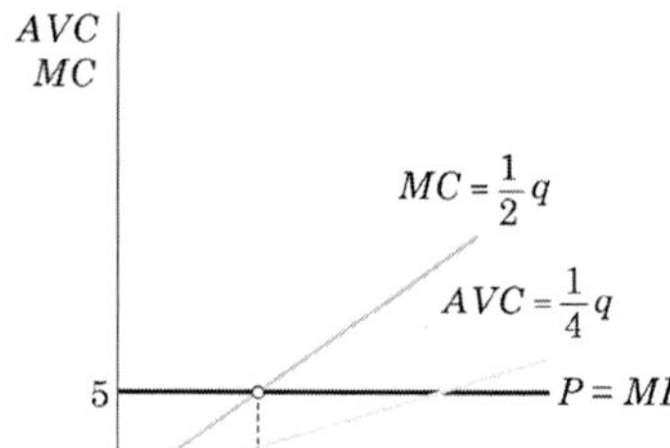

② 따라서 한계비용은 항상 평균가변비용보다 크다.

③ 이윤극대화 조건은 MR＝MC이므로 생산물의 시장가격이 5라면 $5=\dfrac{1}{2}q$가 성립되어야 한다. 따라서 이윤극대화 생산량은 10이고 총수입은 50, 총비용은 $C=\dfrac{10^2}{4}+16=41$이므로 이윤은 9이다.

④ 평균가변비용은 원점을 통과하는 직선이므로 생산물의 시장가격이 0을 초과하는 한 이 기업은 생산을 중단하지 않는다.

정답 ④

09

어떤 회사가 문을 닫을 경우 발생하는 손실, 즉 총고정비용은 20,000이라고 한다. 평균가변비용은 4이고 상품의 단위당 가격은 54라고 하면 회사의 손익분기점에서의 생산량은? (수출입은행)

① 100   ② 400
③ 500   ④ 640
⑤ 800

① 손익분기점이란 이윤이 0이 되는 경우를 말한다.

② 이윤이 0인 경우 총수입과 총비용이 일치하게 되며 이는 가격과 평균비용이 같게 된다.

③ 총비용은 총고정비용과 총가변비용의 합이므로 총비용(TC)＝$20,000+4Q$ → 평균비용(AC)＝$\dfrac{20,000}{Q}+4$

④ 따라서 P＝AC → $54=\dfrac{20,000}{Q}+4$ → $50=\dfrac{20,000}{Q}$ → $50Q=20,000$ → Q＝400

정답 ②

10

완전경쟁시장에서 이윤극대화를 추구하는 개별 기업의 장기 총비용함수는 $C=2q^3-12q^2+48q$로 동일하다. 이 시장에서의 장기 시장균형가격은? (단, C는 비용, q는 생산량, $q>0$)(감정평가사 · 2011)

① 3   ② 10
③ 15   ④ 30
⑤ 35

완전경쟁시장의 장기균형은 장기평균비용의 최소점에서 결정되므로 장기평균비용의 식을 구해야 한다.
따라서 $LAC=2q^2-12q+48$의 식을 통하여 최소점을 구하여야 한다.
최소점에서는 미분의 값이 0이 되므로 다음과 같다.

$$\frac{dLAC}{dq}=4q-12=0$$

따라서 $q=3$이 되고 장기 시장균형 가격은 LAC에 대입을 통해 30을 구할 수 있다.

정답 ④

11

컴퓨터 시장은 완전경쟁시장이며 각 생산업체의 장기평균비용함수는

$AC(q_i) = 40 - 6q_i + \dfrac{1}{3}q_i^2$으로 동일하다고 가정하자. 컴퓨터에 대한 시장수요가

$Q^d = 2,200 - 100P$일 때, 다음 두 가지 질문의 답으로 옳은 것은? (단, q_i는 개별기업의 생산량, Q^d는 시장수요량을 나타냄) (국회8급 · 2013)

(1) 컴퓨터 시장에서 장기균형가격은 얼마인가?

(2) 수요곡선이 변화하여 $Q^d = A - 100P$가 되었다고 하자. 새로운 장기균형의 컴퓨터 생산업체 수가 최초 장기균형의 컴퓨터 생산업체 수의 두 배가 되려면 A는 얼마가 되어야 하는가?

	(1)	(2)
①	13	2,800
②	16	2,800
③	13	3,100
④	16	3,100
⑤	13	3,400

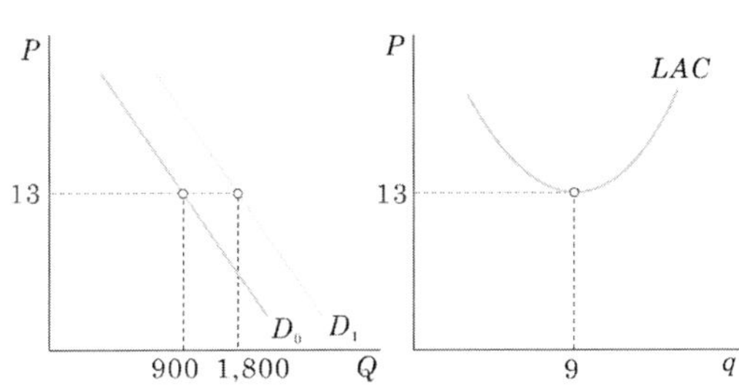

완전경쟁기업의 장기균형은 평균비용의 최저점에서 달성되므로 평균비용곡선을 개별기업의 생산량으로 미분하여 0으로 두면 다음과 같다.

$$-6 + \dfrac{2}{3}q_i = 0 \rightarrow q_i = 9$$

개별기업의 생산량 9를 장기평균비용함수에 대입하면 장기균형가격인 13이 도출된다. 이때 시장생산량은 900이므로 생산업체수는 100개 기업이 존재한다. 생산업체의 수가 200개 기업이 되기 위해서는 시장생산량이 1,800이 되므로 $1,800 = A - 100 \times 13 \rightarrow A = 3,100$이 되어야 한다. 정답 ③

12

어떤 완전경쟁시장에서 모든 기업의 장기총비용함수는 $LTC_i(q_i) = q_i^3 - 10q_i^2 + 35q_i$ (단, LTC_i는 기업 i의 장기총비용, q_i는 기업 i의 생산량)로 동일하다고 하자. 생산량 변화에 따른 요소가격의 변화는 없다고 하자. 다음 설명 중 옳지 않은 것은? (공인회계사 · 2013)

① 동일한 생산량에 대하여 장기총비용은 단기총비용보다 항상 작거나 같다.
② 장기평균비용곡선은 U-자형 그래프이다.
③ 시장수요곡선이 오른쪽으로 이동하면 장기균형에서의 시장가격은 상승한다.
④ 이 시장의 장기공급곡선은 수평선이다.
⑤ 시장수요함수가 $Q^D = 360 - P$(단, Q^D는 수요량, P는 시장가격)일 경우, 장기균형에서 시장참여 기업의 수는 70개이다.

> **해설**
>
> 장기평균비용은 $\dfrac{LTC}{q} = q^2 - 10q + 35$이므로 장기평균비용의 최저점은 q로 미분을 해야 한다.
>
> 따라서 $2q-10 = 0$이므로 q=5에서 장기균형가격은 10이 된다. 시장수요함수가 $Q^D = 360 - P$에서 균형가격이 10이라면 시장균형생산량은 350이 되고 시장참여기업의 수는 350/5 = 70개가 된다. 시장수요곡선이 우측 이동하면 시장가격의 상승으로 개별기업은 이윤이 발생하므로 시장진입이 발생하며 시장공급곡선의 우측이동으로 시장가격은 변하지 않는다.
>
> 정답 ③

3 약술문제

01

경쟁적인 시장에서 활동하는 대표적인 기업의 생산함수가 다음과 같이 추정되었다고 하자. $Q = f(L, K) = 100L^{0.5}K^{0.5}$, 시장수요곡선이 $P = 1,000 - Q$로 주어진 경우 시장의 장기 균형가격과 시장전체의 장기균형생산량은 얼마인가? (단, 임금(w)과 자본임대료(r)은 각각 1이다.)

> **해설**
>
> 기업의 비용곡선을 구하면 다음과 같다.
>
> | | |
> |---|---|
> | • $TC = wL + rK \ \rightarrow \ TC = L + K$ | • $MRTS_{LK} = \dfrac{w}{r} \ \rightarrow \ \dfrac{K}{L} = 1 \ \rightarrow \ K = L$ |
>
> 생산함수와 비용함수에 대입하면 $Q = 100L$, $TC = 2L$이 되므로 $TC = \dfrac{1}{50}Q$로 도출된다.
>
> 개별기업의 장기이윤은 0이 되므로 AC의 최저점에서 생산을 한다.
> AC는 1/500이므로 시장의 장기균형가격은 1/500이고, 시장전체의 균형생산량은 $1,000 - (1/50)$이다.

02

고정비용이 전부 매몰비용일 경우 생산중단점과 고정비용이 전부 매몰비용이 아닐 경우 생산중단점을 비교하시오.

> **해설**
>
> 고정비용이 전부 매몰비용이라면 경제적 의사결정 시 고려할 필요가 없으므로 가변비용만 고려하면 된다. 따라서 총수입이 총가변비용보다 크면 생산을 계속할 수 있으며 그러한 이유로 생산중단점은 평균가변비용곡선의 최저점이 된다.
>
> 그러나 고정비용이 전부 회수가능하다면 총수입이 총비용보다 크면 생산을 계속해야 하며 따라서 생산중단점을 평균비용곡선의 최저점이 된다.

주제 2 **독점시장**

1 **이론요약**

1. 독점시장의 특징

구분	내용
개념	① 독점이란 하나의 기업이 어떤 상품의 유일한 생산자이며 판매자인 경우를 말한다. ② 완전경쟁시장의 반대편 극단에 있다.
특징	① 진입금지 ② 대체재의 부재 ③ 가격설정자로 행동 ④ 가격차별
발생원인	① 규모의 경제에 따른 자연독점 　㉠ 자연독점은 평균비용이 계속 하락함과 동시에 최소효율규모가 시장규모보다 클 경우에 발생한다. 　㉡ 최소효율규모란 장기평균총비용이 최저가 되는 최소한의 생산규모를 말한다. ② 정부의 인허가 (특허권, 전매권) ③ 생산요소 장악 ④ 시장의 협소성과 유통과정상의 통제 ⑤ 면허발급 : 질적수준을 일정하게 유지하기 위해 국가기관이 면허를 발급하게 되면 진입장벽이 높게 설정되어 시장지배력을 가질 수 있다.
독점기업의 수요곡선	① 완전경쟁시장에서는 개별기업이 직면하는 수요곡선은 수평선이나 독점기업은 우하향의 시장수요곡선에 직면한다. ② 독점기업이 우하향의 수요곡선에 직면하고 있다는 것은 가격과 수량 모두 통제기 불가능함을 나타낸다. ③ 따라서 판매량을 늘리기 위해서는 가격을 인하해야 한다.
독점기업의 공급곡선	① 불완전경쟁시장의 경우 공급곡선은 존재하지 않는다. 대신 장·단기 한계비용곡선이 장·단기 공급곡선의 역할을 대신 수행한다. ② 또는 가격과 공급량 사이 안정적 정의 관계가 나타나지 않는다. 왜냐하면 독점기업은 가격 설정자(price setter)이기 때문이다.

2. 독점시장의 단기균형

구분	내용
단기균형	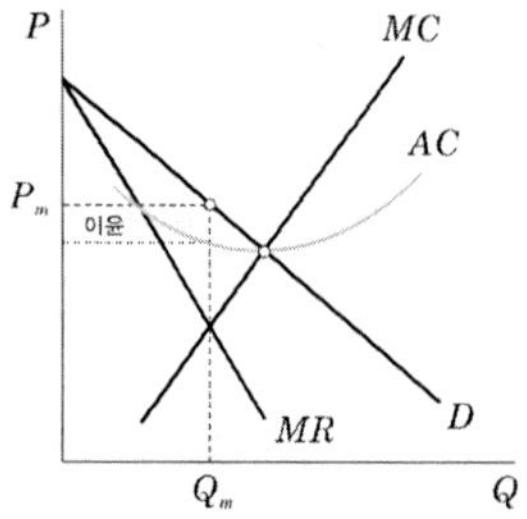 초과이윤 획득 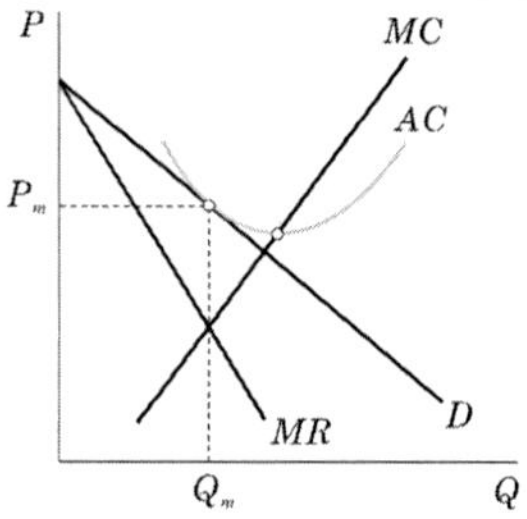 / 정상이윤 획득 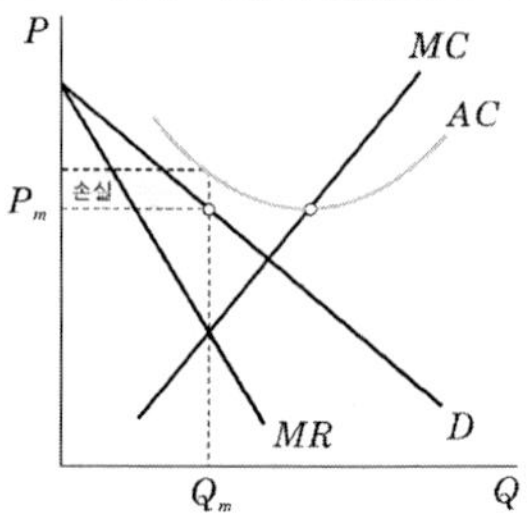 / 손실발생

구분	내용
수요곡선과 한계수입, 평균수입과의 관계	① 평균수입(AR)은 총수입(TR)을 수량으로 나눈 값이므로 가격과 일치하게 된다. $$AR = \frac{TR}{Q} = \frac{P \times Q}{Q} = P \rightarrow P = AR$$ ② 한계수입(MR)은 총수입의 변화를 수량의 변화로 나눈 값이므로 첫 단위를 제외하고는 가격이 항상 한계수입보다 크다. 또한 수량이 증가할수록 가격과 한계수입의 차이가 갈수록 커지므로 가격 즉 수요곡선과 한계수입곡선의 기울기를 비교하면 한계수입곡선의 기울기가 더 커야 한다. $\rightarrow P > MR$
탄력성과 한계수입과의 관계	$$MR = \frac{\triangle TR}{\triangle Q} = P + Q\frac{\triangle P}{\triangle Q} = P(1 + \frac{Q}{P}\frac{\triangle P}{\triangle Q}) = P(1 - \frac{1}{\epsilon_P})$$ $\rightarrow$ Amoroso－Robinson 공식
독점기업의 이윤극대화 조건	① 독점기업의 이윤극대화 조건은 P＝AR＞MR＝MC이다. ② P＞MR＝MC의 관계가 성립된다.
단기균형의 특징	① 단기공급곡선이 존재하지 않는다. 왜냐하면 독점기업은 시장수요에 대하여 완전한 정보를 갖고 있기 때문에 수요곡선 상의 한점을 선택하면 되기 때문이다. ② 독점기업은 수요의 가격탄력성은 1보다 큰 영역에서 생산활동을 한다. ③ 단기균형하에서 초과이윤, 정상이윤, 손실 모두 경험이 가능하다. ④ P＞MC 이므로 사회적인 후생손실이 발생한다.

3. 독점시장의 장기균형

구분	단기
장기균형	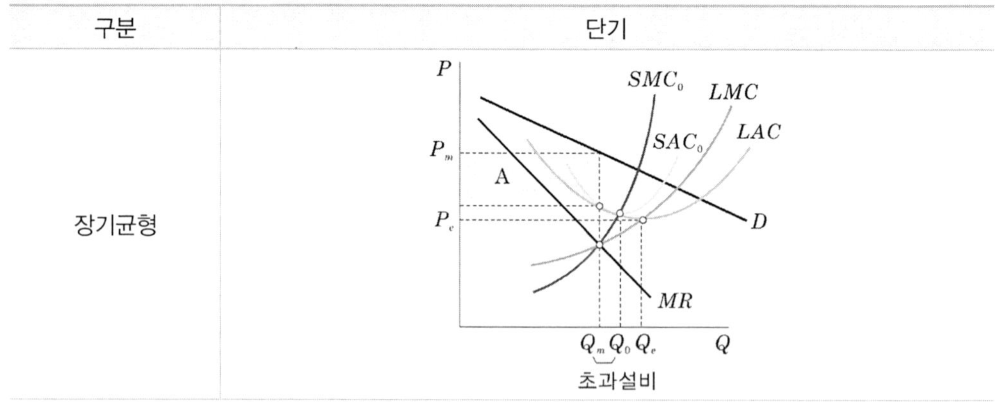

장기균형의 특징	① P>MC이므로 비효율성이 발생한다. ② 독점기업은 초과설비(유휴설비)를 보유한다. 장기균형의 상태에서 독점기업의 생산은 장기평균비용 최소점보다 왼쪽에서 이루어지고 있는데 이는 독점기업이 자신이 보유한 생산시설을 충분히 활용할 수 없다는 것을 의미한다. ③ 독점기업의 장기이윤은 0보다 크다. 독점기업은 완전경쟁기업과 달리 장기에 초과이윤이 발생한다. 이는 진입장벽이 존재하기 때문이다.

4. 가격차별

구분	내용
가격차별	① 가격차별이란 독점기업이 이윤극대화를 위해 동일한 상품을 여러 가지 서로 다른 가격으로 판매하는 행위를 말한다. ② 피구(A. Pigou)는 독점기업의 가격차별을 개별상품별, 상품그룹별, 시장별로 구분하고 이를 각각 1차 가격차별, 2차가격차별, 3차가격차별로 구분하였다.
1급 가격차별	① 판매될 상품의 모든 단위에 대해 상이한 가격을 설정하여 소비자가 지불하고자 하는 최고가격을 받아내는 가격차별로서 완전 가격차별(perfect price discrimination)이라고도 한다. ② 가격차별을 실시하면 소비자잉여는 완전히 사라지고 모두 생산자 잉여가 된다. ③ 산출량이 완전경쟁시장의 자원배분관리인 P=MC에서 결정되므로 가격차별이 없는 독점균형보다 자원배분이 효율적이다.
2급 가격차별	① 완전가격차별이 여의치 않을 때 독점기업은 상품을 몇 개의 덩어리로 나누고 각각에 대해 서로 다른 가격을 설정하는 가격차별을 할 수 도 있다. 이를 제 2 급 가격차별이라 한다. ② 2급 가격차별의 경우 소비자 잉여는 1급 가격차별과 다르게 발생한다. ③ 2급 가격차별은 가격차별이 없는 독점균형보다 자원배분이 효율적이다.
3급 가격차별	① 소비자를 시장별로 구분하고 각 시장에 대해 서로 다른 가격을 설정하는

가격차별이다.

② 3급 가격차별의 이윤극대화 조건 $- MR_A = MR_B$

$MR_A = MR_B$에서 $P_A(1 - \dfrac{1}{\epsilon_A}) = P_B(1 - \dfrac{1}{\epsilon_B})$이 성립하므로 $\varepsilon_A > \varepsilon_B$이면 $P_A < P_B$가 된다.

③ 성립조건

    ㉠ 소비자를 수요의 가격탄력성에 따라 둘 이상의 그룹으로 분리할 수 있어야 한다.

    ㉡ 시장이 효과적으로 분리되어 시장 간에 재판매가 일어날 수 없어야 한다.

    ㉢ 가격차별에 따른 비용이 가격차별로 인한 추가적 이득보다 적어야 한다.

이부가격제도

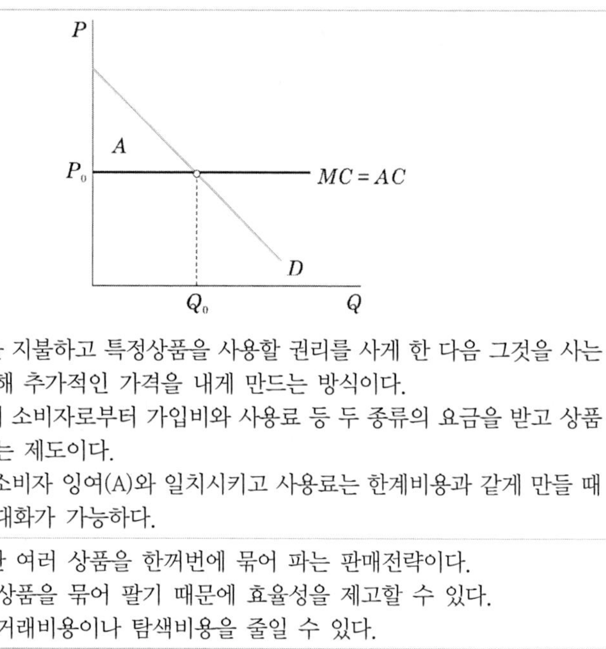

① 일정금액을 지불하고 특정상품을 사용할 권리를 사게 한 다음 그것을 사는 양에 비례해 추가적인 가격을 내게 만드는 방식이다.

② 독점기업이 소비자로부터 가입비와 사용료 등 두 종류의 요금을 받고 상품을 판매하는 제도이다.

③ 가입비는 소비자 잉여(A)와 일치시키고 사용료는 한계비용과 같게 만들 때 이윤의 극대화가 가능하다.

묶어팔기

① 묶어팔기란 여러 상품을 한꺼번에 묶어 파는 판매전략이다.

② 생산자가 상품을 묶어 팔기 때문에 효율성을 제고할 수 있다.

③ 소비자의 거래비용이나 탐색비용을 줄일 수 있다.

5. 다공장 독점

구분	내용
개념	다공장독점이란 하나의 기업이 여러 개의 공장을 운영하여 시장 전체를 지배하는 시장 형태를 의미한다.
균형조건	① 기업의 균형조건 : $MR = \sum MC$ ② 공장별 균형조건 : $\quad MR = MC_1 = MC_2$ 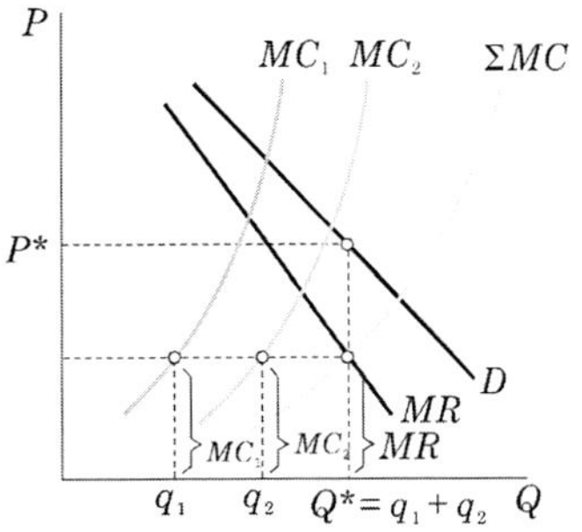

6. 독점규제

① 가격규제

구분	내용
한계비용가격설정 (MC 가격설정)	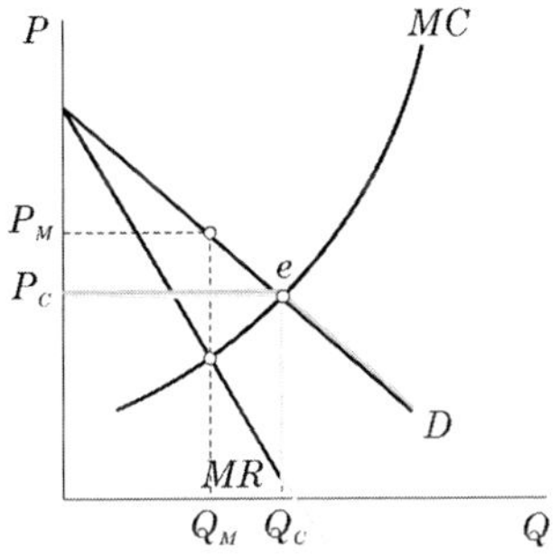 ① 한계비용가격설정 방식이란 수요곡선과 MC곡선이 만나는 점에서 형성되는 가격으로 통제하는 방식을 말한다. ② 정부가 독점기업이 생산한 재화를 일정가격이상으로 거래하는 것을 규제하는 정책이다. ③ 자연독점의 경우 한계비용가격을 설정하면 기업이 손실을 볼 수 있다. 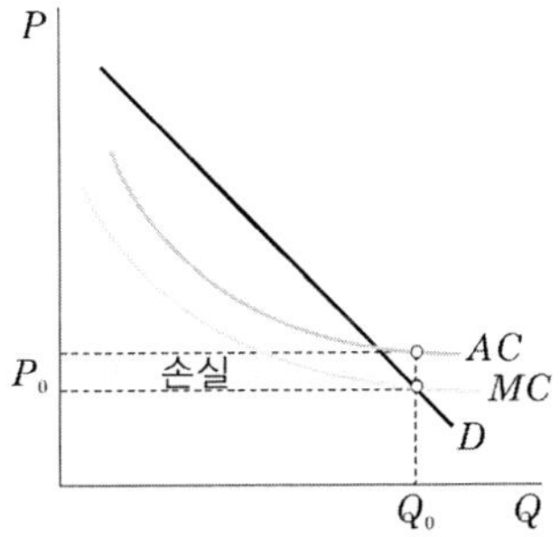

| 평균비용가격설정
(AC 가격설정) | 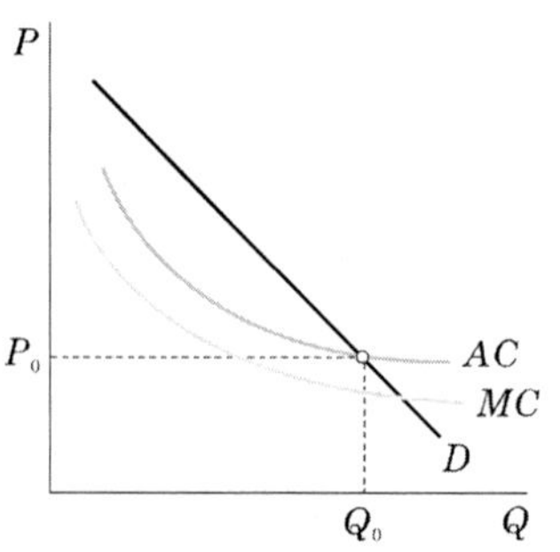
① AC곡선과 수요곡선이 만나는 점을 찾아 이 때의 수요곡선 높이에 해당하는 가격을 최고가격으로 설정하는 방식이다.
② 이 경우 독점기업으로 하여금 최소한 손실을 입지 않게 하면서 가능한 한 많은 상품을 낮은 가격으로 공급할 수 있다.
③ 그러나 생산량이 효율적인 수준에 미달하므로 한계비용가격설정보다 비효율성이 발생한다. |

② 조세규제

구분	내용
종량세	 ① 정부가 독점기업의 재화판매량에 과세하는 방식으로 기업의 입장에서는 가변비용이 증가한다. ② 가변비용의 증가는 평균비용과 한계비용 모두 증가시키지만 평균비용곡선은 생략하고 한계비용의 변화만 나타낸다면 한계비용곡선이 MC_0에서 MC_1으로 상방이동한다. ③ 종량세부과는 거래가격을 상승시키므로 소비자에게 조세가 일부분 전가된다. ④ 물품세로 인한 사회적 후생손실은 abc에서 aef로 증가한다. ⑤ 물품세 부과 이전의 독점기업의 이윤은 (A+B+C)이고 물품세 부과 이후의 독점기업의 이윤은 A로 감소하여 독점기업의 이윤은 (B+C)만큼 감소한다.

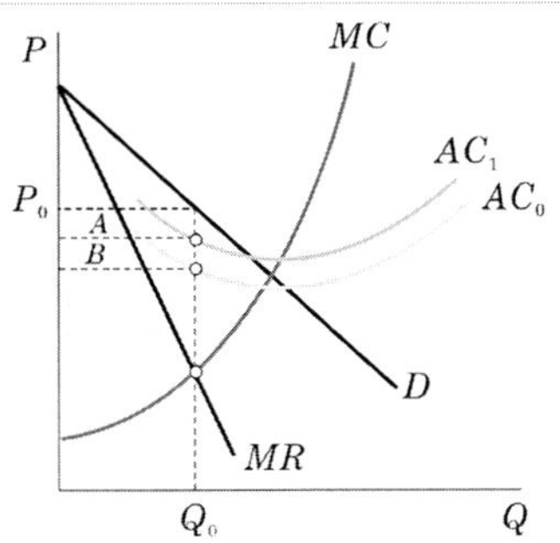

정액세와
이윤세

① 정액세란 정부가 독점기업에게 일정금액의 조세를 부과하는 방식이고 이윤세는
   정부가 독점기업의 독점이윤에 과세하는 방식이다.
② 정액세와 이윤세 모두 고정비용을 증가시키므로 평균비용만 상승한다.
③ 정액세와 이윤세 모두 한계비용의 변화없이 평균비용을 증가시키기 때문에 이윤
   극대화 생산량과 가격은 변하지 않는다.
④ 정액세와 이윤세는 독점기업의 이윤을 (A＝B)에서 B로 감소시킨다.

2 객관식 문제

01

독점기업이 50단위의 재화를 생산하여 10,000원의 총수입을 얻고 있다. 이 기업의 한계비용곡
선이 우상향하고 50단위의 재화를 생산할 때 한계비용은 200원이다. 다음 설명 중 옳은 것은?

(감정평가사 · 2010)

① 생산량을 감소시킴으로써 이윤을 증가시킬 수 있다.
② 생산량을 증가시킴으로써 이윤을 증가시킬 수 있다.
③ 가격을 인하시킴으로써 이윤을 증가시킬 수 있다.
④ 이윤극대화가 달성되는 산출량을 생산하고 있다.
⑤ 이윤극대화가 달성되는 가격을 설정하고 있다.

총수입이 10,000원이므로 재화의 가격은 200원이다. 재화의 가격과 한
계비용이 일치하므로 완전경쟁시장의 균형에서 독점기업이 생산을 하고
있다. 그 상태에서는 한계비용이 한계수입보다 크므로 생산량을 감소시
킴으로써 이윤을 증가시킬 수 있다. 문제를 그래프로 옮기면 오른쪽과
같다.
이윤이 극대화되기 위해서는 $MR = MC$가 충족되어야 하므로, 위에 그
래프에서는 점 A가된다. 따라서 기업은 이윤을 극대화하기 위해서 생산
량을 Q_1까지 줄일 것이다.　　　　　　　　　　　　　　**정답 ①**

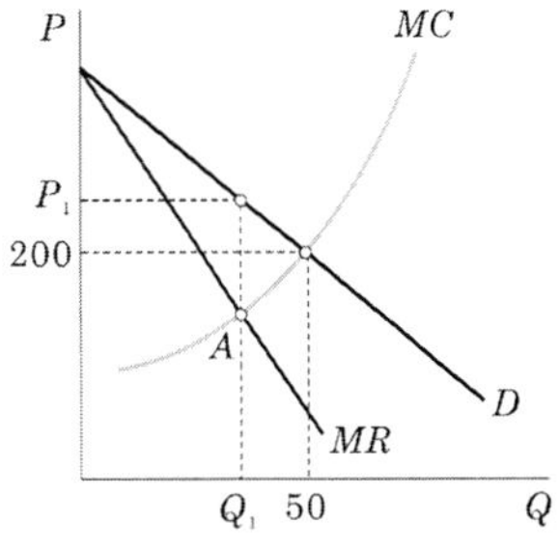

02

이윤극대화를 추구하는 독점기업 M은 수요곡선이 $P = 100 - Q^D$이고 총비용함수가 $C = 40Q$이다. 이 M이 새로운 생산기술을 구매하여 도입하면 총비용함수가 $C = 20Q$로 변화된다. 이 독점기업은 새로운 생산기술을 구매하기 위하여 최대 얼마나 지불할 용의가 있는가? (단, P는 가격, Q^D는 수요량 C는 총비용, Q는 생산량이고 $Q > 0$임)

① 700 ② 800
③ 900 ④ 1000

 $MR = 100 - 2Q$, $MC = 40$인 경우 이윤극대화 생산량과 가격이 각각 30, 70이므로 총수입은 2100, 총비용 1200으로 이윤은 9000이다.
$MR = 100 - 2Q$, $MC = 20$인 경우 이윤극대화 생산량과 가격이 각각 40, 60이므로 총수입은 2140, 총비용 800으로 이윤은 16000이다. 따라서 새로운 생산기술을 도입하면 이윤이 700 증가하므로 최대 700만큼 지불할 용의가 있다. **정답 ①**

03

수요의 특성이 다른 두 개의 분리된 시장 A와 B에서 이윤극대화를 추구하는 독점기업이 있다고 가정하자. 이 독점기업의 한계비용은 5이고, 시장 A와 시장 B에서 수요의 가격탄력성이 각각 1.5 및 1.2일 때, 시장 A와 시장 B에서의 독점가격은? (지방직 7급 · 2013)

	시장 A 독점가격	시장 B 독점가격
①	15	20
②	20	10
③	20	15
④	15	30

현재 독점기업은 3급 가격차별을 하므로 3급 가격차별의 이윤극대화 조건은 $MR_1 = MR_2$이다. 한계비용과 한계수입이 일치하므로 이윤극대화 조건은 다음과 같다.

$$MC = MR \rightarrow MC = P\left(1 - \frac{1}{e_p}\right)$$

따라서 $5 = P\left(\left(1 - \frac{1}{1.5}\right)\right.$이므로 가격은 15이다. 또한 $5 = P\left(1 - \frac{1}{1.2}\right)\right)$ 이므로 가격은 30이다. **정답 ④**

04

A사는 자동차 부품을 독점적으로 생산하여 대구와 광주에만 공급하고 있다. A사의 비용함수와 A사 부품에 대한 대구와 광주의 수요함수가 다음과 같을 때 A사가 대구와 광주에서 각각 결정할 최적 가격과 공급량은?

(지방직 7급 · 2013)

- A사의 비용함수 : $C = 15Q + 20$
- 대구의 수요함수 : $Q_{대구} = -P_{대구} + 55$
- 광주의 수요함수 : $Q_{광주} = -2P_{광주} + 70$
  (단, C는 비용, Q는 생산량, P는 가격이다)

① $(P_{대구},\ Q_{대구},\ P_{광주},\ Q_{광주}) = (35,\ 20,\ 25,\ 20)$
② $(P_{대구},\ Q_{대구},\ P_{광주},\ Q_{광주}) = (30,\ 20,\ 40,\ 20)$
③ $(P_{대구},\ Q_{대구},\ P_{광주},\ Q_{광주}) = (35,\ 40,\ 30,\ 40)$
④ $(P_{대구},\ Q_{대구},\ P_{광주},\ Q_{광주}) = (15,\ 40,\ 25,\ 40)$

해설 3급 가격차별의 이윤극대화 조건은 각 한계수입이 일치할 때이다.
대구의 한계수입은 MR = -2Q + 55이므로 한계비용인 15와 연립하면 이윤극대화 생산량은 20이고 가격은 35이다.
광주의 한계수입은 MR = -Q + 35이므로 한계비용인 15와 연립하면 이윤극대화 생산량은 20이고 가격은 25이다.

정답 ①

05

통신서비스를 독점 판매하는 기업을 상정하자. 편의상 소비자는 1명이며 소비자의 통신서비스 수요함수는 $Q = 100 - 2P$이다. (여기에서 P는 분당 요금이며 Q는 통화량(단위 : 분)을 나타낸다.) 독점기업의 평균비용이 생산량과 무관하게 2라고 가정하자. 다음 설명 중 옳지 않은 것은? (CPA · 2012)

① 분당 요금만 부과하는 독점기업은 이윤을 극대화하기 위하여 $P = 26$을 부과한다.
② 가입비와 분당 요금으로 구성되는 이부요금(two-part tariff)을 부과하는 독점기업의 이윤극대화 분당 요금은 2이다.
③ 이부요금을 부과할 때 독점기업의 이윤을 극대화하는 가입비는 2,304이다.
④ 이부요금을 부과하는 경우 독점기업은 분당 요금만을 부과할 때보다 더 많은 이윤을 획득할 수 있다.
⑤ 소비자잉여는 이부요금을 부과하는 경우보다 분당 요금만을 부과하는 경우에 더 작다.

해설 MR = 50 - Q이고 MC = 2이므로 이윤극대화에서 균형가격과 생산량은 각각 P = 26, Q = 48이 된다. 이부요금을 부과할 때 가입비는 소비자잉여만큼 부과하므로 소비자잉여를 계산하면 $\frac{1}{2} \times 48 \times 96 = 2,304$이다. 소비자잉여는 이부가격제가 분당 요금을 부과하는 것보다 크지만 소비자잉여만큼 독점기업은 가입비로 가져가게 된다.

정답 ⑤

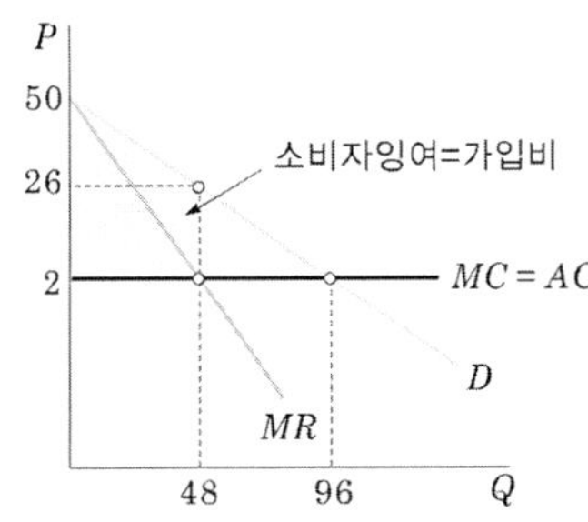

다음에 대한 설명으로 옳지 않은 것은?   (감정평가사 · 2013)

두 위인전 A와 B에 대한 독점 판매권을 갖고 있는 출판사가 있다. 각 위인전에 대한 소비자는 두 유형 H와 L로서 각각 50명이며, 지불용의 가격은 다음과 같다.

위인전/소비자유형	H	L
A	800원	400원
B	400원	600원

출판사의 한계비용은 0원이다. 출판사는 위인전 A와 B를 개별판매할지, A와 B를 함께 묶어 결합판매할지를 고려하고 있다.

① 개별판매만 하는 경우 판매수입을 극대화하기 위한 가격은 A=800원, B=600원이다.
② A=400원, B=400원으로 가격을 책정하여 개별판매할 경우 소비자잉여가 발생한다.
③ 결합판매만 하는 경우 두 권 묶음의 가격을 1,000원으로 책정할 때 판매수입이 극대화된다.
④ 두 권 묶음의 가격을 1,000원으로 책정할 때 소비자잉여는 H 유형에만 발생한다.
⑤ 결합판매의 최대 판매수입은 개별판매의 최대 판매수입보다 더 많다.

해설 개별판매를 하는 경우 A 위인전의 가격을 800원으로 책정하면 H만 구입하므로 이윤은 40,000원이 발생하고 가격을 400원으로 책정하면 H와 L 모두 구입하므로 400원×100명=40,000원의 이윤이 발생한다.
B 위인전의 가격을 400원으로 책정하면 H와 L 유형 모두 구입하므로 40,000원의 이윤이 발생하고 가격을 600원으로 책정하면 L만 구입하므로 이윤은 30,000원이 발생한다.
따라서 A 위인전의 경우 가격을 800원으로 책정하든 400원으로 책정하든 이윤이 동일한 B 위인전의 경우 가격을 400원으로 책정하여야 한다.

정답 ①

어떤 소비자가 이동통신회사의 요금 제도를 비교하여 어느 회사를 선택할지 고민하고 있다고 하자. A사는 통화시간에 관계없이 월 12만원을 받는다. B사는 월정액 없이 1분에 1,000원을 받는다. 소비자의 이동전화 통화수요는 $Q_d = 150 - \dfrac{p}{20}$ 라고 하자. 여기서 Q_d는 분으로 표시한 통화시간을 나타내고 P는 분당 전화요금을 나타낸다. 이 소비자 A, B사 로부터 얻게 되는 소비자잉여는 각각 (Ⅰ), (Ⅱ)라고 한다. (Ⅰ), (Ⅱ)를 옳게 고르면?   (국회 8급 · 2013)

	Ⅰ	Ⅱ
①	100,000	225,000
②	105,000	100,000
③	105,000	120,000
④	225,000	120,000
⑤	225,000	100,000

A사의 경우 통화시간에 관계없이 월 12만원을 받기 때문에 한계비용은 0이다. 이 경우 총효용이 0이 될 때까지 전화를 이용할 것이므로 150분의 통화시간을 사용하고 총효용은 $\frac{1}{2} \times 3,000 \times 150 = 225,000$을 얻게 된다.

따라서 소비자잉여는 총효용에서 12만원을 차감하여 $105,000$원이다.

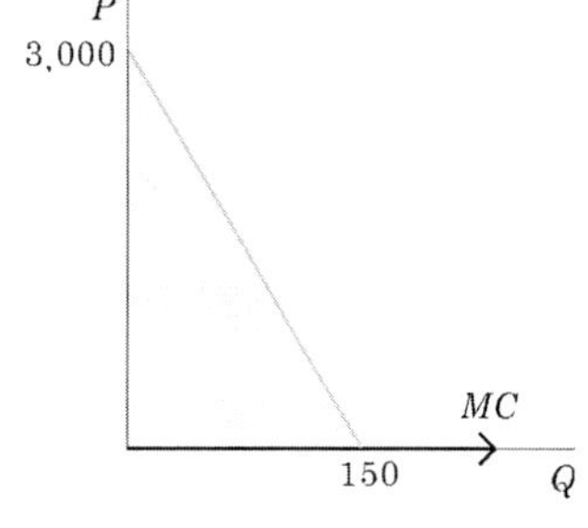

B사의 경우 1분에 1,000원을 받기 때문에 100분의 통화시간을 사용하고 소비자잉여는 $\frac{1}{2} \times 2,000 \times 1,000 = 100,000$이 된다.　　정답 ②

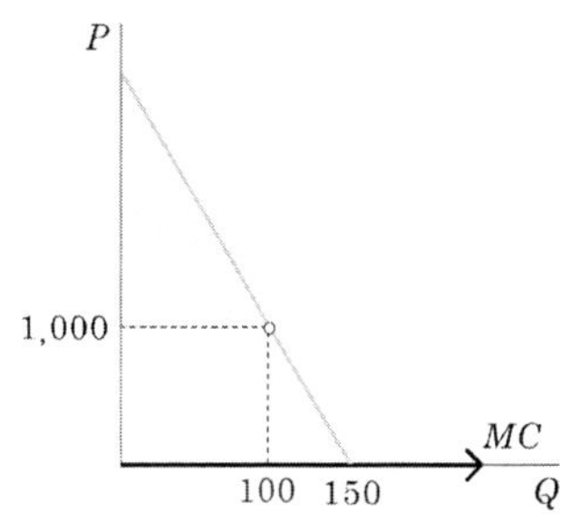

08

독점기업에 대한 설명 중 옳지 않은 것은?　　(수출입은행)

① 수요의 가격탄력도가 1보다 작은 곳에서 산출량을 결정한다.
② 시장 지배력이 있다.
③ 우하향하는 수요곡선에 직면한다.
④ 장기에서는 시설규모의 변경이 가능하므로 균형상태에서 단기의 경우보다 더 큰 이윤을 얻을 수 있다.
⑤ 과소생산으로 인해 전체 사회에는 후생손실이 발생한다.

독점기업은 수요의 가격탄력성이 1보다 큰 영역에서 산출량을 결정한다.　　정답 ①

3　약술문제

01

어떤 독점기업의 비용함수가 $C = 10 + 50Q$라고 한다. 그런데 이 기업은 두 개의 시장에서 각각 $P_1 = 60 - 5q_1$, $P_2 = 100 - q_2$의 수요곡선에 직면하고 있다고 한다. 각 시장의 이윤극대화 산출량과 가격을 구하시오.

가격차별을 할 때 이윤극대화 조건은 $MR_1 = MR_2 = MC$이므로 다음과 같이 문제를 해결할 수 있다.
$MR_1 = 60 - 10q_1$, $MR_2 = 100 - 2q_2$, $MC = 50$이므로 $q_1 = 1$, $p_1 = 55$, $q_2 = 25$, $p_2 = 75$

02

이중가격제도와 이부가격제도를 비교하시오.

해설

(1) 이중가격설정

이중가격설정이란 일차적으로 한계비용방식으로 자원배분의 효율성을 유지하고 이차적으로 손실을 보전하는 가격을 설정하는 방식을 말한다.

(2) 이부가격설정

이부가격설정이란 소비자가 재화를 구입할 권리에 대하여 1차로 가격을 부과하고 재화구입시에 구입량에 따라 다시 2차로 가격을 부과하는 가격체계를 말한다.

정답 ①

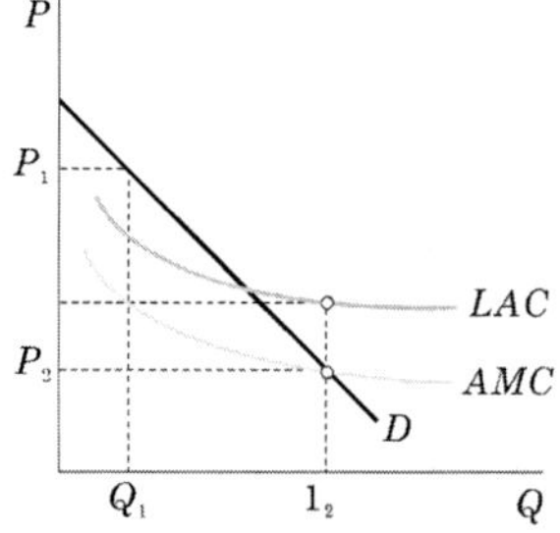

03

수입자유화를 통하여 독점을 규제할 때 소비자 잉여, 생산자 잉여, 총잉여의 변화를 논하시오.

해설

(1) 독점의 경우

독점의 경우 MR=MC이므로 가격은 P_0, 수량은 Q_0에서 결정된다.

(2) 자유무역

① 현재 국제시장이 완전경쟁시장이라고 가정하면 수입자유화 시 국내독점시장은 국제시장에서 결정된 가격을 수용하는 가격수용자가 된다.

② 국제가격 P_f이 국내독점가격 P_0 보다 낮다면 Q_2만큼 독점기업이 생산하고 $Q_1 Q_2$만큼 수입하게 된다.

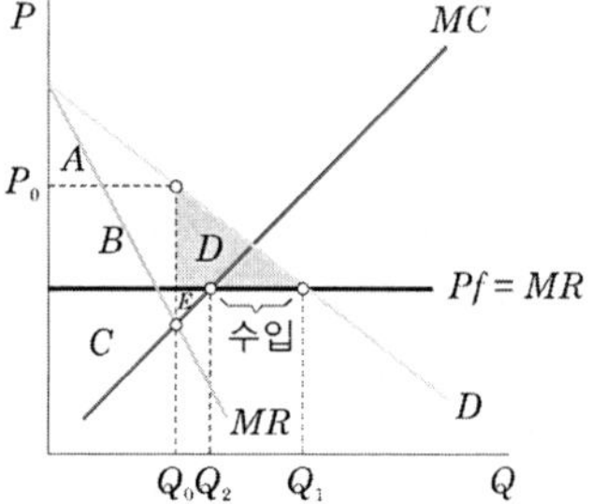

(3) 자유무역의 이득

	독점	자유무역
소비자잉여	A	A+B+D
생산자잉여	B+C	C+E
총잉여	A+B+C	A+B+C+D+E

주제 3 독점적 경쟁시장

1 이론요약

1. 개요

구분	내용
개념	① 독점적 경쟁시장이란 완전경쟁 요소와 독점의 요소가 혼합된 시장형태를 의미한다. ② 독점적 경쟁시장은 기업의 규모가 서로 비슷하고 다수이며, 또한 신규기업의 진입과 탈퇴가 서로 자유롭기 때문에 완전경쟁시장과 유사하다. ③ 독점적 경쟁기업은 독점기업처럼 강력하지는 않지만 어느 정도의 공급량을 조절하여 시장가격을 조정할 수 있는 시장지배력을 갖는다.
특징	① 다수의 기업 : 시장 내에 완전경쟁보다는 적지만 다수의 기업(판매자)이 존재하므로 개별기업은 독립적으로 행동한다. ② 자유로운 진입과 퇴거 : 완전경쟁과 같이 진입과 퇴거가 자유로워서 장기에는 정상이윤만 획득한다. ③ 제품의 차별화 　㉠ 독점적 경쟁기업은 품질이나 디자인 등에서 다른 기업들과는 약간씩 차별화된 제품을 생산하므로 약간의 시장지배력을 갖는다. 즉, 수요곡선이 우하향 한다. 　㉡ 각 기업의 상품은 다른 기업의 상품과 상당히 밀접한 대체성을 가지고 있다. 따라서 독과점에 비해 상대적으로 수요탄력성이 크고 완만한 수요곡선을 갖는다. ④ 비가격경쟁이 존재 : 서로 비슷한 재화를 생산하므로 판매량의 증대를 위하여 제품가격보다는 품질개선이나 광고 등의 비가격경쟁을 하나 과점보다는 매우 약하다.
대표적인 산업	외식산업, 커피전문점, 화장품산업, 편의점 등

2. 장단기 균형

구분	내용
단기균형	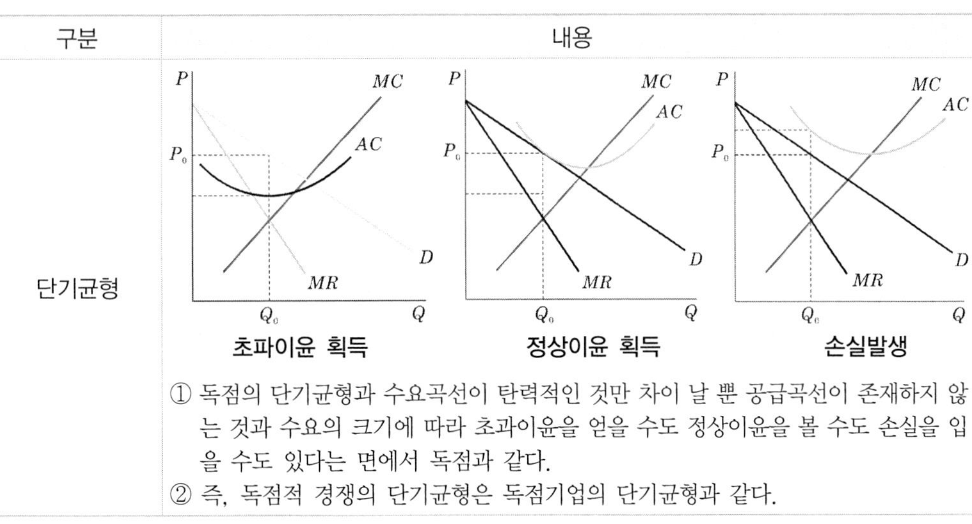 ① 독점의 단기균형과 수요곡선이 탄력적인 것만 차이 날 뿐 공급곡선이 존재하지 않는 것과 수요의 크기에 따라 초과이윤을 얻을 수도 정상이윤을 볼 수도 손실을 입을 수도 있다는 면에서 독점과 같다. ② 즉, 독점적 경쟁의 단기균형은 독점기업의 단기균형과 같다.

장기균형	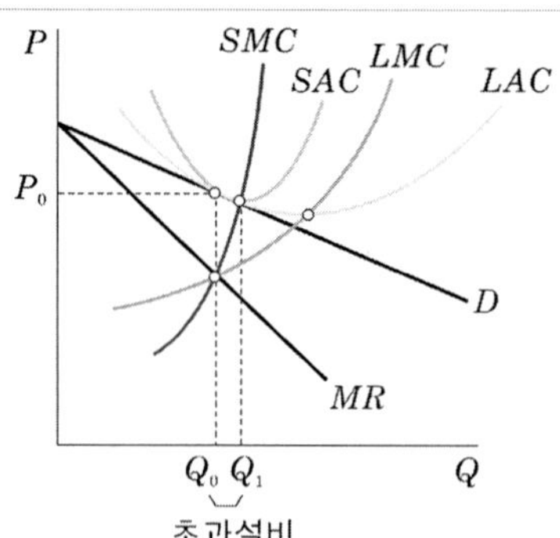 ① 시장에 관계없이 항상 이윤극대화 조건을 만족하는 조건인 $MR = SMC = LMC$ 인 점에서 장기균형이 이루어지고 이 때 산출량은 Q_0이고 가격은 P_0가 된다. ② 이 때 정상이윤만 얻게 되므로 장기균형에서는 $P = LAC = SAC$가 성립한다.

3. 평가

구분	내용
평가	① 제품차별화 : 상품차별화는 소비자의 다양한 욕구 부응이라는 긍정적인 측면이 있는 동시에 약간의 차이를 위해 자원을 낭비하는 부정적 측면도 있다. ② 비효율적인 자원배분 　㉠ 자원배분은 $P > MC$이므로 비효율적으로 자원을 배분하고 있다. 　㉡ 또한 생산량이 장기평균 비용 최소점에서 생산되지 않기 때문에 $X-$비효율성이 존재한다. ③ 비가격경쟁 : 제품의 질이 차별적이기 때문에 제품의 질을 부각하기 위해 광고투입에 많은 비용이 들게 된다. ④ 유휴시설의 존재 　㉠ 독점적 경쟁의 장기균형에서 산출량은 완전경쟁의 최적 산출량보다 적으므로 유휴시설이 존재한다. 　㉡ 즉, 장기균형의 상태에서 지나치게 많은 기업들이 생산활동을 하고 있기 때문에 개별기업의 시장점유율이 하락하게 되고 그 결과 개별기업은 자신이 보유한 생산시설을 충분히 활용할 수 없다는 것을 의미한다. 　㉢ 독점적 경쟁의 유휴시설은 독점보다는 작다. ⑤ 기술진보 　㉠ 독점적 경쟁기업의 경우 제품차별화를 위해 기술진보를 위해 노력할 수 도 있다. 　㉡ 반면에 장기적으로 초과이윤이 존재하지 않기 때문에 기술혁신을 도모할 수 없을 수도 있다.

---

2 객관식 문제

01

<보기>에서 독점적 경쟁에 관한 설명으로 옳은 것을 모두 고르면?　(국회 8급 · 2011)

> ㄱ. 독점적 경쟁기업은 장기에 정상이윤만 얻는다.
> ㄴ. 시장 진입과 퇴거가 자유롭다.
> ㄷ. 수요곡선이 한계비용곡선에 접할 때 장기균형점에 도달한다.
> ㄹ. 각 기업이 생산하는 재화의 이질성이 높을수록 초과설비규모가 커진다.
> ㅁ. 상품에 대한 수요는 순수독점기업일 때보다는 덜 탄력적이고 완전경쟁기업일 때 보다는 더 탄력적이다.
> ㅂ. 독점적 경쟁기업이 생산하는 재화는 서로 대체탄력성이 높으므로 각 기업이 생산하는 재화 간의 교차탄력성은 0보다 크다.

① ㄴ, ㄹ　　　　　　　　　　　　② ㄱ, ㄷ, ㅁ, ㅂ
③ ㄱ, ㄴ, ㄷ, ㄹ, ㅁ　　　　　　　④ ㄱ, ㄴ, ㄹ, ㅂ
⑤ ㄱ, ㄴ, ㄷ, ㄹ, ㅂ

> 독점적 경쟁시장은 수요곡선이 평균비용곡선과 접하게 되면서 정상이윤만 남는 장기균형점에 도달하게 된다. 독점적경쟁시장의 수요는 순수독점기업일 때보다는 재화의 대체정도가 커서 더욱 가격에 민감하게 반응하기 때문에 더 탄력적이고, 완전경쟁기업일 때보다는 덜 탄력적이다.　　　　**정답 ④**

02

독점적 경쟁의 장기균형에 관한 설명으로 옳은 것은?　(공인노무사 · 2012)

① 장기평균비용곡선의 최저점에서 생산량이 결정된다.
② 독점적 경쟁기업의 초과이윤은 0보다 크다.
③ 장기한계비용곡선과 수요곡선이 교차하는 점에서 생산량이 결정된다.
④ 생산이 최소효율규모에서 이루어진다.
⑤ 상품의 가격이 장기한계비용보다 높은 수준에서 결정된다.

> 독점적 경쟁기업은 장기에 진입과 퇴거가 자유롭기 때문에 초과이윤은 0이 된다. 이윤의 극대화를 추구하기 때문에 한계수입과 한계비용이 일치하는 점에서 균형이 달성되며 장기평균비용곡선이 감소하는 영역에서 생산량이 결정된다.　　　　**정답 ⑤**

③ 약술문제

01

독점적 경쟁기업의 수요곡선과 독점기업의 수요곡선을 비교하시오.

해설 독점기업과 독점적경쟁기업의 수요곡선은 모두 우하향한다. 그러나 독점기업의 수요곡선의 기울기가 독점적 경쟁기업의 수요곡선보다 가파른데 그 이유는 시장지배력이 더 크기 때문이다. 또한 독점기업의 수요곡선은 시장수요곡선이나 독점적 경쟁기업의 수요곡선은 개별기업의 수요곡선이다. 독점적 경쟁시장은 진입장벽이 거의 없으므로 초과이윤이 발생하면 기업의 진입이 발생하고 이는 독점적 경쟁기업의 시장점유율 하락을 가져온다. 따라서 독점적 경쟁기업의 이윤이 0이 될 때까지 해당 기업의 수요곡선은 좌측으로 이동하게 된다.

정답 ①

주제 4 과점시장

① 이론요약

1. 개요

구분	내용
개념	① 과점이란 소수의 대기업이 시장수요의 대부분을 공급하는 시장형태를 의미한다. ② 어떤 기업도 의사결정과정에서 다른 기업의 반응을 명시적으로 고려해야 할 정도로 소수의 기업이 존재하는 경우를 말한다.

특징	① 기업간의 상호의존성 : 과점에서의 기업은 소수이므로 개별기업이 시장에 차지하는 비중이 매우 높기 때문에 한 기업의 생산량과 가격의 변화는 다른 기업의 이윤에 매우 큰 영향을 미친다.
	② 비가격경쟁 : 과점기업들의 가격경쟁은 모두 이윤이 낮아지므로 광고나 상품 차별화 등의 치열한 비가격경쟁을 한다.
	③ 비경쟁행위 : 과점기업들은 자신의 이윤극대화를 위하여 담합이나 카르텔(cartel), 트러스트(trust) 등의 비경쟁행위를 하려는 경향이 강하다.
	④ 진입장벽
	　㉠ 과점은 독점보다는 낮지만 높은 진입장벽이 존재한다.
	　㉡ 이러한 진입장벽은 독점의 경우와 마찬가지로 규모의 경제, 생산요소의 독점, 정부의 인·허가나 특허권 등에 의한 것 외에 기존기업들이 다음과 같은 전략적인 진입장벽을 쌓는다.
	
	    | 진입저지 가격 설정 | 새로운 기업이 진입하면 기존기업은 가격을 낮추어 손실을 보게 함으로써 진입을 저지한다.
	    | 광고 | 광고활동으로 인한 인지도를 높임
	    | 다양한 재화 생산 | 기존기업들은 수많은 차별화된 재화를 생산하여 소비자의 기호를 충족시키어 새로운 기업이 진입할 여지를 차단한다.
	
	⑤ 전략적 행동 : 다른 기업들의 반응을 고려하는 가운데 자신에게 최선의 행동을 선택

대표적인 산업	대표적으로 자동차 산업, 교복산업, 정유사, 소주회사, 통신업체 등이 있으며 각 업체들은 광고 등 비가격경쟁을 통하여 시장점유율을 높이고 있다.
순수과점과 차별과점	순수과점이란 과점시장에서 거래되는 상품의 질이 동일한 경우이며 차별과점이란 과점시장에서 거래되는 상품의 질이 약간 차이가 있는 경우를 말한다.

2. 다양한 과점모형

구분	내용
독자적 행동모형	① 종류 : 꾸르노 모형, 슈타겔버그 모형, 베르뜨랑 모형, 굴절수요곡선 모형 ② 특징 : 꾸르노 모형, 슈타겔버그 모형, 베르뜨랑 모형은 과점시장의 균형에 이르는 과정을 분석하는 모형이고 굴절수요곡선 모형은 과점시장 균형의 특징을 보여준다.
담합모형 (협조모형)	① 암묵적 담합모형 – 가격선도모형 ② 명시적 담합모형 – 카르텔 모형

3. 독자적 행동모형

① 산출량 결정모형

구분	내용
개념	① 산출량 결정모형이란 다른 기업의 생산량이 고정되어 있다고 가정하는 모형이다. ② 기업1이 산출량을 변화시키더라도 기업2의 산출량이 고정되어 있다면 산출량의 추측된 변화 ($\frac{\Delta q_2}{\Delta q_1}$)는 0이 된다.
종류	산출량 결정모형에는 꾸르노–내쉬모형과 스타겔버그 모형이 있다.

㉠ 꾸르노–내쉬모형

구분	내용
가정	① 과점자는 경쟁자의 산출량 q_2가 주어진 것으로 보고 자신의 이윤극대화 산출량 Q_1을 결정하며 경쟁자는 과점자의 산출량 q_1을 주어진 것으로 보고 자신의 이윤극대화 산출량 Q_2를 결정한다. → $\frac{\Delta q_2}{\Delta q_1} = 0$ ② 두 기업은 모두 추종자이다. 즉 과점기업은 동시에 생산량을 결정하기 때문에 선도자의 이득이 없다. ③ 동질적인 상품을 시장에 공급한다. ④ 어떤 기업의 시장진입도 완전봉쇄되어 있다.
반응곡선	① 반응곡선이란 경쟁기업의 각 산출량에 대해 과점기업의 최적대응을 모아 하나의 궤적을 만든 것이다. ② 또는 경쟁자가 산출량을 변화시킬 때 과점자의 이윤을 극대화하는 산출량수준을 연결한 곡선이다. ③ 두 기업의 반응곡선이 교차하는 점에서 꾸르노–내쉬균형이 결정된다.

꾸르노 – 내쉬균형	① 꾸르노 – 내쉬균형은 과점기업과 경쟁기업이 모두 동시에 이윤을 극대화하는 산출량수준을 말하고 기업의 수가 점점 증가한다면 꾸르노 균형은 경쟁시장의 균형으로 수렴한다. ② 꾸르노 – 내쉬균형에서 과점시장은 완전경쟁기업 이윤극대화 산출량의 2/3 수준에서 생산을 한다.

ⓛ 슈타겔버그 모형

구분	내용
개념	슈타겔버그 모형은 두 기업 중 하나 또는 둘 모두가 산출량에 대해 선도자의 역할을 하는 모형으로 기업들은 차례로 전략을 선택, 즉 어느 한 기업이 생산량을 결정하면 다른 기업은 그것을 인지한 다음 자신의 생산량을 결정한다.
한 기업이 선도자인 경우	① 선도자는 추종자의 반응곡선을 알고 있고 이에 가장 유리한 선택을 하려고 하며 추종자는 반응곡선에 따라 수동적인 결정을 한다. ② 어느 한 기업이 선도자로 행동하면 선도자의 이윤은 증가하는 반면, 추종자로 남아있는 기업의 이윤은 감소한다. ③ 즉, 기업 A가 선도자로 행동하면 기업 A는 생산량을 증가시켜 이윤이 증가하고, 추종자인 기업 B는 생산량이 감소하여 이윤이 감소한다.
두 기업 모두 선도자가 되는 경우 → 슈타겔버그 불균형	두 기업 모두가 선도자로서 행동할 때 슈타겔버그 불균형이 발생한다.

② 가격 결정모형

구분	내용
개념	① 가격 결정모형이란 다른 기업의 가격이 고정되어 있다고 가정하는 모형이다. ② 기업1이 가격을 변화시키더라도 기업2의 가격이 고정되어 있다면 가격의 추측된 변화 $\left(\dfrac{\Delta p_2}{\Delta p_1}\right)$는 0이 된다.
종류	가격 결정모형에는 베르뜨랑 모형과 굴절수요곡선 모형이 있다.

㉠ 베르뜨랑 모형

구분	내용
동질적 과점의 경우	① 제품의 질이 동질적이고 한계비용이 일정하다면 동질적 과점의 균형은 $P_1 = P_2 = MC$에서 이루어진다. ② 동질적 과점의 경우 각 기업의 이윤은 0이 되며 완전경쟁시장에서와 같이 효율적인 자원배분이 이루어진다.
차별적 과점의 경우	제품의 질이 이질적이고 한계비용이 일정하다고 가정한다면 차별적 과점의 균형에서는 가격이 한계비용보다 높게 된다.

ⓛ 굴절수요곡선모형

구분	내용
의의	① 스위지(P. Sweezy)에 따르면 과점시장안의 경쟁기업들 간 아무런 담합이나 협조가 이루어지지 않는 상황에서 가격의 안정성이 나타날 수 있다고 주장한다. ② 굴절수요곡선 모형은 과점시장 균형의 특징을 설명하는 모형이다.
균형	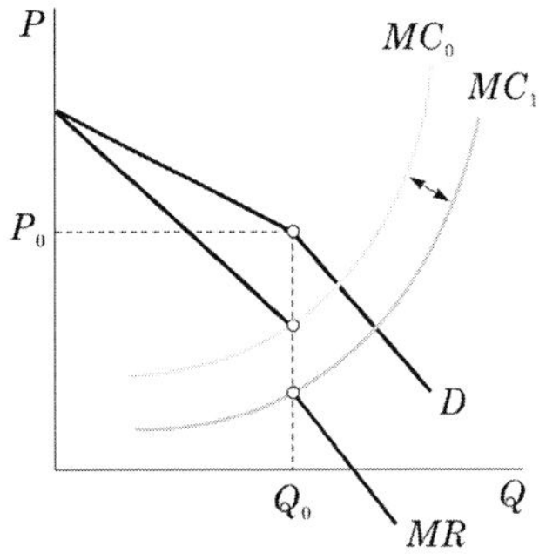 ① 기대의 비대칭성 때문에 수요곡선이 굴절하는 모양을 갖게 되며 한계수입곡선은 굴절점에서 비연속적이게 된다. ④ 수요곡선이 e점에서 굴절되는 경우 한계수입곡선은 불연속구간이 존재한다. ⑤ 한계비용곡선이 불연속구간을 통과하는 경우에는 한계비용곡선이 상하방으로 이동하더라도 생산량과 가격은 변하지 않으므로 가격의 경직성이 나타난다.

④ 협조모형

구분	내용
암묵적 협조모형 (가격선도모형)	① 가격을 신호로 하는 아주 약한 형태의 담합을 의미한다. ② 즉, 시장을 선도하는 어떤 기업이 먼저 가격을 공포하면 다른 기업들이 이것을 협조적으로 행동하기를 원하는 신호로 해석해서 서로 보조를 맞추게 된다. ㉠ 한 은행의 이자율공표에 따른 시장이자율의 결정
명시적 협조모형 (카르텔 모형)	① 카르텔이란 과점기업들이 공동이윤을 극대화하기 위해 공식적 담합행위를 하는 것을 말한다. ② 즉, 카르텔이란 과점기업들이 담합을 통하여 경쟁을 줄여 이윤을 증가시키고 신규기업의 진입을 저지하기 위하여 마치 독점기업처럼 행동하는 것으로 다공장 독점과 같다. → 카르텔의 이윤극대화 조건 : MC1＝MC2＝MR 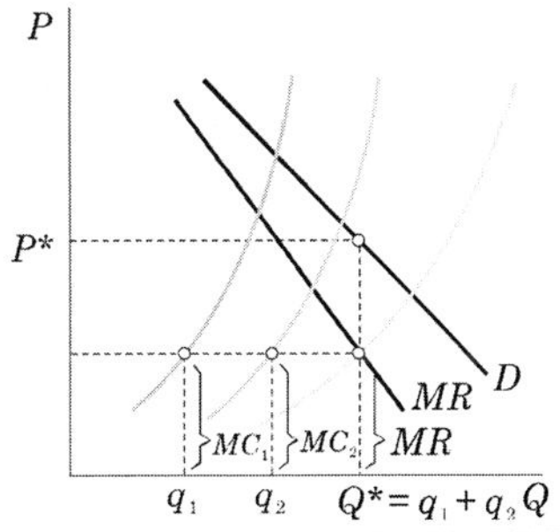

⑤ 과점기업의 행동원리

구분	내용
경합시장이론	① 경합시장이란 그 시장으로 자유롭게 진입할 수 있고 매몰비용없이 탈퇴할 수 있는 시장을 말한다. ② 즉, 시장에 있는 기업들이 경쟁기업처럼 행동할 정도로 새로운 기업들의 진입에 의한 경쟁위협이 충분한 시장을 말한다.
비용할증가격설정	① 단위생산비용에 적당한 비율의 마진(margin)을 얹어 가격을 설정하는 방법 $P = AC(1+m)$ ② 비용할증방식은 AC가 가격을 결정하기 때문에 공급측면에서 생산비용의 크기에 의해서 가격이 결정됨을 설명한다.

2 객관식 문제

01

오른쪽 그림은 어떤 복점시장의 수요곡선과 각 기업이 직면하고 있는 한계비용곡선을 나타낸다. <보기>에서 옳은 것을 모두 고른 것은?

(국회 8급 · 2012)

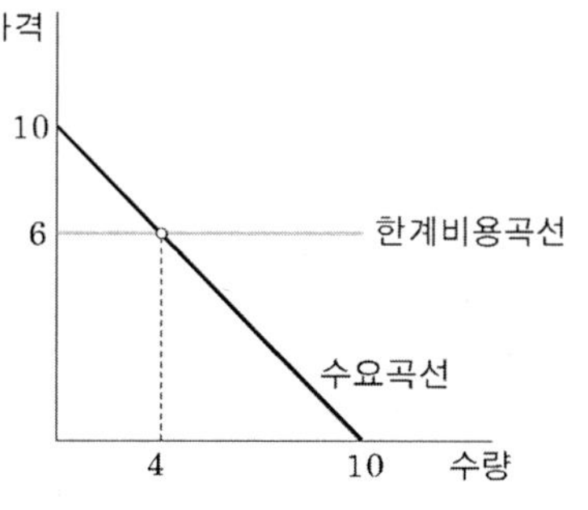

● 보기 ●

가. 이 시장의 총산출량은 2이다.

나. 이 시장의 총산출량은 4보다 작다.

다. 시장가격은 6이다.

라. 각 기업의 총수입은 16보다 크다.

① 가

② 나

③ 가, 라

④ 나, 다

⑤ 나, 라

해설 완전경쟁시장이라면 수요곡선과 한계비용곡선이 만나는 점에서 균형이 발생한다.

따라서 가격은 6, 산출량은 4가 된다.

독점시장이라면 한계수입과 한계비용곡선이 만나는 점에서 균형이 발생한다.

한계수입은 $MR = 10 - 2Q$이므로 균형가격은 8, 균형산출량은 2가 된다.

과점시장의 경우 완전경쟁시장보다 산출량이 적고 독점시장보다 많기 때문에 2와 4사이에서 결정된다.

정답 ②

02

A, B 두 기업이 존재하는 어떤 과점시장의 시장수요곡선은 $P = a - b(q_A + q_B)$이다. 여기서 a, b는 상수이고 P는 가격, q_A는 A기업의 생산량, q_B는 B기업의 생산량이다. 이 시장이 꾸르노(Cournot)모형에서 달성되는 균형상태일 때 나타날 수 있는 현상에 대한 다음 설명 중 옳은 것은? (단, 각 기업의 생산비는 0이라고 가정한다.) (국회 8급 · 2012)

① 시장가격은 $\dfrac{2a}{3}$이다.

② 시장거래량은 $\dfrac{2}{3b}$이다.

③ 각 기업의 생산량은 $\dfrac{a}{3b}$이다.

④ A기업의 생산량은 $\dfrac{a}{3}$이다.

⑤ B기업의 생산량은 $\dfrac{b}{3}$이다.

꾸르노 모형에서는 완전경쟁시장의 균형생산량의 2/3만큼 산출량이 결정된다.

완전경쟁시장이라면 P=MC이므로 균형산출량은 $Q = \dfrac{a}{b}$로 도출된다.

따라서 꾸르노 모형에서는 균형산출량은 $Q = \dfrac{2a}{3b}$이므로 각 기업의 생산량은 $\dfrac{2a}{3b} \times \dfrac{1}{2} = \dfrac{a}{3b}$가 된다. **정답 ③**

03

맥주시장이 기업1과 기업2만 존재하는 과점 상태에 있다. 기업1과 기업2의 한계수입(MR)과 한계비용(MC)이 다음과 같을 때, 꾸르노(Cournot)균형에서 기업1과 기업2의 생산량은? (단, Q_1은 기업1의 생산량, Q_2는 기업2의 생산량이다.) (수탁지방직 7급 · 2011)

| 기업 1 : $MR_1 = 32 - 2Q_1 - Q_2$, $MC_1 = 6$ | 기업 2 : $MR_2 = 32 - Q_1 - 2Q_2$, $MC_2 = 4$ |

① (6, 15)

② (8, 10)

③ (9, 18)

④ (12, 6)

각 기업의 반응곡선을 도출하기 위해서는 이윤극대화 조건을 사용해야 한다.

- 기업 1의 반응곡선 : $32 - 2Q_1 - Q_2 = 6 \;\rightarrow Q_1 = 13 - \dfrac{1}{2}Q_2$

- 기업 2의 반응곡선 : $32 - Q_1 - 2Q_2 = 4 \;\rightarrow Q_2 = 14 - \dfrac{1}{2}Q_1$

꾸르노 균형은 두 기업의 반응곡선이 교차하는 점에서 달성되므로 기업 1과 기업 2의 반응곡선을 연립해서 풀면 꾸르노 균형에서 기업 1과 기업 2의 생산량을 구할 수 있다. $\rightarrow Q_1 = 8$, $Q_2 = 10$ **정답 ②**

04

기업 1과 기업 2가 동질적 생산물 시장에서 각자 자신의 생산량 q_1과 q_2를 동시에 선택하는 꾸르노 경쟁을 상정하자. 시장수요함수는 $q = 12 - p$이며 기업 1의 비용함수는 $c_1(q_1) = \alpha q_1$이고 기업 2의 비용은 0이다$(0 < \alpha < 6)$. 다음 설명 중 옳은 것은? (단, p는 시장가격이고 $q = q_1 + q_2$는 시장생산량이다.)

(공인회계사 · 2013)

① 균형에서 기업 2의 시장점유율은 기업 1의 시장점유율보다 높다.
② 기업 1의 한계비용이 상승하면, 균형에서 시장가격은 상승하고 기업 1과 기업 2의 생산량은 모두 감소한다.
③ 기업 1의 한계비용이 상승하면, 균형에서 기업 2의 이윤은 감소한다.
④ 만약 고비용 기업인 기업 1이 시장에서 철수한다면 향후 균형 시장가격은 하락한다.
⑤ 두 기업이 생산량 경쟁 대신 동시에 각자의 가격을 정하는 가격경쟁을 시행한다면, 균형 시장가격은 기업 2의 한계비용인 0까지 하락한다.

해설
기업 1의 반응곡선과 기업 2의 반응곡선은 이윤극대화 조건을 통해 도출한다.
기업 1의 반응곡선을 구하기 위해서 총수입은 $TR_1 = 12q_1 - q_1^2 - q_1 q_2$이므로 한계수입은
$MR_1 = 12 - 2q_1 - q_2$이고 한계비용은 $MC_1 = \alpha$이다.
따라서 $12q_1 - 2q_1 - q_2 = \alpha \rightarrow q_1 = 6 - \dfrac{1}{2}\alpha - \dfrac{1}{2}q_2$이다.
마찬가지로 기업 2의 반응곡선은 $q_2 = 6 - \dfrac{1}{2}q_1$이다.
기업 1과 기업 2의 반응곡선을 연립하면 $q_1 = 4 - \dfrac{2}{3}\alpha$, $q_2 = 4 + \dfrac{1}{2}\alpha$이다.
α가 0보다 크므로 기업 2의 생산량이 기업 1의 생산량보다 많다. 따라서 기업 2의 시장점유율은 기업 1의 시장점유율보다 높다.

정답 ①

05

수요함수가 $q = 10 - p$로 주어진 생산물시장에서 두 기업 1과 2가 꾸르노경쟁(Cournot competition)을 하고 있다. 기업 1의 비용함수는 $c_1(q_1) = 3q_1$이고 기업 2의 비용함수는 $c_2(q_2) = 2q_2$라 할 때, 다음 설명 중 옳은 것은? (단, p는 시장가격, q는 시장생산량, q_i는 기업 i의 생산량이다. $i = 1, 2$)

(공인회계사 · 2011)

① 균형에서 시장생산량은 5이다.
② 균형에서 기업 1의 생산량은 기업 2의 생산량의 절반이다.
③ 만약 기업 1이 독점기업이면 시장생산량은 4이다.
④ 만약 두 기업이 완전경쟁기업으로 행동한다면 시장생산량은 6이다.
⑤ 만약 두 기업이 베르뜨랑경쟁(Bertrand competition)을 한다면 기업 1이 모든 시장수요를 차지할 것이다.

기업 1이 독점시장이라면 $MR = 10 - 2q$ $MR = 10 - 2q$이고 $MC = 3$이므로 이윤극대화 생산량은 3.5이다.
기업 1의 반응곡선을 구하기 위해서 이윤극대화를 통해서 도출해야 한다.
총수입은 $TR_1 = 10q_1 - q_1^2 - q_1 q_2$이므로 $MR_1 = 10 - 2q_1 - q_2$이고 한계비용은 3이므로 기업 1의 반응곡선은
$q_1 = \dfrac{7}{2} - \dfrac{1}{2}q_2$이다.

마찬가지로 기업 2의 반응곡선은 $q_2 = 4 - \dfrac{1}{2}q_1$이다.

따라서 두 기업의 반응곡선을 연립하면 균형 생산량은 각각 $q_1 = 2, q_2 = 3$이 도출된다.
시장생산량은 5이고 시장가격은 5이다.

정답 ①

06

어느 복점시장에서 시장수요의 역함수는 $P = 130 - 2Q$이며, 두 기업 모두에게 고정비용은 없고, 한계비용은 10으로 일정하다. 다음 설명 중 가장 옳지 않은 것은? (단, P는 시장가격, Q는 두 기업 생산량의 합) (공인회계사 · 2009)

① 베르뜨랑(Bertrand) 균형에서 $Q = 60$이다.
② 베르뜨랑 균형에서 사회적 잉여가 극대화된다.
③ 베르뜨랑 모형에서는 두 기업이 자신의 가격을 독립적으로 동시에 결정하며, 꾸르노(Cournot) 모형에서는 두 기업이 자신의 생산량을 독립적으로 동시에 결정한다.
④ 꾸르노 모형에서 두 기업의 반응곡선은 모두 우하향한다.
⑤ 꾸르노 균형에서의 시장 거래량은 베르뜨랑 균형에서의 시장 거래량보다 많다.

베르뜨랑 모형의 균형은 $P = MC$에서 결정되므로 $130 - 2Q = 10 \rightarrow Q = 60$, $P = 10$
베르뜨랑 모형은 완전경쟁시장과 생산량이 동일하지만 꾸르노 모형은 완전경쟁시장 생산량의 2/3이다.
따라서 베르뜨랑 균형에서의 시장거래량은 꾸르노 균형에서의 시장거래량보다 많다.

정답 ⑤

③ 약술문제

두 기업이 가격으로 경쟁하고 있다. 이들의 수요함수는 아래와 같다.

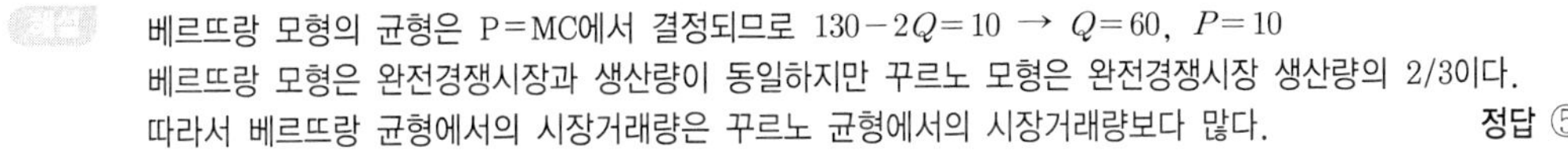

$$Q_1 = 20 - P_1 + P_2 \qquad\qquad Q_2 = 20 + P_1 - P_2$$

각 기업의 수요량은 두 기업간의 가격차이에 의해서만 결정된다. 한계비용은 0이다.

01

두 기업이 자신들의 가격을 동시에 결정한다고 하자. 내쉬균형을 계산해보라. 각 기업은 얼마의 가격을 책정하고 얼마만큼을 판매하며 각자의 이윤은 얼마나 되는가?

해설

- 기업 1의 반응곡선의 도출 : $p_1 = \dfrac{1}{2}p_2 + 10$

- 기업 2의 반응곡선의 도출 : $p_2 = \dfrac{1}{2}p_1 + 10$

따라서 $p_1 = p_2 = 20$, $q_1 = q_2 = 20$
기업1과 기업 2의 이윤 모두 400이 된다.

02

기업 1이 먼저 가격을 책정하고 기업 2가 그 후에 가격을 책정한다고 하자. 각 기업은 얼마의 가격을 책정하며 각 기업의 판매량과 이윤은 얼마가 되는가?

해설

기업 1의 이윤은 $TR_1 - TC_1 = P_1 Q_1 = P_1(20 - P_1 + P_2)$

위의 이윤함수식에 기업 2의 반응곡선을 대입하면 기업 1의 이윤함수는 $30P1 - \dfrac{1}{2}P_1^2$이 되고 P1으로 미분하면 $30 - P_1 = 0$이 되서 $P_1 = 30$으로 도출된다.
기업 2의 가격은 25로 도출된다.
기업 1의 판매량은 15, 이윤은 4500이 되며 기업 2의 판매량은 25, 이윤은 625가 된다.

03

수요함수가 다음과 같다.

① $Q = 30 - \left(\dfrac{1}{2}\right)P(q_1 + q_2 = Q)$ ② 개별기업의 총비용함수는 $TC = 6q$이다.

내쉬균형에서 총생산량을 구하시오.

(한국은행 · 2013)

해설

꾸르노 균형에서의 생산량은 완전경쟁시장 생산량의 $\dfrac{2}{3}$에 해당하므로 완전경쟁시장 생산량을 구해야 한다.
$P = -2Q + 60$과 $MC = 6$을 연립하면 완전경쟁시장에서의 생산량은 27로 도출된다.
따라서 내쉬균형에서의 생산량은 $27 \times (2/3) = 18$이 된다.

주제 5 게임이론

1 이론요약

1. 의의

구분	내용
개념	① 게임이론이란 게임이 있는 상황에서 어떻게 합리적으로 전략적인 행동을 취해야 하는 것 인가를 연구하는 학문이다. ② 게임이 있는 상황이란 상호간의 행동이 서로 영향을 주는 관계를 의미한다.
균형	① 우월전략균형 　㉠ 개념 : 상대방의 모든 전략에 대해 자신의 보수가 가장 큰 전략을 우월전략이라 하며 이러한 우월전략을 사용할 때의 균형을 우월전략균형이라 한다. 　㉡ 특징 　　• 과점기업에 처해있는 상황을 제대로 반영하지 못한다. 　　• 우월전략이 항상 존재하는 것은 아니다. 　　• 우월전략균형은 모든 참가자에게 우월전략이 있어야 한다. 　　• 우월전략균형은 파레토효율성을 보장하지 못한다. ② 내쉬균형 　㉠ 개념 : 각 경기자가 상대방의 전략을 주어진 것으로 보고 자신에게 최적인 전략을 선택할 때 이 최적전략의 짝을 Nash 균형이라 한다. 　㉡ 특징 　　• Nash균형은 우월전략균형을 포함한다. 따라서 우월전략균형이면 Nash균형이지만 Nash균형이라고 해서 항상 우월전략균형이지 않는다. 　　• 내쉬균형은 반드시 파레토 효율적인 성격을 갖지 않는다. 　　• 순수전략인 경우 Nash균형은 존재하지 않을 수도 있으며 균형의 유일성도 보장되지 못한다. 그러나 여러 전략을 적절히 혼합해서 사용하는 혼합전략을 사용한다면 Nash균형은 반드시 존재한다. 　　• 내쉬균형은 복수로 존재할 수 있다. ③ 혼합전략 내쉬균형 : 경기자가 어떤 전략을 선택하든 자신이 얻을 수 있는 기대보수에 아무런 변화가 없는 경우를 혼합전략 내쉬균형이라 한다. ④ 최소극대화 전략(maximin stratey) : 예상되는 보수 중에서 가장 낮은 보수의 전략을 제거하는 전략을 최소극대화의 전략이라 한다.

2. 게임이론의 응용

구분	내용
죄수의 딜레마 (prisoner's dilemma) 게임	① 우월전략균형의 고전적인 예이다. ② 시장실패이론과 카르텔의 안정성 여부를 설명할 수 있다. ③ 일회성게임이 아닌 무한반복게임이라면 서로 혐의를 부인하는 상호 협조하는 전략을 취하게 된다.

| 성의 대결(battle of sexs) 게임 | ① 협상의 주도권이 누구에게 있느냐에 따라 균형이 결정될 수 있다.
② 또한 자신의 주장을 확약함으로 균형이 결정될 수 있다.
　㉠ 확약이라함은 자기의 최종주장을 밝히는 것으로 자기가 선택한 전략을 끝까지 고수하겠다는 것을 말한다.
　㉡ 신뢰성 있는 확약이어야 상대방 경기자가 이 확약을 인정할 것이다. |

2 객관식 문제

01

게임상황에 있는 두 기업 A와 B가 선택할 수 있는 전략과 전략선택에 따른 보수(payoff)가 다음의 전략형게임으로 표현된다고 하자. (단, 보수행렬에서 앞의 숫자는 기업 A의 보수, 뒤의 숫자는 기업 B의 보수를 나타낸다.)

<table>
<tr><td rowspan="2">기업 A</td><td colspan="3" style="text-align:center">기업 B</td></tr>
<tr><td></td><td>L</td><td>R</td></tr>
<tr><td>U</td><td>2, 2</td><td>4, b</td></tr>
<tr><td>D</td><td>a, 3</td><td>a, b</td></tr>
</table>

다음 a와 b의 범위 중 전략조합 $(D,\ L)$이 유일한 내쉬(Nash)균형이 되도록 하는 것은?

(공인회계사 · 2005)

① $2<a<4,\ b<3$　　　　② $a<4,\ b<3$
③ $a<4,\ b<2$　　　　④ $a>2,\ b<3$
⑤ $a>2,\ b<2$

해설 b<2이면 기업 B는 항상 전략 L을 선택한다.
기업 B가 전략 L을 선택할 때 a>3이면 기업 A는 항상 전략 D를 선택하기 때문에 전략조합 (D, L)이 유일한 내쉬균형이 된다.
정답 ⑤

02

한 시장에 두 기업 A, B가 존재한다. 각 기업은 두 가지 생산 전략 L, H 중 하나를 선택할 수 있다. 두 기업의 생산 전략 선택에 따른 보수는 다음 표와 같다. (단, 표에서 각 셀 좌 하단의 숫자는 기업 A의 보수를, 우 상단의 숫자는 기업 B의 보수를 나타낸다.)

가. 기업 A의 생산 전략 H는 우월전략이다.
나. 기업 A와 B 모두 생산 전략 L을 선택하는 것은 내쉬균형이다.
다. 기업 A와 B 모두 생산 전략 H를 선택하는 것은 내쉬균형이다.

		B	
		L	H
A	L	1 / 1	1 / 0
	H	0 / 0	0 / 0

다음 설명 중 옳은 것을 모두 고른 것은? (감정평가사 · 2012)

① 가
② 나
③ 다
④ 가, 나
⑤ 나, 다

해설 강우월전략은 다른 경기자가 무엇을 하든 간에 상관없이 자신이 선택할 수 있는 다른 전략에 비하여 항상 더 큰 보수를 주는 전략이다. 약우월전략은 작지 않은 보수를 주는 전략을 말한다.
기업 A가 L을 선택한다면 기업 B는 L을 선택한다.
기업 A가 H를 선택한다면 기업 B는 L과 H를 선택하며 이런 경우 기업 B의 L전략을 약우월전략이라고 한다.
마찬가지로 기업 A의 L전략은 약우월전략이라고 한다.
따라서 기업 A와 B 모두 생산 전략 L을 선택하는 것과 모두 생산 전략 H를 선택하는 것은 내쉬균형이다.

정답 ⑤

03

이윤을 극대화하는 기업 A와 B의 생산량과 이윤행렬은 다음과 같다. A는 슈타켈버그(Stackelberg) 모형의 선도자, B는 추종자로 행동할 때 A와 B의 생산량(Q_A, Q_B)은? (단, 이윤행렬의 괄호 안의 수에서 왼쪽은 A의 이윤이고, 오른쪽은 B의 이윤이다.) (감정평가사 · 2014)

		기업 B의 생산량		
		15	20	30
기업 A의 생산량	15	(450, 450)	(375, 500)	(225, 450)
	20	(500, 375)	(400, 400)	(200, 300)
	30	(450, 225)	(300, 200)	(0, 0)

① (15, 15)　　　　　　　　② (20, 15)
③ (20, 20)　　　　　　　　④ (30, 15)
⑤ (30, 20)

해설　기업 A가 선도자이고 기업 B가 추종자라면 기업 A의 입장에서 이윤이 가장 큰 경우를 선택할 것이다. 기업 B는 기업 A가 생산량을 결정하면 이에 대해 추종할 수 밖에 없다.

기업 A가 15만큼 생산하면 기업 B는 20을 생산할 것이고, 기업 A가 20을 생산하면 기업 B는 20을 생산할 것이다. 기업 A가 30을 생산하면 기업 B는 15를 생산할 것이다.

이 세 가지 경우중에 기업 A의 입장에서 가장 큰 이윤을 얻는 경우는 30을 생산하는 경우이고 기업 B는 15를 생산하여 이윤 225를 얻을 것이다. 따라서 기업 A와 B의 생산량은 (30, 15)가 된다.　　　　**정답 ④**

3　약술문제

01

A국과 B국이 자국의 수출보조금을 결정하는 정책 게임을 한다. A국과 B국의 전략은 Large, Medium, Small로 구성된다. 이 게임의 보수함수가 다음과 같을 때 내쉬균형에서 A국과 B국의 보수 조합을 찾으시오.

		B국		
		Large	Medium	Small
A국	Large	(6, 1)	(4, 2)	(1, 7)
	Medium	(3, 3)	(6, 5)	(4, 4)
	Small	(1, 8)	(4, 5)	(2, 6)

해설　A국이 Large일 때 B국은Small, A국이 Medium 일 때 B국도 Medium, A국이Small, B국은 Large일 때 보수가 가장 커진다.

반대로 B국이 Large일 때 A국은 Large, B국이 Medium일 때 A국도Medium, B국이 Small 일 때 A국은 Medium일 때 보수가 가장 커진다.

따라서 내쉬균형은 (6,5)가 된다.

02

게임상황에 있는 두 기업 A와 B가 선택할 수 있는 전략과 전략선택에 따른 보수(payoff)가 다음의 전략형 게임으로 표현된다고 하자. (단, 보수행렬에서 앞의 숫자는 기업 A의 보수, 뒤의 숫자는 기업 B의 보수를 나타낸다.)

<table>
<tr><td rowspan="2"></td><td rowspan="2"></td><td colspan="2" align="center">기업 B</td></tr>
<tr><td align="center">L</td><td align="center">R</td></tr>
<tr><td rowspan="2">기업 A</td><td align="center">U</td><td align="center">2, 2</td><td align="center">4, b</td></tr>
<tr><td align="center">D</td><td align="center">a, 3</td><td align="center">a, b</td></tr>
</table>

다음 a와 b의 범위 중 전략조합 (D, L)이 유일한 내쉬(Nash)균형이 되도록 하기 위한 조건을 구하시오.

기업 A의 우월전략이 D이고 기업 B의 우월전략이 L이라면 전략조합 (D, L)은 우월전략균형이 된다. $b<2$이면 기업 B는 항상 전략 L을 선택한다.

기업 B가 전략 L을 선택할 때 $a>4$이면 기업 A는 항상 전략 D를 선택하기 때문에 전략조합 (D, L)이 우월전략 균형이 된다.

또한 기업 B는 우월전략 L을 갖고 있지만 기업 A는 우월전략을 갖고 있지 않아도 유일한 내쉬균형이 존재한다. 이 때 $a>2$이면 기업 B가 전략 L을 선택할 때 기업 A는 전략 D를 선택하게 된다.

03

甲과 乙이 총 금액 10만원을 나누어 갖는 2인 비협조게임에서 규칙은 보기와 같다. 다음 전략 중 내쉬균형을 찾으시오.

- 甲과 乙이 각각 10만원 미만에서 만원단위로 자기가 원하는 금액을 동시에 제시한다.
- 甲과 乙이 제시한 금액의 합이 10만원을 초과하고 제시한 금액이 동일할 경우 각각 5만원씩을 받으며, 제시한 금액이 서로 다를 경우 적은 금액을 제시한 사람은 자신이 제시하는 금액을 받고, 더 많은 금액을 제시한 사람은 나머지 금액만을 받는다.
- 甲과 乙이 제시한 금액의 합이 10만원 이하일 경우 각자 제시한 금액을 받고 10만원에서 남은 금액이 있으면 폐기된다.

해설 보수행렬을 그리면 다음과 같다.

갑/을	0	1	2	3	4	5	6	7	8	9	10
0	0,0	0,1	0,2	0,3	0,4	0,5	0,6	0,7	0,8	0,9	0,10
1	1,0	1,1	1,2	1,3	1,4	1,5	1,6	1,7	1,8	1,9	1,9
2	2,0	2,1	2,2	2,3	2,4	2,5	2,6	2,7	2,8	2,8	2,8
3	3,0	3,1	3,2	3,3	3,4	3,5	3,6	3,7	3,7	3,7	3,7
4	4,0	4,1	4,2	4,3	4,4	4,5	4,6	4,6	4,6	4,6	4,6
5	5,0	5,1	5,2	5,3	5,4	5,5	5,5	5,5	5,5	5,5	5,5
6	6,0	6,1	6,2	6,3	6,4	5,5	5,5	6,4	6,4	6,4	6,4
7	7,0	7,1	7,2	7,3	6,4	5,5	4,6	5,5	7,3	7,3	7,3
8	8,0	8,1	8,2	7,3	6,4	5,5	4,6	3,7	5,5	8,2	8,2
9	9,0	9,1	8,2	7,3	6,4	5,5	4,6	3,7	2,8	5,5	9,1
10	10,0	9,1	8,2	7,3	6,4	5,5	4,6	3,7	2,8	1,9	5,5

따라서 내쉬균형은 (5,5), (5,6), (6,5), (6,6)이다.

04

두 자동차 회사 A, B가 서로 새로운 모델을 출시하는 것과 기존 모델을 고수하는 것의 두 가지 전략을 사용할 수 있다고 하자.

> 만일 어느 한 기업은 새로운 모델을 출시했는데 다른 기업은 기존 모델을 고수했을 경우에는 새로운 모델을 출시한 기업은 20의 이윤을 얻고 기존 모델을 고수한 기업은 10의 이윤을 얻는다고 한다. 만일 두 기업이 경쟁적으로 새 모델을 출시할 경우에는 두 기업 모두 10의 손실을 입으며 두 기업이 모두 기존 모델을 고수할 경우에는 두 기업 모두 10의 이윤을 얻는다고 한다.

(1) 선행자의 이득을 있는가를 말하시오.

(2) B기업이 먼저 새로운 모델을 출시했다고 하자.

이러한 상황에서 A기업이 자신도 새로운 모델을 출시할 경우 자신에게 보조금을 지급해주면 이윤을 얻은 후 이미 지급한 보조금과 함께 이윤의 일부를 투자자에게 돌려준다고 제의했다고 하자. 투자자 입장에서 A기업의 이러한 제의를 받아들일 수 있겠는가?

해설 (1)

기업 A/기업 B	신모델	구모델
신모델	−10, −10	20, 10
구모델	10, 20	10, 10

위의 보수행렬에서 (신모델, 구모델) (구모델, 신모델)의 배합이 내쉬균형이 된다. B가 선도자로서 먼저 의사를 결정할 경우에 완전균형은 (구모델, 신모델)이고 보수는 (10, 20)이다. 반면 A가 선도자로서 먼저 의사를 결정할 경우에 완전균형은 (신모델, 구모델)이고 보수는 (20, 10)이다. 따라서 자신이 먼저 의사 결정을 할 경우, 그렇지 않을 경우에 비해 보수가 증가하므로 선행자의 이득이 존재한다.

(2) B기업이 먼저 신모델을 출시하는 전략을 선택하였을 때 투자자가 A기업에게 20의 보조금을 지급하면 A 기업의 총보수는 보조금 20과 기존보수 −10을 더하여 10의 이윤을 얻는다. 그런데 B기업의 신모델 전략에 대해 A기업 신모델 전략을 대응하였기 때문에 B기업의 보수는 보수표에서 −10이 된다. 그러므로 B 기업은 신모델 전략을 포기하고 10의 보수를 얻을 수 있는 구모델 전략을 택할 것이다.

따라서 균형은 (A기업 신모델, B기업 구모델)에서 이루어 질 것이다.

이때 A기업의 총보수는 보조금(20)+보수(20)=40이 되고 B기업은 10이 된다. 결과적으로 기업 A는 보조금(20)을 제외하고도 (A기업 구모델, B기업 신모델)일 때보다 10의 추가이윤을 얻을 수 있으므로 자신이 받은 보조금보다 더 많은 금액을 투자자에게 되돌려 줄 수 있다. 따라서 보조금은 개별기업에게 신모형을 개발하도록 하는 공약으로서 역할을 한다.

05

기업 B가 6억원의 이윤을 얻으면서 공급을 독점하고 있는 어떤 시장이 잠재경쟁에 놓여있다. 즉, 잠재적 진입자인 기업 A는 이 시장에 진입할 것인지 아니면 진입을 포기할 것인지를 먼저 결정하고 기업 B는 기업 A의 행동을 관찰한 후에 자신의 행동을 결정한다고 하자.

> 기업 A가 이 시장에 진입할 경우에 기업 B는 현재의 가격을 그대로 유지하는 진입수용의 전략(이 경우 기업 A의 이윤은 2억원이 되고 기업 B의 이윤은 4억원으로 감소함)과 진입제한가격을 설정함으로써 출혈경쟁하는 전략(이 경우 기업 A와 기업 B 모두 이윤이 0이 됨) 중 한 가지를 선택해야 한다. 만일 기업 A가 이 시장에의 진입을 포기하면 기업 A는 다른 시장에서 1억원의 이윤을 올릴 수 있고 기업 B는 현재 가격을 그대로 유지함으로써 여전히 6억원의 이윤을 얻을 수 있다고 하자.

이러한 잠재경쟁의 결과로 어떤 일이 이 시장에서 벌어질 것인지 설명하라.

(1) 완전정보

역진적 귀납법에 의해 기업 A와 기업 B의 잠재경쟁의 결과 나타나는 부분게임 완전내쉬균형결과는 (진입, 수용)이다. 즉, 기업 A는 진입하고 기업 B는 이를 수용하여 A와 B는 각각 2억원과 4억원의 보수를 얻는다.

(2) 불완전정보

A/B	수용	비수용
진입	2,4	0,0
포기	1,6	1,6

기업 B가 기업 A가 어떤 전략을 선택하는지 알 수 없을 때 불완전정보하의 게임을 전략형게임으로 바꾸면 위의 표와 같다. 이 때 기업 B는 진입수용전략을 약우월적 전략으로 갖고 있다.

따라서 기업 B는 수용을 택한다. 이 때 기업 A는 진입을 택함으로써 보수를 극대화한다. 또 다른 균형은 (포기, 비수용)이다. 그러므로 표에서 내쉬균형은 (진입, 수용), (포기, 비수용)가 있다.

01

독점규제의 당위성과 독점규제의 방법에 대하여 쓰시오.

(1) 의의 – 독점규제의 당위성
① 독점의 후생평가로 독점규제의 정당성을 확인할 수 있다.
② 독점이 오히려 효율적인 경우는 규모의 경제를 가지며 자연 독점화하는 산업이다.
③ 독점이 바람직하지 않다고 말하는 것은 경쟁적인 기업들에 의해서 공급될 수 있는 재화나 서비스가 독점기업에 의해서 공급되는 경우이다.

(2) 배분적 효율성
1) 단기적 측면 – 사회적 후생손실 발생

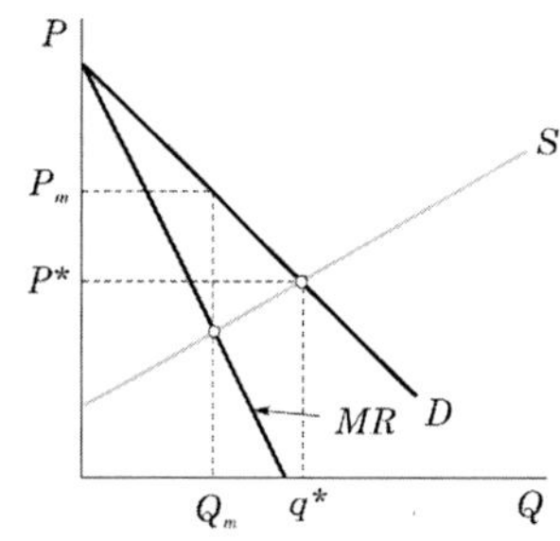

2) 장기적 측면
① 독점의 장기균형에서는 장기평균비용곡선의 최저점에서 생산하지 않으므로 상품이 최소의 평균비용으로 생산되지 못하고 있다.
② 독점시장에서는 진입장벽 때문에 더욱 효율적인 생산이 가능한 기업이 등장할 수 없다.

(3) 독점규제
1) 가격규제
① 최고가격설정 – 한계비용가격설정
㉠ 정부가 독점기업이 생산한 재화를 일정가격이상으로 거래하는 것을 규제하는 정책
㉡ 정부가 독점기업이 생산한 재화의 완전경쟁시장가격을 사전에 알고 있다는 전제가 필요
㉢ 한계로는 정부가 독점기업의 한계비용곡선을 정확하게 알 수 없다는 것이다.
㉣ 또한 자연독점의 경우 최고가격을 설정하면 기업이 손실을 볼 수 있다.
② 평균비용가격설정
㉠ 평균비용가격설정의 경우 자연독점기업은 손실을 보지 않지만 초과이윤도 얻지 못한다.
㉡ 문제점은 자원의 비효율적인 배분상태를 개선하는 데는 실패

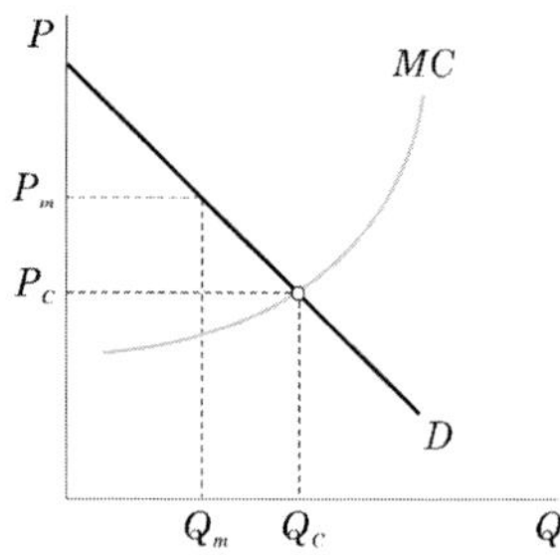

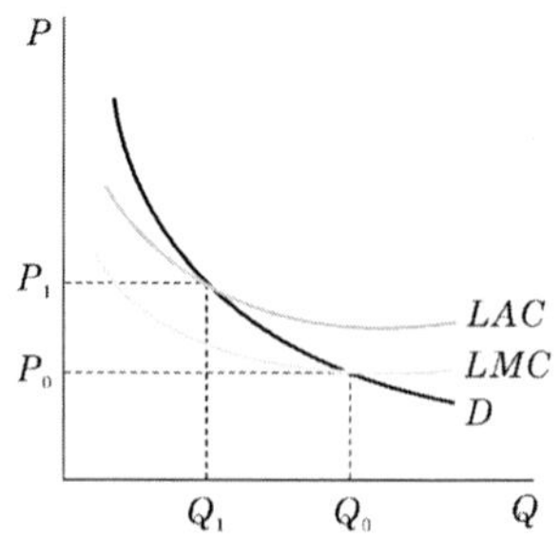

③ 이중가격설정 : 일차적으로 한계비용방식으로 자원배분의 효율성을 유지하고 이차적으로 손실을 보전하는 가격을 설정하는 방식

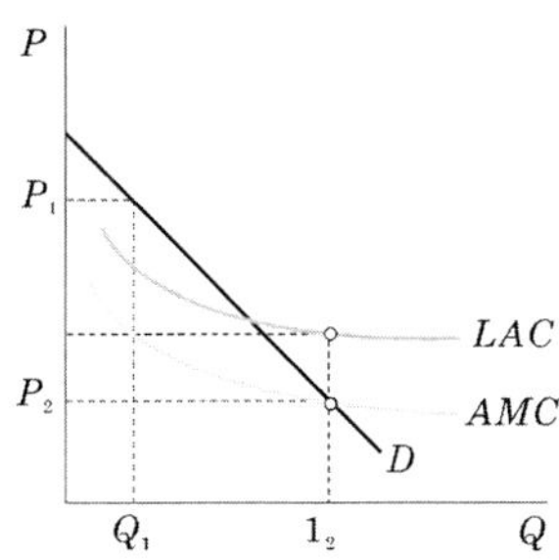

2) 조세규제
　① 정액세(lump-sum tax)
　　㉠ 정부가 독점기업에게 일정금액의 조세를 부과하는 방식
　　㉡ 정부가 독점기업에게 정액세 T를 부과하면 총비용과 평균비용은 증가하지만 한계비용은 불변이다.
　　㉢ 따라서 조세부과전과 조세부과후의 이윤극대화 조건은 변하지 않는다.
　② 이윤세(profit tax)
　　㉠ 정부가 독점기업의 독점이윤에 과세하는 방식
　　㉡ $\pi = TR - TC - t(TR - TC) = (1-t)(TR - TC)$
　　㉢ $\dfrac{\partial \pi}{\partial Q} = (1-t)(MR - MC) = 0$
　　㉣ 따라서 균형조건은 $MR = MC$가 된다.
　③ 물품세(sales tax)
　　㉠ 정부가 독점기업의 재화판매량에 과세하는 방식
　　㉡ $\pi = TR - TC - tQ$
　　㉢ 이윤극대화 조건은 $MR = MC + t$

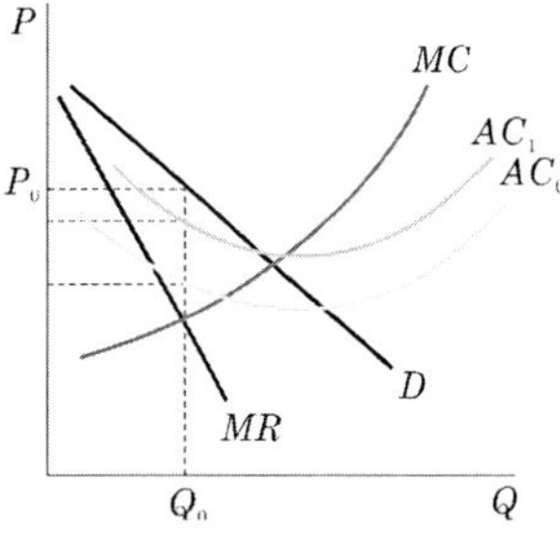

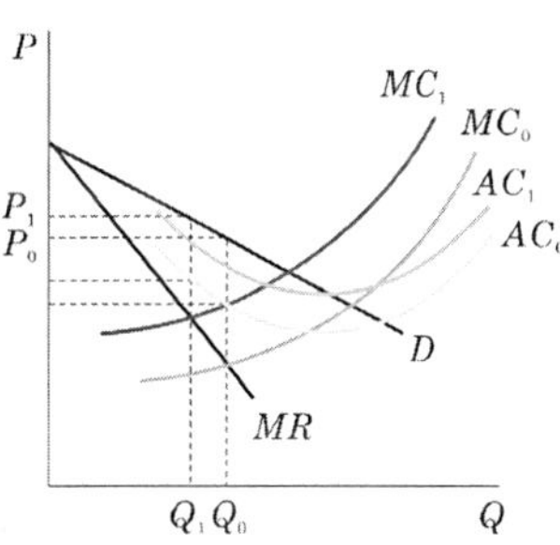

3) 수입자유화
　① 국내독점시장을 국제경쟁시장에 개방하는 정책
　② 현재 국제시장은 완전경쟁시장이라고 가정하면 수입자유화 시 국내독점시장은 국제시장에서 결정된 가격을 수용하는 가격수용자가 된다.
　③ 수입자유화로 재화의 가격은 하락하고 소비자잉여와 생산자잉여 모두 증가하게 된다.

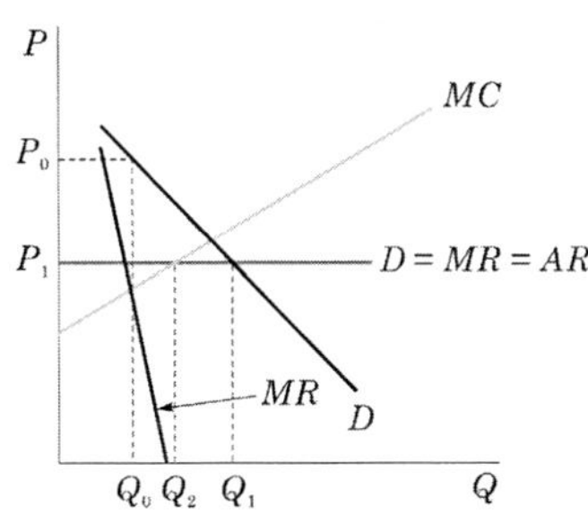

주제 1 생산요소시장

1 이론요약

1. 노동시장에서의 기업의 행동원리

구분	내용
생산물 시장과 생산요소시장과의 관계	① 완전경쟁 생산물시장 과 완전경쟁 생산요소시장 – 기본형태 ② 완전경쟁 생산물시장 과 불완전경쟁 생산요소시장 – 비현실적 ③ 불완전경쟁 생산물시장 과 완전경쟁 생산요소시장 ④ 불완전경쟁 생산물시장 과 불완전경쟁 생산요소시장 – 수요독점, 공급독점, 쌍방독점
한계수입생산 MRP_L	① 한계수입생산은 생산요소를 추가적으로 1단위 고용시 총수입의 증가분을 말한다. $$\to MRP_L = \frac{\Delta TR}{\Delta L} = \frac{\Delta Q}{\Delta L} \times \frac{\Delta TR}{\Delta Q} = MP_L \times MR$$ ② 생산물시장이 완전경쟁인 경우 　㉠ 생산물 시장이 완전경쟁인 경우 $P = MR$이 성립된다. 　㉡ 생산물 시장이 완전경쟁이라면 한계수입생산은 다음과 같이 변형할 수 있다. $\to MRP_L = MR \times MP_L = P \times MP_L$ 　㉢ $P \times MP_L = VMP_L$이라고 정의하는데 VMP_L을 한계생산물가치라고 말한다. 　㉣ 따라서 생산물시장이 완전경쟁인 경우 한계수입생산과 한계생산물가치가 일치하게 된다. $\to MRP_L = VMP_L$ 

③ 생산물시장이 불완전경쟁인 경우
  ㉠ 생산물 시장이 불완전경쟁인 경우 $P > MR$이 성립된다.
  ㉡ 따라서 생산물시장이 완전경쟁인 경우와 달리 한계수입생산물가치가 한계수입생산보다 크게 된다. → $VMP_L > MRP_L$
  ㉢ 한계생산물가치(VMP_L)가 한계수입생산물(MRP_L)보다 크므로 MRP_L곡선이 VMP_L곡선의 하방에 위치하게 된다.
  ㉣ 또한 MRP_L곡선이 VMP_L곡선보다 기울기가 큰 이유는 생산물 시장이 불완전 경쟁이므로 한계생산(MP_L)뿐만 아니라 한계수입(MR)도 체감하기 때문이다.

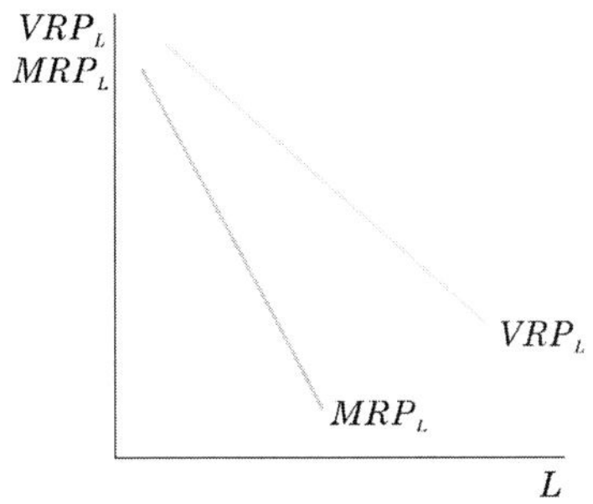

| 한계요소비용 MFC_L | ① 한계요소비용은 생산요소를 추가적으로 1단위 고용시 총비용의 증가분을 말한다. |

① 한계요소비용은 생산요소를 추가적으로 1단위 고용시 총비용의 증가분을 말한다.
$$\rightarrow MFC_L = \frac{\Delta TC}{\Delta L} = \frac{\Delta Q}{\Delta L} \times \frac{\Delta TC}{\Delta Q} = MP_L \times MC$$
② 생산요소시장이 완전경쟁인 경우
  ㉠ 개별기업은 노동시장에서 결정된 임금을 수용하므로 주어진 임금에서 노동을 고용하게 된다.
  ㉡ 따라서 개별기업이 직면하는 노동공급곡선은 수평선이 된다.

한계요소비용 MFC_L

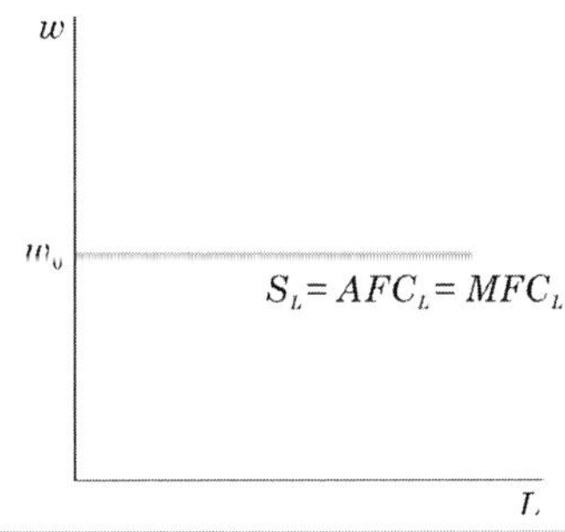

이윤극대화 조건

① 한계수입생산과 한계요소비용이 일치할 때 기업의 생산요소 시장에서의 이윤극대화가 달성된다. $MRP_L = MFC_L$
② $MRP_L(MR \times MP_L) = MFC_L(MC \times MP_L)$이므로 $MR = MC$가 된다.
③ 즉 생산요소시장에서의 이윤극대화 원리와 생산물시장에서의 이윤극대화 원리는 동일하게 된다.

2. 노동수요곡선의 도출

구분	내용
생산물시장 – 완전경쟁 생산요소시장 – 완전경쟁	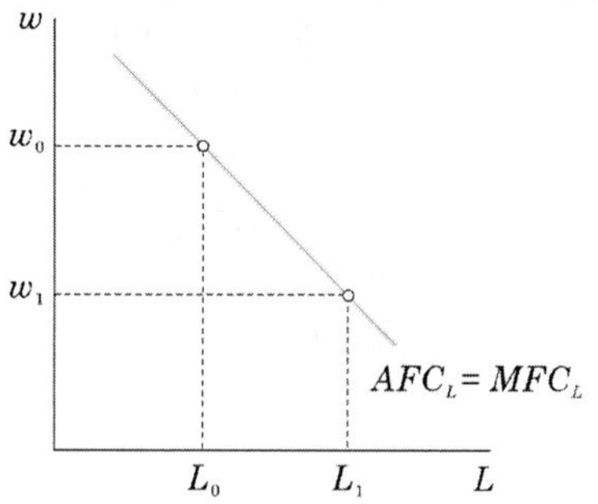 ① 이윤극대화 조건은 $MRP_L = MFC_L$이다. ② 생산물시장이 완전경쟁이면 $MRP_L = VMP_L$이고 생산요소시장이 완전경쟁이면 $MFC_L = w$이므로 $VMP_L = w$가 된다. ③ 즉 그림에서 임금이 w_0이면 노동수요량이 L_0가 되고 임금이 하락하여 w_1이 되면 노동수요량이 L_1으로 증가한다. ④ 따라서 개별기업의 노동수요곡선은 VMP_L곡선이 된다.
생산물시장 – 불완전경쟁 생산요소시장 – 불완전경쟁	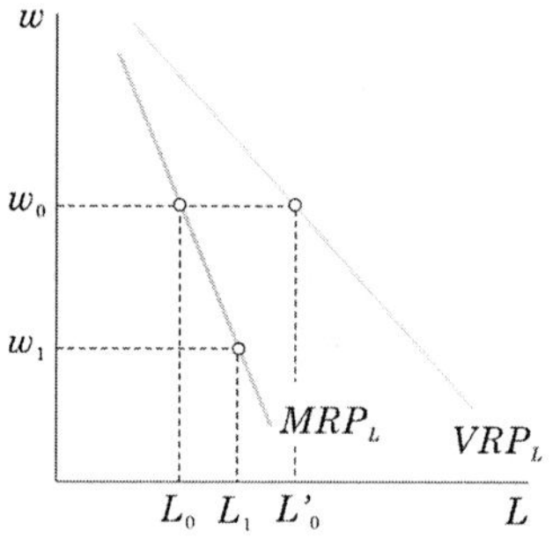 ① 이윤극대화 조건은 $MRP_L = MFC_L$이다. ② 생산물시장이 불완전경쟁이면 $VMP_L > MRP_L$이고 생산요소시장이 완전경쟁이면 $MFC_L = w$이므로 $MRP_L = w$가 된다. ③ 즉, 그림에서 임금이 w_0일 때 생산물시장이 완전경쟁이었다면 노동수요량이 L'_0이지만 생산물시장이 불완전경쟁이기 때문에 노동수요량이 L_0로 감소한다. ④ 임금이 w_1으로 하락하면 MRP_L곡선을 따라 노동수요량이 L_1으로 증가한다. ⑤ 따라서 개별기업의 노동수요곡선은 MRP_L곡선이 된다. ⑥ 또한 생산물시장이 완전경쟁에서 불완전경쟁으로 바뀌면 생산요소 시장이 완전경쟁이라 하더라도 생산요소의 수요량이 감소한다. 왜냐하면 불완전경쟁시장이 완전경쟁시장보다 산출물이 감소하기 때문이며 생산요소의 수요는 생산물에서 파생되는 파생요소(derived demand)의 성격을 갖고 있기 때문이다.

3. 노동자의 노동공급곡선

구분	내용
노동자의 효용극대화	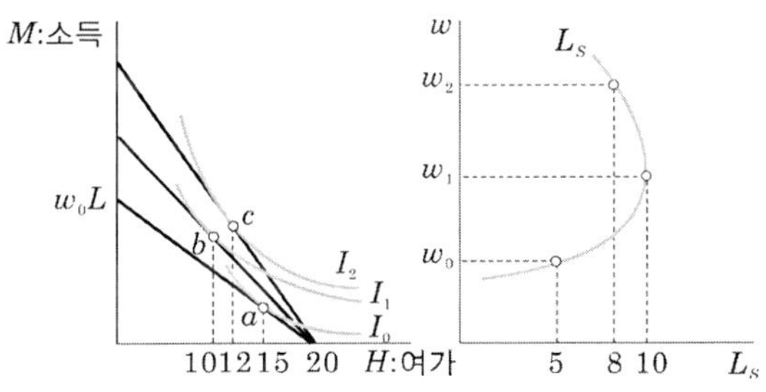 ① 노동자의 효용극대화는 예산선과 무차별곡선이 접하는 점에서 달성된다. ② e점에서 효용극대화가 달성되며 15시간의 가용시간 중 8시간은 여가활동, 나머지 7시간은 노동을 하여 소득은 7,000이 된다. ③ 예산제약식은 $M=(15-H)w_0 \;\rightarrow\; M+w_0H=15w_0$($H$: 여가, M : 소득, w : 시간당 임금)이다. 　15시간을 노동하는데 전부 사용하면 $15w_0$의 소득을 얻은 다음 그 가운데 일부는 재화의 소비에 그리고 나머지는 여가에 지출하는 것으로 표현된다. ④ 효용극대화 조건은 $MRS_{H,M}=w$이 된다.
개별노동자의 노동공급곡선	① 설명 　㉠ 임금 상승시 노동자의 예산선의 기울기가 변한다. 　㉡ 임금이 w_0에서 w_1으로 상승하면 가용시간 20시간 중에서 노동시간은 5시간에서 10시간으로 증가한다. 　㉢ 그러나 임금이 w_2로 상승하면 노동시간이 오히려 8시간으로 감소한다. 　㉣ 임금이 상승하면 처음에는 노동공급이 증가하다가 일정 임금 이상 시에는 노동공급이 감소하게 된다. 　㉤ 따라서 개별노동자의 노동공급곡선은 후방굴절형(backward bending)의 형태로 도출된다. ② 대체효과와 소득효과 　㉠ 대체효과 : 임금이 상승하면 여가의 가격 또는 여가의 기회비용이 증가하여 여가소비가 감소하고 노동이 증가한다. 　㉡ 소득효과 : 임금이 상승하면 소득이 증가하고 여가가 정상재라면 여가소비가 증가하고 노동이 감소한다.

③ 노동공급곡선이 우상향하는 이유 : 임금 상승시 대체효과가 소득효과보다 크므로 (대체효과 > 소득효과) 노동공급량이 증가한다.

④ 노동공급곡선이 후방굴절하는 이유 : 임금 상승시 소득효과가 대체효과보다 크므로 (소득효과 > 대체효과) 노동공급량이 감소한다.

⑤ 여가가 열등재인 경우

   ㉠ 여가가 열등재 라면 소득효과에서 임금 상승 시 여가가 감소한다.

   ㉡ 따라서 노동공급곡선의 형태가 후방굴절될 수 없다.

균형임금	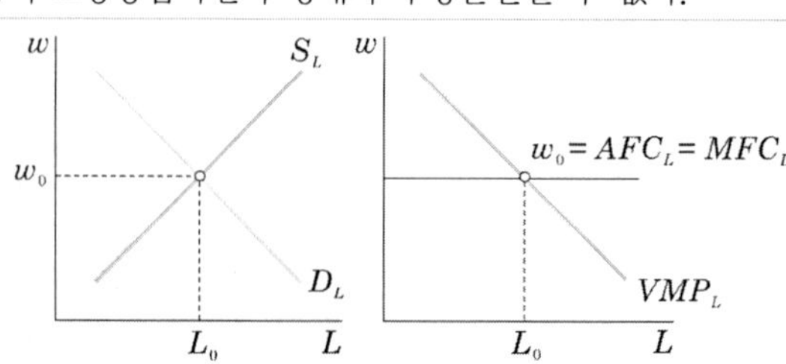
	① 생산요소 시장이 완전경쟁이라면 시장전체에서 노동수요곡선과 노동공급곡선이 만나는 점에서 노동고용량과 임금이 결정된다.
	② 개별기업이 직면하는 요소공급곡선은 수평선이 되며 주어진 임금에서 노동고용을 결정한다.
	③ 개별기업의 노동수요곡선이 VMP_L이므로 생산물 시장이 완전경쟁시장 임을 알 수 있다.

4. 수요독점

구분	내용

개념 및 발생원인	① 개념 : 수요독점이란 생산요소공급자가 공급하는 생산요소를 오직 하나의 기업만이 수요하는 시장형태를 말한다.
	② 발생원인
	  ㉠ 지역적 여건 : 특정지역에 생산요소를 수요 하는 기업이 유일하고 생산요소의 이동성이 낮은 경우
	  ㉡ 전문성 : 생산요소가 전문화 되어 있어 특정기업 만이 그 생산요소를 고용하는 경우

균형	① 균형고용량은 $MRP_L = MFC_L$에서 결정되지만 균형가격은 수요독점기업이 직면하는 요소공급곡선인 $S_L = AFC_L$에서 결정된다. ② 따라서 $MRP_L = MFC_L > w = AFC_L$의 관계가 성립된다.

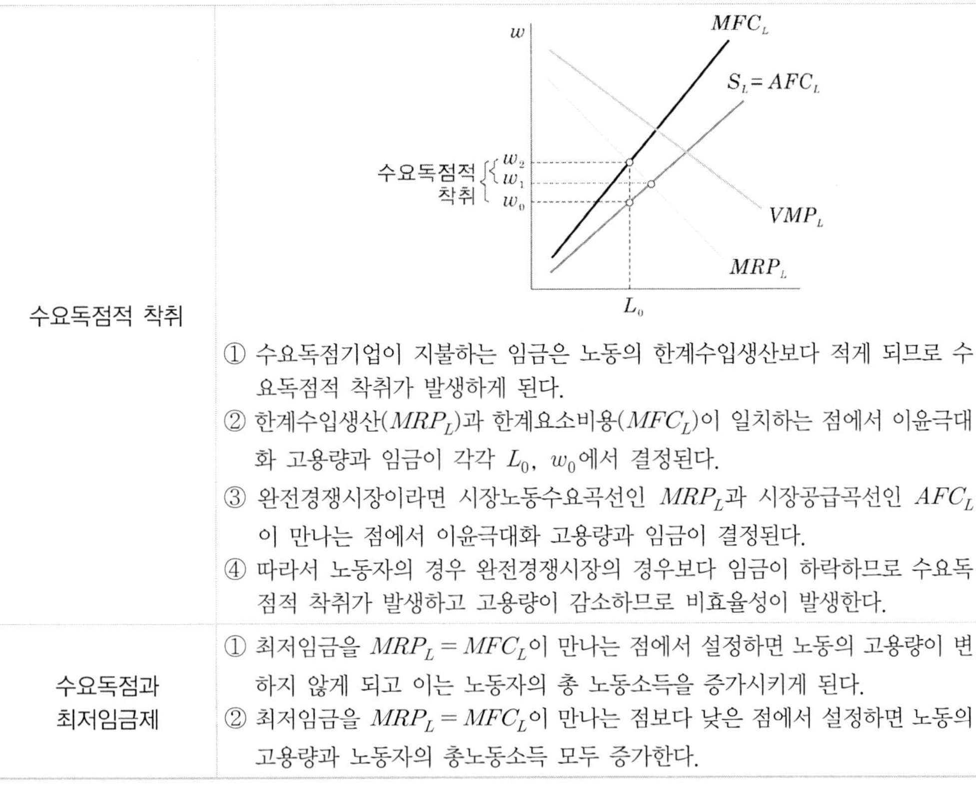

수요독점적 착취	① 수요독점기업이 지불하는 임금은 노동의 한계수입생산보다 적게 되므로 수요독점적 착취가 발생하게 된다. ② 한계수입생산(MRP_L)과 한계요소비용(MFC_L)이 일치하는 점에서 이윤극대화 고용량과 임금이 각각 L_0, w_0에서 결정된다. ③ 완전경쟁시장이라면 시장노동수요곡선인 MRP_L과 시장공급곡선인 AFC_L이 만나는 점에서 이윤극대화 고용량과 임금이 결정된다. ④ 따라서 노동자의 경우 완전경쟁시장의 경우보다 임금이 하락하므로 수요독점적 착취가 발생하고 고용량이 감소하므로 비효율성이 발생한다.
수요독점과 최저임금제	① 최저임금을 $MRP_L = MFC_L$이 만나는 점에서 설정하면 노동의 고용량이 변하지 않게 되고 이는 노동자의 총 노동소득을 증가시키게 된다. ② 최저임금을 $MRP_L = MFC_L$이 만나는 점보다 낮은 점에서 설정하면 노동의 고용량과 노동자의 총노동소득 모두 증가한다.

5. 공급독점과 쌍방독점

구분	내용
공급독점	① 개념 : 생산요소시장에서 공급독점이란 생산요소를 공급하는 생산요소공급자가 유일한 경우를 말한다. ② 사례 ㉠ 여러 기업들이 원료로 사용하는 것을 어떤 기업이 독점으로 공급하는 경우 ㉡ 노동자들이 노동조합을 결성하여 기업의 사용자 측과 임금협상을 하는 경우
쌍방독점	① 개념 : 쌍방독점이란 생산요소시장의 수요자와 공급자가 모두 독점화되어 있는 경우를 말한다. ② 사례 ㉠ 사용자들이 단결해 교섭단체를 구성하고 노동자들이 노동조합을 결성하여 협상하는 경우 ㉡ 노동자들이 산업별노조조합을 결성하거나 프로야구선수들이 선수협의회를 결성하는 것은 공급 독점적 지위를 누림으로 수요독점적 착취를 해소하고자 하는 이유 때문이다.

2 객관식 문제

01

단기생산함수가 $f(L) = 100L - L^2$인 어떤 완전경쟁기업이 현재의 생산수준에서 노동(L) 35 단위를 고용하고 있다. 노동시장은 완전경쟁적이며 노동 한 단위당 임금은 300이다. 현재 상황에서 이 기업이 이윤을 극대화하고 있다면 생산물 가격은 얼마인가? (CPA · 2013)

① 1 ② 5
③ 10 ④ 15
⑤ 20

해설 완전경쟁시장일 때 임금과 한계생산물가치가 일치할 때 이윤이 극대화 된다.
따라서 $300 = P \times MPL$ 이므로 $300 = P \times (100 - 2L)$이다.
노동고용량이 35단위이므로 생산물 가격은 10이다. 정답 ③

02

휴대전화를 생산하는 A기업의 근로자 수와 생산량이 다음 표와 같다. 휴대전화 1대당 시장가격이 80,000원이고 근로자 1인당 임금이 200,000원일 경우 이윤을 극대화하기 위해 A기업이 고용할 근로자 수는? (단, 휴대전화시장과 노동시장은 완전경쟁적이며 임금이외에 다른 비용은 없음) (공인노무사 · 2011)

근로자수(명)	1	2	3	4	5	6
휴대전화 생산량 (대)	10	18	25	30	33	35

① 2명 ② 3명
③ 4명 ④ 5명
⑤ 6명

해설 임금과 한계생산물가치가 같을 때 이윤이 극대화 된다.
한계생산은 8, 7, 5, 3, 2이기 때문에 한계생산물 가치는 64만원, 56만원, 40만원, 24만원, 16만원이 된다.
따라서 임금이 한계생산물가치를 초과하기 시작하는 근로자수는 6명이기 때문에 5명까지 근로자를 고용하여야 한다. 정답 ④

03

노동과 자본을 투입하여 X재를 생산하고 노동과 토지를 투입하여 Y재를 생산하는 경제를 고려해보자. 재화시장과 생산요소시장은 모두 완전경쟁적이다. 노동은 양 산업간 이동이 자유로운 생산요소이며, X재 산업에 고용된 노동량을 L_x, Y재 산업에 고용된 노동량을 L_y로 나타낸다. 반면에, 자본과 토지는 각각 X재와 Y재 생산에만 투입된다. X재 산업에서 노동의 한계생산량이 $\dfrac{1}{2L_x}$이고 Y재 산업에서 노동의 한계생산량이 $\dfrac{2}{L_y}$이며 이 국가에 존재하는 총노동량은 30이다. 두 재화의 상대가격이 1일 때 다음 설명 중 옳지 않은 것은? (공인회계사 · 2012)

① 균형에서 $L_x = 6$, $L_y = 24$이다.

② X재로 표시한 노동의 실질임금이 $\dfrac{1}{4}$일 때 X재 산업에서의 노동의 수요량은 2이다.

③ 두 재화의 가격이 모두 5%씩 감소하는 경우 노동자의 실질임금은 상승한다.

④ 다른 조건이 일정할 때 X재의 가격이 상승하는 경우 Y재 산업에 고용된 노동량은 감소한다.

⑤ 다른 조건이 일정할 때 X재의 가격이 5% 상승하면 명목임금은 5% 미만으로 상승한다.

해설
노동이 양 산업간 이동이 자유롭다면 X재 산업의 노동의 한계생산과 Y재 산업의 노동의 한계생산이 같아질 때까지 이동할 것이다.

따라서 $\dfrac{1}{2L_X} = \dfrac{2}{L_Y} \rightarrow L_Y = 4L_X$이다.

이 식을 $L_X + L_Y = 30$에 대입하면 $L_X = 6, L_Y = 24$가 도출된다.

X재로 표시한 노동의 실질임금이 1/4이라면 노동의 수요량은 $\dfrac{1}{4} = \dfrac{1}{2L_X} \rightarrow L_X = 2$가 된다.

두 재화의 가격이 모두 5%씩 감소하면 명목임금도 모두 5%씩 감소하므로 노동자의 실질임금은 변하지 않는다.
X재 가격이 상승하면 X재의 생산이 증가하면서 노동자의 수요 증가로 임금이 상승한다.
따라서 Y재 산업에 있던 노동자들이 X재 산업으로 이동하므로 Y재 산업에 고용된 노동량은 감소한다.
X재 가격이 5% 상승하면 X재 생산이 증가하면서 X재 노동자의 고용증가로 노동의 한계생산이 감소하므로 명목임금은 5% 미만으로 상승한다.

정답 ③

04

소득−여가 모형에서 유도된 노동공급곡선에 관한 설명으로 옳은 것을 모두 고른 것은?

(공인노무사 · 2013)

가. 여가가 열등재일 경우 노동공급곡선은 우하향 한다.
나. 여가가 정상재이고 임금이 상승할 때 대체효과가 소득효과를 능가한다면 노동의 공급은 증가한다.
다. 임금이 변화할 때 소득에 대한 노동의 한계대체율이 노동공급곡선을 의미한다.

① 가   ② 가, 나
③ 가, 다   ④ 나
⑤ 나, 다

해설   여가가 열등재라면 노동공급곡선은 항상 우상향한다.
임금이 변화할 때 노동공급곡선은 한계대체율과 임금률이 일치할 때 결정된다.   **정답** ④

05

노동과 여가의 선택에 관한 설명으로 옳지 않은 것은? (단, 여가는 정상재이다.) (감정평가사 · 2012)

① 시간당 임금은 여가 한 시간의 기회비용이다.
② 시간당 임금이 상승할 경우, 소득효과만 고려하면 노동공급이 감소한다.
③ 시간당 임금에 대해 근로소득세율이 상승할 경우, 노동공급이 항상 감소한다.
④ 비근로소득이 증가하는 경우, 노동공급이 항상 감소한다.
⑤ 시간당 임금이 상승할 경우, 대체효과만 고려하면 노동공급이 항상 증가한다.

해설
- 비근로소득이 증가하는 경우 소득효과가 발생한다. 소득의 증가로 여가시간의 증가로 노동공급이 감소한다.
- 시간당 임금에 대해 근로소득세율이 상승하면 세후 실질임금이 감소하므로 여가의 기회비용이 감소한다.
- 따라서 대체효과에 의할 때 노동공급은 감소한다.
- 따라서 대체효과와 소득효과의 크기에 따라 노동공급은 증가할 수도 있고 감소할 수도 있다.
- 반면 소득의 감소로 노동공급은 증가한다.   **정답** ③

06

어느 기업이 특정 기술을 가진 기술자들에 대한 수요를 독점하고 있다. 이 기술자들의 노동공급
곡선은 우상향하며, 생산물시장은 완전경쟁적이다. 이 기술자들에 대한 이윤 극대화 고용량은
L0이다. 다음 설명 중 가장 옳지 않은 것은?   (공인회계사 · 2009)

① 이 기술자들이 공급하는 노동의 한계요소비용곡선은 노동공급곡선보다 기울기가 가파르다.
② L0에서 이 기술자들이 공급하는 노동의 한계요소비용과 한계생산가치는 일치한다.
③ 이 기술자들의 임금은 이들이 공급하는 노동의 한계생산가치보다 낮다.
④ 이 기술자들의 임금은 이들이 공급하는 노동의 한계요소비용보다 낮다.
⑤ 정부가 이 기술자들의 최저임금을 L0에서의 한계생산가치보다 높게 설정하면 사회적으로 최적인
자원배분이 이루어질 수 있다.

해설   생산요소시장은 수요독점이고 생산물시장은 완전경쟁시장이므로 다음
과 같은 식이 성립한다. $\rightarrow VMP_L = MRP_L = MFC_L$
정부가 최저임금을 한계생산가치보다 낮게 설정하면 사회적으로 최적
인 자원배분이 이루어 질 수 있다.   **정답** ⑤

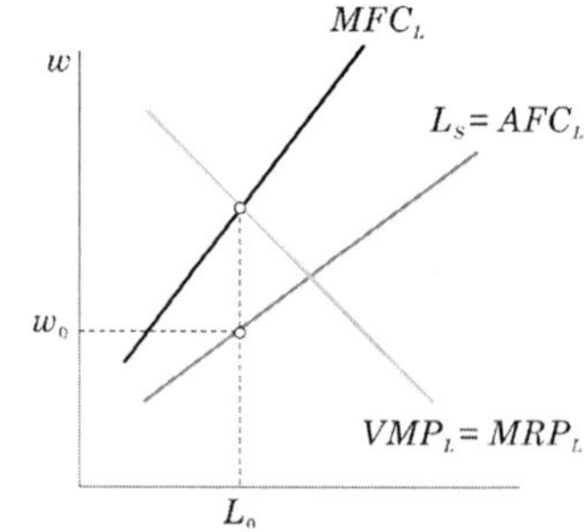

07

생산물시장에서 독점기업인 A는 노동시장에서 수요독점자이다. 노동공급곡선은 $w = 100 + 5L$, 근로자를 추가로 고용할 때 A기업이 얻는 노동의 한계수입생산물은 $MRP_L = 300 - 10L$이다. 이때 A기업이 이윤극대화를 위해 근로자에게 지급하는 임금은? (단, w는 임금, L은 고용량)

(공인노무사 · 2012)

① 100 ② 150
③ 200 ④ 250
⑤ 300

해설 노동의 총요소비용(TFC_L)은 $TFC_L = 100L + 5L^2$이고 한계요소비용은 $MFC_L = 100 + 10L$이다. A기업의 이윤극대화 노동고용량은 MRP_L과 MFC_L이 만나는 점에서 결정되므로 $100 + 10L = 300 - 10L \rightarrow L = 10$이다. 이때 근로자에게 지급하는 임금은 노동공급곡선에서 결정되므로 150으로 도출된다. **정답 ②**

3 약술문제

01

A국의 총생산함수는 $Y = 20\sqrt{L}$, 노동공급함수는 $w = \sqrt{L}$라고 할 때, 노동시장에서의 **균형노동량**(L^*)은? (단, Y는 총생산, w는 실질임금, L은 노동량이며, 상품시장과 노동시장은 완전경쟁시장이다.)

해설 노동의 한계생산은 $MP_L = 10L^{-\frac{1}{2}}$이며 노동시장에서의 균형노동량은 노동의 한계생산이 실질임금과 일치할 때 결정된다. 따라서 $10L^{-\frac{1}{2}} = \sqrt{L} \rightarrow 100L^{-1} = L \rightarrow L^2 = 100 \rightarrow L = 10$

02

하루 24시간 중 잠자는 8시간을 제외한 16시간을 여가(ℓ)와 노동에 사용하는 노동자가 있다. 이 노동자의 시간당 임금은 10이고, 주어진 자본소득은 10이라고 가정한다. 노동소득과 자본소득이 모두 소비(c)에 사용될 때, 노동자의 효용 $u(\ell, c) = \ell c$를 극대화하는 소비량 c를 구하시오. (단, 소비재의 가격은 1이라고 가정)

해설
- 예산제약식은 노동소득 + 자본소득 $= Pl + P_c c \rightarrow 170 = 10l + c$
- 효용극대화 조건은 $MRS_{l,c} = \dfrac{MU_l}{MU_c} = \dfrac{c}{l} = 10 \rightarrow c = 10l$
- 따라서 이윤극대화 여가시간(l)은 8.5가 되며 이 때 소비량(c)은 85이다.

03

하루 24시간 중 잠자는 8시간을 제외한 나머지 16시간을 여가(ℓ)와 노동(L)에 사용하는 노동자가 있다($L = 16 - \ell$). 이 노동자는 8시간 이하의 노동에 대해서는 시간당 임금 10을 받고, 8시간을 초과하는 노동에 대해서는 추가로 시간당 α의 임금을 더 받는다. 노동수입은 모두 식료품(c) 구입에 사용되며, 이 때 노동자는 $u(\ell, c) = \ell c$의 효용을 얻는다. 이 노동자가 $L = 10$에서 효용을 극대화할 때 α는 얼마인가? (단, 식료품의 가격은 1이다.)

해설

16시간을 전부 투입했을 때 소득은

$10 \times 8 + [(10 \times \alpha) \times 8] = 160 + 8\alpha$이다. 예산제약식은

$P_l l + P_C C = M$이므로

$(10 + \alpha)6 + 1C = 160 + 8\alpha \ \rightarrow \ C = 100 + 2\alpha$

효용함수가 $u(l, c) = lc$이므로 여가와 소득의 한계대체율

$MRS_{lc} = \dfrac{MU_l}{MU_C} = \dfrac{C}{l}$이 되고 예산선의 기울기와 접하므로

$\dfrac{C}{l} = 10 + \alpha$이 되어 여가시간 $l = 6$을 대입하면 소비자균형조건은

$c = 60 + 6\alpha$로 정리된다.

따라서 예산제약식과 소비자균형조건을 연립하면 α값은 10이 도출된다.

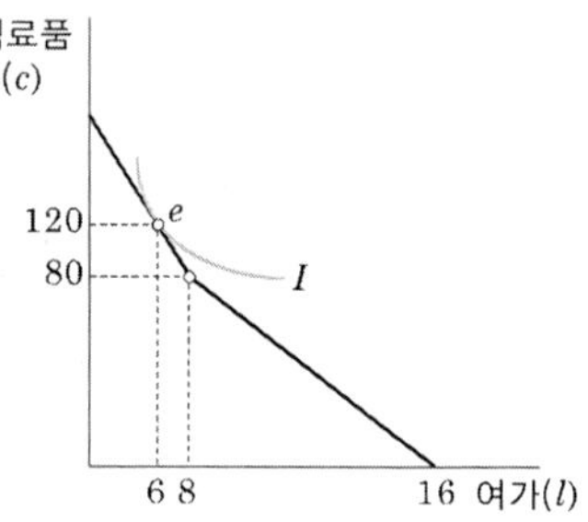

04

소비자가 하루 24시간을 여가(l)와 노동($L = 24 - l$)에 배분하는 경우를 상정하자. 소비자의 소득은 노동을 통해 얻는 노동소득뿐이라고 하자. 노동소득은 모두 식료품 구입에 충당된다. 여가(l)와 식료품(f)에 대한 소비자의 효용함수는 $u(l, f) = l^2 f$로 주어진다.

(1) 효용극대화가 달성될 때 노동시간을 구하시오.

(2) 8시간을 초과하는 노동시간에 대해서 매 시간당 현행 시간당 임금의 50%에 해당하는 초과수당을 추가로 지급하면 노동시간이 증가하는지 검토하시오.

해설

한계대체율은 $MRS_{lf} = \dfrac{MU_l}{MU_f} = \dfrac{2lf}{l^2} = \dfrac{2f}{l}$이다.

예산식은 $wl + P_f f = 24w$이므로 예산선의 기울기는 $\dfrac{w}{P_f}$이다.

(w : 여가의 가격, P_f : 식료품의 가격)

효용극대화조건에서 한계대체율과 예산선의 기울기가 일치하므로

$wl = 2P_f f$이므로 예산식에 대입을 하면 $\dfrac{3}{2}l = 24 \ \rightarrow \ l = 16$이다.

즉 여가시간은 16시간, 노동은 8시간을 할 때 효용이 극대화된다. 8시간을 초과하는 노동시간에 대해서 초과수당을 추가로 지급하면 노동시간은 증가하고 여가시간은 감소한다.

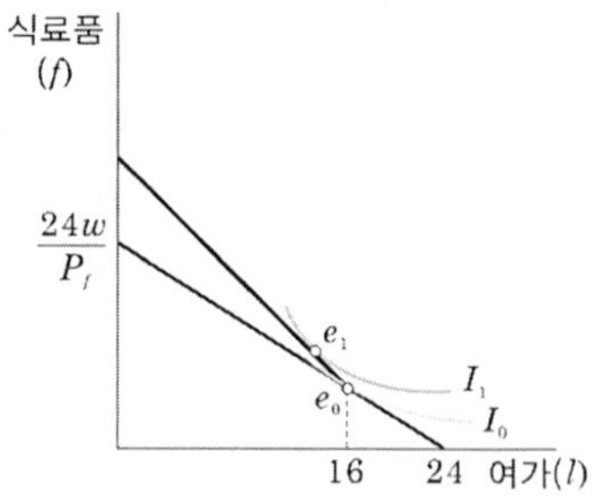

05

다음은 노동(L)을 유일한 가변요소로 사용하는 어느 기업의 생산함수이다. (산업은행 · 2011)

> - $f(L) = 30L - \dfrac{1}{2}L^2$ $L \leq 30$의 경우   - $f(L) = 450$ $L > 30$의 경우
> ① 이 기업이 생산하는 상품은 완전경쟁시장에서 판매되며 가격은 $P = 2$라고 하자.
> ② 이 기업은 생산요소 시장에서는 수요독점자이며 다음의 노동공급곡선에 직면하고 있다.
> $W(L) = L$, W는 임금

(1) 이 기업의 고용량과 임금을 구하시오.
(2) 수요독점적 착취의 크기와 비효율성을 구하시오.
(3) 최저임금제가 도입되었을 경우 고용에 미치는 영향에 대해 설명하시오.

(1) $TC_L = L^2$이므로 $MFC_L = 2L$이다.

$L \leq 30$의 경우 → $MP_L = 30 - L$ → $MRP_L = 2 \times MP_L = 60 - 2L$

$L > 30$의 경우 $MP_L = 0$

따라서 $MRP_L = MFC_L$ → $60 - 2L = 2L$에서 $L = 15$, $w = 15$가 된다.

(2) 노동고용량이 15인 경우 한계수입생산이 30이지만 임금은 15이므로 수요독점적 착취는 15이다.

또한 완전경쟁시장인 경우 노동고용량이 30이므로 $\dfrac{1}{2} \times 15 \times 5 = 37.5$이다.

(3) 노동수요곡선과 노동공급곡선이 만나는 점에서는 고용량과 임금 모두 높일 수 있다.

임금이 30이상이 되면 고용량은 감소한다.

주제 **2** ## 소득분배이론

1 ## 이론요약

1. 기능별소득분배이론의 개요

구분	내용
개념	① 기능별 소득분배이론 : 기능별 소득분배이론은 토지시장에서 지대이론, 노동시장에서 임금결정이론, 자본서비스 시장에서 투자이론 등으로 분류할 수 있다. ② 계층별 소득분배이론 : 계층별 소득분배이론은 계층별 소득분배를 측정하기 위한 소득분배 불평등도 지수와 원인과 해결책 등으로 분류할 수 있다.

2. 지대이론

구분	내용
전통적 지대이론	① 지대(rent)란 토지와 같이 공급이 완전히 고정된 생산요소에 대한 대가를 의미한다. ② 따라서 지대를 토지사용에 대한 대가로 제한하지 않고 공급이 고정된 생산요소에 대한 보수로 파악하면 된다. ③ 생산요소가 완전히 고정되면 생산요소공급곡선이 수직선이 되므로 지대는 수요측 원인에 의하여 결정된다. ④ 또한 토지에 대하여 조세를 부과하면 토지소유자가 조세를 전부 부담할 수 없다는 헨리 조지(H. George)의 토지단일세론의 근거가 된다.
경제적 지대와 전용수입	 ① 경제적 지대(economic rent) - A면적 　㉠ 생산요소의 기회비용을 초과해 추가로 지불되는 보수를 말한다. 　㉡ 생산요소의 공급이 가격에 대해 비탄력적이기 때문에 추가로 발생하는 소득을 의미한다. ② 전용수입 또는 이전수입(transfer earnings) - B면적 　생산요소의 공급이 이루어지도록 하기 위해서 지급해야 하는 최소한의 금액 또는 생산요소의 기회비용을 의미한다. ③ 생산요소 공급의 가격탄력성과의 관계 　㉠ 생산요소 공급곡선이 수직에 가까워 진다면 경제적 지대의 면적은 커지는 반면 전용수입의 면적은 작아진다. 　㉡ 생산요소 공급곡선이 수평에 가까워지면 경제적 지대는 작아지고 반면에 전용수입은 커지게 된다. ④ 지대추구행위(rent seeking behavior) 　㉠ 고정된 생산요소로부터 발생하는 경제적 지대를 얻거나 지키려고 노력하는 것을 의미한다. 　㉡ 이익집단들이 국회에 로비(lobby)하는 경우가 이에 해당된다. (㉎ 변호사 협회가 사법시험 합격자수를 제한하기 위하여 국회사법위원회에 로비하는 경우)
준지대	① 준지대란 공장시설처럼 단기적으로 공급이 고정된 생산요소에 대한 대가를 말한다. → 준지대＝총수입(TR)－총가변비용(TVC)＝초과이윤＋총고정비용 ② 준지대에 초과이윤이 포함되는 이유는 기업이 단기적으로 고정요소 때문에 타 기업의 진입이 어렵기 때문에 초과이윤이 발생할 수 있기 때문이다.

3. 소득분배 불평등도 지수

구분	내용
로렌츠 곡선	① 개념 및 설명 　㉠ 계층별 소득분포 자료에서 인구의 누적점유율과 소득의 누적 점유율사이의 대응관계를 그림으로 나타낸 것을 말한다. 　㉡ 소득분배가 완전히 평등하다면 로렌츠 곡선은 원점을 통과하는 OO'선이 된다. (45도선) 　㉢ 소득분배가 완전히 불평등하다면 로렌츠 곡선은 OTO'로 도출된다. 　㉣ 소득분배가 평등해 질수록 로렌츠 곡선은 대각선에 가까워 진다. ② 특징 　㉠ 로렌츠 곡선이 서로 교차할 경우에는 소득분배상태를 비교할 수 없다. 　㉡ 로렌츠 곡선은 서수적인 성격을 가지고 있다.
지니계수	① 개념 : 로렌츠 곡선이 나타내는 소득분배 상태를 하나의 숫자로 나타낸 것을 말한다. → 지니계수$=\dfrac{\alpha}{\alpha+\beta}$ ② 측정치 　㉠ 소득분배가 완전히 평등하다면 $\alpha=0$이 되어 지니계수는 0이 된다. 　㉡ 소득분배가 완전히 불평등하면 $\beta=0$이 되어 지니계수는 1이 된다. 　㉢ 따라서 지니계수는 0과 1사이의 값을 가지며 그 값이 작을수록 소득분배가 평등하다.
십분위분배율	① 개념 : 최하위 40%의 소득점유율을 최상위 20% 소득점유율로 나눈 값을 말한다. 　→ 십분위 분배율$=\dfrac{\text{저소득층 40\%의 소득점유율}}{\text{고소득층 20\%의 소득점유율}}$ ② 측정치 　㉠ 소득분배가 완전히 균등하면 10분위 분배율의 값은 2가 된다. 　㉡ 소득분배가 완전히 불균등하면 10분위 분배율의 값은 0이 된다.
애킨슨 지수	① 의의 : 애킨슨 지수는 설정하는 사회후생함수의 형태에 따라 동일한 상태에 대해서도 여러 가지 판단이 가능하다. 즉 애킨슨 지수는 명백한 가치판단을 전제로 한 불평등도 지수 이다. ② 개념 : 현재의 평균소득과 균등분배 대등소득을 이용하여 소득분배 상태를 측정한다. → $A=1-\dfrac{Y_e}{Y_0}$ (Y_e : 균등분배대등소득, Y_0 : 평균소득)

③ 측정치

    ㉠ 균등분배대등소득이란 현재의 사회후생과 동일한 후생을 가져다주는 완전히 평등할 때의 평균소득을 말한다.

    ㉡ 현실 상태에 만족하면 평균소득이 균등분배대등소득이 되므로 $A = 0$이 된다.

    ㉢ 애킨슨 지수의 값의 범위는 $0 \leq A \leq 1$이 되며 그 값이 작을수록 소득분배가 평등함을 나타낸다.

    ㉣ 즉, 평등성에 대한 선호가 증가하면 균등분배대등소득(Y_e)는 작아지며 따라서 애킨슨 지수의 값은 1에 가까워 진다.

2 객관식 문제

01

한 나라 국민의 50%에 해당하는 사람들의 소득이 전혀 없고 나머지 50%에 해당하는 사람들에게는 모두 100만원씩의 소득이 있다면 지니계수의 값은?

(감정평가사 · 2009)

① 0

② 1

③ 1/2

④ 1/3

⑤ 1/5

해설 한 나라 국민의 50%에 해당하는 사람들만 모두 100만원씩의 소득이 있다면 로렌츠곡선이 다음과 같이 그려질 수 있다.

정답 ③

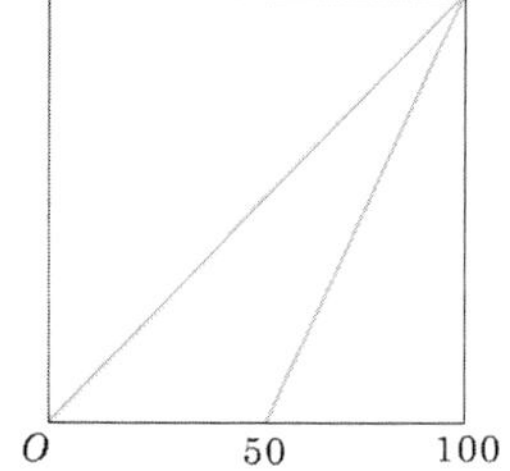

02

임금에 대한 설명 중 옳지 않은 것은?

① 임금이 균형임금보다 높게 설정되는 이유는 강력한 노동조합이 존재하기 때문이다.

② 임금이 균형임금보다 높게 설정되는 이유는 효율성임금과 최저임금제 때문이다.

③ 임금이 균형임금보다 높게 설정되면 비자발적인 실업이 발생한다.

④ 임금결정은 기능적 소득분배와 관련이 있다.

⑤ 임금의 증가는 항상 물가를 상승시킨다.

해설 임금의 증가보다 노동의 한계생산이 더 크다면 물가가 상승하지 않을 수 있다.

임금의 변화율＝한계생산의 변화율－물가변화율

정답 ⑤

03

지대, 경제적 지대 및 준지대를 설명 중 옳지 않은 것은? (공인회계사 · 2006)

① 리카르도(D. Ricardo)에 따르면, 쌀값이 비싸지면 그 쌀을 생산하는 토지의 지대도 높아진다.

② 경제적 지대는 토지뿐만 아니라 공급량이 제한된 노동, 기계설비 등 모든 종류의 시장에서 나타날 수 있다.

③ 생산요소가 받는 보수 중에서 경제적 지대가 차지하는 비중은, 수요가 일정할 때, 공급곡선이 탄력적일수록 작아진다.

④ 마샬(A. Marshall)의 준지대는 장기에 소멸되어 존재하지 않는다.

⑤ 준지대는 산출량의 크기와는 관계없이 총고정비용보다 크다.

> 준지대란 단기적으로 고정생산요소에 대한 대가로 총수입에서 총가변비를 차감하여 도출된다.
> 따라서 준지대 $= (TR - TC) + TFC$ 이므로 손실이 발생하면 총고정비용보다 작을 수도 있다. 정답 ⑤

04

경제지대에 관한 다음 설명 중 옳은 것은?

① 단기에 있어서 기업의 이윤은 경제지대이다.

② 단기에 기업이 사용하고 있는 가변요소의 기회비용은 경제지대이다.

③ 경제지대를 획득하기 위한 개인, 기업 또는 단체 간 경쟁은 자원의 낭비를 초래한다.

④ 경제지대는 공급이 제한이 없기 때문에 발생한다.

⑤ 단기에 있어서 기업의 총고정비용이 경제지대이다.

> ①, ⑤ 단기에 있어서 기업의 이윤과 총고정비용은 준지대에 속한다.
> ② 단기에 기업이 사용하고 있는 가변요소의 기회비용은 준지대이다.
> ③ 지대추구행위이론을 설명하고 있다.
> ④ 경제적 지대는 공급의 제한이 있기 때문에 발생한다. 정답 ③

05

소득불평등도를 분석하는 방법에 대한 설명으로 가장 옳지 않은 것은?

① 로렌츠곡선은 저소득자로부터 누적가계들이 전체소득의 몇 %를 차지하는가를 나타내는 곡선이다.

② 로렌츠곡선이 대각선에 가까울수록 평등한 소득분배에 접근하게 된다.

③ 지니계수는 대각선과 로렌츠곡선 사이의 면적을 대각선 아래 삼각형의 면적으로 나눈 비율이다.

④ 로렌츠곡선은 서수적 평가방법이고 지니계수는 기수적 평가방법이다.

⑤ 로렌츠곡선은 서로 교차하지 않는다.

> 로렌츠곡선은 서로 교차할 수 있으며 교차하면 소득분배 불평등을 비교할 수 없다. 정답 ⑤

01

소득이 Y_1, Y_2인 두 사람으로 구성된 사회의 사회후생함수가 $W = Y_1 Y_2$라고 하자. 이 두사람의 소득이 각각 $Y_1 = 9$, $Y_2 = 1$이라고 할 때 애킨슨 지수를 구하면 얼마인가?

해설

① 평균소득은 5이고 A의 소득이 9, B의 소득이 1일 때 사회후생은 $W = 9$이다.

② A와 B의 소득이 모두 3일 때 사회후생이 9가 되므로 균등분배대등소득은 3이다.

③ 따라서 애킨슨 지수의 값은 $A = 1 - \dfrac{3}{5} = 0.4$가 된다. **정답** ①

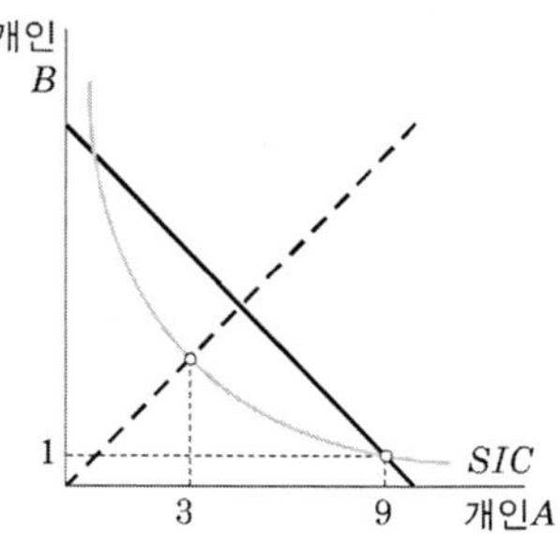

02

토지와 같이 공급이 완전 비탄력적인 경우 경제적 지대를 설명하시오. (산업은행 · 2012)

해설

(1) 경제적 지대(economic rent)
① 경제적 지대란 생산요소가 실제로 얻고 있는 수입에서 전용수입을 차감한 것을 말한다.
② 또는 생산요소의 기회비용을 초과해 추가로 지불되는 보수를 의미하는데 생산요소의 기회비용을 전용수입을 의미한다.

(2) 전용수입(transfer earnings)
① 전용수입이란 생산요소의 현재의 고용상태에 묶어두기 위한 최소한의 보수를 말한다.
② 또는 생산요소를 다른 용도로 전용하지 않고 현재 계속 사용하기 위해 지급해야 하는 기회비용이다.

> 경제적 지대=총수입-총가변비용

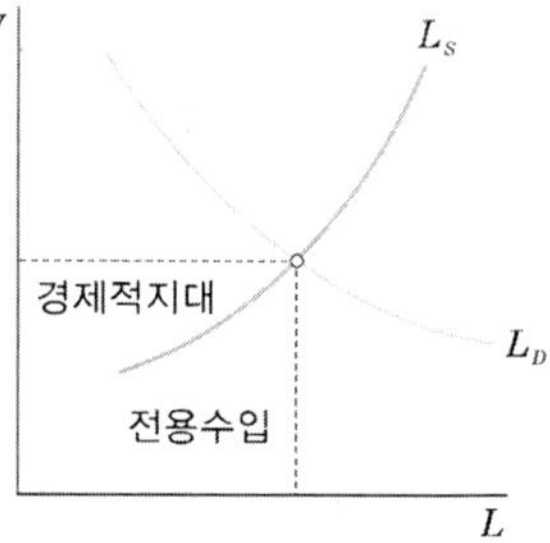

(3) 생산요소 공급탄력성과 경제적 지대와의 관계
1) 요소공급이 탄력적인 경우
① 그 요소를 현재의 용도 이외에 다른 용도에도 사용할 수 있음을 의미하며 즉 다른 용도에 고용되어 있는 요소가 이 산업으로 공급을 전환한 것임을 알 수 있다.
② 따라서 생산요소 공급에 따른 보수 전부가 기회비용이 된다.
2) 요소공급이 비탄력적인 경우
① 요소공급이 비탄력적이라는 것은 다른 용도에 사용할 여지가 없음을 의미하며 기회비용은 0이 된다.

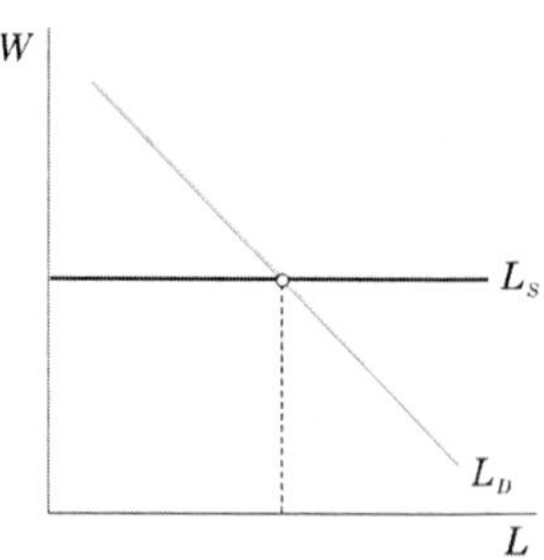

② 기회비용이 0임에도 불구하고 공급이 제한되어 있다는 이유 때문에 그 요소에 일정한 수입이 귀속된다.

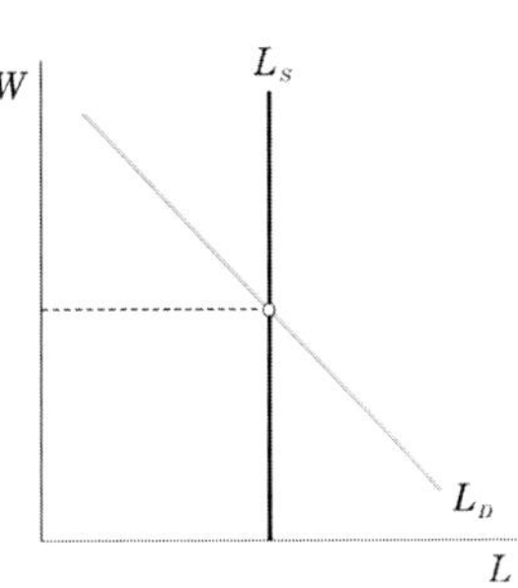

(4) 전통적 지대와 경제적 지대와의 관계

전통적인 지대는 생산요소의 공급이 완전히 고정되어 있는 경우에만 적용되지만 경제적인 지대는 생산요소의 공급탄력성에 따라 신축적으로 적용될 수 있다.

(5) 경제적 지대의 사례

① 유명 탤런트나 운동선수들이 얻는 엄청난 소득은 다른 분야에는 사용할 수 없는 희소한 능력 때문에 발생하는 경제적 지대이다.

② 변호사나 공인회계사들이 고소득자인 이유는 생산요소 공급이 제한적이기 때문에 발생하는 경제적 지대 때문이다.

주제 3 논술

01

소득양극화의 발생원인과 해결책을 제시하시오.

해설

(1) 소득양극화란?

1) 소득양극화의 정의

소득양극화란 '중간 소득계층이 줄어들면서 소득분포가 양 극단으로 쏠리는 현상'을 의미한다. 따라서 보통 중간 소득계층의 인구비중을 기준으로 추계하거나, 중간계층과 타계층의 소득격차를 추정하여 소득양극화 정도를 진단할 수 있다. 이 때, 중산층을 어떻게 정의하느냐에 따라 중산층 비중의 감소 여부와 양극화 심화 여부에 대한 분석이 달라지기도 하지만 보통 중위소득값을 기준으로 50%~150%까지를 중산층으로 규정할 수 있다.

2) 소득양극화와 소득불균형의 차이점

소득양극화란 중산층의 감소에 따라 소득 상위계층과 하위계층이 분포의 양 극단으로 이동되는 현상을 지칭하는데 반해, 소득불균형은 소득분위별 분배상황이 균형분포(uniform distribution)을 이루지 못한 현상을 의미한다. 소득양극화는 Wolfson지수와 ER지수, 소득불균형은 지니계수와 10분위분배율 등이 대표적인 측정지표로서 활용된다. 이처럼 소득양극화와 소득불균등의 정의 및 측정방법이 다르기 때문에 두 현상은 다른 방향으로 진행될 수 있다. 즉, 소득불균등 수준이 양호하더라도 소득양극화는 심각할 수 있으며, 역으로 소득불균등이 심각하더라도 소득양극화는 양호할 수 있다.

3) 한국의 소득불균형 개선과 소득양극화 심화 현상

통계청에 따르면 2011년 가처분소득 지니계수는 0.311이었다. 금융위기가 시작되기 전인 2007년 0.312와 비교해 보면 소폭 줄어 불평등이 완화된 것으로 나타난 것이다. 거주주택의 불평등도 또한 2006년 0.715에서 2011년 0.700으로 크게 완화된 추세를 보이고 있다. 그러나 부채 지니계수는 같은 기간 0.710에서 0.801로 껑충 뛰어 결국 가계가 빚을 내서 부동산을 사들인 것으로 풀이되고 있다. 결국 소득불평등도는 완화되었어도 양극화는 더욱 심화된 양상을 보이고 있는 것으로 보인다.

4) 한국의 현황

통계청 통계시스템 코시스(KOSIS)에 따르면 지난 4년간 월 100만원 미만 근로자 가구 소득이 3.4% 감소한 반면, 600만원 이상 가구는 1.1% 증가한 것으로 집계되었다. 물가상승률을 고려한 전체가구의 실질 소득증가율의 경우, 같은 기간 100만원 미만 가구에서 1.5%로 가장 높은 감소율을 보였고 600만원 이상가구는 0.7% 주는데 그쳤다는 점을 보았을 때 저소득층의 실질소득 감소는 소득양극화가 심화됨에 따라 부채상환능력을 크게 떨어뜨리고 소비를 위축시켜 경기침체를 가속화시킬 가능성이 높다.

(2) 소득양극화의 원인

1) 외환위기 이후 대기업에 편중된 구조조정 추진

외환위기 이후 일부 대기업과 여타 기업 간의 생존역량 확보를 위한 노력이 양분되면서 이것이 소득양극화의 원인이 되었다. 오환위기 당시 강도 높은 구조조정을 통하여 살아남은 대기업은 체질개선을 통해 한 단계 높은 수준으로 도약했으나 일부 대기업과 다수의 중견·중소기업은 상대적으로 자체적인 생존역량 확보 노력이 미흡했다. 특히 한계 중소기업은 정부지원의 지속으로 구조조정이 지연되면서 경쟁력이 약화되었다. 신용보증기금 및 기술신용보증기금의 중소기업 신용보증 규모가 외환위기 이전의 10조원에서 2003년 50조원으로 5배 이상 증가한 바 있다. 이런 채질개선 노력에서의 차이가 혁신능력의 격차를 유발시키면서 결과적으로 수익성의 차이로 나타나고 있다. 매출액 경상이익률 기준으로 보면, 외환위기와 더불어 대기업은 손실을 보았지만 2002년부터 순이익으로 반전되면서 중소기업과 그 격차가 확대되었다. 이런 기업간 실적 격차가 결국 소속 임직원 들의 임금격차 확대로 연결되는 한편, 우수인력의 중소기업 기피가 심화되면서 중소기업의 역량이 저하되었다. 대기업과 중소기업의 연결고리 역할을 하는 중견기업이 성장동력을 계속적으로 잃어가는 상황 또한 양극화를 가속화시키는 원인으로 작용하고 있다. 외환위기 이후 구조조정과 투자부진으로 대기업 출현이 억제되고 중견기업의 수가 감소했다. 반면 창업이 급증하면서 소기업이 크게 늘어났지만 신규 고용 창출에 대한 기여가 미흡하다는 평가다. 중소기업이 중견기업으로, 다시 중견기업에서 대기업으로 크는 산업 생태계 성장판이 닫혀가고 있다. 중견기업 수는 현재 1300여 개로 전체 기업의 0.04%에 불과한 실정이다. 그래도 이들이 차지하는 일자리가 8%에 해당하는 80만 2000명을 고용하고 있다. 중견기업이 그만큼 우수한 고용창출능력을 갖추고 있음에도 불구하고 그 숫자가 점차 적어져 소득양극화가 확대되고 있다.

2) IMF적 처방에 기인한 관계지향형 금융 시스템 약화와 중소기업 자금난 심화

외환 위기 이후 시장지향형 금융 시스템을 급속히 도입하면서 은행의 기업 대출 비중이 하락하는 등 관계지향형 금융이 약회되었다. 즉, 은행이 기업에 대한 자금공급 기능보다는 은행 자체의 수익성과 건전성 제고를 강조하면서 은행과 기업 간의 관계지향형 금융기능이 약화 된 것이다. 그 결과 은행의 이익규모는 크게 증가했지만 외환위기 이전에 70% 이상을 유지했던 기업대출 비중은 41.8%(2005년 9월 기준)로 하락했다. 특히 은행의 기업대출 축소는 관계지향형 금융 의존도가 큰 중소기업에 영향을 미치고 있다. 직접금융을 통한 자금조달이 어려운 중소기업에 은행대출 축소는 큰 부담으로 작용하고 있다. 특히 유럽재정위기 이후 코스닥 시장이 3~400선을 탈피하지 못하고 중소기업의 증자가 제대로 이루어지지 못하고 있는 상황에서 은행이 특히 중소기업에 대한 대출 축소가 가시화 되면서 중소기업의 자금난 상황이 가중되고 있다. 금융이 필요한 자금을 기업에 제때 수혈해 주지 못해 기업의 투자와 고용이 줄면서 소득 양극화를 구축하고 있다.

3) 실업자 300만 자영업자 600만 비정규직 900만

글로벌 경제 위기의 후폭풍으로 기업들의 생산, 투자 활동이 크게 위축되면서 정규직 일자리를 찾지 못한 구직자가 구직을 포기하거나 비정규직 시장으로 몰리고 있다. 또한 실업자와 퇴직자는 난립 양상을 보이고 있는 자영업에 뛰어들면서 고용시장의 악순환 구조가 빠르게 고착되고 있다. 매일경제가 통계청과 한국노동사회연구소의 노동시장 재편추이 자료를 분석한 결과 올해 상반기 우리 노동시장은 계량적으로 실업자 300만명, 자영업자 600만명, 비정규직 900만명 시대에 바짝 근접했다. 고용의 질이 악화되면서 일본식 디플레이션과 내수위축의 우려가 확대되고 소득양극화에 따른 사회갈등에 대한 가능성이 제기되고 있다. 이번 분기 경제성장률이 전년 동기대비 2.6%, 전기대비 0.4%로 정부가 설정한 경제성장 목표치 3.3%의 전망을 어둡게 하면서 경기 침체 양상을 보이고 있고 소비심리지수(CSI)도 105에서 100으로 하락하면서 소비가 위축될 것으로 보인다. 그 가운데서 우후죽순으로 생성되고 있는 소규모 자영업의 부도율도 상당하다. 한국은행이 지난 7월 22일 내놓은 '어음 부도율' 자료에 따르면 부도법인 숫자가 3개월 연속 100개를 웃도는 것으로 나타났다. 자영업자 비중이 가장 높은 운수

업(45%)의 실질생산액증가율이 올해 0%로 제자리 걸음을 했고 자영업자가 31%가 되는 숙박음식점업은 −1%로 역신장했다.

경제위기가 장기화되면서 신규고용이 점차 하락하면서 전일제로 일하는 건설현장 일용직, 식당 종업원이나 학원 강사 등을 포함한 사실상 비정규직도 900만에 근접하고 있는 점 또한 고용의 전체적인 질을 악화시키고 있다.

미국이 양적완화카드의 근처에 손을 뻗도록 했던 원인이 8%를 넘는 실업률과 고용의 질이었다는 점을 감안할 때, 고용의 양적 질적 신장이 경제의 장기적 안정을 도모하는 가장 중요한 조건임은 분명하다.

4) 가계부채 심화

가계부채가 소득양극화를 확대시키는 이유는 가계부채의 잠재위험으로 4대 취약계층이 지목되고 있기 때문이다. 저소득층·저신용자와 금융권 대출이 3건 이상인 다중채무자, 생계형 자영업자, 하우스 푸어 등이다. 앞서 언급했듯이 주택의 소득불평등도가 개선되고 있는 이유는 가계가 빚을 내서라도 주택을 마련하기 때문이었다. 하지만 현재 주택가격이 전반적으로 하락하면서 주택 디플레이션 우려가 심화되는 가운데 연체율이 1%를 육박하고 있다. 만약 경제여건이 악화될 경우 양극화 확대를 넘어서서 서민경제의 기반이 붕괴될 수 있는 한국경제의 뇌관으로까지 거론되고 있다. 현재 주택가격 하락으로 LTV한도를 초과하는 대출총잔액은 44조원을 넘어선 상태다.

수출, 투자, 소비 등 경제 전반적 상황이 모두 하방압력에서 벗어나지 못하고 있는 가운데 가계소득이 늘지 않고 있는 상황 또한 가계부채 증가 압력을 심화시키고 있다. 소득 하위 20%인 1분위 가구의 가처분 소득 대비 부채비율은 지난해 279.6%로 전년보다 무려 68.2%p높아졌다. 2분위 가구도 같은 기간 150.07%에서 180.15%로 30.08%p 증가했다. 반면 최상위 20%인 5분위 가구는 부채비율이 152.1%에 그쳐 전년보다 10.89%포인트 감소했다. 최상위층은 빚에 대한 부담에서 벗어나는 반면 하위층일수록 빚의 수렁에 빠져 더욱 양극화 현상이 심화되고 있는 모습이다. 따라서 1분위 가구는 소득 중 원리금 상환비중이 42.6%로 전년도 28.5%보다 14.1%p 증가했다.

다중채무자의 연체율도 빠르게 증가하고 있다. 지난달 31일 코리아크레딧뷰로(KCB)에 따르면 지난 5월 말 다중채무자 연체율은 4.39%로 2010년말(2.41%)에 비해 1.8배 뛰었다. 가계대출 평균연체율인 0.97%의 4배가 넘는 수치다. 다중채무자의 38%가 자영업자, 50세 이상 고령자로 이루어져 있어 유럽재정위기와 국내 내수산업 침체 등으로 국내 경제가 급속히 악화될 경우 채무불이행자로 전락할 가능성이 가장 높다.

자영업자도 양극화 현상이 심화되고 있다. 중상위 자영업자는 빚을 제대로 갚고 있는 반면 서민 업자일수록 빚을 갚지 못하는 비율이 높아지고 있다. 자영업자가 금융회사에서 대출을 받을 때 보증 서비스를 제공하는 신용보증재단에 따르면 일반보증의 사고율은 올해 6월말 현재 4.02%로 1년전보다 0.05%p 낮아졌다. 그러나 영세 자영업자가 대상인 햇살론 보증은 오히려 사고율이 높아졌다. 자영업자 사이에서도 빈익빈 부익부 현상이 가중되고 있는 것이다.

가계부채 증가와 흔들리는 서민금융을 해결할 수 있는 방법이 소득증가 외에는 없는데 경기가 전반적으로 침체되어 있어 이 또한 쉽지 않은 상황이다.

5) 세계화(Globalization)

세계화로 인해 거리가 축소되고 상호 의존이 심화되었고, 상호작용으로 세계는 하나의 이웃으로 단일화 되어가고 있다. 국가 간 무역이 활발해 짐에 따라 우리나라의 산업에서 취약한 부분은 값싼 외국산에 밀려 빛을 발하지 못할 수도 있다. 최근 미국, EU 와의 FTA체결로 무역교류가 더 활발해져 문제가 더욱 중요하다는 것을 나타낸다. 각국의 기업들은 국내에서 뿐만 아니라 세계적인 기업들과 경쟁을 하게 된다. 이 치열한 경쟁 속에서 살아남은 강한 기업들은 대기업으로 살아남지만 나머지 기업들은 대부분 파산 하거나 붕괴된다. 한 예로 IT산업에서 애플과 삼성의 높은 점유율로 판매가 부진했던 노키아가 핀란드 내 마지막 공장인 살로(Salo) 공장을 폐쇄하여 780명 직원이 해고되었다.

6) 사회복지 정책의 실패

정부는 그동안 꾸준히 사회보장제도를 확대해 왔다. 특히 1970년대에 의료보험을 도입하고 점차 적용 범위를 확대하여 1980년대 말에 전 국민에게 의료보험을 적용하였던 것은 중요한 업적으로 꼽힌다. 의료보험은 1999년에 건강보험으로 바뀌었는데, 현재 실질적으로 모든 국민이 건강보험에 가입되어 있다.

이처럼 제도가 확대되면서 복지지출이 급증하고 있다. 특히 2008년에는 GDP의 약 8%에 해당하였다.

이 가운데 사회보호지출과 보건지출이 각각 절반정도를 차지하고 있다.

복지 지출이 증가함에 따라 전체 재정지출이 빠르게 증가하고 있다. 이러한 지출증가를 뒷받침하기 위한 국민 부담도 늘어나고 있다.

7) 통화량의 증가

무분별한 통화증가가 소득불평등을 야기 할 수 있다고 강조한 미제스의 이론에 따라 물가 변동이 없는 상태에서 중앙은행의 통화정책에 의해 통화량이 증가하면 새로 유입된 통화를 일찍 손에 넣은 사람의 실질 구매력은 증가하지만, 통화증가로 인해 물가가 오른 후 새로 유입된 통화를 입수한 사람의 실질 구매력은 상대적으로 하락한다. 즉 새로 유입된 화폐를 일찍 손에 넣는 사람과 나중에 접근하는 사람 간에 소득격차가 발생한다. 상식적으로 생각해 볼 때 새로운 화폐를 먼저 입수 할 수 있는 사람은 서민들보다는 정부와 연관돼있는 금융기관과 기업들이다. 실제로 소득양극화와 관계있는 지수들이 통화량과 강한 상관관계를 보인다.

(3) 소득양극화의 해결책

1) 소득양극화 해결의 키포인트는 '경기요인'과 '고용의 질'

삼성경제연구소가 실증분석 결과를 토대로 소득양극화와 가장 큰 인과관계를 보이는 것은 분배구조의 문제 보다는 결국 수출, 내수 등 경기요인인 것으로 나타났다. 경제성장률이 1%p 증가할 때, 소득양극화 지수는 0.57%p 감소한다고 한다. 즉, 경제성장률 하락과 수출과 내수의 부진 등 경기요인이 소득양극화와 가장 큰 인과관계가 있다는 것이다. 그 다음으로 영향을 미치는 변수는 노동시장이다. 자영업자와 비정규직이 계속적으로 확대됨에 따라 저소득층과 중간소득계층의 소득 상승률이 저하되고 있어 계층간 소득격차를 확대하고 있기 때문이다. 따라서 양극화 해소를 위해서는 추가적인 성장세 회복과 더불어 고용의 질 개선, 금융기관 중개기능 강화 등이 요구된다.

2) 수출 품목 다변화를 통한 수출과 내수의 선순환 고리 강화의 필요성

수출이 부품, 설비의 수입의존도가 높은 IT산업 위주로 재편되면서, 수출 호조가 국내 부가가치 및 고용 창출로 연결되지 못하고 있다. 수출의 국내 부가가치 유발계수는 1995년 0.70에서 2000년 0.63, 2003년 0.58로 지속적으로 하락하고 있다. 수출 10억원 당 고용유발 효과도 1990명 46.3명에서 1995년 25.8명, 2000년 15.7명으로 점차 하락하고 있는 추세다. 문제는 IT산업위주의 수출품목 뿐만 아니라 국내 부품소재 산업이 취약한 데다 이들과 대기업관의 미약한 관계로 인하 tickle-down effect가 발휘되지 못하고 있다는 것이다. 한국은 경제 전체에서 수출이 점하는 비중이 56%에 달하기 때문에 이러한 경제 선순환고리의 단절은 지속적인 성장을 저해해 소득양극화를 심화시킬 수 있다. 따라서 수출품목 다변화를 통해 IT위주의 수출구조에서 탈피하고 중소기업과 대기업이 상생할 수 있는 선순환 구조를 마련할 필요가 있다.

3) 소규모 개방경제인 한국의 특성을 감안한 신규시장 개척과 정책지원 필요

수출이 내수로 연결되는 연결고리가 점차 약화되고 있다고 하더라도 소규모 개방형 경제로서 한국 GDP에서 차지하는 수출공헌도가 56%에 달하는 만큼, 수출의 확대가 경제성장에 미치는 영향력은 크다. 따라서 수출시장 판로를 마련해 기업들의 경쟁력을 확보할 필요가 있다. EU, 중국, 미국 등 주요 교역대상국의 경제상황이 좋지 않고, 주요 신흥국 시장의 경기 상황이 밝지 만은 않지만 여전히 중동 및 동남아를 중심으로 신흥국의 인프라 및 건설수요가 크다. 특히 인도네시아를 포함한 동남아 등지에서 친환경 인프라에 대한 수요가 큰 상황이기 때문에 우수한 기술력을 가진 중소기업들의 수출판로 모색을 위한 정책적 지원을 마련해 줄 필요가 있다. 8월 4일 토요일자 매일경제에서는 지난해 인도네이사에서 친환경 가스플랜트 발주소식을 접한 중견 엔지니어링 업체가 재무구조와 신용등급의 한계에 부딪혀 친환경 에너지 설계기술을 다량 보유하고 있음에도 불구하고 입찰에 참여하지 못했다는 보도가 있었다. 그만큼 우수한 기술력과 사업성을 가지고 있어도 재무구조와 물적담보능력에 한계를 지니고 있는 중소기업의 경우 사업의 기회조차 제대로 잡지 못하고 있는 것이다. 한가지 좋은 소식은 국토부가 내년초부터 양호한 사업성을 가지고 있는 기업들에 대한 보증 및 금융지원 확대를 위한 태스크 포스를 마련할 예정이라는 것이다. 보증기관과 정책금융기관등이 자금력과 담보력이 부족하더라도 양호한 사업성을 가지고 있는 기업들에 대해 융자지원을 확대한다면 기업의 수출동력 확보, 투자 및 고용 개선, 소득개선을 통한 양극화 해소 및 경기안정이라는 선순환 구조가 마련될 수 있다.

4) 공정거래원칙의 확고한 정립

최근 공정, 경제민주화, 동반성장 등의 문제가 제기되고 있다. 이는 개방화나 기술변화에 따른 산업구

조변화 등에 대하여 정부가 어떠한 정책을 견지하느냐에 따라 소득불평등도에 미치는 영향이 달라질 수 있기 때문이다. 따라서 공정한 시장경쟁에 대한 정부의 올바른 판단과 역할이 중요해 지고 있음을 시사한다.

5) 성장잠재력 회복을 위한 건실한 유효수요 확대

소득불균등 완화보다는 소득양극화 심화방지 및 해소가 더욱 시급한 문제이기 때문에 '분배구조 개선'보다는 '중산층 복원'에 초점을 맞춘 정책이 필요하다. 구체적으로 '더 좋은 더 많은' 일자리 창출을 위한 다양한 전략 산업 군을 육성하여 중산층 복원과 연결하여 '중산층'의 하위계층으로의 탈락을 방지하고, 중산층을 확대하는데 초점을 맞추어야 하겠다. 더불어 고용규모를 늘리는 것뿐만 아니라 숙련된 노동력에 부합되는 '양질'의 일자리를 창출 하는 데에도 중점을 맞추어 따라서 기업들의 투자와 창업활동을 통해 적극적으로 일자리 창출을 할 수 있도록 사회적 분위기와 여건을 조성하여 고용창출을 통한 소득증대를 유도해야 한다.

6) 취약계층에 대한 사회적 책임을 강화

취약계층이 '빈곤의 함정' 즉, 빈곤의 대물림 현상이 구조화 되는 것을 방지하기위해 '교육기회 확충, 사회 안정망 내실화 등으로 동등한 기회보장'의 틀을 제도적으로 마련하여야 한다.

7) 기준금리 완화에 따른 가계 부채 부담 완화

한국은행은 기준 금리를 3.25%에서 0.25% 인하하였다. 이는 그 동안 한은이 고수해오던 금리 유지 입장을 변화했다는 데 의의가 있다. 금리를 인하했다는 점은 당장 불황인 경제를 성장 위주 정책으로 타개해 나가겠다는 의미가 숨어있다. 하지만 동시에 기준 금리 인하는 막대한 부채를 변동 금리로 지고 있는 일반 가계에 대한 부담감을 줄여 줄 수 있다는 의미를 갖기도 한다. 그리고 이런 금리는 장기적으로 소득 양극화 완화에 힘을 실어 줄 수 있을 것으로 보여진다.

(4) 정치권의 역할

양극화 해소에는 경제적인 부문에서의 도움이 가장 절실하다. 하지만 이런 도움에 선결 되어야 하는 부분이 바로 정치권의 역할이다. 이번 11월 5년만의 대선을 앞두고 각 정당들은 양극화 해소를 최우선 과제로 삼으며 경제 민주화의 중요성을 피력하고 있다. 이는 한마디로 분배와 정의에 초점을 맞추겠다는 것이고, 최근 도입된 금융종합과세 기준이 4,000만원에서 3,000만원으로 인하도 정치권의 의지를 볼 수 있는 대목이다.

일반균형이론과 후생경제학

주제 1 일반균형이론

1 이론요약

1. 일반균형이론

구분	내용
일반균형의 개념	① 부분균형이란 다른 시장의 여건이 일정한 상태에서 개별 시장의 균형을 말한다. ② 일반균형이란 연관 시장 간에 동시에 균형이 성립되는 것으로 정책변화와 같은 외부충격의 효과를 제대로 평가하기 위해서는 일반균형분석의 관점에서 접근하여야 한다.
조건	① 소비자는 주어진 예산제약 하에서 효용을 극대화 한다. ② 기업은 주어진 비용 하에서 이윤을 극대화한다. ③ 주어진 가격체계 하에서 모든 생산물시장과 생산요소 시장에서의 수요량과 공급량이 일치한다.
일반균형의 의미	① 일반균형 조건이 만족되면 현 상태에서 어떠한 경제주체도 다른 상태로 변화하려 하지 않는다. ② 또한 가격도 현재 수준에서 유지되며 어떤 교란요인이 존재하지 않는 한 현 상태가 그대로 유지된다. ③ 경쟁상황에서 일반균형은 각 경제주체의 사익추구가 시장기능에 의하여 조화를 이룬다는 것을 의미한다.

2. 순수교환경제

구분	내용
순수교환경제의 개념	교환경제란 상품의 공급은 주어져 있는 상황에서 소비만 이루어지는 경제를 말한다.
용어	① 에지워스 상자(Edgeworth box)란 경제 내에 모든 실현 가능한 자원배분을 나타내주는 상자를 말한다. ② 초기부존자원(initial endowment)이란 경제주체가 원래부터 가지고 있는 재화를 말한다. ③ 총 부존자원(total endowment)이란 경제주체가 가지고 있는 초기부존자원의 합을 말한다. ④ 배분(allocation)이란 재화가 경제주체에게 나누어져 있는 상태를 말한다. ⑤ 실현가능배분(feasible allocation)이란 경제주체에게 배분된 각 재화의 합이 재화의 총 부존량을 초과하지 않는 배분을 말한다.

3. 왈라스의 법칙(산업은행, 2012)

구분	내용
정의	왈라스의 법칙이란 어떤 가격체계하에서도 각 재화에 대한 총초과수요의 시장가치의 합은 항상 0이 되는 것을 말한다. $$P_X Z^X(P) + P_Y Z^Y(P) = 0$$
의미	① 개별적인 재화시장에서는 수요과 공급의 가치가 일치하지 않을 수 있다. ② 만약 재화시장이 n개 있다면 $(n-1)$개 재화시장에서 초과수요가 0이라면 나머지 1개 시장의 초과수요도 0이 될 수 밖에 없다. 즉 n개 시장중 $(n-1)$개 시장이 균형을 이룬다면 나머지 1개시장은 자동적으로 균형을 이룬다는 것이다. $$P_1 Z_1(P) + P_2 Z_2(P) + \cdots P_{n-1} Z_{n-1}(P) = 0 \rightarrow P_n Z_n(P) = 0$$

4. 파레토 효율성

구분	내용
개념	① 파레토효율성이란 어느 한 사람의 효용증가를 위해서는 반드시 다른 사람의 효용감소를 유발할 수밖에 없는 상태를 말한다. ② 또는 더 이상의 파레토개선이 없는 상태, 즉 모두에게 이득이 되는 변화를 만들어 낼수 없는 상태를 말한다.
조건	① 생산의 파레토 효율성 조건 : $MRTS_{LK}^X = MRTS_{LK}^Y \rightarrow$ 생산가능곡선 도출 ② 소비의 파레토 효율성 조건 : $MRS_{XY}^A = MRS_{XY}^B \rightarrow$ 효용가능곡선 도출 ③ 종합적 파레토 효율성 조건 : $MRS_{XY} = MRT_{XY} \rightarrow$ 효용가능경계 도출
특징	① 파레토 효율성은 사회의 후생평가기준으로 자원배분의 효율성을 판단하기 위한 객관적인 기준이다. ② 파레토 효율성을 만족하는 상태는 무수히 많다. ③ 파레토 효율적인 자원배분 간에 파레토 우위를 비교할 수는 없다.

한계	① 파레토 효율성은 가치판단과 무관한 개념으로 사회후생극대화를 위한 필요조건이다.
	② 파레토 효율성을 만족하는 자원배분상태는 무수히 많으므로 어떠한 자원배분상태를 선택하느냐에 문제가 있다.
	③ 파레토 효율성은 소득분배의 공평성을 만족시키지 못한다.

5. 후생경제학의 제1정리와 제2정리

구분		내용
제1정리	개념	모든 소비자의 선호체계가 강단조성을 갖고 경제 안에 외부성이 존재하지 않으면 일반경쟁균형의 배분은 파레토 효율적이다.
	의미	① 이상적인 시장제도가 갖추어져 있을 때 개인의 사사로운 이득을 추구하는 행위가 바로 공익에 부합함을 나타낸다. ② 시장의 힘에 대한 신뢰를 이론적으로 정당화 하였다.
제2정리	개념	초기부존자원이 적절하게 분배된 상태에서 모든 사람의 선호가 볼록성을 가지면 파레토 효율적인 배분은 일반경쟁균형이 된다.
	의미	① 시장기능과 정부기능을 모두 강조하였다. ② 초기부존자원이 적절하게 분배되어 있지 않다면 적절하게 분배하기 위하여 정부가 개입해야 하므로 정부개입의 정당성도 강조하였다.

2 객관식 문제

01

생산요소가 K와 L, 생산물이 X와 Y, 생산자이면서 동시에 소비자인 A와 B로 구성된 경제에서, 모든 해가 내부해인 일반균형조건에 대한 다음 설명 중 옳지 않은 것은? (단, MRTS는 한계기술대체율, MRS는 한계대체율, MU는 한계효용, MC는 한계비용) (CPA · 2010)

① 경제전체의 효율성은 생산과 교환의 효율성을 만족시키며 $MC_X MU_X = MC_Y MU_Y$가 성립된다.

② 효용가능곡선 상의 모든 점에서 $(\frac{MU_X}{MU_Y})^A = MRS_{XY}^B$를 만족한다.

③ 생산가능곡선 상의 각 점은 생산요소평면 상 계약곡선의 어느 한점에 1 : 1로 대응된다.

④ 생산가능곡선 상의 모든 점에서 $MRTS_{LK}^X = MRTS_{LK}^Y$를 만족한다.

⑤ 독점이 발생하게 되면 파레토 효율성을 만족시키지 못하게 된다.

해설

생산과 교환의 파레토효율성조건은 $MRS_{XY} = MRT_{XY}$이다. 따라서 $\frac{MU_X}{MU_Y} = \frac{MC_X}{MC_Y}$이며, 분모를 없애주면 $MC_X MU_Y = MC_Y MU_X$의 결과가 나온다.

정답 ①

02

두 재화 X재와 Y를 갑은 각각 50단위씩, 을은 각각 30단위씩 갖고 있다. 이 상태에서 X재에 대한 Y재의 한계대체율이 갑은 3이고 을은 2이다. 갑과을 사이에 자유로운 거래가 이루어진다면 X재에 대한 Y재의 교환비율은? (단, 갑과 을은 효용을 극대화한다.) (감정평가사 · 2012)

① 0이다.
② 1 이상 2 미만이다.
③ 2 이상 3 이하이다.
④ 3보다 크고 4 이하이다.
⑤ 4보다 작다.

갑의 한계대체율은 3이므로 X재 1단위를 얻기 위하여 Y재 3단위를 포기할 의향이 있고 을은 한계대체율이 2이므로 X재 1단위를 얻기 위하여 Y재 2단위를 포기할 의향이 있다. 이 경우 갑은 을보다 X재를 더 선호하므로 갑이 Y재를 2.5단위 주고 X재 1단위를 얻는다면 갑과을 모두 효용이 증가할 것이다.
따라서 X재에 대한 Y재의 교환비율은 2 이상 3 이하이다. 정답 ③

03

다른 조건이 동일할 때 A에게는 X재 1단위가 추가(감소)된 경우와 Y재 2단위가 추가(감소)될 때 동일한 효용의 증가(감소)가 나타나고 B에게는 Y재 1단위가 추가(감소)된 경우와 X재 3단위가 추가(감소)된 경우에 동일한 효용의 증가(감소)가 나타난다. 다음 중 옳은 설명은?

(국회 8급 · 2007)

① 현 상태는 파레토 최적상태이다.
② 현 상태에서 A, B의 X재, Y재에 대한 한계대체율은 같다.
③ A의 경우에 Y재의 한계효용은 X재의 한계효용보다 크다.
④ A와 B의 X재와 Y재로부터 각각 발생하는 한계효용의 비율은 같다.
⑤ A가 Y재 1단위를 B에게 양도하고 X재 1단위를 받으면 현 상태가 개선될 수 있다.

개인 A의 한계대체율은 2이고 개인 B의 한계대체율은 1/3이므로 개인 A는 B보다 X재를 상대적으로 더 선호하고 개인 B는 A보다 Y재를 상대적으로 더 선호한다. A가 X재 1단위를 얻기 위하여 Y재 2단위를 포기할 의향이 있는데 Y재 1단위밖에 포기하지 않았다면 개인 A와 개인 B 모두 효용이 증가한다. 정답 ⑤

01

2인－2재화 순수교환경제를 상정하자. X, Y재에 대한 소비자 A의 효용함수는 $u_A(x_A, y_A) = x_A y_A^2$이고, 소비자 B의 효용함수는 $u_B(x_B, y_B) = x_B + y_B$이다. 여기서 x_i와 y_i는 각각 소비자 i의 X재와 Y재 소비량이다. 소비자 A는 X재 $\frac{1}{2}$단위, Y재 $\frac{1}{3}$단위를 초기 부존자원으로 가지고 있고 소비자 B의 초기 부존자원은 X재 $\frac{1}{2}$단위, Y재 $\frac{5}{3}$단위이다.

(1) 계약곡선의 함수식을 도출하시오.

(2) 일반경쟁균형에서 Y재에 대한 X재의 상대가격 $\dfrac{P_X}{P_Y}$을 구하시오.

해설

(1) 개인 A의 한계대체율은 $MRS_{XY}^A = \dfrac{MU_X}{MU_Y} = \dfrac{y_A^2}{2x_A y_A} = \dfrac{y_A}{2x_A}$이고 개인 B의 한계대체율은 1이다. 따라서 계약곡선의 함수식은 $\dfrac{y_A}{2x_A} = 1 \rightarrow y_A = 2x_A$이다.

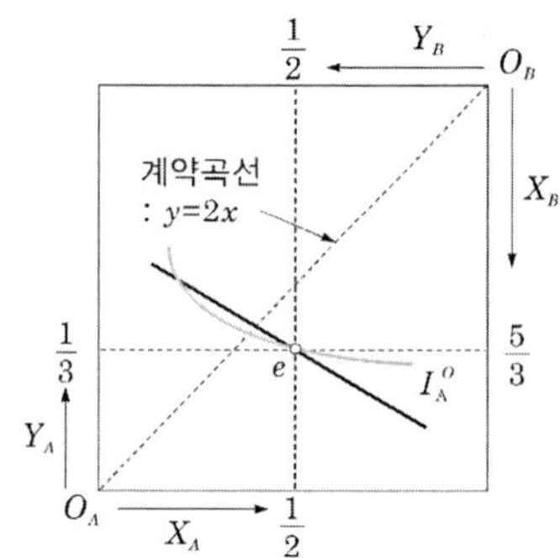

(2) 초기부존자원 X재 $\frac{1}{2}$단위, Y재 $\frac{1}{3}$단위를 개인 A의 한계대체율에 대입하면 한계대체율은 1/3이므로 개인 B의 한계대체율과 같지 않다. 따라서 파레토 효율적이 아니다.

파레토 효율성이 달성되기 위해서는 개인 A의 한계대체율이 1이 되어야 하므로 $y_A = 2x_A$가 되어야 한다. 일반경쟁균형에서는 개인의 한계대체율이 재화의 상대가격과 일치해야 하므로 X재의 상대가격은 1이다.

02

두 소비자 1, 2가 두 재화 (x, y)를 소비하는 순수교환경제 모형을 고려하자. 소비자 1의 효용함수는 $u_1(x_1, y_1) = x_1 y_1$이고, 소비자 2의 효용함수는 $u_2(x_2, y_2) = x_2 + y_2$이다. 초기에 소비자 1은 $(4, 1)$, 소비자 2는 $(2, 3)$의 재화묶음을 가지고 있다. 만약 소비자 2가 교환의 협상력(bargaining power)을 모두 가지고 있다면 각 소비자의 최종 소비점 (x_1^*, y_1^*)와 (x_2^*, y_2^*)을 구하시오.

해설 초기에 소비자 1의 효용은 4이고 소비자 2의 효용은 5이다.

소비자 2가 교환의 협상력을 모두 가지고 있다면 자신의 효용이 극대화하고자 노력할 것이다.

소비자 2의 무차별곡선과 소비자 1의 무차별곡선이 접하고 소비자 1의 효용이 같도록 소비를 할 때 효용이 극대화 된다.

소비자 1의 효용은 $x_1 y_1 = 4$이고 두 소비자의 한계대체율이 같아야

하므로 $\dfrac{y_1}{x_1} = 1$이 성립되어야 한다.

두 식을 연립하면 $x_1 = 2, y_1 = 2$이다. X재의 부존량이 6, Y재의 부존량이 4이므로 $x_2 = 4, y_2 = 2$가 된다.

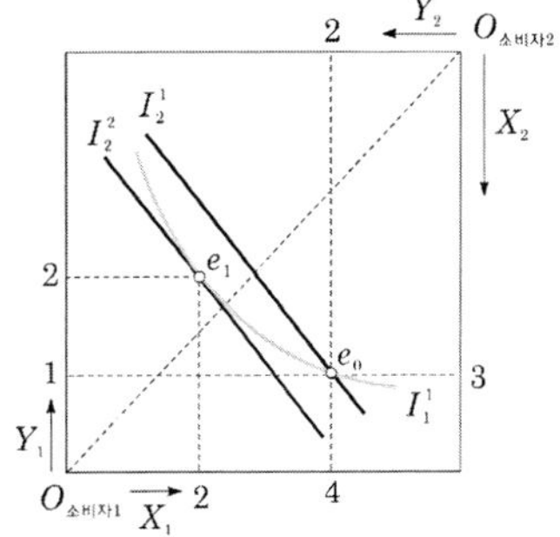

03

X재는 가로축, Y재는 세로축으로 표시되는 에지워드상자(Edgeworth Box)모형에서 두 소비자 A, B의 효용함수가 각각 $U^A = X^A$, $U^B = X^B Y^B$로 주어져 있다. (여기에서 X^A는 A의 X재 소비량, X^B와 Y^B는 각각 B의 X재 및 Y재 소비량이다.) A와 B는 초기에 각각 10단위씩의 X재와 Y재를 가지고 있다.

(1) A가 교환의 협상력(bargaining power)을 갖는 경우 A가 얻을 수 있는 최대 효용의 값을 도출하시오.

(2) B가 교환의 협상력을 갖는 경우 B가 얻을 수 있는 최대 효용의 값을 도출하시오.

해설 개인 A의 무차별곡선은 수직선이고 개인 B의 무차별곡선은 콥－더글라스 효용함수이므로 원점에 볼록한 모양을 갖는다.

초기부존점에서는 소비자 A, B의 무차별곡선이 교차하므로 파레토효율성을 만족하지 못한다.

초기부존점에서는 소비자 A의 효용은 10이고 소비자 B의 효용은 100이다.

개인 A가 교환의 협상력을 갖는다면 자신의 효용을 극대화하면서 상대방 B의 효용이 감소하지 않아야 한다.

따라서 $X^B Y^B = 100$, $Y^A = 0$이 동시에 달성되어야 하므로 개인 A의 X재와 Y재의 소비량은 (15, 0)이다.

개인 B가 교환의 협상력을 갖는 경우 개인 B의 X재와 Y재 소비량은 (10, 20)이다.

따라서 B는 최대 200의 효용을 얻을 수 있다.

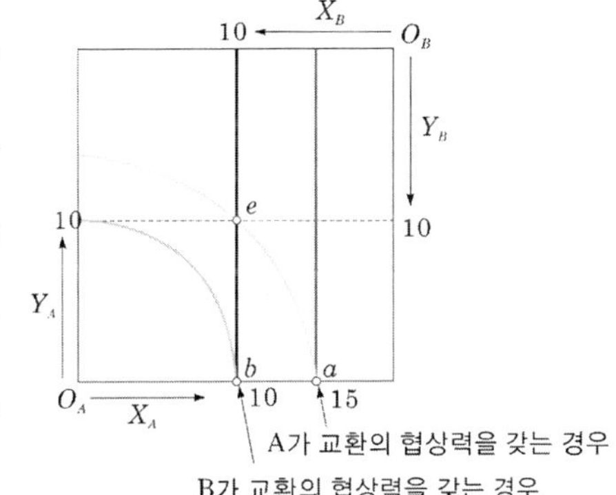

04

2인 – 2재화 순수교환의 경우를 생각해보자. 먼저 A 및 B의 효용함수는 각각
$U_A = \min\{X_A, Y_A\}$, $U_B = \min\{X_B, Y_B\}$로 주어졌다. A는 X재만 X_A^0 만큼, B는 Y재만
Y_B^0 만큼 가지고 있다.

(1) X재의 상대가격이 상승하는 경우 A 및 B가 예산제약하의 효용극대화를 이루는 상황이 어떻게
변화하는지 그림으로 나타내시오.

(2) $X_A^0 = Y_B^0$ 인 경우에는 왈라스 균형이 무한히 많이 존재하고 $X_A^0 \neq Y_B^0$ 인 경우 왈라스 균형
이 존재하지 않음을 그림을 이용하여 나타내시오.

해설

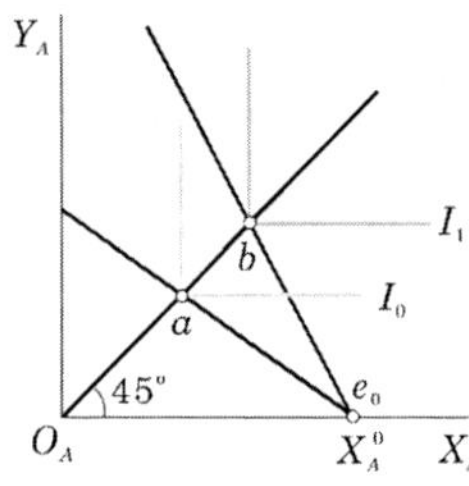 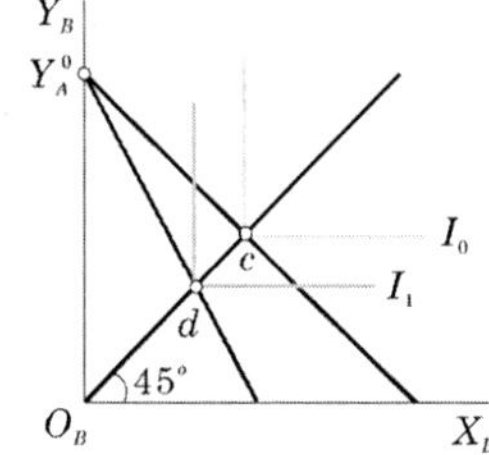

① A는 X재만 갖고 있으므로 A의 부존점은 e_0점이다. X재의 상대가격이 상승하는 경우 효용극대화를 이루
는 점은 a점에서 b점으로 바뀐다. B는 Y재만 갖고 있으므로 B의 부존점은 e_1점이다. X재의 상대가격이
상승하는 경우 효용극대화를 이루는 점은 c점에서 d점으로 바뀐다.

② $X_A^0 = Y_B^0$ 인 경우 에지워스 상자는 정사각형이 되며 대각선은 45도선이므로 왈라스균형은 무수히 많이 존
재한다.

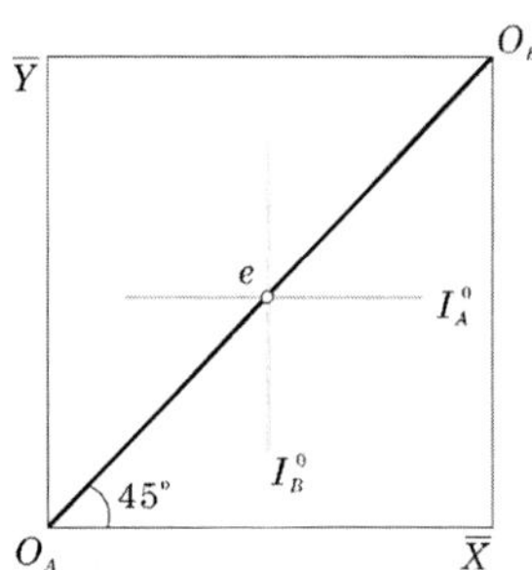

$X_A^0 \neq Y_B^0$ 인 경우 에지워스 상자는 직사각형이 되어 왈라스 균형은 존재하지 않는다.

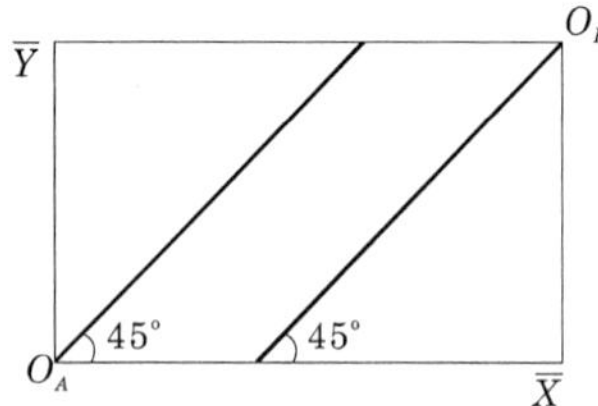

05

두 재화 $(0X,\ Y)$와 두 소비자(A, B)가 존재하는 교환경제를 가정하자. 두 소비자의 선호는 동일하며 다음과 같은 콥－더글라스 효용함수로 표현된다. （수출입은행 · 2012）

$$U(X,\ Y) = XY$$

이 경제의 총부존량은 $(X,\ Y) = (5,5)$ 이다.

이 경제의 계약곡선을 도출하고 파레토 효율성의 한계를 서술하시오.

(1) 계약곡선의 도출

$$MRS_{XY}^A = MRS_{XY}^B \ \rightarrow \ MRS_{XY}^A = \frac{MU_X}{MU_Y} = \frac{Y^A}{X^A}, \quad MRS_{XY}^B = \frac{MU_X}{MU_Y} = \frac{Y^B}{X^B}$$

$$\frac{Y^A}{X^A} = \frac{Y^B}{X^B} = \frac{5-Y^A}{5-X^A} \quad (X^A + X^B = 5, \ Y^A + Y^B = 5)$$

계약곡선 : $Y^A = X^A, \ Y^B = X^B$

(2) 파레토 효율성의 한계

① 파레토 효율성은 가치판단과 무관한 개념으로 사회후생극대화를 위한 필요조건이다.

② 파레토 효율성을 만족하는 자원배분상태는 무수히 많으므로 어떠한 자원배분상태를 선택하느냐에 문제가 있다.

③ 파레토 효율성은 소득분배의 공평성을 만족시키지 못한다.

06

두 상품 X, Y의 생산가능곡선이 $X^2 + Y^2 = 20$ 이고 두 소비자 A, B의 효용함수가 각각 $U^A = x_A y_A$, $U_B = x_B y_B$ 라고 하자. 그리고 A와 B의 생산과 소비는 $(x_A, y_A) = (1,2)$, $(x_B, y_B) = (1,2)$ 라고 하자.

(1) 파레토 효율적인 소비배분이 이루어 지는지를 알아보시오.

(2) 경제전반의 파레토 효율이 달성되고 있는지 분석하고 파레토 우위를 달성하기 위해서는 생산을 어떻게 변화시켜야 하겠는가?

(1) $MRS_{XY}^A = MRS_{XY}^B = 2$ 로 소비에서 파레토 효율적인 자원배분이 실현되고 있다.

(2) $MRT_{XY} = \dfrac{1}{2}$ 이므로 경제전체적으로는 비효율적이다.

따라서 이 나라 경제는 X재 생산을 증가시키고 Y재 생산을 감소시켜야 한다.

A와 B의 효용함수는 각각 $U_a = \min\{x_a,\ y_a\}$, $U_b = \min\{x_b,\ y_b\}$ 이다. x재화와 y재화의 전체 공급량은 각각 10이다. 계약곡선과 효용가능곡선(utility possibility frontier)의 형태를 도출하시오.

(한국은행 · 2013)

해설

① x재화와 y재화의 전체 공급량은 각각 10이므로 에지워스 상자는 정사각형의 형태로 도출된다.

② 또한 A와 B의 효용함수는 레온티에프 효용함수이므로 무차별곡선이 L자형의 형태를 갖는다.

③ 따라서 계약곡선은 대각선의 형태를 갖게 되며 효용함수는 우하향 직선의 형태를 갖는다.

④ 효용함수는 A와 B의 최대효용이 10의 값을 갖는 기울기 1인 우하향 직선의 형태이다. $\rightarrow U_b = 10 - U_a$

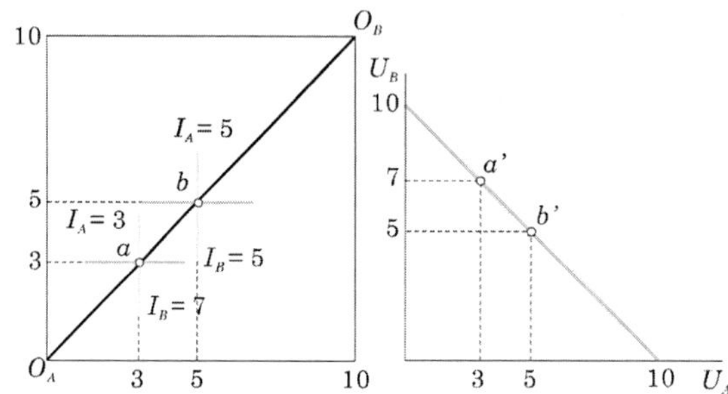

1 이론요약

1. 사회후생

구분	내용
후생경제학	① 후생경제학은 어떤 경제상태가 사회적 관점에서 바람직한지에 대한 연구를 하는 학문이다. ② 또는 다수의 경제상태중에서 가장 바람직한 경제상태를 선택하고 그 상태로 접근하도록 후생정책을 실시하는 것에 대한 학문을 말한다.
사회후생	① 사회후생을 판단하는 기준으로 '효율성'과 '공평성'이 존재한다. ② 효율성기준은 파레토효율성에 의해 판단가능하고 공평성 기준은 사회후생함수에 의해 판단가능하다. ③ 따라서 후생경제학은 실증경제학과 규범경제학의 영역을 포함한다.

2. 사회후생함수

구분	형태	의미
공리주의	우하향의 직선	① $SW = U^A + U^B$ ② 사회후생이 개인효용의 합에 의해서만 결정되므로 소득분배와 무관하다. 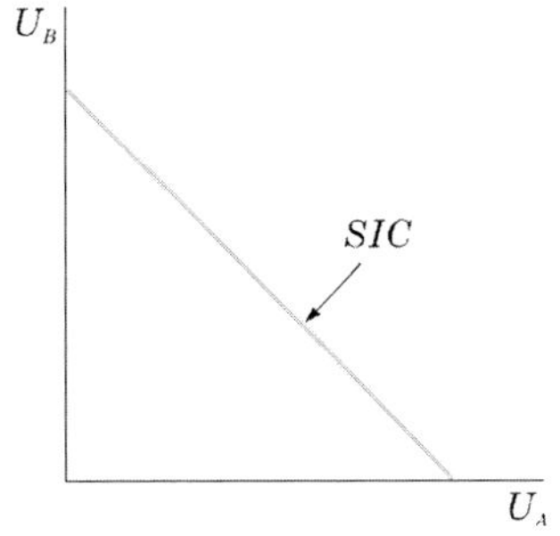
평등주의	원점에 대해 볼록	① $SW = U^A \times U^B$ ② 저소득층에 대해서는 높은 가중치를, 고소득층에 대해서는 보다 낮은 가중치를 부여하는 사회후생함수이다. 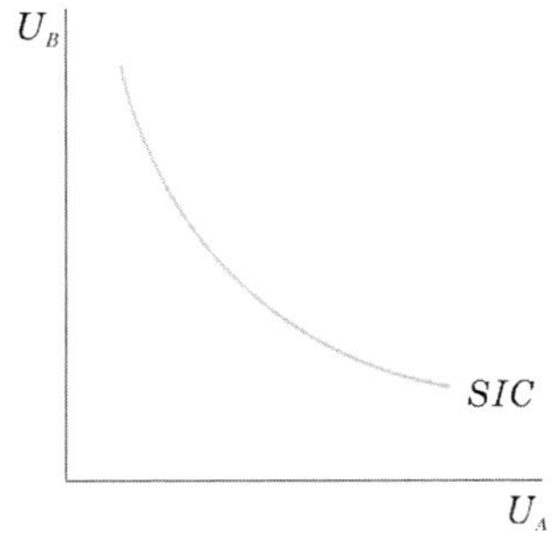
롤즈주의	L자형	① $SW = \min\{U^A,\ U^B\}$ ② 사회후생은 저소득층의 효용에 의하여 결정된다. ③ 사회후생이 증가하기 위해서는 저소득층의 효용이 증가해야 하므로 극단적인 평등주의라고도 한다. 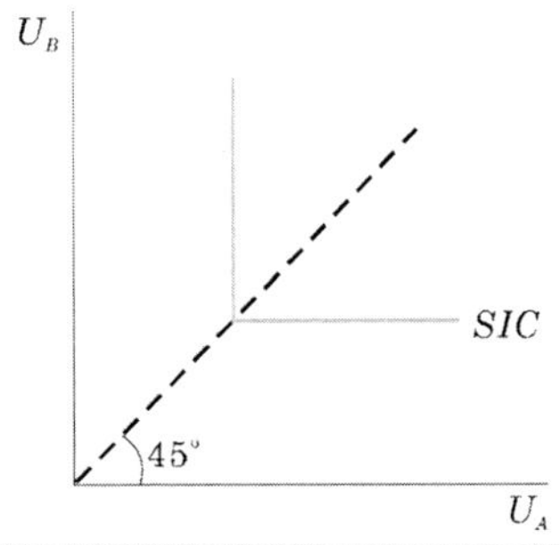

3. 애로우의 불가능성 정리

구분	내용
개념	애로우 (K. Arrow)는 일정 조건 즉, 민주적이면서 합리적인 조건을 갖춘 사회후생함수를 도출할 수 없음을 증명
조건	• 완비성 – 두 사회상태 X와 Y중에서 어떤 상태가 더 선호되는지를 항상 판단할 수 있어야 한다. • 이행성 – 임의의 두 사회 상태 X와 Y에 대하여 모든 사회구성원이 X를 Y보다 선호한다면 사회 전체적으로도 X가 Y보다 선호되어야 한다. • 파레토 원칙 – 임의의 두 사회 상태 X와 Y에 대하여 모든 사회구성원이 X를 Y보다 선호한다면 사회 전체적으로도 X가 Y보다 선호되어야 한다. • 독립성 – 임의의 두 사회상태 X와 Y에 대한 사회적 선호는 제 3의 사회상태 Z에 대한 개인들의 선호와는 관계없이 오직 X와 Y에 대한 개인들의 선호에 의하여 결정되어야 한다. • 비독재성 – 사회선호는 사회구성원전체의 선호에 의해서 결정되어야 하며, 어느 한 사회구성원(독재자)의 선호가 사회선호를 결정해서는 안 된다.
의미	완비성과 이행성, 파레토 원칙, 독립성 조건을 만족시키면 반드시 비독재성의 조건을 만족시킬 수 없으므로 4가지 조건을 모두 만족시키는 합리적이면서 민주적인 사회후생함수는 도출할 수 없다는 것이다.

4. 사회후생 극대

구분	내용
개념	사회후생은 파레토 효율성조건을 만족시키는 효용가능경계와 소득분배에 대한 가치판단을 나타내는 사회무차별곡선이 접하는 점에서 극대화된다.

5. 차선의 정리

구분	내용
개념	파레토 효율성 조건이 모두 만족되지 못하는 상태에서 효율성 조건을 가능한 한 많이 만족하는 것이 차선의 방안이 아니라는 것을 증명
의미	• 최선의 배분이 불가능한 경우 차선의 배분을 추구하는 기준을 제시 • 비합리성의 부분적 제거가 반드시 사회후생의 개선을 가져온다는 보장이 없다. • 시장실패를 치유하기 위한 정부의 점진적인 정책은 사회후생의 악화를 초래할 수 있다.

2 객관식 문제

01

어느 경제에 A와 B 두 구성원이 있고 각각의 후생을 u_A와 u_B로 나타낼 때 효용가능경계(utility possibility frontier)가 $2u_A + u_B = 100$으로 주어져 있다. 단, $u_A \geq 0$, $u_B \geq 0$이다. 정부개입이 없을 때 시장의 균형배분에서 A의 후생은 0이고 B의 후생은 100이다. 어떤 소득재분배 정책이 도입된다면 시장 균형에서 A의 후생은 20으로 늘어나고 B의 후생은 50으로 줄어든다고 한다. 아래 설명 중 가장 옳지 않은 것은? (공인회계사 · 2009)

① 이 경제에서 정부개입이 없는 시장경제의 균형은 파레토 효율적이다.

② 이 소득재분배 정책은 파레토 비효율성을 야기한다.

③ 사회후생이 효용의 합($u_A + u_B$)으로 정의될 때, 정부개입이 없어도 이 경제의 사회후생은 극대화된다.

④ 사회후생이 효용의 최소값(Min$\{u_A, u_B\}$)으로 정의될 때, 이 소득재분배 정책은 사회후생을 극대화한다.

⑤ 사회후생이 효용의 곱($u_A \times u_B$)으로 정의될 때, 이 소득재분배 정책의 도입은 사회후생을 개선시킨다.

정부개입이 없을 때 시장의 균형배분에서 A의 후생이 0이고 B의 후생이 100이라면 효용가능경계선상에 위치하므로 파레토 효율적이다. 소득재분배 정책으로 A의 후생이 20으로 늘어난다면 효용가능경계상에 위치하기 위해서는 B의 후생이 60이 되어야 하므로 B의 후생이 50이라면 비효율적이다. 공리주의 사회후생함수를 도입한다면 정부개입이 없어도 A의 후생은 0이고, B의 후생이 100일 때 사회후생극대가 달성된다. 롤즈주의 사회후생함수를 도입한다면 소득재분배정책으로 인한 후생변화에서 균형이 달성되지 않기 때문에 사회후생의 극대화가 달성되지 않는다. 평등주의 사회후생함수를 도입하면 초기 배분점에서의 사회후생은 0이니 소득재분배정책를 실시한 경우의 사회후생은 1,000이 된다. **정답 ④**

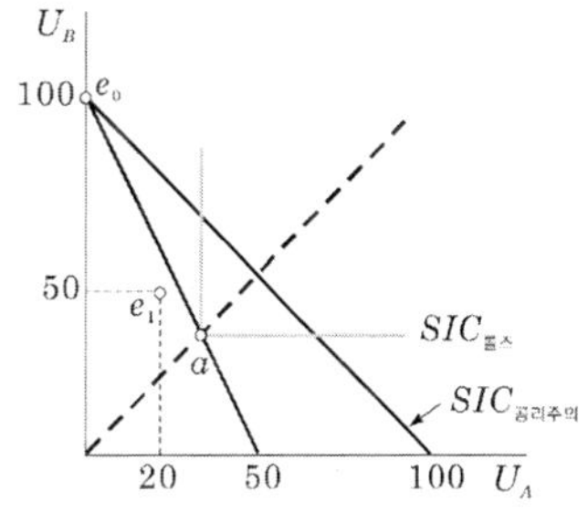

02

갑과 을 두 사람이 사는 사회에서 갑의 소득을 X, 을의 소득을 Y라 표시하고 이들의 소득 분포는 (X, Y)의 형태로 표시한다. 소득 분포 상태를 평가하는 세 가지 원칙은 아래와 같다. 다음 설명으로 옳지 않은 것은? (감정평가사 · 2012)

A사회에서 가장 가난한 사람의 소득이 높을수록 바람직하다.
B : 모든 사회 구성원들의 소득의 총합이 클수록 바람직하다.
C : 모든 사회 구성원들의 소득이 균등하게 분포될수록 바람직하다.

① 소득분포 (3, 2)와 (5, 1)을 비교할 때 원칙 A에 따르면 (3, 2)가 더 바람직하다.

② 소득분포 (3, 2)와 (4, 2)를 비교할 때 원칙 B에 따르면 (4, 2)가 더 바람직하다.

③ 소득분포 (1, 1)와 (4, 1)을 비교할 때 원칙 C에 따르면 (1, 1)이 더 바람직하다.

④ 소득분포 (3, 3)와 (2, 3)을 비교할 때 위 세 가지 원칙 모두 (3, 3)을 더 바람직하다고 판단한다.

⑤ 소득분포 (2, 3)과 (7, 3)을 비교할 때, 위 세 가지 원칙 중 (7, 3)이 명백히 더 바람직하다고 판단하는 원칙은 B 뿐이다.

해설 소득분포 (2, 3)과 (7, 3)을 비교할 때, 위 세 가지 원칙 중 (7, 3)이 명백히 더 바람직하다고 판단하는 원칙은 A, B 뿐이다. **정답 ⑤**

03

A와 B, 2인으로 구성된 경제를 가정하자. A와 B가 누릴 수 있는 가능한 효용조합을 효용가능 집합이라 하며, 그 영역은 아래 그림의 음영표시된 부분이다. 다음 설명 중 옳은 것을 모두 고르면? (U_A와 U_B는 각각 A와 B의 효용수준을 의미한다.) (공인회계사 · 2008)

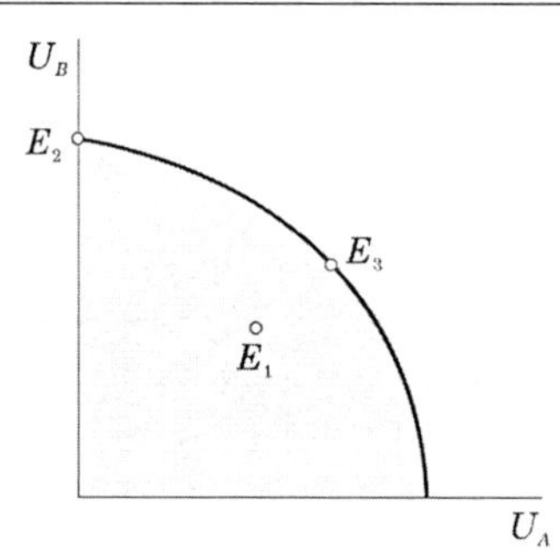

가. E_1과 E_2는 파레토 효율적인 점이 아니다.

나. E_1에서 E_3로 이행하는 것은 파레토 개선이다.

다. 사회후생함수 $SW = \min(U_A, U_B)$의 관점에서 평가하면 E_1에서 E_2로 이행하는 것은 열등한 변화라 할 수 있다.

① 가 ② 나

③ 가, 나 ④ 나, 다

⑤ 가, 나, 다

해설 E_1는 효용가능집합의 내부점에 위치하므로 파레토 효율적인 점이 아니다.
E_1에서 E_2로 이행하면 A의 효용은 0이 되므로 롤즈주의 가치관에 따르면 사회후생은 감소한다. **정답 ④**

04

소득이 높을수록 소득의 한계효용이 증가한다고 가정할 때 공리주의자의 관점에서 옳은 것은?

(국회 8급 · 2009)

① 부자로부터 빈자로의 소득재분배는 사회후생을 증진시킨다.
② 빈자로부터 부자로의 소득재분배는 사회후생을 증진시킨다.
③ 방향에 상관없이 소득재분배는 사회후생을 증진시킨다.
④ 방향에 상관없이 소득재분배는 사회후생을 감소시킨다.
⑤ 공리주의자의 관점에서 위의 진술은 모두 틀리다.

소득의 한계효용이 체증한다면 한 사람이 모든 소득을 갖는 것이 사회후생을 증진시키므로 빈자로부터 부자로의 소득재분배는 사회후생을 증진시킨다. 반면 소득의 한계효용이 체감한다면 부자로부터 빈자로의 소득재분배는 사회후생을 증진시킨다.

정답 ②

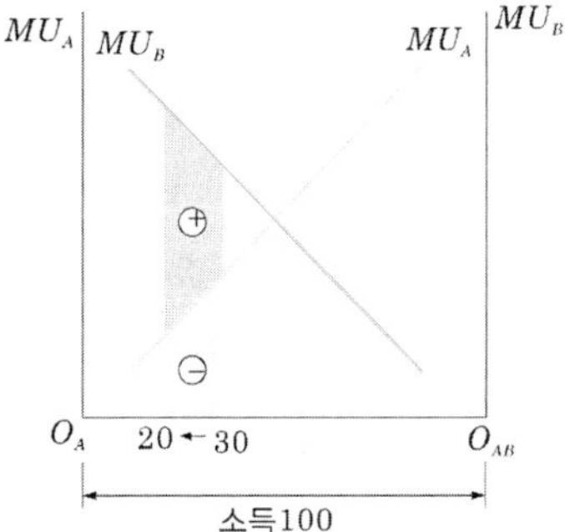

3 **약술문제**

01

돈 1만원을 갑, 을 두 명이 나눠 가져야 한다. 갑의 몫을 x, 을의 몫을 y라 한다면 갑과 을의 효용함수에 각각 $u(x) = \sqrt{x}$, $v(y) = 2\sqrt{y}$ 이다. 이 때 공리주의적 가치판단에 의한 최적 배분을 구하시오.

① 공리주의는 한계효용체감을 가정하므로 사회전체 효용이 극대화하기 위해서는 각 개인의 한계효용이 같아야 한다. 갑과 을의 한계효용은 다음과 같다. $MU_x = \dfrac{1}{2}x^{-\frac{1}{2}}$, $MU_y = y^{-\frac{1}{2}}$

② 따라서 갑과 을의 한계효용이 일치해야 하므로 $\dfrac{1}{2}x^{-\frac{1}{2}} = y^{-\frac{1}{2}} \rightarrow \dfrac{1}{4}x^{-1} = y^{-1} \rightarrow y = 4x$

$x + y = 1$만원이므로 $y = 4x$를 대입하면 $x = 2$천원, $y = 8$천원이 된다.

02

어떤 사회가 두 사람 A, B로 구성되어 있다. A의 효용함수는 $U_A = 2M_A$이고 B의 효용함수는 $U_B = 2M_B + M_A$이다. (여기에서 M_A는 A의 소득, M_B는 B의 소득이다. 사회의 전체소득은 M으로 주어져 있고, $M = M_A + M_B$이다.) A의 효용수준이 1단위 증가하면 B의 효용은 몇 단위 변하는가?

해설 개인 A의 효용함수가 $U_A = 2M_A$이므로 개인 A의 소득이 1/2단위 증가하면 개인 A의 효용이 1단위 증가한다. 개인 A의 소득이 1/2단위 증가하면 개인 B의 소득이 1/2단위 감소하므로 개인 B의 효용은 $2 \times (-\frac{1}{2}) + \frac{1}{2} = -\frac{1}{2}$이다. 즉 B의 효용은 1/2단위 감소한다.

주제 3 논술

01

갑이 피자만 만들면 1시간에 20개를 만들 수 있고 햄버거만 만들면 1시간에 40개를 만들 수 있다. 을은 이와 반대이다. 즉, 을의 경우 피자만 만들면 1시간에 40개를 만들 수 있고 햄버거만 만들면 1시간에 20개를 만들 수 있다. 그런데 갑과 을은 각각 20시간씩 일한다고 하자.

(1) 갑과 을이 함께 피자와 햄버거를 만든다고 하자. 이때 결합된 생산가능경계선(결합 생산가능곡선)을 그린 다음 설명하시오.

(2) 시장에서 피자와 햄버거가 같은 가격에 팔리고 있다고 한다. 이 경우 이윤을 극대화하려면 피자와 햄버거를 누가 각각 몇 개씩 생산해야 하는지 설명하시오.
피자 가격이 햄버거 가격의 3배일 경우에는 어떠한가?

해설 (1) 피자를 X재, 햄버거를 Y재라고 하면 갑과 을의 피자의 최대생산량은 각각 400, 800이 되고 갑과 을의 햄버거 최대생산량은 각각 800, 400이 된다.
갑이 햄버거를, 을이 피자를 특화 생산하는 경우 피자와 햄버거의 최대생산량은 각각 800, 800이 된다.
따라서 결합 생산가능곡선은 다음과 같이 그려진다.

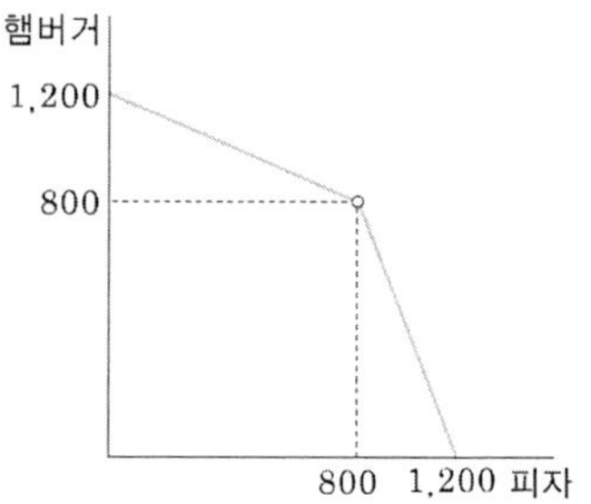

(2) 시장에서 피자와 햄버거가 같은 가격에 팔리면 피자의 상대가격은 1이 된다. ($\frac{P_X}{P_Y} = 1$)

따라서 이윤극대화를 추구하는 경우 갑은 햄버거를 800개 생산하고, 을은 피자를 800개 생산한다.
피자가격이 햄버거 가격의 3배라면 피자의 상대가격은 3이 된다. ($\frac{P_X}{P_Y} = 3$)

따라서 갑은 피자를 400개, 을도 피자를 800개 생산하여 피자만 총 1,200개를 생산하게 된다.

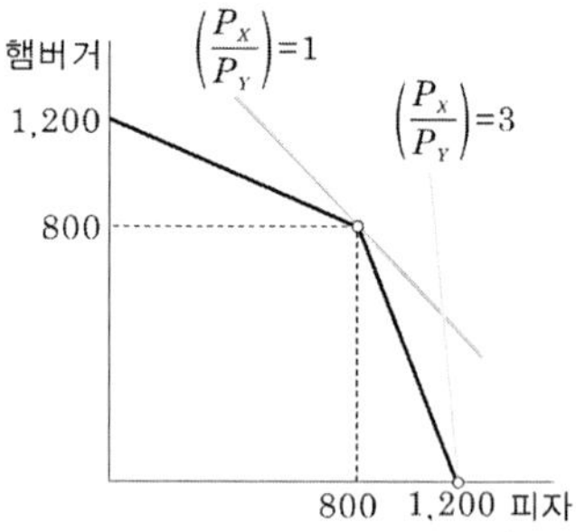

02 사회후생함수와 사회무차별곡선에 대하여 설명하고 여러 가지 사회후생함수에 대하여 논하시오.

(예금보험공사 · 2014)

(1) 사회후생함수
사회후생함수란 사회구성원들의 선호를 집약하여 사회적 선호를 대표하는 함수를 말한다.

(2) 사회무차별곡선
사회적으로 동일한 효용을 가져다 주는 사회구성원들의 효용의 조합을 연결한 선을 사회무차별곡선이라
한다.

(3) 공리주의
① $SW = U^A + U^B$
② 사회후생이 개인효용의 합에 의해서만 결정되므로 소득분배와 무관하다.

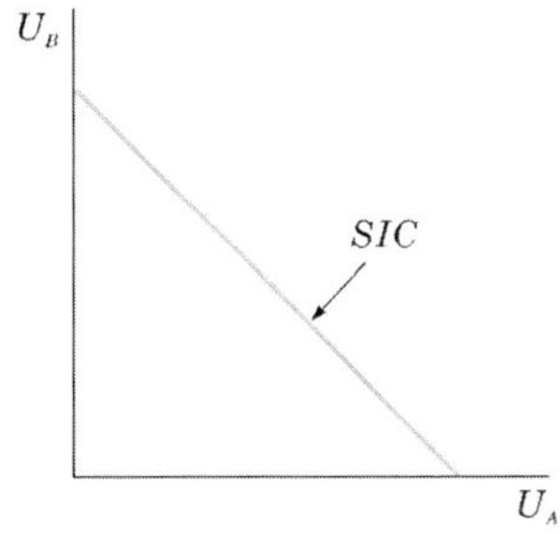

(4) 평등주의
① $SW = U^A \times U^B$
② 저소득층에 대해서는 높은 가중치를, 고소득층에 대해서는 보다 낮은 가중치를 부여하는 사회후생함수
이다.

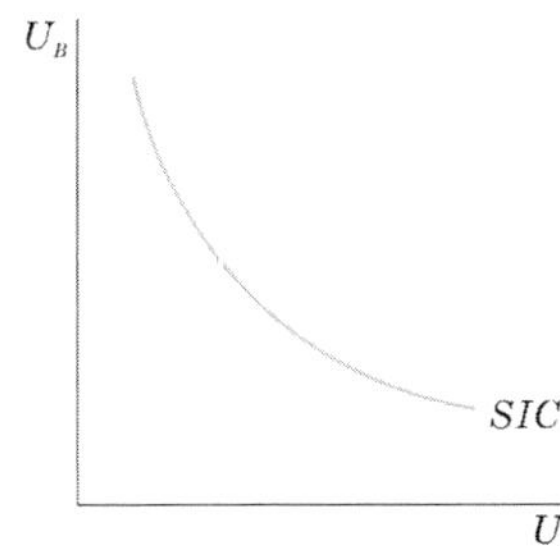

(5) 롤즈주의
① $SW = \min\{U^A,\ U^B\}$
② 사회후생은 저소득층의 효용에 의하여 결정된다.
③ 사회후생이 증가하기 위해서는 저소득층의 효용이 증가해야 하
므로 극단적인 평등주의라고도 한다.

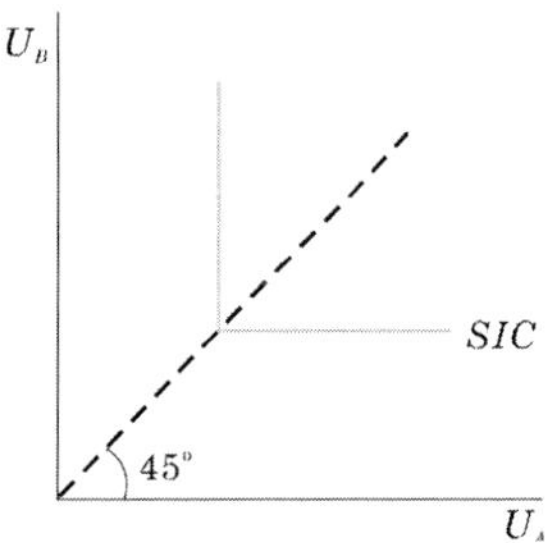

chapter 07

시장실패

주제 1 공공재

1 이론요약

1. 시장실패

구분	내용
개념	① 시장실패란 시장기구가 자원을 효율적으로 배분하는데 실패하게 되는 현상을 말한다. ② 또는 시장실패란 파레토 최적의 자원배분을 달성하지 못하는 상태를 말한다. ③ 넓은 의미의 시장실패란 시장기구가 비효율성과 불공평성을 동시에 갖는 경우를 말한다.
원인	① 미시적 실패요인 : 불완전경쟁, 공공재, 외부성, 정보비대칭, 불공평한 소득분배 ② 거시적 실패요인 : 물가상승, 실업, 국제수지불균형

2. 공공재의 특성

구분	내용
개념	생산되는 즉시 그 집단의 모든 성원에 의해 소비의 혜택이 공유될 수 있는 재화 및 서비스
특징	① 비경합성 – 어떤 개인의 재화나 서비스 소비가 다른 개인의 소비가능성을 감소시키지 않는 것을 말한다. 따라서 한계비용이 0이므로 가격을 설정하는 것이 바람직하지 않음 ② 비배제성 – 일단 공공재의 공급이 이루어지고 나면 생산비를 부담하지 않는 개인이라고 할지라도 소비에서 배제할 수 없는 특성을 의미한다. 따라서 무임승차자 문제가 발생하고 가격을 설정하는 것이 불가능

3. 사적재와 공공재의 적정공급조건

구분	내용
사적재	① 사적재의 시장수요곡선은 수평합 또는 수량의 합으로 도출 ② 사적재의 적정공급조건은 $MB = MC$ 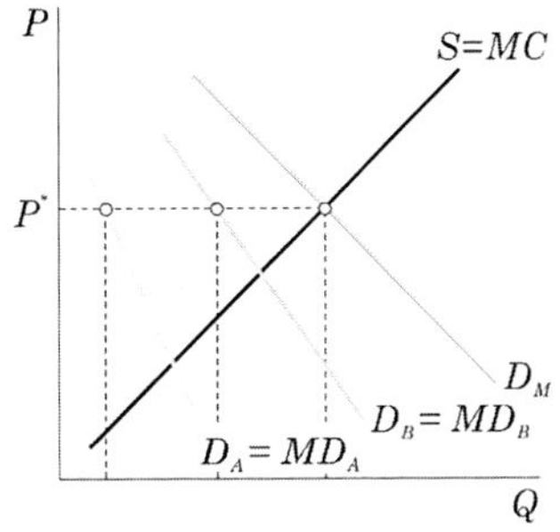
공공재	① 공공재의 시장수요곡선은 수직합 또는 가격의 합으로 도출 ② 공공재의 적정공급조건은 $\sum MB = MC$ 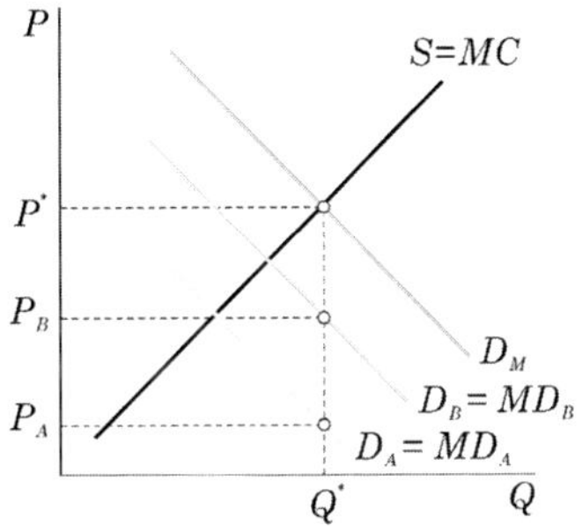

4. 공유지의 비극(tragedy of commons)

구분	내용
개념	공유지란 경합성과 비배제성의 성격을 가진 재화로 재산권설정이 어느 누구에게도 설정되어 있지 않기 때문에 경제주체의 과도한 공유지 사용이 사회후생을 감소시키는 결과를 가져온다.
해결책	소유권의 확립을 통해 과도한 공유지 사용을 줄일 수 있다.

2 객관식 문제

01

갑, 을, 병, 정 네 사람이 살고 있는 마을에 범죄예방을 위한 CCTV를 설치하고자 한다. CCTV 1 단위당 한계생산비용이 10이라면 이 마을의 적정 CCTV 공급량은 몇 단위인가?(보험계리사 · 2012)

단위가격	수요량			
	갑	을	병	정
1	11	11	20	10
2	9	10	13	9
3	8	9	9	8
4	7	8	8	7

① 11단위 ② 10단위
③ 9단위 ④ 8단위

해설 공공재의 적정공급조건은 한계비용과 한계편익의 합이 일치할 때이다.
공공재의 한계비용은 10이므로 마을 주민이 지불하고자 하는 단위가격의 합이 9가 되어야 한다.
따라서 CCTV의 공급량이 9가 될 때 갑의 단위가격은 2이고, 을의 단위가격은 3, 병의 단위가격은 3, 정의
단위가격은 2이므로 마을주민이 지불하고자 하는 단위가격의 합이 9가 된다. **정답** ③

02

다음 자료에서 공원 설립이 가능한 최대 건설 비용으로 옳은 것은?

인구 750명 규모의 지방 소도시인 미래 시에서는 놀이공원을 건설하려고 한다. 미래 시에서는
여러 가지 건설안에 따른 각각의 비용을 제시하고 건설안이 정해지면 그 비용은 전체 시민이
똑같이 부담해야 한다고 발표하였다. 놀이공원의 건설 여부는 최종적으로 시민들의 투표를 통
해 다수결로 결정된다. 현재 공원 건립에 대한 시민들의 지불 의사 금액은 다음과 같다.

주민 수	1인당 지불 의사 금액
200명	0원
300명	4만원
250명	10만원

① 1200만원 ② 2500만원
③ 3000만원 ④ 3700만원
⑤ 7500만원

해설 4만원이 초과되면 250명만 선택할 것이기 때문에 과반수가 안되어서 부결될 것이다.
따라서 4만원 이하라면 과반수의 주민이 찬성하게 되므로 공원 건립이 가능해진다.
따라서 공원 건립이 가능한 최대 건설비용은 4만원 × 750명 = 3000만원이 된다.

정답 ③

03

민준과 서연에게 화단은 순수공공재이다. 화단으로부터 각자 10만원에 상응하는 만족을 얻을 수 있고 화단을 만드는 비용은 12만원이다. 두 사람은 화단을 만드는데 찬성할 것인지 반대할 것인지를 독립적으로 동시에 결정한다. 한 사람이라도 찬성하면 화단이 만들어지고 그 비용은 찬성한 사람이 균등하게 부담한다. 즉, 한사람만 찬성하면 혼자 12만원을 지불하고 두 사람 모두 동의한다면 각각 6만원씩 지불한다. 모두 반대하면 화단은 만들어지지 않는다. 다음 서술 중 옳은 것을 모두 고르면?

(공인회계사 · 2009)

> 가. 사적이익을 극대화하고자 한다면 두 사람 모두 화단을 만드는 것에 동의할 것이다.
> 나. 반대하는 것이 두 사람 모두에게 우월 전략이다.
> 다. 내쉬균형에서는 언제나 화단이 만들어지지 않는다.
> 라. 모두 찬성하는 것이 파레토(Pareto) 효율적이나 무임승차의 문제로 인하여 실현되기 어렵다.

① 나, 라
③ 가, 나, 다
⑤ 나, 다, 라

② 다, 라
④ 가, 나, 라

해설 보수행렬을 만들면 다음과 같다.

민준/서연	찬성	반대
찬성	(4, 4)	(−2, 10)
반대	(10, −2)	(0, 0)

민준과 서연은 모두 반대하는 것이 우월전략이다.
민준과 서연이 모두 찬성하는 것이 파레토 효율적이나 무임승차자의 문제가 발생하므로 모두 반대하게 된다.

정답 ⑤

3 약술문제

01

세 사람 A, B, C로 이루어진 어떤 경제에서 공공재에 대한 세 사람의 수요함수(Q_A, Q_B, Q_C)는 각각 $Q_A = 10 - P_A$, $Q_B = 10 - \frac{1}{3}P_B$, $Q_C = 5 - \frac{1}{2}P_C$이고, 공공재의 한계비용은 20으로 일정할 때 사회적 후생을 극대화 시키는 공공재 생산량은? (단, P_A, P_B, P_C는 A, B, C가 공공재에 지불하는 가격이다)

해설 공공재 시장수요곡선은 가격의 합으로 도출해야 하므로 세 사람의 수요함수는 P로 정리하면 다음과 같다.

$$P_A = 10 - Q_A, \quad P_B = 30 - 3Q_B, \quad P_C = 10 - 2Q_C$$

따라서 시장수요곡선은 $P = 50 - 6Q$이다. 사회적 후생을 극대화 시키는 생산량은 $P = MC$에서 달성되므로 $50 - 6Q = 20$에서 Q는 5로 계산된다.

02

공공재인 마을 공동우물(X)에 대한 혜민과 동수의 수요가 각각 $X = 50 - P$, $X = 30 - 2P$일 때, 사회적으로 바람직한 공동우물의 개수와 동수가 우물에 대해 지불하고자 하는 가격을 구하시오. (단, P는 혜민과 동수가 X에 대해 지불하는 단위당 가격이고, 공동우물을 만들 때 필요한 한계비용(MC)은 41원이다.)

해설

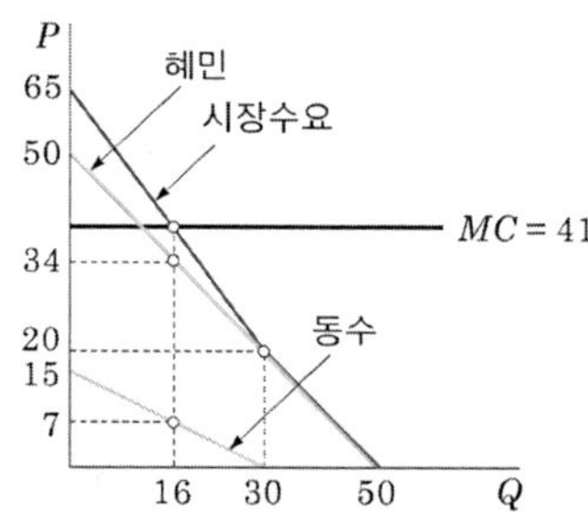

공공재 시장수요곡선은 가격의 합으로 도출해야 하므로 세 사람의 수요함수는 P로 정리하면 다음과 같다.

$$P = 50 - X, \quad P = 15 - \frac{1}{2}X$$

따라서 시장수요곡선은 $P = 65 - \frac{3}{2}X$이므로 $P = MC$일 때 사회적으로 바람직한 공동우물의 개수를 구할 수 있다. 사회적으로 바람직한 공동우물의 개수는 16개이며 동수가 우물에 대해 지불하고자 하는 가격은 7원이다.

03

(1) 비배제성과 비경합성의 개념에 대해 쓰시오.
(2) 공유자원, 자연독점, 공공재, 사적재의 매트릭스를 그리고 보육서비스는 네 가지 재화 중 어디에 속하는지, 보육서비스를 정부가 공급해야 한다는 주장의 타당성을 외부성과 관련해 서술하시오.

(한국거래소 · 2013)

 (1)

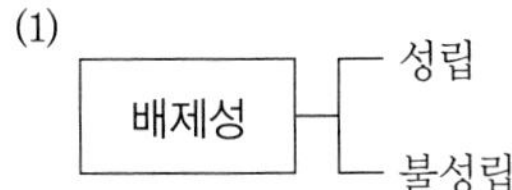

① 비경합성이란 어떤 개인의 재화나 서비스 소비가 다른 개인의 소비가능성을 감소시키지 않는 것을 말한다.
② 비배제성이란 일단 공공재의 공급이 이루어지고 나면 생산비를 부담하지 않는 개인이라고 할지라도 소비에서 배제할 수 없는 특성을 의미한다.

(2)

	경합성	
	성립	불성립
	사적재 아이스크림, 옷 등	자연독점 소방서비스
	공유자원 공동소유의 어장	공공재 국방, 치안 등

보육서비스의 경우 경합성과 배제성이 있는 재화로 효용이 과소평가되는 재화이다.
이런 재화는 외부의 경제성이 있으므로 시장에서 과소거래되며 정부가 공급해야 한다.

주제 2 외부성

1 이론요약

1. 개요

구분	내용
개념	어떤 행위가 제 3자에게 의도하지 않은 혜택이나 손해를 가져다주면서 이에 대한 대가를 받지도 지불하지도 않을 때 외부성이 창출된다.

2. 실질적 외부성과 금전적 외부성

구분	내용
실질적 외부성	실질적인 외부성이란 외부성으로 인해 제 3자에게 의도하지 않은 편익이나 비용이 생길 때의 외부성으로 기술적인 외부성이라고도 부른다.
금전적 외부성	금전적 외부성이란 어떤 활동이 상대가격구조의 변화를 가져와 소득분배의 변화를 가져오는 것을 말한다.

구분		내용
생산 외부성	외부경제	생산의 외부경제는 PMC가 SMC보다 커지며 ($PMC > SMC$), 과소생산이 발생한다. 따라서 보조금을 지급해야 한다. (ex, 양봉업과 과수원) 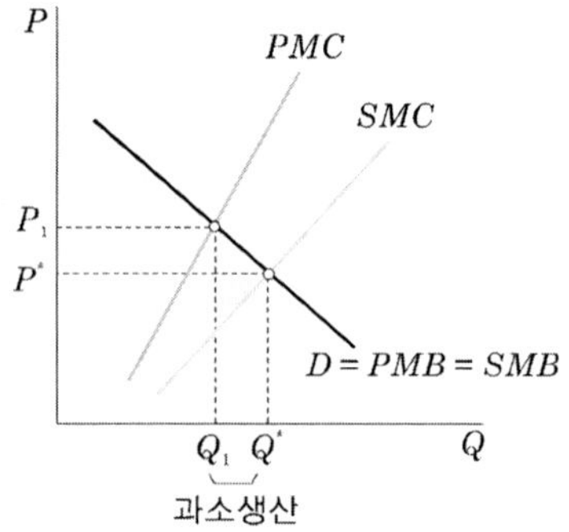 **생산의 외부경제**
	외부 불경제	생산의 외부불경제는 SMC가 PMC보다 커지며 ($SMC > PMC$), 과다생산이 발생한다. 따라서 조세를 부과해야 한다. (예 연탄공장과 세탁소) 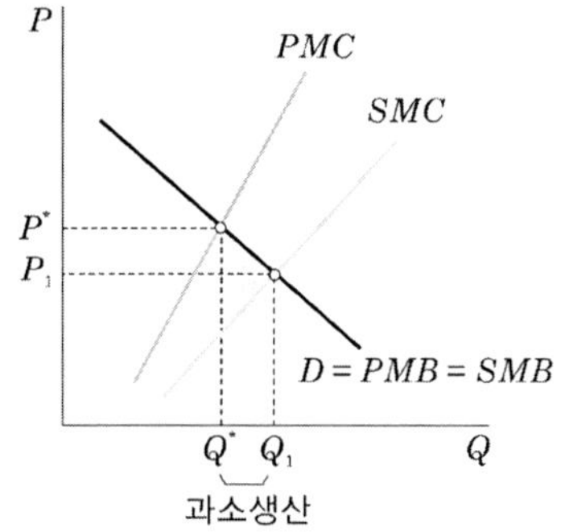 **생산의 외부불경제**
소비 외부성	외부경제	소비외부성은 재화의 소비과정에서 발생하는 외부성을 의미하며 SMB와 PMB의 괴리가 발생한다. (SMB > PMB) 과소소비가 발생하며 따라서 보조금을 지급해야 한다. 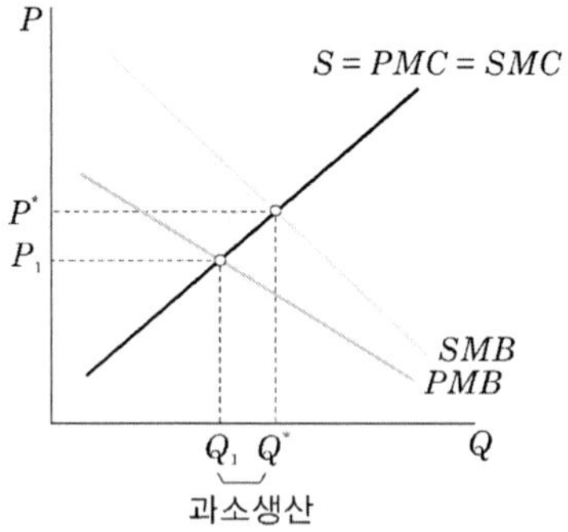 **소비의 외부경제**

외부 불경제	소비의 외부불경제는 PMB가 SMB보다 커지며 (PMB>SMB), 과다소비가 발생한다. 따라서 과다소비가 발생하며 조세를 부과해야 한다. 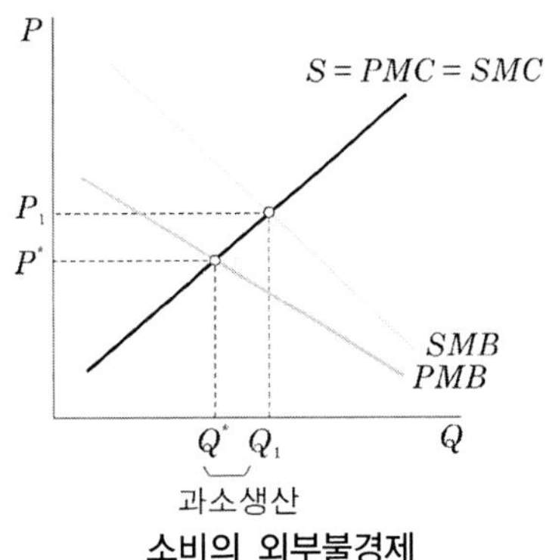 **소비의 외부불경제**

4. 해결

구분		내용
사적 해결방안	합병	외부성을 유발하는 기업과 외부성으로 인해 피해를 보는 기업을 합병하는 방법을 말한다.
	코즈의 정리	① 정부개입이 없어도 소유권의 설정이 이루어질 경우 당사자들의 자발적인 협상에 의해 외부성의 문제가 해결될 수 있음을 보인다. ② 정부의 직접적인 개입보다 재산권설정 등 정부의 최소한의 개입이 사회적 효율성을 증진시킨다.
공적 해결방안	직접 규제	직접규제란 환경기준을 설정하고 기준량 이상의 오염물질 배출을 규제하는 것을 말한다. 직접규제를 수량통제라고도 한다.
	조세 및 보조금	① 외부불경제가 발생하면 피구세를 부과한다. 피구세(pigouvian tax)란 외부비용을 가격체계에 내부화하기 위해 부과하는 조세를 말한다. ② 외부경제가 발생하면 보조금을 지급한다.
	오염배출권 거래제	정부가 최적오염배출량을 설정하고 각 기업이 오염을 배출할 때는 오염배출권을 구입하도록 하거나 각 기업들에게 무료로 오염배출권을 배부하고 오염배출권이 시장에서 자유롭게 거래되도록 하는 방법을 말한다.

5. 가치재(merit goods)와 비가치재(demerit goods)

구분	내용
가치재	• 가치재란 효용이 과소평가되는 재화로 외부경제가 발생 • 가치재를 시장에서 자유롭게 거래하면 과소거래가 될 수 있으므로 정부가 가치재를 제공하게 된다. • 이러한 재화의 예로는 의료서비스, 교육, 임대주택 등이 있다.

비가치재	• 비가치재란 효용이 과대평가되는 재화로 외부불경제가 발생 • 비가치재를 시장에서 자유롭게 거래하면 과다거래가 될 수 있으므로 정부가 조세를 통해 규제해야 한다. • 이러한 재화의 예로는 마약, 술 등이 있다.

2 객관식 문제

01

X재의 생산으로 오염물질이 발생한다. X재의 수요곡선은 $P = 80 - Q$이고 사적한계비용은 $PMC = Q + 30$이다. X재의 생산으로 사적 한계비용에 부가적으로 발생하는 사회적 한계피해액은 $SMD = 2Q + 10$이다. 이 경우 X재의 사회적 최적 생산량을 달성하기 위해 정부가 부과해야 하는 종량세의 크기는?

(감정평가사 · 2010)

① 10 ② 20
③ 30 ④ 40
⑤ 50

해설 사회적인 최적생산량은 수요곡선과 SMC가 일치하는 점에서 발생하는 데, SMC의 경우 사적한계비용과 사회적 한계피해액의 합이므로 $SMC = 3Q + 40$임을 알 수 있다. 따라서 $80 - Q = 3Q + 40$의 식이 도출되며 최적생산량은 10이 된다. 정부가 부과해야 하는 종량세의 경우는 최적생산량수준에서의 사적한계비용(=40)과 사회적 한계비용(=70)의 차이만큼이므로 30원이 된다. **정답** ③

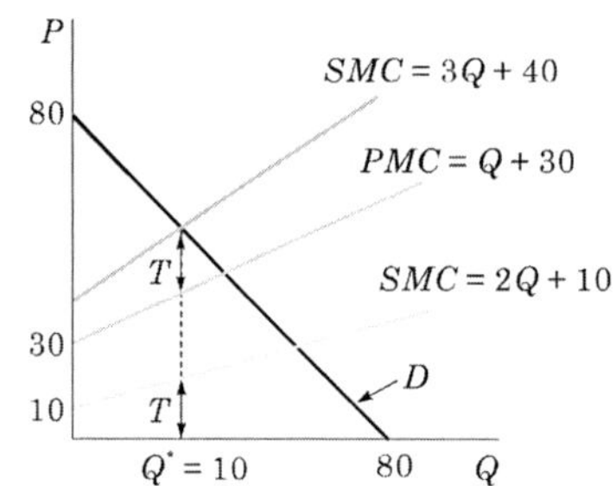

02

강 상류에는 탄광(A)이 있고 강 하류에는 세탁소(B)가 있는 상황을 가정하자. 탄광은 석탄 생산과정에서 발생하는 폐수를 강물에 흘려보내는데, 세탁소는 이 강물을 이용하여 세탁업을 운영한다. 석탄 생산량을 x(톤)라고 할 때 탄광의 총수입(TR^A)과 총비용(TC^A), 그리고 탄광에서 방류되는 폐수로 인한 세탁소의 총피해(TD^B)가 아래와 같이 표시된다고 한다. 이에 관한 설명 중 옳은 것은?

(CPA · 2012)

> • 탄광(A)의 총수입 : $TR^A(x) = -2x^2 + 700x + 500$
> • 탄광(A)의 총비용 : $TC^A(x) = 8x^2 + 200x + 300$
> • 세탁소(B)의 총피해 : $TD^B(x) = 5x^2 + 50x + 100$

① 세탁소에 미치는 피해를 전혀 고려하지 않는 경우 탄광의 이윤극대화 석탄 생산량은 30톤이다.

② 외부성을 감안한 사회적 최적 석탄 생산량은 20톤이다.

③ 만약 정부가 종량세 형태의 피구세(Pigouvian tax)를 부과해 외부성 문제를 해결하려 한다면 석탄 생산 1톤당 150의 세금을 부과하는 것이 효율적이다.

④ 정부가 최적 피구세를 부과할 경우 조세수입은 4,000이 될 것이다.

⑤ 강물 이용에 대한 재산권(property right)이 탄광에 있고 협상에 따른 거래비용은 들지 않는다고 가정할 때, 세탁소는 석탄 생산을 사회적 최적수준까지 감축시키는 대가로 탄광에 최대 2,500까지 보상금을 지불할 용의가 있다.

$MR_A = -4X + 700$, $MC_A = 16X + 200$, $EMD = 10X + 50$이다.

탄광의 최적생산량은 $MR_A = MC_A$에서 도출되므로 $X = 25$톤이다. 사회적인 최적생산량은 $MR_A = MC_A + EMD$에서 도출되므로 $X = 15$톤이다.

사회적 최적생산량에서 외부한계피해액(MD)은 $MD = 10 \times 15 + 50 = 200$이므로 최적 피구세는 단위당 200이 되며 정부의 조세수입은 $200 \times 15 = 3,000$이 된다.

X가 25톤일 때 세탁소의 총피해액은 4,475이고 X가 15톤일 때 세탁소의 총피해액은 1,975이므로 세탁소는 2,500만큼 탄광에 보상금을 지불할 용의가 있다.

정답 ⑤

03

A와 B는 사무실을 공유하고 있다. A는 사무실에서 흡연을 원하며 이를 통해 20,000원 가치의 효용을 얻는다. 반면 B는 사무실에서 금연을 통해 상쾌한 공기를 원하며 이를 통해 10,000원 가치의 효용을 얻는다. 코즈의 정리와 부합하는 결과로 옳은 것은? (국가직 7급 · 2013)

① B는 A에게 20,000원을 주고 사무실에서 금연을 제안하고, A는 제안을 받아들인다.

② B는 A에게 15,000원을 주고 사무실에서 금연을 제안하고, A는 제안을 받아들인다.

③ A는 B에게 11,000원을 주고 사무실에서 흡연을 허용할 것을 제안하고, B는 제안을 받아들인다.

④ A는 B에게 9,000원을 주고 사무실에서 흡연을 허용할 것을 제안하고, B는 제안을 받아들인다.

①, ② B는 10,000원 가치의 효용을 얻고 있다면 B의 최대한 지불할 용의가 있는 가격은 10,000원이 된다.
④ A는 B에게 9,000원을 준다면 B는 10,000원 가치의 효용보다 작기 때문에 그 제안을 거부한다.

정답 ③

04

다음 표는 양의 외부효과가 발생하는 시장의 사적 한계효용, 사적 한계비용, 그리고 사회적 한계효용을 제시해주고 있다. 사회적 최적거래량을 (Ⅰ)이라 하고, 시장의 균형거래수준이 사회적 최적수준과 같아지도록 하기 위한 세금 혹은 보조금을 (Ⅱ)라고 하자. (Ⅰ)과 (Ⅱ)를 옳게 고르면?

(국회 8급 · 2013)

(단위 : 개, 원)

거래량	사적 한계효용	사적 한계비용	사회적 한계효용
1	2,700	600	3,400
2	2,400	1,000	3,100
3	2,100	1,400	2,800
4	1,800	1,800	2,500
5	1,500	2,200	2,200
6	1,200	2,600	1,900

	Ⅰ	Ⅱ
①	5개	300원의 보조금이 필요
②	5개	700원의 보조금이 필요
③	4개	300원의 세금이 필요
④	4개	300원의 보조금이 필요
⑤	4개	700원의 세금이 필요

해설 소비의 외부효과가 발생하면 사회적 한계효용이 사적 한계효용보다 크며 사회적으로 바람직한 거래량은 사회적 한계효용과 사적 한계비용이 같아질 때 달성된다.

거래량이 5인 상태에서 사회적 한계효용과 사적 한계비용이 2,200으로 같기 때문에 사회적으로 바람직하다.

사회적인 최적 거래량에서 사회적 한계효용이 사적 한계효용보다 700만큼 크므로 700원의 보조금이 필요하다.

정답 ②

05

대학교육의 사적한계편익(PMB)은 대학생 수(N)에 따라 $PMB(N) = 600 - 15N$으로 결정되고 대학생 수(N)가 한 단위 늘 때마다 추가적으로 150의 외부한계편익이 발생한다. 대학교육의 한계비용(MC)은 $MC(N) = 15N$으로 결정된다. 정부개입 없이 경쟁시장에서 결정되는 대학생 수, 그리고 사회적 잉여가 극대화되는 최적 대학생 수와 이를 달성하기 위한 피구보조금(Pigouvian subsidy)을 순서대로 적은 것은?

(공인회계사 · 2009)

① 20, 25, 150　　　　② 20, 30, 150
③ 20, 25, 100　　　　④ 20, 30, 100
⑤ 30, 20, 100

사적한계편익과 한계비용이 일치할 때 대학생 수가 결정된다.
$600-15N=15N \rightarrow N=200$이다.
사회적 잉여가 극대화 되는 최적 대학생 수는 사회적 한계편익과 한계비용이 일치할 때 결정되는데 사회적 한계편익은 사적 한계편익과 외부한계편익의 합이다.
$750-15N=15N \rightarrow N=25$
따라서 사회적 잉여가 극대화 되는 수준에서 외부한계편익만큼 피구보조금을 지급하면 되므로 피구보조금은 150이다.　　　　　정답 ①

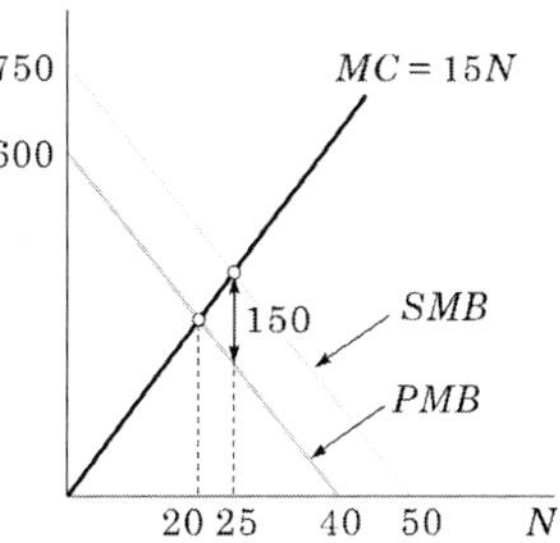

06

철수는 N명의 가입자를 갖고 있는 통신회사에 신규로 가입할 것을 고려하고 있다. 철수가 통신회사에 가입하여 얻을 수 있는 사적편익은 $100+0.5N$이다. 통신회사는 철수를 신규로 가입시킬 때 발생하는 비용 200을 가입비로 철수에게 부과한다. 또한 N명의 기존 가입자들은 철수의 가입으로 인하여 각각 0.1만큼의 추가적 편익을 얻을 수 있으며 통신회사는 철수의 가입 이후에도 기존의 가입자에게 추가적으로 비용을 부담시키지 못한다. 위 상황에 대한 다음 설명 중 옳지 않은 것은? (단, 보조금의 지급을 위한 재원 마련에 따른 경제 왜곡효과는 없다고 가정한다.)

(공인회계사 · 2011)

① 철수는 통신회사의 기존 가입자 수(N)가 200명 이상일 때 정부가 보조금을 지급하지 않아도 통신회사에 가입한다.
② 철수는 통신회사의 기존 가입자 수(N)가 150명일 때 정부가 보조금을 25 이상 지급해야 통신회사에 가입한다.
③ 통신회사의 기존 가입자 수(N)가 150명일 때 정부가 보조금을 지급하여 철수를 통신회사에 가입하도록 유도하는 것이 사회적으로 바람직하다.
④ 통신회사의 기존 가입자 수(N)가 170명일 때 기존 가입자들이 직접 철수에게 보조금을 지급할 수 있다면 정부가 보조금을 지급하지 않더라도 철수를 통신회사에 가입하도록 유도할 수 있다.
⑤ 철수가 통신회사에 가입하면 기존 가입자에게 양(+)의 네트워크 외부효과를 초래한다.

기존가입자수가 150명일 때 철수의 사적편익은 175이고 외부한계편익은 15이므로 사회적인 한계편익은 190이다.
따라서 철수에게 가입비로 200을 부과하면 사적순편익은 −25이고, 사회적인 순편익은 −10이다. 만약 철수에게 보조금을 지급하지 않으면 통신회사에 가입하지 않으나 보조금을 지급하면 통신회사에 가입하므로 사회적인 순편익은 −10이 된다.
따라서 철수에게 보조금을 지급하지 않는 것이 바람직하다.
　　　　　정답 ③

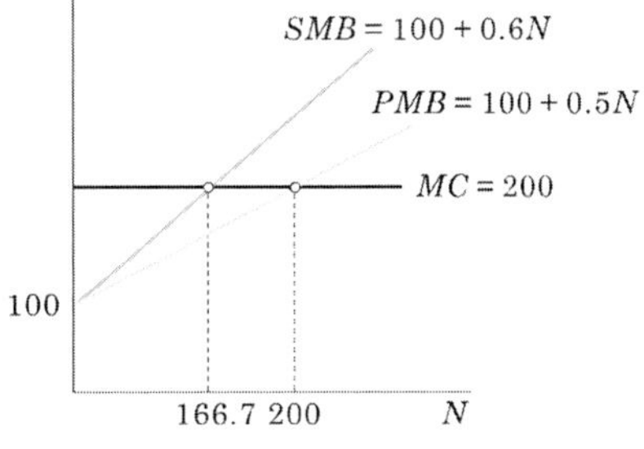

01

어느 조용한 동네에 옥수수 튀기는 아저씨가 있다. 이 아저씨는 kg당 200원씩 주고 옥수수를 사다가 튀겨서 kg당 450원씩에 판다. 튀기기 전과 후의 무게는 변함이 없다. 옥수수를 튀기는 데 드는 한계비용은 $150 - 10X + X^2$원으로 나타낼 수 있다. 여기서 X는 옥수수의 수량(kg)을 나타낸다. 한편 마을 주민들은 옥수수 튀기는 소리를 싫어해서 옥수수 튀기는 소리를 없애준다면 총 $5X^2$원까지의 돈을 지불할 용의가 있다고 한다. 사회적으로 가장 바람직한 튀긴 옥수수 생산량을 구하시오.

해설

사적 한계비용은 옥수수 구입비용과 옥수수를 튀기는데 드는 한계비용을 합하여 도출될 수 있으므로 $PMC = 200 + 150 - 10X + 10X^2$이다.

외부적 한계비용은 10X이므로 사회적 한계비용은 $SMC = 350 + 10X^2$이다.

사회적으로 가장 바람직한 옥수수 생산량은 P=SMC이므로 $450 = 350 + X^2 \rightarrow X = 10$

02

강 상류에서 A와 B 두 기업이 동일한 공해물질을 각각 1,000톤과 800톤 배출하고 있다. 정부는 공해배출 톤당 일정액의 공해세를 부과하여 공해물질 배출총량을 1,200톤까지로 600톤 줄이고자 한다. 한편 공해물질의 감축량을 Q톤이라 하면 A와 B 기업의 공해물질 감축에 소요되는 총비용은 각각 $2Q^2, 4Q^2$만원으로 나타난다고 가정한다. 피구세와 오염배출권 거래제도를 실시할 때 A기업과 B기업의 오염감축량을 구하시오.

해설

A기업의 한계비용은 4Q, B기업의 한계비용은 8Q이므로 각 기업의 한계비용이 같을 때 공해배출총량을 줄이기 위한 사회적 비용은 최소가 된다.

따라서 다음과 같은 조건을 통해 공해배출총량을 도출할 수 있다.

• $Q_A + Q_B = 600,\ 4Q_A = 8Q_B$	• $Q_A = 400,\ Q_B = 200$

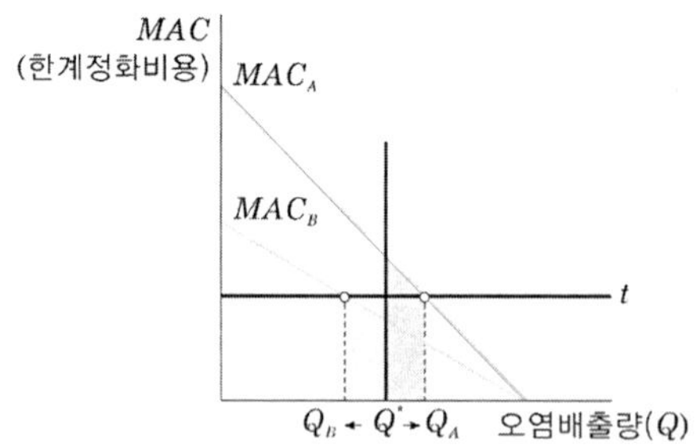

03

어느 지역에 석유화학업체 3개가 오염물질을 배출하고 있다. 이들의 현재 배출량 및 배출량 1단위당 감축비용은 아래의 표와 같다. 감축비용은 일정하다고 가정한다. 정부는 오염물질 배출을 120단위로 줄이려고 업체마다 40단위의 오염물질 배출권을 각 업체에게 부여하였다. 각 기업의 오염배출량을 40단위로 직접규제할 때 사회적인 총비용과 오염배출권제도하에서 오염을 줄이는데 드는 사회적인 총비용을 계산하시오.

기업	현재 배출량	배출량 1단위당 감축비용
A	50	10만원
B	70	20만원
C	80	30만원

배출량 1단위당 감축비용이 10만원에서 20만원 사이인 경우 – 기업 A는 오염배출권 40장을 매각하려고 하고 기업 B와 C는 오염배출권을 각각 30장, 40장을 매입하려고 하므로 오염배출권 거래가격은 상승할 것이다.

배출량 1단위당 감축비용이 20만원에서 30만원 사이인 경우 – 기업 A와 B는 오염배출권을 각각 40장 매각하려고 하고 기업 C는 오염배출권 40장을 매입하려고 하므로 오염배출권 거래가격은 하락할 것이다.

따라서 오염배출권 거래가격은 20만원이 될 것이다.

오염배출권 거래가격이 20만원이면 기업A는 오염배출권 40장을 매각하려고 하고 기업 B는 오염배출권 40장을 매입하려고 하므로 오염배출권 거래시장에서 균형이 달성될 것이다.

각 기업의 오염배출량을 40단위로 직접 규제하면 사회적인 총비용은 $10 \times 10 + 30 \times 20 + 40 \times 30 = 1,900$만원이다.

오염배출권제도 하에서 기업 A는 오염배출권을 40단위 매각하고 기업 C는 오염배출권을 40단위 매입할 것이다.

따라서 오염배출권제도하에서 오염을 줄이는데 드는 총비용은 $50 \times 10 + 30 \times 20 = 1,100$만원이다.

주제 3 **불완전정보**

1 **이론요약**

1. 특징

구분	내용
감추어진 특성 (hidden type)	① 거래의 한쪽이 상대방의 유형이나 상품의 품질과 같은 속성에 대해 잘 모르는 경우 ② 계약체결전 비대칭이 발생하며 역선택이 이에 해당한다.
감추어진 행동 (hidden action)	① 쌍방간의 계약체결후 상대방의 행동을 항상 완벽하게 감시할수 없는 경우 ② 계약체결후 비대칭이 발생하며 도덕적해이나 본인–대리인 문제가 이에 해당한다.

2. 유형

유형	개념	해결방안
역선택 (adverse selection)	정보를 적게 갖고 있는 측이 바람직하지 못한 상대방과 거래할 가능성이 높아지는 현상을 말한다.	• 신호발송과 선별 • 평판과 표준화 • 신호발송 • 효율성 임금
도덕적해이 (moral hazard)	어떤 계약이 이루어진 이후에 정보를 가진 측이 바람직 하지 못한 행동을 하는 현상을 말한다.	• 공동보험 • 기초공제 • 효율성 임금 • 평판
주인-대리인 문제 (principal-agent problem)	주인의 입장에서 볼 때 대리인이 바람직 스럽지 못한 행동을 하는 현상을 말한다.	유인설계

2 객관식 문제

01

중고차 시장에서 중고차 판매자는 자신의 차의 질에 대해서 알고 있지만 중고차 구매자의 경우 이를 알지 못한다고 하자. 하지만 중고차의 절반은 질이 좋은 차이고, 절반은 질이 나쁜 차라는 것을 시장 참여자들 모두가 알고 있다. 좋은 질의 차를 가지고 있는 사람들은 적어도 500만원을 받고자 하며, 나쁜 질의 차를 가지고 있는 사람들은 적어도 200만원을 받고자 한다. 구매자의 경우 좋은 질의 차에 대해서는 600만원까지, 나쁜 질의 차에 대해서는 300만원 까지 지불할 의사가 있다. 다음 설명 중 옳은 것은?

① 도덕적 해이의 예라고 할 수 있다.
② 균형에서 좋은 질의 차든 나쁜 질의 차든 모두 거래된다.
③ 균형에서 나쁜 질의 차만 거래될 가능성이 높아진다.
④ 좋은 질의 중고차의 경우 구매자의 경우 600만원까지 지불할 의사가 있고, 판매자의 경우 500만원에 내놓을 의사가 있기 때문에 균형에서 거래가 이루어지며 그 가격은 500만원과 600만원 사이에서 결정된다.
⑤ 균형에서 나쁜 질의 차만 거래된다.

 불완전정보의 경우 구매자가 지불할 용의가 있는 금액은 450만원이다.

$$\frac{1}{2} \times 600 + \frac{1}{2} \times 300 = 450$$

따라서 좋은 질의 차를 가지고 있는 사람들은 차를 팔지 않을 것이며 해당 중고차 시장에서는 나쁜 질의 차만 거래될 가능성이 높아진다. 중고차 시장에서 정보 수준이 낮은 구매자가 바람직하지 않은 상대방인 나쁜 질의 자동차 판매차와 거래할 가능성이 있는 역선택에 대한 예이다. **정답 ③**

02

성능 좋은 중고차 100대와 성능 나쁜 중고차 100대를 팔려고 한다. 파는 사람은 좋은 차는 600만원 이상, 나쁜 차는 400만원 이상을 받으려고 한다. 중고차를 사려고 하는 사람 역시 200명인데, 이들은 좋은 차일 경우 650만원 이하, 나쁜 차일 경우 450만원 이하를 내려고 한다. 이때 팔려고 하는 사람은 차의 성능을 알지만, 사려고 하는 사람은 차의 성능을 모른다. 그러나 차의 성능을 제외한 모든 정보는 서로 공유하고 있다. 중고차 시장의 균형가격과 균형거래량에 대한 설명 중 옳은 것은?

(공인회계사 · 2007)

① 균형가격은 600만원과 650만원 사이, 균형거래량은 200대이다.
② 균형가격은 600만원과 650만원 사이, 균형거래량은 100대이다.
③ 균형가격은 400만원과 600만원 사이, 균형거래량은 200대이다.
④ 균형가격은 400만원과 450만원 사이, 균형거래량은 200대이다.
⑤ 균형가격은 400만원과 450만원 사이, 균형거래량은 100대이다.

구매자가 지불하고자 하는 가격은 $\frac{1}{2} \times 650 + \frac{1}{2} \times 450 = 550$만원이다.

좋은 차를 팔고자 하는 사람은 최소 600만원 이상 받고자 하나 구매자가 지불하고자 하는 가격이 550만원이므로 판매하지 않는다.
따라서 나쁜 질의 차만 거래되므로 균형가격은 400만원과 450만원 사이에서 결정되고 균형거래량은 100대가 된다.

정답 ⑤

03

효율임금이론에 대한 설명으로 옳은 것만을 모두 고른 것은?

(지방직 7급 · 2013)

가. 효율임금은 노동시장의 균형임금보다 높다.
나. 노동의 초과공급에 의한 실업의 존재를 설명한다.
다. 근로자들의 근무태만을 방지할 수 있다.
라. 노동의 생산성이 임금수준을 결정한다고 가정한다.

① 가, 나, 다   ② 가, 나, 라
③ 가, 다, 라   ④ 나, 다, 라

효율임금이란 기업이 우수한 노동자를 채용하기 위하여 시장의 균형임금보다 높은 임금수준을 제공하는 것을 말한다.
시장의 균형임금보다 높은 임금수준을 기업이 제시하면 초과공급으로 실업이 발생하나 근로자의 태만방지와 우수하지 않은 노동자를 채용할 역선택을 방지할 수 있다.
효율임금이론에 따르면 임금수준이 노동의 생산성을 결정한다고 본다.

정답 ①

04

노동시장에서 교육의 신호이론에 관한 다음 <보기>의 설명 중 옳은 것은?　(국회 8급 · 2010)

> 가. 교육은 한계생산성이 낮은 노동자의 생산성을 향상시킨다.
> 나. 교육은 그 사람의 사회적 위치에 대한 신호이다.
> 다. 천부적인 능력에 따라 한계생산성이 결정된다.
> 라. 높은 학력은 높은 한계생산성을 가진 사람이 보내는 신호이다.

① 가, 나　　　　　　　　　　② 다, 라
③ 가, 라　　　　　　　　　　④ 나, 다
⑤ 가, 다, 라

해설　스펜스의 교육의 신호이론은 기업이 정보의 비대칭성으로 인해 교육을 유능한 사람과 무능한 사람을 구별하는 하나의 수단으로 사용한다는 것이다. 이렇듯 이 이론에서 교육은 그 사람의 생산성에 대한 신호이지 사회적 위치에 대한 신호는 아니라는 것을 의미한다. 또한 교육수준이 높은 사람은 생산성이 높다 판단하여 더 높은 임금을 주고 교육수준이 낮은 사람에게는 더 낮은 임금을 줌으로써 한계생산성이 낮은 노동자의 생산성을 더욱 떨어뜨리게 된다.　　　　　　**정답 ②**

3　약술문제

01

다음에서 (가)에 들어갈 수 있는 가장 작은 수와 (나)에 들어갈 수 있는 가장 큰 수를 구하시오.

> 민석이의 생산성은 90이고, 경은이의 생산성은 그보다 낮은 X이다.
> (주)조이 식품은 직원의 생산성만큼 임금을 지급하고자 한다. 그런데 누구의 생산성이 90이고 누구의 생산성이 X인지는 알지 못한다.
> 그래서 요리사 자격증을 소지한 사람의 생산성이 90, 그렇지 않은 사람의 생산성이 X라고 간주하여 각각 90과 X의 임금을 지급한다.
> 요리사 자격증을 취득하는데 민석이는 40, 경은이는 70의 비용이 든다.
> 이 때 요리사 자격증을 취득하지 않은 직원의 임금 X가 (　가　)보다 크고 (　나　)보다 작을 경우, 민석이는 자격증을 취득하게 되고, 경은이는 자격증을 취득하지 않아 생산성에 따른 정확한 임금 지급이 가능해진다.

해설　경은이가 자격증을 취득할 때의 순수입은 임금에서 자격증 취득비용을 뺀 20이고, 그렇지 않을 때는 X이다.
따라서 경은이가 자격증을 취득하지 않을 조건은 $X>20$이다.
민석이가 자격증을 취득할 때의 순수입은 50이고, 그렇지 않을 때는 X이다.
따라서 민석이가 자격증을 취득할 조건은 $X<50$이다.

02

노동시장에 능력이 있는 사람들과 능력이 없는 사람들이 반반씩 섞여 있다고 하자. 어떤 기업이 임금을 한계생산물가치만큼 책정한 후 10년 계약으로 사원을 모집하려고 한다. 능력있는 사람들은 생산성이 높아서 그의 한계생산물가치는 1년에 2,000만원이고 능력없는 사람은 생산성이 낮아서 한계생산물가치가 1,600만원이라고 하자.

(1) 기업이 능력있는 노동자와 능력없는 노동자를 구분하지 못한다면 어떤 연봉체계를 제시하겠는가?

(2) 능력있는 사람이 1년 교육을 받는데 드는 교육비는 500만원이고 능력없는 사람이 1년 교육받는 데 드는 교육비는 1,000만원이라는 사실이 알려져 있다고 한다.
    이러한 상황에서 기업이 근로자가 받는 교육년수를 신호로 사원을 선발하려면 교육년수를 몇 년으로 선발해야 하는가? 단, 여기서 교육은 생산성에는 영향을 주지 않으며 오로지 신호기능만 한다고 가정하자.

(1) 기업은 비대칭적 정보하에서 누구에게나 평균임금(1,800만원)을 제시할 것이므로 능력있는 노동자는 시장을 탈퇴하고 능력없는 노동자들이 시장에 진입한다.

(2) 노동자 입장에서 볼 때 교육을 받아 능력있는 사람으로 인정받으면 10년간 총
   (2,000만원$-$1,600만원)$\times$10년$=$4,000만원의 임금을 더 받게 된다. 이제 능력있는 사람이 N년 동안 교육을 받을 경우 교육비는 $500 \times N$만원이다.
   따라서 그가 N년 동안 교육을 받을 조건은 $500N<4,000$만원이다.
   한편, 능력없는 사람은 교육비가 4,000만원을 넘으면 교육을 받지 않을 것이므로 그가 교육을 받지 않을 조건은 $1,000N$만원 $>4,000$만원이다.
   따라서 교육년수가 두 부등식을 동시에 만족시키는 $4<N<8$에 해당하는 값 중에서 하나를 신호로 선택해야 한다.

03

금융기관 직원들의 높은 연봉을 효율성 임금의 관점에서 설명하라.   (수출입은행 · 2014)

(1) 개념
   ① 정보가 비대칭적인 상황에서 고용주는 역선택과 도덕적 해이의 방지를 위해 경쟁시장에서의 실질임금보다 높은 수준의 효율성 임금을 지급한다.
   ② 효율성 임금(efficiency wage)이란 기업의 이윤극대화를 위해서 실질임금 1단위당 노동자의 노력이 극대화 되는 수준의 임금을 말한다.

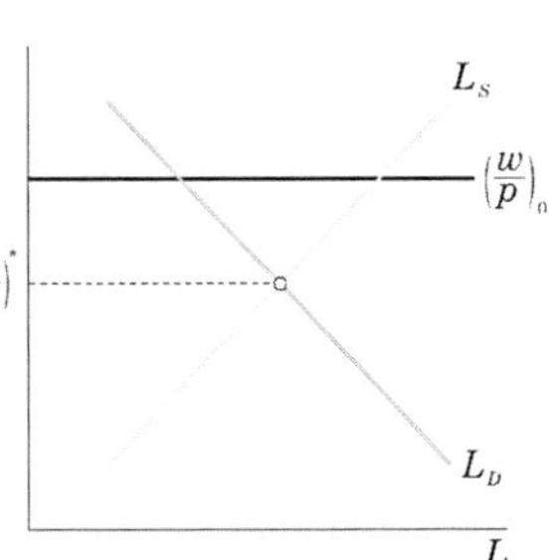

(2) 노동이직모형(labor turnover model)
   ① 이직률이 높아지면 신규채용과 관련된 노동이직비용(turnover cost)이 커지기 때문에 노동자의 이직유인을 감소시켜야 한다.
   ② 따라서 기업은 시장의 균형임금보다 높은 임금을 지급함으로써 이직률을 낮춘다는 것이다.

(3) 태업방지모형(shirkling model)

① 기업에서 높은 임금을 지급할수록, 노동자의 태업의 기회비용은 커지므로 태업유인은 그만큼 감소한다.

② 결국 효율성임금이 노동자의 도덕적 해이를 억제하기 위한 유인체계로 기능하여 생산성을 높일 수 있다.

③ 그러나 전체적으로 임금을 상승시키면 근무태만방지유인은 사라진다는 반론이 있지만 비자발적 실업이 존재하므로 근무태만방치는 여전히 유효하다.

(4) 역선택모형(adverse selection model)

노동의 생산성에 대한 정보가 비대칭(information asymmetry)적일 때 기업이 양질의 노동을 계속확보하기 위해서는 평균 실질임금보다 높은 수준의 효율성 임금을 지급해야한다.

(5) 결론

① 확실성 하의 노동시장은 생산성(MP_L)이 실질임금을 결정하지만 정보의 비대칭성이 존재하는 불확실성 하의 노동시장에서는 실질임금이 생산성을 결정한다.

② 시장청산보다 실질임금이 높고, 실질임금이 경직적이기 때문에, 비자발적 실업, 즉 불완전 고용균형이 장기간 지속될 수 있게 된다.

주제 4 논술

01

소유와 경영이 분리된 상태에서 이윤 극대화 달성하기 힘든 이유를 정보 비대칭으로 설명하라.

(수출입은행 · 2011)

해설

(1) 본인-대리인 문제

대리인(agent)은 본인의 일을 대신하여 처리해주는 사람으로 대리인 자신의 이익을 극대화하기 위한 행동이 본인(principal)의 경제적 후생에 영향을 미치는 것을 말한다.

(2) 특징

① 본인은 정보수준이 낮아 대리인의 행동을 관찰할 수 없거나 또는 관찰하는데 많은 비용이 소요된다.

② 대리인의 행동은 자신이 보기에는 바람직한 행동이지만 본인이 판단하기에는 바람직하지 않은 행동이다.

(3) 주주와 경영자

① 주주는 이윤극대화를 위해 경영자를 선임한다.

② 그러나 경영자는 선임되고 난 후 이윤극대화보다 매출액극대화를 위해 노력하게 되는 현상이 발생

③ 왜냐하면 매출액 극대화는 기업의 규모를 의미하기 때문에 나중에 계약기간이 지난 후 다른 기업으로 갈 경우에 경영자에게 유리하게 작용

(4) 발생원인

① 본인-대리인 문제가 발생하는 이유는 대리인이 본인의 이익을 위해 노력할 유인이 존재하지 않기 때문이다.

② 대리인에 대한 보상계획은 대리인이 주인을 위해서 최선의 노력을 다하는 것이 다른 어떤 경우보다 대리인에게 높은 효용을 주어야 한다. → 유인성립제약 (incentive compatible constraint)

(5) 해결방안-유인설계

1) 유인설계 (incentive design) : 대리인이 본인의 이익을 위해서 행동하도록 유도하는 장치

2) 스톡옵션(stock option)
　　① 경영자가 경영을 잘하면 기업의 이윤을 증가시켜 주가가 상승하게 된다.
　　② 주가상승으로 경영자가 스톡옵션을 행사하면 경영자 자신의 보수를 증가시켜 본인 – 대리인 문제를
　　　해결할 수 있다.
3) 승자진출전(tournaments)
　　① 본인인 주주가 대리인을 여러 명 두어 이들 간의 경쟁과 성과로 경영자를 임명하는 것을 말한다.
　　② 현재의 경영자는 잠재적 경영자의 위협을 알고 있기 때문에 주주의 이익을 위해 최선을 다하게 된다.
4) 감시제도(monitoring)
　　① 감시란 본인이 대가를 지불하고 대리인의 행동에 관한 정보를 획득하는 것을 말한다.
　　② 감시제도는 본인인 주주가 경영평가단을 두기 때문에 경영자의 도덕적 해이를 방지할 수 있다.

02 코즈정리로 기업과 지방자치단체의 협상결과 어떤 자원배분이 달성되는지 설명하시오.

(예탁결제원 · 2013)

(1) **코즈정리(Coase theorem)의 의의**
　　① 정부개입이 없어도 소유권의 설정이 이루어질 경우 당사자들의 자발적인 협상에 의해 외부성의 문제가
　　　해결될 수 있음을 보인다.
　　② 코즈정리는 외부성의 문제를 법적, 제도적 측면에서 접근하였다는 의미가 있다.

(2) **개념**
　　협상비용이 무시할 정도로 작고 협상으로 인한 소득재분배가 각 개인의 한계효용에 영향을 미치지 않는다
　　면 외부성에 관한 권리가 어느 경제주체에 귀속되는가와 상관없이 당사자 간의 자발적 협상에 의한 자원
　　배분은 동일하며 효율적이다.

(3) **시사점**
　　① 정부의 직접적인 개입보다 재산권설정 등 정부의 최소한의 개입이 사회적 효율성을 증진시킨다.
　　② 즉 정부의 개입방식이 직접적 개입보다 민간주체의 자율성보장과 시장기능을 강조하는 간접적 방식을
　　　전환되어야 함을 시사한다.

(4) **설명**

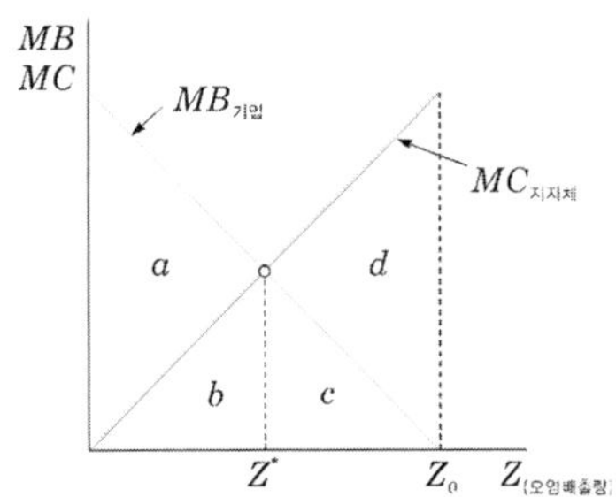

1) 최적오염배출량 : 사회적으로 가장 바람직한 최적오염배출량은 한계편익(MB)과 한계비용(MC)이 일치
　　하는 Z^* 이다.
2) 기업에게 재산권이 주어진 경우
　　① 기업은 총편익이 극대가 될 때까지 오염을 배출하기 때문에 Z_0에서 오염을 배출한다.
　　② 지방자치단체는 오염을 Z^*로 줄여달라고 요구하며 지자체가 최대한 지급하고자 하는 금액은
　　　$(d+c)$이며 기업이 최소한 받고자 하는 금액은 c이다.
　　③ 따라서 기업과 지자체는 자발적인 협상을 통해 두 당사자 모두 이득을 얻게 된다.

3) 지자체에게 재산권이 주어진 경우

　　① 지자체는 오염배출을 금지시킬 것이며 기업은 Z^*를 배출할 수 있도록 요청을 할 것이다.

　　② 기업이 최대한 지급하고자 하는 금액은 (a+b)이고 지자체가 최소한 받고자 하는 금액은 b이므로 두 당사자는 자발적인 협상을 할 가능성이 있다.

(5) 문제점

　　① 가해자와 피해자의 명확한 구분이 불가능할 수 있다.

　　② 가해자와 피해자가 무수히 많다면 협상비용이 많이 들 수 있다.

　　③ 일반적으로 가해자의 주도권이 크므로 가해장의 의도대로 협상결과가 나올 수 있다.

03

2015년 1월 시행을 앞두고 재계가 연기를 요구해 논란을 빚은 온실가스 배출권 거래 제를 정부가 당초 예정대로 시행하기로 확정했다.

(수출입은행 · 2014)

(1) 시장실패의 개념과 발생원인을 쓰시오.

(2) 온실가스 배출권 거래제도와 직접규제를 비교하시오.

(3) 온실가스 배출권 거래제도와 공해세를 비교하시오.

1. 시장실패란?

(1) 협의의 개념

　　① 시장실패란 시장기구가 자원을 비효율적으로 배분하는 상태를 말한다.

　　② 즉 시장경제가 파레토 최적의 자원배분을 달성하지 못하는 상태를 말한다.

(2) 광의의 개념 : 시장기구가 소득분배의 공평성측면과 경제의 안정측면에서 그 역할을 감당하지 못하는 상태를 말한다.

2. 시장실패의 원인

(1) 비효율적 측면 : 불완전경쟁시장, 공공재, 외부성, 정보의 비대칭성

(2) 불공평성 측면 : 시장이 효율적이라도 소득분배의 불공평성을 유발할 수 있다.

(3) 경제의 불안정측면 : 인플레이션 발생이나 실업률 증가 등에 원인이 있다.

3. 외부성

(1) 개념

　　① 어떤 행위가 제 3자에게 의도하지 않은 혜택이나 손해를 가져다주면서 이에 대한 대가를 받지도 지불하지도 않을 때 외부성이 창출된다.

　　② 사회적인 관점에서는 어떤 성격의 외부성이든 간에 모두 바람직하지 않은 결과를 초래한다.

(2) 유형

　　1) 외부경제와 외부불경제

　　　　① 외부경제란 상대방에게 혜택을 주는 외부성으로 고속도로, 개인에 의해 잘 가꾸어진 아름다운 공원을 들 수 있다.

　　　　② 외부불경제란 영향을 받는 상대방에게 해를 입히는 외부성으로 환경오염을 들 수 있다.

　　2) 생산의 외부성

　　　　① 개념 : 생산외부성은 재화의 생산과정에서 발생하는 외부성을 의미하며 SMC와 PMC의 괴리가 발생한다. ($SMC \neq PMC$)

　　　　② 생산의 외부경제

　　　　　　㉠ 생산의 외부경제는 어떤 경제주체의 생산활동이 다른 경제주체의 생산비용을 줄이는 것을 말한다. (ex, 양봉업과 과수원)

　　　　　　㉡ 생산의 외부경제는 PMC가 SMC보다 커지며 ($PMC > SMC$), 과소생산이 발생한다.

③ 생산의 외부불경제

  ㉠ 생산의 외부불경제는 어떤 경제주체의 생산활동이 다른 경제주체의 생산비용을 증가시키는 것을 말한다. (ex, 연탄공장과 세탁소)

  ㉡ 생산의 외부불경제는 SMC가 PMC보다 커지며 ($SMC > PMC$), 과다생산이 발생한다.

3) 소비의 외부성

① 개념 : 소비외부성은 재화의 소비과정에서 발생하는 외부성을 의미하며 사회적한계편익(SMB)과 개인한계편익(PMB)의 괴리가 발생한다. ($SMB \neq PMB$)

② 소비의 외부경제

  ㉠ 소비의 외부경제는 어떤 경제주체의 행위가 타인의 편익을 증가시키는 것을 말한다.

  ㉡ 소비의 외부경제는 SMB가 PMB보다 커지며 ($SMB > PMB$), 과소소비가 발생한다.

③ 소비의 외부불경제

  ㉠ 소비의 외부불경제는 어떤 경제주체의 행위가 타인의 편익을 감소시키는 것을 말한다.

  ㉡ 소비의 외부불경제는 PMB가 SMB보다 커지며 ($PMB > SMB$), 과다소비가 발생한다.

4. 외부성의 해결책

(1) 민간부문의 대응

1) 합병(merger)

① 가해자와 피해자가 하나의 경제단위가 됨으로써 외부비용을 자기비용으로 내부화시키는 방법을 말한다.

② 합병의 경우 가해자와 피해자가 소수인 경우에만 효과적 일 수 있다.

2) 코즈정리(Coase theorem)

① 의의

  ㉠ 정부개입이 없어도 소유권의 설정이 이루어질 경우 당사자들의 자발적인 협상에 의해 외부성의 문제가 해결될 수 있음을 보인다.

  ㉡ 코즈정리는 외부성의 문제를 법적, 제도적 측면에서 접근하였다는 의미가 있다.

② 시사점

  ㉠ 정부의 직접적인 개입보다 재산권설정 등 정부의 최소한의 개입이 사회적 효율성을 증진시킨다.

  ㉡ 즉 정부의 개입방식이 직접적 개입보다 민간주체의 자율성보장과 시장기능을 강조하는 간접적 방식을 전환되어야 함을 시사한다.

③ 문제점

  ㉠ 가해자와 피해자의 명확한 구분이 불가능할 수 있다.

  ㉡ 가해자와 피해자가 무수히 많다면 협상비용이 많이 들 수 있다.

  ㉢ 일반적으로 가해자의 주도권이 크므로 가해장의 의도대로 협상결과가 나올 수 있다.

(2) 정부의 개입

1) 공해세(피구세)의 부과

① 개념

  ㉠ 피구세(pigouvian tax)란 외부비용을 가격체계에 내부화하기 위해 부과하는 조세를 말한다.

  ㉡ 피구세 부과를 간접통제 또는 가격통제라고도 한다.

② 설명

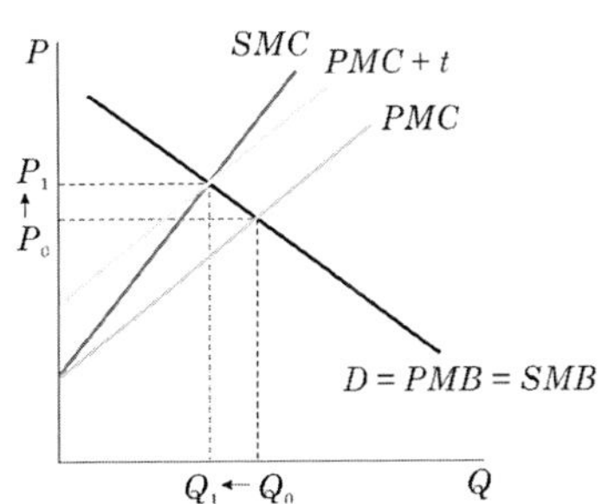

  ㉠ 단위당 t원 씩의 종량세를 부과하면 기업의 사적비용곡선이 PMC에서 $PMC + t$로 상향이

동한다.

② 따라서 기업의 최적생산량은 $PMC+t$와 PMB에서 만나는 점에서 결정되며 기업의 최적
생산량과 사회적으로 바람직한 생산량과 일치하게 된다.

2) 보조금(pigouvian subsidy) 지급

① 가정 : 생산의 외부경제가 발생한다. ($PMC > SMC$)

② 설명

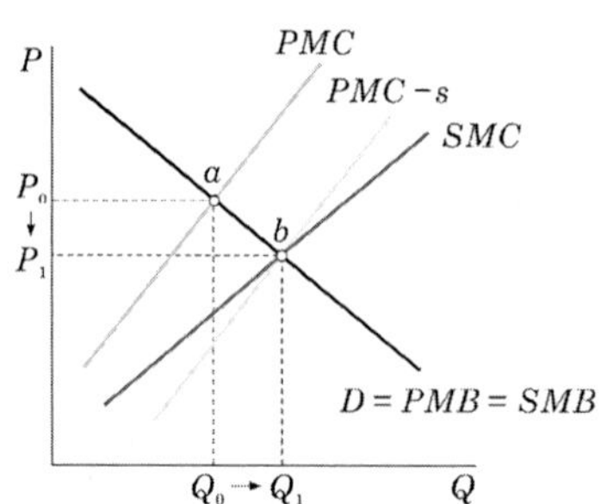

㉠ 정부는 보조금 s를 지급하면 기업의 사적 한계비용이 하락한다.

㉡ PMC곡선이 $PMC-s$로 하락하면 기업의 생산량이 사회적 적정생산량과 일치하게 된다.

(3) 직접규제

① 직접규제란 환경기준을 설정하고 기준량 이상의 오염물질 배출을 규제하는 것을 말한다. 직접규제
를 수량통제라고도 한다.

② 직접통제방식은 확실한 통제에 의한 방식이지만 상황변화에 신속하게 대응할 수 없다는 문제가 있다.

③ 그래서 일반적으로 공해세부과 등 간접통제방식이 직접통제방식보다 더 낫다고 평가 받는다.

(4) 오염배출권 제도

1) 개념 : 정부가 최적오염배출량을 설정하고 각 기업이 오염을 배출할 때는 오염배출권을 구입하도록
하거나 각 기업들에게 무료로 오염배출권을 배부하고 오염배출권이 시장에서 자유롭게 거래되도록
하는 방법을 말한다.

2) 설명

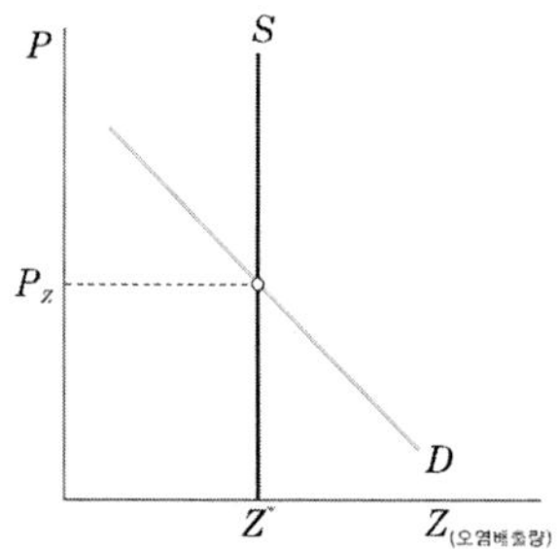

① 정부가 오염배출량을 Z_*로 결정하고 오염배출권을 배부하면 오염배출권의 공급곡선은 S가 된다.

② 오염배출권의 수요가 D라면 오염배출권의 가격은 P_Z가 된다.

3) 온실가스 배출권 거래제도와 직접규제

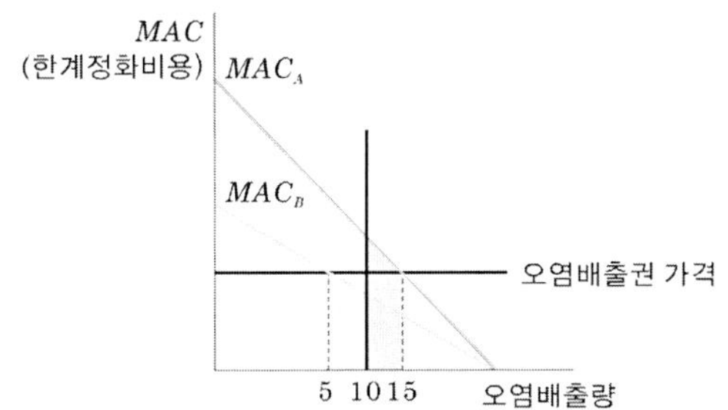

① 직접규제의 경우 A기업과 B기업에게 각각 오염배출량을 10톤으로 규제한다.
② 오염배출권 가격제도 하에서 A기업의 한계정화비용이 오염배출권 가격보다 크기 때문에 A기업은 오염배출권을 매입하여 오염배출량을 늘리고 B기업은 한계정화비용이 오염배출권 가격보다 작기 때문에 오염배출권을 매각하고 오염배출량을 줄인다.
③ 오염배출권을 실시하면 직접규제보다 사회적 비용이 절감된다는 장점이 있다.

4) 온실가스 배출권 거래제도와 공해세의 비교

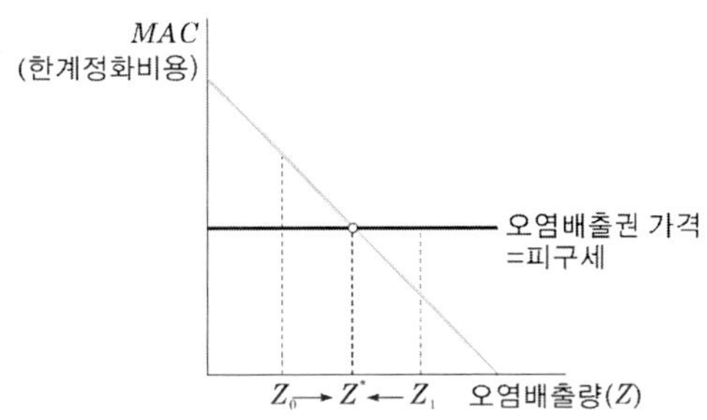

① 단위당 일정액의 피구세를 부과하면 각 기업은 한계정화비용과 피구세를 비교하여 오염감축량을 결정한다.
② 따라서 피구세를 적절하게 부과하면 오염배출권 거래제도와 동일하게 효율적인 방법으로 동일한 양의 오염을 줄일 수 있게 된다.

5) 공해배출권 제도의 장점
① 공해배출권 제도는 기업으로 하여금 환경보존에 대한 진정한 선호를 표출하도록 유도한다.
② 환경보존과 관련된 비용을 절감할 수 있다. 왜냐하면 정부가 감독하지 않더라도 기업들이 자발적으로 시장에서 공해배출권을 거래 할 수 있기 때문이다.
③ 공해배출권제도에서는 정부가 공해배출총량을 정해놓고 공해배출권을 발행하기 때문에 확실하게 환경기준을 달성할 수 있다.
④ 경제상황 변화에 신속하게 적응할 수 있다. 공해배출권가격이 신축적으로 변하여 시장에서 자동적으로 조정이 가능하기 때문이다.

6) 공해배출권 제도의 단점
① 제도 시행 초기에 어떤 기준에 의해 공해배출권을 분배해야 하는 지의 문제가 발생할 수 있다.
② 공해배출권을 보유하여 기업들이 독점력 행사가 가능하다.
③ 공해배출권이 거래되는 시장에 참여하는 경제주체의 수가 매우 적을 수 있어 공해배출권의 거래 자체가 활발하지 않을 수 있다.

국민소득결정이론

주제 1 국민소득 측정

1 이론요약

1. 국내총생산(GDP)

① 개념

일정기간동안	유량개념으로서 일반적으로 1년이 기준
한 국가안에서	속지주의 개념
생산된	생산과 관련 있어야 하므로, 부동산 투자, 주식거래, 골동품판매 수 입은 포함되지 않는다.
최종생산물	① 중간 생산물은 포함되지 않는다. ② 최종생산물은 부가가치의 합과 일치한다.
시장가치	① 시장에서 거래된 것만 포함되므로 주부의 가사노동은 포함되지 않는다. ② 귀속임대료, 자가소비 농산물은 포함

② 종류

㉠ 실질 GDP와 명목 GDP

실질 GDP	실질GDP는 당해연도의 생산물에 기준연도가격을 곱하여 계산하므로 물가의 영향을 받지 않는다.
명목 GDP	명목 GDP는 당해 연도의 생산물에 당해연도 가격을 곱하여 계산하므로 물가의 영향을 받는다.
GDP 디플레이터(deflator)	① 일종의 물가지수 : GDP 디플레이터 = (명목 GDP/실질 GDP) × 100 ② 파셰방식으로 측정

㉡ 실제 GDP와 잠재 GDP

실제 GDP	한 나라 안에서 실제 생산된 모든 최종 생산물의 시장가치
잠재 GDP	한 나라에 존재하는 모든 생산요소를 정상적으로 사용한 경우 달성 가능한 최대의 GDP

③ GDP 갭

구분	내용
개념	• GDP갭은 잠재GDP에서 실제GDP를 뺀 값을 말한다. • GDP갭＝잠재 GDP－실제 GDP
GDP갭＞0	GDP갭이 양수인 경우 잠재 GDP가 실제 GDP보다 크므로 실업이 존재하며 총수요증대 정책을 사용하여야 한다.
GDP갭＜0	GDP갭이 음수인 경우 실제 GDP가 잠재 GDP보다 크므로 인플레이션이 발생하며 총수요억제정책을 사용하여야 한다.

2. 국민총소득(GNI)

구분	내용
성격	생산활동을 통해서 획득한 소득의 실질 구매력을 나타내는 지표
개념	① 한 나라의 국민이 생산활동에 참여한 대가로 받는 소득의 합계로서 해외거주자가 받은 소득(국외수취요소소득)은 포함되고 국내총생산(GDP) 중에서 외국인에게 지급한 소득(국외 지급요소소득)은 제외 ② GNI＝GDP＋국외순수취요소소득(국외수취요소소득－국외지급요소소득)＋교역조건 변화에 따른 무역손익 ③ 교역조건이 악화되면 GDP가 GNI보다 크게 됨

2 객관식 문제

01

아래의 표는 A국의 GDP에 관한 자료이다. (단, 기준연도는 2008년이다)

연도	명목 GDP	GDP 디플레이터
2008	$ 2,000	100
2009	$ 3,000	120
2010	$ 3,750	150
2011	$ 6,000	200

다음 설명 중 옳지 않은 것은? (국회 8급 · 2012)

① 2008년에서 2009년 사이의 인플레이션율은 20%이다.
② 2010년에서 2011년 사이의 인플레이션율은 33.3%이다.
③ 2008년에서 2009년 사이에 경제성장을 경험했다.
④ 2009년에서 2010년 사이에 경제성장을 경험했다.
⑤ 2010년에서 2011년 사이에 경제성장을 경험했다.

 • 2008년에서 2009년 사이의 GDP 디플레이터가 100에서 120으로 변화하였기 때문에 인플레이션율은 20%이다.
• 2010년에서 2011년 사이의 GDP 디플레이터가 150에서 200으로 변화하였기 때문에 인플레이션율은 33.3%이다. ($\frac{50}{150} \times 100 = 33.3\%$)
• 2008년에서 2011년까지 실질 GDP를 구하면 다음과 같다.
• 2008년은 \$2,000／2009년은 \$2,500／2010년은 \$2,500／2011년은 \$3,000
• 따라서 2009년에서 2010년 사이에 경제성장이 발생하지 않았다. 　　정답 ④

02

중국에 소재한 한 기업이 2006년에 반도체를 생산하였다. 이 반도체를 미국 소재 컴퓨터 제조 기업이 2007년에 수입하여 컴퓨터에 내장한 뒤, 같은 해에 그 컴퓨터를 한국으로 수출하였다. 한국의 어느 대학생이 이 컴퓨터를 2007년에 구입하였다. 이상의 거래로 인해 각국의 2007년 국민소득계정에 나타난 변화의 설명으로 옳은 것은? (공인회계사 · 2007)

	한국 (소비지출, 순수출, GDP)	중국 (순수출, GDP)	미국 (순수출, GDP)
①	(증가, 감소, 불변)	(증가, 불변)	(증가, 증가)
②	(증가, 감소, 증가)	(증가, 증가)	(불변, 불변)
③	(불변, 불변, 불변)	(증가, 불변)	(증가, 증가)
④	(증가, 감소, 불변)	(증가, 증가)	(불변, 증가)
⑤	(증가, 감소, 알 수 없음)	(증가, 불변)	(증가, 불변)

 • 한국의 경우 컴퓨터를 수입하여 한국의 대학생이 구입하였으므로 수입의 증가로 순수출은 감소하고 소비지출은 증가하여 GDP는 변하지 않는다.
• 중국의 경우 2006년에 생산한 반도체를 2007년에 수출하였으므로 2007년도의 순수출이 증가하였으나 재고투자의 감소로 GDP는 변하지 않는다.
• 미국의 경우 반도체는 중간재이기 때문에 수입하더라도 GDP에 포함되지 않으며 반도체를 내장한 컴퓨터를 한국에 수출하였으므로 순수출과 GDP 모두 증가한다. 　　정답 ①

03

GDP에 대한 다음 설명 중 옳은 것을 모두 고르면? (공인회계사 · 2010)

가. 2009년에 생산되어 재고로 보유되다가 2010년에 판매된 재화의 가치는 2010년 GDP에 포함된다.
나. 부동산 중개업자가 2001년에 지어진 아파트의 2010년 매매 중개로 받은 수수료는 2010년 GDP에 포함된다.
다. 2010년 들어 학교 교육에 실망한 부모들이 직장을 그만 두고 집에서 자식을 가르치면 2010년 GDP는 감소한다.
라. 홍수 피해를 복구하는데 들어간 비용은 GDP에 포함된다.
마. 한국의 자동차 회사가 2010년에 미국에서 생산하여 한국에서 판매한 자동차의 가치는 한국의 2010년 GDP에 포함된다.

① 가, 나

② 가, 라

③ 나, 다

④ 가, 다, 라

⑤ 나, 다, 라

- 2009년에 생산되어 재고로 보유된 재화의 경우 2009년의 재고투자로 포함된다.
- 한국의 자동차 회사가 2010년에 미국에서 생산한 자동차는 미국의 2010년 GDP에 포함된다.　　정답 ⑤

04

배추와 김치 두 재화만 생산하는 국가를 가정하자. 배추회사는 자체적으로 필요한 투입물을 모두 생산한다. 김치회사는 배추를 유일한 중간투입물로 이용하여 김치를 생산한다. 두 회사는 재화를 생산하기 위해 노동자를 고용하며, 판매된 재화의 가치에서 임금 및 중간투입물 비용을 차감한 만큼 이윤을 얻는다. 아래 표를 보고 국내총생산을 계산할 때, 다음 중 옳지 않은 것은?

(공인회계사 · 2011)

	배추회사	김치회사
중간투입물 비용	0	150
임금	100	250
생산물 가치	150	500

① 노동소득 분배율은 70%이다.

② 배추회사가 창출한 부가가치는 150이다.

③ 김치회사가 창출한 부가가치는 350이다.

④ 배추회사와 김치회사의 이윤은 각각 50과 100이다.

⑤ 국내총생산을 지출측면에서 계산한다면, 배추에 대한 지출 150과 김치에 대한 지출 500을 합한 650이다.

- 배추회사의 경우 중간투입물이 없으므로 배추의 부가가치는 150이다.
- 김치회사의 경우 중간투입물 비용이 150이므로 김치의 부가가치는 350이다.
- 배추회사의 경우 최종재의 가격이 150이고 임금이 100이 발생하기 때문에 이윤은 50이다.
- 김치회사의 경우 최종재의 가격이 500이고 중간투입물 비용 150과 임금이 250이므로 이윤은 100이다.
- 해당 국가의 GDP는 최종재만 포함되므로 500이며 이 중 임금이 350으로 지출되므로 노동 소득분배율은 70%이다.
- 삼면등가의 법칙에 따르면 GDP 금액은 생산측면과 지출측면이 같아야 하기 때문에 지출 GDP도 500이다.

정답 ⑤

3 약술문제

01

환율이 상승할 때 국내총생산과 국민총소득과의 관계를 설명하시오.

해설
- 환율이 상승하면 수출재의 달러표시 가격이 하락하므로 교역조건이 하락한다.
- 따라서 국내총생산의 증가율이 국민총소득의 증가율보다 커진다.

02

국내총생산의 문제점을 서술하시오.

해설
- 국내총생산은 여가와 공해 등을 고려하지 못한다. 따라서 공해발생으로 공해방지시설이 생산되면 오히려 국내총생산은 증가할 수 있다.
- 또한 국내총생산은 시장에서 거래되는 것만 측정할 수 있으므로 지하경제규모를 제대로 반영하지 못한다.
- 국내총생산은 추계방식이므로 정확한 측정이 불가능하다.

03

삼면등가의 개념을 쓰시오. (한국거래소 · 2013)

해설
GDP는 일정기간 동안 생산된 최종재의 시장가치의 합이므로 생산측면에서 측정된 것이다.
생산된 것은 생산에 참여한 생산요소의 소득으로 분배가 되므로 분배측면으로 측정할 수 있다.
또한 생산요소 공급자의 입장에서는 분배된 소득을 가지고 생산된 재화와 서비스를 구입할 수 있으므로 지출측면으로 측정할 수도 있다.
따라서 국민소득을 측정할 때 생산측면과 분배측면과 지출측면으로 측정할 때 일치한다는 것이다.

$$국내총생산(GDP) = 국내총소득(GDI) = 국내총지출(GDE)$$

 고전학파 모형과 케인즈 모형

1 이론요약

1. 고전학파 모형

① 대부자금시장

구분	내용
개념	대부자금시장에서는 저축자와 차입자간에 대부자금의 수요와 공급에 의하여 실질이자율이 결정된다.
설명	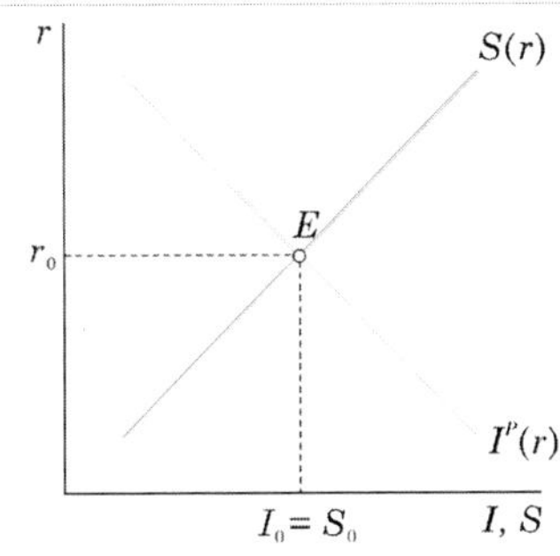 ① 대부자금의 공급은 저축에 의해 결정되는데 저축은 민간저축(S_P)과 정부저축(S_G)의 합으로 이루어진다. ② 민간저축은 $S_P = Y - T - C$이며, 정부저축은 $S_G = T - G$이다. 민간저축과 정부저축의 합을 국내총저축(S_N)이라고 한다. ③ 따라서 저축은 실질이자율의 증가함수이므로 저축곡선은 우상향 한다. ④ 투자는 기업의 투자와 관련 있으므로 실질이자율의 감소함수이며 투자곡선은 우하향 한다. ⑤ 균형실질 이자율은 저축곡선과 투자곡선이 만나는 점에서 결정된다. $S_N(r) = I(r)$

② 대부자금시장과 세이의 법칙

구분	내용
세이의 법칙	세이의 법칙이란 공급이 수요를 창조하여 총수요와 총공급이 항상 일치하는 것을 말한다.
대부자금시장과의 관계	대부자금시장에서는 이자율의 신축성으로 저축과 투자가 항상 일치하므로 세이의 법칙이 성립된다.

2. 케인즈의 단순모형

① 소득-지출모형

구분	내용
개념	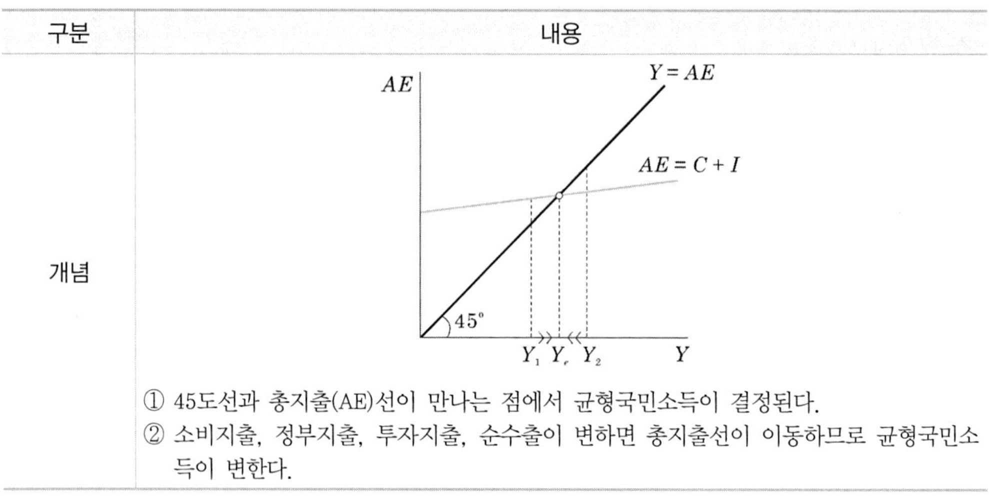 ① 45도선과 총지출(AE)선이 만나는 점에서 균형국민소득이 결정된다. ② 소비지출, 정부지출, 투자지출, 순수출이 변하면 총지출선이 이동하므로 균형국민소득이 변한다.

② 저축의 역설

구분	내용
개념	모든 개인이 저축을 증대시키려는 행위가 결과적으로 저축은 증대시키지 못하고 국민소득만 감소시키는 것을 말한다.
의미	① 투자기회가 부족한 선진국의 경우에만 성립 ② 단기적으로 성립 ③ 구성의 오류에 해당

③ 인플레이션갭과 디플레이션갭

구분	내용
인플레이션갭	① 완전고용상태의 국민소득수준에서 총지출이 총공급을 초과할 때 존재 ② 인플레이션이 발생
디플레이션갭	① 완전고용상태의 국민소득수준에서 총공급이 총지출을 초과할 때 존재 ② 일반적으로 실업이 발생

④ 승수효과

㉠ 기초승수

구분	내용
개념	승수＝균형국민소득 증가분/독립지출 증가분
기초승수	$\dfrac{1}{1-MPC}$, MPC : 한계소비성향

정부지출승수와 조세승수	① 경기부양 정책을 실시할 때 정부지출증가와 조세감면이 있다. 조세 감면의 경우 가처분소득이 증가하지만 가처분 소득 중 일부분은 저축으로 연결된다. ② 따라서 정부지출승수가 조세승수보다 크다.
조세승수와 이전지출승수	조세는 가처분소득을 감소시키고 이전지출은 가처분소득을 증가시킨다. 따라서 조세승수와 이전지출승수의 절대값이 같다.
균형재정승수	① 정부지출과 조세가 동액만큼 증가할 때의 승수 ② 정액세일 때 균형재정승수의 값은 1 ③ 비례세가 존재할 때 균형재정승수의 값은 1보다 작음

ⓛ 정액세와 비례세가 동시에 존재하면서 개방경제, 유발투자가 존재하는 경우

정부지출 승수	$\dfrac{1}{1-c(1-t)-i+m}$
투자승수	$\dfrac{1}{1-c(1-t)-i+m}$
이전지출 승수	$\dfrac{c}{1-c(1-t)-i+m}$
조세승수	$-\dfrac{c}{1-c(1-t)-i+m}$

2 객관식 문제

01

조세법이 대부자금의 공급을 증가시키는 방향으로 개정되었다고 가정할 때 이러한 법 개정이 대부자금 균형거래량 수준에 가장 큰 영향을 미칠 수 있는 상황은? (서울시 7급 · 2013)

① 대부자금수요곡선이 매우 탄력적이며 대부자금공급곡선이 매우 비탄력적인 경우
② 대부자금수요곡선이 매우 비탄력적이며 대부자금공급곡선이 매우 탄력적인 경우
③ 대부자금수요곡선과 공급곡선 모두 매우 탄력적인 경우
④ 대부자금수요곡선과 공급곡선 모두 매우 비탄력적인 경우
⑤ 정답 없음

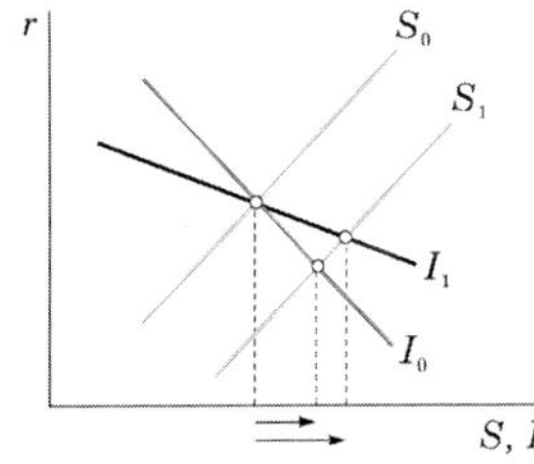

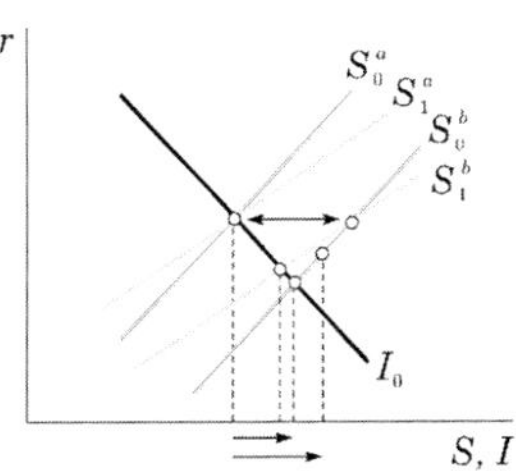

대부자금수요곡선이 완만하고 대부자금공급곡선이 가파를수록 대부자금 균형거래량이 크게 증가할 수 있다.

정답 ①

02

대부자금(loanable fund)의 공급이 실질이자율의 증가함수이고 대부자금의 수요는 실질이자율의 감소함수인 대부자금시장모형에서 재정흑자 증가의 결과로 가장 옳지 않은 것은?

(공인회계사 · 2009)

① 실질이자율이 하락한다.
② 민간저축이 감소한다.
③ 민간투자가 증가한다.
④ 재정흑자의 증가분만큼 국민저축이 증가한다.
⑤ 정부저축이 증가한다.

> **해설**
> - 정부지출이 감소하고, 조세수입이 증가하면 재정흑자가 발생한다.
> - 재정흑자는 정부저축의 증가를 가져와 대부자금의 공급곡선을 우측이동시킨다.
> - 실질이자율의 하락으로 민간투자 증가, 민간저축 감소가 발생한다.
> - 정부저축의 증가가 민간저축 감소보다 크기 때문에 이자율이 하락하는 것이다.
> - 따라서 재정흑자의 증가분이 국민저축의 증가보다 크다. **정답** ④

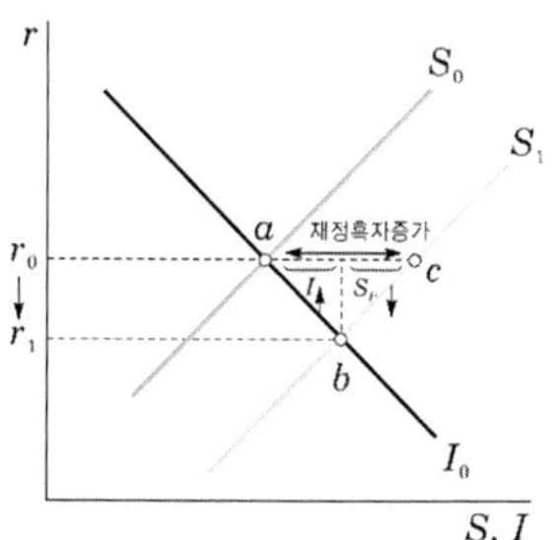

03

저축의 역설에 관한 설명으로 옳은 것은?

(감정평가사 · 2011)

① 소득이 증가하면 저축이 감소한다는 가설이다.
② 투자가 GDP와 정(+)의 상관관계를 가질 때에는 저축이 증가하면 소득이 증가한다는 가설이다.
③ 고전학파의 이론에서는 성립되지 않는 가설이다.
④ 저축의 증가는 투자를 증가시킴으로써 경제성장을 촉진시킨다는 가설이다.
⑤ 명목이자율의 상승이 인플레이션을 하락시킨다는 가설이다.

> **해설**
> 케인즈가 주장한 저축의 역설은, 사람들이 소비를 줄이고 저축을 늘리게 되면 오히려 총수요가 감소하여 경제 활동을 저하시키게 되어서 총저축이 늘어나지 않거나 오히려 감소하는 것을 말한다. 고전학파의 경우에는 저축과 투자가 완벽히 일치하는 대부자금시장을 가정하기 때문에 케인즈의 저축의 역설은 고전학파의 이론에는 성립되지 않는다. **정답** ③

04

우리나라의 거시경제모형이 다음과 같을 때, 이와 관련된 설명 중 옳은 것을 모두 고르면? (여기에서 Y, C, I, G, X, M, Y_d, T는 각각 소득, 소비, 투자, 정부지출, 수출, 수입, 가처분소득, 조세이고, 변수에 아래 첨자 0이 붙여진 것은 외생변수임을 의미한다.) (CPA · 2012)

$$Y = C + I + G + (X - M) \qquad\qquad I = I_0$$
$$C = C_0 + 0.7Y_d \qquad\qquad\qquad G = G_0$$
$$Y_d = Y - T \qquad\qquad\qquad\qquad X = X_0$$
$$T = T_0 + 0.2Y \qquad\qquad\qquad M = M_0 + 0.06Y$$

가. 수입은 국민소득의 증가함수이고, 한계소비성향이 증가하면 균형국민소득도 증가한다.
나. 균형재정승수는 1이다.
다. 정부지출승수와 투자승수는 2이고, 조세승수는 -1.4이다.
라. 해외부문이 존재하지 않을 때 투자승수는 커진다.

① 가, 나, 다   ② 가, 다, 라
③ 나, 다   ④ 나, 다, 라
⑤ 가, 나, 다, 라

- 균형재정승수는 $\dfrac{1 - MPC}{1 - MPC(1 - t) + m} = 0.6$이다.
- 정부지출승수와 투자승수는 $\dfrac{1}{1 - MPC(1 - t) + m} = 2$이다.
- 조세승수는 $-\dfrac{MPC}{1 - MPC(1 - t) + m} = -1.4$이다.
- 해외부문이 존재하면 소득이 증가할 때 수입이 증가하므로 투자승수는 작아진다.   정답 ②

05

이자율이 고정되어 있고 물가수준이 일정한 폐쇄경제를 가정하자. 총수요곡선을 가장 큰 폭으로 변화시키는 순서대로 나열한 것 중 옳은 것은? (공인회계사 · 2011)

가. 한계소비성향이 0.5이며 가계가 독립적 소비지출을 500억원 증가시킨다.
나. 한계저축성향이 0.25이며 기업들이 투자지출을 200억원 증가시킨다.
다. 한계소비성향이 0.6이며 정부가 세금을 500억원 감소시킨다.

① 가>나>다   ② 가>다>나
③ 나>가>다   ④ 나>다>가
⑤ 다>가>나

해설
- 가의 경우 소비지출승수는 2이므로 500억원의 독립적 소비지출의 증가는 총수요를 1,000억원 증가시킨다.
- 나의 경우 투자승수는 4이므로 200억원의 투자증가는 총수요를 800억원 증가시킨다.
- 다의 경우 조세승수는 1.5이므로 500억원의 조세감면은 총수요를 750억원 증가시킨다.   **정답** ①

3 약술문제

01

대부자금시장과 세이의 법칙과의 관계를 설명하시오.

해설
- 대부자금시장에서는 이자율의 변화가 신축적이므로 저축과 투자가 항상 일치한다.
- 따라서 세이의 법칙이 성립된다.

02

유발투자가 존재하지 않는 경우와 유발투자가 존재하는 경우를 비교해서 어느 경우가 저축의 역설이 더 강화되어서 나타나는지 설명하시오.

해설

(1) 설명

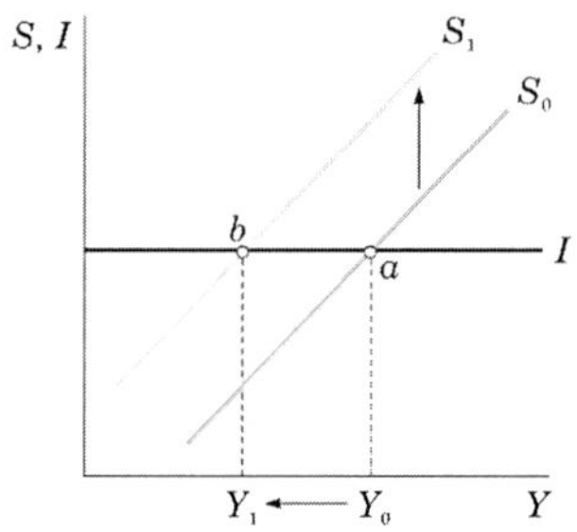

투자는 소득과 무관하게 결정되므로 수평선이며 저축은 소득 증가 시 증가하므로 우상향하는 형태이다.
투자와 저축이 만날 때 (S=I) 균형 국민소득이 결정된다.
저축이 증가하면 저축곡선이 상향이동하므로 ($S_0 \rightarrow S_1$) 저축증가는 균형국민소득을 감소시킨다.
($Y_0 \rightarrow Y_1$)

(2) 유발투자가 존재하는 경우

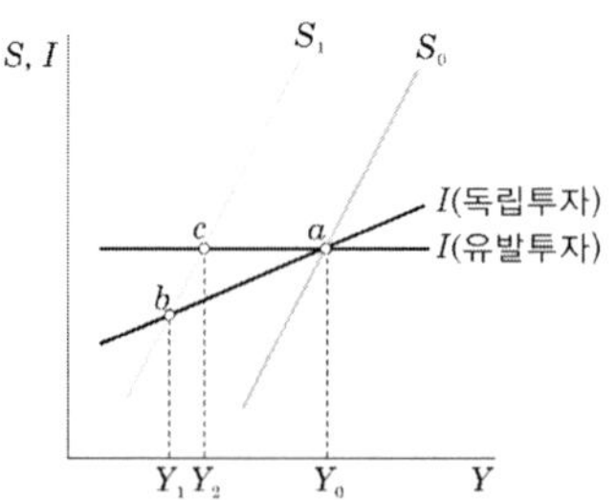

유발투자가 존재하는 경우 절약의 역설이 강화된 형태로 나타난다.

03

케인즈의 단순모형과 정부부문을 도입했을 때 투자승수를 비교하시오.

(산업은행 · 2012)

해설 케인즈의 단순모형의 경우 투자승수는 다음과 같다.

$$\text{투자승수} = \frac{1}{1-c} \quad (c : \text{한계소비성향})$$

정부부문이 존재하는 경우 정액세를 고려한다면 투자승수는 다음과 같다.

$$\text{투자승수} = \frac{1}{1-c(1-t)} \quad (c : \text{한계소비성향}, \ t : \text{한계조세율})$$

따라서 정부부문이 존재하는 경우의 투자승수가 더 작아진다. 그 이유는 조세는 누출(leakage)에 해당하기 때문이다.

04

케인즈의 소득지출승수와 IS−LM 승수 차이가 나는 이유를 설명하시오.

(수출입은행 · 2011)

핵심 케인즈의 소득−지출모형의 경우 투자가 독립투자이지만 IS−LM모형에서의 투자는 이자율의 감소함수이다. 따라서 IS−LM모형에서는 투자 증가에 따른 이자율 상승으로 다시금 투자가 감소할 수 있다.

주제 3 논술

01

(1) 저출산 · 고령화의 원인과 해결책을 제시하시오. (산업은행 · 2012)
(2) 고령화 현상의 원인을 논리적으로 분석하고 노동시장과 금융시장에의 영향을 써라. 그리고 본인의 전공지식과 연관해 해결방안 제시하시오. (예탁결제원 · 2014)

해설 1. 인구 고령화의 개념
UN은 전체 인구 중 65세이상 인구가 차지하는 비중에 따라 고령화사회(Aging Society, 7%−14%), 고령사회(Aged Society, 14%−20%), 초고령사회(Super−aged Society, 20% 이상)로 분류

OECD 국가 고령화 유형(1960년과 2004년 비교)

1960/2004	청장년 사회 (7% 미만)	고령화사회 (7%-14%)	고령사회 (14%-20%)
청장년사회 (7% 미만)	멕시코, 터키	한국, 폴란드, 슬로바키아	
고령화 사회 (7%-14%)		미국, 캐나다, 호주, 뉴질랜드, 아일랜드, 네덜란드, 포르투갈	영국, 일본, 오스트리아, 벨기에, 덴마크, 핀란드, 프랑스, 그리스, 헝가리, 이태리, 룩셈부르크, 노르웨이, 스페인, 스웨덴, 스위스

(주) 한국은 2018년 고령사회, 2026년 초고령사회에 진입할 전망

2. 고령화의 원인

(1) 평균수명증가(longevity)와 출산율(fertility rate) 감소 : 의료기술의 발달로 인한 평균수명 증가와 교육비부담, 청년실업률의 증가 등으로 인한 출산율 감소가 고령화의 원인

(2) 이민정책 미비 : 미국, 캐나다, 호주, 뉴질랜드 등은 이민정책 시행에 따른 신규인구 유입으로 고령화가 상대적으로 서서히 진행되고 있으나 한국은 이민정책이 적극적으로 시행되지 않고 있다.

3. 총수요에 미치는 영향

(1) 저축감소에 의한 투자위축

① 총저축은 생산가능인구가 증가할수록 증가하는 반면, 고령자비율이 증가할수록 감소하는 경향이 있다.

② 생애소득가설(Life-cycle hypothesis)에 의하면 고령자의 평균소비성향이 근로계층보다 높으므로 노인부양비율 증가는 상대적 소비성향이 낮은 근로계층의 가용자산을 상대적 소비성향이 높은 고령자에게로 이전토록 하는 효과가 있어 전체 인구의 평균 소비는 증가하고 저축은 감소한다.

(2) 소비패턴의 변화

① 고령층은 주택, 에너지, 의료관련 지출을 늘리는 반면, 자동차, 교통, 교육, 오락, 의복 관련 지출은 상대적으로 줄이는 경향이 있다.

② 고령화가 진전되면 고령자 수요 품목에 대한 수요가 증가하므로, 국가 전체적으로는 동 산업의 성장률에 따라 경제성장률이 영향을 받을 수 있을 것으로 분석된다.

(3) 재정수지에 미치는 영향

① 고령화 진전에 따라 세원이 되는 생산가능인구의 비중은 줄어드는 반면 연금, 각종 사회 보장 및 의료비 지출이 늘어나 재정수지에 부담을 가중시킬 것으로 전망

② 정부의 노인복지예산 규모는 지속 증가하여 각국 정부에 부담이 될 것으로 전망

고령화에 따른 주요국 재정수지의 변화 (GDP대비 비중, %)

	2000			2050		
	재정수입	재정지출	수지	재정수입	재정지출	수지
한 국	28.1	25.6	2.5	26.3	34.0	-7.7
일 본	29.4	32.3	-2.9	29.5	35.3	-5.8
미 국	29.7	25.5	4.2	29.4	30.4	-1.0
스웨덴	56.5	52.2	4.3	53.2	55.8	-2.6

출처 : OECD Economic Outlook

4. 노동시장 및 생산성(총공급)에 미치는 영향 및 대응방안

① 고령화는 정부의 정책변화가 없을 경우 노동공급을 현 수준보다 감소토록 하여 직·간접적으로 성장둔화를 초래

- 직접적 효과 : 생산가능인구의 감소 → 노동공급의 축소 → 생산 감소 → 성장둔화
- 간접적 효과 : 노인부양비율의 증가 → 저축(자본공급) 감소→ 투자 등 총수요 감소 → 성장둔화

② 고령화로 인한 성장둔화를 보완하기 위해서는 노동력의 양적·질적 개선을 위한 정책적 노력 필요하다. 즉, 기술혁신, 1인당 자본비율증대, 노동의 질적 수준 향상 등 생산성 제고 노력을 통해 노동력 감소를

보완할 필요가 있는 동시에 다양한 계층(여성, 고령자, 이민자등)의 노동활동 참가를 활성화하는 정책 등을 통해 노동력을 확보하여야 한다.

5. **저출산 · 고령화가 외환시장과 경상수지에 미치는 영향을 논하시오.**

(1) 금리 상승과 환율하락

① 대부자금 시장에서 금리가 결정된다고 할 때 일국의 저축의 감소는 자금의 공급을 감소시켜 금리 상승의 압력으로 작용한다.

② 이처럼 금리가 상승하면 외환이 유입하여 환율이 하락한다.

(2) 경상수지(CA)와의 관계

① S−I＝X−M 균형식에서 볼 때, 경상수지는 생산 가능 인구가 증가할수록 개선되는 반면, 노인부양비율이 증가할수록 악화되는 경향이 있다.

투자가 일정하다는 가정 하에 생산가능인구가 늘면 저축이 증가하여 경상수지는 개선되고, 노인부양비가 높아지면 저축이 감소하여 경상수지는 악화된다.

② 그러나, 실제 고령화의 진전에 따라 저축과 투자가 모두 감소할 경우에는 상대적 감소폭에 따라 경상수지의 적자, 균형, 흑자 모두 가능 : 경상수지 경로(path)가 불확실

(3) 기타

1) 정부의 재정부담 증가

(가) 사회복지부담금 증가 : 각종 사회보장 지원금 지출의 증가로 인하여 정부의 재정이 악화될 가능성이 높다.

(나) 재정정책의 활용 가능성 감소 : 재정적자가 누적되면 정부는 재정을 이용하여 경기에 대응하는 재정정책을 사용하는 데에 제한이 따르게 된다. 이는 정부가 재정적자를 감수하며 적극적인 재정정책을 펼칠 수 있는 가능성이 제약된다는 것을 의미한다.

2) 경제 성장의 둔화−노년층의 증대 : 일반적으로 청장년층에 비하여 노년층의 역동성이 떨어지므로 그만큼 경제의 생산성이 떨어져 경제성장이 둔화될 가능성이 높다.

3) 노동의 질 급격히 저하 : 노동공급량이 줄어들 뿐만 아니라 노동의 질이 급격히 떨어진다. → 2050년 생산가능인구 평균연령은 43.9세까지 올라가고 노동생산성은 2020년을 정점으로 하락

4) 금융시장의 위축 : 노년층이 증가함에 따라 금융자산 매각이 증가하며 금융자산의 가격하락으로 연결된다. 자산가격 하락은 주식 등 위험도가 큰 자산부터 시작될 것으로 전망할 수 있다.

02

삼새성장률이 하락하고 있디.
잠재성장률이 하락하고 있는 이유와 해결책을 제시하시오.

1. 서론

2008년 글로벌 금융위기 이후 우리 경제는 다른 나라보다 빨리 회복했지만 경제 활력은 전반적으로 떨어지는 모습을 보이고 있다. 기업 투자가 부진하고 고용의 질(質)적 개선이 미흡한 가운데 수출과 내수, 대기업과 중소기업, 가계와 기업 등 부문 간 불균형이 확대됐다.

올해의 경우 당초 국내 경기가 하반기 중에는 상승국면으로 돌아설 것으로 전망됐지만, 2분기(4∼6월)에 회복의 모멘텀을 확보하지 못했다. 국제기구와 국내외 연구기관들은 올해 한국의 성장률 전망치를 3%를 약간 웃도는 수준으로 하향 조정했고, 최근엔 2%대를 점치는 기관도 나오고 있다. 한국은행은 유럽 재정위기 영향을 반영해 올해 GDP(국내총생산) 성장률 전망치를 종전보다 0.5%포인트 낮은 3%로 하향 조정했다.

이런 가운데 OECD(경제협력개발기구)가 우리나라 잠재성장률을 2030년대에 1%까지 낮아질 것이라고 전망해, 최근 경기 부진이 우리 경제의 성장잠재력 저하를 반영하는 게 아닌지에 대한 우려가 확산되고 있다.

2. 현재 상황 - 가파르게 하락하고 있는 잠재성장률

우리나라 잠재성장률은 금융연구원 추정결과 외환위기 이전에는 생산인구가 지속적으로 증가하고 설비투자가 늘어난 데 힘입어, 7%대의 높은 수준을 유지한 것으로 나타났다. 그러나 외환위기를 계기로 2000년대 들어 잠재성장률이 크게 떨어진 것으로 분석됐다. 2000년대 전반에는 평균 5.2%, 2000년대 후반에는 글로벌 금융위기의 영향으로 3.4%까지 하락한 것으로 나왔다.

최근 상황을 보면, 글로벌 금융위기의 영향으로 2008~2009년에 2.7~2.9%까지 하락했다가, 2010~2011년 중에 3.9~4.0%로 상승한 것으로 추정된다. 다만 잠재성장률은 발표기관마다 기준이 다르고, 어디까지나 추정에 불과하다.

외국의 경우 미국, 영국 등 주요 선진국들도 1990년대 후반 이후 잠재성장률이 지속적으로 떨어졌다. 문제는 우리 경제가 과거 성장기의 선진국보다 잠재성장률 하락속도가 빠르다는 것이다. 이는 우리나라의 경우 대외개방이 확대되고 경제구조가 급격히 변화하는 과정에서 정부와 민간이 발 빠르게 대응하지 못했기 때문으로 풀이된다.

3. 노동공급 둔화, 설비투자 위축, 서비스산업의 저생산성이 잠재성장률 하락 3대 요인

우리나라의 잠재성장률이 하락한 것은 노동공급 둔화, 설비투자 위축, 서비스산업의 저(低)생산성 등 3가지 요인에 기인한다.

(1) 노동공급 둔화

저출산, 고령화 등으로 생산가능인구(15~64세)의 증가세가 급격히 둔화하는 가운데 경제활동참가율도 외환위기 직전보다 낮은 수준을 유지하고 있다. 15세 이상 인구 중 경제활동인구(취업자와 실업자) 비중을 의미하는 경제활동참가율은 우리나라의 경우 2009년에 69%로 OECD 국가 평균 72%보다 3%포인트 낮은 수준이다. 영국(76.7%), 일본(81.2%) 등 주요국에 비해서는 상당히 낮은 수준이다. 특히 청년층의 경제활동참가율은 43.8%로 OECD 국가 평균 58.9%를 크게 밑돌고 있다.

(2) 설비투자 위축

또 외환위기 이후 설비투자 증가율이 떨어졌는데, 투자가 부진해지면 GDP를 확대하기 힘들고 투자가 활발한 종전에 비해 잠재성장률 하락요인이 된다. 1970년부터 1998년까지 설비투자 증가율은 연평균 14.5%이었으나 외환위기 이후에는 연평균 6.5%로 위기 이전의 절반에도 미치지 못하고 있다.

(3) 서비스산업 低생산성

제조업에 이어 서비스산업이 발달하고 있으나, 서비스업 생산성이 제조업 노동생산성의 46.8% 수준에 불과한 점도 잠재성장률을 떨어뜨리는 요인으로 작용했다.

4. 한국 성장 잠재력 향상방안

잠재성장률이 계속 떨어진다는 건 우리 경제에 빨간 불이 켜졌다는 걸 뜻한다.

우리나라는 저출산, 고령화 등으로 인한 생산가능인구의 감소가 잠재성장률 하락을 주도할 것으로 예상된다. 그러나 인구구조 변화는 단기간에 개선하기가 상당히 어렵기 때문에 앞으로 우리 경제는 설비투자 확충, 생산성 개선 노력 등 다양한 채널을 통해 성장잠재력 하락을 막고 이를 높이기 위한 전략을 실행해야 한다.

① 성장잠재력을 높이려면 과거의 노동력 중심 성장모델에서 벗어나, 기술개발을 통한 고부가가치 산업을 키우고 생산성주도형 성장모델로 바꿔야 한다.

이를 위해 기술개발 및 차세대 성장동력 육성에 대한 투자를 늘리고 혁신형 중소·벤처기업에 대한 지원을 확대하는 등 연구개발 투자를 확대해야 한다. 또한 핵심 주력산업인 정보기술 산업 이외에 미래를 책임질 새 산업을 발굴해야 한다.

② 자본투입을 늘리기 위한 투자활성화 정책도 필요하다. 투자를 막는 규제를 정비하고, 외국인 투자 활성화를 위해 선진적인 노사 관행을 정착시키는 등 투자환경 인프라를 개선해야 한다.

③ 그리고 고령자와 고학력 여성의 경제활동 참여 기회를 확대해야 한다. 이공계 인력 육성, 산학협력 강화, 외국전문인력 도입 등 산업수요에 부합하는 인력 양성에도 중점을 둬야 할 것이다.

④ 또한 적극적인 개방정책과 해외진출을 통해 잠재성장률을 높이는 것도 필요하다. 일자리창출형 복지, 사회통합 등도 성장잠재력을 강화시킬 수 있다.

다만 잠재성장률을 높이는 과정에서 정책목표 간 상충될 소지가 있음에 주의해야 한다. 예를 들어 생산성이 떨어지는 기업을 구조조정하는 과정에서 대규모 실업이 발생할 수 있기 때문에 정책목표 간의 우선순위에 대한 사회적 합의를 바탕으로 정책을 추진해야 한다.

5. OECD 예측대로 2030년대 이후엔 잠재성장률 1%대 가능성 높아

향후 우리나라 잠재성장률을 금융연구원이 추정해 보니, 통계청 인구 추계와 노동가능인력, 자본 축적 등을 감안할 때 2012~2017년은 3.5%, 2018~2030년은 2.8%, 2031~2050년은 1.6%까지 낮아질 것으로 전망됐다. OECD 예측이 맞아떨어질 가능성이 높은 것이다.

특히 우리나라의 주요 수출 대상국인 중국의 잠재성장률도 크게 하락할 가능성이 높다. OECD는 중국의 잠재성장률이 2001~2007년 중 10.2%에서 2031~2050년에 2.8%로 7.4%포인트 하락할 것으로 전망했다. 생산가능인구의 감소, 내수기반 부진, 양극화의 진전 등이 중국 잠재성장률 하락의 주요 요인으로 꼽히고 있다. 잠재성장률이 1%대로 추락하면 우리 경제는 높은 국가채무, 심각한 실업문제 등으로 상당한 경제적 어려움을 겪게 될 것이다. 이 경우 가계소득 부진에 따른 세수 감소와 복지수요 확대로 인한 세출 증가로 국가채무는 지속적으로 증가할 가능성이 높다.

또한 성장잠재력이 저하되면 일자리 창출도 부진하게 된다. 일자리가 부족해지면 유휴(遊休)노동력 증가, 취업준비기간의 장기화, 하향취업 등으로 인해 노동시장이 불안정해진다. 이러한 상황은 현재 잠재성장률이 1%대인 프랑스를 보면 쉽게 예상해 볼 수 있다. 프랑스는 지금 가계소득 감소에 따른 내수부진과 10%대의 높은 실업률, GDP 대비 90%의 높은 국가채무 등으로 국내외적인 어려움을 겪고 있다.

잠재성장률 하락국가 공통점

과거 고(高)성장하다 잠재성장률이 크게 떨어진 이후, 더 이상 회복하지 못하는 대표적인 나라로 일본, 스페인, 포르투갈, 이탈리아 등이 있다.

일본은 1987~96년 중 평균 2.5%의 잠재성장률을 유지했지만, 이후 잠재성장률이 하락해 2009년에 0.5%로 떨어진 이후 계속 비슷한 수준에 머무르고 있다. 스페인, 포르투갈, 이탈리아도 1987~96년 중 각각 평균 2.5%, 2.7%, 1.7%의 잠재성장률을 보였으나 최근엔 각각 1.2%, 0.3%, 0.3%로 크게 하락했다. 이처럼 잠재성장률이 크게 떨어진 국가들은 몇 가지 특징을 보였다.

첫째, 급속한 인구 고령화를 경험했다. 일본의 경우 2010년 65세 이상 고령인구 비중이 1995년 대비 8.4%포인트 상승했다. 소득창출 능력이 높지 않은 고령 인구의 증가는 가계의 실질구매력을 떨어뜨려 내수기반을 약화시킬 수밖에 없다.

둘째, 국내 제조업 기반시설이 해외로 빠져나가는 산업공동화 현상이 나타났다. 스페인과 포르투갈은 과거에 저(低)임금, 세제 혜택 등을 내걸어 해외직접투자를 적극 유치함으로써 고도성장을 이룩했다. 그러나 2000년대 들어 국내 고용을 유발하는 제조업 고부가가치화에 실패하고, 해외로 공장이 이전되면서 산업공동화가 발생했다. 일본도 지난해 동일본대지진 이후 기업의 해외생산 움직임이 가속화되면서 산업공동화에 대한 우려가 커지고 있다.

셋째, 연구개발 투자가 미흡하거나 줄어드는 현상이 나타났다. 2009년 기준 GDP(국내총생산)대비 연구개발 투자 비중은 이탈리아는 1.26%, 포르투갈은 1.64%, 스페인은 1.38%로 OECD 국가 평균인 2.4%를 밑돌고 있다. 연구개발 투자의 결실인 기술혁신은 경제성장의 원동력이다. 노동과 자본 투입을 확대해 성장하는 것은 한계에 봉착할 수밖에 없다. 지속가능한 성장을 위해서는 기술혁신을 통해 고부가가치 산업을 육성하는 생산성 주도형 성장모형으로 바뀌어야 한다.

chapter 09

소비함수이론과 투자함수이론

주제 1 소비함수이론

1 이론요약

1. 절대소득가설

구분	내용
가정	① 소비의 독립성 – 개인의 소비는 타인의 소비행위와는 독립적이다. ② 소비의 가역성 – 소비지출이 소득수준에 따라 자유롭게 변화한다.
개념	일정기간 동안의 소비는 현재의 가처분소득에 의하여 결정 $C = a + bYd$ (a : 기초소비, b : 한계소비성향, Yd : 가처분소득)
의미	① 한계소비성향(MPC)은 0과 1사이이며 일정하다. ② 소득이 증가하면 평균소비성향(빛)이 감소한다. ③ 소비함수곡선이 소비축을 통과하므로 항상 평균소비성향이 한계소비성향보다 크다. ($APC > MPC$)

2. 쿠츠네츠의 실증분석

구분	내용
실증분석 결과	① 쿠츠네츠(Kuznets)가 미국의 실제자료를 이용하여 소비에 관해 분석 ② 단기는 APC>MPC이고, 장기는 APC=MPC이다. ③ 부유층일수록 저축성향이 높아져서 APC가 작아진다.
절대소득가설과의 관계	① 케인즈의 절대적 소득가설은 단기 실증분석은 잘 설명하나 장기 실증분석은 설명을 못한다. ② 따라서 케인즈의 소비함수를 단기소비함수라고 부르며 장기실증분석을 설명하기 위하여 여러 대체 소비함수이론이 등장하게 된다.

3. 다양한 소비함수

구분	내용
상대소득가설 (듀젠베리)	① 소비성향은 절대소득 수준뿐만 아니라, 과거의 최고소득에도 의존한다고 주장 ② 소비의 비가역성 때문에 톱니효과, 상호의존성 때문에 전시효과가 발생
항상소득가설 (프리드만)	소득을 정기적이고 확실한 항상소득과 임시적 소득인 임시소득으로 구분할 때, 항상소득의 일정비율은 소비되며, 임시소득은 저축의 증가로 연결
평생소득가설 (MBA이론)	① 사람들은 평생을 염두에 두고 현재의 소비를 결정하며 총소득을 노동소득과 자산 소득으로 나눔 ② $C = aA + bW$ 여기서 C 는 소비수준, W 는 여생동안 벌어들일 수 있는 근로소득의 현재가치, A 는 자산소득의 현재가치
랜덤워크 가설	① Random walk가설에 따르면 정보가 불확실한 상황에서 소비주체가 합리적인 소비행동을 한다면, 전기소비만이 현재소비를 예측하는데 도움이 된다고 한다. ② 예상하지 못한 충격은 합리적 기대를 이용하더라도 예측이 불가능하며 예상된 정책은 소비의 변화에 아무런 영향을 미칠 수 없다.

2 객관식 문제

01

소비이론에 관한 설명으로 옳은 것은? (보험계리사 · 2013)

① 기간간소비선택모형(intertemporalconsumption choice model)에서 차입자의 경우 이자율이 상승하면 현재소비는 감소하고 미래소비는 불분명하게 된다.

② 유동성제약(liquidity constraint)이 해소되면, 소비가 현재소득의 변화에 대해 항상소득이론이 예측하는 것보다 더 민감하게 반응하는 소위 과잉민감성(excess sensitivity) 현상이 발생한다.

③ 평생소득이론(생애주기가설)에서 장기적으로 평균소비성향이 일정한 것은 자산(부)의 증가보다는 근로소득의 증가에 기인한 측면이 크다.

④ 케인즈의 절대소득이론은 장기시계열자료에서 평균소비성향이 일정하다는 쿠즈네츠의 분석을 잘 설명할 수 있기 때문에 여전히 가장 직관적인 소비이론으로 사용되고 있다.

해설
- 이자율이 상승하면 대체효과에 의해 현재소비가 감소하고 미래소비는 증가한다.
- 소득효과에 따르면 차입자는 실질소득이 감소하므로 현재소비와 미래소비 모두 감소한다.
- 따라서 현재소비는 감소하고 미래소비는 불명확하다.
정답 ①

국회가 2014년 1월 1일에 연간 개인 소득에 대한 과세 표준 구간 중 8,800만~1억 5천만원에 대해 종전에는 24%를 적용했던 세율을 항구적으로 35%로 상향 조정하고, 이를 2015년 1월 1일부터 시행한다고 발표했다고 하자. 밀튼 프리드만(Milton Friedman)의 항상소득가설에 의하면 이 소득 구간에 속하는 개인들의 소비 행태는 어떤 변화를 보일까? (단, 이 외의 다른 모든 사항에는 변화가 없다고 가정하라)   (서울시 7급 · 2014)

① 소비는 즉각적으로 증가할 것이다.
② 소비는 즉각적으로 감소할 것이다.
③ 2014년에는 소비에 변화가 없고, 2015년 1월 1일부터는 감소할 것이다.
④ 2014년에는 소비가 감소하고 2015년 1월 1일부터는 변화가 없을 것이다.
⑤ 2014년이나 2015년 등의 시간에 상관없이 소비에는 변화가 없을 것이다.

해설　세율을 항구적으로 상향조정하면 항상소득이 감소하기 때문에 소비는 즉각적으로 감소한다.　　　　정답 ②

소비의 항상소득가설과 생애주기가설에 관한 설명으로 옳은 것을 모두 고른 것은? (감평사 · 2014)

　ㄱ. 소비자들은 가능한 한 소비수준을 일정하게 유지하려는 성향이 있다.
　ㄴ. 생애주기가설에 의하면 고령인구의 비율이 높아질수록 민간부문의 저축률이 하락할 것이다.
　ㄷ. 프리드만(Friedman)의 항상소득가설에 의하면 높은 소득의 가계가 평균적으로 낮은 평균
　　　소비성향을 갖는다.
　ㄹ. 케인즈(Keynes)는 항상소득가설을 이용하여 승수효과를 설명하였다.

① ㄱ, ㄴ　　　　　　　　　　　　　　② ㄱ, ㄹ
③ ㄴ, ㄷ　　　　　　　　　　　　　　④ ㄱ, ㄴ, ㄷ
⑤ ㄴ, ㄷ, ㄹ

해설　생애주기가설에 따르면 사회에 고령층이 많아질수록 소비가 소득보다 크기 때문에 저축률이 감소한다.
　　　　항상소득가설에 따르면 저소득층이 고소득층보다 평균소비성향이 높다.
　　　　케인즈는 절대소득가설을 통하여 승수효과를 설명하였다.　　　　정답 ④

③ 약술문제

01

W의 부(wealth)를 가지고 있고 매기 Y의 소득을 얻는 소비주체를 생각해 보자 그리고 소비의 부 탄력성과 소득탄력성은 각각 k1=0.1과 k2=0.5라고 하자.

> (1) 단기 소비함수를 도출하시오.
> (2) 부가 W=1,000만원이고, 소득이 Y=200만원인 사람의 한계소비성향(MPC)과 평균소비성향(APC)을 구하라.
> (3) 1기의 부가 W1=1,000만원이고, 매기 소득이 Y=200만원인 사람을 생각해보자. 그리고 이 사람의 부와 소득은 매기 10%씩 증가한다고 한다. 이 사람의 1기 및 2기의 단기 소비함수와 장기 소비함수를 도출하시오.

(1) 소비주체가 부의 0.1과 소득의 0.5을 소비하므로 단기소비함수는 다음과 같다.

$$C = k1 \times W + k2 \times Y = 0.1W + 0.5Y$$

(2) 부가 1,000만원이고 소득이 200만원 사람의 소비는 $0.1 \times 1,000만원 + 0.5 \times 200만원 = 200만원$ 이므로 평균소비성향은 $\dfrac{C}{Y} = \dfrac{200}{200} = 1$이고 한계소비성향은 $\dfrac{\Delta C}{\Delta Y} = 0.5$이다.

(3) 1기 소비함수는 $C = 0.1W + 0.5Y = 100 + 0.5Y$이고 2기 소비함수는
$C = 0.1 \times W + 0.5Y = 0.1 \times 1,100 + 0.5Y = 110 + 0.5Y$이다.

장기에는 소득의 증가분만큼 부가 증가하므로 $\dfrac{W}{Y} = 5$로 상수가 된다.

따라서 장기소비함수는 $C = 0.1 \times W + 0.5 \times Y \rightarrow \dfrac{C}{Y} = 0.1(\dfrac{W}{Y}) + 0.5 \rightarrow \dfrac{C}{Y} = 1 \rightarrow C = Y$가 된다.

02

소비함수가 다음과 같이 항상소득(Y_P)의 함수로 주어진다.

$$C = 5,000,000 + 0.8Y_P$$

항상소득은 다음과 같이 현재와 전기의 가처분소득의 단순평균으로 주어진다고 하자.

$$Y_P = \frac{1}{2}(Y_D + Y_{D-1})$$

(1) 1기와 2기의 가처분 소득이 5,000만원이면 2기의 소비는?
(2) 단기 및 장기 한계소비성향은 얼마인가?
(3) 3기에 소득이 6,000만원으로 증가한 후 계속해서 유지된다고 하자. 3기와 4기 및 그 이후의 소비를 구하라.

해설

(1) 항상소득은 $\frac{1}{2}(5,000+5,000)=5,000$만원이다. 따라서 2기의 소비는 4,500만원이다.

(2) 단기 한계소비성향은 현재소비 증가분을 현재소득 증가분으로 나눈 값이다.

현재 소득이 1단위 증가하면 항상 소득이 $\frac{1}{2}$단위 증가하고($\frac{\Delta Y_P}{\Delta Y_D}=\frac{1}{2}$), 항상 소득이 $\frac{1}{2}$단위 증가하면

현재소비는 $\frac{1}{2}\times0.8=0.4$ 증가한다. 따라서 단기 소비성향은 0.4이다.

장기 한계소비성향은 소비증가분을 항상소득 증가분으로 나눈 값이므로 0.8이다.

(3) 3기 소득이 6천만원, 2기 소득이 5천만원 이므로 항상소득은 5,500만원이다.

$$\rightarrow\ Y_P=\frac{1}{2}(5천만원+6천만원)=5,500만원$$

따라서 3기의 소비는 C=5,000,000+0.8×5,500만원=4,900만원이 된다.

4기 소득은 6천만원, 3기 소득도 6천만원이므로 항상소득은 6천만원이 되고 4기 소비는

C=5,000,000 +0.8×6,000만원=5,300만원이 된다.

주제 2 투자함수이론

 이론요약

1. 일반적인 투자함수이론

구분		내용
순현재가치법	개념	투자계획의 타당성을 현재가치로 환산된 순이익에 기초하여 평가하는 방법 $$NPV=(R_0-C_0)+\frac{(R_1-C_1)}{1+r}+\cdots+\frac{(R_n-C_n)}{(1+r)^n}$$
	투자결정원리	① $NPV>0\ \rightarrow$ 투자 ② $NPV<0\ \rightarrow$ 기각
내부수익률법	개념	① 내부수익률이란 투자할 때 순편익의 현재가치가 0이 되도록 하는 할인율로 아래의 식을 0으로 만드는 m값 $$0=(R_0-C_0)+\frac{(R_1-C_1)}{1+m}+\cdots+\frac{(R_n-C_n)}{(1+m)^n}$$ ② 어떤 투자계획이 의미하는 기간당 수익률, 즉 내부수익률을 계산하여 이에 기초하여 투자계획의 타당성을 평가하는 방법
	투자결정원리	① m(내부수익률)$>r$(시장이자율) $\rightarrow$ 채택 ② m(내부수익률)$<r$(시장이자율) $\rightarrow$ 기각

토빈의 q이론	개념	주식시장에서 평가된 기업의 가치와 실물자본의 대체비용을 비교하여 투자 설명 $q = \dfrac{\text{주식시장에서 평가된 기업의 시장가치}}{\text{기업의 실물자본대체비용}}$ $\quad = \dfrac{\text{자본재의 시장가치}}{\text{자본재의 구입가격}}$
	투자결정원리	① $q>1$ → 투자채택 ② $q<1$ → 기각

2. 기타 투자이론

구분	내용
고전적 가속도이론	① 유발투자를 가정 ② $I = I_0 + v\Delta Y$ (v : 가속도 계수)
신축적 가속도이론	① 조정계수를 도입 ② $I = I_0 + \lambda v\Delta Y$ (λ : 조정계수)
자본의 사용자비용	① C를 자본의 사용자 비용이라고 할 경우에 다음의 식이 성립된다. $\quad \rightarrow C = P_x(i - \pi^e + \delta)$ ($i - \pi^e$: 실질이자율, δ : 감가상각율, P_K : 자본재 1단위의 가격) ② 자본의 사용자 비용과 자본의 한계생산물 가치에 의해 적정 자본량이 결정된다. → $P \times MP_K = C$
투자옵션모형	① 불확실성이 존재한다면 기업은 투자를 줄이고 추후 경기회복시 투자를 하는 것이 바람직하다. ② 투자자금을 보유하는 것을 옵션(option)으로 보아 불확실성이 커질수록 옵션의 가치는 커지며 투자는 감소한다.

2 객관식 문제

01

투자수준의 변동은 총지출 변동, 따라서 국민총생산 변동의 주된 원인이 된다. 다음 중 투자행위 및 투자함수에 관하여 바르게 설명하고 있는 것은? (서울시 7급 · 2008)

① 투자의 회임기간이 길수록 투자의 위험은 감소하는 것으로 알려져 있다.
② 경제학 이론에서는 실질이자율과 투자 간에 정(+)의 관계가 있는 것으로 가정하고 있다.
③ 일반적으로 산출의 증가는 투자에 큰 영향을 미치지 못하는 것으로 가정한다.
④ 재고도 투자행위의 하나로 간주된다.
⑤ 감가상각이 없을 때 현기의 투자가 증가하면 다음기의 자본저량은 감소하는 것이 일반적이다.

- 투자의 회임기간이란 자본설비에 대한 주문이 있은 후 그것이 생산되어 실제로 인도될 때까 지의 기간을 말한다. 따라서 투자의 회임기간이 길어지면 위험이 커진다.
- 일반적으로 실질이자율과 투자 간에 부(−)의 관계가 있으며 산출의 증가는 투자에 영향을 미친다.
- 투자는 자본재의 구입을 의미하므로 현기의 투자가 증가하면 자본저량은 증가한다.　　　　**정답 ④**

02

어떤 기계가 200,000원이라고 하자. 이 기계를 구입하면 1년에 50,000원의 수입을 벌어들일 수 있다. 이 기계를 구입하여 1년 동안 사용한 후에 170,000원에 팔 수 있다. 이 기계를 구입하기 위해 은행에서 돈을 빌리는 경우 최대 몇 %의 이자를 지급할 용의가 있는가?

(감정평가사 · 2003)

① 25% 　　　　　　　　　　　　② 50%
③ 10% 　　　　　　　　　　　　④ 15%

기계구입비는 200,000원이고 기계를 구입으로 인한 수입은 50,000원, 감가상각비는 30,000원이므로 순수입은 수입−비용인 20,000원이다. 따라서 구입대비 수입은 20,000/200,000원＝10%이므로 은행대출시 대출금리가 10%가 넘어서는 안된다.　　　　**정답 ③**

03

투자결정이론에 관한 설명 중 옳지 않은 것은?

(행시 · 2004)

① 실질이자율이 상승하면 자본의 한계생산을 감소시킴으로써 투자가 줄어든다.
② 주택담보대출 이자율이 상승하면 주택수요와 주택가격이 하락하고 주택투자도 감소하게 된다.
③ 투자지출이 소비지출보다 GDP에서 차지하는 비중은 낮으나 변동성은 더 크다.
④ 투자세액공제는 자본재 구입에 사용된 금액의 일부를 세금에서 공제하여 줌으로써 투자를 촉진시킨다.
⑤ 다른 조건이 변하지 않는 경우 주식가격이 상승하면 토빈의 q값도 상승한다.

실질이자율이 상승하면 투자가 감소하나 자본의 한계생산에는 직접적인 영향이 없다.　　　　**정답 ①**

04

토빈의 q에 대한 설명으로 옳지 않은 것은?

(국회 8급 · 2011)

① 기업의 수익성, 경제정책 등 미래에 대한 기대가 투자에 큰 영향을 미친다는 것을 강조한다.
② 자본조정비용을 고려할 경우 감가상각률이 증가하며 투자는 감소한다.
③ 토빈의 q가 증가하면 투자유인도 증가한다.
④ 전통적인 투자모형인 신고전학파 투자모형과는 무관한 모형이다.
⑤ 주가변화와 투자변화 간에는 밀접한 관계가 있음을 강조한다.

신고전학파 투자모형인 자본의 사용자비용이론은 자본의 가격, 실질이자율, 감가상각률 등에 의해 투자가 결정되며 토빈의 q이론은 기업의 가치와 실물자본 대체비용에 의해 투자가 결정된다. 자본의 가격 등은 실물자본 대체비용과 연관성이 있으므로 토빈의 q이론과 신고전학파 투자모형은 연관성이 존재한다. **정답 ④**

05

기업의 투자에 대한 설명으로 옳지 않은 것은? (보험계리사 · 2012)

① 재고투자모형에 의하면 불확실성이 증가할 때 투자가 늘어난다고 주장한다.
② 토빈의 q이론은 주식시장을 명시적으로 반영했기 때문에 기업에 설치된 자본의 대체비용을 고려하지 않는다.
③ 여러 기간을 고려한 모형에서 감가상각률의 상승은 투자의 한계수익에 미치는 영향이 불확정적이다.
④ 이자율 상승은 차입비용 내지 대체투자자산의 수익률 상승을 뜻하므로 투자를 감소시킨다.

• 불확실성이 증가하면 기업은 재고보유를 늘리기 때문에 재고투자가 증가한다.
• 토빈의 q는 기업의 가치를 실물자본 대체비용으로 나눈 값이다.
• 감가상각률은 비용으로 간주되므로 투자의 수익에 미치는 영향이 불확실하다.
• 일반적으로 대출금리의 상승은 투자를 감소시킨다. **정답 ②**

06

주식가격하락과 미래 불확실성의 증가가 거시경제에 미치는 영향에 대한 다음 설명 중 옳은 것은? (공인회계사 · 2010)

① 딕싯의 투자옵션모형에 의하면 미래의 불확실성에 관계없이 주식가격 하락이 투자의 감소를 가져온다.
② 토빈의 q가 증가하여 투자가 감소한다
③ 불확실성의 증가에 따라 환율의 변동성이 감소한다.
④ 우하향하는 총수요곡선과 우상향하는 총공급곡선 하에서 단기적으로 물가수준이 상승한다.
⑤ 예비적 저축가설에 의하면 현재 소비가 감소한다.

• 투자옵션모형에 따르면 불확실성이 크면 투자를 실행하는 것보다 옵션을 보유하는 것(투자자금을 보유하는 것)의 가치가 커지므로 투자가 감소한다.
• 주식가격 하락과 불확실성의 증가는 소비와 투자감소를 가져오기 때문에 총수요곡선의 좌측이동으로 단기적으로 물가수준이 하락한다. **정답 ⑤**

07

신고전학파의 투자이론에 관한 설명으로 옳지 않은 것은? (단, 감가상각률과 자본재 가격의 변화율 및 조세의 영향은 고려하지 않는다.)

(감평사 · 2014)

① 실질이자율이 상승하면 기업의 투자는 감소한다.
② 실질이자율이 하락하면 자본의 한계생산도 하락한다.
③ 경제 전체의 기술진보로 인하여 자본의 한계생산이 높아지면 기업의 투자수요는 증가한다.
④ 경제 전체의 기술진보로 인하여 자본의 한계생산이 높아지면 이자율은 상승한다.
⑤ 감가상각률을 고려하지 않으므로 자본재 1단위에 대한 투자의 기회비용은 자본재 1단위의 매매가격과 같다.

해설 자본재 1단위에 대한 투자의 기회비용은 자본재 1단위의 매매가격(P_K), 실질이자율($i-\pi^e$), 감가상각률(δ)을 곱하여 구해진다. **정답 ⑤**

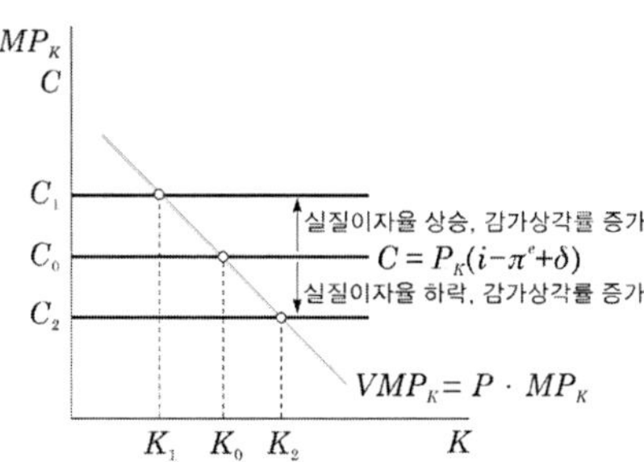

08

기업의 투자지출과 관련된 다음 보기 중 옳지 않은 것은?

(수출입은행)

① 투자지출은 한 나라에서 한 해 동안 생산된 최종재 중 기업이 구입하는 자본재의 총가치를 뜻한다.
② 일시적인 경기침체기에 투자를 증대시켜 경제를 회복시키려면 투자세액공제율을 영구적으로 인상시키는 것이 바람직하다.
③ 토빈은 주식시장에서 평가된 기업의 시장가치와 실물자본의 대체비용을 비교하여 전자가 클 경우 투자자는 투자를 증가시킨다고 설명한다.
④ 한 나라의 화폐가치가 실제보다 낮게 평가되어 있는 경우 그 나라에 대한 외국인 투자는 증가한다.
⑤ 절약의 역설은 투자기회가 많은 국가에서는 성립되지 않는다.

해설 일시적인 경기침체기에 투자를 증대시켜 경제를 회복시키려면 투자세액공제율을 일시적으로 인상시켜야 한다. 영구적인 투자세액공제는 기간의 제한이 없기 때문에 지금 당장 기업의 투자가 증가할 가능성이 낮다. **정답 ②**

3 약술문제

01

지금 어떤 기계를 사들여 제품을 생산할 경우 1년 후 100만원, 2년 후 150만원, 3년 후 150만원의 수익이 발생하며, 4년 이후에는 기계를 사용할 수 없게 된다고 하자. 기계를 사는데 드는 비용이 300만원이라 할 때 이 기계에 대한 투자로부터의 내부수익률을 계산하시오.

$$300 = \frac{100}{1+m} + \frac{150}{(1+m)^2} + \frac{150}{(1+m)^3}$$

$$m = 0.15$$

정답 ①

02

어떤 기업의 생산함수가 다음과 같은 콥－더글라스 생산함수로 주어져 있다고 하자.

$$Y = AK^\alpha L^{1-\alpha}$$

이 기업이 생산물시장과 요소시장에서 모두 완전경쟁기업이라 하고 자본의 실질임대비용이 rc 라 할 때 이 기업의 최적자본량을 생산량(Y)과 자본의 실질임대비용의 함수로 나타내시오. (단, 생산물 가격이 1이라고 하자.)

이윤(π) = 총수입 － 총비용 $= PY - rcK - wL = AK^\alpha L^{1-\alpha} - rcK - wL$

최적자본량(K^*)을 구하기 위해서는 위의 식을 K로 미분하여 0으로 두어야 하므로

$$\frac{d\pi}{dK} = \alpha AK^{\alpha-1}L^{1-\alpha} - rc = 0 \;\rightarrow\; \alpha YK^{-1} = rc \;\rightarrow\; K = \frac{\alpha}{rc}Y$$

03

감세정책은 저소득자보다 고소득자의 소득증가효과가 더 크다. 고소득자의 소득증가에 따른 소비증대 효과 여부가 있는지, 그리고 오히려 경기침체가 발생할 가능성도 있는지 검토하시오.

(1) 낙수효과
① 감세정책으로 인한 경기부양효과가 저소득자의 소득분배를 가져오는 것이 낙수효과 (trickle down effect)이다.
② 낙수효과에 따르면 감세정책이 고소득자의 소득증가에 따른 소비증가효과가 크다는 것이다.

(2) 절대소득가설

① 소비함수가 소비 축을 통과하므로 소득이 증가할수록 소비함수에서 원점으로 직선의 기울기로 측정되는 평균소비성향이 감소한다.

② 고소득자가 저소득자보다 평균소비성향이 작다.

따라서 고소득자가 조세감면으로 소득이 증가해도 평균소비성향이 작기 때문에 저축이 증가할 가능성이 크다.

③ 지금과 같은 불경기하에서는 저축증가는 소비감소로 연결되어 경기침체가 더 심화될 가능성이 있다.
→ 저축의 역설

주제 3 논술

01

현재 수출경기와 더불어 내수시장이 침체되고 있다.

(1) 소비가 감소하고 있는 이유에 대하여 논하시오. (항상소득가설과 절대소득가설을 활용하여 3가지 이상 제시할 것)

(2) 투자가 감소하고 있는 이유에 대하여 논하시오. (3가지 이상 제시할 것)

(3) 현재 정부부문의 문제점을 제시하시오.

(4) 내수시장 활성화의 대책을 논하시오.

해설

(1) 소비가 감소하고 있는 이유에 대하여 논하시오.

1) 무너지는 하우스 푸어 : '하우스푸어'란 집은 가졌지만 가난하게 사는 사람을 뜻한다. 고액의 대출로 집은 마련했지만 연금과 이자 상환을 위해 생활비의 30% 이상을 지출하고 있는 사람이라면 여기에 해당한다. 빚을 내서 투자를 늘렸으나 자산 가격이 떨어지면서 부채부담이 커져 빚을 못 갚는 가계의 수가 점점 늘어나는 추세이다. 돈을 풀어도 빚 갚은데 올인 할 뿐 내수를 늘리지 않아 악순환이 계속 되고 있다. 부채증가 → 집값 하락 → 부채 부담 상승 → 경기 침체

2) 교역조건 악화에 따른 실질 소득 증가 부진 : 2000년경 이후 유가 장기 상승세 전환 등에 따른 교역조건 악화로 생산(GDP)성장률에 비해 소득(GDI)증가율이 크게 저조

3) 소득 성장 양극화

① 외환위기 이후 두드러지고 있는 가계와 기업 간 소득성장 양극화는 소비부진을 통해 내수 증가를 저해함으로써, 내수증가율이 소득증가율을 크게 하회하는 결과를 초래

② 대외여건 불안 지속에 따라 은행권의 여신 관리가 강화되고 있는데다 대출수요(투자자금수요) 또한 감소하고 있음.

－이는 내수경기에 대한 의존도가 높은 국내 중소형 기업과 대기업과의 양극화 현상을 심화시키는 원인이 되기도 함.

4) 역 자산효과

현재 전반적인 소비침체에는 부동산 주식 등(특히 주택) 자산가치의 지속적인 하락 현상이 소비에 영향을 미치는 '자산효과' 영향이 크다.

현재 금융 및 주택자산이 동반 침체하고 있기 때문에 역 자산효과가 크다.

5) 항상소득의 감소

프리드만은 항상소득가설을 통해서 일시소득과 관련된 한계소비성향보다 항상소득 관련 한계소비성향이 더 크다고 주장한 바 있다.

주택 및 상가 담보가치가 하락하면서 항상소득이 감소하면서 소비가 감소하고 있다.

6) 케인즈의 절대소득가설

보통 저소득층 가정의 소득증가분 대비 한계소비성향이 더 높기 때문에, 자산가격 하락으로 인한 소득 양극화가 심화될 경우 소비가 더 큰 폭으로 침체될 우려가 있다.

> 2004년에 행해진 OECD 연구에 따르면 평균 금융자산이 100원 증가할 때 소비가 1원에서 7원 정도로 상승하는 것으로 나타났고, 주택의 경우는 이보다 큰 것으로 나타난다. 우리나라의 경우에는 금융자산이 100원 증가할 때, 소비증가분이 3.5원, 주택자산이 100원 증가할 때 소비증가분이 4원으로 나타나 역시 주택자산에 대한 소비탄력성이 큰 것으로 나타나고 있다.

(2) 투자가 감소하고 있는 이유에 대하여 논하시오.

1) 경제민주화의 바람 : 양극화를 해소한다는 차원에서 나오고 있는 '경제민주화' 바람 속에서 기업 지배구조 조정 압력이 예상돼, 대기업이 투자를 늘릴 유인이 높지 않다.

2) 시장지향형 금융으로의 전환 : 현재 은행권의 예대금리가 낮아지고 있는데 이는 대출금리가 상대적으로 낮은 우량기업에 대출을 몰아주고 있기 때문이다. 중소기업대출 금리가 0.16%로 떨어지고 있는데도 중소기업이 자금을 수혈받지 못하는 이유는 은행이 건전성강화에 주력하면서 중소기업 대출을 조이고 있기 때문으로 풀이된다. (외환위기 당시 관계지향형금융→시장지향형금융)

3) 3중 투자 부진의 늪 : 설비, R&D, 외국인국내투자 감소

① 국내 생산비용의 증가세로 인해 국내기업의 해외시장투자가 급증하고 있으며 경제의 불확실성으로 인해 설비투자와 연구개발투자가 감소하고 있다.

② 한국 경제 성장의 핵심역할을 담당했던 3부문의 투자가 장기부진의 늪에 빠진 현상은 경제 성장의 정체 위기를 더욱 악화시키고 있음 → 설비/연구개발/외국인 국내투자의 감소세는 장기적인 생산능력을 둔화시켜 우리나라의 잠재성장률에 악영향을 미칠 소지가 크며 국내 설비투자의 공동화 현상이 우려되고 있다.

4) 생계형 자영업자의 증가 : 우후죽순으로 늘어나고 있는 개인사업체 구조가 벤처창업형이 아닌 생계형 자영업이 대부분을 이루면서 민간부문에서 장기적인 경제성장을 위한 투자여건이 마련되지 않는 점 또한 문제로 지적할 수 있다.

(3) 현재 정부부문의 문제점을 제시하시오.

1) 지방정부 부채의 빠른 증가세

① 우리나라 지방정부와 산하 지방공기업에서 안고 있는 부채가 2011년말 77조 6000억원으로 2008년 금융위기 이후 연평균 14.6%씩 빠르게 늘고 있다.

② 유로존 재정위기 중심인 스페인 중앙정부의 구제금융 신청은 지방정부 재정파탄에서 기인한 바가 크다. 현재 스페인 17개 지방정부의 최근 3년간 부채 증가율이 연평균 18.9%였으니 우리나라 지방정부 부채 규모를 가볍게 볼 일은 아니다.

③ 행정안전부에서 작성한 2011년 통계를 보면 지방정부는 부채 28조 1600억원을, 지방공기업은 49조 4300억원을 안고 있다. 지방정부 채무는 다소 줄었다고 하더라도 지방공기업 채무가 연평균 35%씩 증가하고 있다. 여기에는 지자체마다 산하에 운영되는 도시개발공사 부채 증가가 주된 원인이어서 지방정부 재정에 큰 부담요인으로 작용하고 있다.

④ 또한 이전까지는 지방정부 채무에 포함되지 않던 지방공기업부채가 내년 상반기부터 지방정부 채무에 포함되면서 현재까지 과소계상되었던 지방정부 채무의 실체가 속속들이 들어날 것으로 보인다. 일례로 태백시는 재정지표만 보면 멀쩡하지만, 지급보증한 공사채까지 포함하면 지방 채무비율이 종전 19.9%에서 재정위기단체가 '심각등급'으로 지정한 40%수준을 훌쩍 넘는다.

2) 재정절벽(fiscal cliff)

① 재정절벽이란 정부의 재정지출이 갑작스럽게 줄거나 중단돼 경제에 충격을 주는 현상으로 보통 균형재정을 추구하다보면 발생할 수 있다.

② 이명박 정부는 재정수입 증가율 보다는 재정지출 증가율을 낮게 유지하면서 균형재정을 달성한다는 계획을 세우고 있다.

③ 2010년 9월 정부의 '2010~2014년 국가재정운용계획' 자료에 따르면 '균형재정' 달성을 위해 연평균 재정수입 증가율 7.7%에 비해 재정지출 증가율(연평균 4.8%)을 평균적으로 2.9%p 낮게 유지한다는 계획. 결국 지출을 억제해 균형재정을 달성하겠다는 것이다.

④ 위 보고서는 2010년 9월에 작성된 것인데, 경제성장률 5%를 가정하고 작성한 것.그러나 현재 경제성장률이 3%도 달성하기 어려운 상황임을 감안하면 재정지출은 이보다 더욱 축소될 가능성이 크다.

(4) 내수시장 활성화의 대책을 논하시오.

1) 내수시장 활성화의 필요성

우리나라 국민총소득 대비 수출액과 수입액의 비율은 113%로 대외 무역의존도가 높다고 할 수 있다. 따라서 유로존 위기와 중국 경제의 성장둔화 인한 우리나라의 수출 감소는 우리 경제에 장차 더욱 큰 타격을 미칠 것으로 우려되며 이에 따라 내수를 활성화함으로 수출 부진의 타격을 해소해야 한다는 의견이 나오고 있다.

반면 2010년 우리나라 무역의존도는 102%로 미국·일본의 29%, 중국의 55% 보다 훨씬 높다는 논리가 있으나 미국·일본·중국은 국내총생산 부문이 세계에서 가장 큰 나라이며, 나라의 크기가 커질수록 자급할 수 있는 상품의 종류가 많아져 무역의존도가 감소하는 경향을 보이고 있다.

특히 미국과 일본은 무역의존도가 세계 최저 수준으로 한국과 비교하는 것은 무리이다.

싱가포르와 룩셈부르크의 무역의존도는 각각 386%, 299%이다.

2) 내수 활성화를 위한 대책

① 소비지출-국민의 구매력을 높여라

   ㉠ 국민들의 구매력을 높이기 위해 적정수준의 임금을 보장해야 하며 또한 고용률을 높이고 비정규직의 규모를 줄여야 한다.

   ㉡ 고환율 정책은 폐지되어야 한다. 수출가격을 감소시켜 수출기업에게 유리할 수는 있으나, 수입금액을 높여 국민들의 실질 구매력은 떨어진다.

   ㉢ 과당경쟁에 빠진 생계형 자영업자들에 대한 대책이 필요하며, 자영업자들을 흡수할 수 있는 양질의 일자리를 제공해야 한다.

② 투자확대

   ㉠ 중소기업/중견기업 지원

      ㉮ 중견기업 하도급 거래 보호 대상에 포함하고 자금 공급 확대하여, 중견기업의 투자활성화를 돕고 고용창출 효과를 기대할 수 있음

      ㉯ 복합리조트/선상카지노에 있어 사후허가제를 사전심사제로 바꾸어 RISK 감소로 투자증가 유도

   ㉡ 대체투자를 통한 잠재성장률 증진

      ㉮ 글로벌경기침체의 흐름 속에서 국내 시장에 대한 지속적 투자를 이끌어 낼 유인이 필요함 → 경제불확실성 증대와 산업구조 개편에 따라 전통투자 수익률을 보완할 수 있는 대체투자에 대한 갈망이 커지고 있음.

      ㉯ 에너지 중심의 대체투자가 필요 → 원유가 상승, 에너지 소비시장의 규모 확산 등으로 인해 기존 에너지원 이외의 대체 자원의 수요가 급증할 것으로 기대 → 신재생에너지에 대한 투자 확산 유도. 풍력, 지열, 바이오 매스 등의 에너지원 개발 위한 펀드 조성

      ㉰ 식량자원에 대한 투자 → 식량보급수단으로만 사용되었던 기존의 농산물 경작지를 에탄올 원료 경작지로 투자, 활용하는 등의 기존의 생산요소시장에 대한 재해석, 투자활성화가 필요.

③ 정부부문

   ㉠ 정부의 공공 서비스 생산 증대

      ㉮ 우리나라 국내총생산에서 정부부문이 차지하는 비중은 선진국 및 세계 전체와 비교해 매우 낮은 수준임 → 소국 개방 경제의 소득안정화를 위해서도 이를 증대하는 것은 현명한 정책임.

㉴ 충분한 세수를 확보하여 정부 부채의 증가를 방지하고 민간 활동이 과도하게 축소되지 않는 범위 내에서의 세금을 증가하여 교육, 보건, 취업 등 성장 친화적인 분야에 집중되는 정부 지출을 하여야 한다.

ⓛ 조세제도의 개편

㉮ 감세조치를 되돌려 증세 혹은 세원확보를 위해 정부지출 여력을 만들어야 한다.

㉯ 한계소비성향이 낮은 고소득자로부터, 한계성향이 높은 저소득 자에게로 소득이 재분배 효과가 큰 조세제도를 개편해야 한다.

④ 서비스업의 고부가가치화 및 생산성 제고

㉠ 상품수출은 세계 7위인 반면에 서비스 수출은 14위에 불과한 불균형을 해소하고 서비스 무역적자를 줄여 나가야 한다. 한국의 앞선 정보통신기술(ICT)을 융복합화하면 새로운 비즈니스 모형이 엄청나게 출현하게 된다. 이는 곧바로 청년실업 해소에 기여하게 될 것이다.

㉡ IT, 서비스 업에 비해 고용창출효과가 높은 제조업과 고부가가치화 된 서비스 업의 결합이 필요함 → 향후 제조업의 부가가치는 더욱 높아질 전망이며 제조업의 부가가치에서 공정 비중보다는 R&D, 마켓팅등의 서비스적 요소의 비중이 높아질 것이라는 점에 주목해야 함.

㉢ 인력과 기술을 근간으로 생산성을 유지하는 한국 경제의 특성상, 비교역재 형태를 지니는 서비스의 고부가가치화 사업이 한국의 잠재성장력을 높일 수 있는 기반이 됨. 1차원적인 가격, 품질 경쟁력을 확보하는 것 이외에 차세대 문화/소비 코드를 파악하는 전략이 필요함. 제조업을 기반으로 고부가가치 서비스를 활용한 대표적인 예는 아마존 닷컴의 'E-book 리더기 킨들'을 생각해 볼 수 있다.

⑤ 내수경기부양책의 한계점과 방향 제시

㉠ 내수시장의 범위가 상당한 중국, 인도, 브라질의 경우 중앙정부의 재정집행과 투자를 통한 경기부양책이 장단기적 효과를 볼 수 있는 편임. 그러나 한국의 경우, 총수요를 구성하는 C,G,I,X 중에서 해외 수요 부분인 X가 GDP의 약 50% 가량을 차지하는 소규모 개방경제라는 태생적 한계점을 인지해야 함.

㉡ 철도, 공공부문 투자와 같은 기존 경기 부양 대책으로는 내수경기회생의 폭에 한계가 있을 것. 따라서 민간소비 증진을 위한 감세정책, 정부지출 증대 등의 기초적 정책 집행과 더불어, 잠재성장률 유지를 위한 대체투자, 노동인구비율 증대(저출산 고령화 대책), 고부가가치 서비스 창출 등을 인프라 차원에서의 거시적 노력이 필요할 것이다.

화폐금융이론

주제 1 화폐공급이론과 금융

1 이론요약

1. 통화지표

M_1	현금통화＋요구불예금＋수시입출식 저축성예금(은행저축예금, MMF, MMDA 등)
M_2	① M_1＋정기예·적금＋시장형 금융상품 (CD, RP, CMA, 표지어음 등) ② 실적배당형상품(수익증권, 금전신탁 등)＋금융채＋기타 　※ 만기 2년 이상 금융상품 제외
금융기관 유동성(Lf)	M_2＋만기 2년 이상 정기예·적금 및 금융채＋만기 2년 이상 장기금전신탁＋생명보험회사 보험계약준비금＋증권금융회사의 고객예탁금
광의유동성 (L)	Lf＋정부 및 기업 등이 발행한 유동성 금융상품

2. 단기금융시장과 장기금융시장

단기금융시장	장기금융시장
통상 만기 1년 미만의 금융자산이 거래되는 시장으로 콜시장, CD (양도성 예금증서)시장, RP(환매조건부 채권)시장, CP(기업어음)시장 등이 있다.	기업의 시설자금이나 장기운전자금이 거래되는 시장으로 주식시장, 채권시장 등이 있다.

3. 직접금융시장과 간접금융시장

직접금융시장	간접금융시장
① 자금의 최종수요자와 공급자가 직접자금을 거래하는 시장 ② 자금의 최종수요자가 발행한 본원증권을 자금의 공급자가 직접 매수하여 회사채와 주식발행을 통한 자금조달이 대표적이다.	금융중개기관이 개입하여 자금의 수요자와 공급자를 연결시켜주는 시장으로 예금시장 등이 있다.

4. 금융기관의 분류

통화금융기관	비통화금융기관
통화를 공급하거나 창조하는 기관으로 한국은행, 예금은행 등이 있다.	통화금융기관을 제외한 금융기관으로 개발기관(한국산업은행, 한국수출입은행), 투자기관, 저축기관, 보험기관 등이 있다.

5. 본원통화

구분	내용
개념	① 본원통화는 중앙은행창구를 통하여 시중에 나온 현금이다. ② 본원통화는 중앙은행의 통화성부채이다.
구성내역	본원통화＝현금통화＋지급준비금 ＝현금통화＋시재금＋중앙은행예치금 ＝화폐발행액＋중앙은행예치금

6. 예금은행의 신용창조

구분	총예금창조액	순예금창조액
개념	본원적예금(S)이 유입될 때 총예금액 (r : 법정지급준비율)	본원적예금이(S)이 유입될 때 예금액의 증가분(r : 법정지급준비율)
예금창조액	총예금창조액＝$\dfrac{1}{r} \times S$	순예금창조액＝$\dfrac{1-r}{r} \times S$
승수	신용승수 : $\dfrac{1}{r}$	순신용승수 : $\dfrac{1-r}{r}$

7. 화폐공급함수

구분	내용
의의	본원통화가 증가하면 본원통화 증가분보다 더 많은 통화량이 승가한다.
통화공급 방정식	통화량(M^S)＝통화승수($\dfrac{1}{k+r(1-k)}$)×본원통화(H) (r : 실제지급준비율＝법정지급준비율＋초과지급준비율, k : 현금통화를 통화량으로 나눈 값)
통화승수	현금보유비율(k)가 주어진 경우 : $\dfrac{1}{k+r(1-k)}$ 현금－예금비율(c)이 주어진 경우 : $\dfrac{c+1}{c+r}$

통화공급량의 결정	① ΔH는 중앙은행이, k는 민간이, 그리고 r은 상업은행과 중앙은행 이 결정 ② r(실제 지급준비율)은 법정지급준비율과 초과지급준비율의 합이므로 법정지급준비율을 결정하는 중앙은행과 초과지급준비율을 결정하는 일반은행에 의해 실제 지급준비율이 결정된다. ③ 실제 지급준비율(r)이 증가 → 통화승수 감소 → 통화량 감소 ④ 현금보유비율(k)이 증가 → 통화승수 감소 → 통화량 감소

2 객관식 문제

01

다음 중 광의의 통화(M_2)에 포함되는 항목을 모두 고른 것은? (지방직 7급 · 2012)

> 가. 현금통화
> 나. 요구불 예금
> 다. MMDA(money market deposit account)
> 라. 양도성 예금증서 (CD)

① 가, 나, 다   ② 가, 다, 라
③ 나, 다, 라   ④ 가, 나, 다, 라

해설 M2＝M1＋정기예·적금＋시장형 금융상품(CD, RP, CMA, 표지어음 등)＋실적배당형상품(수익증권, 금전신탁 등)＋금융채＋기타.　　　　**정답 ④**

02

2013년에 한국은행이 국내 외환시장에서 8억 달러를 매입하였다. 이를 국제수지표에 기록한 것으로 옳은 것은? (국가직 7급 · 2013)

	차변	대변
①	준비자산 8억 달러	금융계정(기타투자) 8억 달러
②	준비자산 8억 달러	금융계정(증권투자) 8억 달러
③	금융계정(기타투자) 8억 달러	준비자산 8억 달러
④	금융계정(증권투자) 8억 달러	준비자산 8억 달러

해설 차변에는 자산항목이 계상되고 대변에는 부채와 자본항목이 계상된다. 한국은행이 국내 외환시장에서 8억달러를 매입하면 해외자산이 8억달러 계상되고 대변에는 금융계정(기타투자)로 계상된다. 증권투자는 주식과 채권의 매입을 말한다.

중앙은행의 대차대조표

자산	부채와 자본
국내자산 　유가증권 　대정부대출 　재할인대출	국내부채 　화폐발행 　지급준비 예치금
해외자산	해외부채

정답 ①

03

본원통화에 대한 설명으로 옳은 것은?

① 본원통화는 은행(중앙은행과 그 외 시중은행)밖에 존재하는 모든 현금과 시중은행의 지급준비금을 합한 것이다.

② 본원통화는 은행(중앙은행과 그 외 시중은행)밖에 존재하는 모든 현금과 시중은행이 중앙은행에 예치한 예금을 합한 것이다.

③ 본원통화는 은행(중앙은행과 그 외 시중은행)밖에 존재하는 모든 현금이다.

④ 본원통화는 은행(중앙은행과 그 외 시중은행)밖에 존재하는 모든 현금과 시중은행의 금고에 있는 금액을 합한 것이다.

⑤ 본원통화는 시중은행 밖에 존재하는 모든 현금과 시중은행이 중앙은행에 예치한 예금을 합한 것이다.

해설 본원통화는 현금통화외 지급준비금이 합으로 이루어진다.

정답 ①

04

A은행의 초과 지급준비금이 0인 상황에서 갑이 A은행에 예치했던 요구불예금 5,000만원의 인출을 요구하자 A은행은 보유하고 있는 시재금을 활용하여 지급하였다. 이 경우 A은행의 상황으로 옳은 것은? (단, 요구불예금에 대한 법정 지급준비율은 15%이다)　(7급·2012)

① 고객의 요구불예금 잔고가 750만원 감소한다.

② 고객의 요구불예금 잔고가 4,250만원 감소한다.

③ 지급준비금이 법정기준보다 750만원 부족하게 된다.

④ 지급준비금이 법정기준보다 4,250만원 부족하게 된다.

갑의 요구불예금 5,000만원 중에서 법정지급준비금으로 750만원이 있는 상태에서 요구불 예금을 인출함에 따라 시재금으로 5,000만원을 지급하였기 때문에 지급준비금이 법정기준보다 4,250만원 부족하게 된다.

정답 ④

05

통화공급에 대한 설명으로 옳은 것은? (지방직 7급 · 2010)

① 준예금통화란 이자율이 비교적 높은 요구불예금을 말한다.
② 초과지급준비금은 총예금에서 지급준비금을 공제한 것이다.
③ 현금통화비율이 클수록 통화량의 조절이 용이해진다.
④ 순신용승수는 신용승수보다 작다.

신용승수는 $\dfrac{1}{z_l}$ 이며, 순신용승수는 $\dfrac{1-z_l}{z_l}$ 이다. 따라서 순신용승수는 신용승수보다 작음을 알 수 있다. 준예금통화는 요구불예금이 아니라 요구불예금 혹은 현금통화로 전환될 수 있는 통화를 말한다. 현금통화비율이 낮아지게 되면 통화승수가 커져서 통화량을 더욱 증가시키거나 감소시키는 것이 가능해짐에 따라 통화량의 조절이 더욱 용이하다.

정답 ④

06

요구불 예금만 존재하고 은행조직 밖으로의 현금 누출은 없다. 또한 예금은행은 대출의 형태로만 자금을 운용하며 예금은행은 초과지급준비금 없이 법정지급준비금만 보유한다. 그리고 본원통화가 공급된 후 민간은 현금통화를 보유하지 않고 전부 은행에 예금한다. 본원통화는 100만큼 공급되었다. 다음 중 옳은 설명만 모두 고른 것은? (보험계리사 · 2012)

가. 지급준비율이 5%이면 궁극적으로 창출되는 통화량은 2,000이 된다.
나. 통화승수는 지급준비율과는 관련이 없고, 민간이 현금을 얼마나 보유하는가에 영향을 받는다.
다. 은행의 신뢰성이 저하되는 경우, 은행은 장차 예금인출사태에 대비하여 지급준비율을 높이게 되고 지급준비율이 높아짐에 따라 통화승수가 증가하여 화폐 공급이 줄어든다.
라. 위에서 가정한 바에 의하면 통화량은 중앙은행에 의해 완전히 통제될 수 있다.

① 가, 나
② 가, 라
③ 나, 다
④ 다, 라

가. 지급준비율이 5%일 때 신용승수는 20이므로 본원통화가 100만큼 공급될 때 통화량은 2,000이 된다.
나. 통화승수의 경우 지급준비율과 민간의 현금보유비율에 영향을 받는다.
다. 지급준비율이 상승하면 통화승수가 감소하여 화폐공급이 줄어든다.
라. 가정한바에 의하면 통화공급방정식은 신용승수와 본원통화의 곱에 의해 결정된다. 신용승수는 법정지급준비율의 역수이므로 중앙은행은 본원통화와 법정지급준비율을 결정함으로 통화량을 완전히 통제할 수 있다.

정답 ②

3 약술문제

01

시장분리이론과 유동성프리미엄이론을 설명하시오.　　　　　　　　　　(산업은행 · 2012)

(1) 시장분리이론(시장분할이론)

　1) 의의

　　만기가 상이한 채권 간에는 시장이 분리되어 있다고 보기 때문에 장단기 채권 간에 대체관계가 없다고 본다. 채권시장에서 위험을 줄이기 위해 가계는 단기채권의 수요를 선호하게 되나 기업은 안정적인 자금조달을 위해 장기채권의 공급을 선호하게 된다.

　2) 단기채권시장

　　단기채권의 시장에서는 가계의 채권수요가 기업의 채권공급보다 크기 때문에 초과수요가 발생한다. 단기채권 시장의 초과수요로 인해 단기채권의 가격이 상승하고 단기이자율이 하락하게 된다.

　3) 장기채권시장

　　장기채권의 시장에서는 기업의 채권공급이 가계의 채권수요보다 크기 때문에 초과공급이 발생한다. 장기채권시장의 초과공급으로 인해 장기채권의 가격이 하락하고 장기이자율이 상승하게 된다.

　4) 결론

　　시장분리이론은 단기이자율의 하락과 장기이자율의 상승으로 인해 수익률곡선이 우상향함을 잘 설명해준다.

　　그러나 장단기이자율 간에 대체관계가 없다고 가정하기 때문에 장단기이자율 간의 연계성이 없다. 따라서 시장분리이론은 수익률곡선 자체의 이동은 설명하지 못한다.

(2) 유동성 프리미엄 이론

　1) 의의

　　장단기 채권간에 불완전대체를 가정하여 투자자가 단기채권을 장기채권보다 더 선호한다.

　2) 개념

　　장기이자율의 수준을 결정하는데 있어서 단기예상이자율들의 평균에다 추가적으로 더해지는 부분을 유동성 프리미엄이라고 한다.

　　유동성프리미엄은 장기채권에 투자함으로써 유동성을 장기간 포기하는 것에 대한 대가이므로 항상 양(+)의 값을 갖게 되며 채권의 만기가 길어질수록 유동성프리미엄의 값은 커진다.

　3) 장기이자율

　　유동성프리미엄에 의하면 장기이자율은 단기예상 이자율들의 평균과 유동성 프리미엄의 합으로 나타낼수 있나.

　4) 수익률곡선과의 관계

　　수익률곡선이란 이자율의 기간구조를 그림으로 표시한 것으로 일반적으로 만기가 짧은 금융상품의 이자율은 낮고 만기가 긴 금융상품의 이자율은 상대적으로 높은 경향을 보인다.

　　그 결과 수익률곡선은 대개 우상향한다.

　　유동성프리미엄이론은 양의 유동성프리미엄의 존재로 인해 수익률곡선이 우상향하는 이유를 잘 설명하고 있다.

> 수익률곡선
> 1. 개념 : 현재 관찰 가능한 장단기 이자율 간의 관계를 각 채권의 만기와 그에 따른 만기수익률의 그래프로 나타낸 것을 수익률 곡선이라 한다.
> 2. 특징
> 　① 일반적으로 수익률곡선은 만기가 짧은 금융상품의 이자율은 낮고, 만기가 긴 금융상품의 이자율은 상대적으로 높은 경향을 보인다. 그 결과 수익률곡선은 대개 우상향한다.
> 　② 장단기 이자율은 보통 같은 방향으로 함께 움직인다. 이는 수익률곡선 전체가 위 아래로 이동하며 중간에 꺾이거나 하는일 이 거의 없음을 의미

02

모든 은행이 초과지급준비금은 보유하지 않고 민간은 현금을 모두 요구불예금으로 가정한다. 요구불예금의 법정지급준비율이 20%인 경우 중앙은행이 국채 100억원을 사들인다면 이로 인한 통화량의 창출규모는 얼마인가?

해설 중앙은행이 국채 100억원을 사들이면 본원통화가 100억원 증가하며 여기에 신용승수인 1/0.2=5를 곱해 통화량이 500억원 증가한다.

03

A국에는 2개의 은행이 있는데, 지급준비율을 제1은행은 20%, 제2은행은 10%로 항상 유지한다. 甲은 기존 보유하고 있던 현금 100만원을 제1은행에 예금하였고, 제1은행은 지급준비금을 제외한 금액을 乙에게 대출하였다. 乙은 이 돈으로 丙에게서 물품을 구입하였고, 丙은 이 대금을 제2은행에 예금하였다. 제2은행은 지급준비금을 제외한 금액을 丁에서 대출하였다. 이상의 거래로부터 추가적으로 창출된 통화량은?

해설 대출이 증가하면 그만큼 현금통화가 증가하게 되는데, 甲이 제1은행에 예금을 함으로 인해 제1은행은 20%, 즉 甲의 예금 중 20만원을 제외한 80만원을 대출의 방법을 통해 현금통화가 80만원이 증가하게된다. 또한 그 화폐들은 돌고돌아서 丙이 제2은행에 예금을 하게 되며, 제2은행은 80만원 중 10%, 즉 8만원을 제외한 72만원을 丁에게 대출함으로써 시중에 화폐가 유통된다. 따라서 乙과 丁에게 각각 80만원, 72만원을 대출해 줌으로써 현금통화가 늘어났기 때문에 총 152만원이 추가적으로 창출된 통화량이 된다.

04

A은행의 T-계정은 다음과 같다.

자　　　　　산		부　　　　채	
지 급 준 비 금	1,000억원	예　　　　금	4,000억원
대　　　　출	3,000억원		

예금에 대한 법정지급준비율이 10%이고 A은행을 제외한 다른 은행들은 초과지급준비금을 보유하지 않는다. A은행이 지급준비금을 법정지급준비금 수준까지 줄인다면 최대로 가능한 통화량 증가액은? (단, 민간의 현금보유비율은 0)

해설 법정지급준비율이 10%이고 예금액이 4,000억원이면 법정지급준비금은 400억원이나 현재 1,000억원을 갖고 있다. 따라서 여유자금은 600억원이다.
은행이 최대로 대출가능한 금액은 600억원이므로 최대 가능한 통화량 증가액은 6,000억원이다.

$(\dfrac{1}{0.1} \times 600 = 6{,}000)$

05

현금자동인출기(ATM)를 사용하기 이전에는 예금에 대한 현금보유비율이 20%이었으나 ATM을 사용한 이후에는 예금에 대한 현금보유비율이 10%로 감소하였다. 지급준비율이 10%인 경우 중앙은행이 금융시장에서 국공채 1조원을 매입할 때 통화공급량은 얼마나 증가하는가?

① 통화승수는 $\dfrac{c+1}{c+r}$이므로 지급준비율(r)이 10%이고 예금에 대한 현금보유비율(c)이 20%일 때는 통화승수는 4이다.

② 예금에 대한 현금보유비율(c)이 10%로 낮아지면 통화승수는 5.5로 커지므로 ATM 사용이후 본원통화가 1조원 증가하면 통화량은 5.5조원 증가한다.

 **2** 화폐수요이론과 금융정책

---

1 이론요약

1. 고전학파의 화폐수량설과 현금잔고수량설

	화폐수량설	현금잔고수량설
화폐의 기능	교환수단	가치저장수단
화폐관	화폐의 지불기능 강조	화폐를 자산으로 강조
화폐수요	암묵적으로 화폐수요 설명 $M^d = \dfrac{1}{V}PY$ (M^d : 화폐수요, V : 화폐유통속도, P : 물가, Y : 실질 GDP)	명시적으로 화폐수요 도출 $M^d \equiv kPY$ (M^d : 화폐수요, $k : 1/V$, P : 물가, Y : 실질 GDP)
출발점	거시적 관점에서 출발	미시적 관점에서 출발

2. EC 방식과 테일러 준칙

① EC 방식

구분	내용
개념	1972년 EC(European Communtiy) 각료이사회가 각 회원국에게 권고한 데서 유래, 'EC 방정식'이라고 불린다. EC방정식은 피셔(Fisher)의 교환방정식(MV＝PY)에 근거를 두고 있다.

EC 방정식	① EC 방정식에 의한 적정 통화증가율＝경제성장률＋물가상승률－통화의 유통속도 변동률 $$\frac{\Delta M}{M} = \frac{\Delta Y}{Y} + \frac{\Delta P}{P} - \frac{\Delta V}{V}$$ ② 즉, 물가상승률과 경제성장률 목표가 주어지고 유통속도증가율이 주어지면 통화 공급 증가율의 계산이 가능하다. ③ 우리나라는 매년 정부와의 협의아래 물가 안정 목표를 정하고 이에 맞추어 연간 통화신용정책 운용계획을 발표하고 있으며, 1979년부터 통화정책에 EC방정식을 활용하고 있다.

② 테일러 준칙

구분	내용
의의	① 프리드먼의 k% 준칙은 경제의 흐름과 상관없이 매년 통화량 증가율을 k%로 일정하게 유지하는 고정 준칙에 해당한다. ② 그러나 경제의 실제 상황 또는 예상되는 상황이나 목표 상황에 반응하는 방식을 준칙으로 정할 수가 있는데 대표적인 예가 스탠포드 대학의 테일러가 제시한 테일러 준칙이다.
개념	목표 명목 정책금리(i)＝$a \times$ GDP갭＋$b \times$ 인플레이션갭 ※ GDP갭＝실제 GDP－잠재 GDP ※ a, b는 양(+)의 상수
명목 이자율 목표 조정	테일러준칙에 의하면 중앙은행은 실제 인플레이션율과 목표 인플레이션율과의 차이가 크면 클수록, 그리고 실제 GDP와 잠재G에의 차이가 크면 클수록 명목 이자율 목표를 상향 조정한다.

3. 프리드먼의 신화폐수량설

개념	특징
신화폐수량설	$$\frac{M^d}{P} = f(w,\ r_e,\ r_b,\ \pi,\ H)\ \text{(단, } f_w>0,\ f_{re}<0,\ f_{rb}<0,\ f_\pi<0,\ f_H>0)$$ • 항상소득은 부(w)와 인간자산(H)으로부터 평균적으로 흘러나오는 소득이므로 부(W)와 인간자산(H)은 항상 소득(Y_P)으로 대체할 수 있다. • r_e, r_b를 대표하는 이자율수준을 r이라 하면 화폐수요함수는 다음과 같이 간단히 나타낼 수 있다. $$\frac{M^d}{P} = K(Y_P,\ r,\ \pi)$$

4. 케인즈의 화폐수요이론

구분	내용
화폐수요의 동기	• 거래적 동기－소득의 증가함수 • 예비적 동기－소득의 증가함수 • 투기적 동기－이자율의 감소함수

유동성 함정	① 경기가 극심한 불황이어서 투기적 화폐수요가 무한히 증가하는 상황을 말한다. ② 투기적 화폐수요가 무한히 증가하는 이유는 극단적으로 이자율수준이 너무 낮아서 모든 사람들이 이자율이 곧 상승할 것이고, 채권가격이 하락할 것이라고 생각하기 때문 ③ 즉, 모든 사람들이 화폐 수익률이 채권 수익률보다 더 높기 때문에 화폐만 보유 ④ 화폐를 많이 공급하여도 공급된 화폐가 모두 시장에서 퇴장해버려 시장에서 유동성이 부족해지는 현상이 발생한다.

5. 케인즈의 화폐수요이론의 발전

구분	내용
보몰의 재고이론	• 거래적 동기의 화폐수요이론 • $\dfrac{M^d}{P} = \sqrt{\dfrac{bY}{2r}}$ (b : 거래수수료, Y : 실질소득, r : 명목이자율)
토빈의 자산선택이론	• 투기적 동기의 화폐수요이론/위험기피자를 가정 • 대체효과는 이자율변화로 화폐보유의 기회비용인 채권수익률이 변함으로써 화폐와 채권사이의 대체가 이루어짐을 말한다. 따라서 이자율이 상승하면 화폐보유의 기회비용이 높아지므로 대체효과는 화폐보유를 줄이는 방향으로 작용한다. • 소득효과는 이자율변화로 인하여 포트폴리오의 이자소득이 변동하여 발생하는 효과를 말한다. 따라서 이자율상승으로 자산구성으로부터의 소득이 증가함으로써 위험보다는 안전을 더 선호하게 되고, 그 결과 채권에 대한 수요를 감소시키는 방향으로 작용한다.

6. 이자율결정이론

구분	내용
케인즈의 유동성 선호설	화폐시장에서 화폐의 수요와 공급에 의하여 명목 이자율 결정
고전학파의 대부자금설	① 저축자와 차입자간에 대부자금의 수요와 공급에 의하여 실질이자율 결정 ② 실물시장에서 이자율 결정 ③ 대부자금의 공급은 저축에 의해 결정되는데 저축은 민간 저축(S_P)과 정부저축(S_G)의 합으로 이루어진다. ④ 대부자금의 수요는 투자에 의해 결정된다.

7. 화폐유통속도와 화폐수요함수의 안정성

구분	내용
케인즈의 견해	케인즈는 화폐유통속도(V) 또는 화폐보유비율(k)이 이자율의 영향을 크게 받아 불안정하다고 주장 → 화폐수요함수 불안정

프리드먼의 견해	프리드먼은 이자율이 화폐유통속도(V)나 화폐보유비율(k)에 미치는 영향이 아주 미미하여 안정적이라고 주장 → 화폐수요함수 안정
화폐유통속도의 결정요인	① 경기호황 시 화폐유통속도 증가, 경기침체 시 화폐유통속도 감소 ② 이자율과 화폐유통속도는 정의 관계

8. 중간목표 논쟁

구분	내용
통화량을 중요시 (통화주의자)	① 통화량이 명목국민소득과 안정적인 관계를 유지한다고 주장한다. ② 통화량이 이자율보다 측정하기 쉽고 본원통화 또한 쉽게 조절할 수 있으므로 중간목표로 적절하다.
이자율을 중요시 (케인즈 학파)	① 이자율은 투자수요에 영향을 미치는 것이므로 실물경제에 미치는 영향력이 크다. ② 중앙은행이 단기에 명목이자율을 통제할 수 있으며, 단기에는 물가수준이 변하지 않는다는 점을 고려하면, 단기 실질이자율까지 통제하게 된다. ③ 중앙은행의 단기이자율에 대한 결정이 투자자의 기대에 영향을 미친다면 이자율은 통화량에 비해 상당히 유리한 중간지표가 될 수 있다.

9. 물가안정목표제

구분	내용
물가안정목표제 (inflation targeting)	① 물가안정목표제는 중앙은행이 일정기간 동안 달성해야 할 물가 목표를 먼저 제시하고, 그에 맞춰 통화정책을 펴는 것을 말한다. 1990년에 뉴질랜드가 최초 시행하였으며 물가안정목표제는 점차 확산되어 현재 우리나라를 포함해 20여 개국에서 운영되고 있다. ② RP 7일물 금리 조정을 통해 직접 물가를 안정시킴

10. 금융정책과 금융정책수단

구분	내용
개념	① 국가의 경제가 건전하게 발전하도록 중앙은행이 행하는 금융조정 ② 명목통화량과 같은 화폐변수를 변화시킴으로 총수요를 변화시킨다.
종류	① 확대금융정책 - 통화량증가 ② 긴축금융정책 - 통화량감소
정책수단	① 공개시장 조작정책 - 중앙은행이 공개시장에서 금융기관을 상대로 채권을 사고파는 방식으로 본원통화에 영향을 주는 정책수단 • 국공채 매입 → 본원통화 증가 → 통화량 증가 • 국공채 매각 → 본원통화 감소 → 통화량 감소 ② 재할인율 정책 - 예금은행이 중앙은행으로부터 차입할 때 적용받는 이자율인 재할인율을 조정함으로써 본원통화에 영향을 주는 방식 • 재할인율 인하 → 본원통화 증가 → 통화량 증가 • 재할인율 인상 → 본원통화 증가 → 통화량 감소 ③ 법정지급준비율을 변화시킴으로써 통화량을 조정하는 정책 • 법정 지급준비율 인하 → 대출 증가 → 통화량 증가 • 법정 지급준비율 인상 → 대출 감소 → 통화량 감소

11. 금융정책의 파급경로

구분	내용
금리경로	중앙은행이 기준금리를 변경해 시장 금리에 영향을 미치는 것을 말한다.
자산가격 경로	통화정책이 주식이나 부동산과 같은 자산의 가치를 변동시켜 실물경제에 영향을 미치는 것을 말한다.
환율경로	기준금리의 변경은 환율의 변화를 통해 실물경제에 파급된다.
신용경로	통화정책이 은행 대출에 영향을 미쳐 실물경제에 파급된다.

2 객관식 문제

01

매년 24만원을 받는 **영구채**(원금상환 없이 일정 금액의 이자를 영구히 지급하는 채권)가 있다. 연 이자율이 6%에서 8%로 오른다면 이 채권가격의 변화는? (지방직 7급 · 2012)

① 108만원 감소한다.　　　　② 108만원 증가한다.
③ 100만원 감소한다.　　　　④ 100만원 증가한다.

영구채의 채권가격은 이자/연 이자율 이므로 6%인 경우 영구채의 가격은 400만원이고 8%인 경우 300만원이다. 따라서 연 이자율이 6%에서 8%로 오른다면 이 채권의 가격은 100만원 감소한다. **정답 ③**

02

신용등급이 낮은 기업의 1년 후 1,040만원을 상환하는 채권을 발행한다면 현재 할인율의 기준이 되는 무위험수익률이 4%라고 할 때, 이 회사채의 가격은? (단, 중도 이자 지급은 없다)

(9급 · 2013)

① 1,000만원 미만
② 1,000만원
③ 1,000만원 초과 1,040만원 이하
④ 1,040만원 초과 1,080만원 이하

1년 후 상환하는 채권의 현재가격은 1,040/(1+0.04)=1,000만원 이다. 그러나 1,000만원은 무위험일 때이므로 신용등급이 낮다면 위험이 존재하므로 1,000만원 미만이 되어야 한다. **정답 ①**

03

수지는 액면금액(face value)이 100만원인 2년 만기 채권을 보유하고 있다. 이표이자율(coupon rate)은 4.5%이고 보유기간 1년이 경과하여 4만5천원의 이자를 지급받았으며 만기까지 남은 기간이 1년이라고 한다. 채권시장의 불완전성은 존재하지 않고 시장이자율이 연 10%일 때, 수지가 보유하고 있는 채권의 가격은 얼마인가?

(국회 8급 · 2012)

① 90만원 　　　　　　　　　　② 95만원
③ 100만원 　　　　　　　　　　④ 105만원
⑤ 110만원

해설　현재 1년이 남은 시점에서 원금 1백만원과 이자 4만5천원의 현재가치를 구하면 된다.

따라서 채권의 가격은 $\dfrac{1,045,000}{1.1}=950,000$이 된다.

정답 ②

04

중앙은행은 아래와 같은 테일러 준칙(Taylor rule)에 따라 명목이자율을 조정한다. 이에 관한 설명으로 옳지 않은 것은? (단, i는 명목이자율, π는 인플레이션율, π^*는 목표 인플레이션율, Y^*는 잠재 GDP, Y는 실제 GDP, $(Y^*-Y)/Y^*$는 총생산갭이다.)

(감평사 · 2012)

$$i=0.05++0.5(\pi-\pi^*)-0.5(Y^*-Y)/Y^*$$

① 목표 인플레이션율이 낮아지면 중앙은행은 명목이자율을 인상한다.
② 실제 GDP가 잠재 GDP보다 더 큰 경우에 중앙은행은 명목이자율을 인상한다.
③ 총생산 갭은 0이고 인플레이션율이 3%에서 4%로 상승하는 경우에, 중앙은행은 명목이자율을 0.5%포인트(%p)인상한다.
④ 인플레이션율이 목표치와 같고 실제 GDP가 잠재 GDP와 같다면 실질이자율은 5%가 된다.
⑤ 인플레이션율은 목표치와 같고 총생산 갭이 0%에서 1%로 상승하는 경우에, 중앙은행은 명목이자율을 0.5%포인트(%p)인하한다.

해설　총생산 갭은 0이고 인플레이션율이 3%에서 4%로 상승하는 경우에, 중앙은행은 명목이자율을 1.5%포인트(%p) 인상한다.

정답 ③

3 약술문제

01

다음은 전통적 화폐수량설에 관한 문제이다. A국은 우유와 빵만을 생산하며 그 생산량과 가격은 아래 표와 같다. 2010년도의 통화량이 20억원이면 2011년도의 통화량은? (단, 통화의 유통속도는 2010년도와 2011년도에 동일하다)

연도	우유		빵	
	가격(원/병)	생산량(백만병)	가격(원/개)	생산량(백만개)
2010년	250	40	200	10
2011년	300	40	400	15

해설 2010년도 명목 GDP가 120억원이고, 2011년도 명목 GDP는 180억원이다.
따라서 2010년도와 2011년도 통화 유통속도는 6이다.
화폐수량설에 따르면 MV＝PY이므로 2011년도의 통화량은 30억원으로 계산된다.

02

A국가의 명목 국내총생산(GDP)은 20,000달러, 통화량은 8,000달러이고, 수량방정식이 성립한다고 가정한다. A국가의 물가수준이 20% 상승하고 통화량은 10% 증가하며, 실질 국내총생산(GDP)이 10% 증가했을 경우의 화폐유통속도는?

해설 수량방정식에 따르면 명목 GDP가 20,000달러, 통화량이 8,000달러이면 화폐유통속도는 2.5가 된다.
EC빙징식에 띠르면 통화량 변화율＋하폐유통속도 변화율＝물가변화율＋실질국민소득 변화율이므로 화폐유통속도 변화율은 20%가 되며 따라서 화폐유통속도는 2.5×1.2＝3이 된다.

03

중앙은행의 통화정책 반응함수가 다음과 같다.

$$r = 0.05 + 1.5 \times (\pi - 0.04) - \frac{0.5(Y - Y^*)}{Y^*}$$ (단, r은 중앙은행의 정책이자율, π는 물가상승률, Y는 실질GDP, Y^*는 잠재GDP)

전년도에 물가상승률은 4%였고 실질GDP와 잠재GDP는 같았다고 하자. 금년도에 물가상승률이 6%가 되고 실질GDP가 잠재GDP 대비 4% 증가한다면 중앙은행의 행동을 설명하시오.

 전년도의 경우 정책이자율(r)은 5%이다. 금년도의 경우 물가상승률이 6%이고 실질 GDP가 잠재 GDP 대비 4% 증가하였으므로 r=0.05+1.5×(0.06−0.04) −0.5×0.04=0.06
따라서 중앙은행은 정책이자율을 1% 포인트 올려야 한다.

04

테일러 준칙에 대하여 설명하시오. (한국거래소 · 2012)

(1) 의의

① 프리드먼의 k% 준칙은 경제의 흐름과 상관없이 매년 통화량 증가율을 k%로 일정하게 유지하는 고정 준칙에 해당한다.

② 하지만 준칙에는 경제의 흐름에 따라 반응하는 준칙도 있다.

즉, 경제의 실제 상황 또는 예상되는 상황이나 목표 상황에 반응하는 방식을 준칙으로 정해 놓은 셈이다. 그 대표적인 예가 바로 스탠포드 대학의 테일러가 제시한 테일러 준칙이다.

(2) 개념

① 현재 대부분의 중앙은행은 자국의 경제상황을 고려한 후, 정책금리를 조정하여 화폐금융정책을 수행한다.

② 이 때 중앙은행이 정하는 정책금리 수준을 설명하거나 예측하는데 도움이 되는 것이 바로 테일러 준칙이다.

③ 이 준칙에 따르면 목표정책금리 수준은 다음과 같이 계산된다.

$$목표명목정책금리 = 균형명목정책금리 + a \times 산출갭 + b \times 인플레이션갭$$

(3) 균형 명목 정책금리

실제 인플레이션율과 균형 실질정책금리의 합으로 정의된다.

(4) a 와 b

양(+)의 상수로서 각각 목표정책금리가 산출갭과 인플레이션갭에 반응하는 정도를 나타낸다.

(5) 산출갭과 인플레이션갭

산출갭과 인플레이션갭은 각각 다음과 같이 정의된다.

- 산출갭 = [(실제실질gdp − 잠재실질gdp)/잠재실질gdp] × 100
- 인플레이션갭 = 실제인플레이션율 − 목표인플레이션율

(6) 명목 이자율 목표 조정

테일러준칙에 의하면 중앙은행은 실제 인플레이션율과 목표 인플레이션율과의 차이가 크면 클수록, 그리고 실제 gdp와 잠재gdp의 차이가 크면 클수록 명목 이자율 목표를 상향 조정한다.

05

유동성선호설을 설명하시오. (한국거래소 · 2011)

 **(1) 의의**

케인즈는 고전학파의 화폐수량설을 비판하고, 화폐가 이자율을 매개로 하여 유효수요를 변동시킬 수 있으므로 실물경제에 영향을 끼친다는 유동성 선호설을 전개

(2) 개요

① 이자율은 명목이자율 개념으로서 화폐적 현상이다.

② 화폐시장에서 화폐의 수요와 공급에 의하여 이자율이 결정된다.

(3) 화폐시장의 균형조건

① $M^S = M_0 = P \cdot L(Y, \ r) = M^D$

② $M_0 = P \cdot L(Y, \ r)$

(4) 균형이자율

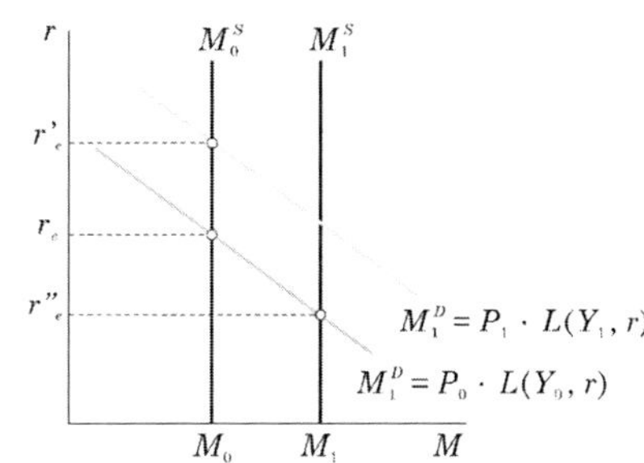

① 주어진 통화량(M_0), 국민소득(Y_0), 물가수준(P_0)에서 균형이자율 r_e가 도출된다.

② 물가 혹은 국민소득이 상승하면 화폐수요곡선이 오른쪽으로 이동하여 ($M_0^D \to M_1^D$) 균형이자율이 상승한다. ($r_e \to r'_e$)

③ 통화량이 증가하면 ($M_0 \to M_1$) 균형이자율이 하락한다. ($r_e \to r_e$)

06

통화량 감소로 이자율이 상승할 때 주식가격의 변화를 서술하시오.

주식가격$(PV) = \dfrac{D}{1+r} + \dfrac{D}{(1+r)^2} \cdots + \dfrac{D}{(1+r)^n}$ 이므로 이자율과 역관계이다. (D : 배당액, r : 이자율)

07

통화량 증가가 경제에 영향을 미치는 경로 4가지를 서술하시오.

(1) 금리경로

중앙은행이 기준금리를 변경해 시장 금리에 영향을 미치는 것을 말한다.

가계소비나 기업의 투자가 금리에 민감하다고 전제하고 있다.

(2) 자산가격 경로

통화정책이 주식이나 부동산과 같은 자산의 가치를 변동시켜 실물경제에 영향을 미치는 것을 말한다.

주식 가격 등이 통화정책에 의해 영향을 받는다고 전제하고 있으나 우리나라와 같은 소규모 개방경제에서는 주식 가격이 국내 통화정책의 변화보다는 미국 등 선진국의 주가 변화나 외국인의 주식투자 동향 등에 더 민감하게 반응하기도 한다.

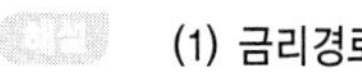

(3) 환율경로

환율의 변동을 통해 실물경제에 파급된다.

중앙은행이 기준금리를 내리면 원화로 표시된 금융자산의 수익률이 하락하면서 상대적으로 수익률이 높아진 달러화 금융자산에 대한 수요가 증가한다.

따라서 환율 상승에 따른 수출 증가로 실물경제에 영향을 미치게 된다.

환율이 금리보다 해외 요인에 의해 영향을 많이 받는다면 환율경로가 제대로 작동되지 않을 수도 있다.

(4) 신용경로

통화정책이 은행 대출에 영향을 미쳐 실물경제에 파급된다.

예를 들면 기준금리가 인하되면 금융시장에 자금이 풍부해져 은행들의 대출여력이 커지게 되며 이에 따라 금융기관의 대출이 확대되어 가계 소비와 기업 투자가 늘어나는 신용경로가 작동하게 된다.

08

가계 부채가 많은 경우 금리인상정책의 효과를 논하시오.

(수출입은행 · 2011)

해설

① 금리가 인상되면 차입자의 대출금리가 상승하므로 대체효과와 소득효과에 의하여 소비가 감소한다. 따라서 소비가 위축된다.

- 대체효과 : 현재소비의 기회비용 증가 → 현재소비 감소
- 소득효과 : 차입자의 경우 대출금리 인상에 따른 소득감소 → 현재소비 감소

② 차입자는 소비의 이자율 탄력성이 크므로 전체 가계 가운데 차입자의 비중이 증가할수록 소비의 이자율 탄력성이 커진다.

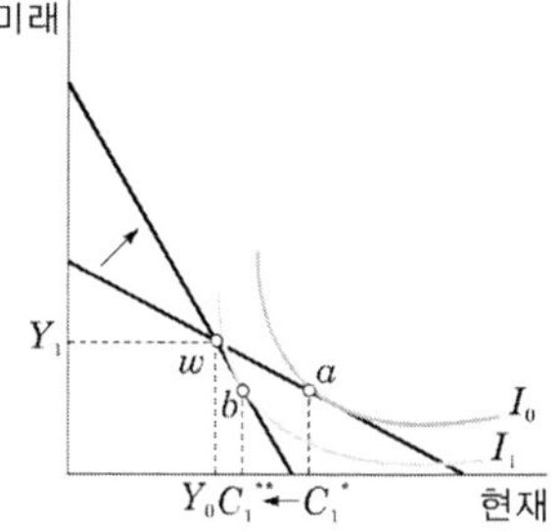

주제 3 **논술**

01

한국은행의 기준금리 인하 효과에 대하여 논하시오.

해설

(1) 한국은행의 기준금리 인하(1.75% - >1.5%)

기준 금리를 연 1.75%에서 연 1.50%로 0.25% 인하함. → 경기 상황이 좋지 않다는 것을 반증

(2) 배경

① 유로존 위기 : 한국의 대 EU수출은 감소 → 수출 증가율의 감소 → 고용환경악화

② 주요 교역 상대국의 경기 침체 : 중국 미국 등 주요 교역 상대국의 경기 침체가 계속되면서 수출과 내수 증가율 모두 낮은 수준에 머무르고 있음→ 당초 예상했던 경제성장률을 달성하지 못할 가능성이 높아짐

③ 한국의 경기 침체 예상 : GDP갭이 상당기간 마이너스를 지속할 것으로 예상. 우리 경제의 생산능력이 잠재성장 수준에 미치지 못하기 때문에 경기부양이 필요하다는 것을 의미

GDP갭(gap) : 잠재 GDP(국내총생산)와 실질 GDP의 격차

④ 세계적인 경기 부양 움직임 : 유럽중앙은행, 중국 중앙은행, 브라질도 기준 금리 인하 → 만약, 한국만 금리를 내리지 않을 경우 금리차이를 노린 투기성 해외자금의 유입 가능성 증가 → 환율하락, 수출위축 → 경상수지 악화의 가능성

⑤ 물가 하락세 : 소비자 물가 상승률은 사상 최저 0.7%

(3) 기준금리 인하에 대한 평가

① 기준금리 조절이 장기금리 조절로 이어지지 않을 가능성

㉠ 채권시장의 미성숙 때문에 장기 채권시장이 단기 금융시장과 연계성이 낮고, 유통 과정의 투명성도 낮아 통화정책이 제대로 파급되지 않을 수 있다. 또 시장 사이의 독립성이 강해 한국은행의 정책이 파급되기에는 한계가 많다.

㉡ 또한 금리인하로 경기가 좋아 질 것이라는 기대심리로 말미암아 미래 시점에서는 현재보다 시장금리가 높을 가능성이 크다.

㉢ 그러므로 장기금리는 단기금리보다 높게 설정 될 수 있고, 금리인하의 효과가 별로 없을 가능성이 크다.

② 고소득자와 저소득자의 차이

㉠ 금리를 인하하게 되면 이자소득자들은 소비를 줄이게 되고, 채무자들은 소비를 늘리게 된다. 그러므로 채무자들의 소비성향이 더욱 커야만 실효성이 있다고 볼 수 있는데, 주로 이자소득자들은 고소득 계층이고 채무자들은 저소득계층이다. 경제에 가장 큰 부분을 차지하는 연봉 2천만에서 5천만원 사이 중간소득 계층이 소비를 늘리지 않는다면 경기가 회복되는 것을 기대하기는 힘들다.

㉡ 실제 2000년대 들어 저금리는 유동성이 부동산 시장으로 몰리는데 영향을 미쳤다. 그러므로 금리인하가 실질적인 소비지출로 이어지는지에 대한 것은 확신하기 힘들다.

③ 가계 부채

㉠ 기준 금리 인하 → 기존의 누적 가계 대출의 95%가 변동금리이기 때문에 저소득층의 가계의 부채 부담이 줄어 들것으로 예상 (부채이자비용 부담을 덜게함).

㉡ 기준 금리 인하 → 대출 수요 증가 및 가계부채를 늘리는 효과. 우리나라의 가계 부채가 1100조원에 달하고 있음

(4) 금리인하의 효과 및 영향

① 이론적 분석

㉠ 고전학파 관점 : 고전학파의 관점에 따르면, 투자의 이자율 탄력성이 커서 이자율이 떨어지면 투자와 소비지출이 크게 증가하여 국민소득의 증가로 이어져 경제 활성화를 이룰 수 있을 것이라고 보았다. 즉, 고전학파의 관점에서 기준금리를 0.25%포인트 (1.75%→1.50%) 낮춘 한국은행의 확대 통화정책에 따른 경기 부양 효과가 기대될 수 있다.

㉡ 케인스 관점 : 케인스는 기업의 투자가 합리적인 원칙보다는 야성적 충동(animal spirit)에 의해 결정되기 때문에 투자의 이자율탄력성을 작다고(비탄력적) 보고, 금융정책이 경제활성화에 큰 효과가 없을 것이라 주장한다. 그리고 정부의 직접적인 수요 증대 정책이라고 할 수 있는 재정정책을 제안한다. 즉, 정부가 국공채 발행을 통해 자금을 확보하고 이 자금을 각종 공공투자에 사용함으로 직접적으로 유효수요를 증대시키는 것이다.

위에서 언급했듯이, 케인스의 관점에 따르면 투자는 기업가의 야성적 충동에 따라 결정되기 때문에 금리 인하는 경제를 활성화 시키는데 크게 도움이 되지 않는다. 기준금리 인하가 효과를 보려면 결국 가계와 기업 대출이 늘어야 한다. 그래야 소비와 투자가 확대돼 의도한 경기부양 효과가 현실화된다. 그러나 부동산 경기침체를 감안할 때 금리인하에 따른 가계대출 진작효과는 제한적일 것으로 보이기 때문에 결국 기업들이 낮아진 금리에 편승해 투자를 늘릴 지가 관건인 상황이다.

② 긍정적 기대 효과
  ㉠ 가계
    ⓐ 우리나라 가계의 대부분은 주택담보대출과 관련하여 채무자로 볼 때, 기준금리 인하 시 대출상
      환에 대한 부담이 낮아질 것임. 즉, 급매물이 줄어들고 매수자의 부담이 줄어들게 되어 거래가
      늘어나고 부동산 가격이 더욱 상승 할 것이다.
    ⓑ 특히 일반 주택시장뿐 아니라 전세가 낮고 초기투자비용 높아 대출비중이 높은 재건축 시장에
      더 도움이 될 수 있다. 금리가 낮아져 풍부해진 여유자금이 수익형 부동산으로 흘러들어 현재의
      인기가 더 길게 지속될 것이라 전망 된다.
    ⓒ 경기나 나아질 것이란 기대와 함께 금리가 낮아진 예·적금보다는 주식의 가치가 부각되면서
      주식을 사려는 수요가 늘어 주가 상승을 유도할 수 있다. 주가가 상승하면 '자산효과'에 따라 소
      비를 더욱 크게 키울 수 있다. 즉 자산의 가치가 증가하므로 소비가 증가할 것이다.
  ㉡ 기업
    대출금리의 하락, 대출 담보로 여겨지는 부동산 가격 상승 및 주식가격 상승으로 기업투자가 활
    발해 질것이다. 물론 금리가 아무리 내려가도 투자 심리 자체가 얼어붙어 있는 경우라면 효과는
    제한된다.
  ㉢ 유동성 함정
    한국경제는 아직 유동성함정에 빠지지 않은 상태 → 금리 인하 무용론을 제기할 수 없음
③ 부정적 기대 효과
  ㉠ 절대적인 금리 수준 자체가 낮은 수준 → 경기 부양효과에 대한 의문
  ㉡ 소비자 물가상승률이 낮은 수준을 유지하고 있으나 기대인플레이션은 2.5%대로 여전히 높은 수준
    유지 → 경제주체들이 앞으로 물가가 크게 오를 수 있다고 예측

  > 기대인플레이션 : 경제 주체들이 예상하고 있는 미래의 인플레이션으로 경제주체들의 의사 결
  > 정에 큰 영향을 미침

  ㉢ 국제통화기금(IMF)은 우리나라가 높은 기대 인플레이션율 때문에 기준금리를 인하하기 어려울 것
    으로 전망하기도 함
  ㉣ 소비와 투자 증가는 총수요를 증가시키고, 기업 비용 증가로 인한 총공급감소는 물가상승을 가져올
    것이다.
  ㉤ 외환의 유입이 감소하여 환율이 상승하면 일반적으로는 순수출이 증가하나 현재는 국제 전반적인
    사정이 좋지 않으므로 순수출 증가는 어려워 보인다. 그러나 환율상승으로 유가, 수입 원자재가격
    이 증가하여 기업의 비용이 증가하고 이로 인해 우리경제의 총공급이 감소할 것이다.
  ㉥ 금리가 내려가면 너도나도 빚을 내 집을 사려는 일이 벌어져 오히려 가계부채가 증폭될 가능성이
    있고 이에 따라 집값에 거품이 끼게 된다.

  > **기준금리 인하 효과**
  > (1) 기준금리 인하와 경기침체
  >   기준금리 인하 - 채권금리 하락 - 주식시장 하락 - 환율 상승
  >   한국은행의 기준금리 인하가 경제주체들에게 '경기가 정말 좋지 않다.'는 인식을 심어주어
  >   안전자산에 투자하기 때문
  > (2) 기준금리 인하의 경기부양 효과
  >   • 기준금리 인하 - 대출금리 인하 - 투자 증가 - 실업률 감소 - 소비 증가
  >   • 기준금리 인하 - 예금금리 인하 - 주식시장 부동산 시장으로 자금 유입 - 주식가격 상승
  > (3) 기준금리 인하와 통화량 그리고 물가
  >   기준금리 인하 - 대출금리 인하 - 투자 증가로 이어져 시중에 통화량이 증가하여 물가의 상
  >   승을 예상

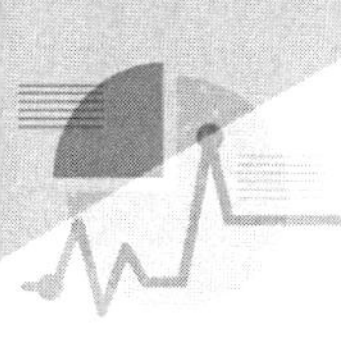

chapter 11

총수요 - 총공급이론

주제 1 IS - LM 곡선

1 이론요약

1. IS곡선

구분	내용
개념	IS곡선이란 생산물시장의 균형을 가져다 주는 이자율과 국민소득의 조합을 말한다.
균형식	$r = \dfrac{1-b(1-t)+m}{c} Y + \dfrac{1}{c}(a - bT_0 + I_0 + G_0 + X_0 - M_0)$
형태	IS곡선 그래프 ① IS곡선은 일반적으로 우하향한다. ② IS곡선의 상방은 생산물시장의 초과공급, 하방은 생산물시장의 초과수요 상태이다.
기울기	① 한계소비성향이 커질수록 IS곡선의 기울기는 완만하다. ② 투자의 이자율탄력성이 커질수록 IS곡선의 기울기는 완만하다. ③ 케인즈학파는 투자의 이자율탄력성이 작기 때문에 IS곡선의 기울기가 급경사이다. ④ 통화주의 학파는 투자의 이자율탄력성이 크기 때문에 IS곡선의 기울기가 완만하다.
이동요인	IS곡선의 이동요인은 소비, 정부지출, 투자, 순수출 등이 있으며 증가시 IS곡선은 우측 이동한다.

2. LM곡선

구분	내용
개념	LM곡선이란 화폐시장의 균형을 가져다 주는 이자율과 국민소득의 조합을 말한다.
균형식	① $\dfrac{M^S}{P} = \dfrac{M^d}{P}$ ② $\dfrac{M^d}{P} = L_t(Y) + L_S(r)$ ($L_t(Y)$: 거래적동기의 화폐수요, $L_S(r)$: 투기적동기의 화폐수요)
형태	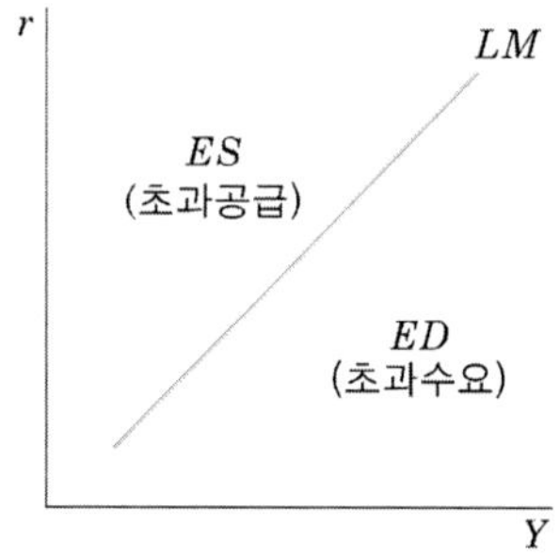 ① LM곡선은 일반적으로 우상향한다. ② LM곡선의 상방은 화폐시장의 초과공급, 하방은 화폐시장의 초과수요 상태이다.
기울기	① 화폐수요의 이자율탄력성이 커질수록 LM곡선의 기울기는 완만하다. ② 화폐수요의 소득탄력성이 작아질수록 LM곡선의 기울기는 완만하다. ③ 케인즈학파는 투자의 이자율탄력성이 작기 때문에 IS곡선의 기울기가 급경사이다. ④ 통화주의 학파는 투자의 이자율탄력성이 크기 때문에 IS곡선의 기울기가 완만하다.
이동요인	① LM곡선의 이동요인은 통화량, 물가, 화폐수요 등이 있다. ② 통화량이 증가하면 LM곡선은 우측이동한다. ③ 물가와 화폐수요가 증가하면 LM곡선은 좌측이동한다.

3. 유동성 함정

구분	내용
개념	① 투기적 화폐수요가 무한히 증가하여 LM 곡선이 수평선이 되는 상황을 말한다. ② 화폐를 많이 공급하여도 공급된 화폐가 모두 시장에서 퇴장해버려 시장에서 유동성이 부족해지는 현상이 발생한다.
그림	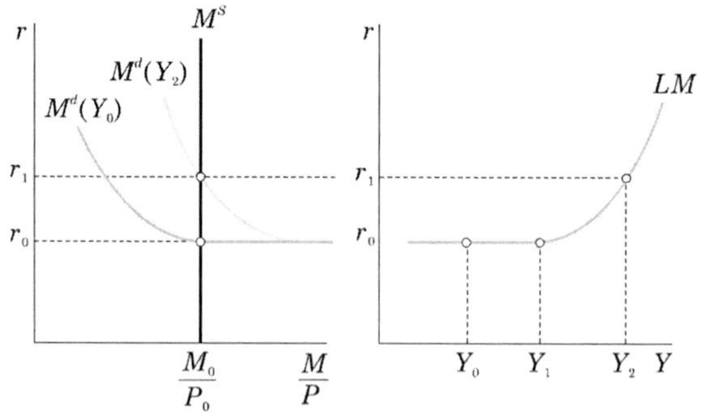

4. IS곡선과 LM곡선의 균형

구분	내용
균형	IS곡선과 LM곡선이 만나는 점에서 균형국민소득(Y_0)과 균형이자율(r_0)이 결정된다.
불균형의 조정	① 생산물 시장의 초과공급에서는 국민소득이 감소하고 생산물 시장의 초과수요에서는 국민소득이 증가한다. ② 화폐시장의 초과공급에서는 이자율이 감소하고 화폐시장의 초과수요에서는 이자율이 상승한다.

2 객관식 문제

01

IS곡선에 대한 설명으로 <보기>에서 옳은 것을 모두 고른 것은?　(국회 8급 · 2012)

> 가. IS곡선 하방의 한 점은 생산물시장이 초과수요 상태임을 나타낸다.
> 나. 한계저축성향이 클수록 IS곡선은 평평해진다.
> 다. 정부지출과 조세가 동액만큼 증가하더라도 IS곡선은 우측으로 이동한다.
> 라. 피구효과를 고려하게 되면 IS곡선의 기울기는 보다 가팔라진다.
> 마. M(수입)은 소득의 증가함수이므로 개방경제하의 IS곡선은 폐쇄경제하의 IS곡선보다 가파르다.

① 가, 나　　　　　　　　② 가, 다, 라
③ 가, 다, 마　　　　　　④ 가, 라, 마
⑤ 나, 다, 마

나. 한계저축성향이 크면 한계소비성향이 작아지기 때문에 IS곡선은 가파르다.
라. 이자율이 하락하면 채권가격이 상승한다. 채권가격 상승은 자산가치를 증가시킨다. 피구효과를 고려하면 소비가 증가하기 때문에 IS곡선의 기울기는 보다 완만해진다.
마. 소득증가는 수입증가를 유발하므로 개방경제의 IS곡선이 폐쇄경제의 IS곡선보다 가파르다.　　**정답 ③**

02

자국의 실물시장 균형을 나타내는 IS곡선에 대한 다음 설명 중 옳지 않은 것은? (단, IS곡선의 기울기는 세로축을 이자율, 가로축을 소득으로 하는 그래프상의 기울기를 말한다.) (공인회계사 · 2010)

① 자국의 한계소비성향이 커지면 IS곡선의 기울기가 완만해진다.
② 자국의 소득증가로 인한 한계유발투자율이 증가하면 IS곡선의 기울기가 완만해진다.
③ 자국의 정부지출이 증가하면 IS곡선은 오른쪽으로 이동한다.
④ 자국의 한계수입성향이 커질수록 IS곡선의 기울기는 가팔라진다.
⑤ 해외교역국의 한계수입성향이 커질수록 IS곡선의 기울기는 완만해진다.

유발투자가 존재하면 소득의 변화가 투자증가를 가져오기 때문에 IS곡선의 기울기기 완만해진다. 해외교역국의 한계수입성향이 커지면 순수출이 증가하기 때문에 IS곡선은 우측이동 한다.

　　정답 ⑤

03

화폐수요함수와 화폐공급함수가 아래와 같이 주어졌다고 할 때, 다음 설명 중 틀린 것은? (Y: 국민소득, i: 이자율, P: 물가수준) (서울시 7급 · 2007)

$$\frac{M^d}{P} = 0.3Y - 0.1i + 20 \qquad\qquad \frac{M^S}{P} = \frac{50}{P_0}$$

① 위의 식에서 마샬의 k에 해당하는 부분이 증가하면 LM곡선의 기울기는 가파르게 된다.
② 물가가 하락할 경우 실질통화공급이 늘어나므로, LM곡선을 위로 이동시키게 된다.
③ 주어진 P_0의 물가수준에서 화폐시장은 균형을 나타낸다.
④ 위의 화폐수요함수는 명목이자율에 비례하는 함수로서 유동성선호함수라고 한다.
⑤ 위의 함수에서 소득과 이자율은 비례 관계를 갖는다.

• 마샬의 k는 화폐수요의 소득탄력성으로 이해할 수 있는데 소득탄력성이 커지면 LM곡선의 기울기는 커진다.
• 물가가 하락하면 LM곡선은 아래로 또는 우측으로 이동한다.　　**정답 ②**

04

IS곡선이나 LM곡선의 기울기를 가파르게 하는 것만을 모두 고른 것은? (지방직 7급 · 2013)

> ㉠ 화폐수요의 소득에 대한 탄력성이 커졌다.
> ㉡ 화폐수요의 이자율에 대한 탄력성이 작아졌다.
> ㉢ 투자의 이자율에 대한 탄력성이 커졌다.

① ㉠, ㉡　　　　　　　　　② ㉠, ㉢
③ ㉡, ㉢　　　　　　　　　④ ㉠, ㉡, ㉢

- 화폐수요의 소득에 대한 탄력성이 커지면 LM곡선의 기울기가 커진다.
- 화폐수요의 이자율에 대한 탄력성이 작아지면 LM곡선의 기울기가 커진다.
- 투자의 이자율에 대한 탄력성이 커지면 IS곡선의 기울기는 작아진다.

정답 ①

05

다음 (　　)안에 알맞은 말을 옳게 짝지은 것은? (보험계리사 · 2012)

> 채권가격이 더 이상 상승할 수 없을 정도로 높은 경우, 채권가격이 하락할 것으로 예상되어 자산을 화폐 형태로 보유하려고 한다. 따라서 화폐공급량이 증가하여도 채권가격은 더 이상 (　㉠　)하지 않고 (　㉡　)만 그만큼 증가한다. 즉, 화폐수요의 이자율 탄력도가 무한대가 되는 (　㉢　)에 빠진다. 여기서 화폐수요의 이자율 탄력도는 (　㉣　)의 기울기에 영향을 미치고 (　㉣　)이 수평으로 나타난다.

① ㉠ 상승 ㉡ 화폐수요량 ㉢ 유동성 함정 ㉣ LM 곡선
② ㉠ 하락 ㉡ 화폐수요량 ㉢ 유동성 함정 ㉣ LM 곡선
③ ㉠ 상승 ㉡ 화폐보유 ㉢ 정책 함정 ㉣ IS 곡선
④ ㉠ 하락 ㉡ 화폐보유 ㉢ 정책 함정 ㉣ IS 곡선

이자율이 너무 낮은 경우 경제주체들은 이자율 상승을 예측한다. 즉, 이자율과 채권의 가격은 역관계이므로 이자율 상승은 채권가격의 하락을 가져다 주므로 투자자들은 채권의 보유를 줄이고 자산을 화폐 형태로 보유하려고 한다. 이러한 상태를 유동성 함정이라고 한다. 유동성 함정의 경우 화폐수요의 이자율 탄력성이 무한대가 되어 LM곡선은 수평선이 된다.

정답 ①

만약 통화론자의 주장이 옳다면 IS−LM 모형에서 화폐공급의 증가가 국민소득, 이자율, 물가 수준, 소비, 투자, 실질화폐잔고에 미치는 장·단기 효과를 옳게 설명한 것은? (입법고시 · 2004)

> ㉠ 화폐공급의 증가는 단기적으로 LM곡선을 오른쪽으로 이동시킨다.
> ㉡ 화폐공급의 증가는 단기적으로 이자율을 하락시키고 낮은 이자율은 투자를 증가시킨다.
> ㉢ 화폐공급의 증가는 단기적으로 소득을 증가시킨다.
> ㉣ 화폐공급의 증가는 장기적으로 물가를 상승시켜서 실질화폐잔고를 감소시킨다.
> ㉤ 화폐공급의 증가는 장기적으로 LM곡선을 왼쪽으로 이동시켜서 이자율이 최초의 균형점으로 되돌아간다.
> ㉥ 화폐공급의 증가는 장기적으로 실질변수에 전혀 영향을 주지 못한다.

① ㉠, ㉡

② ㉠, ㉡, ㉢

③ ㉠, ㉡, ㉢, ㉣

④ ㉠, ㉡, ㉢, ㉣, ㉤

⑤ ㉠, ㉡, ㉢, ㉣, ㉤, ㉥

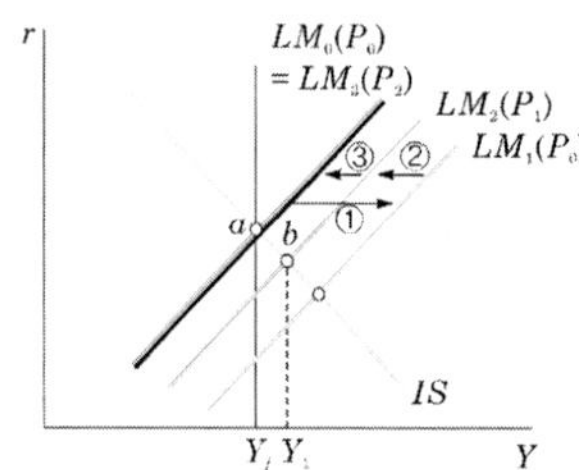

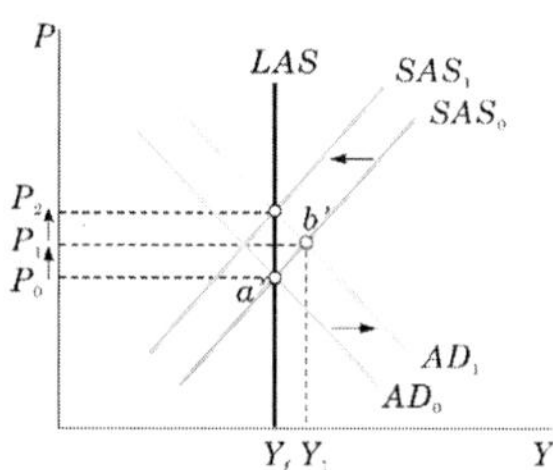

통화량의 증가는 단기적으로 LM곡선이 우측이동하므로 국민소득이 증가하지만 장기적으로 물가가 상승하여 실질화폐잔고의 감소로 LM곡선이 원상태로 돌아온다.　　　　　　정답 ⑤

다음의 폐쇄경제 모형에서 생산물시장과 화폐시장을 동시에 균형시키는 물가수준은? (단, Y는 국민소득, C는 소비, I는 투자, G는 정부지출, r은 이자율, M^d는 명목화폐수요, M^S는 명목화폐공급, P는 물가수준이다) (감정평가사 · 2012)

> $Y = C + I + G$ (생산물시장의 균형)　　　　$Y = 100$
> $C = 20 + 0.5Y$　　　　$I = 30 - 50r$
> $G = 10$　　　　$M^d = M^S$ (화폐시장의 균형)
> $\dfrac{M^d}{P} = 0.01Y - r$　　　　$M^S = 20$

① 15

② 25

③ 50

④ 75

⑤ 100

해설 IS곡선 식을 구하면 $Y=120-100r$이다. $Y=100$을 IS곡선 식에 대입하면 이자율(r)은 0.20이다.

$Y=200$, $r=0.2$를 실질화폐수요($\frac{M^d}{P}$)에 대입하면 실질화폐수요는 0.80이다.

화폐시장이 균형일 때는 실질화폐수요와 실질화폐공급이 일치해야 하므로 ($0.8=\frac{M^S}{P}$) 물가수준은 25이다.

정답 ②

3 약술문제

01

유동성함정을 해소하는 방법을 서술하시오.   (산업은행 · 2011)

해설

(1) **통화정책**
화폐공급을 증가시키는 정책은 LM곡선을 우측 이동 시키지만 유동성함정 하에서는 경기부양의 효과가 없다.
그러나 신용중시의 견해에 따르면 확장적 통화정책으로 인한 은행의 대출자금이 풍부해져 신용의 공급가능성이 증대한다면 투자등이 직접 증대할 수 있다.

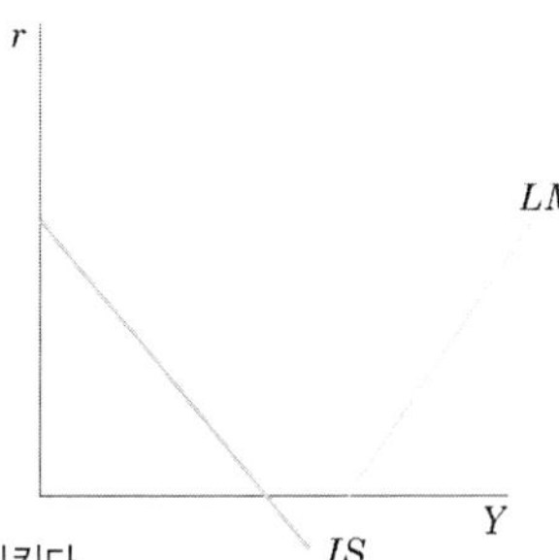

(2) **재정정책**
확장적 재정정책수단을 통하여 경기부양이 가능하다.

(3) **순수출 증진정책**
순수출의 추가적 증대는 IS곡선을 우측으로 이동시켜 경기를 부양시킨다.
즉 현재 일본이 외환시장에 개입하여 엔화의 평가절하를 유도하면 순수출이 증가하여 경기를 회복시킬 수 있다.

(4) **기대 인플레이션효과**
피셔방정식에 따르면 기대인플레이션을 상승시키면 실질이자율이 감소하여 투자 확대 등의 팽창적인 효과가 발생한다.

02

통화량(M)을 물가(P)로 나눈 값을 실질화폐잔고라고 한다. 어떤 경제의 실질화폐잔고에 대한 수요는 $\frac{M}{P}=0.5Y-i$ (Y는 실질소득, i는 명목이자율)이고, 현재 M의 값은 100, P의 값은 2로 주어져 있다. 중앙은행이 M을 100에서 110으로 증가시켰을 때 LM곡선의 이동에 대하여 설명하시오.

해설 통화량이 100일 때 LM곡선의 식은
$50 = 0.5Y - i \rightarrow i = 0.5Y - 50$이다.
통화량이 110일 때 LM곡선의 식은
$55 = 0.5Y - i \rightarrow i = 0.5Y - 55$이다.
이자율이 0%라면 통화량이 100일 때 $Y = 100$이고 통화량이 110
일 때 $Y = 110$이다.
따라서 LM곡선은 오른쪽으로 10만큼 이동한다.　　　정답 ①

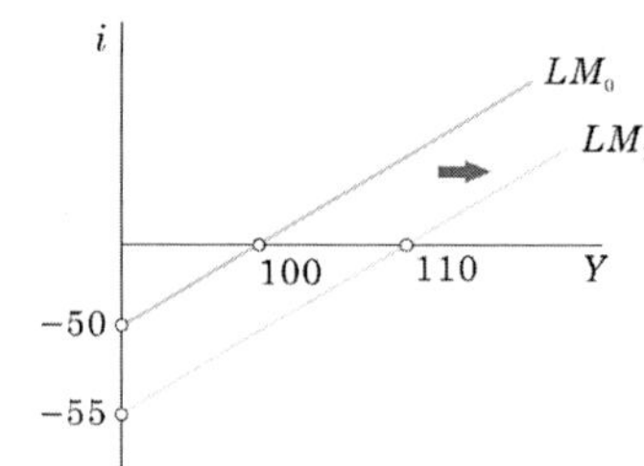

03

중앙은행은 확장적 통화정책을 실시하여 균형국민소득을 60만큼 더 증가시키고자 한다. 경제모형이 다음과 같을 때 중앙은행은 통화량을 현재의 수준에서 얼마만큼 더 증가시켜야 하는가?
(단, Y는 국민소득, C는 소비, I는 투자, G는 정부지출, r은 이자율, M^d는 화폐수요, M^S는 화폐공급이며, 물가수준은 고정되어 있다.)

$C = 10 + 0.7Y$	$I = 50 - r$
$G = 10$	$Y = C + I + G$(생산물시장의 균형)
$M^d = 20 + 0.2Y - r$	$M^S = 30$
$M^d = M^S$ (화폐시장의 균형)	

해설 　IS곡선 : $Y = C + I + G \rightarrow r = 70 - 0.3Y$
　LM곡선 : $M^S = M^d \rightarrow r = -10 + 0.2Y$
따라서 균형국민소득은 160이 된다.
중앙은행은 확대 통화정책을 실시하여 균형국민소득을 60만큼 더 증가시키고자 하므로 균형국민소득은 220이 되어야 한다.
따라서 IS곡선식에 $Y = 220$을 대입하면 이자율(r)은 4가 된다.
$M^S = 20 + 0.2Y - r$에 $Y = 220$, $r = 4$를 대입하면 M^S는 60이 된다.

주제 2 　총수요와 총공급

1 　이론요약

1. 총수요곡선이 우하향 하는 이유

구분	내용
부의 효과	① 물가하락은 실질부($\frac{w}{p}$)의 증가를 가져와 소비지출이 증가한다. ② 소비지출의 증가는 총수요확대를 가져오므로 물가와 총수요는 역관계를 갖는다.

이자율 효과	① 물가하락은 화폐수요를 감소시키며 화폐수요의 감소는 이자율하락을 가져와 투자지출이 증가한다. ② 물가하락은 LM곡선의 우측이동을 가져와 이자율이 하락하며 이자율 하락은 투자지출의 증가를 가져온다. ③ 따라서 물가와 총수요는 역관계를 갖는다.
환율효과 또는 경상수지 효과	① 물가하락은 실질환율($\frac{eP_f}{P}$)의 상승을 가져와 순수출이 증가한다. ② 또는 물가하락은 수출재의 가격하락을 가져오므로 순수출이 증가하고 따라서 물가와 총수요가 역관계를 갖고 있다.

2. 총수요곡선이 우하향 하는 이유총수요곡선의 도출과 기울기, 이동요인

구분	내용
도출	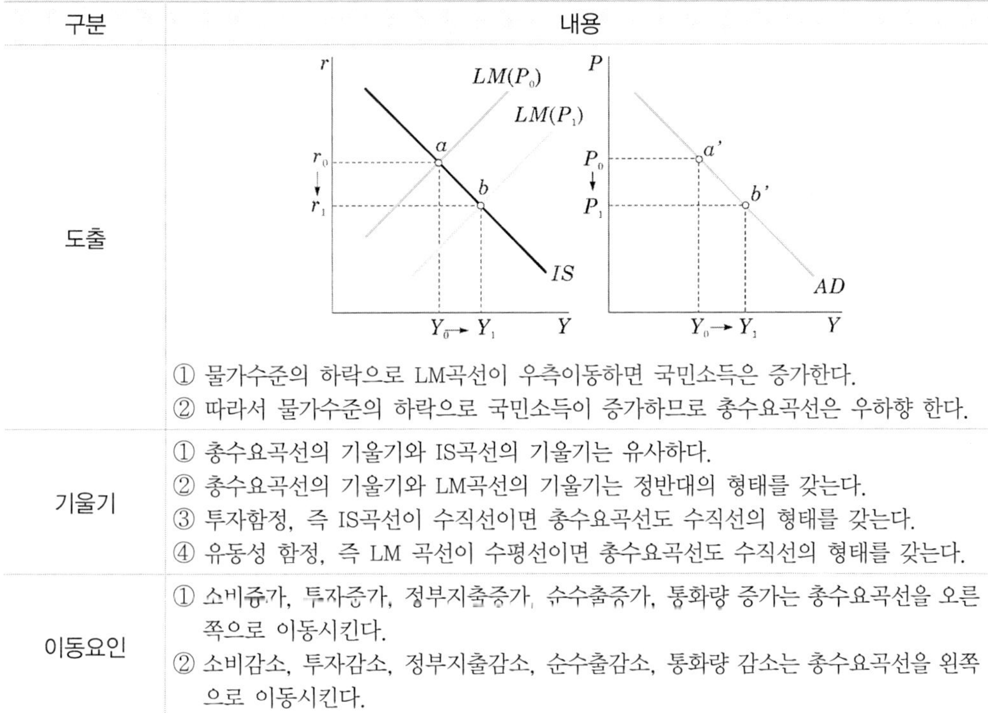 ① 물가수준의 하락으로 LM곡선이 우측이동하면 국민소득은 증가한다. ② 따라서 물가수준의 하락으로 국민소득이 증가하므로 총수요곡선은 우하향 한다.
기울기	① 총수요곡선의 기울기와 IS곡선의 기울기는 유사하다. ② 총수요곡선의 기울기와 LM곡선의 기울기는 정반대의 형태를 갖는다. ③ 투자함정, 즉 IS곡선이 수직선이면 총수요곡선도 수직선의 형태를 갖는다. ④ 유동성 함정, 즉 LM 곡선이 수평선이면 총수요곡선도 수직선의 형태를 갖는다.
이동요인	① 소비증가, 투자증가, 정부지출증가, 순수출증가, 통화량 증가는 총수요곡선을 오른쪽으로 이동시킨다. ② 소비감소, 투자감소, 정부지출감소, 순수출감소, 통화량 감소는 총수요곡선을 왼쪽으로 이동시킨다.

3. 피구효과

구분	내용
개념	피구효과란 물가의 하락으로 실질자산이 증가하고 이것이 소비증가를 통해 IS곡선을 우측으로 이동시켜 국민소득증가를 가져오는 효과를 말한다.
의미	① 경제가 극심한 불황일 경우에는 정부가 개입하여 확대적인 재정정책을 실시해야만 한다고 보는 케인즈의 주장에 대한 고전학파의 반론이다. ② 유동성 함정에서 화폐금융정책이 유효하다는 의미를 갖고 있다. 왜냐하면 중앙은행이 발행한 통화의 실질가치가 증가하면 소비의 증가를 가져오기 때문이다.

총수요곡선의 기울기

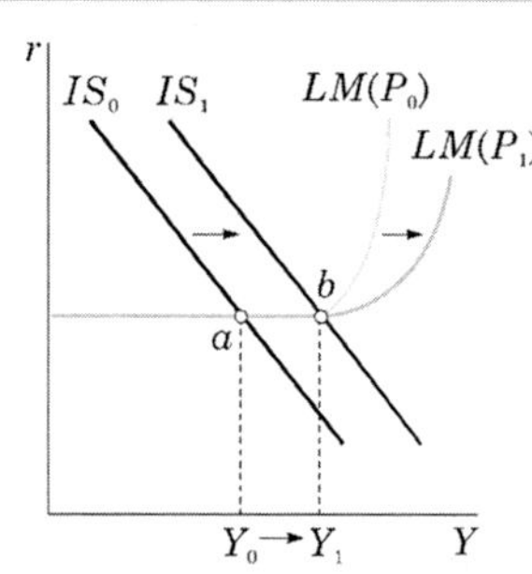

① 물가수준이 하락하면 실질자산이 증가한다.
② 실질자산의 증가는 소비증가를 가져오고 IS곡선이 우측이동한다.
③ 따라서 총수요곡선은 상대적으로 완만한 AD1으로 도출된다.

유동성 함정일 때
AD곡선

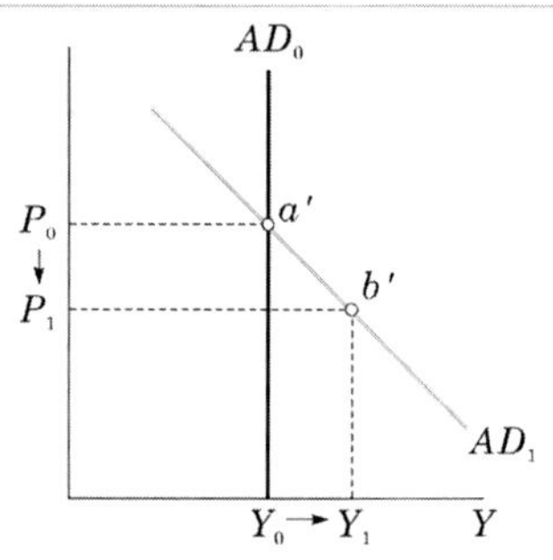

① 유동성 함정이 존재할 때는 AD곡선의 형태는 수직선이다.
② 그러나 피구효과가 존재하면 화폐수요의 이자율탄력성이 무한대인 경우에도
AD곡선은 우하향의 형태가 된다.

4. 고전학파의 총수요곡선

구분	내용
도출	고전학파의 총수요곡선은 교환방정식으로부터 도출된다.

도출

① 고전학파의 총수요곡선은 교환방정식으로부터 도출된다.
② P에 대하여 정리하면 다음과 같이 나타낼 수 있다.

$$P = \frac{MV}{Y}\left(K = \frac{1}{V}\right) P = \frac{1}{K} \cdot \frac{M}{Y}$$

③ 따라서 k와 M이 주어진 값이므로 P와 Y의 관계를 나타내는 총수요곡선은 직각쌍곡
선의 형태를 갖는다.

이동	① 통화량이 증가하면 우측이동하고 마샬 k가 증가하면 좌측 이동한다. ② 통화유통속도가 증가하면 총수요곡선은 우측 이동한다.
특징	① 고전학파 총수요곡선은 통화량의 영향만 받으며 소비(C), 투자(I), 정부지출(G)등의 영향은 받지 않는다. ② 재정정책을 실시하더라도 총수요곡선은 이동하지 않는다.

5. 장기 총공급곡선

구분	내용
가정	① 물가나 임금이 상하 신축적으로 빠르게 조정된다. ② 노동의 수요와 공급은 실질임금의 함수이다. ③ 노동자들은 항상 물가를 정확히 예상한다. $(P = P^e)$
총공급곡선	 물가가 변하더라고 경제주체는 물가를 정확히 예상하므로 실질임금은 불변이 된다. 실질임금의 불변은 고용량과 산출량의 변화를 가져오지 않으므로 AS곡선은 수직선이 된다.

6. 단기 총공급곡선

구분	내용
루카스 공급곡선	$Y = Y_f + \alpha(P - P^e)$ $(\alpha > 0)$ $(Y : 총공급, \ Yf : 잠재 \ GDP, \ P : 실제물가,$ $Pe : 예상물가)$ ① 예상치 못한 물가상승이 우상향의 AS곡선을 도출할 수 있다. ② 불완전정보 때문에 우상향의 AS곡선을 도출할 수 있다.

총공급곡선의 우상향 의미	① 고전전 이분성의 불성립 • 고전적 이분성(classical dichotomy)이란 실질변수와 명목변수가 나누어 있다는 의미로 통화량의 변화가 명목변수에는 영향을 주지만 실질변수에 영향을 주지 않는 경우를 말한다. • 그러나 총공급곡선이 우상향하면 명목변수인 물가와 실질생산량 간에 정의 관계가 있음을 나타내므로 고전적 이분성이 성립되지 않는다. ② 즉각적이지 못한 경제의 조정과정 • 경제의 조정과정이 즉각적이라면 외적 충격이 즉시 가격변수에 반영되어 경제는 언제나 자연산출량 수준을 유지한다. • 그러나 총공급곡선이 우상향하면 실제산출량이 자연산출량 수준을 벗어나기 때문에 경제의 조정과정이 즉각적이지 못함을 의미한다.
모형	① 명목임금 경직성 모형 (노동시장 비청산 모형) ② 가격경직성 모형 (재화시장 비청산 모형) ③ 화폐환상 모형 (노동시장 청산모형) ④ 불완전 정보 모형 (재화시장 청산모형)

7. 장단기 총공급곡선의 이동요인

구분	우측이동	좌측이동
장기총공급곡선	노동증가, 자본증가, 기술진보	노동감소, 자본감소, 기술후퇴
단기총공급곡선	임금하락, 유가 하락, 수입원자재 가격 하락, 생산요소 부존량 증가, 기술진보	임금상승, 유가 상승, 수입 원자재 가격 상승, 생산요소 부존량 감소, 기술 후퇴

8. 장단기균형

구분	내용
장단기 균형	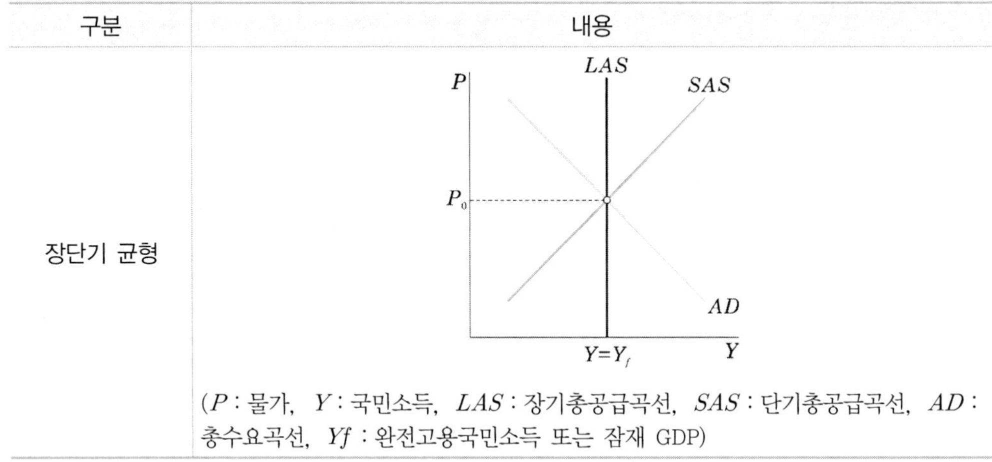 $(P$: 물가, Y : 국민소득, LAS : 장기총공급곡선, SAS : 단기총공급곡선, AD : 총수요곡선, Yf : 완전고용국민소득 또는 잠재 GDP$)$

2 객관식 문제

01

다음 (   )안의 내용을 옳게 연결한 것은? (감정평가사 · 2010)

> 소비함수에 자산효과가 도입되면 물가수준의 하락에 따라 실질자산이 (㉠)하고, 이는 소비의 (㉡)를 통해 (㉢)곡선을 (㉣)으로 이동시켜 국민소득 증가를 가져와 유동성 함정 문제를 해결할 수 있다. 이것을 (㉤)효과라고 한다.

	㉠	㉡	㉢	㉣	㉤
①	증가	증가	IS	우측	케인즈
②	증가	증가	IS	우측	피구
③	감소	감소	IS	좌측	마샬
④	증가	감소	LM	좌측	피구
⑤	감소	증가	LM	우측	마샬

실질자산이란 명목자산을 물가수준으로 나눈 값으로 물가수준이 하락하면 실질자산이 증가하며 이는 구매력 증가로 연결되어 소비가 증가한다.
소비의 증가는 IS곡선을 우측으로 이동시켜 유동성함정에서도 국민소득의 증가를 가져온다.
이것을 피구효과라고 한다. 정답 ②

02

화폐수량설에서 도출한 총수요곡선에 관한 설명으로 옳은 것을 모두 고르면? (국회 8급 · 2009)

> 가. 총수요곡선은 물가와 총수요량의 관계를 나타내는 곡선이다.
> 나. 정부지출이 증가하면 총수요곡선은 오른쪽으로 이동한다.
> 다. 통화공급이 증가하면 총수요량은 총수요곡선을 따라 증가한다.
> 라. 통화유통속도가 빨라지면 총수요곡선은 오른쪽으로 이동한다.

① 가   ② 가, 라
③ 가, 나, 라   ④ 가, 다, 라
⑤ 가, 나, 다, 라

통화량이 증가하거나 유통속도가 빨라지면 총수요곡선은 오른쪽으로 이동한다. 정답 ②

03

폐쇄경제 IS−LM 모형과 관련된 설명으로 옳은 것은? (단, IS곡선은 우하향, LM곡선은 우상향한다.)　　　　　　　　　(감정평가사 · 2012)

① IS곡선과 LM곡선에서 총공급곡선이 도출된다.
② 정부지출의 구축효과는 발생하지 않는다.
③ 현재 경제상태가 IS곡선의 왼쪽, LM곡선의 오른쪽에 있다면 상품시장은 초과공급, 화폐시장은 초과수요상태이다.
④ 피구효과에 의하면 물가수준이 하락할 때 IS곡선이 우측으로 이동하여 국민소득이 증가 한다.
⑤ IS−LM모형에서 물가수준은 내생변수이다.

해설　IS곡선과 LM곡선에서 총수요곡선이 도출된다.
확대재정정책으로 IS곡선이 우측이동하면 이자율 상승으로 투자지출이 감소하는 구축효과가 발생한다.
IS곡선의 왼쪽에 있으면 상품시장의 초과수요, LM곡선의 우측에 있으면 화폐시장의 초과수요상태이다.
피구효과에서 물가수준의 하락은 소비를 증가시켜 IS곡선은 우측으로 이동시킨다.
IS−LM모형에서는 물가수준이 고정되어 있으므로 물가수준은 외생변수이다.　　　**정답** ④

04

단기 총공급곡선이 우상향하는 이유는 학파와 분석하는 시장에 따라 다양한 방식에 의하여 설명될 수 있다. 옳은 설명으로 짝지어진 것은?　　　　　　(보험계리사 · 2013)

> ㉠ 불완전정보모형은 기업이 노동자에 비해 더 정확한 정보를 가지고 있음을 가정하여 단기 총공급곡선의 우상향을 설명한다.
> ㉡ 임금계약모형은 실제로 노동의 수요와 공급이 장기 임금계약을 통해서 이루어진다는 점에서 착안된 모형으로 볼 수 있다.
> ㉢ 정보비대칭에 의한 노동자오인모형과 임금계약모형은 물가상승이 총생산의 증가를 가져오는 요인을 모두 노동시장으로부터 찾고 있으나, 제시한 학파는 서로 다르다.
> ㉣ 실질임금이 미약하게나마 경기순행적(procyclical) 이라는 실증연구를 설명할 수 있는 모형은 가격경직성모형과 노동자오인모형이다.

① ㉠, ㉡　　　　　　　　　　　　② ㉡, ㉢
③ ㉢, ㉣　　　　　　　　　　　　④ ㉠, ㉣

해설　불완전정보모형은 노동자에 비해 기업이 더 정확한 정보를 가지고 있다고 가정하지 않는다.
노동자오인모형은 기업에 비해 노동자가 부정확한 정보를 가지고 있다고 가정한다.
기업의 생산증가가 노동수요의 증가를 가져와 명목임금이 상승할 때 가격변수가 경직적이면 실질임금이 상승하기 때문에 실질임금은 경기역행적이다.　　　**정답** ②

05

총공급곡선이 물가와 소득의 평면에서 수직선으로 그려지는 것으로 알려진 가상의 경제가 있다. 이 경우 기술혁신에 따른 총요소생산성 향상의 거시경제적 효과 중 옳지 않은 것은?

(국회 8급 · 2009)

① 동일한 요소투입에 대한 산출량이 증가한다.
② 총공급곡선이 우측으로 이동함에 따라 균형소득이 증가한다.
③ 소득과 물가가 반대방향으로 움직인다.
④ 실질임금이 경기순응적인 특성을 보인다.
⑤ 노동의 한계생산이 증가함에 따라 고용이 증가하고 실질임금이 감소한다.

총요소생산성이 향상되면 총공급곡선이 우측으로 이동하므로 물가가 하락하고 소득이 증가한다.
물가의 하락은 실질임금을 감소시키므로 고용이 증가한다. 따라서 실질임금은 경기순응적인 특성을 보인다.
노동의 한계생산이 증가하면 노동수요곡선이 우측이동하기 때문에 고용과 실질임금 모두 증가한다.

정답 ⑤

06

아래의 총수요-총공급모형에 대한 설명 중에서 옳지 않은 것은?

(서울시 7급 · 2013)

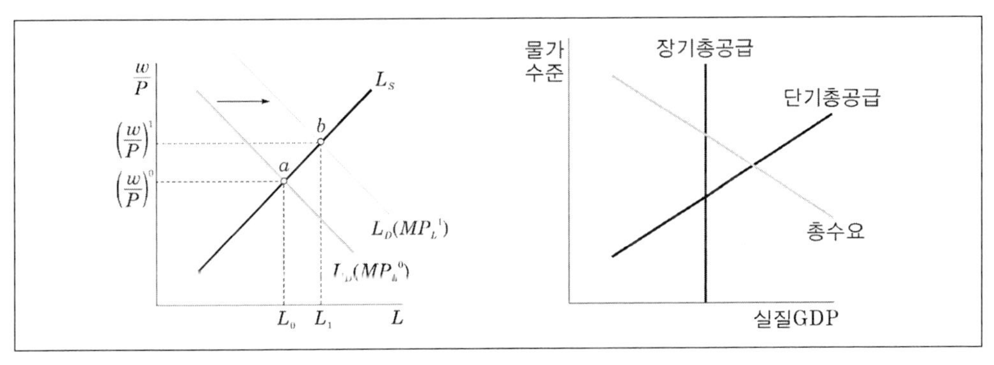

① 경기안정화를 위해 공개시장매도를 하는 통화정책이 필요하다.
② 경기안정화를 위해 정부지출을 감소시키는 재정정책이 필요하다.
③ 시간이 지남에 따라 단기 총공급곡선은 좌측으로 이동하여 장기균형에 도달한다.
④ 시간이 지남에 따라 총수요곡선은 좌측으로 이동하여 장기균형에 도달한다.
⑤ 시간이 지남에 따라 기대 물가수준은 높아진다.

현재 인플레이션갭이 발생하므로 장기적으로 임금 상승으로 단기 총공급곡선이 좌측으로 이동하여 장기균형에 도달한다.

정답 ④

3 약술문제

01

어떤 나라의 단기 총수요곡선이 $Y=70-P$, 단기 총공급곡선이 $Y=10+P$로 주어져 있다고 한다. (여기에서 Y는 국민소득, P는 물가이다.) **완전고용국민소득이 50일 때**

(1) 단기균형물가수준과 경기침체갭을 구하시오.
(2) 장기균형물가수준을 구하시오.

해설 단기 총수요곡선과 단기 총공급곡선을 연립하면 균형물가와 균형 국민소득은 각각 30, 40이 도출된다. 현재 경기가 침체이므로 향후 명목임금은 하락하면서 단기 총공급곡선은 우측으로 이동할 것이다.

02

모든 근로자들이 노사협상을 통해 명목임금을 체결하고 고용은 사용자에게 일임하는 경우를 고려해보자. 생산함수는 $Y=20\sqrt{L}$로 주어진다. 명목임금은 20으로 설정된다고 하자.

(1) 총공급곡선을 도출하시오.
(2) IS곡선 : $Y=120-500r$

LM곡선 : $\dfrac{M}{P}=0.5\,Y-500r$

통화공급이 $M^S=300$으로 주어진다. 총수요곡선을 도출하시오.

해설 생산함수를 통해 한계생산을 도출해보면 $MP_L=10L^{-\frac{1}{2}}$이다. 따라서 노동수요는 $\dfrac{W}{P}=10L^{-\frac{1}{2}}$이다.

$W=20$이므로 노동수요는 $P=2\sqrt{L}$로 정리할 수 있다.
총공급곡선은 P와 Y의 관계이므로 노동수요함수와 생산함수를 통해 도출할 수 있다.
$Y=20\sqrt{L}$, $P=2\sqrt{L} \rightarrow AS : Y=10P$
총수요곡선은 IS곡선과 LM곡선을 통하여 도출할 수 있다.
LM곡선을 변형하면 $500r=\dfrac{300}{P}-0.5Y$이며 IS곡선에 대입하면 총수요곡선은 $Y=80+\dfrac{200}{P}$으로 도출된다.

주제 3 거시경제정책

1 이론요약

1. 총수요관리정책의 개념과 종류

구분	내용
개념	총수요관리정책이란 총수요곡선을 이동시킴으로써 거시경제의 균형을 변화시키는 정책을 말한다.
종류	① 재정정책 : 정부의 재정지출, 조세와 같은 재정변수를 변화시킴으로 IS곡선에 영향을 미쳐서 총수요곡선을 이동시킨다. ② 금융정책 : 명목통화량과 같은 화폐변수를 변화시킴으로 LM곡선에 영향을 미쳐서 총 수요곡선을 이동시킨다.
경기침체시	① 확대재정정책 : 정부지출 증가, 조세 감소 ② 확대통화정책 : 통화량 증가, 금리인하
경기과열시	① 긴축재정정책 : 정부지출 감소, 조세 증가 ② 긴축통화정책 : 통화량 감소, 금리인상

2. 총공급관리정책의 개념 및 특징

구분	내용
개념	① 총공급곡선의 이동을 통해 거시경제의 균형에 영향을 미치려는 거시경제 정책을 말한다. ② 정책 당국이 경제활동의 조정을 위해 수시로 사용하는 정책이라기보다는 장기적인 관점에 추진하거나 비상시에 일시적으로 사용하는 정책의 성격이 강하다.
장점	총공급관리정책은 물가안정과 국민소득증가라는 두 가지 목표를 동시에 달성할 수 있다.
단점	① 총공급곡선을 이동시킬 수 있는 적절한 정책수단이 없다. ② 총공급곡선은 생산성 향상 등으로 인해 총체적 생산함수가 변화하거나 노동시장에서 노동조합의 행동이 변화할 때 이동한다. ③ 그러나 생산성이나 근로자의 물가예상과 같은 변수는 정부가 직접 통제할 수 있는 변수가 아니다.

3. 재정정책과 관련한 논점

구분	내용
재정정책의 상대적 효과	① IS곡선이 수직에 가까울수록, LM곡선이 수평에 가까울수록 재정정책의 효과는 커진다. ② IS곡선이 수평에 가까울수록, LM곡선이 수직에 가까울수록 재정정책의 효과는 작아진다.

내부시차와 외부시차	① 내부시차란 정책당국이 경제정책을 결정하는 데 걸리는 시차를 말한다. ② 정부가 정책수단인 정부지출과 조세증감을 결정하기 위해서는 국회의 사전동의가 필요하므로 재정정책의 경우 내부시차가 길다. ③ 외부시차란 경제정책이 실제 경제에 미치는 효과가 나타나는 시차를 말한다. ④ 재정정책의 경우 경제정책이 정책수단을 통하여 직접 최종목표에 도달하여 효과가 나타나므로 외부시차가 짧다는 특징이 있다.
구축효과	① 정부 지출증가로 인한 총수요증가 효과가 민간투자의 감소로 상쇄되는 효과 ② 물가상승으로 인한 실질잔고의 감소와 이에 따른 민간지출위축현상.
유동성함정	① 투기적 화폐수요가 무한히 증가하여 LM 곡선이 수평선이 되는 상황을 말한다. ② 화폐를 많이 공급하여도 공급된 화폐가 모두 시장에서 퇴장해버려 시장에서 유동성이 부족해지는 현상이 발생한다. ③ 유동성함정에서는 재정정책의 유효성은 커지고 금융정책은 무력하다.
피구효과	피구효과란 소비함수에 자산효과가 도입되면 물가의 하락에 따라 실질자산이 증가하고 이것이 소비증가를 통해 IS곡선을 우측으로 이동시켜 국민소득 증가를 가져오는 효과를 말한다.
리카도 등가정리	정부지출이 일정할 때 정부지출의 재원을 조세로 하든 국공채발행으로 하든 효과가 동일하다는 것을 말한다.
자동안정화 장치	정부가 적극적인 개입을 하지 않더라도 자동적으로 경기진폭을 줄여줄 수 있는 제도적 장치를 말하며 이런 예로 누진세, 실업보험 등이 있다.

4. 금융정책과 관련한 논점

구분	내용
금융정책의 상대적 효과	① LM곡선이 수직에 가까울수록, IS곡선이 수평에 가까울수록 금융정책의 효과는 커진다. ② LM곡선이 수평에 가까울수록, IS곡선이 수직에 가까울수록 금융정책의 효과는 작아진다.
내부시차와 외부시차	① 내부시차란 중앙은행이 경제정책을 결정하는 데 걸리는 시차를 말한다. ② 한국의 경우 한국은행 내의 금융통화위원회에서 매달 2째주 목요일에 정책금리를 발표한다. 따라서 국회의 사전동의가 필요한 재정정책과 비교할 때 내부시차가 짧다. ③ 외부시차란 경제정책이 실제 경제에 미치는 효과가 나타나는 시차를 말한다. ④ 금융정책의 경우 통화량의 변화가 금리와 투자의 변동을 거쳐 총수요의 변화를 가져다 주기 때문에 최종목표에 도달하여 효과가 나타나는 외부시차가 재정정책에 비하여 길다.
금융정책 지표 논쟁	• 실물부문의 불확실성이 커서 IS곡선의 위치가 불확실하다면 이자율보다 통화량을 중간표적으로 삼는 것이 바람직하다. • 금융부문의 불확실성이 커서 LM곡선의 위치가 불확실하다면 통화량보다 이자율을 중간표적으로 삼는 것이 바람직하다.

5. 기대이론

구분	내용
완전예견	• 경제주체가 미래에 대한 정보를 완전히 알고 있는 경우로 예상한 기대가 미래에 정확히 실현된다. $$p_t^e = p_t$$ • 예측오차와 체계적 오차 모두 발생하지 않는다.
정태적 기대	경제주체가 현재 알고 있는 경제변수가 미래에도 계속된다고 기대하는 모형이다. $$p_t^e = p_{t-1}$$
적응적 기대	• 적응적 기대란 실제치와 예측치의 불일치를 수정해가면서 실제치에 일치하도록 적응한다는 가설이다. $$p_t^e = p_{t-1}^e + a(p_{t-1} - p_{t-1}^e)\,(0 < a < 1)$$ • 적응적 기대가설에서는 과거의 경험한 시행착오를 고려하여 미래에 대한 예측을 하게 되므로 체계적 오차가 반복된다. • 케인즈학파와 통화주의 학파가 사용한다.
합리적 기대 (한국거래소 2011)	• 합리적 기대가설은 불완전하지만 현재 이용가능한 모든 정보를 이용하여 체계적인 오차를 반복하지 않고 다음기의 변수 값을 기대하는 모형이다. $$p_t^e = E(p_t|I_{t-1})$$ • 완전예견모형은 완전한 정보를 가정하나 합리적 기대가설은 불완전한 정보를 인정한다. • 합리적인 기대에서 이용하는 정보가 불완전하면 예측오차가 발생할 수 있지만 체계적인 예측오차는 막을 수 있다. 왜냐하면 예측오차는 평균적으로 0이 되기 때문이다. 즉, 합리적 기대가설은 예측오차는 발생하나 체계적 오차는 발생하지 않는다. • 합리적 기대가설은 새고전학파와 새케인즈학파가 사용한다.

2 객관식 문제

01

어떤 나라의 단기 총수요곡선이 $Y = 70 - P$, 단기 총공급곡선이 $Y = 10 + P$로 주어져 있다고 한다. (여기에서 Y는 국민소득, P는 물가이다.) 완전고용국민소득이 50일 때 다음 설명 중 옳지 않은 것은?

(CPA · 2012)

① 단기 균형물가수준은 30이다.
② 경기 침체갭(recessionary gap)은 10이다.
③ 향후 명목임금은 하락할 것이다.
④ 향후 단기 총공급곡선은 좌측으로 이동할 것이다.
⑤ 장기 균형물가수준은 20으로 떨어질 것이다.

 단기 총수요곡선과 단기 총공급곡선을 연립하면 균형물가와 균형 국
민소득은 각각 30, 40이 도출된다.
현재 경기가 침체이므로 향후 명목임금은 하락하면서 단기 총공급곡
선은 우측으로 이동할 것이다.   정답 ④

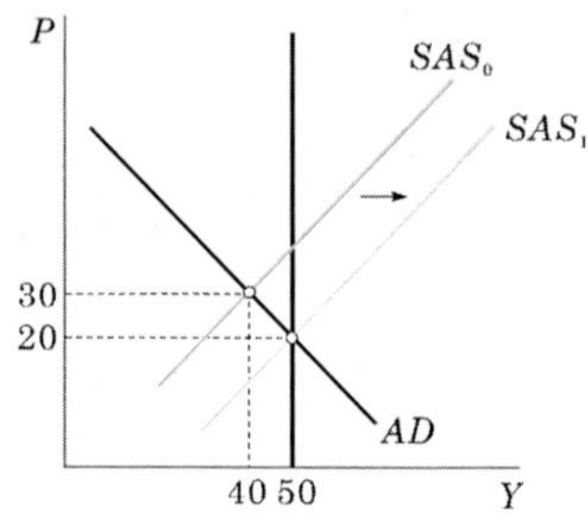

02

다음의 IS−LM 모형에 관한 설명으로 옳지 않은 것은? (단, Y는 국민소득, C는 소비, I는 투자, G는 정부지출, L은 화폐수요, M은 화폐공급, r은 이자율이다.)   (감정평가사 · 2010)

> $Y = C + I + G$ (생산물시장의 균형식)
> $L = M$ (화폐시장의 균형식)
> $C = a_1 + a_2 Y \ (0 < a_2 < 1)$
> $I = b_1 + b_2 r \ (b_2 < 0)$
> $L = d_1 + d_2 Y + d_3 r \ (d_2 > 0, \ d_3 < 0)$
>
> G와 M은 정책변수
> $a_1, \ a_2, \ b_1, \ b_2, \ d_1, \ d_2, \ d_3$는 모두 상수

① a_2의 절대값이 증가하면 정부지출이 국민소득에 미치는 영향이 커진다.
② b_2의 절대값이 증가하면 정부지출이 국민소득에 미치는 영향이 작아진다.
③ d_2의 절대값이 증가하면 정부지출이 국민소득에 미치는 영향이 작아진다.
④ d_3의 절대값이 증가하면 정부지출이 국민소득에 미치는 영향이 작아진다.
⑤ d_3의 절대값이 증가하면 정부지출이 이자율에 미치는 영향이 작아진다.

 화폐수요의 이자율탄력성이 커지면 LM곡선의 기울기는 작아지므로 재정정책의 효과는 커지고 금융정책의 효
과는 작아진다.   정답 ④

03

소비가 소득만의 함수이고 투자는 이자율만의 함수이며, 화폐수요가 이자율과 소득의 함수인 단순한 IS-LM모형을 상정하자. 이 모형에서 통화량 확대정책이 국민소득에 미치는 효과가 커지도록 하는 요인들을 모두 고른 것은? (공인회계사 · 2012)

> 가. 한계소비성향이 커졌다.
> 나. 투자의 이자율에 대한 탄력성이 커졌다.
> 다. 화폐수요의 이자율에 대한 탄력성이 커졌다.
> 라. 화폐수요의 소득에 대한 탄력성이 작아졌다.

① 가, 나 ② 나, 다
③ 가, 나, 라 ④ 나, 다, 라
⑤ 가, 나, 다, 라

한계소비성향과 투자의 이자율탄력성이 커질수록 IS곡선의 기울기가 완만해지므로 재정정책의 효과는 작아지고 금융정책의 효과는 커진다.
화폐수요의 이자율탄력성이 커질수록 LM곡선의 기울기가 완만해지므로 재정정책의 효과는 커지고 금융정책의 효과는 작아진다.
통화정책의 효과로 소득이 증가하면 화폐수요의 증가로 이자율이 상승하면 구축효과가 발생한다. 따라서 화폐수요의 소득탄력성이 작을수록 통화정책의 효과는 커진다. **정답 ③**

04

폐쇄경제의 IS-LM 모형에서 지급준비율과 현금/예금 보유비율이 이자율의 감소함수일 때 두 비율이 상수인 경우와 비교하여 옳은 설명을 모두 고른 것은? (단 IS곡선은 우하향, LM곡선은 우상향한다.) (감정평가사 · 2013)

> 가. 통화공급은 외생적으로 결정된다. 나. 통화정책의 효과가 커진다.
> 다. 재정정책의 효과가 커진다. 라. LM곡선의 기울기가 완만해진다.

① 가, 나 ② 나, 다
③ 다, 라 ④ 가, 나, 라
⑤ 가, 다, 라

이자율이 상승하면 은행의 입장에서 대출을 늘리고자 하기 때문에 지급준비율은 감소하고 민간주체는 예금을 하고자 하기 때문에 현금/예금비율이 감소한다.
따라서 화폐시장에서 통화공급은 이자율의 증가함수로 우상향한다.
통화공급이 내생적으로 결정된다면 외생적일 때와 비교해 LM곡선의 기울기는 완만해진다.
LM곡선의 기울기가 완만해지면 재정정책의 효과는 커지고 금융정책의 효과는 작아진다.

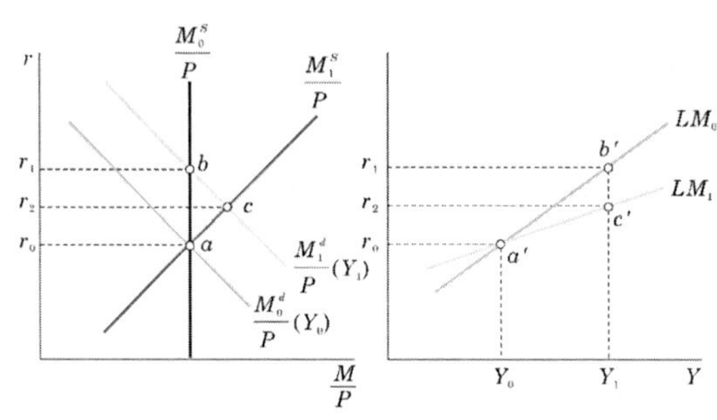

정답 ③

다음 <모형>을 통해서 경제분석을 실시한다고 할 때 <보기>에서 옳은 것을 모두 고르면?

(국회 8급 · 2011)

● 모형 ●

이 경제에서는 정부지출과 조세 및 대외거래가 없고 중앙은행이 통화를 외생적으로 공급하며 물가는 일정하다고 한다. (단, Y는 소득, C는 소비, r은 이자율, L은 화폐수요 M은 화폐공급이다. a, b, c, d, e, f는 상수이다. $0<b<1$, $d<0$, $e>0, f<0$)

- 소비 : $C = a + bY$
- 투자 : $I = c + dr$
- 화폐수요 : $L = eY + fr$
- 균형식 : $Y = C + I$, $L = M$

● 보기 ●

가. b가 클수록 독립투자(c)의 소득증대효과가 더 커진다.
나. d가 0이면 독립투자(c)가 증가하여도 소득에는 변함이 없다.
다. f의 절대값이 클수록 통화정책의 효과가 커진다.
라. e가 작을수록 재정정책의 효과가 커진다.

① 가, 나   ② 가, 다
③ 가, 라   ④ 다, 라
⑤ 나, 라

해설   b는 한계소비성향이므로 한계소비성향이 클수록 투자승수가 커진다.
따라서 독립투자의 증가에 따른 균형국민소득의 증대효과가 커진다.
d가 0이면 독립투자의 증가에 따른 이자율 상승이 투자에 미치는 부정적인 효과가 작아지므로 d가 0보다 클 때보다 소득증대효과가 커진다.
화폐수요의 이자율탄력성(f)이 클수록 LM곡선의 기울기가 완만해지므로 통화정책의 효과는 작아지고 재정정책의 효과는 커진다.
화폐수요의 소득탄력성(e)이 작을수록 LM곡선의 기울기가 완만해지므로 통화정책의 효과는 작아지고 재정정책의 효과는 커진다.

정답 ③

06

총공급곡선은 경제주체들의 물가에 대한 기대에 따라 변동하며, $Y = \overline{Y} + \alpha(P - P^e)$의 함수 형태로 표현된다. 여기서 Y는 GDP, $\overline{Y}$는 잠재GDP, P는 물가, P^e는 예상물가를 나타내며 $\alpha > 0$이다. 기대형성에 따라 장단기 균형이 어떻게 결정되는가에 대한 다음 설명 중 옳지 않은 것은? (단, 최초의 균형은 A점이며 이 때의 예상물가는 P_0이다. 적응적 기대(adaptive expectation) 하에서 예상물가는 직전기의 물가와 같다. LRAS, SRAS 및 AD는 각각 장기 총공급곡선, 단기 총공급곡선 및 총수요곡선이다.) (공인회계사 · 2011)

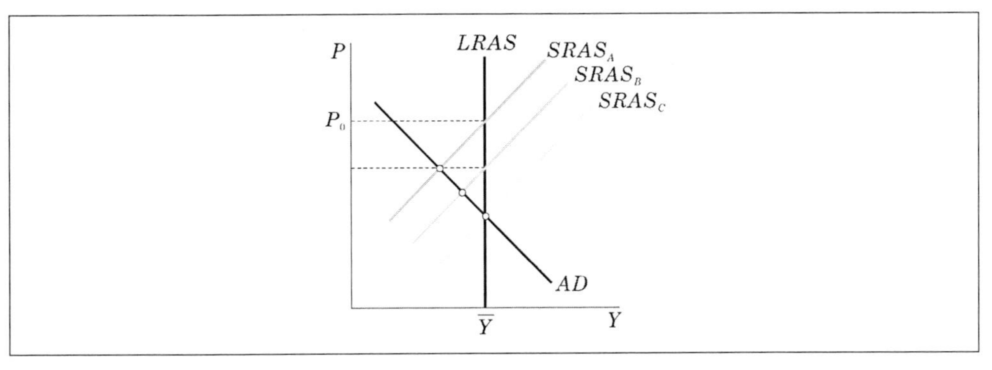

① 적응적 기대 하에서 한 기간이 지난 뒤 단기균형은 B점이다.
② 합리적 기대 하에서 한 기간이 지난 뒤 단기 총공급곡선은 SRASC이다.
③ 적응적 기대 하에서의 장기균형은 C점이다.
④ 합리적 기대 하에서의 장기균형은 C점이다.
⑤ 적응적 기대 하에서 장기균형까지 조정되는 동안 예상물가는 실제 물가보다 낮다.

현재 잠재 GDP보다 실제 GDP보다 작기 때문에 경기침체인 상태이다.
경기침체시 실제 물가수준이 예상 물가수준보다 낮다.

정답 ⑤

3 약술문제

01

리카도 등가정리를 설명하시오. (정책금융공사 · 2011)

(1) 가정
① 모든 경제주체는 무한한 경제적 삶을 영위 한다.
즉, 자신이 죽더라도 후손의 경제활동까지도 고려한다는 것이다. (infinite horizon)
② 민간경제주체는 합리적 기대를 형성한다.
③ 자본시장이 완전하여 유동성 제약이 없다.
④ 조세는 정액세이다.
⑤ 경제활동인구, 즉 조세부담을 지는 경제주체의 증가율이 0%이다.

(2) 개념

① 정부지출수준이 일정하게 주어져 있을 때 조세를 감면하고 부족재원을 국채발행으로 조달하는 경우 합리적 주체들은 공채가격을 미래추가 조세부담의 현재가치와 동일하게 인식한다.

② 결론적으로 현재소비는 전혀 늘리지 않고, 감세분만큼 조세를 늘린다.

(3) 설명

① w_0점은 1기에 조세를 징수하여 정부지출에 충당하는 상황을 나타낸다.

② w_1은 1기에 국채를 발행하여 정부지출에 충당하되 2기에 조세징수를 통해 이를 상환하는 상황을 나태내고 있다.

③ 따라서 정부가 조세징수가 아닌 국채발행을 통해 재원을 조달하면 소비자의 초기부존점이 w_0점에서 w_1점으로 이동하고 예산선 자체는 변하지 않기 때문에 소비자의 최적소비점 e는 변하지 않는다.

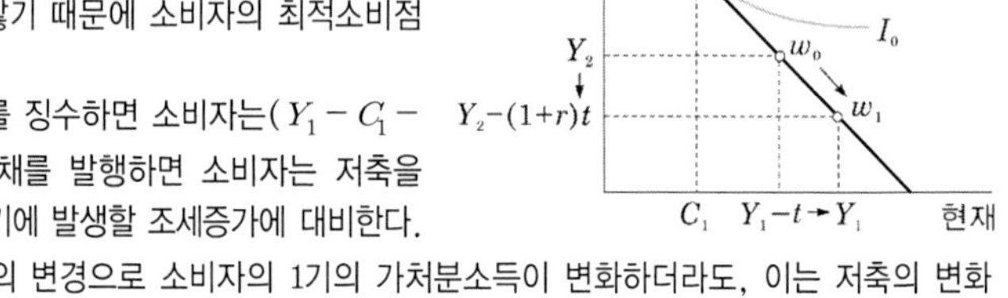

④ 그러나 정부가 1기에 조세를 징수하면 소비자는 $(Y_1 - C_1 - t)$만큼 저축하는 반면, 국채를 발행하면 소비자는 저축을 $(Y_1 - C_1)$으로 증가시켜 2기에 발생할 조세증가에 대비한다.

⑤ 결국 정부의 재원조달방식의 변경으로 소비자의 1기의 가처분소득이 변화하더라도, 이는 저축의 변화로 연결될 뿐 소비결정을 변화시키지 못한다.

(4) 대부자금 시장

① 대부자금수요의 관계식은 $L^D = + \dfrac{\triangle M^d}{P}$인데 정부가 국채를 발행하면 대부자금수요가 증가한다. $(L_D^0 \rightarrow L_D^1)$

② 대부자금공급의 관계식은 $L^S = S + (T - G) + \dfrac{\triangle M^S}{P}$인데 민간은 국공채 발행만큼의 저축이 증가하여 이자율은 불변이다.

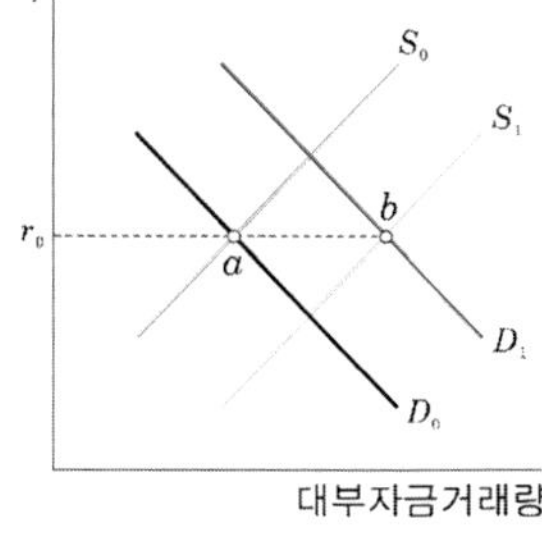

③ 즉, 저축 증가액은 조세증가액 그리고 국공채 발행액과 같다. $(\triangle S = \triangle T = \triangle B)$

④ 이처럼 정부의 국채발행을 통한 재정정책은 이자율 수준을 바꾸지 못하므로 총 수요에 아무런 영향을 주지 못한다는 것이다.

(5) 리카도 등가정리의 시사점

정부지출의 재원조달 방법의 변화는 중요치 않으며, 어느 부문에 어떤 식으로 지출하는 가가 중요하다.

(6) 케인즈 학파의 비판

1) 경제활동인구증가율의 변화

① 경제활동 인구증가율이 양(+)의 값을 나타내면 미래의 조세부담의 분담액이 낮아지게 된다.

② 따라서 현재의 조세감면액에 비해 미래조세부담액의 현재가치가 작아지게 되므로 공채발행액 중 일부를 부(wealth)로 인식하여 소비를 늘릴 수 있다.

③ 즉, 감세정책은 효과를 갖게 된다.

2) 근시안적 의사결정

① 사람들이 근시안적으로 사고를 한다면 국채가 발행되더라도 미래의 조세증가를 인식하지 못할 가능성이 높다.

② 따라서 이 경우에 국채발행으로 인해 조세감면이 이루어져 가처분 소득이 증가하면($Y_1 \rightarrow Y_1'$)소비가 증가할 가능성이 높다. $(C_1 \rightarrow C_1', \ C_2 \rightarrow C_2')$

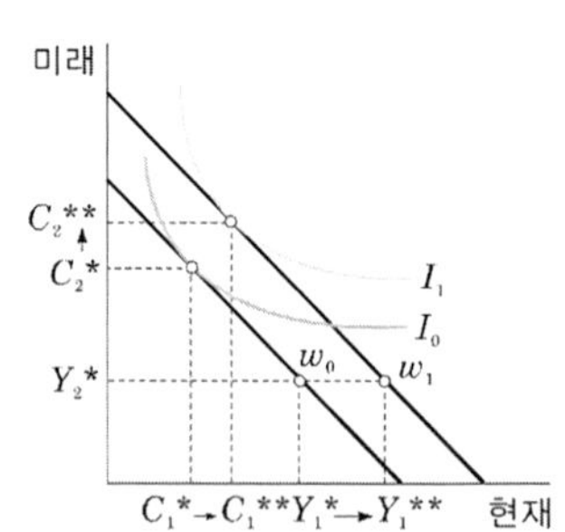

3) 조세 체계의 변화

조세체계가 정액세가 아닌 경우, 현재 한계소득세율인하와 미래 한계소득세율인상은 미래 소비감소와 현재소비증가로 이어질 가능성이 크다.

4) 정부행태의 변화

정부지출수준이 일정하지 않다면 대등정리는 성립하지 않는다.

즉, 국공채를 상환하기 위해서 정부지출을 줄인다면 미래가처분소득은 감소하지 않고, 현재소비가 증가한다.

5) 유동성 제약

① 사람들이 유동성제약에 놓여 있으면 현재의 가처분 소득에 의해 소비가 결정된다.

② 이 경우 국채가 발행됨에 따라 조세감면이 이루어지면 현재의 가처분소득이 Y_1에서 Y_1'으로 증가함으로 현재소비와 효용이 증가하게 된다.

③ 이를 과잉민감성 이라고 하면 Campbell과 Mankiw의 실증분석결과 미국소비자의 50%정도가 유동성 제약에 처해 있음이 밝혀졌다.

02

합리적 기대와 적응적 기대에 대해 설명하고 차이점을 쓰시오. (한국은행 · 2013)

(1) 합리적 기대가설

합리적 기대가설 (rational expectations hypothesis)은 불완전하지만 현재 이용가능한 모든 정보를 이용하여 체계적인 오차를 반복하지 않고 다음기의 변수 값을 기대하는 모형이다.

$p_t^e = E(p_t \mid I_{t-1})$, I_{t-1}은 t−1에 이용가능한 모든 정보를 나타내고 E는 조건부기대치를 나타낸다.

(2) 적응적 기대가설

적응적 기대가설(adaptive expectations hypothesis)이란 실제치와 예측치의 불일치를 수정해가면서 실제치에 일치하도록 적응한다는 가설이다.

$p_t^e = p_{t-1}^e + a(p_{t-1} - p_{t-1}^e) \, (0 < a < 1)$

(3) 차이점

① 적응적 기대가설에서는 과거의 경험한 시행착오를 고려하여 미래에 대한 예측을 하게 되므로 체계적 오차가 반복된다

② 합리적인 기대에서 이용하는 정보가 불완전하면 예측오차가 발생할 수 있지만 체계직인 예측오차는 막을 수 있다. 왜냐하면 예측오차는 평균적으로 0이 되기 때문이다.

즉, 합리적 기대가설은 예측오차는 발생하나 체계적 오차는 발생하지 않는다.

주제 **4** 논술

01

화폐환상을 설명하고 완전화폐환상과 부분적 화폐환상 하에서 그래프를 통해 비교하시오.

(산업은행 · 2012)

(1) 의의

① 화폐환상이란 화폐는 불변의 구매력을 가진다고 생각하고 화폐의 실질적 가치의 증감에 대하여는 인식하지 못하는 상태를 말한다.

② 인플레이션이 발생하면 실질임금이 하락하는데 물가의 변화를 정확히 인식하지 못하면 화폐환상이 발생할 수 있다.

(2) 개념

화폐환상이란 경제주체들이 물가상승을 제대로 인식하지 못하기 때문에 실질변수가 아니라 명목변수를 기준으로 경제행위를 하는 것을 말한다.

(3) 화폐환상의 종류

물가상승을 전혀 인식하지 못하는 것을 완전한 화폐환상, 실제 물가가 상승한 것보다 작게 상승한 것으로 인식하는 것을 부분적인 화폐환상이라고 한다.

(4) 각 학파의 견해

1) 고전학파 : AS곡선 수직선

(가) 기본가정

① 물가나 임금이 상하 신축적으로 빠르게 조정

② 노동자들은 항상 물가를 정확히 예상 (화폐환상이 없음)

(나) 노동수요곡선

노동수요는 실질임금($\frac{w}{p}$)의 감소함수이다.

(다) 노동공급곡선

노동공급은 실질임금($\frac{w}{p}$)의 증가함수이다.

(라) 노동시장

① 물가가 하락하면 실질임금이 상승한다.
$$\left\{ (\frac{w}{p})^0 \to (\frac{w}{p})^1 \right\}$$

② 실질임금이 상승하면 노동수요량이 감소하고 노동공급량이 증가하므로 노동의 초과공급이 발생한다.

③ 노동의 초과공급에서는 임금이 하락하므로 실질임금이 원래대로 회복되며 노동고용량이 L_0로 변함이 없게 된다.

④ 반대로 물가가 상승하면 실질임금이 하락한다.
$$\left\{ (\frac{w}{p})^0 \to (\frac{w}{p})^2 \right\}$$

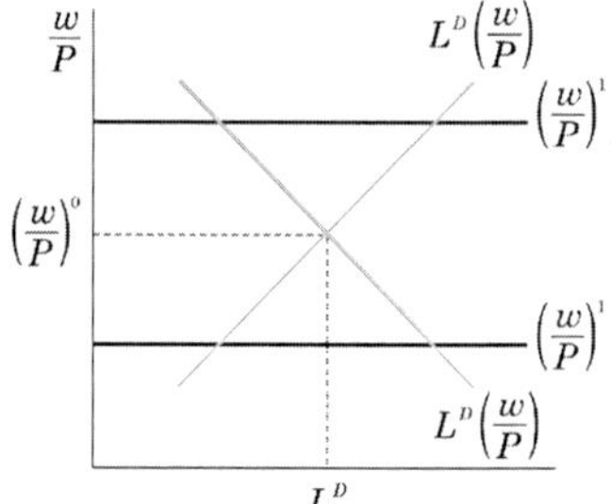

⑤ 실질임금이 하락하면 노동수요량이 증가하고 노동공급량이 감소하므로 노동의 초과수요가 발생한다.

⑥ 노동의 초과수요에서는 임금이 상승하므로 실질임금이 원래대로 회복되며 노동고용량이 L_0로 변함이 없게 된다.

(마) 총공급곡선의 도출

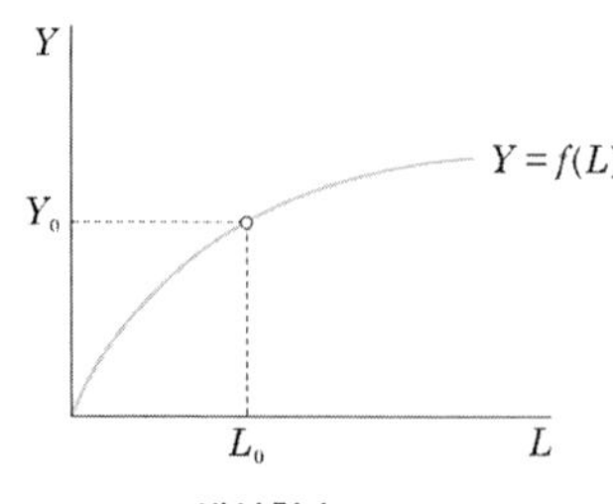

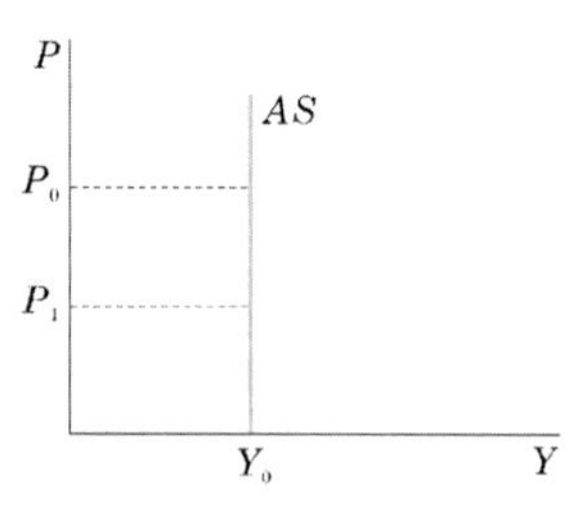

① 노동고용량이 L_0로 변함 없으면 국민소득도 Y_0로 변하지 않는다.

② 즉, 물가가 변하더라도 국민소득이 변하지 않기 때문에 총공급곡선(AS)은 수직선의 형태로 도출된다.

2) 케인즈 또는 케인즈학파 : AS곡선 우상향

(가) 케인즈의 견해

① 노동공급은 명목임금(w)의 증가함수이다. (완전화폐환상)
노동자는 물가를 전혀 예측하지 못한다는 의미이다.

② 노동수요는 실질임금($\frac{w}{p}$)의 감소함수이다.

(나) 케인즈 학파의 견해

① 노동공급은 예상실질 임금($\frac{w}{p^e}$)의 증가함수이다. 노동자는 물가를 부정확하게 예측한다는 의미이다. ($\Delta P > \Delta P^e$) (부분화폐환상)

② 노동수요는 실질임금($\frac{w}{p}$)의 감소함수이다.

(다) 노동시장

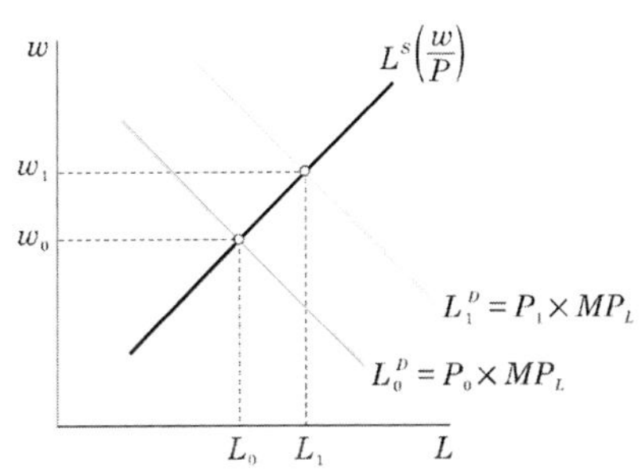

① 세로축이 명목임금으로 표시된다면 노동수요도 명목임금으로 표시되어야 한다. 따라서 노동수요를 $w = P \times MP_L$로 나타낼 수 있다.

② 만약 물가가 상승한다면 ($P_0 \rightarrow P_1$) 노동수요가 증가하여 우측으로 이동한다.

③ 노동자가 물가를 전혀 예측하지 못한다면 노동공급곡선은 전혀 움직이지 않으며 노동고용량이 증가한다.

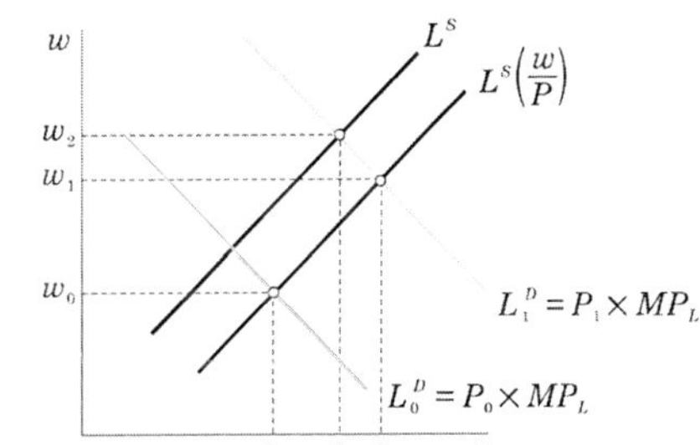

④ 만약 노동자가 물가를 부정확하게 예측한다면 노동수요곡선의 이동폭보다 적게 노동공급곡선이 좌측으로 이동하게 된다.

⑤ 노동공급곡선의 이동폭이 노동수요곡선의 이동폭보다 작기 때문에 노동고용량이 증가하게 된다.

(라) 총공급곡선의 도출

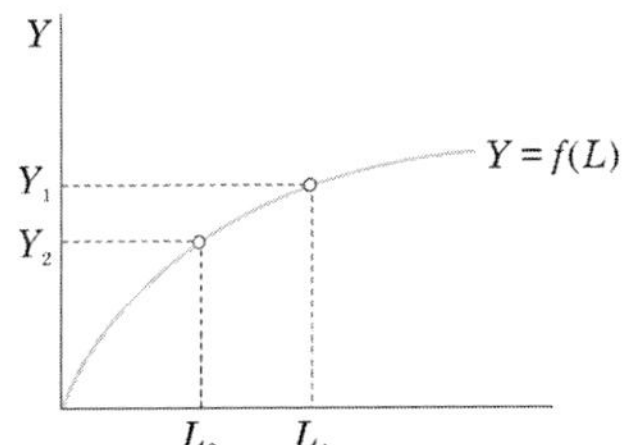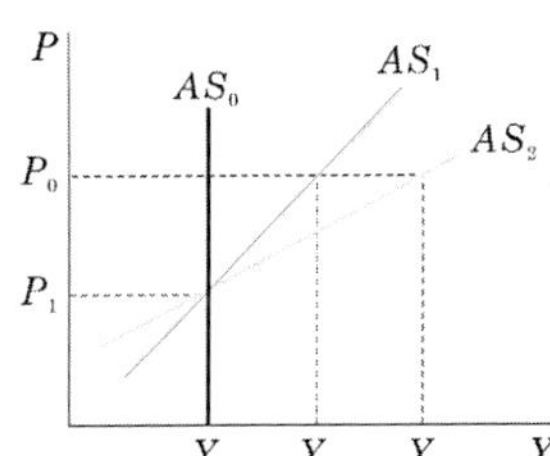

① 노동자가 물가를 전혀 예측하지 못한다면 노동고용량이 L_1으로 증가하고 국민소득이 Y_1으로 증가하여 총공급곡선이 AS_2로 도출된다.

② 반면 물가를 부정확하게 예측한다면 노동고용량이 L_2로 증가하고 국민소득이 Y_2로 증가하여 총공급곡선이 AS_1로 도출된다.

(1) 무역의존도가 높은 우리나라 같은 경우에 부정적인 총공급 충격에 더 크게 영향받는 이유를 서술하시오.
(2) 가계 부채가 많은 경우 정책으로 금리인상을 할 수 없는 이유를 논하시오.
(3) 확장 통화정책에도 불구하고 중소기업의 자금난이 계속되며 정책의 영향이 크지 않은 이유를 논하시오.

(수출입은행 · 2011)

해설

(1) 무역의존도가 높은 우리나라 같은 경우에 부정적인 총공급 충격에 더 크게 영향받는 이유를 서술하시오.

1) AD곡선의 기울기의 결정요인
　① 투자 증대효과
　　물가가 하락하면 실질잔고의 증가로 인해 LM곡선의 우측이동이 발생한다.
　　LM곡선의 우측이동은 이자율을 하락하여 투자가 증가하고 총수요가 증대한다.
　② 소비 증대효과
　　물가가 하락하면 소비자의 실질부가 증가하고 소비지출이 늘어난다.
　　이는 IS곡선의 우측이동과 총수요 증가를 유발한다.
　③ 순수출 효과
　　개방경제의 경우 자국 물가의 하락은 자국 상품의 국제가격 하락을 가져오기 때문에 순수출이 증가하고 이는 총수요 증대를 유발한다.
　④ 한국의 경우
　　한국은 수출입 비중이 높고 원유수입 의존도가 높으며 대내외 상대가격 변화에 민감한 소규모 개방경제이므로 총수요 곡선의 기울기 결정 요인중 '순수출 효과'가 크다.

2) 폐쇄경제와 개방경제의 총수요곡선

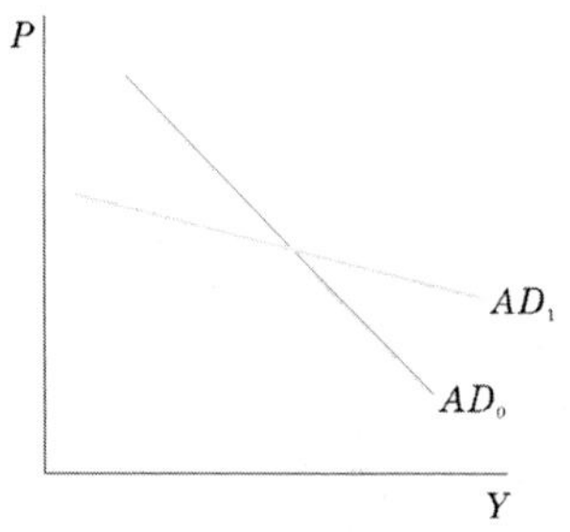

(AD0 : 폐쇄경제하의 총수요곡선, AD1 : 개방경제하의 총수요곡선)
개방경제하에서 자국의 물가수준하락에 따라 순수출이 증가하는 효과가 추가적으로 나타날 수 있으므로 폐쇄경제하에서 보다 총수요곡선이 더욱 완만하다.

3) 유가상승의 효과에 따른 총공급곡선의 좌측이동
　유가상승은 총공급곡선의 감소를 유발하여 개방경제일 경우 물가상승폭은 적고 소득의 감소폭이 크게 나타날 수 있다.

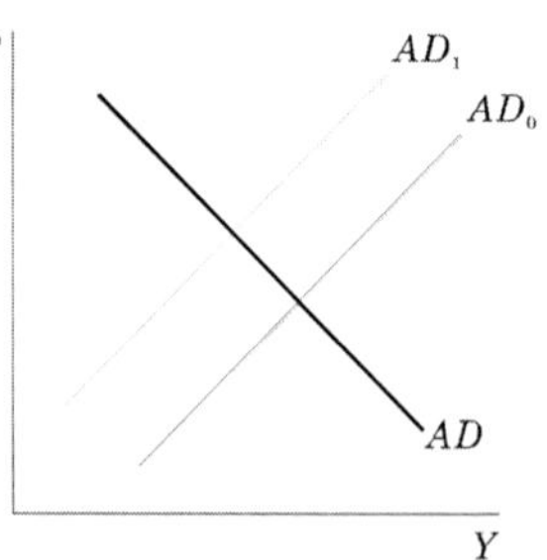

(2) 가계 부채가 많은 경우 정책으로 금리인상을 할 수 없는 이유를 논하시오.

1) 피셔의 시점간 자원배분모형

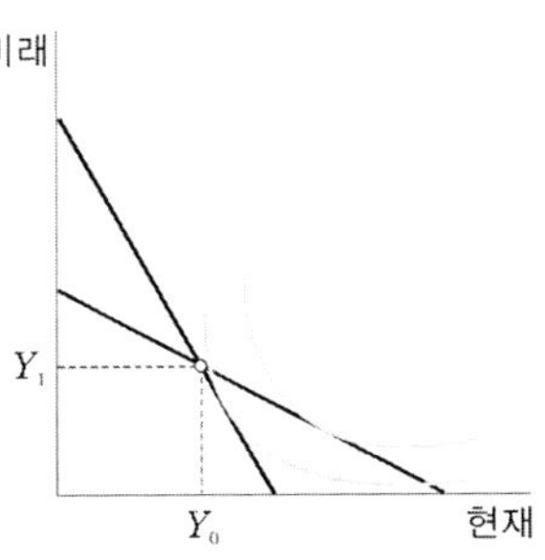

피셔의 시점간 자원배분모형에 따르면 소비는 이자율의 감소함수이다.

2) 금리인상 시

금리가 인상되면 차입자의 대출금리가 상승하므로 대체효과와 소득효과에 의하여 소비가 감소한다. 따라서 소비가 위축된다.

차입자는 소비의 이자율 탄력성이 크므로 전체 가계 가운데 차입자의 비중이 증가할수록 소비의 이자율 탄력성이 커진다.

(3) 확장 통화정책에도 불구하고 중소기업의 자금난이 계속되며 정책의 영향이 크지 않은 이유를 논하시오.

신용할당이론에 따르면 확대통화정책을 실시한다 하더라도 중소기업의 대출이 크게 증가할 가능성이 낮다.

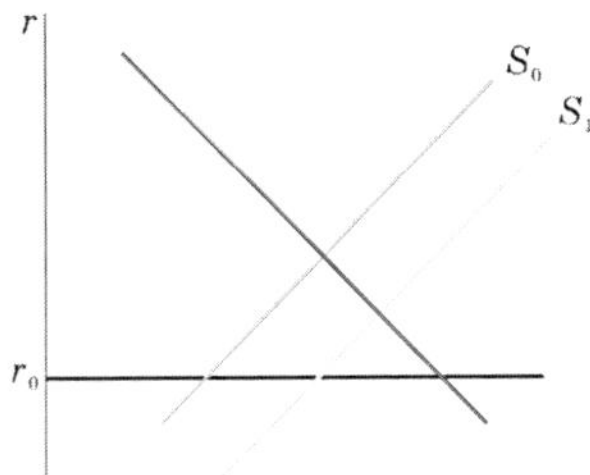

저금리 정책 시 투자가 증가되지 않는 현상을 IS－LM 모형을 이용하여 설명하시오.

(1) 투자함정과 유동성함정

1) 투자함정

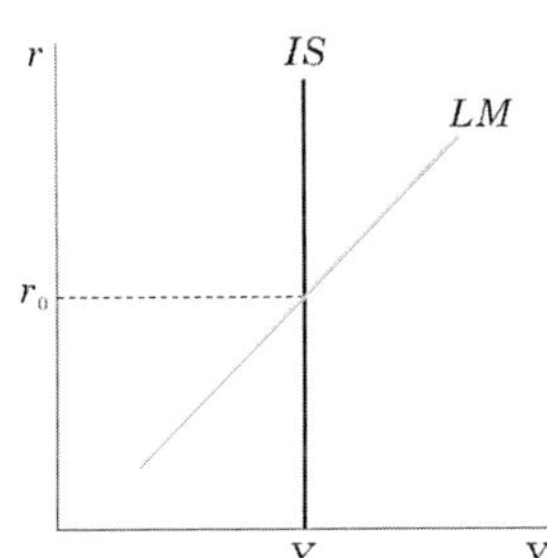

① 케인즈 이론에 따르면 투자는 이자율에 비탄력적이다.
② 따라서 곡선은 가파르게 나타나며 금리하락에 따른 투자가 크게 증가하지 않는다.

야성적 충동

인간의 적극적인 활동의 대부분은, 도덕적이거나, 쾌락적이거나 또는 경제적이건 간에 수학적 기대치에 의존하기 보다는 오히려 스스로 만들어낸 낙관주의에 의존하려 한다. 이러한 인간의 불안정성이 판단과 결정에 중요한 요인이 된다. 인간의 의지는 추측컨대, 오직 '야성적 충동'의 결과로 이루어질 수 있을 뿐이며, 계산적인 이해관계로 이루어지는 것이 아니다.

－존 메이너드 케인스의 『고용, 이자 및 화폐에 관한 일반이론』 중에서

야성적 충동(Animal Spirits)의 의미

경제사상가 존 케인스가 『고용, 이자 및 화폐에 관한 일반이론』(1936)에서 인간의 비경제적 본성을 가리키는 개념으로 처음 사용한 용어이다. 케인스는 '심리적 요인'이야말로 경제를 움직이는 원동력이라고 보았다. 그는, 1930년대에 대공황이 발생한 이유가 사람들의 비관과 낙담 그리고 회복기의 심리적 변화에 의해 생겨나고 소멸했기 때문이라고 분석했다.

2) 유동성함정

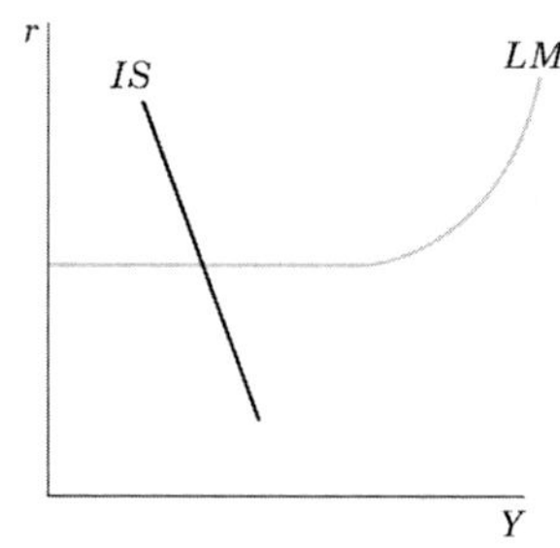

경기가 극심한 불황에 처해 있을 때 투기적 화폐수요가 ∞ 에 가까워 지므로 LM곡선은 수평에 가까워진다.

3) 정책적 시사점

① 재정정책을 통하여 IS곡선을 이동시키는 정책을 실시하여야 한다.

② 기업들의 주관적인 투자수익률을 높이기 위하여 기업환경을 조성하여야 한다.

③ 순수출 증가정책을 통하여 IS곡선을 이동시키는 정책이 요구된다.

(2) 경제의 불확실성 증대

1) 장·단기 금리 역전 현상

① RP금리는 초단기금리로서 소비나 투자에 영향을 미치는 장기금리와는 다르다.

② 경제가 불확실해지면 국공채의 매각이 발생할 수 있으며 국공채 매각으로 장기금리는 상승할 수 있다.

2) 신용할당

① 시중은행은 정보의 비대칭으로 이자율의 인하를 적용하기 보다는 신용할당을 선택하게 된다.

② 즉 금융시장의 불확실성 증대는 금리인하보다 대출가능 금액의 크기가 중요성을 띄게 된다.

04

유동성함정의 원인과 투자를 증가시키기 위한 정부의 정책을 논하시오. (예탁결제원 · 2013)

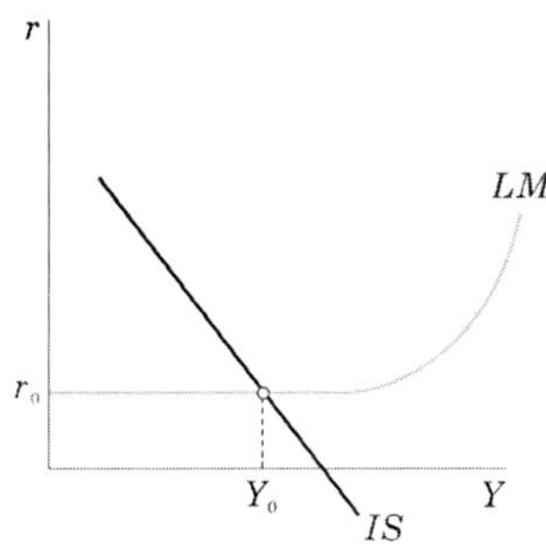

(1) 개념

    ① 투기적 화폐수요가 무한히 증가하여 LM 곡선이 수평선이 되는 상황을 말한다.

    ② 투기적 화폐수요가 무한히 증가하는 이유는 극단적으로 이자율수준이 너무 낮아서 모든 사람들이 이자율이 곧 상승할 것이고, 채권가격이 하락할 것이라고 생각하기 때문

    ③ 화폐를 많이 공급하여도 공급된 화폐가 모두 시장에서 퇴장해버려 시장에서 유동성이 부족해지는 현상이 발생한다.

(2) 해결책

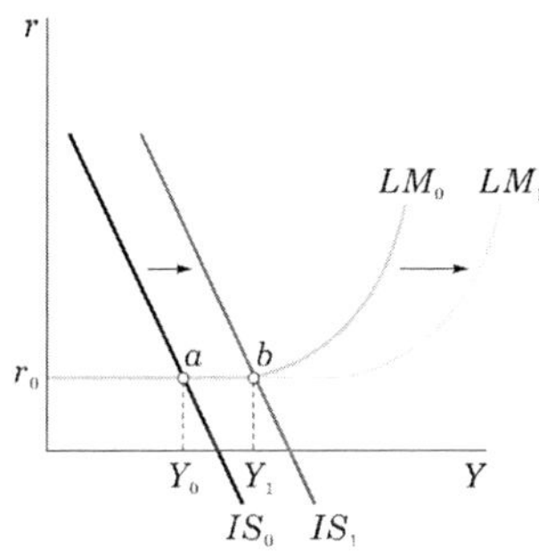

  1) 통화정책

    ① 화폐공급을 증가시키는 정책은 LM곡선을 우측 이동 시키지만 유동성함정 하에서는 경기부양의 효과가 없다.

    ② 그러나 신용중시의 견해에 따르면 확장적 통화정책으로 인한 은행의 대출자금이 풍부해져 신용의 공급가능성이 증대한다면 투자등이 직접 증대할 수 있다.

  2) 재정정책

    확장적 재정정책수단을 통하여 경기부양이 가능하다.

  3) 순수출 증진정책

    ① 순수출의 추가적 증대는 IS곡선을 우측으로 이동시켜 경기를 부양시킨다.

    ② 즉 현재 일본이 외환시장에 개입하여 엔화의 평가절하를 유도하면 순수출이 증가하여 경기를 회복시킬 수 있다.

  4) 기대 인플레이션효과

    피셔방정식에 따르면 기대인플레이션을 상승시키면 실질이자율이 감소하여 투자 확대 등의 팽창적인 효과가 발생한다.

  5) 피구효과

    ① 개념

       피구효과란 소비함수에 자산효과가 도입되면 물가(P)의 하락에 따라 실질자산이 증가하고 이것이 소비증가를 통해 IS곡선을 우측으로 이동시켜 국민소득증가를 가져오는 효과를 말한다.

    ② 의미

       ㉠ 피구효과는 물가가 완전 신축적이라면 실질자산변화에 의해서 경제가 자동적으로 완전고용산출량에 도달함을 의미한다.

  ⓒ 피구효과는 경제가 극심한 불황일 경우에는 정부가 개입하여 확대적인 재정정책을 실시 해야만
   한다고 보는 케인즈의 주장에 대한 고전학파의 반론이다.
  ⓒ 피구효과는 유동성 함정의 상황에서도 화폐금융정책이 유효하다는 의미를 갖고 있기도 하다.
   왜냐하면 중앙은행이 발행한 통화의 실질가치(M/P)가 증가한다면, 소비의 증가를 가져와 IS곡
   선의 우측이동을 통해 총 수요가 증가할 수 있기 때문이다.

05

금융정책이랑 중앙은행이 각종 금융 정책수단을 이용해 물가안정, 완전고용, 국제수지 균형 등
정책목표를 달성시키는 정책이다. 이때 중간지표로 통화량과 이자율을 사용하는데 is곡선이나
lm곡선이 불안정한 경우 두 지표 중 어느지표를 사용하는 것이 적절한가? (예금보험공사 · 2014)

해설

(1) 개요

 ① 실제에 있어서는 IS곡선과 LM곡선이 불안정적인 경우가 존재한다.
 ② 실물부문과 금융부문의 불안정성 정도에 따라 중간목표로 통화량과 이자율간의 선택을 결정해야 한다
  고 주장했다.

(2) **실물부문의 불확실성**

 1) 통화량을 중간지표로 사용할 때

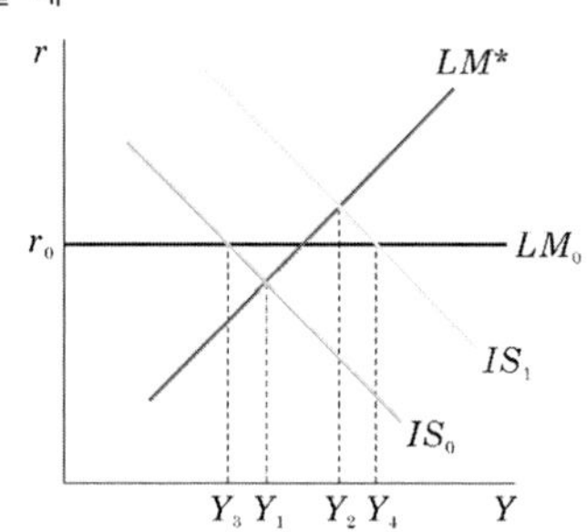

 ① 통화량을 고정시키면 LM곡선이 LM^*에서 고정된다.
 ② IS곡선이 IS_0에서 IS_1으로 불안정하게 움직이더라도 국민소득은 $Y_1 \sim Y_2$사이에서 변동한다.

 2) 이자율을 중간지표로 사용할 때

 ① 이자율 r_0에서 외생적으로 결정되므로 LM곡선은 r_0에서 수평선이 된다.
 ② IS곡선이 $IS_0 \sim IS_1$사이에서 불안정적으로 움직이면 국민소득은 $Y_3 \sim Y_4$사이에서 변동한다.

 3) 결론

 실물부문에 불확실성이 커서 IS곡선의 위치가 불확실하다면 이자율보다 통화량을 중간 표적으로 삼는
 것이 바람직하다.

(3) 화폐시장의 불안정성

1) 통화량을 중간지표로 사용할 때

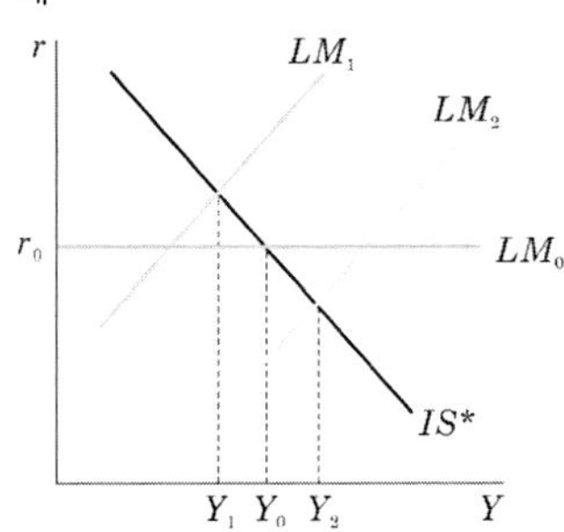

① 통화량을 적정수준(M^*)에서 유지하더라도 LM곡선은 $LM_1 \sim LM_2$사이에서 변동한다.

② IS곡선은 IS^*에서 고정되어 있으므로 국민소득은 $Y_1 \sim Y_2$사이에서 변동한다.

③ 즉, 통화량을 일정수준에서 $(\dfrac{M^S}{P})$에서 통제한다 하더라도 화폐수요의 불안정으로 인하여 실물경제의 변동성이 크게 나타난다.

④ 따라서 통화량 제어를 통한 실물경제안정에는 어려움이 있다.

2) 이자율을 중간지표로 사용할 때

① 이자율을 r_0에서 일정하게 유지시키면 LM곡선은 r_0에서 수평선이 된다.

② IS곡선이 IS^*에서 고정되어 있으므로 국민소득은 Y_0에서 일정하게 유지된다.

3) 결론

화폐시장에 불확실성이 존재한다면 이자율이 통화량보다 우월한 중간표적이다.

chapter 12

인플레이션과 실업

주제 1 인플레이션

1 이론요약

1. 개요

구분	내용
개념	인플레이션(inflation)이란 물가수준이 지속적으로 상승하여 화폐가치가 하락하는 현상을 말한다.
물가지수	물가지수란 물가의 움직임을 구체적으로 측정하기 위하여 작성되는 지수로 소비자 물가지수, 생산자 물가지수, GDP 디플레이터 등이 있다.
소비자 물가지수의 문제점	① 대체효과를 반영못함 • 소비자의 경우 물가가 상승하면 상대적으로 가격이 많이 오른 제품은 소비를 줄이게 된다. • 그러나 소비자물가지수는 물가지수에 포함되는 품목을 고정해 놓았기 때문에 이런 소비자의 행동을 반영하지 못한다. • 따라서 소비자물가지수는 물가를 과대평가하는 문제점이 있다. ② 신상품의 등장을 고려하지 못함 • 신상품의 등장은 소비자의 선택의 폭을 넓혀지기 때문에 다양한 제품을 더 낮은 비용으로 구입할 수 있게 된다. • 그러나 소비자물가지수는 재화묶음을 고정시켜 놓았기 때문에 신상품 출시에 따른 화폐의 실질가치를 고려하지 못한다. ③ 품질변화를 반영못함 : 제품의 품질이 개선되는 경우 제품의 가격이 변하게 되는데 이러한 가격의 변화를 소비자물가지수에는 반영하지 못한다.
소비자 물가지수와 GDP 디플레이터의 차이점	① 소비자 물가지수는 소비자가 구입하는 재화와 서비스만 포함하지만 GDP디플레이터는 국내에서 생산하는 모든 재화와 서비스를 포함한다. ② 소비자물가지수는 기준년도 수량을 가중치로 사용하지만(라스파이레스 방식) GDP 디플레이터는 비교년도 수량을 가중치로 사용한다 (파세방식).

2. 포괄범위

	소비자물가지수	생산자물가지수	GDP 디플레이터
원자재, 자본재	×	○	○ (단, 국내에서 생산된 경우)
수입품 가격	○	×	○
주택임대료	○	×	○

3. 인플레이션의 원인

구분	내용
수요견인 인플레이션	① 수요견인 인플레이션이란 총수요곡선이 우측으로 이동하면서 물가가 상승하는 것을 말한다. ② 통화량증가 또는 투자지출이나 정부지출의 증가가 수요견인 인플레이션의 원인이다.
비용인상 인플레이션	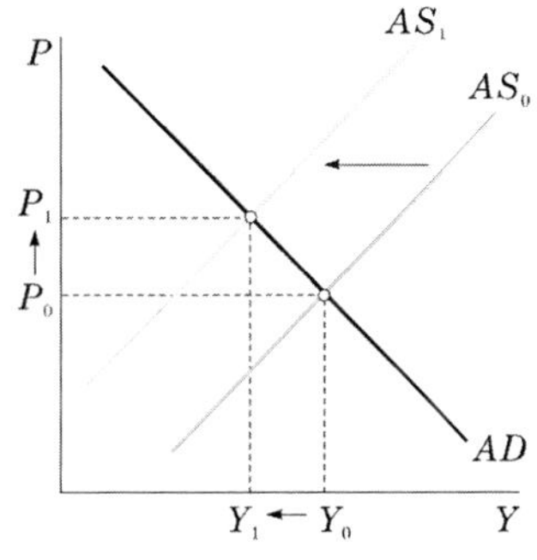 ① 비용인상 인플레이션이란 총공급 감소로 인한 물가가 상승하는 현상을 말한다. ② 임금인상, 수입원자재가격 상승, 유가상승 등이 총공급을 감소시킨다.
혼합형 인플레이션	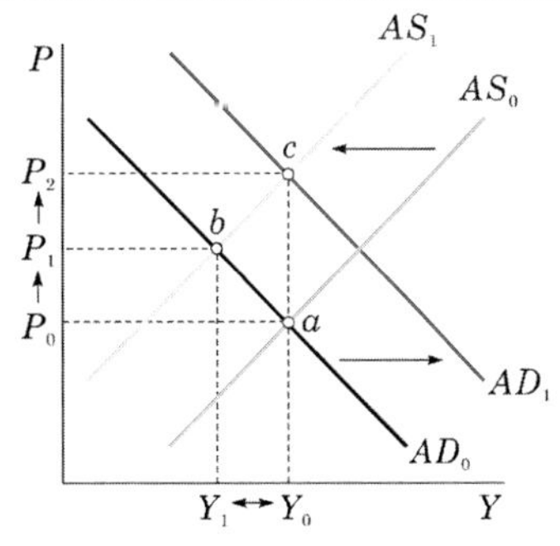 혼합형 인플레이션이란 총 수요측요인과 총 공급측 요인이 동시에 작용하여 발생하는 물가가상승하는 것을 말한다.

4. 인플레이션의 대책

구분	내용
고전학파와 통화주의 학파 (수요견인 인플레이션)	① 과도한 통화공급으로 인플레이션이 발생한다고 주장 ② 인플레이션의 원인은 과도한 통화 공급 때문이므로 통화량을 적절히 조절하면 인플레이션의 방지가 가능하다고 주장한다.
케인즈 학파 (수요견인 인플레이션)	① 긴축적인 재정정책에 의해 인플레이션 억제가능 ② 산출량수준이 매우 낮다면 실업문제를 해소하기 위해서는 어느 정도의 인플레이션은 불가피하다. ③ 그러나 완전고용산출량에 가까와져 물가가 급격히 상승한다면 인플레이션을 해소하기 위해서는 총 수요의 억제가 필요하다.
소득정책 (비용인상 인플레이션)	① 소득정책(income policy)이란 정부가 기업과 노동자들을 설득하여 이윤 및 임금 인상을 억제시킴으로 총 공급곡선을 원래 위치로 이동시키고자 하는 정책을 말한다. ② 임금가이드라인, 임금－물가통제 등이 소득정책의 사례이다.

5. 인플레이션에 따른 비용

구분	내용
구두창 비용	① 인플레이션 발생 시 경제주체들이 현금보유를 줄이는 과정에서 금융기관에 자주 가는 거래비용이나 시간투자비용 또는 환전비용 등을 은유적으로 구두창이 닳는다는 표현으로 사용 ② 구두창비용이 발생하면 자국통화는 가치의 저장수단으로서의 기능은 상실된다.
메뉴비용	인플레이션 발생시 기업들이 가격을 조정해야 하는데 드는 비용으로 차림표를 새로 인쇄하는 비용이나 가격인상에 따른 고객들의 이탈 등과 관련한 비용을 말한다.
부와 소득의 재분배	예상치 못한 인플레이션이 발생하면 원리금 상환액의 실질가치가 하락하므로 채무자는 유리하고 채권자는 손해를 본다. 또한 고정소득을 받는 봉급생활자는 불리해지고 인플레이션으로 명목가치도 같이 상승하는 부동산 소유자는 유리해진다.
인플레이션 조세	인플레이션이 발생하면 현금 및 공채를 보유하고 있는 민간으로부터 발행자인 정부에게로 부를 이전시킨다.

6. 인플레이션과 이자율

구분	내용
유동성 효과	예상 인플레이션율이 일정한 상태에서 단기에 통화량의 증가는 명목이자율을 하락시킨다.
피셔 효과	① 장기에 통화량의 증가는 예상인플레이션을 상승시키고 예상인플레이션의 상승만큼 명목이자율이 상승한다. ② 명목이자율이 예상인플레이션 만큼 상승하므로 실질이자율은 변하지 않는다.

먼델-토빈효과	① 장기에 통화량의 증가는 예상인플레이션의 상승을 가져온다. ② 예상인플레이션의 상승폭보다 명목이자율의 상승폭이 작기 때문에 실질이자율은 하락한다. ③ 실질이자율의 하락은 투자의 증가효과를 가져온다.
화폐의 중립성과의 관계	① 화폐의 중립성이란 통화량의 변화가 명목변수에만 영향을 미치고 실질변수에는 영향을 미치지 않는다는 견해이다. ② 피셔효과의 경우 통화량의 변화가 명목이자율에만 영향을 미치고 실질이자율에는 영향을 미치지 않으므로 화폐의 중립성이 성립된다. ③ 먼델-토빈효과의 경우 통화량의 변화가 실질이자율의 영향을 가져오므로 화폐의 중립성이 성립되지 않는다.

7. 인플레이션과 조세의 왜곡

구분	내용
개념	① 예상된 인플레이션은 실질소득의 변화는 없지만 명목소득의 증가를 가져온다. ② 조세는 명목소득을 기준으로 부과하므로 세금부담을 가중시킨다.

예상인플레이션율	납세전		조세액 (t=0.25)	납세후	
	실질이자율	명목이자율		실질이자율	명목이자율
0%	8%	8%	2%	6%	6%
4%	8%	12%	3%	5%	9%

사 례	① 예상 인플레이션율이 상승하면 명목이자율은 증가하지만 실질이자율은 변하지 않는다. ② 조세는 명목이자율을 기준으로 부과하므로 납세자의 조세부담은 증가한다. ③ 따라서 납세후 실질이자율이 6%에서 5%으로 감소한다.
다비효과	다비효과(Darby effect)란 예상된 인플레이션의 상승으로 채권자의 조세부담은 증가하므로 채권자가 실질이자율에 예상 인플레이션을 합한 것보다 명목이자율을 높게 설정하는 것을 말한다.

8. 디플레이션

구분	내용
개념	디플레이션(deflation)이란 물가수준이 지속적으로 하락하는 현상을 말한다.
긍정적 효과	기술진보 등에 의하여 총공급곡선이 우측으로 이동하면 물가하락과 더불어 국민소득이 증가한다.
부정적 효과	투자감소, 통화공급의 감소에 의해 총수요곡선이 좌측으로 이동하면 물가하락과 함께 국민소득이 감소한다.

01

폐쇄경제인 A국가는 아래의 표와 같은 가격과 수량의 조합을 갖는다. 2007년을 기준으로 할 때 2008년의 GDP 디플레이터 CPI, 라스파이레스 물가지수는? (지방직 7급 · 2009)

	2007년		2008년	
	가격	생산량/소비량	가격	생산량/소비량
쌀	20원	80단위	40원	60단위
소고기	40원	60단위	24원	70단위

	GDP 디플레이터	CPI	라스파이레스 물가지수
①	116	102	102
②	116	102	116
③	102	116	116
④	102	116	102

 GDP 디플레이터는 파세방식으로 측정되고 소비자 물가지수는 라스파이레스방식으로 측정된다.

$$파세방식 = \frac{(40 \times 60) + (24 \times 70)}{(20 \times 60) + (40 \times 70)} \times 100 = 102$$

$$라스파이레스\ 방식 = \frac{(40 \times 80) + (24 \times 60)}{(20 \times 80) + (40 \times 60)} \times 100 = 116$$

정답 ③

02

소득의 전부를 오직 사과와 배를 구입하는 데 지출하는 가상의 도시가 있다고 가정하자. 2009년 사과와 배의 가격은 각각 1,000원과 2,000원이었고 사과를 10개, 배를 5개 구입하였다. 반면에 2010년에는 사과 가격이 1,200원으로 상승하였고 사과를 10개, 배를 10개 구입하였다. 2009년을 기준연도로 하여 2010년도의 소비자물가지수(라스파이레스방식)로 계산한 물가상승률이 10%였다면 2010년도의 배 가격은 얼마인가? (국회 8급 · 2011)

① 2,000원　　　　　　　　　　② 2,100원
③ 1,900원　　　　　　　　　　④ 2,200원
⑤ 1,800원

 2009년에 사과와 배의 구입비용은 $(1,000 \times 10) + (2,000 \times 5) = 20,000$원이다.
2010년도의 라스파이레스 방식으로 측정한 물가상승률이 10%이므로 사과와 배의 구입비용은 22,000원이 되어야 한다.
따라서 $(1,200 \times 10) + (배의\ 가격 \times 5) = 22,000$원이 되어야 하므로 배의 가격은 2,000원이다. 정답 ①

03

유명한 야구스타 베이브 루스는 1930년 당시에 연봉 8만불을 받았다. 베이브 루스의 연봉이 2000년 기준으로는 어느 정도의 구매력을 가지는지를 알아보기 위해서는 다음 중 어느 식을 이용해야 할까?   (감정평가사 · 2007)

① 8만불×2000년 기준 1930년의 물가지수   ② 8만불×1930년 기준 1930년의 물가지수
③ 여전히 8만불   ④ 8만불/2000년 기준 1930년의 물가지수
⑤ 8만불/1930년 기준 2000년의 물가지수

T년도의 금액은 현재의 금액으로 환산하는 공식은 다음과 같다.
현재금액＝T년도 금액 × (현재물가수준/T년도 물가수준)

따라서 1930년의 연봉 8만불을 2000년 기준으로 환산하면 8만불 × $\dfrac{2000년 물가수준}{1930년 물가수준}$ 이 된다.   정답 ④

04

합리적 경제주체들이 인플레이션율을 6%로 예상하고 다음과 같은 경제행위를 하였다. 실제 인플레이션율이 3% 일 때 손해를 보는 경제주체를 모두 고른 것은?   (감정평가사 · 2012)

가. 고정금리로 정기예금에 가입한 가계	나. 고정된 봉급의 임금계약을 체결한 근로자
다. 고정금리로 국채를 발행한 정부	라. 고정금리로 주택담보 대출을 받은 차입자

① 가, 나   ② 나, 다
③ 다, 라   ④ 가, 다
⑤ 나, 라

예상인플레이션이 6%일 때는 명목이자율이 6%이므로 상승하므로 고정금리로 정기예금에 가입한 가계는 유리해진다.
예상인플레이션이 6%일 때 근로자는 명목임금의 6% 인상액을 받을 수 있기 때문에 유리해진다.
고정금리로 국채를 발행한 정부의 경우 3%만 이자를 지급하면 됨에도 6%를 지급해야 하므로 불리해진다.
고정금리로 주택담보 대출을 받은 차입자의 경우 3%로 대출받아도 됨에도 6%로 대출을 받아야 하므로 불리해진다.   정답 ③

05

어느 경제의 2008년, 2009년, 2010년의 연간 물가상승률이 각각 1%, 2%, 4%였고, 같은 기간 동안 연초 명목이자율은 각각 5%, 5%, 6%였다고 하자. 또한 사람들의 예상물가상승률은 전년도의 물가상승률과 같다고 하자(즉, 사람들은 전년도 물가상승률이 올해에 그대로 실현될 것이라고 예상한다.) 만약 피셔 방정식이 성립한다면 다음 중 옳은 것은?   (국회 8급 · 2011)

① 2009년 초에 1년 짜리 예금에 가입할 당시의 예상실질이자율은 4%였을 것이다.
② 2009년 초에 예금에 가입하여 1년 뒤 실제로 실현된 실질이자율은 4%였을 것이다.
③ 2010년 초에 1년짜리 예금에 가입할 당시의 예상실질이자율은 2%였을 것
④ 2009년 초에 예상실질이자율에 기초하여 돈을 빌려준 사람은 1년 뒤 예상보다 이익을 보았을 것이다.
⑤ 2010년 초에 예상실질이자율에 기초하여 돈을 빌려준 사람은 1년 뒤 예상보다 이익을 보았을 것이다.

> **해설** 2008년도의 사후적 실질이자율은 5%−1%=4%이다.
> 2009년도의 사전적 실질이자율은 5%−1%=4%이고 사후적 실질이자율은 5%−2%=3%이다.
> 2010년도의 사전적 실질이자율은 6%−2%=4%이고 사후적 실질이자율은 6%−4%=2%이다.
> 2009년과 2010년도 모두 사후적 실질이자율이 사전적 실질이자율보다 작으므로 돈을 빌려준 사람은 손해를 보지만 돈을 빌려간 사람은 이익을 본다. **정답 ①**

06

디플레이션에 관한 설명으로 옳은 것을 모두 고른 것은? (공인노무사 · 2012)

> 가. 명목금리가 음(−)으로 떨어져 투자수요와 생산 감소를 유발할 수 있다.
> 나. 명목임금의 하방경직성이 있는 경우 실질임금의 하락을 초래한다.
> 다. 기업명목부채의 실질상환 부담을 증가시킨다.
> 라. 기업의 채무불이행 증가로 금융기관 부실화가 초래될 수 있다.

① 가, 나 　　　　　　　　　② 가, 다
③ 나, 다 　　　　　　　　　④ 나, 라
⑤ 다, 라

> **해설** 실질금리는 (−)의 값을 가질 수 있지만 명목금리는 (−)의 값을 가질 수 없다.
> 명목임금이 하방경직적이라면 물가의 하락은 실질임금을 상승시킨다.
> 예상치 않은 디플레이션은 채무자의 채무부담을 증가시키며 이는 채무 불이행 증가로
> 금융기관의 부실화를 초래할 수 있다. **정답 ⑤**

3 약술문제

01

(1) A은행 내에 유일한 M 카페가 있는데 쥬스 가게가 생겨서 커피수요가 감소했다. 팜플렛, 메뉴 인쇄 등의 비용이 발생한다. M카페가 가격을 조절하는 것은 언제인가? (산업은행 · 2012)
(2) 메뉴비용이 고용량과 국민소득(Y)에 미치는 영향에 대하여 논하시오. (한국거래소 · 2013)

(1) 메뉴비용(Menu cost)
① 메뉴비용은 가격변화와 관련된 유형·무형의 모든 비용을 포괄하는 개념이다.
② 맨큐(N. G. Mankiw)는 사소해 보이는 메뉴비용의 존재가 재화가격이 경직성을 유발하고, 결국 경기
변동을 발생시킬 수 있음을 설명한다.

(2) 메뉴비용 부존재 시
① 총 수요를 감소시키는 외부충격으로 독점적 경쟁기업 i의 제품수요
가 감소하면 수요곡선과 한계수입곡선은 D_1과 MR_1이 된다.
② 기업은 E_1점에서 (P_1, Y_1)을 결정하여 △ABC의 이윤을 얻는다.

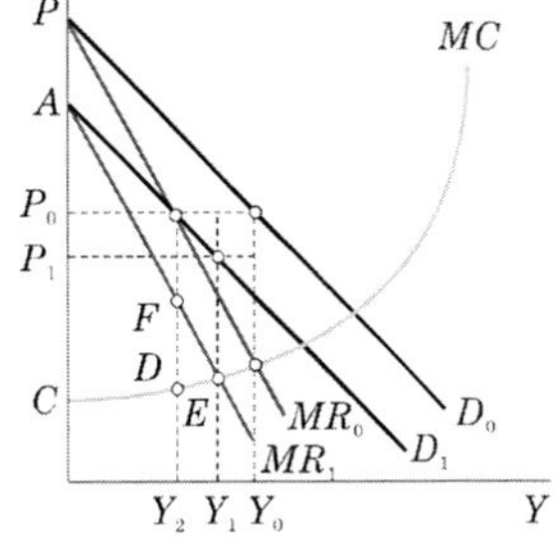

(3) 메뉴비용 존재 시
① 메뉴비용을 C_M의 고정된 값이라고 할 때, 기업 i가 산출수준을
Y_1에서 결정하며 전체 이윤의 크기는 △ABC$-C_M$이 된다.
② 반면 기업 i가 가격 P_0를 고수하여 Y_2로 산출수준을 줄이면 이윤
은 □AFDC가 된다.
③ 결국 (△ABC$-C_M$)<□AFDC이면 가격을 변화시키지 않을 것이다. (△FBD<C_M)
④ 가격이 P_0로 경직적으로 유지되면 산출량 감소 폭은 (Y_0-Y_2)가 되어 가격조정 시 산출량 감소 폭
(Y_0-Y_1) 보다 크다.

주제 2 실업

1 이론요약

1. 개요

구분	내용
개념	실업이란 일할 의사와 능력을 가진 사람이 직업을 갖지 않거나 갖지 못한 상태를 말한다.
경제활동인구	어떤 경제이 15세 이상 인구 가운데 경제활동에 참가하고 있는 사람으로 취업자와 적극적으로 구직활동을 한 실업자를 말한다.
비경제활동인구	① 비경제활동 인구란 15세 이상의 인구 중에서 경제활동에 참여할 의사가 없는 가정주부, 학생, 일을 할 수 없는 노인, 심신장애자, 취업준비자 등이다. ② 실업자 중에서 구직활동을 포기한 실망노동자도 비 경제활동인구에 포함된다.
취업자	① 취업자는 매월 15일이 속한 1주일 동안에 수입을 목적으로 1시간 이상 일한 사람으로 정의된다. ② 수입을 목적으로 하지 않더라도 자기집에서 경영하는 농장이나 사업체를 위해 주당 18시간 이상 일한 무급가족종사자도 포함된다. ③ 직장이나 사업체를 갖고 있으나 일시적인 질병 휴가 노동쟁의 등으로 조사대상 기간에 일을 하지 못한 일시 휴직자도 포함된다.
실업자	① 실업자란 적극적으로 일자리를 구해 봤지만 수입이 있는 일에 전혀 종사하지 못한 사람이다. 일자리만 있으면 즉시 취업이 가능한 사람이다 ② OECD 기준에 따르면 최근 4주동안 한차례라도 구직활동을 했으나 취직하지 못한 사람을 실업자로 분류한다.

2. 실업 관련 지표

구분	내용
경제활동참가율	15세 이상의 인구 중에서 경제활동인구가 차지하는 비율을 말한다. $$경제활동참가율 = \frac{경제활동인구}{15세 이상의 인구} \times 100$$ $$= \frac{경제활동인구}{경제활동인구 + 비경제활동인구} \times 100$$
실업률	경제활동인구 중에서 실업자가 차지하는 비율을 말한다. $$실업률 = \frac{실업자수}{경제활동인구} \times 100 = \frac{실업자수}{실업자수 + 취업자수} \times 100$$
고용률	고용률이란 생산가능인구 중에서 취업자가 차지하는 비율을 말한다. $$고용률 = \frac{취업자수}{생산가능인구} \times 100 = \frac{취업자수}{경제활동인구 + 비경제활동인구} \times 100$$
취업자	① 취업자는 매월 15일이 속한 1주일 동안에 수입을 목적으로 1시간 이상 일한 사람으로 정의된다. ② 수입을 목적으로 하지 않더라도 자기집에서 경영하는 농장이나 사업체를 위해 주당 18시간 이상 일한 무급가족종사자도 포함된다. ③ 직장이나 사업체를 갖고 있으나 일시적인 질병 휴가 노동쟁의 등으로 조사대상 기간에 일을 하지 못한 일시 휴직자도 포함된다.
실업자	① 실업자란 적극적으로 일자리를 구해 봤지만 수입이 있는 일에 전혀 종사하지 못한 사람이다. 일자리만 있으면 즉시 취업이 가능한 사람이다 ② OECD 기준에 따르면 최근 4주동안 한차례라도 구직활동을 했으나 취직하지 못한 사람을 실업자로 분류한다.

3. 실업의 원인과 종류

구분	내용
마찰적 실업	노동시장이 구직자와 일자리를 신속하게 연결시켜주지 못할 때 발생하는 실업으로 일시적으로 직장을 옮기는 과정에서 실업상태에 있는 것을 말한다.
구조적 실업	경제구조의 변화로 일자리와 노동력이 재 배분되는 과정에서 발생하는 실업을 말한다.
경기적 실업	경기침체로 발생하는 대규모의 실업을 말한다.
비자발적 실업	일할 의사와 능력을 갖고 있으나 현재의 임금수준에서 일자리를 구하지 못하여 실업상태에 있는 것.
자발적 실업	일할 능력을 갖고 있으나 현재의 임금수준에서 일할의사가 없어서 실업상태에 있는 것을 말한다.
자연실업률	① 자연실업률이란 완전고용상태에서의 실업률로 마찰적 실업과 구조적 실업만 존재하는 경우를 말한다. ② 또는 자연실업률이란 자발적 실업만 존재할 때의 실업률을 의미한다.

4. 실업비용

구분	내용
오쿤의 법칙	① 일반적으로 경기호황이 산출량이 증가하면 실업률이 낮아지고, 경기침체로 산출량이 감소하면 실업률이 상승한다. ② 미국의 경제학자 오쿤(A. Okun)은 실증분석을 통하여 실업률과 GDP갭간에 존재하는 상관관계를 다음과 같이 정식화 하였는데 이를 '오쿤의 법칙'이라고 한다. $$\frac{Y_f - Y}{Y_f} = \alpha(u - u_N)$$ (Y_f : 잠재 GDP, Y : 실제 GDP, u : 실제 실업률, u_N : 자연실업률, $\alpha > 0$) ③ 오쿤의 법칙을 역으로 이용하면 정책집행 시 어느 정도 정부지출을 증가시켜야 할 것인지를 계산하는 것이 가능하다.
경제고통지수	① 국민들이 특정 시점에서 느끼는 경제적 고통의 정도를 측정하는 지표로 미국의 경제학자 아더 오쿤(Arthur Okun)이 고안했다. ② 실업률과 소비자물가 상승률을 더해 지수로 표시한다. 따라서 물가가 오르거나 실업률이 높아지면 이 지수도 상승해 국민들이 피부로 느끼는 삶의 고통도 커진다는 의미를 담고 있다.

5. 직업탐색이론

구분	내용
개요	직업탐색이론은 자연실업률이 어떻게 결정되는 가에 대하여 미시경제학적인 기초를 제공한다.
탐색기간과 균형임금	① 노동자의 경우 직업탐색기간이 길어질수록 보다 좋은 직장을 찾을 가능성이 줄어들기 때문에 노동자가 최소한 받아야겠다고 생각하는 임금수준인 유보임금수준(reservation wage)은 하락한다. ② 기업의 경우 직업탐색기간이 길어질수록 노동자 부족에 따른 산출량 손실이 증가하므로 기업이 제공하고자 하는 임금수준인 제공임금(offer wage)은 증가한다. ③ 균형임금과 최적탐색기간은 노동자들의 유보임금(W_r)과 기업의 제공임금(W_0)이 같아지는 e점에서 결정된다.

6. 실업의 발생원인

① 고전학파와 케인즈학파

구분	내용
고전학파	① 명목임금 즉 가격변수가 완전 신축적이므로 비자발적 실업은 발생하지 않으며, 항상 완전고용상태이다. ② 노동조합, 최저임금제, 실업수당 등과 같은 제도적인 요인 때문에 비자발적인 실업이 발생할 수 있다. ③ 비자발적 실업을 해소하기 위해서는 노동시장에 대한 인위적 제약 및 간섭을 최소화하여 가격기능을 최대한 보장하는 것이 최선이다.
케인즈학파	① 경기침체로 유효수요가 부족하면 물가가 하락하며 실업이 발생한다. ② 확대정책으로 유효수요가 증가하면 물가가 상승하며 실업을 해소할 수 있다.
비교	① '고전학파'는 노동시장에서의 실업이 노동조합 등 노동시장 내부의 문제라고 보아 임금 신축성이 달성되면 실업은 해소된다고 본다. ② '케인즈 학파'는 노동시장의 실업이 노동시장 내부요인뿐 아니라, 재화시장에서의 총 수요감소에 의해서도 영향을 받는다고 주장하면서 투자를 더욱 강조한다.

② 통화주의 학파와 새고전학파

구분	내용
실업에 대한 견해	① 통화주의 학파와 새고전학파는 모든 실업은 자발적인 측면이 있다고 본다. ② 따라서 실업 감소를 위한 재량적인 정책을 실시하는 것을 반대한다.
재량정책 반대 이유	확대적인 정책이 단기적으로는 실업률을 감소시킬 수 있으나 장기적으로는 인플레이션만 상승시키기 때문이다.

③ 비자발적 실업과 임금경직성

㉠ 명목임금 경직성

구분	내용
장기고용계약이론	① 노동자가 새로운 직장을 찾거나, 기업주가 새로운 노동자를 고용하는 데는 상당한 비용이 수반된다. ② 그러므로 노동자와 기업주는 장기임금계약을 통해 안정적인 고용관계를 유지하는 것을 보다 선호한다. ③ 이처럼 노동시장에서 노동자와 기업주의 최적화의 결과 명목임금의 경직성이 발생하고 이로 인해 외부적 충격이 있는 경우 그 효과가 상당기간 동안 지속될 수 있다.
중첩임금 계약모형	① 중첩임금 계약은 개별기업들의 임금계약시점이 상이하게 이루어지는 방식으로 기업 간 임금계약 유효기간이 겹치게 된다. ② 따라서 개별경제주체들은 명목임금을 신축적으로 조정할 의사가 있음에도 경제전체적으로는 상호의존성 때문에 명목임금이 경직적일 수 있다.

ⓛ 실질임금 경직성

구분	내용
효율성 임금 가설	① 정보가 비대칭적인 상황에서 고용주는 역선택과 도덕적 해이의 방지를 위해 경쟁시장에서의 실질임금보다 높은 수준의 효율성 임금을 지급한다. ② 효율성 임금(efficiency wage)이란 기업의 이윤극대화를 위해서 실질임금 1단위당 노동자의 노력이 극대화 되는 수준의 임금을 말한다.
내부자−외부자 이론	① 노동조합은 단체협약에서 외부자의 이해를 고려할 필요가 없기 때문에 자신들의 높은 생산성에 걸 맞는 높은 실질임금을 기업에 요구한다. ② 기업은 노동이직비용을 고려하기 때문에 노동조합의 요구대로 내부자에게 높은 실질임금을 지급한다. ③ 균형실질임금보다 높은 실질임금으로 비자발적 실업이 발생하며 다음 기 임금계약에서도 내부자들은 외부자를 고려하지 않기 때문에 실질임금이 경직성을 띠게된다. ④ 따라서 일단 외부자가 된 근로자는 다시 내부자로 회복하기 어렵게 되며, 실업률 또한 일단 증가하면 원래수준으로 회복하기 어려워진다.
암묵적 고용계약이론	① 암묵적 고용계약이란 근로자와 고용자가 명시적인 계약 없이 비교적 일정한 수준의 실질 임금을 지급받기로 하는 것을 말한다. ② 노동자들은 위험기피적으로 경기상황과 관계없이 안정된 실질임금을 보다 선호한다. ③ 기업 측이 노동자보다 덜 위험기피적이라면 경기상황과 관계없이 일정한 임금을 지급하는 것을 받아들이게 된다.

2 객관식 문제

01

실업률을 하락시키는 변화로 옳은 것을 모두 고른 것은? (단, 취업자 수와 실업자 수는 0보다 큼)

(공인노무사 · 2013)

가. 취업자가 비경제활동인구로 전환	나. 실업자가 비경제활동인구로 전환
다. 비경제활동인구가 취업자로 전환	라. 비경제활동인구가 실업자로 전환

① 가, 나 ② 가, 다
③ 나, 다 ④ 나, 라
⑤ 다, 라

해설 실업률을 다음과 같이 변환할 수 있다.
실업률 = 1 − {취업자 수/(취업자 수 + 실업자 수)}
따라서 실업자가 비경제활동인구로 전환되면 실업률은 낮아진다.
또한 비경제활동인구가 취업자로 전환되면 경제활동인구가 증가하기 때문에 실업률은 낮아진다. 정답 ③

02

실업률이 10%이고 경제활동참가율이 50%라면 고용률(=취업자/노동가능인구)은 얼마인가?

(공인회계사 · 2013)

① 40% ② 45%

③ 50% ④ 55%

⑤ 60%

해설 경제활동참가율은 생산가능인구 중에서 경제활동인구가 차지하는 비중이고 실업률은 경제활동인구 중에서 실업자가 차지하는 비중을 말한다.

$$고용률 = \frac{노동가능인구 - 비경제활동인구 - 실업자}{노동가능인구} = 1 - \frac{비경제활동인구}{노동가능인구} - \frac{실업자수}{노동가능인구}$$

$$= 경제활동참가율 - \frac{경제활동인구}{노동가능인구} \times \frac{실업자}{경제활동인구} = 0.5 - (0.5 \times 0.1) = 0.45$$

정답 ②

03

아래에 열거된 A국의 통계치를 이용하여 A국의 고통지수(misery index)를 구하고, A국 정부가 인플레이션율을 4.0%에서 2.0%로 떨어뜨리려는 정책이 성공한다면 연간 GDP는 얼마나 감소하겠는가? (단, 다른 조건들이 일정하다고 가정)

(보험계리사 · 2009)

가. 실업율 8.5%	나. 인플레이션율 4.0%
다. 희생비율=3	라. GDP 1,000조원
마. 청년실업율 10.5%	바. 예상인플레이션율 3.0%

① 14.5, 60조 ② 12.5, 60조

③ 14.5, 30조 ④ 12.5, 30조

해설 고통지수란 실업률과 인플레이션의 합을 말하므로 12.50이다.

희생비율이란 인플레이션율 낮출 때 GDP의 상실분을 말하므로 A국 정부가 인플레이션율을 2.0%P 낮추기 위해서 GDP는 6% 감소한다. 따라서 연간 GDP는 60조 감소한다.

정답 ②

04

A국의 연간 실질 GDP변화율과 실업률의 변화가 다음과 같은 관계에 있다. 이에 관한 설명으로 옳은 것은?

(감정평가사 · 2012)

$$실질GDP\ 변화율(\%) = 3\% - 2 \times 실업률(\%)의\ 변화$$

① 자연실업률은 3%이다.
② 실업률이 5%에서 6%로 상승하면 실질GDP는 2% 감소한다.
③ 실질GDP가 1% 하락하면 실업률은 5%에서 5.5%로 상승한다.
④ 물가가 상승하면 단기적으로 실질GDP가 감소한다.
⑤ 실업률이 변화하지 않을 경우 실질GDP는 3% 증가한다.

실업률이 5%에서 6%로 상승하면 실업률의 변화는 1%이므로 실질GDP 변화율은 1% 감소한다.
실질 GDP가 1% 하락하면 실업률은 1% 증가한다.
실업률이 변화하지 않을 경우 실업률의 변화는 0이므로 실질GDP 변화율은 3% 증가한다.　　　　정답 ⑤

05

임금 결정이론에 관한 설명으로 옳지 않은 것은?　　　　(공인노무사 · 2012)

① 중첩임금계약모형은 실질임금이 경직적인 이유를 설명한다.
② 효율임금이론에 따르면 실질임금이 근로자의 생산성 또는 근로의욕에 영향을 미친다.
③ 효율임금이론에 따르면 높은 임금이 근로자의 도덕적 해이를 억제하는데 기여한다.
④ 내부자 – 외부자 모형에 따르면 내부자의 실질임금이 시장균형보다 높아져서 비자발적 실업이 발생한다.
⑤ 내부자 – 외부자 모형에서 외부자는 실업상태에 있는 노동자로서 기업과 임금협상을 할 자격이 없는 사람을 말한다.

중첩임금계약모형은 명목임금의 경직성을 설명하는 이론이다.　　　　정답 ①

06

비자발적 실업과 임금경직성 모형에 대한 설명으로 옳지 않은 것은?　　　　(보험계리사 · 2013)

① 현실적으로 비자발적인 실업이 존재한다고 함은 임금이 하락하지 못하는 요인이 존재함을 뜻한다.
② 내부자 – 외부자 이론의 주장이 맞는다면, 경제활동인구 중 노동조합원의 비율이 증가할 때 실업률이 하락할 것이다.
③ 효율임금이론은 기업의 이윤극대화 결과 실질임금이 경직적으로 유지되고 비자발적 실업이 발생한다고 본다.
④ 최저임금제도는 특히 가장 숙련도가 낮은 단순노동자들에 있어서 비자발적 실업의 존재를 설명할 수 있는 요인이다.

내부자 – 외부자 모형에 따른 내부자인 노동조합원이 비율이 증가하면 실질임금이 상승하므로 노동시장의 초과공급으로 실업률은 상승한다.　　　　정답 ②

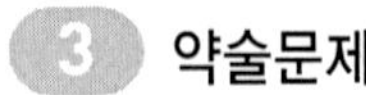

3 약술문제

01

효율성 임금 이론에 대해 서술하시오.　　　　　　　　　　　　　　　　(한국거래소 · 2012)

해설

(1) 가정

① 노동의 생산성에 대한 정보가 비대칭적이다.

② 실질임금의 크기에 의해 노동자의 근로의욕이 영향을 받고 둘 사이에는 정(+)의 상관관계가 있다.

③ 실질임금이 노동자의 생산성을 가정한다.

(2) 개념

① 정보가 비대칭적인 상황에서 고용주는 역선택과 도덕적 해이의 방지를 위해 경쟁시장에서의 실질임금
보다 높은 수준의 효율성 임금을 지급한다.

② 효율성 임금(efficiency wage)이란 기업의 이윤극대화를 위해서 실질임금 1단위당 노동자의 노력이
극대화 되는 수준의 임금을 말한다.

(3) 설명

1) 생산함수

$$Y = \overline{F}(e(w)L, \ \overline{K})$$

e는 실질임금수준이 w일 때 노동자의 근로 의욕을
나타내는 지표로서, 동일한 양의 노동이 고용되더라
도 근로의욕(e)의 크기가 1보다 크면 생산량은 더
커진다.

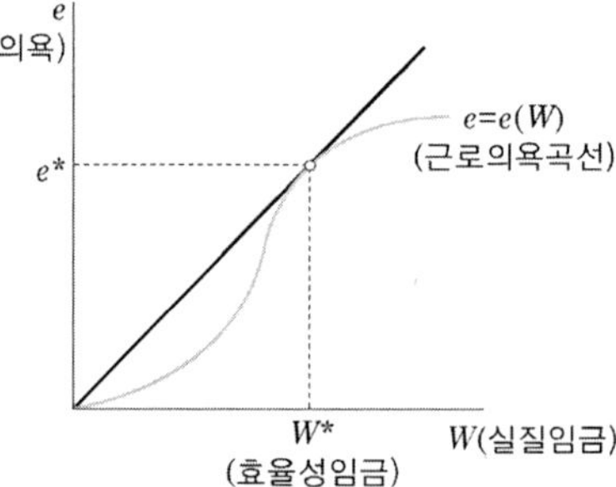

2) 효율성 임금 (w_e)의 도출

① 실질임금 1단위당 근로의욕이 극대화되기 위해서는 $\max \dfrac{e(w)}{w}$이어야 한다.

② $\dfrac{e(w)}{w}$를 w로 미분하면 $\dfrac{\delta e}{\delta w} \cdot \dfrac{1}{w} - \dfrac{1}{w^2}e = 0$이 될 때 $\max \dfrac{e(w)}{w}$가 달성된다.

③ 따라서 $\dfrac{\delta e}{\delta w} \cdot \dfrac{w}{e} = 1$이 되는 w를 구하면 효율성 임금이 된다.

④ 즉, 'solow condition'에 의한 경우 근로의욕(e)의 실질임금(w)탄력도가 1이 되어야 하는데, 이
수준이 효율성 임금 w^e가 된다.

3) 효율성 임금과 비자발적 실업

① w^*보다 높은 w^e에서 실질임금이 결정되며 $\overline{L^1 L^*}$만큼
의 비자발적 실업이 된다.

② 또한 w^e수준에서는 실질임금 1단위당 효율성 $\dfrac{e}{w}$가 최
대가 되어 1인당 실질임금 $\dfrac{W}{L}$가 최소가 되므로 이윤
극대화 원리에 부합된다.

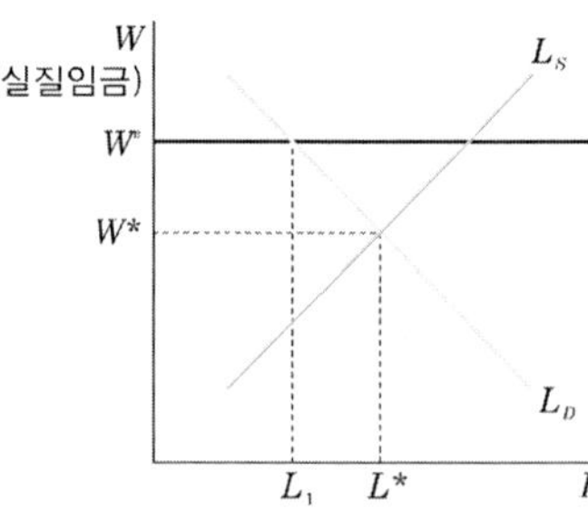

(4) 효율성 임금이 높은 수준에서 떨어지지 않고 경직적인 이유

1) 노동이직모형(labor turnover model)

① 이직률이 높아지면 신규채용과 관련된 노동이직비용(turnover cost)이 커지기 때문에 노동자의 이
직유인을 감소시켜야 한다.

② 따라서 기업은 시장의 균형임금보다 높은 임금을 지급함으로써 이직률을 낮춘다는 것이다.

2) 태업방지모형(shirkling model)
① 기업에서 높은 임금을 지급할수록, 노동자의 태업의 기회비용은 커지므로 태업유인은 그만큼 감소한다.
② 결국 효율성임금이 노동자의 도덕적 해이를 억제하기 위한 유인체계로 기능하여 생산성을 높일 수 있다.
③ 그러나 전체적으로 임금을 상승시키면 근무태만방지유인은 사라진다는 반론이 있지만 비자발적 실업이 존재하므로 근무태만방치는 여전히 유효하다.
3) 역선택모형(adverse selection model)
노동의 생산성에 대한 정보가 비대칭(information asymmetry)적일 때 기업이 양질의 노동을 계속 확보하기 위해서는 평균 실질임금보다 높은 수준의 효율성 임금을 지급해야한다.

(5) 결론
① 확실성 하의 노동시장은 생산성(MP_L)이 실질임금을 결정하지만 정보의 비대칭성이 존재하는 불확실성 하의 노동시장에서는 실질임금이 생산성을 결정한다.
② 시장청산보다 실질임금이 높고, 실질임금이 경직적이기 때문에, 비자발적 실업, 즉 불완전 고용균형이 장기간 지속될 수 있게 된다.

02

생산가능인구가 5,000만명, 실업률이 4%, 경제활동참가율이 60%라고 할 때 취업자수는 얼마인가?

경제활동참가율은 생산가능인구 중에서 경제활동인구가 차지하는 비중이므로 경제활동인구는 3,000만명이다. 실업률은 경제활동인구 중에서 실업자가 차지하는 비중이므로 120만명이므로 취업자는 2,880만명이다.

03

경제 내에 생산가능인구(working age population)가 5천만명, 실업자가 5백만명, 그리고 취업자가 2천만명으로 파악되었다. 이 경제의 경제활동참가율과 고용률은?

경제활동인구는 취업자와 실업자의 합이므로 2천 5백만명이다. 따라서 경제활동참가율은 경제활동인구를 생산가능인구로 나눈 값으로 구할 수 있으므로 50%이다.
고용률은 취업자수를 생산가능인구로 나눈 값이므로 40%이다.

1 이론요약

1. 개요

구분	내용
개념	① 필립스 곡선은 인플레이션율(π)과 실업률(u)간의 역의 관계를 나타낸다. $\rightarrow \pi = -a(u - u_N)$ ② 물가안정과 완전고용을 동시에 달성할 수 없다.
적응적 기대가설에 기초한 필립스곡선	① 단기에는 실제 인플레이션율(π)과 기대 인플레이션율(π^e)이 일치하지 않으므로 필립스곡선은 우하향의 형태를 갖는다. ② 장기에는 실제 인플레이션율(π)과 기대 인플레이션율(π^e)이 일치하므로 필립스곡선은 수직선의 형태를 갖는다. $\rightarrow \pi = \pi^e - a(u - u_n)$
합리적 기대가설에 기초한 필립스곡선	① 예상치 못한 정책을 실시하면 실제 인플레이션율(π)과 기대 인플레이션율(π^e)이 일치하지 않으므로 필립스곡선은 우하향의 형태를 갖는다. ② 예상한 정책을 실시하면 실제 인플레이션율(π)과 기대 인플레이션율(π^e)이 일치하므로 필립스곡선은 수직선의 형태를 갖는다. $\rightarrow \pi = \pi^e - a(u - u_n)$

2. 필립스곡선과 총공급곡선

구분	내용
의의	① 필립스곡선이란 총 수요곡선과 총 공급곡선이 만나는 균형점을 관찰하여 식별(identification)한 것이라고 할 수 있다. ② 따라서 필립스곡선의 형태는 총 공급곡선의 기울기에 큰 영향을 받는다.
총공급곡선과 필립스곡선과의 관계	① 총수요곡선이 이동하면 총공급곡선상에서 물가와 산출량이 변한다. ② 이와 같이 총공급곡선을 따라서 우상방으로 이동하면 필립스곡선을 따라서 좌상방으로 이동한다. ③ 총공급곡선이 이동하면 필립스곡선도 이동한다. 즉, 총공급곡선이 우측 이동하면 필립스곡선은 좌하방으로 이동한다.
스태그플레이션	스태그 프레이션은 경기침체와 물가의 지속적 상승이 동시에 발생하므로 필립스곡선이 우상방으로 이동한다.

3. 자연실업률 가설

구분	내용
자연실업률	① 자연실업률(natural rate of unemployment)은 노동시장이 균형을 이루고 있어 취업자와 실업자의 수가 변하지 않는 상태에서의 실업률을 의미한다. ② 노동시장이 균형을 이루는 자연실업률은 다음과 같이 결정된다. $$u_N = \frac{\text{실직률}(s)}{\text{실직률}(s) + \text{구직률}(f)}$$
자연실업률 가설	① 장기에는 경제주체들이 물가를 정확히 예상하므로 $(\pi = \pi^e)$ 장기필립스곡선은 자연 실업률(u_N)수준에서 수직선이 된다. ② 화폐공급의 변화가 실물부분에 아무런 영향을 주지 못한다는 화폐의 장기적 중립성(neutrality of money)을 주장한다. ③ 실업률을 낮추기 위하여 재량적인 안정화 정책을 실시하더라도 결국 물가상승만을 가져 온다.
자연실업률을 낮추기 위한 대책	① 장기적으로 실업률은 자연실업률 수준에 수렴하지만, 자연실업률자체가 항상 고정되어 있는 것은 아니기 때문에 자연실업률을 줄이기 위한 대책을 강구할 수 있다. ② 직업훈련과 인력재배치에 대한 지원, 노동시장의 유연성제고, 실업보험제도의 개편 등이 자연실업률을 줄일 수 있다.

4. 이력현상

구분	내용
개념	경제에 총 수요의 위축이라는 불황충격이 발생하고 이것이 상당기간 지속되어 실제 실업률이 자연실업률보다 높은 수준에서 오랫동안 유지될 경우 그 경제의 장기 균형 실업률인 자연실업률 자체가 증가하게 되는 현상을 말한다.
발생원인	① 낙인이론 • 불황이 되어 실업자가 되면 숙련도를 상실하여 노동생산성이 떨어진다. • 불황이 끝나더라도 우선적 감원대상자라는 사실이 열등 신호가 되기 때문에 재취업하기 어려워진다. ② 실망실업자 이론 : 실업기간이 질어지면 개인들의 근로에 대한 태도가 변하여 구직행위 자체를 포기하게 된다. ③ 내부자−외부자 이론 • 경기침체로 일부의 실업자가 발생하면 취업자(내부자)의 규모가 축소된다. • 축소된 내부자들은 임금협상에서 자신들의 실질임금을 높게 제시한다면 외부자(실업자)들의 취업은 더 어렵게 되고 자연실업률이 높은 수준에서 유지된다.
의미	① 긴축적인 총 수요관리 정책으로 실업률이 높아지면 장기에 있어서도 실업률은 원래의 자연실업률에 복귀하지 않게 된다. ② 이는 재정, 금융정책은 장기적으로는 자연실업률에 아무런 영향을 미칠 수 없다는 자연 실업률가설의 내용과는 상반된다.

5. 인플레이션 억제정책

구분	내용
점진주의 전략	① 점진주의 전략은 정책당국이 통화증가율을 점진적으로 낮추어 총 수요곡선을 점차 하방 이동시키는 방법이다. ② 이 방식이 성공하면 산출수준의 급격한 하락이 없이도 인플레이션율을 낮출 수 있다. → 희생비율이 작다.
급랭주의 전략	① 급랭주의 전략은 통화증가율을 일시에 큰 폭으로 낮추어 총 수요곡선을 하방으로 이동 시킨다. ② 이 방식은 인플레이션율을 즉각 낮출 수 있지만 산출수준의 급격한 변동이라는 비용을 치러야 한다. → 희생비율이 크다.
희생비율	희생률이란 1년 동안 인플레이션율을 1%포인트 낮추기 위해 감수해야할 GDP의 %포인트를 의미한다. $$희생률(sacrifice\ ratio) = \frac{GDP감소율}{인플레이션하락율}$$

6. 합리적 기대의 경우

구분	내용
급랭주의 전략의 우월성 주장	급랭주의 방식은 경제주체가 인플레이션 억제정책에 대한 강한 신뢰를 갖게 되고 결국, 기대 인플레이션율이 빠른 속도로 하락하여 산출수준에 커다란 변동 없이도 인플레이션을 낮출 수 있다는 것이다.
신뢰의 역할	① 정부가 기대 인플레이션을 통제할 수 있는가의 문제는 정부정책의 신뢰성(credibility)과 밀접하게 관련되어 있다. ② 따라서 민간의 기대 인플레이션을 완벽하게 통제할 수만 있다면 실업률증가를 수반하지 않는 인플레이션 억제정책이 쉽게 달성될 수 있다.

2 객관식 문제

01

적응적 기대가설에 기초한 필립스곡선에 관한 설명으로 옳지 않은 것은? (감정평가사 · 2010)

① 정부지출이 증가하면 단기적으로 경제의 균형은 필립스곡선을 따라 실업률이 더 낮고 인플레이션율이 더 높은 점으로 옮겨간다.

② 통화량이 증가하면 장기적으로 경제의 균형은 필립스곡선을 따라 실업률은 변하지 않고 인플레이션율만 더 높은 점으로 옮겨간다.

③ 유가상승과 같은 공급충격은 단기적으로 필립스곡선을 왼쪽으로 이동시켜 경제의 균형은 실업률과 인플레이션율이 모두 낮은 점으로 옮겨간다.

④ 예상인플레이션율이 더 높을수록 단기 필립스곡선은 더 높은 곳에 위치한다.

⑤ 프리드만에 의하면 장기적으로는 실업률과 인플레이션율 사이에 상충관계가 성립하지 않는다.

> **해설** 유가상승으로 물가상승과 실업률 증가를 유발하므로 단기 필립스 곡선이 오른쪽으로 이동한다. **정답** ③

02

단기에서 총공급곡선은 우상향하고 필립스곡선은 우하향하며 장기에서는 둘 다 수직이라고 할 때, 다음 설명 중 옳은 것을 모두 고르면? (CPA · 2013)

> (가) 총공급곡선이 우상향하는 이유는 메뉴비용, 장기계약, 불완전 정보 등으로 설명할 수 있다.
> (나) 필립스곡선이 수직에 가깝다면 인플레이션율을 1% 하락시키기 위한 국민소득 감소분으로 표현되는 희생비율이 크다.
> (다) 우상향하는 총공급곡선과 우하향하는 필립스곡선은 모두 총수요관리정책을 통하여 국민소득 안정화정책이 가능함을 의미한다.
> (라) 장기총공급곡선과 장기필립스곡선 하에서는 화폐의 중립성이 성립한다.

① (가), (나)
③ (가), (나), (다)
⑤ (가), (다), (라)

② (다), (라)
④ (가), (나), (라)

필립스곡선이 수직의 형태를 갖는다면 인플레이션율이 하락하더라도 실업률의 변화가 없기 때문에 희생비율이 발생하지 않는다. 　　정답 ⑤

03

노동시장이 안정상태(실업률이 상승하지도 하락하지도 않는 상태)에 있다. 취업인구의 1%가 매달 직업을 잃고 실업인구의 24%가 매달 새로운 직업을 얻는다면, 안정상태의 실업률은? (단, 경제활동인구는 고정이며, 노동자는 취업하거나 또는 실업상태에 있다.) (지방직 7급 · 2011)

① 4%
③ 5%

② 4.5%
④ 5.5%

자연실업률＝0.01/0.25＝0.04 　　정답 ①

04

물가와 물가정책에 대한 주장으로 옳은 것을 짝지은 것은? (보험계리사 · 2013)

> ㉠ 디스인플레이션(disinflation) 전략 중 점진주의(gradualism) 전략은 급랭(cold turkey) 전략에 비해 실업률 증가의 폭이 작기 때문에 물가안정의 비용이 더 낮다고 할 수 있다.
> ㉡ 일본의 양적완화(자산매입) 정책은 디플레이션을 막기 위한 것으로 해석할 수 있다.
> ㉢ 가격변수들이 신축적이고 물가상승률에 대한 기대가 정확한 장기에는 인플레이션과 실업률 간의 상충관계(trade-off)가 존재하지 않는다.
> ㉣ 인플레이션이 완전히 예견되면 경제적 비용은 발생하지 않는다.

① ㉠, ㉣　　　　　　　　　　　　　　② ㉡, ㉢
③ ㉡, ㉣　　　　　　　　　　　　　　④ ㉠, ㉢

점진주의 전략은 급랭전략에 비해 희생비율, 즉 실업률 증가의 폭이 작지만 목표 인플레이션에 도달하는 기간이 길기 때문에 물가안정의 비용이 더 낮다고는 할 수 없다.
예상된 인플레이션의 경우에도 메뉴비용, 구두창 비용 등의 경제적 비용은 발생한다.　　　　　　**정답 ②**

3　약술문제

01

기대를 반영한 필립스곡선이 아래와 같다.

$$\pi = \pi^e - 0.4(u - 4)$$

(π : 실제인플레이션, π^e : 기대인플레이션, u : 실제실업률)

(1) 잠재GDP에 해당하는 실업률은 몇 %인가?
(2) 기대인플레이션이 전기의 실제인플레이션과 동일하다고 할 때 실제인플레이션이 전기에 비해 2%P 감소하기 위해서는 실제실업률은 몇 %가 되어야 하는가?

기대를 반영한 필립스곡선 식에서 실제인플레이션과 기대인플레이션이 일치할 때의 실업률이 자연실업률이므로 자연실업률은 4%이다.
실제실업률이 1%P 높아지면 실제인플레이션율이 0.4%P 낮아지므로 실제인플레이션이 전기에 비해 2%P 감소하기 위해서는 실제실업률이 5% 상승해야 하므로 실제실업률은 9%가 되어야 한다.

주제 4　논술

01

고정환율제도는 인플레이션에 대한 우려를 감소시킬 수 있고 변동환율제도는 디플레이션에 대한 우려를 감소시킬 수 있다는 견해에 대하여 논하시오.

(1) 고정환율제도의 경우

① 고정환율제도를 시행하면 자의적인 통화정책으로 인해 인플레이션이 유발될 우려가 사라지게 된다.
② 즉, 확대통화정책으로 이자율이 하락하면 외환의 유출이 발생한다.
외환의 유출은 외환의 초과수요로 연결되며 환율의 고정을 위하여 정부는 외환을 매각하게 된다.
외환의 매각은 통화량을 감소시키므로 확대통화정책에 의한 통화량 증가의 상쇄가 발생한다.

(2) 변동환율제도의 경우

① 디플레이션의 발생으로 총수요가 감소하더라도 물가하락이 실질
환율의 증가를 가져와 순수출의 증가를 가져온다.
② 순수출의 증가는 총수요곡선을 우측으로 이동시킴으로 디플레이
션을 방지할 수 있다.

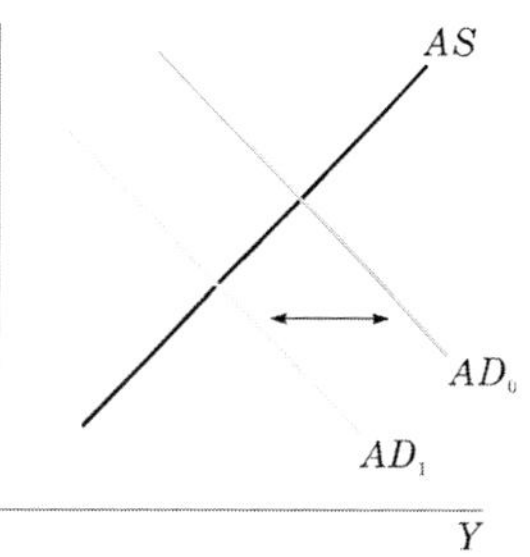

02

세계 각국이 양적완화정책을 사용하고 있다.

(1) 양적완화정책과 기준금리조정 정책을 비교하시오.
(2) 양적완화정책 실시로 인한 효과에 대하여 논하시오.

(1) 양적완화정책과 기준금리조정 정책을 비교하시오.

1) 양적완화(Quantitave Easing)

① 개념 : 양적완화정책이란 중앙은행이 통화를 시중에 직접 공급함으로써 신용경색을 해소하고 경기
를 진작시키는 통화 정책 수단의 일종이다. 통화 정책의 궁극적인 목표는 시중 통화량의 조절을 통
한 물가안정인데, 중앙은행은 기준금리 조정이라는 수단을 통해 통화량의 조절을 수행하고자 한다.

② 사용근거

㉠ 통화 정책의 수단인 정책금리가 0에 근접할 경우 명목금리가 마이너스(−)가 될 수는 없기 때문
에 금리 조정을 통한 통화량 조절이 곤란하다.

㉡ 신용경색 등의 이유로 기준금리 변경에도 불구하고 시중금리가 반응하지 않을 때 전통적인 통화
정책인 금리 정책이 불가능하게 된다.
이때 중앙은행은 통화량 증가 목표를 설정하여 직접 본원통화 증가를 통해 유동성을 공급하는
수단으로서 양적완화정책을 사용하게 된다. 양적완화정책의 수행은 일반적으로 중앙은행의 국
채 및 회사채 매입 또는 금융기관의 대출자산 인수 등의 방식으로 이루어진다.

③ 금리정책과의 차이점

모든 통화 정책의 목표는 통화량의 조절이라는 점에서 기준금리 인하 정책도 넓은 의미의 양적완화
정책이라고 할 수 있지만, 이는 기준금리 인하를 통해 은행의 대출금리 등에 간접적으로 영향을 끼
침으로써 통화량을 증가시키고자 하는 시도이다. 그러나 중앙은행의 직접적인 유동성 공급이라는
의미에서의 양적완화정책은, 은행 대출 증가를 통한 신용 창조 기능에 의존하지 않고 중앙은행의
직접적인 시장 개입을 통해 유동성을 공급한다는 점에서 전통적인 통화 정책과 구분된다.
신용경색 하에서 금융기관은 대출을 기피하고 안전자산인 장기국채를 매입하게 되는데, 이러한 상
황에서 양적완화정책을 시행할 경우 중앙은행은 금융기관의 부실자산 및 장기국채 매입을 통해 유
동성을 직접 공급한다. 그러면 중앙은행의 국채 매입에 따른 국채금리 하락으로 인해 국채 투자 유
인이 감소하게 될 뿐만 아니라 시중금리의 동반 하락을 기대할 수 있다. 또한 금융기관의 유동성
및 대출 여력이 증가함으로써 금융기관의 대출 기능 회복도 기대할 수 있다.
양적완화정책은 주로 공개시장에서 금융기관의 모기지대출 증권 등 부실자산과 장기국채 등을 매

입하는 방식을 통해 금융기관에 유동성을 공급(금융기관의 중앙은행 예치계정 증가)하는 것으로 이루어진다.

2) 일본의 경우 : 일본이 추가 금융완화를 검토하고 있는 것은 2010년 들어 회복세를 타고 있는 일본 경제가 엔고 심화와 중국과 미국, 유럽 등의 경기부진으로 다시 침체에 빠질 조짐을 보이고 있기 때문이다.

3) 미국의 경우 : 높은 실업률과 적정 이하 수준의 물가의 우려

(2) 양적완화정책 실시로 인한 효과에 대하여 논하시오.

1) 환율가치의 하락

자국 내 국채를 매입하면 통화량이 증가하므로 자국의 화폐가치가 하락하여 순수출이 증가할 수 있음 그러나 다른 나라도 달러가치 하락에 맞춰 자국 통화 가치를 낮추기 위해 경쟁적으로 양적완화에 나설 가능성도 있다.

2) 캐리트레이드

캐리드레이드란 저금리의 자산을 차입하여 고금리 자산에 투자하는 기법으로 양적완화정책은 캐리트레이드를 유발할 수 있다.

장기 이자율이 매우 낮고 금융시스템이 여전히 취약한 상황에서 선진국에서 새로 풀린 자금이 고수익을 찾아 신흥국으로 몰려 신흥국 시장의 자산거품을 일으킬 수 있다.

3) 환율변동성의 심화

캐리트레이드로 인한 투기성 자금의 유입이 다시금 출구전략으로 금리 인상이 유출이 발생할 수 있다. 투기성 자금의 유입이나 유출은 해당 국가의 환율변동성을 심화시켜 불확실성을 유발할 수 있다.

4) 글로벌 인플레이션

통화량의 증가는 자국 내 인플레이션뿐만 아니라 글로벌 인플레이션을 가져올 수 있다.. 또한 미국은 일종의 인플레이션 택스를 거둘 수 있다.

5) 재정적자로 인한 구축효과 발생

국채매입은 국채수요의 증가를 가져와 장기금리의 하락을 가져올 수 있다.

6) 기축통화의 신뢰성 저하

미국의 경우 양적완화정책을 실시하면 달러의 공급량이 증가하여 기축통화의 신뢰를 더욱 떨어뜨릴 수 있다.

기축통화의 신뢰성 저하는 달러표시 자산에서 원자재 및 금 등 안전자산으로 자금이 이동하여 실제가치보다 가치가 폭등할 수 있다.

13 학파별 비교

> 주제 1 고전학파와 케인즈학파, 통화주의 학파의 차이점 비교

1 이론요약

1. 고전학파와 케인즈 학파

	고전학파	케인즈학파
노동시장	① 임금의 완전신축성 ② 화폐환상부재 ③ 완전고용	① 임금의 하방경직성 ② 화폐의 환상존재 ③ 불완전고용이 일반적
생산물시장	① 저축과 투자는 이자율에 탄력적 ② 세이의 법칙 : 공급이 수요를 창조	① 저축과 투자는 이자율에 비탄력적 ② 유효수요의 원리 : 수요가 공급을 결정
화폐시장	① 교환의 매개수단 ② 실물적 이자론 ③ LM곡선수직선	① 가치저장의 수단 ② 유동성 선호설 ③ LM곡선완만
총공급곡선	완전고용국민소득수준에서 수직	우상향
재정정책	완전구축효과	효과강력
금융정책	화폐의 중립성	효과미약

2. 통화주의 학파

구분	내용
화폐관	화폐가 매우 중요
금융정책과 재정정책	금융정책이 재정정책보다 효과적이기는 하나 재량적으로 실시되어서는 안되며 엄격한 준칙에 따라 실시되어야 한다.
자연실업률 가설	장기적으로 인플레이션과 실업률 간의 역의 상충관계가 존재하지 않는다.

2 객관식 문제

01

재정지출 확대정책의 효과에 관한 학파의 견해를 서술한 것으로 옳은 것은? (공인노무사 · 2010)

① 고전학파 – 정부저축이 증가하고 민간저축이 감소하여 민간투자에는 영향이 없으므로 소득에 영향이 없다.
② 케인즈학파 – 정부저축이 감소해 이자율이 상승하지만 민간투자의 이자율탄력성이 작아 소득이 증가한다.
③ 통화주의 – 통화정책에 비해 정책의 입안과 실행이 신속하게 이루어지므로 소득이 증가하지만 인플레이션 유발효과가 크다.
④ 공급주의 경제학 – 세율이 인상되므로 민간경제가 활성화되어 소득이 증가한다.
⑤ 새고전학파 – 재정지출의 불확실성이 높아져서 민간경제가 위축되므로 소득이 감소한다.

해설 고전학파의 경우 확대 재정정책으로 정부저축이 감소하면 이자율이 상승하므로 민간저축이 증가하고 민간투자는 감소한다. 따라서 소득에는 영향에는 영향이 없다.
통화주의의 경우 재정정책은 통화정책보다 정책의 입안과 실행이 느리게 진행된다.
공급주의의 경우 확대재정정책은 세율인상으로 민간경제가 위축될수 있다고 본다.
새고전학파의 경우 예상되지 못한 재정정책은 실질 소득의 변화를 가져올 수 있으나 경제의불확실성이 커진다는 단점이 있다. **정답** ②

02

폐쇄경제에서 실질이자율에 대한 설명으로 옳은 것을 모두 고르면? (공인회계사 · 2007)

가. 고전학파 이론에 의하면 실질이자율은 대부자금시장에서 저축과 투자가 일치되도록 결정된다.
나. 가격경직성을 가정하는 케인즈학파에 의하면 단기 실질이자율은 화폐시장에서 수요와 공급이 일치되도록 결정된다.
다. 고전학파와 케인즈학파 모두 실질이자율의 하락은 투자지출의 증가를 가져오는 것으로 설명한다.
라. 고전학파와 케인즈학파 모두 통화량 증가는 실질이자율의 하락을 가져오는 것으로 설명한다.

① 가, 나, 다   ② 가, 나, 라
③ 나, 다, 라   ④ 가, 다, 라
⑤ 가, 나, 다, 라

해설 케인즈학파의 경우 화폐시장에서 실질이자율이 결정되므로 통화량 증가와 관련이 있지만 고전학파의 경우 대부자금시장에서 실질이자율이 결정되므로 통화량의 변화와 실질이자율은 관련이 없다. **정답** ①

3 약술문제

01

화폐의 중립성에 대해 서술하시오.

해설 화폐의 중립성이란 통화 공급의 변화는 실질변수에는 영향을 미치지 않고 명목 변수에는 영향을 주는 경우를 말한다.

주제 **2** 새고전학파, 새케인즈학파 및 공급경제학파

1 이론요약

1. 새고전학파

구분	내용
가정	① 신축적 가계체계를 도입하여 즉각적인 시장청산(market-clearing)이 달성된다. ② 정보의 불완전성(imperfect information)이 존재한다. ③ 개별경제주체들은 합리적 기대를 이용하여 경제변수들을 예상한다.
정책무력성 정리	개인들이 합리적 기대를 이용하면 평균적으로 물가를 정확히 예상하므로 예상된 안정화 정책은 단기적으로 산출량을 증가시키는데 무력하다.
최적계획의 동태적 불일치	① 특정시점의 제약조건하에 도출된 최적정책(optimal policy)은 그 정책을 실제 시행하게 되는 시점에 가서는 더 이상 최적정책이 아니라는 것이다. ② 최적정책의 비일관성 문제는 재량보다는 준칙이 낫다는 것을 보여준다. ③ 정부이 재량정책은 장기적으로 보면 일관성을 유지할 수 없으므로 공개적이고 일관성 있는 정책실시가 바람직하다.
루카스 비판	① 경제상황과 관계없이 소비성향, 투자성향 등 각종변수들이 일정하다는 가정 하에서 이루어진 분석은 타당하지 않다는 것이다. ② 즉, 거시적 행태 방정식을 사전에 설정하고 이에 따라 거시경제효과를 분석하는 것은 잘못이라는 주장이다. ③ 따라서 정책변화에 따른 경제구조변화를 고려하여 정책을 수립하고 집행하여야 한다.

2. 새케인즈 학파

구분	내용
가정	① 개별경제주체들은 합리적 기대를 이용하여 경제변수를 예상한다. ② 시장청산이 이루어지지 않는다. (비 시장청산 모델) ③ 경제내의 가격변수가 경직적이다.
경제정책에 대한 입장	① 정부가 예상된 정책을 실시하고, 경제주체들이 합리적 기대를 이용하여 물가변수를 정확히 예상하더라도 가격변수가 경직적이므로 단기적으로는 정책효과가 발생한다. ② 따라서 단기적으로 경기가 침체상태에 있다면 적극적인 안정화정책이 필요하다고 본다.

3. 공급경제 학파

구분	내용
기본주장	① 세율인하 : 공급경제학은 경제안정을 위한 조세의 경제적 기능보다 자원배분에 조세가 미치는 경제적 기능을 한층 더 강조한다. ② 감가상각 기간 단축과 투자세액 공제 확대 : 이를 통해 기업의 설비투자가 증가하면 총 공급곡선(AS)도 우측 이동한다는 것이다.
래퍼곡선	① 세율과 정부의 조세수입 간의 관계를 나타내는 곡선이다. ② 세율이 낮은 수준일 때는 세율을 인상하면 정부의 조세수입이 증가하나 세율이 매우 높은 수준일 때는 세율을 인상하면 정부의 조세수입은 오히려 감소한다.
AS-AD모형 분석	① 각종 조세감면이 이루어지면 투자가 증가하므로 AD곡선이 우측으로 이동하는 한편 투자가 증가하면 경제의 생산능력이 커져 AS곡선도 우측으로 이동한다. ② 따라서 산출량이 증가하고 물가도 안정 된다.

2 객관식 문제

01

경기안정화정책과 관련된 설명으로 옳지 않은 것은? (보험계리사 · 2013)

① 통화량 증가율을 일정하게 유지하도록 규정할 것을 주장한 프리드만의 준칙에 의한 정책(policy by rule)은 통화정책의 기능을 포기한 것과 유사하다.

② 루카스 비판(the Lucas critique)은 경제정책을 시행할 때 수동적인 시스템을 최적으로 통제(optimal control)하는 것이 핵심이고, 경제변수들 간의 관계를 감안한다면 실제 정책효과를 제대로 파악할 수 없게 된다는 내용이다.

③ 통화정책에 비해 재정정책은, 정책이 시행된 후 기대되는 경제적 효과를 가져오는 데에 걸리는 시간인 외부시차(outside lag)가 더 짧고, 정책시차가 가장 짧은 정책으로는 소득세나 실업보험과 같은 자동안정장치(automatic stabilizer)가 있다.

④ 최적 재량에 의한 정책(policy by discretion)은 경제상황을 정책수립에 반영시키므로 비일관적일 수밖에 없다.

> **해설** 루카스비판이란 거시적 행태방정식을 사전에 설정하고 이에 따라 거시경제효과를 분석하는 것은 잘못이라는 주장이다.
> 따라서 정책변화에 따른 경제구조변화를 고려하여 정책을 수립하고 집행해야 한다. **정답 ②**

02

화폐수요, 화폐유통속도, 통화정책과 관련된 다음 주장 중에서 옳지 않은 것을 모두 고르면? (공인회계사 · 2009)

> 가. 통화론자들은 화폐수요와 소득 사이의 관계가 안정적이라고 주장한다.
> 나. 케인즈학파는 화폐유통속도가 이자율 변동의 영향을 받지 않는다고 주장한다.
> 다. 경제가 유동성함정에 빠지면 사람들은 이자율이 더 이상 오르지 않을 것으로 예상하여 화폐수요의 이자율탄력성이 매우 높아진다.
> 라. 동태적 비일관성(dynamic inconsistency)의 문제가 존재하면 중앙은행에 대한 신뢰가 높을수록 인플레이션 억제정책의 유효성이 커진다.
> 마. 물가변동에 대한 연동(indexation)계약이 일반화될수록 통화정책의 경기안정화 효과가 커진다.

① 가, 나 ② 나, 라
③ 다, 마 ④ 가, 나, 라
⑤ 나, 다, 마

> **해설** 케인즈학파는 화폐유통속도 불안정하여 이자율 변동의 영향을 받는다고 본다.
> 유동성함정이란 이자율이 매우 낮아서 향후 사람들은 이자율이 오를 것으로 예상한다.
> 물가변동에 대한 연동계약이란 물가상승시 이에 비례하여 명목변수도 조정해주는 계약을 말한다. 따라서 통화정책은 실질변수에 영향을 미치지 않기 때문에 경기안정화 효과가 작아진다. **정답 ⑤**

03

여러 경제학파의 다음 주장 중 옳지 않은 것은?

(공인회계사 · 2011)

① 케인즈 학파는 단기적으로 가격이 경직적이며 시장 불균형이 가격 대신 수량을 통해 조정된다고 주장한다.
② 루카스 비판에 의하면 조세삭감이 일시적인 경우의 한계소비성향은 조세삭감이 영구적인 경우의 한계소비성향과 동일하다.
③ 통화주의자들은 안정적 화폐수요를 전제로 하여 준칙에 의한 통화정책을 주장한다.
④ 실물경기변동론자는 기술충격(technology shock)에 대한 소비, 노동 및 투자의 최적 선택과 시장청산의 결과로 경기변동을 설명한다.
⑤ 오스트리아학파에 의하면 화폐와 신용의 불균형은 비생산적인 실물투자로 이어져 경제위기를 초래할 수 있다.

해설 일시적인 조세삭감보다 영구적인 조세삭감이 민간의 처분가능소득의 증가분을 더 크게 유발하기 때문에 일시적인 경우보다 영구적인 경우의 한계소비성향이 더 크다.　　　　　**정답 ②**

3 **약술문제**

01

재량주의와 준칙주의 개념을 서술하시오.

해설 

(1) **준칙주의**
　1) 개념
　　① k% rule이라고도 하는 것으로서 $\dot{M} + \dot{V} = \dot{P} + \dot{Y}$ 라는 식에서 착안하였다.
　　② $\dot{P} = \dot{M} + \dot{V} - \dot{Y}$ 에서 유통속도 증가율이 0이라면($\dot{V} = 0$) 실질 경제성장율 $\dot{Y}$ 에 해당하는 $k\%$ 만큼의 통화증가($\dot{M}$)가 지켜줘야 물가가 안정적으로 유지된다는 것이다.
　　③ Friedman 교수는 몇 로 통화 공급을 증가시키느냐 하는 문제보다는 일정비율을 유지시킨다는 측면이 더욱 중요하다고 지적.
　2) 수식화
　　$m_t = \alpha + \beta(Y_t - Y_f)$ (단, $\alpha > 0$, $\beta > 0$)
　　준칙주의는 α는 상수이고, $\beta = 0$인 상황을 의미한다.

(2) **재량주의**
　1) 개념
　　① Fine Tuning(미조정)이라고도 하며, 경제상황의 변화에 따라 정책당국이 재량적으로 신축적인 정책을 펴야 한다는 것이다.
　　② 이 때 미조정의 양상은 주로 경기 반대적(countercylical)으로 나타난다.
　2) 수식화
　　$m_t = \alpha + \beta(Y_t - Y_f)$ (단, $\alpha > 0$, $\beta > 0$)
　　재량주의는 $\alpha =$ 상수, $\beta \neq 0$이다.

주제 3 논술

01

(1) 최적정책의 비일관성 발생의 개념을 필립스 곡선을 이용하여 설명하라
(2) 최적정책의 비일관성이 주는 시사점을 서술하시오.　　　　　　　　　　(수출입은행 · 2012)

(1) 최적계획의 동태적 불일치(dynamic inconsistency)
　① 특정시점의 제약조건하에 도출된 최적정책(optimal policy)은 그 정책을 실제 시행하게 되는 시점에
　　가서는 더 이상 최적정책이 아니라는 것이다.
　② 즉, 핵심은 정책설계에 이용된 제약조건과 실제 시행 시 제약조건이 상이해진다는 점인데 특히 '민간
　　경제주체의 기대변화'가 중요하다.

(2) 최적성과 일관성의 불일치
　① 인간의 기대가 고정되는 순간 정책당국은 역속으로부터 벗어날 유인이 생기는데 이는 최적성과 일관성
　　의 상충성을 의미하기도 한다.
　② 최적성(optimality)이란 민간의 기대물가가 주어진 다음에 t기의 사회후생을 극대화시키는 정책을 말
　　한다.
　③ 일관성(consistency)이란 민간의 기대물가가 주어진 다음에 t기에 t+1기가 되면 시행할 것이라 공표
　　한 후 실제 t+1기가 되었을 때 공표한대로 시행하는 것을 말한다.

(3) 설명
　① 경제가 최초에 E점에 있을 때 통화당국이 π를 0%로
　　낮추겠다고 공표하면 민간은 이를 신뢰하여 단기 필
　　립스곡선이 이동$(SPC_0 \rightarrow SPC_1)$ 실제로 A점에 도
　　달한다.
　② 이 때 정책당국은 현재의 제약조건이 $SPC_1(\pi^e = 0)$
　　라는 것을 파악하고 경제를 B점으로 이동시키기 위
　　해 통화량을 늘린 유인을 갖게 된다.
　③ 정부가 실제로 통화량을 늘릴 경우 제약 조건은
　　$SPC_0(\pi_0^e)$가 되어 경제는 B점이 아닌 E점으로 이봉
　　한다.
　④ 결국 A점에서 SPC_1이라는 제약조건하에 B점으로
　　이동하려는 정책을 시행할 경우 제약조건은 SPC_0로
　　바뀌어 B점이 아닌 E점으로 이동하게 되므로 그 정책은 최적정책이 될 수 없다.

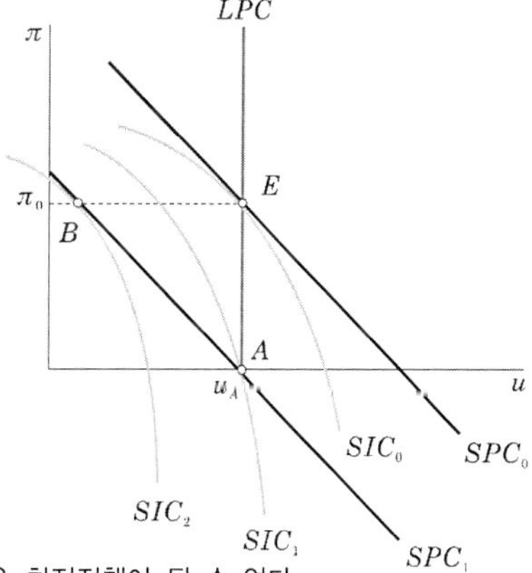

(4) 재량보다 준칙(Rules Rather Than Discretion)
　① 최적정책의 비일관성 문제는 루카스 비판과 밀접한 관련이 있는 것으로서 재량보다는 준칙이 낮다는
　　것을 보여준다.
　② 즉, k%의 준칙을 유지한 경우엔 A점에 머무는 반면, SPC_1이라는 상황제약 하에 재량정책을 시행할
　　경우 결국 E점에 가게 되어 오히려 바람직하지 못한 결과를 낳게 된다는 것이다.

(5) 시사점
　① 정부의 재량정책은 장기적으로 보면 일관성을 유지할 수 없으므로 공개적이고 일관성 있는 정책실시가
　　바람직하다.
　② 정책이란 기본적으로 팽창적인 성향을 갖고 있다는 것에 대한 이론적인 근거가 된다.
　③ 재량적 시행으로 인한 단기적 편익이 신뢰감소로 인한 장기적 비용을 능가할 수 없다.

02

새고전학파와 새케인즈 학파의 예상한 통화정책과 예상치 못한 통화정책의 효과에 대하여 분석하시오.

(한국거래소 · 2013, 예금보험공사 · 2011)

해설

• 새고전학파의 경우

(1) 예상된 정책의 경우

① 예상된 정책이라면 정책에 따른 물가변동이 이미 예상된 것이므로 $P=P^e$이고, 루카스 공급곡선에서 $Y=Y^f$가 된다.

② 총 공급곡선은 Y_f에서 수직인 형태이며 단기적으로도 자연 산출량(Y_f)수준에서 수직선이다.

③ 따라서 예상된 정책은 단기적으로도 산출량 증가에 무력하다.

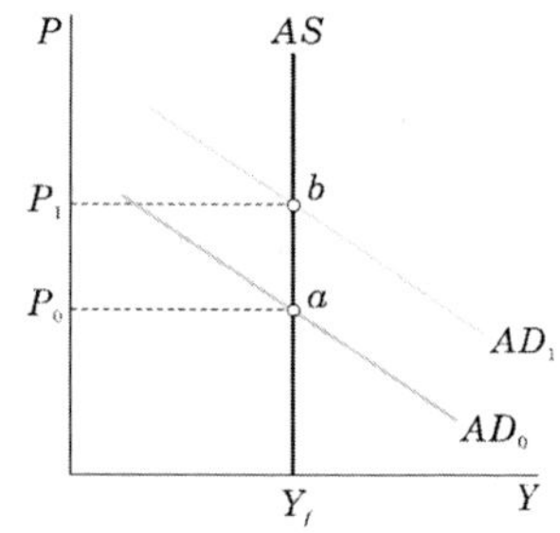

(2) 예상되지 못한 정책의 경우

① 경제주체들이 경제정책변화에 따른 물가 상승분을 자신의 물가 예상에 미처 반영하지 못하므로 $P>P^e$가 성립하고 이로 인해 우상향하는 총 공급곡선을 가지게 된다.

② 예상되지 못한 정책은 균형국민소득을 Y_1으로 증가시키므로 단기적으로 산출량 증가가 가능하다.

③ 예상되지 못한 정책은 단기적으로도 효과가 있으나 정부에 대한 민간의 신뢰도를 감소키고 경제의 불확실성이 높아지므로 경제에 바람직하지 못한 결과를 초래할 수 있다.

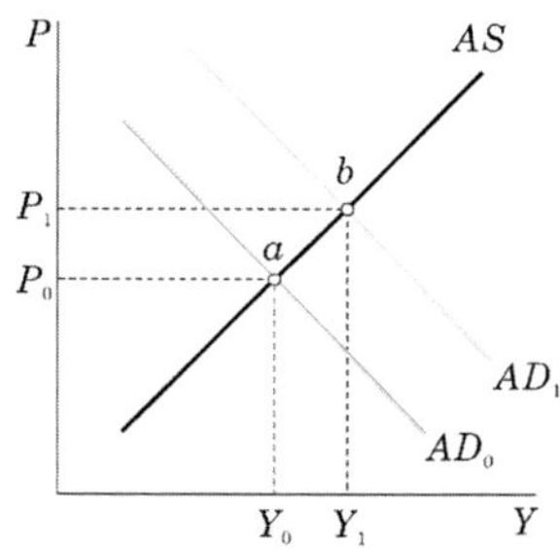

(3) 장기적 효과

① 예상치 못한 총 수요관리 장책이 효과를 갖더라도 그것은 오래 지속될 수 없다.

② 체계적인 오류를 반복하지 않는 합리적 기대에서는 예상오류의 조정은 신속하게 이루어지기 때문에 즉시, 총 공급곡선은 상방 이동한다.

$(AS_0 \rightarrow AS_1)$

③ 따라서 새 고전학파에서 예상치 못한 총 수요관리 정책의 효과는 지극히 단기적 현상일 뿐이다.

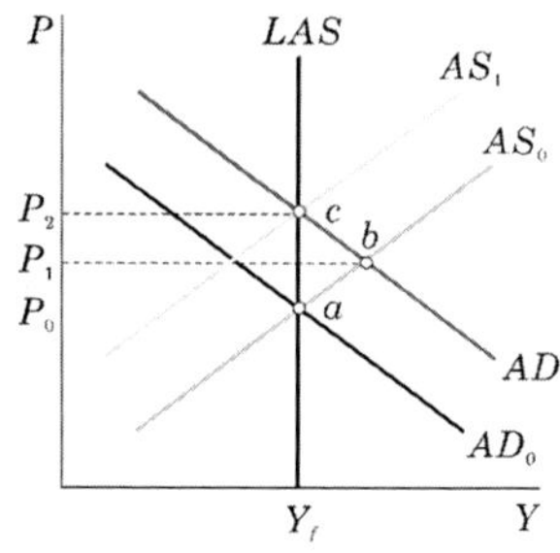

• 새케인즈 학파의 경우

(1) 예상되지 못한 정책의 경우

① 예상되지 못한 확대정책을 실시하면 AD곡선은 우측으로 이동하나 AS곡선은 변하지 않는다.

② 따라서 산출량은 Y_1으로 증가하고 물가는 P_1으로 상승한다.

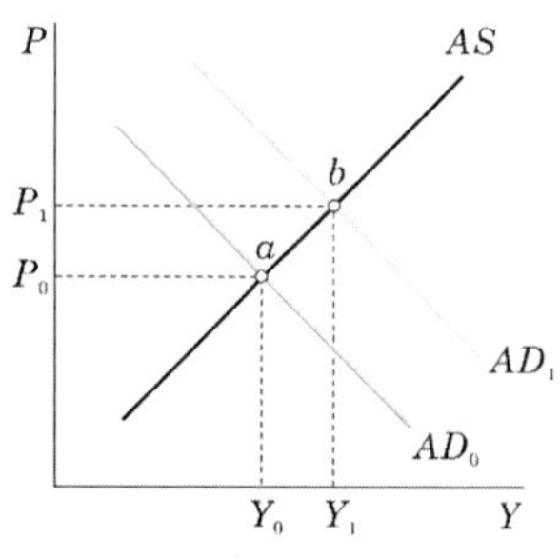

(2) 예상된 정책의 경우

① 예상된 정책을 실시하면 AD곡선이 우측으로 이동하고 AS곡선이 좌측으로 이동한다.

② 예상된 정책의 경우에도 가격변수의 조정이 즉각적으로 이루어지지 못하므로 AS곡선은 AS_1까지만 이동한다.

③ 따라서 예상된 정책의 경우에도 산출량은 Y_1으로 증가하고 물가는 P_1으로 상승한다.

④ 따라서 새 케인즈 학파의 세계에서 조정과정을 거친 후의 총 공급곡선은 LAS로 표시할 수 있다.

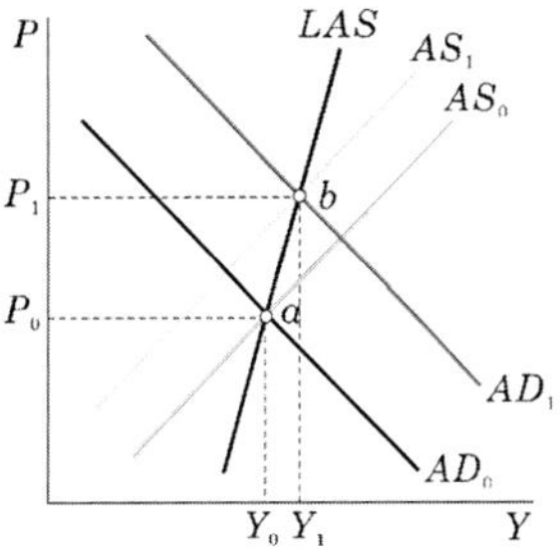

경기변동론 및 경제성장론

주제 1 경기변동론

1 이론요약

1. 경기종합지수(composite index)

선행, 동행, 후행지수로 구분하여 통계청에서 매월 작성, 발표

선행종합지수	동행종합지수	후행종합지수
구인구직비율	비농림어업 취업자수	회사채유통 수익률
재고순환지표	광공업생산지수	상용근로자수
기계류내수출하지수	건설기성액	도시가계소비지출
국제원자재가격지수	서비스업생산 지수	소비재수입액
건설수주액	소매판매액 지수	생산자제품 재고지수
소비자기대지수	수입액	
종합주가지수	내수 출하지수	
수출입물가비율		
장단기 금리차		

2. 새 고전학파의 화폐적 경기변동이론

구분	내용
개념	① Lucas는 통화량의 역할을 중요시하는 프리드만 등 통화주의의 견해를 발전시켜서 화폐적 균형 경기변동론을 제시하였다. ② Lucas에 따르면 불완전한 정보 하에서 합리적으로 기대를 하는 경제주체들이 예상치 못한 경제적 충격으로 인해 상대 가격변화와 일반 물가수준의 변화를 구분하지 못하는 오류를 범함으로써 경기변동이 발생할 수 있다는 것이다.

| 한계 | 합리적 기대를 하는 경제주체들이 물가를 잘못 예측하더라도 다음 기에 즉시 조정하기 때문에 경기변동의 지속성을 설명하지 못한다. |

3. 새고전학파의 실물균형경기변동이론

구분	내용
개념	실물적 균형경기변동론에 의하면 기술충격과 같은 실물적 요인이 경기변동의 주요한 요인으로 봄
노동의 기간간 대체가설	① 합리적 행동을 하는 경제주체들의 동태적 최적화 행동의 결과로서 경제에 실물적 충격이 발생하면 이는 기간 간 노동의 대체를 가져와서 고용과 산출이 변동한다는 것이다. ② 이렇게 노동의 공급이 기간 간 상대 실질임금에 의존한다고 전제한 것을 노동의 기간간 대체가설이라 한다.
건설기간	① RBC모형은 경기순환의 지속성을 기업들의 투자행위에서 나타나는 건설기간(time to build) 이라는 개념을 통해 설명한다. ② 기술충격으로 인한 자본의 축적이 과연 어떤 과정을 거처 실현됨으로써 새로운 장기균형에 도달하는지 설명한다.
화폐의 중립성	① RBC론자들은 통화 공급의 변화는 실질변수에는 영향을 미치지 않아서 화폐가 단기에도 중립성을 갖는다고 본다. ② 그러나 비판론자들은 화폐정책이 실물경제에 영향을 미칠 뿐만 아니라 통화는 경기 순행적이며 또한 경기선행적이라고 비판한다. ③ 이에 대해 RBC론자들은 '역의 인과성'이라는 개념을 통해 반박한다. 통화의 경제여건에 대한 내생적 반응을 강조하여 화폐와 산출이 역의 인과관계를 가지고 있다고 한다. ④ 기술충격에 따른 소득의 변화로 인해 화폐수요가 변화하면 금융기관이 화폐수요를 충족시키기 위해 화폐공급을 조정한다는 것이다. 즉, 화폐량이 경기선행적인 것은 중앙은행이 경기를 예측하고 통화량을 미리 적절히 조절하게 된다는 것이다.

4. 새케인즈학파의 불균형경기변동이론

구분	내용
개념	① 경기변동을 균형의 이탈로 인식 → 균형의 이탈이기 때문에 정부의 개입강조 ② 경기변동의 원인으로 투자지출의 변화에 의한 수요측면의 충격
중첩가격설정	① 시장에 존재하는 여러 기업들의 가격조정의사결정시점이 각각 다르다. ② 따라서 총 수요충격에 대해 재화가격은 경직적인 반응을 보이고 그 효과는 지속적으로 나타날 수 있다.

노동퇴장	① 노동퇴장(labor hoarding)이란 기업이 불경기에 꼭 필요로 하는 노동량을 초과하는 가외의 노동을 계속 고용하는 현상을 말한다. ② 새 케인즈 학파의 경기순환이론은 노동의 평균생산성(AP_L)이 경기 역행적이라는 것을 시사하는데 실제로는 경기 순행적이다. 생산함수가 안정적이고 총 공급충격에 의해 이동하지 않는다면 호경기에 고용 증가 시 노동의 한계생산(MP_L)이 감소하여 AP_L도 대개 감소된다. ③ 새 케인즈 학파는 노동의 평균생산성이 경기 순행적인 행태를 보이는 것을 설명하기 위해 노동퇴장을 모형에 수용하였다.
메뉴비용이론	① 메뉴비용은 가격변화와 관련된 유형·무형의 모든 비용을 포괄하는 개념이다. ② 맨큐(N. G. Mankiw)는 사소해 보이는 메뉴비용의 존재가 재화가격의 경직성을 유발하고, 결국 경기변동을 발생시킬 수 있음을 설명한다.
조정실패모형	① 가격경직성에 따라 발생하는 경기변동이 새 케인즈 학파에 의하면 개별경제주체의 최적화행동의 결과이다. ② 그러나 사회 전체적으로는 최적화가 아님을 복수균형(multiple equilibrium)과 조정실패(coordination failure)의 개념을 통해 설명함으로써 정부개입에 대한 정당성을 뒷받침한다.

2 객관식 문제

01

향후 경기국면을 예측하기 위해 우리나라 통계청에서 발표하는 선행종합지수의 구성지표가 아닌 것은?

(공인노무사 · 2012)

① 건설수주액
② 기계류내수출하지수
③ 코스피지수
④ 소비자기대지수
⑤ 도시가계소비지출

해설   도시가계소비지출은 후행지수에 해당된다.   정답 ⑤

02

실물경기변동이론에 관한 설명으로 옳지 않은 것은?

(감정평가사 · 2012)

① 경기변동의 원인으로 기술 충격의 중요성을 강조한다.
② 노동시장은 항상 균형을 이룬다.
③ 경기변동은 시간에 따른 균형의 변화로 나타난다.
④ 불경기에도 생산의 효율성은 달성된다.
⑤ 생산성은 경기역행적이다.

해설 실물경기변동이론에 따르면 경기호황시 총공급충격에 의하여 물가가 하락하므로 노동수요곡선이 좌측이동한다. 노동수요곡선의 좌측이동으로 노동고용량이 감소하면 노동의 평균생산성이 증가하므로 생산성은 경기순행적이다.

정답 ⑤

03

실물적 경기변동론에 대한 다음 설명 중 옳지 않은 것은? (국회 8급 · 2012)

① 기술진보와 같은 실물적 충격에 의해 야기된 실업과 같은 불균형상태가 균형상태로 수렴하는 과정에서 경기변동이 발생하게 된다.
② 정부의 경제개입은 최소화되어야 한다.
③ 경기의 동태성은 거시경제일반균형의 변동현상이다.
④ 경기변동은 실질변수가 동태적으로 변동하는 현상이다.
⑤ 예상된 화폐공급량 변화는 상대가격의 변화를 유발하지 못하므로 실물경제에 영향을 미치지 않는다.

해설 실물충격에 의해 야기된 실업은 자발적 실업이기 때문에 균형에서 균형으로 가는 과정에서 발생한다. **정답 ①**

04

다음 중 경기변동에 관련하여 옳은 설명만 묶은 것은? (보험계리사 · 2012)

> ㉠ '고용 없는 성장' 현상은, 고용이 GDP와 같은 방향으로 움직인다는 기존의 주장을 지지한다.
> ㉡ 총공급－총수요(AS－AD) 모형에서 총수요의 변동이 경기변동의 요인이라고 보는 견해에 따르면, 물가는 경기와 반대로 움직인다는 경기역행성이 지지된다.
> ㉢ 투자는 소비에 비해 GDP 대비 변동성이 심하여, 경기변동의 주요 원인으로 지목된다.
> ㉣ 기간 간 고른 소비(consumption smoothing)가 어려운 저소득계층이 늘어나면, 이전에 비해 경기변동이 심해질 수 있다.
> ㉤ 실물적 경기변동론(real business cycle theory)은 경기변동을 자연실업률 자체가 변화하여 일어나는 것으로 설명한다.

① ㉠, ㉡, ㉢ 　　　　　　　② ㉡, ㉢, ㉣
③ ㉢, ㉣, ㉤ 　　　　　　　④ ㉡, ㉣, ㉤

해설 고용없는 성장이란 경제성장함에도 고용이 증가하지 않는 경우를 말한다.
총수요가 증가하면 물가와 GDP 모두 증가하므로 물가는 경기와 같은 방향으로 움직이는 경기순행성이 지지된다.
저소득층의 경우 경기침체 기에 소비를 하고자 하나 차입이 불가능하므로 소비가 위축되어 이전에 비해 경기침체가 심화될 수 있다.

정답 ③

05

새케인즈학파의 경기변동모형에 대해 잘못 이해하고 있는 사람으로 묶인 것은? (보험계리사 · 2013)

> 현종 : 메뉴비용모형에서는 비록 메뉴비용이 적더라도 그 존재 자체로 인하여 총수요 외부성
> (aggregate demand externality)이 발생하고 가격경직성이 지속되어 결국 경기변동으
> 로 이어져.
> 석민 : 메뉴비용모형은 완전경쟁 대신 독점적 경쟁을 가정하고 있기 때문에 경직적 가격은 개
> 별 기업으로서는 최적의 선택이 아니지.
> 진우 : 전략적 보완성(strategic complementaries)에 따른 조정실패(coordinatin failure)모
> 형에서는 경제주체들이 자신들의 경제행위를 서로 조정하는 것이 힘들게 되므로, 고생
> 산－저실업과 같은 바람직한 균형은 실현될 수 없는 것이 문제야.
> 재응 : 조정실패모형은 새고전학파처럼 가격과 임금이 신축적이고 모든 시장이 청산된다는 가
> 정을 따르지만, 시장에 대한 정부의 개입에 대한 근거를 제공해.

① 현종, 진우 　　　　　　　　　② 석민, 재응
③ 석민, 진우 　　　　　　　　　④ 현종, 재응

해설 　메뉴비용모형은 독점적 경쟁시장을 가정하고 있기 때문에 경직적 가격설정이 개별기업에게는 최적의 선택이
된다.
전략적 보완성이란 경제주체의 행동이 다른 경제주체에게 영향을 받는 것을 말한다.
따라서 전략적 보완성에 따를 때 내쉬균형은 고생산과 저생산 모두 발생할 수 있으나 개별기업은 메뉴비용을
인식하기 때문에 가격하락으로 인한 고생산의 균형으로 이동하길 원치 않게 된다. 　　　　**정답 ③**

③ 약술

01

조정실패에 대해 서술하시오.

해설 　**(1) 조정실패모형(coordination failure model)의 요지**
① 가격경직성에 따라 발생하는 경기변동이 새 케인즈 학파에 의하면 개별경제주체의 최적 화행동의 결과
이다.
② 그러나 사회 전체적으로는 최적화가 아님을 복수균형(multiple equilibrium)과 조정실패
(coordination failure)의 개념을 통해 설명함으로써 정부개입에 대한 정당성을 뒷받침한다.

(2) 균형(equilibrium)을 보는 관점의 차이
① 고전학파는 완전고용상태만을 균형으로 간주한다.
② 그러나 케인즈는 불완전고용상태도 장기간 지속될 수 있다는 의미에서 '균형상태'임을 주장했다. 케인
즈의 이러한 통찰을 발전시킨 이론이 새 케인즈 학파의 복수균형이다.

(3) 조정실패(coordination failure)
바람직한 균형과 바람직하지 않은 균형이 존재할 때 의사결정자간에 서로 협조가 이루어지지 않아 바람직
하지 않은 균형에 머무르게 되는 현상을 말한다.

(4) 설명

	가격인하	가격유지
가격인하	(100, 100)	(20, 80)
가격유지	(80, 20)	(50, 50)

① 가격을 조정해가는 과정은 기업간에 서로 조정할 가격을 동적으로 예측하며 신중하게 반응해가는 개입행위에 속한다고 볼 수 있으므로 다음과 같은 보수행렬을 설정할 수 있다.

② 기업 A와 기업 B가 가격유지 정책을 취하다가 기업 A가 가격인하 정책으로 전략을 변경하면 '총 수요외부효과'로 기업 B는 보수가 증가한다.

③ 이 보수행렬에는 내쉬 균형이(가격인하, 가격인하)와 (가격유지, 가격유지) 2개가 존재 한다.

④ 조정실패모형에서는 전 생산균형에서 벗어나 고 생산균형에 도달하는 것이 사회적으로 바람직하지만 바람직한 결과가 도출되기는 어렵다고 예측한다.

⑤ 왜냐하면 각 기업의 입자에서 메뉴비용 등 전략변경에 따른 비용은 인식하기 쉬운 반면, 총 수요외부 효과는 인식하기 어렵기 때문이다.

주제 2 경제성장론

1 이론요약

1. 개요

구분	내용
개념	① 경제성장이란 국민경제의 총체적 생산수준, 혹은 실질 국내총생산의 지속적 증가와 평균생활수준 혹은 1인당 실질 GDP의 지속적 향상을 의미 ② 경제성장률 $= \dfrac{\text{금년도 총생산량} - \text{작년도 총생산량}}{\text{작년도 총생산량}} \times 100$ ③ 1인당 경제성장률 = 경제성장률 − 인구증가율
경제성장요인	① 노동투입증가, 자본설비증가로 인한 생산요소 투입증가 ② 기술진보로 인한 생산성향상

2. 해로드 – 도마 모형

구분	내용
가정	가격변수는 경직, 생산함수는 레온티에프를 사용
균형방정식	• $\dfrac{s}{v} = n$ (s : 저축률, v : 자본계수, n : 인구증가율) • 적정성장률 – 자본의 완전고용을 달성하는 성장률 $\left(\dfrac{s}{v}\right)$ • 자연성장률 – 노동의 완전고용을 달성하는 성장률
결론	균형성장경로는 불안정

3. 솔로우 모형

① 특징

구분	내용
가정	가격변수는 경직, 생산함수는 레온티에프를 사용
균형방정식	• $sf(k)=(n+d+g)k$ (s : 저축률, $f(k)$: 1인당 생산함수, k : 1인당자본량, n : 인구증가율, d : 감가상각률, g : 기술진보율) • 균제상태가 달성되면 경제성장률＝인구증가율 • 균제상태가 달성되면 1인당 경제성장률＝0
결론	지속적인 기술진보가 경제성장의 원인

② 설명

구분	내용
황금률	① 자본축적의 황금률이란 1인당 소비자가 극대화되는 1인당 자본량(k)수준이 동시에 경제성장의 균제상태 (steady state)가 되는 경우를 말한다. ② $MP_k-d=n+g \rightarrow r$(실질이자율)$=n+g$ ③ 1인당 소비＝노동소득 ④ 1인당 투자＝자본소득 ⑤ 1인당 투자와 자본이 일치하기 때문에 1인당 저축률과 자본소득 분배율이 일치
수렴가설	초기조건이 동일하면 장기에 있어서 모든 국가의 1인당 소득이 일정수준으로 수렴하는 현상을 말한다.
성장회계	① 성장회계(growth accounting)란 경제성장에 있어 어떤 요소가 얼마나 기여하였는지 요인별로 분석해보는 것을 의미한다. ② 생산함수를 증가율로 나타낼 수 있다. $$\frac{\dot{Y_t}}{Y_t}=\frac{\dot{A_t}}{A_t}+\alpha\frac{\dot{K_t}}{K_t+(1-\alpha)\frac{\dot{L_t}}{L_t}}$$ ③ 이 식에 따르면 한 나라의 경제성장은 기술진보·자본증가·노동증가라는 세 부분의 합으로 구성된다. ④ 또한 α와 $(1-\alpha)$는 각각 자본소득분배율과 노동소득분배율을 나타내는 계수로서 자본 증가와 노동증가가 경제성장에 기여하는 비율을 의미한다.

4. 내생적 성장이론

① 특징

구분	내용
개념	내생적 성장이론이란 개별경제주체들이 최적화를 한다는 가정 위에 경제가 지속적으로 성장하게 되는 요인을 경제모델 내에서 찾고자 하는 성장이론이다.
특징	• 성장요인의 내생화 • 물적자본에서 인적자본으로 자본의 개념 확대 • 수확불변, 수확체증 가정 • 정부의 역할 강조

② AK모형

구분	내용
기본가정 및 의의	기존의 내생적 성장모형들이 수확체증을 도입하여 지속적 성장을 설명하는데 비하여 AK 모형에서는 수확불변으로도 지속적 성장을 설명하고 있다.
균제조건	$\triangle k = SAk - nk$, $\dfrac{\triangle k}{k} = SA - n$
특징	① 경제의 지속적 성장을 설명한다. ② 수렴현상이 발생하지 않는다. ③ 부강한 국가의 성장률이 가난한 국가의 성장률보다 높게 나타나며 이는 솔로우 모형과 반대의 결과이다. ④ A의 변화가 $\dfrac{\triangle k}{k}$에 미치는 영향이 지속적으로 경제는 내생적으로 기술수준 A를 상승시킬 유인을 갖게 된다. ⑤ 경제의 장기성장률은 인구증가율과는 관계없이 저축율과 기술수준 이라는 두 요소에 의 해서만 결정된다. ⑥ 성장요인의 변화가 지속적이다. 즉, 저축률(S), 기술수준(A)이 상승하면 경제성장률, 1인당 소득 및 1인당 자본의 증가율이 지속적으로 더 높은 수준을 유지할 수 있다. 그러나 인구증가율(n)이 높아지면 1인당 소득$\left(\dfrac{Y}{L}\right)$의 증가율은 낮아진다.

2 객관식 문제

01

해로드(Harrod)의 성장모형에서 현재 균형성장이 이루어지고 있다고 하자. 자본 − 산출량 비율(자본계수)이 2이고 한계소비성향이 0.7, 인구증가율이 2%인 경우에 국민경제의 성장률과 1인당 경제성장률은 각각 얼마인가?

① 15%, 13% ② 13%, 15%
③ 10%, 8% ④ 8%, 10%

한계소비성향이 0.7이면 한계저축성향은 0.30이다. 즉, 저축률이 30%이므로 자본계수가 2라면 적정성장률은 15%이다. 현재 균형성장 상태이므로 국민경제의 성장률 역시 15%이며 1인당 경제성장률은 경제성장률에서 인구증가률을 차감하여 13%가 된다.

정답 ①

02

경제성장에 관한 해로드–도마모형과 솔로우모형의 공통점에 대한 설명으로 옳은 것을 <보기>에서 모두 고르면? (국회 8급 · 2011)

> 가. 생산요소 간 대체가 가능하고 규모에 대한 보수가 불변인 콥–더글라스 1차 동차생산함수를 가정한다.
> 나. 매기당 인구증가율과 자본증가율은 외생적으로 일정하게 주어진다.
> 다. 저축률은 일정한 반면 사전적 투자수요와 사후적 투자지출이 같아서 매 기당 균형이 유지된다.
> 라. 완전고용균형성장은 경제성장률, 자본증가율, 노동증가율이 같을 때 이루어진다.

① 가, 나 　　　　　　　　　　② 가, 다
③ 나, 다 　　　　　　　　　　④ 나, 라
⑤ 다, 라

> **해설** 솔로우 모형은 생산요소 간 대체가 가능하고 규모에 대한 보수가 불변인 콥–더글라스 1차 동차 생산함수를 가정하고 해로드–도마모형은 대체가 불가능한 레온티에프 생산함수를 가정한다.
> 해로드–도마 모형은 매기당 인구증가율과 자본증가율이 외생적으로 일정하게 주어져 있으나 솔로우 모형은 자본증가율이 $\dfrac{sf(k)}{k}$ 이므로 자본량에 따라 변할 수 있다. **정답 ⑤**

03

솔로우의 성장모형에서 1인당 생산함수가 $y = k^{\frac{1}{2}}$ 이고(y는 1인당 생산량, k는 1인당 자본량) 인구증가율이나 기술진보가 없다고 가정하자. 만일 저축률이 20%이고 감가상각률이 5%라면 안정상태에서의 1인당 생산량과 1인당 소비량은 얼마인가?

① 1인당 생산량은 2, 1인당 소비량은 1.6 　　② 1인당 생산량은 3, 1인당 소비량은 2.4
③ 1인당 생산량은 4, 1인당 소비량은 3.2 　　④ 1인당 생산량은 5, 1인당 소비량은 4.0
⑤ 1인당 생산량은 6, 1인당 소비량은 4.8

> **해설** 인구증가율이 0이기 때문에 균제상태에서 $sf(k) = dk$가 된다.
> 따라서 s=0.2, d=0.5를 대입하면 1인당 생산량은 4가 된다.
> 1인당 생산량이 4일 때 저축률이 20%이므로 1인당 저축량은 0.20이므로 1인당 소비량은 3.2가 된다. **정답 ③**

04

인구증가율, 감가상각률, 기술진보율이 각 η, δ, g라고 할 때 <보기>에서 황금률에 대한 설명으로 옳은 것을 모두 고른 것은?

(국회 8급 · 2012)

> 가. 황금률은 정상상태(균제상태)의 소비를 극대화하는 저축률과 자본량을 말한다.
> 나. 황금률은 저축률이 자본소득분배율과 같을 때 달성된다.
> 다. 황금률은 자본의 한계생산이 g와 같을 때 달성된다.
> 라. 황금률은 자본의 한계생산이 $\delta + g$와 같을 때 달성된다.
> 마. 황금률상태에서는 1인당 소비의 크기가 노동소득과 일치한다.

① 가, 나, 라
② 가, 나, 마
③ 가, 라, 마
④ 나, 다, 마
⑤ 가, 나, 라, 마

 황금률이란 1인당 소비가 극대화되는 균제상태로 자본의 한계생산과 인구증가율, 감가상각률, 기술진보율의 합이 일치한다. 따라서 $MP_K = \eta + \delta + g$이다.

정답 ②

05

다음의 <모형>을 통해서 경제성장을 분석한다고 할 때 <보기>에서 옳은 것을 모두 고르면?

(국회 8급 · 2010)

> **• 모형 •**
>
> 생산함수는 $Y_t = A_t K_t^{0.5} L_t^{0.5}$ (단, 아래첨자 t는 시간을 의미하고 Y_t는 t기에서의 생산량, A_t는 t기에서의 기술수준, K_t는 t기에서의 자본량, L_t는 t기에서의 노동량임)이며 기술수준 $A_t = (1+\alpha)^t A_0$에 의해서 결정되고 $L_t = (1+n)^t L_0$에 의해서 결정된다. (단, A_0는 초기기술수준, L_0는 초기노동량, α는 기술증가율, n은 인구증가율임) 자본량이 t기에서의 투자 I_t와 감가상각률이 δ로 주어졌을 때 $K_{t+1} = (1-\delta)K_t + I_t$와 같이 결정된다. 그리고 매기마다 투자는 $I_t = sY_t$(단, s는 저축률임)에 의해서 결정된다. t기에서 노동 1단위당 자본량은 $(\frac{K_t}{L_t})$으로 정의된다.

> **• 보기 •**
>
> 가. 정상상태에서의 노동 1단위당 자본량은 s가 증가하며 지속적으로 증가할 수 있다.
> 나. 정상상태에서의 노동 1단위당 자본량은 n의 변화와 무관하다.
> 다. 정상상태에서의 노동 1단위당 자본량은 δ가 증가하면 감소한다.
> 라. 정상상태에서의 노동 1단위당 자본량은 초기 기술수준인 A_0가 증가하면 증가 한다.

① 가, 나
② 가, 다
③ 가, 라
④ 나, 라
⑤ 다, 라

 정상상태에서 저축률이 증가하면 노동 1단위당 자본량은 일시적으로 증가한다.
인구증가율(n)이 감소하면 정상상태에서의 노동 1단위당 자본량은 증가한다.　　　　　　정답 ⑤

06

어떤 폐쇄경제에서 생산함수가 노동과 자본에 대하여 '규모에 대한 수익불변'의 성질을 보이고, 외생적 기술진보 증가율(g), 저축률(s), 감가상각률(δ), 인구증가율(n)이 상수로 주어져 있다고 한다. 이 경제가 단기 및 장기에서 보여주는 모습에 대한 다음 설명 중 옳지 않은 것은?

(공인회계사 · 2013)

① 균제상태(steady state)에서 경제 전체의 국민소득, 소비, 투자 각각의 증가율은 $n+g$이다.
② 현재 효율노동 1단위당 자본량이 균제상태보다 낮은 수준에 있을 때 근로자 1인당 국민소득의 증가율은 g보다 높다.
③ 황금률은 $MPK-\delta=n+g$ (단, MPK는 효율노동 1단위당 자본의 한계생산)가 성립하는 균제상태에서 달성된다.
④ 현재 균제상태에 있는 경제의 효율노동 1단위당 자본량이 황금률 수준보다 높다면 황금률 수준으로 이동하는 것이 항상 후생을 증가시킨다.
⑤ 여러 가능한 균제상태 중에서 효율노동 1단위당 국민소득수준이 가장 높은 경우는 황금률이 달성되는 균제상태이다.

 황금률이란 1인당 소비가 극대화 되는 균제상태를 말한다.
효율노동 1단위당 자본량이 황금률보다 높다면 1인당 자본량이 감소함에 따를 1인당 소비가 증가하고 효율노동 1단위당 자본량이 황금률보다 낮다면 1인당 자본량이 증가함에 따를 1인당 소비가 감소한다.　정답 ⑤

07

총생산함수를 $Y=AN^{\alpha}K^{1-\alpha}$, $0<\alpha<1$ (Y, N, K, A는 각각 총소득, 노동투입, 자본투입, 총요소생산성)**로 가정할 때, 성장회계와 경제성장에 관한 다음 설명 중 옳지 않은 것은?**

(공인회계사 · 2009)

① 총소득 중에서 노동소득이 차지하는 비중은 α와 같다.
② A가 일정한 솔로우 경제성장모형에서 저축률의 상승은 장기적으로 1인당 소비를 항상 증가시킨다.
③ A는 실제 관측되지 않는 것으로 솔로우 잔차(Solow residual)라고 한다.
④ A가 일정하고 1인당 자본량이 균제상태(steady state)보다 적을 때, 1인당 자본량이 증가할수록 1인당 국민소득의 증가율은 하락한다.
⑤ 경제성장률이 6%, 노동투입 증가율이 3%, 자본투입 증가율이 8%, $\alpha=0.6$이라면 총요소생산성은 1% 상승하였다고 할 수 있다.

 저축률의 상승은 단기적으로 1인당 소비를 증가시키기 위해서는 1인당 자본량이 황금률보다 낮은 수준에 위치해야 한다.　　　　　　정답 ②

08

솔로우 경제성장모형에서 생산이 이루어지고 있을 때 다음 설명 중 옳은 것을 모두 고르면?

(감정평가사 · 2008)

> 가. 인구증가율이 낮아지면 1인당 국민소득은 장기적으로 낮아진다.
> 나. 저축률이 0.2에서 0.3으로 높아질 때 장기적으로 경제성장률이 높아진다.
> 다. 1인당 자본스톡이 균제상태보다 낮은 수준에서 균제상태로 접근함에 따라 경제성 장률이 둔화된다.
> 라. 자본소득을 모두 저축하고 노동소득을 모두 소비한다면 이 경제의 균제상태는 황금률을 달성한다.

① 가, 나　　　　　　　　　　② 가, 다
③ 다, 라　　　　　　　　　　④ 가, 나, 라
⑤ 나, 다, 라

인구증가율이 낮아지면 1인당 자본량이 증가하므로 1인당 국민소득이 증가한다.
저축률이 증가하면 1인당 자본량이 증가하므로 1인당 국민소득이 증가한다.
균제상태에서는 인구증가율과 경제성장률이 일치한다.

정답 ③

09

A국의 생산함수는 $Y = AK^{\alpha}L^{\beta}$이다. 다음 자료를 바탕으로 성장회계에 의한 총요소생산성의 경제성장기여율을 계산하면 얼마인가? (단, Y는 총소득, A는 총요소생산성, K는 자본스톡, L은 노동, α는 자본소득분배율, β는 노동소득분배율이다.)

(감정평가사 · 2010)

> • 연간 경제성장률 : 5%　　　　　　• 연간 자본스톡증가율 : 7%
> • 연간 노동증가율 : 1%　　　　　　• $\alpha = 0.5$
> • $\beta = 0.5$

① 10%　　　　　　　　　　② 15%
③ 20%　　　　　　　　　　④ 25%
⑤ 30%

성장회계 방정식은 $\dfrac{\Delta Y}{Y} = \dfrac{\Delta A}{A} + 0.5(\dfrac{\Delta K}{K}) + 0.5(\dfrac{\Delta L}{L})$이다.

총요소생산성 증가율 = 5% − (0.5 × 7%) − (0.5 × 1%) = 1%이다.

따라서 경제성장률이 5%이고 총요소생산성 증가율이 1%이므로 총요소생산성의 경제성장기여율은 20%이다.

정답 ③

10

정상상태(steady state)에 있던 경제에 지진이 발생하였다. 솔로우(Solow) 모형을 이용하여 지진이 경제성장에 미치는 영향을 설명한 것 중 옳지 않은 것은? (단, 지진으로 생산시설이 파괴되었지만 인명피해는 발생하지 않았으며, 지진 전후 생산함수, 저축률, 감가상각률 및 인구증가율의 변화는 없다.) (공인회계사 · 2011)

① 1인당 소득이 이전보다 감소한다.
② 1인당 소득증가율은 이전보다 높다.
③ 1인당 투자량은 이전보다 크다.
④ 실질이자율은 이전보다 높다.
⑤ 정상상태로 복귀하면 1인당 소득수준은 이전과 동일하다.

해설 지진의 발생은 1인당 자본량을 감소시키므로 1인당 소득이 이전보다 감소한다.
1인당 자본량의 감소는 자본의 한계생산성이 증가하므로 실질이자율은 높아진다.
1인당 자본량의 감소는 1인당 투자량의 감소를 유발하므로 이전보다 작아진다. **정답** ③

3 약술문제

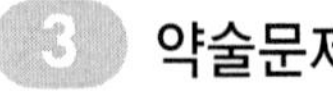

01

자본축적의 황금률에 대해 서술하시오.

해설 (1) 개념
자본축적의 황금률이란 1인당 소비자가 극대화되는 k수준이 동시에 경제성장의 균제상태(steady state)가 되는 경우를 말한다.

(2) 도출
① 1인당 소득 $y = Af(k)$에서 1인당 저축 $SAf(k)$를 빼면 1인당 소비는 다음과 같이 나타내어진다.
$$C = Af(k) - SAf(k)$$
$$C = Af(k) - nk \text{(왜냐하면 균제상태에서는 } SAf(k) = nk \text{이므로)}$$
② 1인당 소비가 극대화 되는 점을 구하기 위하여 k에 대하여 미분하면
$$\max(C = Af(k) - nk) = \frac{dc}{dk} = Af'(k) - n = 0$$
$$Af'(k) = n$$
③ n은 인구증가율을, 그리고 $Af'(k)$는 자본의 한계생산물을 나타낸다.

02

솔로우 경제성장모형에서 생산함수가 다음과 같이 바뀌었을 때 총자본스톡 증가율과 1인당 자본증가율을 구하시오. (단, Y는 생산량, A는 생산성 수준, K는 자본을 나타낸다.)

$$Y = AK$$

자본증가율은 $\dfrac{\Delta K}{K} = \dfrac{I}{K} = \dfrac{S}{K} = \dfrac{sY}{K} = \dfrac{sAK}{K} = sA$이므로 총자본스톡 증가율은 $sA - \delta$이다.

1인당 자본증가율은 $\dfrac{\Delta k}{k} = (sA - \delta) - n$이므로 총자본스톡 증가율이 인구증가율보다 크면 1인당 소득은 영구히 증가한다.

03

솔로우 단순경제성장모형에서 총생산함수가 $Y = 2L^{0.5}K^{0.5}$이고, 다음과 같은 조건이 주어진 경우 균제상태에서 1인당 국민소득(y)의 값은? (단, Y는 총국민소득, L은 노동투입량, K는 자본투입량, $y = \dfrac{Y}{L}$, $k = \dfrac{K}{L}$, y>0, k>0)

- 민간부문만 있는 폐쇄경제이다.
- 저축함수는 S=0.2Y (S는 저축)
- 자본의 감가상각율은 0.1이다.
- 인구증가율은 0이다.
- 각 기간의 저축과 투자는 일치한다.

총생산함수를 1인당 생산함수로 변형하면 $\dfrac{Y}{L} = 2\left(\dfrac{K}{L}\right)^{0.5} \rightarrow y = 2k^{0.5}$

균제조건은 $sf(k) = (n+d)k$이므로 $0.4k^{0.5} = 0.1k \rightarrow k = 16$이 도출된다.
1인당 자본량(k)을 1인당 생산함수에 대입하면 1인당 국민소득 8이 계산된다.

04

한 나라의 생산함수가 $Y = A\sqrt{KL}$ 이다. 여기서 Y는 총생산, A는 기술, K는 자본, L은 노동이다. 근로자 1인당 소득증가율은 3%이고 근로자 1인당 자본증가율은 2%이다. 이 때 성장회계에 따르면 기술증가율은 얼마인가?

총생산함수를 1인당 생산함수로 바꾸면 $y = Ak^{\frac{1}{2}}$이므로 변화율로 바꾸면 다음과 같다.

$$\frac{\Delta y}{y} = \frac{\Delta A}{A} + \frac{1}{2}\frac{\Delta k}{k}$$

$\dfrac{\Delta y}{y} = 3\%$, $\dfrac{\Delta k}{k} = 2\%$이므로 $\dfrac{\Delta A}{A} = 2\%$로 도출된다.

01

그리스 경제 위기가 한국경제에 미치는 영향을 분석해보자. (수출입은행 · 2011)

(1) 국가 할증이 존재할 때 먼델 플레밍 모형을 통해 분석하시오. (단, 한국은 자유변동 환율제로 가정한다.)

(2) 그리스는 저축률이 낮은 편이다. 경제 성장에 어떤 영향을 끼치는지 솔로우 모형과 내생적 성장 이론으로 설명하시오.

해설

(1) ① 자본유출로 BP곡선이 위로 움직인다. ($BP_0 \rightarrow BP_1$)
② 환율의 상승으로 순수출이 증가하면 IS곡선이 우측 이동한다.
③ 따라서 국민소득이 증가하고 이자율이 상승한다.

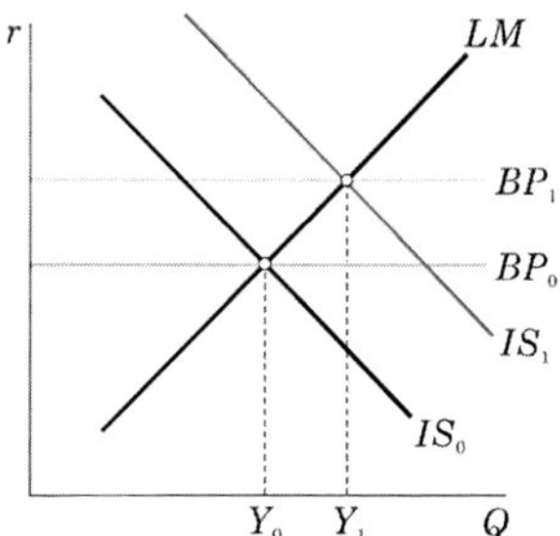

(2) 솔로우 모형
1) 1인당 산출량의 변화
① 저축성향의 증가는 ($S_1 \rightarrow S_2$) 1인당 저축함수를 상방이동시키므로
$(S_1 Af(k) \rightarrow S_2 Af(k))$ k와 y가 증가한다.
② 경제성장률은 1인당 산출량 증가율이 새로운 균형 성장경로 $y_2{}^*$에 도달할 때까지만 양의 값을 가질 뿐 균형에 이르면 결국 0이 된다. 즉, 장기적으로 경제성장률은 원래수준으로 복귀한다.

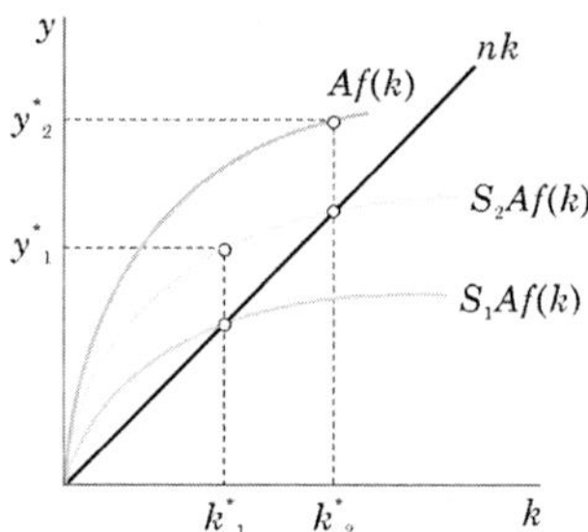

2) 장기성장률의 변화
① 인구증가율이 변하지 않았기 때문에 경제의 장기성장률은 전과 동일하다.
② 저축률의 증가는 조정과정에서 일시적으로 성장률을 높인다. 이는 1인당 자본량 $\left(\dfrac{K}{L}\right)$과 1인당 소득 $\left(\dfrac{Y}{L}\right)$이 고전보다 높아지기 위해서는 조정과정에서 자본량이나 소득이 인구증가율 보다 높아야 하기 때문이다.

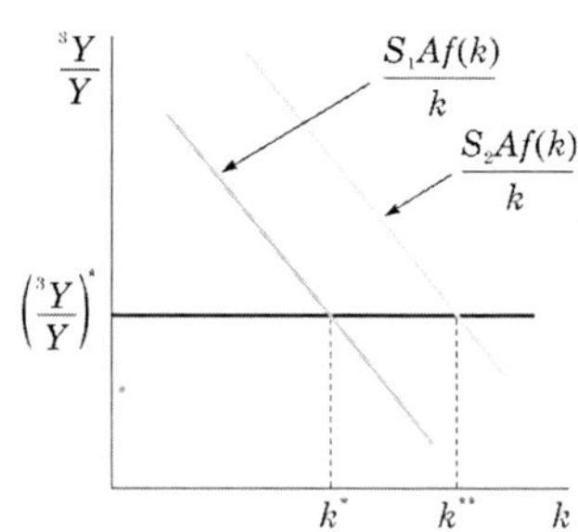

3) 결론
① 정부정책에 의한 경제성장은 균형에 이르는 과정에서 일시적 현상이다.
② 저축성향의 변화는 1인당 산출량의 수준만 변화시키는 수준효과(level effect)만 있고, 성장효과(growth effect)는 없다. 즉, 균제상태에서 1인당 산출량을 변화시키지 못한다.

(2) AK 모형

1) 기본가정 및 의의

기존의 내생적 성장모형들이 수확체증을 도입하여 지속적 성장을 설명하는데 비하여 AK 모형에서는 수확불변으로도 지속적 성장을 설명하고 있다.

2) 내용

① $Y = AK$라고 설정한다. (K : 물적자본과 인적자본을 모두 포괄하는 복합자본(composite capital))

② $MP_K = A$가 되므로 수확불변을 나타내고 있다.

③ 이를 솔로모형의 기본 방정식에 대입하면 다음과 같은 식을 얻을 수 있다.

$$\triangle k = SAk - nk, \quad \frac{\triangle k}{k} = SA - n$$

3) 도해

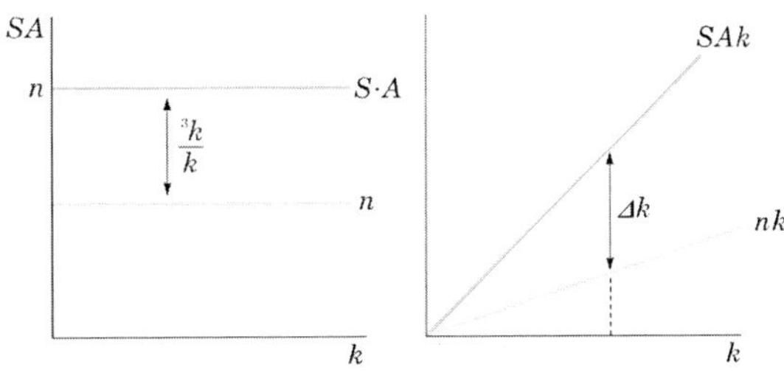

① 경제의 생산성을 나타내는 지수인 A의 크기가 충분히 커서 SA >n 이면 1인당 자본율은 SA−n 만큼씩 지속적으로 증가한다.

② 즉, 1인당 자본량은 (SA−n)k 만큼씩 지속적으로 증가하므로 그 결과 1인당 소득도 지속적으로 증가한다.

③ 또한 기술수준의 변화는 지속적인 성장률 차이를 발생시킨다.

4) 특징

① 경제의 지속적 성장을 설명한다.

② 수렴현상이 발생하지 않는다.

③ 부강한 국가의 성장률이 가난한 국가의 성장률보다 높게 나타나며 이는 솔로우 모형과 반대의 결과이다.

④ A의 변화가 $\frac{\triangle k}{k}$에 미치는 영향이 지속적으로 경제는 내생적으로 기술수준A를 상승시킬 유인을 갖게 된다.

⑤ 경제의 장기성장률은 인구증가율과는 관계없이 저축율과 기술수준이라는 두 요소에 의해서만 결정된다.

⑥ 성장요인의 변화가 지속적이다.

즉, 저축률(S), 기술수준(A)이 상승하면 경제성장률, 1인당 소득 및 1인당 자본의 증가율이 지속적으로 더 높은 수준을 유지할 수 있다. 그러나 인구증가율(n)이 높아지면 1인당 소득$\left(\dfrac{Y}{L}\right)$의 증가율은 낮아진다.

5) Solow 모형과의 비교

① 솔로모형에서는 저축률이 균제상태의 소득수준에서는 영향을 미칠 수 있지만 균제상태의 성장률에는 아무런 영향을 미칠 수 없었다.

② 그러나 AK모형에서는 저축률이 성장률 수준을 결정하는 중요한 요소로 작용한다.

③ 따라서 저축률을 증가시키는 정부정책은 지속적인 경제성장을 가져올 수 있는 것이다.

 **02**

저출산 고령화가 한국경제에 미치는 영향을 솔로우 모형으로 설명하시오. (수출입은행 · 2011)

해설

① 저출산 고령화로 인구증가율이 감소하면 균제상태가 a점에서 b점으로 변하면서 1인당 자본량(k)과 1인당 소득(y)가 증가한다.

② 새로운 균제상태 b점에서는 경제성장률은 인구증가율만큼 증가하나 1인당 경제성장률은 변하지 않는다.

③ k_0에서는 $sf(k)$가 nk보다 크기 때문에 Δk와 Δy가 0보다 크고 경제성장률이 인구증가율보다 순간적으로 커지게 된다.

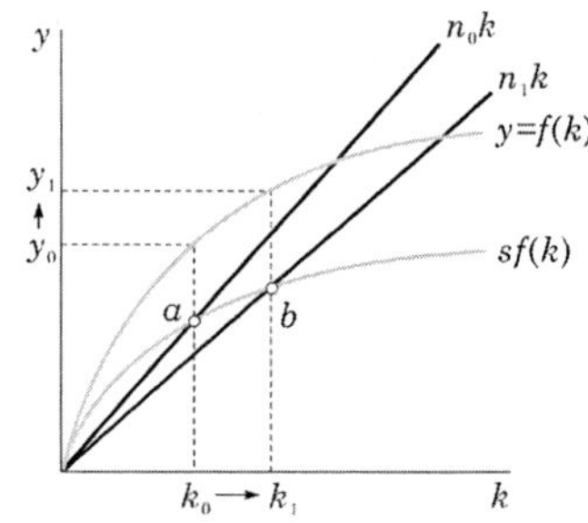

03

실물경기변동 이론에서 (정책금융공사 · 2011)

(1) 경기변동을 일으키는 요인 설명하시오.

(2) 일시적 공급충격과 영구적 공급충격을 비교하시오.

해설

(1) 경기변동을 일으키는 요인 설명하시오.

① 개요

㉠ 실물적 경기변동이론은 MBC와 달리 경기순환의 지속성을 외적 충격이 아닌 내생적 변화과정으로 설명한다. 따라서 일회적 충격에 균형수준자체가 내생적으로 변화할 수 있는 것이다.

㉡ 이렇게 외부에서 주어진 충격이 내생적으로 계속 지속될 수 있도록 하는 메커니즘이 무엇인지 규명하는 것을 파급방식이라고 하는 바, RBC이론에서는 노동의 기간 간 대체이론과 건설기간의 개념을 통해 설명한다.

② 노동의 기간 간 대체가설(hypothesis of inter temporal substitution of labor)

① 개념

㉠ 합리적 행동을 하는 경제주체들의 동태적 최적화 행동의 결과로서 경제에 실물적 충격이 발생하면 이는 기간 간 노동의 대체를 가져와서 고용과 산출이 변동한다는 것이다.

㉡ 이렇게 노동의 공급이 기간 간 상대 실질임금에 의존한다고 전제한 것을 노동의 기간간 대체가설이라 한다.

② 모형설정

㉠ 현재의 실질임금 w_1과 미래의 실질임금 w_2의 상대적 크기가 현재와 미래의 노동시간의 배분에 영향을 미친다.

㉡ 현재의 실질이자율 r이 상승하면 현재의 저축으로 생애전체의 효용을 극대화시킬 수 있을 것이다.

㉢ 따라서 RBC이론은 노동의 공급이 기간 간 상대임금의 함수라고 본다.

$$L^S = L^S\left(\frac{W_0}{\frac{W_1}{1+r}}\right) = L^S\left(\frac{(1+r)\,W_0}{W_1}\right)$$

㉣ 즉, 미래실질임금 w_1이 일정할 때 현재의 실질임금 w_0가 상승하면 L^S 곡선 상에서 이동하고, 이자율 r이나 미래실질임금 w_1이 변화 시 L^S자체가 이동한다.

③ 이자율 r의 변동

　㉠ 현재의 실질이자율 r이 상승하면 $(r_0 \rightarrow r_1)$ 현재의
　　저축이 미래에 더 많은 소비와 여가의 기회를 가져다
　　줄 것이다.

　㉡ 따라서 노동공급곡선이 우측 이동하여
　　$(L_S(r_0) \rightarrow L_S(r_1))$ 노동공급이 증가한다.
　　$(L_0 \rightarrow L_1)$

　㉢ $(r, \ y)$평면의 우상향하는 AS곡선을 도출할 수 있다.

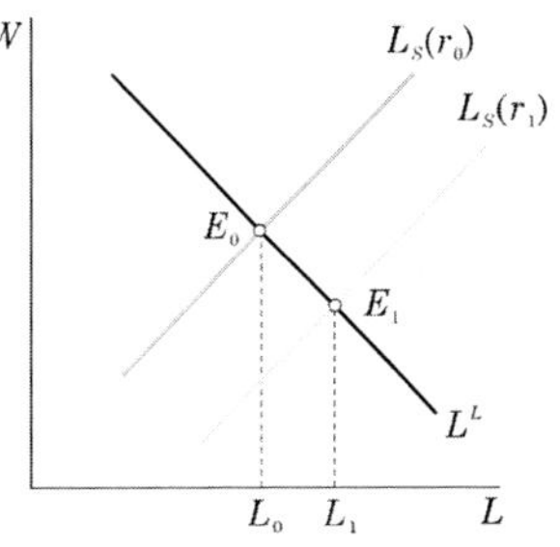

④ 미래실질임금 w_1의 변동

　㉠ 미래실질임금 w_1이 상승하면 현재노동공급을 감소시킬
　　것이므로 노동공급곡선이 좌측 이동한다.
　　$(L_S(W_1) \rightarrow L_S(W_1'))$

　㉡ 따라서 노동공급은 감소한다. $(L_0 \rightarrow L_1)$

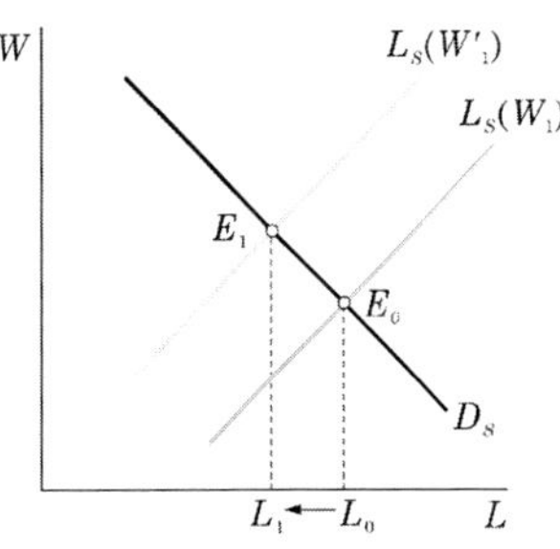

(2) 일시적 공급충격과 영구적 공급충격을 비교하시오.

　1) 일시적 공급충격과 경기변동

　　① 개요 : 일시적 공급충격, 즉, 기상조건이 일시적으로 좋아진 경우에 경제가 일시적으로 노동생산성
　　　이 상승하는 경우를 분석해 본다.

　　② 설명

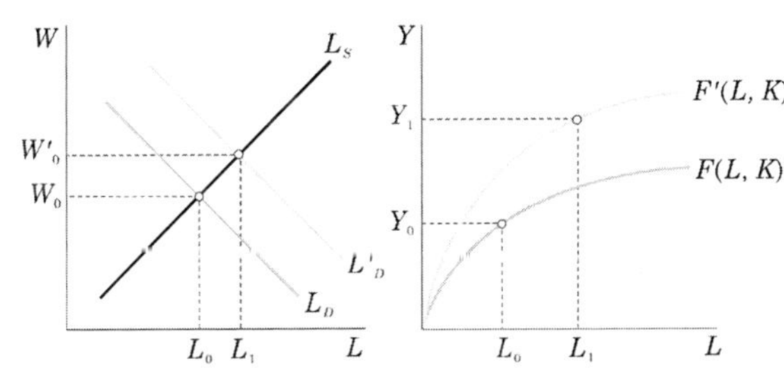

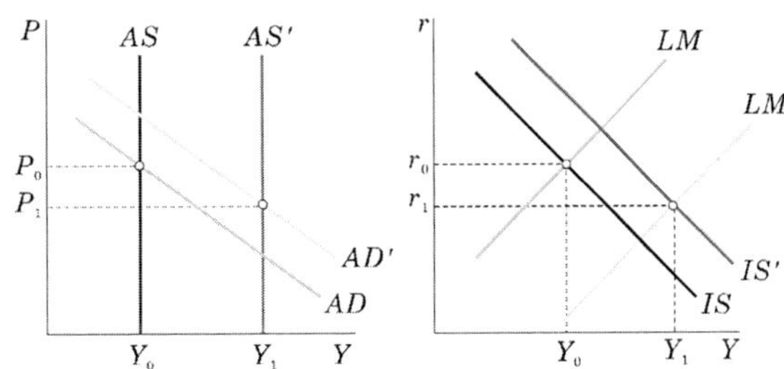

　　㉠ 일시적 기술충격은 생산함수를 상방 이동시키고, 노동생산성 증가로 노동수요곡선이 우측 이동
　　　한다. $(L_D \rightarrow L_D')$

ⓛ 기간 간 대체효과에 의해 고용량은 L_1으로 증가하고 실질임금도 w_1으로 상승한다.

ⓒ 고용량이 L_1으로 증가함에 따라 산출량이 Y_1으로 증가하고 AS곡선이 AS으로 이동한다.

ⓔ 소비자는 임시소득이 증가하였기 때문에 소득증가분 중 일부만을 소비할 것이고, 투자자도 생산성증가의 효과가 미래로 이어지지 않는다는 것을 알기 때문에 투자를 크게 늘리지 않을 것이다.

ⓜ 따라서 IS곡선과 AS곡선이 우측으로 소폭이동하고, 물가하락으로 LM곡선이 우측 이동하므로 총 수요가 Y_1까지 증가하고 이자율은 하락한다. $(r_0 \rightarrow r_1)$

③ 결론

㉠ 공행성 (comovement)

㉮ 일시적 충격으로 고용(L)과 산출(Y)이 증가하고 실질임금(W)이 상승하며 물가(P)와 이자율 (r)이 하락한다.

㉯ P와 r이 하락한 것은 생산성상승이 일시적이기 때문에 소비와 투자가 크게 반응하지 않고, 총 수요증가가 소폭에 그쳤기 때문이다.

㉡ 자기상관(autocorrelation) : 충격이 없는 이상 한번 증가한 산출량과 고용량은 계속 그 상태에서 머무르게 된다.

2) 영구적 공급충격과 경기변동

① 개요

㉠ 생산성이 영구적으로 향상되는 경우 미래의 실질임금이 상승하므로 소득효과가 발생하여 노동공급곡선이 좌측으로 이동한다.

㉡ 투자자는 미래에도 생산성 증가의 효과를 향유할 수 있으므로 투자를 증가시키게 되며 소비자도 항상 소득자체의 증가로 파악하여 소비를 증가시키게 된다.

② 설명

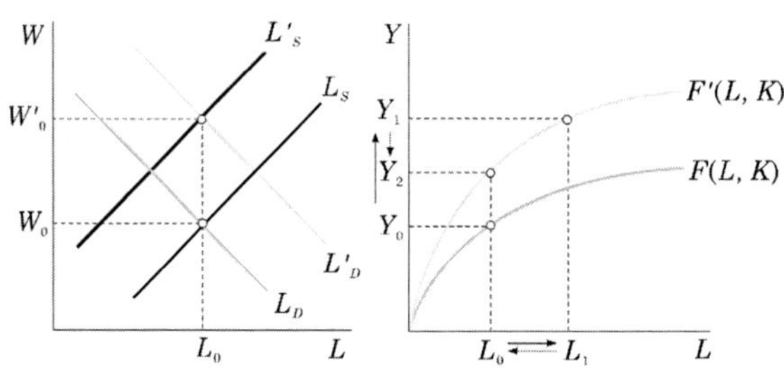

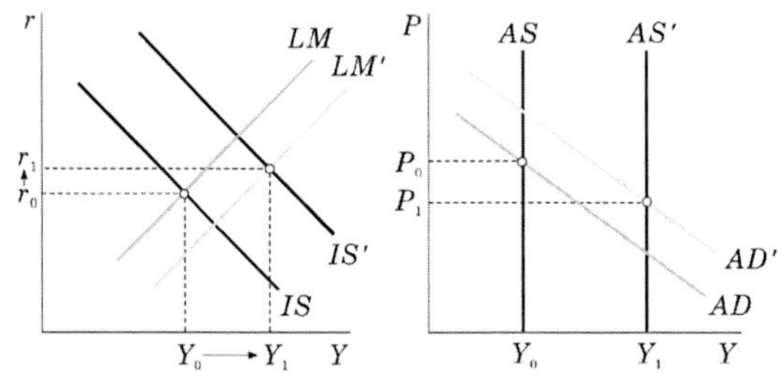

㉠ 미래임금상승의 기대로 노동자들은 이를 항상 소득의 증가로 파악하여 소득효과에 의해 L^S를 크게 줄이므로 고용량(L)의 변화가 없게 된다.

㉡ 실질임금은 크게 상승하고 생산함수의 이동 폭은 일시적 충격보다 크지만, 고용량이 불변이므로 일시적인 생산성 상승의 경우와 비교할 때 생산량 증가의 크기는 작다.

㉢ 그러나 추가적 자본축적에는 'time to build'가 소요되므로 단기적으로는 노동고용을 늘려 $(L_0 \rightarrow L_1)$ 대신하다가 자본축적이 진행됨에 따라 노동수요 증가정도는 다시 감소하여 결국 항구적으로는 L_0로 돌아온다. 즉, 'time to build' 도입으로 고용량의 경기순행성 설명이 가능하다.

㉣ 소비와 투자가 크게 증가하므로 AS곡선의 우측이동 폭이 크다. 따라서 일시적 생산성 증가에 비해 물가수준이 상대적으로 높다.

⑭ IS곡선은 우측으로 크게 이동하지만 LM곡선은 물가가 소폭 하락했기 때문에 우측 이동은 소폭에 그친다. 따라서 이자율이 상승한다.

③ 결론

㉠ 고용(L)은 거의 변하지 않는 반면 실질임금(W)은 크게 상승한다.

㉡ 총 수요가 일시적 생산성 상승에 비례 더 크게 증가하여 물가(P)의 하락이 크지 않으며, 소비와 투자가 크게 증가하므로 이자율(r)이 상승한다.

㉢ 생산, 소비, 이자율, 투자, 실질임금이 경기 순응적으로 공행하는 현상을 설명할 수 있다.

㉣ 'time to build'의 도입으로 고용이 경기변동에 대해 순행한다는 것을 설명할 수 있다. 즉, 경기변동과정에서 단기적으로 고용이 자본을 대체하여 증가되지만 장기적으로는 자본이 다시 노동을 대체하므로 결국 고용이 처음수준으로 되돌아온다.

04

실물적경기변동론에서 생산성향상이 노동수요, 고용량, 국민소득에 미치는 영향을 분석하시오.

(한국거래소 · 2013)

(1) 일시적인 생산성 향상인 경우

1) 설명

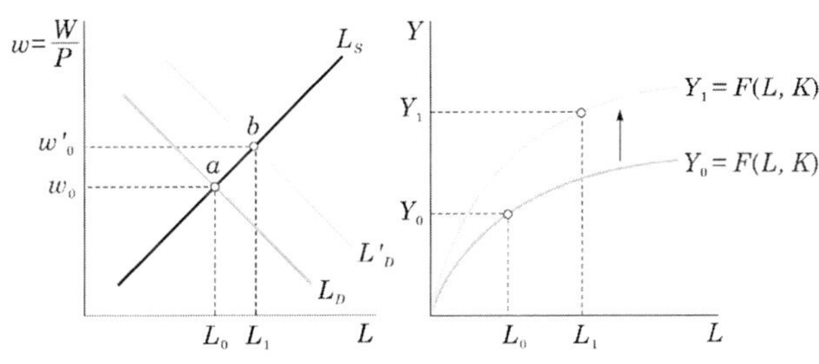

① 일시적인 생산성 향상이 발생하면 생산함수는 상방이동하고 노동수요곡선은 우측으로 이동한다.

② 노동수요곡선이 우측이동하면 노동의 기간간 대체효과로 고용량과 실질임금이 증가한다.
$(L_0 \rightarrow L_1, \ w_0 \rightarrow w_1)$

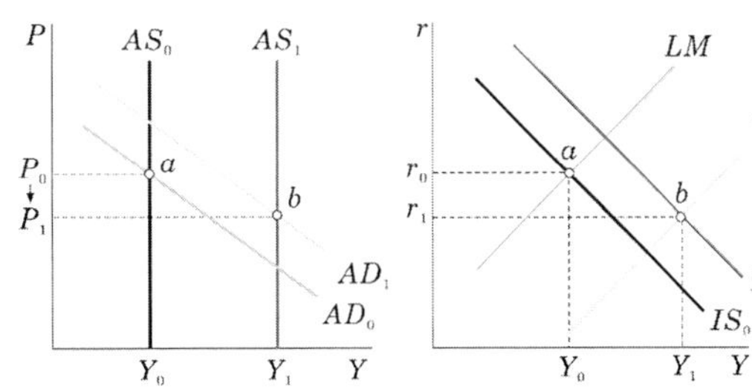

③ 고용량이 증가하면 산출량이 증가하고($Y_0 \rightarrow Y_1$) AS곡선도 우측이동한다($AS_0 \rightarrow AS_1$).

④ 소비자는 임시소득의 증가로 소득증가분 중 일부만을 소비할 것이고 투자자도 생산성 증가의 효과가 미래로 이어지지 않는다는 것을 알기 때문에 투자를 크게 늘리지 않을 것이다.

⑤ 따라서 IS곡선과 AD곡선이 우측으로 소폭이동하고 물가가 하락한다.

⑥ 물가하락은 LM곡선을 우측으로 이동시키며 LM곡선의 이동폭이 IS곡선의 이동폭보다 크기 때문에 이자율은 하락한다($r_0 \rightarrow r_1$).

2) 소결

① 일시적 충격으로 고용량(L)과 산출량(Y)은 증가하고 실질임금(w)은 상승한다. 반면 물가(P)와 이자율(r)은 하락한다.

② 물가와 이자율이 하락한 것은 생산성 상승이 일시적이기 때문에 소비와 투자가 크게 반응하지 않고, 총수요 증가가 소폭에 그쳤기 때문이다.

(2) 일시적인 생산성 향상인 경우

1) 설명

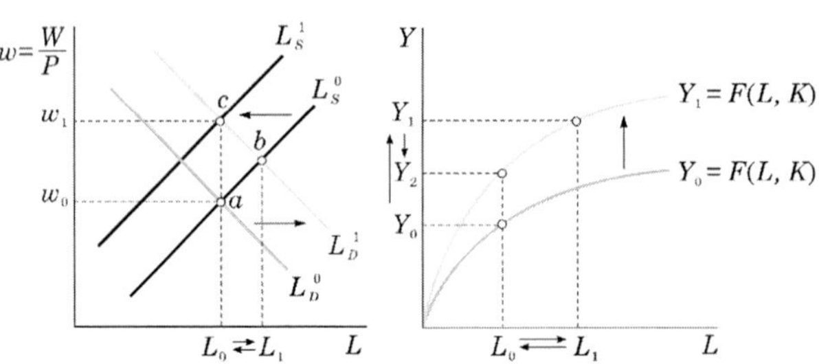

① 생산성이 영구적으로 향상되면 미래의 실질임금이 상승하므로 노동자는 항상소득의 증가로 파악한다. 따라서 소득효과가 발생하며 여가의 소비를 증가시켜 노동공급곡선이 좌측으로 이동한다. 즉, 노동수요곡선이 우측이동하고 노동공급곡선은 좌측이동하므로 고용량은 변화가 없다.

② 실질임금은 크게 상승하고 고용량은 불변하므로 일시적인 생산성 상승과 비교할 때 산출량 증가의 크기는 작다($Y_0 \rightarrow Y_2$).

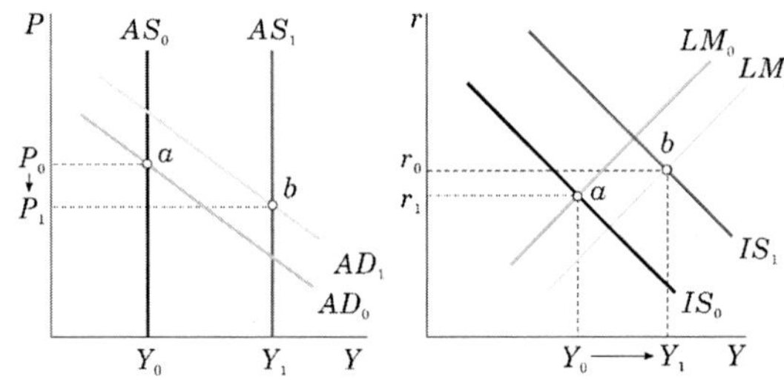

③ 투자자는 미래에도 생산성 증가의 효과를 향유할 수 있으므로 투자를 증가시키게 되며 소비자도 항상소득의 증가로 파악하여 소비가 크게 증가한다. 따라서 AD곡선의 우측이동 폭이 일시적 생산성 향상의 경우보다 크므로 물가가 소폭 하락한다..

④ 물가 하락은 LM곡선을 우측 이동을 가져 오지만 IS곡선의 이동폭이 크므로 이자율은 상승한다($r_0 \rightarrow r_1$).

2) 소결

① 고용량(L)은 거의 변하지 않는 반면 실질임금(w)은 크게 상승한다.

② 총수요가 일시적 생산성 상승에 비해 더 크게 증가하여 물가(P)의 하락이 크지 않으며 소비와 투자가 크게 증가하므로 이자율(r)이 상승한다.

③ 산출량, 소비, 투자, 이자율, 실질임금이 경기순응적으로 공행하는 현상을 설명할 수 있다.

국제경제론

주제 1 국제무역론

1 이론요약

1. 비교우위론

구분	내용
내용	한 나라가 두 재화 생산에 있어서 모두 절대우위, 절대열위에 있더라도 상대적으로 생산비가 낮은 재화 생산에 특화하여 무역할 경우 이익을 얻을 수 있다는 이론
문제점	① 비교우위론에서는 생산요소가 노동하나밖에 없다고 가정 ② 일반적으로는 기회비용이 체증하나 비교우위론에서는 기회비용이 불변이라고 가정 ③ 각국은 실제로 불완전특화가 발생하지만 기회비용이 불변이라고 가정함으로써 완전특화의 문제가 발생

2. 헥셔-오린의 정리(Heckscher-Ohlin Theorem)

무역발생의 원인	비교생산비 차이가 발생하는 이유를 상대적 요소 부존량과 요소가격의 차이에 있다고 함
요소부존량 정리	각 국은 상대적으로 풍부하게 부존된 생산요소를 집약적으로 사용하여 생산한 재화에 비교우위를 갖고, 이 재화를 서로 교역한다는 것을 말함
요소가격 균등화의 정리	자유무역은 국가간 생산요소의 이동이 없더라도 생산요소의 상대가 격은 물론 절대가격도 국가간에 같아지도록 한다는 것
스톨퍼-사무엘슨의 정리	어떤 재화의 상대가격이 상승하면 그 재화에 집약적으로 사용되는 생산요소 소득은 증가하고 다른 생산요소 소득은 감소한다는 것을 말한다.
레온티에프의 역설	레온티에프가 미국 경제를 분석해 본 결과 자본풍부국으로 여겨지는 미국이 헥셔-올린 정리와 반대로 자본집약적인 재화를 수입하고 노동집약적인 재화를 수출한다는 결론 → 레온티에프는 노동생산성이 높은 미국을 노동량으로 평가하면 노동풍부국으로 볼 수 있다고 주장

3. 기타 무역이론

① 동태적 무역이론

립진스키 정리 (Rubczynski theorem)	재화의 상대가격이 일정할 때 한 생산요소의 부존량이 증가하면 그 생산요소를 집약적으로 사용하는 재화의 생산량은 증가하고 다른 재화의 생산량이 감소한다는 것
궁핍화성장 (Immiserizing Growth)	① 바그와티(J. Bhagwati)에 의하여 궁핍화성장이란 수출편향적 경제성장이 이루어져 교역조건의 악화가 성장의 직접적인 이익을 압도하여 사회후생이 감소하는 경제성장을 의미 ② 경제성장이 수출편향적이고 외국의 수요의 가격탄력성이 낮은 경우에 발생
유치산업보호론 (Infant Industry Argument)	① 해밀턴(A. Hamilton)의 '제조업에 관한 보고서' : 그는 당시의 선진국인 유럽에 비해 상대적 후진국인 미국의 유치산업을 보호하기 위해 관세부과의 필요성을 강조하는 '제조업에 관한 보고서'를 발표 ② 리스트(F. List)의 '국민경제학 체계' : 유치단계에 있는 수입대체 산업인 농업을 보호 · 육성하는 방법으로서 관세를 부과하여 유치산업이 대외경쟁력을 갖춘 후에 대외무역에 임해야 한다고 주장

② 신 무역이론

기술격차론 (technological gap theory)	각국 간 생산 기술의 격차가 무역발생의 원인 : 포스너(D. V. Posner)가 주장
연구개발론 (R&D ; theory of research and development)	기술 진보 및 연구개발활동이 무역발생의 원인 : 버논(R. Vernon) 등이 주장
대표적 수요이론 (theory of representative demand)	각국간의 요소부존 비율이 같지 않더라도 이들 나라간의 수요구조가 유사하면 공산품의 무역이 발생, 린더(S. B. Linder)에 의하여 주장
제품생애주기이론	사람의 생애처럼 제품에도 생애가 있어 제품이 어느 단계에 있느냐에 따라 비교우위가 변한다는 이론으로 버논에 의하여 주장되었다.

③ 산업간 무역과 산업내 무역

산업 간 무역	① 서로 상이한 상품들이 국가간에 거래되는 현상을 의미 ② 산업 간 무역은 비교우위에 의해 발생
산업 내 무역	① 동종, 유사한 상품들이 국가 간에 거래되는 현상을 의미 ② 규모의 경제, 제품의 차별화 등이 산업내 무역을 유발하는 중요한 원인

4. 교역조건

① 개념 : 한 나라의 교역조건(Terms of trade)은 수입품에 대한 수출품의 가격 비를 말한다.

② 종류

상품 교역조건 (N)	$N = \dfrac{수출상품가격}{수입상품가격} \times 100$
총 교역조건 (G)	$G = \dfrac{수입수량}{수출수량} \times 100$
소득교역조건 (I)	$I = \dfrac{P_X \times Q_X}{P_M} \times 100$

5. 관세정책

① 관세부과의 효과

의의	관세란 해외로부터 수입하는 재화에 대한 조세부과를 의미
관세부과의 효과	 ① 관세를 부과하면 관세부과 후 국내가격이 P_0에서 $P_0(1+t)$로 상승한다. ② 국내공급량은 Q_0에서 Q_1으로 증가하고 국내수요량은 Q_3에서 Q_2로 감소한다. ③ 관세수입은 세율에다 관세수입량은 곱하므로 C만큼 발생한다. ④ 관세부과로 소비자잉여는 (A+B+C+D) 만큼 감소하고 생산자 잉여는 A증가, 관세수입은 C증가이므로 사회적 후생손실이 B+D 발생한다.

② 소국과 대국의 비교

구분	내용
소국	• 관세부과시 교역조건의 변화가 발생하지 않음 • 교역량은 감소 • 사회후생 감소
대국	• 관세부과시 교역조건의 개선 발생 • 교역량은 감소 • 사회후생－의 변화는 알 수없음

6. 비관세정책

① 의의 : 비관세정책이란 관세이외의 보호무역 정책들을 말한다

② 종류

수량할당제(quota)	• 정부가 결정하는 일정수준 이상의 수입을 허용하지 않는 비가격적 수입제한정책 • 관세정책과 비교할 때 정부의 관세수입이 수입업자의 이득으로 귀속 • 정부가 수입허가권을 경매로 매각한다면 수입업자의 이득이 정부수입으로 귀속되기 때문에 관세정책과 실질적인 차이가 없음
수출입보조금	수출 또는 수입에 대하여 정부가 보조금을 지급
수출자율규제(VER)	• 수출국이 수입국의 국내시장교란을 방지하기 위해 자율적으로 수출수량을 일정하게 제한하는 조치이다 • 관세정책과 비교할 때 정부의 관세수입이 수출업자의 이득으로 귀속 • 수입국 입장에서 관세정책, 수량할당제와 비교하여 가장 열등한 제도
수입허가제	수입품목에 대하여 정부가 허가
시장질서 유지협정	수출자율규제의 경우는 정부와 정부간에 이루어지는 반면 시장질서 유지협정은 일반적으로 기업과 기업간에 이루어진다.
긴급수입제한조치 (safeguard, GATT19조)	수입급증으로 해당 국내산업이 중대 위협을 받는 경우 수입국은 수입량을 규제하거나 특별 관세를 모든 수입국에 무차별하게 적용할 수 있는 조치

7. 발라사(B. Balassa)의 경제통합의 유형

통합형태	가맹국	비가맹국
자유무역지역	관세철폐	독자관세
관세동맹	관세철폐	공동관세
공동시장	관세철폐＋생산요소이동	공동관세
경제동맹	관세철폐＋생산요소이동＋정책협조	공동관세
완전경제통합	경제측면에서 한 국가	공동관세

2　객관식 문제

01

유일한 생산요소인 노동을 90단위 가지고 있는 국가를 상정해 보자. 이 국가는 치즈와 포도주를 생산할 수 있는데, 1kg의 치즈와 1리터의 포도주를 생산하기 위해 각각 2, 3단위의 노동량이 필요하다. 다음의 설명 중 가장 옳지 않은 것은?　　　　　(공인회계사 · 2005)

① 치즈로 표시한 포도주의 기회비용은 3/2이다.
② 세계시장에서 치즈로 표시한 포도주의 상대가격이 2/3이라면, 이 국가는 포도주의 생산에 완전특화한다.
③ 생산가능곡선은 우하향하는 직선의 형태로 나타난다.
④ 노동의 부존량이 변화하더라도 이 국가가 비교우위를 갖는 재화는 바뀌지 않는다.
⑤ 치즈의 최대 생산가능량은 45kg이다.

해설 현재 치즈로 표시한 포도주의 상대가격이 2/3이므로 세계시장에서 국제교역조건이 2/3이면 무역이 발생하지 않는다.

정답 ②

02

A국가와 B국가는 디지털 TV와 의복을 생산하고 있다. 두 상품의 생산에는 다음 표에 제시한 바와 같은 노동시간이 투입된다고 하자. 두 국가 사이의 무역에 대한 설명 중 옳지 않은 것은?

(국회 8급 · 2013)

	디지털 TV	의복
A국가	10시간	4시간
B국가	20시간	5시간

① A국가에서 디지털 TV 1단위 생산의 기회비용은 의복 2.5단위이다.
② A국가는 디지털 TV와 의복 생산에서 절대우위를 갖고 있다.
③ B국가에서 의복 1단위 생산의 기회비용은 디지털 TV 0.4단위이다.
④ B국가는 의복 생산에서 비교우위를 갖고 있다.
⑤ 디지털 TV 1단위와 의복 3단위를 교환하는 조건이면 양국은 무역에 참여할 것이다.

해설 B국가에서 의복 1단위 생산의 기회비용은 디지털 TV 0.25단위이나.

정답 ③

03

A재 1단위를 생산하기 위해서는 한국에서는 노동시간으로 20시간, 미국에서는 10시간이 필요하다. 그리고 B재 1단위를 생산하기 위해서 한국에서는 노동시간으로 15시간, 미국에서는 5시간이 필요하다. 다음 중 옳은 것은?

(국회 8급 · 2007)

① 미국에서 A재 1단위를 생산하기 위한 기회비용은 B재 1/2단위이다.
② A재는 미국에, B재는 한국에 절대우위가 있다.
③ 한국은 미국에 비하여 B재에 비교우위가 있다.
④ 한국에서 B재 1단위를 생산하기 위한 기회비용은 노동 15단위이다.
⑤ 교역을 하면 교역조건은 B재 1단위에 대해서 A재 1/2단위와 3/4단위 사이에서 결정된다.

해설　미국에서 A재 1단위를 생산하기 위한 기회비용은 B재 2단위이다.
미국은 A재와 B재 모두 절대우위에 있지만 B재에 대해 비교우위가 있다.
한국은 A재와 B재 모두 절대열위에 있지만 A재에 대해 비교우위가 있다.
교역조건은 B재 1단위에 대해서 A재 1/2단위와 3/4단위 사이에서 결정되며
A재 1단위에 대해서 B재 4/3단위와 2단위 사이에서 결정된다.　　　정답 ⑤

04

생산요소가 노동 하나뿐인 A국과 B국은 소고기와 의류만을 생산한다. 소고기 1단위와 의류 1단위 생산에 필요한 노동투입량이 다음과 같을 때 무역이 발생하기 위한 의류에 대한 소고기의 상대가격의 조건은?　　　(지방직 7급 · 2013)

	소고기 1단위	의류 1단위
A	1	2
B	6	3

① $\dfrac{P_{소고기}}{P_{의류}} \leq 2$

② $1.5 \leq \dfrac{P_{소고기}}{P_{의류}} \leq 6$

③ $0.5 \leq \dfrac{P_{소고기}}{P_{의류}} \leq 2$

④ $\dfrac{P_{소고기}}{P_{의류}} \leq 2$

해설　국제교역조건은 양국의 국내가격비 사이에서 결정된다.

소고기가 X재, 의류가 Y재라면 A국의 국내가격비는 $\left(\dfrac{P_X}{P_Y}\right)^A = \dfrac{1}{2}$, B국의 국내가격비는 $\left(\dfrac{P_X}{P_Y}\right)^B = 2$이므로

국제교역조건은 0.5와 2사이에서 결정된다.　　　정답 ③

05

A국과 B국이 두 생산요소 노동(L)과 자본(K)을 가지고 두 재화 X와 Y를 생산한다고 가정하자. 두 재화 X와 Y의 생산기술은 서로 다르나 A국과 B국의 기술은 동일하다. 그리고 A국과 B국의 노동과 자본의 부존량은 각각 $L_A = 100, K_A = 50$이며, $L_B = 180, K_B = 60$이다. 또한 두 재화 X와 Y의 생산함수는 각각 $X = L^2K, Y = LK^2$으로 주어진다. 헥셔－오린이론에 따를 경우 옳은 것을 모두 고르면?　　　(국가직 7급 · 2013)

> 가. 상대적으로 자본이 풍부한 나라는 B국이다.
> 나. 상대적으로 노동집약적인 산업은 X재 산업이다.
> 다. A국은 Y재, B국은 X재에 비교우위가 있다.

① 가, 나　　　　　　　　　　　② 나, 다
③ 가, 다　　　　　　　　　　　④ 가, 나, 다

 B국은 A국보다 노동이 자본보다 3배 더 많으므로 노동이 풍부한 국가는 B국이다.
X재는 노동의 제곱이 생산에 투입되므로 노동집약적인 산업이며 Y재는 자본의 제곱이 생산에 투입되므로 자본집약적인 산업이다.
따라서 A국은 Y재, B국은 X재에 비교우위가 있다.

정답 ②

06

산업내 무역과 산업간 무역에 대한 설명 중 옳지 않은 것은? (CPA, 2012)

① 국가간 노동생산성의 차이는 산업간 무역을 발생시킨다.
② 국가간 생산요소 부존도의 차이는 산업간 무역을 발생시킨다.
③ 제품의 차별화와 규모의 경제는 산업내 무역을 발생시킨다.
④ 산업내 무역은 선진국과 후진국간 무역보다는 선진국간 무역에서 주로 나타난다.
⑤ 산업간 무역과 달리 산업내 무역은 무역의 이익을 발생시키지 않는다.

산업간 무역과 산업내 무역 모두 무역의 이익을 발생시킨다.

정답 ⑤

07

한국은 공산품을 수출하는 한편 식료품, 원유 등 원료를 수입하고 있다. 다음 경제상황의 변화 중 한국의 교역조건을 호전시키는 것은? (보험계리사 · 2006)

① 미국은 올해 농산물보다 공산품 위주의 경제성장을 이룩하였다.
② 일본에서 한국이 수출하는 공산품에 대하여 수출보조금을 지급하였다.
③ 미국에서 식료품에 대하여 관세를 부과하였다.
④ 미국은 러시아에 비하여 공산품에 대한 한계지출성향이 높은 반면 식료품에 대한 한계지출성향은 낮은 상황에서 러시아에 대규모의 원조를 제공하였다.

교역조건에 따르면 한국의 교역조건이 개선되기 위해서는 수출품인 공산품의 가격이 상승하고 수입품인 원료의 가격이 하락해야 한다.
미국이 식료품에 대해 관세를 부과하면 식료품 수요의 감소로 식료품 국제가격이 하락한다.

정답 ③

08

A국이 수출 물품에 단위당 일정액을 지급하는 보조금 정책이 교역조건에 미치는 효과에 대한 설명으로 옳은 것을 모두 고르면? (단, 다른 조건은 일정하다) (국가직 7급 · 2013)

> 가. A국이 대국이면 교역조건은 악화된다.
> 나. A국이 소국이면 교역조건은 개선된다.
> 다. A국이 소국이면 국내시장에서 수출품의 가격은 상승한다.

① 가, 나
② 나, 다
③ 가, 다
④ 가, 나, 다

해설 소국이 보조금을 지급하더라도 국제교역조건에는 영향을 미치지 않는다.
대국이 보조금을 지급하면 수출재의 공급이 증가하여 수출재의 국제가격이 하락한다.
따라서 대국의 교역조건은 악화된다.
소국인 A국인 보조금을 지급하면 수출품의 국내가격이 상승한다.

정답 ③

09

K국에서 컴퓨터의 국내 수요곡선은 $P = 600 - 2Q_d$, 국내 공급곡선은 $P = 2Q_s$이고(여기서 P는 가격, Q_d는 컴퓨터 수요량, Q_s는 컴퓨터 공급량임), 컴퓨터의 국제가격은 150이다. 만약 K국 정부가 국내 컴퓨터 생산자를 보호하기 위해 개당 50의 관세를 부과하는 경우에 나타나는 현상으로서 옳지 않은 것은? (보험계리사 · 2010)

① 컴퓨터 수입량이 150개에서 100개로 감소한다.
② 생산자 잉여가 4,375만큼 증가한다.
③ 소비자 잉여가 17,500만큼 감소한다.
④ 경제적 순손실(deadweight loss)이 1,250만큼 발생한다.

해설 관세가 부과되면 가격이 150에서 200으로 상승하면 소비자 잉여는 10,625만큼 감소한다.

정답 ③

10

대국(large country)경제의 정부가, 수입하고 있던 한 재화에 대하여 단위당 t만큼의 관세를 부과하여 국제시장가격이 관세부과 이전의 P^W에서 P^{W*}로 하락하였을 경우, 대국경제의 변화에 대한 다음 설명 중 옳은 것을 모두 고르면? (단, 국내기업의 수는 많아서 전략적으로 행동하지 않는다고 가정한다.)

(CPA · 2013)

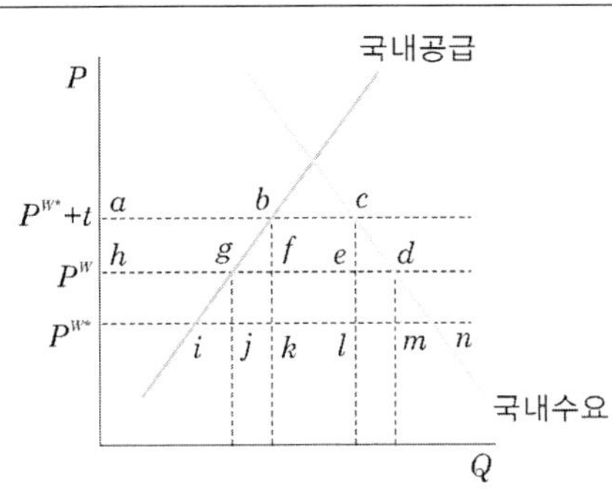

(가) 소비자잉여는 사각형 $acdh$의 면적만큼 감소한다.
(나) 생산자잉여는 사각형 $abgh$의 면적만큼 증가한다
(다) 정부의 관세수입은 사각형 $bcef$의 면적과 같다.
(라) 경제적 순손실은 삼각형 bfg와 삼각형 cde의 면적의 합에서 사각형 $bclk$의 면적을 뺀 것이다.

① (가), (나)　　　　　　② (나), (다)
③ (나), (라)　　　　　　④ (가), (나), (라)
⑤ (가), (다), (라)

해설　정부의 관세수입은 사각형 $bclk$의 면적과 같다.
경제적 순손실은 사각형 $bclk$의 면적에서 삼각형 bfg와 삼각형 cde의 면적의 합을 뺀 것이다. **정답** ①

11

소규모개방경제에서 수입 소비재 A에 관세를 부과할 때 이 시장에 나타날 경제적 효과에 관한 설명으로 옳은 것은? (단, 국내 수요곡선은 우하향, 국내 공급곡선은 우상향하며, A국의 국제가격은 교역 이전의 국내가격보다 낮다.)

(감정평가사 · 2013)

① 국내 소비자의 잉여는 증가한다　　　② 국내 생산자의 잉여는 감소한다.
③ 국내 소비는 감소한다.　　　　　　④ 국내 생산자의 생산량은 감소한다.
⑤ 국내의 사회적 총잉여는 증가한다.

해설　관세부과 시 국내 소비자의 잉여는 감소하고 국내 생산자의 잉여는 증가한다.
관세부과로 수입 소비재의 가격이 상승하면 국내 소비는 감소하는 반면 국내 생산자의 생산량은 증가한다.
국내 소비자의 잉여 감소분이 국내 생산자의 잉여 증가분보다 크기 때문에 국내의 사회적 총잉여는 감소한다.
정답 ③

12

무역정책에 대한 설명 중 옳지 않은 것은?

(CPA · 2012)

① 수입량을 동일하게 제한하는 수출자율규제(voluntary export restraints)와 관세 중 수출자유규제가 수입국의 후생 측면에서 더 유리하다.

② 수출재 1단위당 보조금을 지급하는 경우 수출기업은 자국내 가격이 외국에 대한 수출가격보다 수출보조금 만큼 커지도록 수출량을 증가시킨다.

③ 특정 집단의 이익을 위한 정치적 활동을 공공재로 보는 관점에 따르면 해당 집단이 잘 조직화되어 있고 구성원 수가 적을 때 그 집단이 추구하는 정책이 실현될 가능성이 커진다.

④ 시장실패가 존재하는 경우 적절한 무역정책을 통하여 사회후생을 증가시킬 수도 있다.

⑤ 자국 기업과 외국 기업이 복점시장에서 경쟁하는 경우 자국 기업에 대한 수출보조금 지급 등 전략적 무역정책을 통하여 사회후생이 증가하는 경우가 있다.

해설　수출자율규제의 경우 수출국이 자율적으로 수출물량을 감소시키기 때문에 수출가격이 상승하여 수출업자의 이득이 관세수입만큼 발생한다.
따라서 수입국의 입장에서 수출업자의 이득만큼 사회적 잉여가 감소한다.　　**정답 ①**

지역경제통합의 여러 형태에 대한 다음 설명 중 가장 적절한 것은?

① 관세동맹으로 인한 무역창출효과는 무역전환효과보다 크다.

② 현재 유럽연합은 공동시장의 단계에 있으며 유로라는 단일 화폐를 사용하고 있음에도 불구하고 경제연합의 단계에 접어들지는 않았다.

③ 자유무역협정은 지리적 근접성을 이유로 형성되기는 하나 지리적으로 멀리 떨어져 있는 나라들 사이에서 체결되기도 한다.

④ 특혜무역협정에서는 생산요소의 자유로운 이동이 이루어진다.

해설　현재 유럽연합은 경제연합의 단계에 접어들었다.
한미fta처럼 지리적으로 멀리 떨어져 있는 국가들 사이에서도 자유무역협정이 체결되기도 한다.
무역특혜협정은 WTO 체제하에서 선진국이 개발도상국에 일방적으로 양허할 경우 무역특혜가 허용되는 것을 말하며, 지역무역협정 가운데 가장 초기단계이다.
특혜무역협정에서는 생산요소의 자유로운 이동이 발생하지 않는다.　　**정답 ③**

3 약술문제

01

동일한 노동량을 갖고 있는 갑, 을, 병 세 명으로 구성된 소규모 개방경제를 가정하자. 이 경제에서는 노동만이 유일한 생산요소이며, 이들은 자신의 노동을 투입하여 식료품(F)이나 의류(C)를 생산한다. 각 재화 1 단위를 생산하는데 소요되는 노동량은 다음 표와 같다. 이 경제가 폐쇄경제인 경우 식료품과 의류의 균형가격은 동일하다. 갑·을·병의 효용함수는 $U(F,\ C)=F^{\alpha}C^{1-\alpha}$의 형태를 갖는다. (단, $0<\alpha<1$)

	식료품	의류
갑	2	5
을	2	3
병	5	2

국제 교역조건이 '식료품 1 단위＝의류 2 단위'이면서 국제 교역이 가능하다면, 갑·을·병은 어느 제품을 생산하겠는가?

해설 식료품이 X재, 의류가 Y재라고 하면 갑과 을과 병의 상대가격은 다음과 같다.

$$\text{갑} : \left(\frac{P_X}{P_Y}\right)=0.4, \ \text{을} : \left(\frac{P_X}{P_Y}\right)=0.67, \ \text{병} : \left(\frac{P_X}{P_Y}\right)=2.5$$

국제교역조건이 '식료품 1단위＝의류 2단위'이면 $\left(\dfrac{P_X}{P_Y}\right)=2$가 된다.

따라서 갑과 을은 X재인 식료품 생산에 특화하고 병은 Y재인 의류 생산에 특화한다.

02

소규모 개방경제에서 전염성이 높은 변종 바이러스가 발생하여 빠르게 전파되는 상황을 가정하자. 이 바이러스의 감염을 효과적으로 억제할 수 있는 백신은 이미 개발되어 시중에 유통되고 있다. 국내시장에서 변종 바이러스 백신의 수요함수와 공급함수는 각각 $P=50-\dfrac{1}{2}Q_D$, $P=5+Q_S$인 것으로 알려져 있다. 바이러스의 확산이 급격히 진행되자, 방역당국은 백신수입을 결정하였으며, 효과를 극대화하기 위해 수입백신에 대한 보조금을 지급하기로 하였다. 백신의 국제가격이 30으로 주어졌을 때, 단위당 수입보조금을 10씩 부과하는 경우를 가정하자. (단, P는 가격, Q_D는 수요량, Q_S는 공급량)
수입보조금 정책으로 발생하는 자중손실을 구하시오.

구분	변화
소비자 잉여	A+B+C+D+E
생산자 잉여	−(A+B)
수입보조금	−(B+C+D+E+F)
사회적 잉여	−(B+F)

자중손실 : $\dfrac{1}{2}\times10\times10+\dfrac{1}{2}\times10\times20=150$

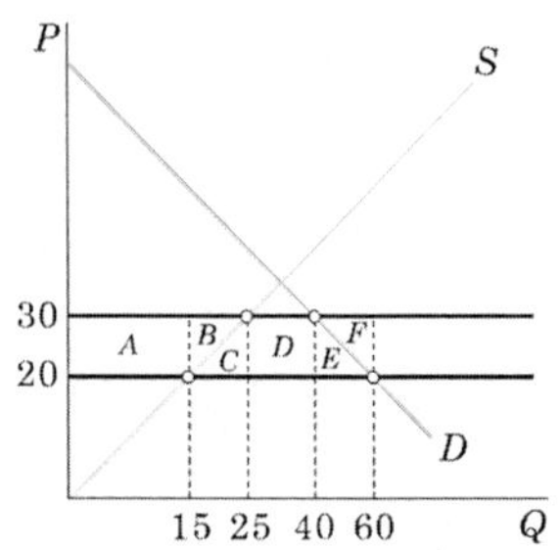

03

소규모 개방경제에서 활동하는 독점기업을 가정하자. 이 독점기업이 생산하는 재화에 대한 국내 수요함수는 $Q=50-P$이다. 이 독점기업은 국내에만 공급하며, 한계비용은 $MC=5+q_m$이다. 이 재화의 국제거래가격은 단위당 10이다. (단, Q는 수량, P는 가격, q_m은 독점기업의 생산량)

이 재화의 자유로운 교역이 가능하다면, 수입량은 (　　)단위가 되며 정부가 단위당 7의 수입관세를 부과한다면, 이 독점기업은 (　　)단위를 수입할 것이다. 정부가 단위당 7의 수입관세 대신에 이 수입관세 하에서 수입될 양만큼을 수입할당으로 배정하면 재화의 국내가격은 (　　)일 것이다.

(　)에 들어갈 숫자를 넣으시오.

(1) 자유로운 교역 시
국제가격이 단위당 10이면 독점기업은 국제가격하에서 판매를 해야 하므로 한계수입이 10이 된다. 한계수입과 한계비용이 일치하는 점에서 균형생산량이 결정되므로
$10=5+q_m \rightarrow q_m=5$, 시장수요는 40이므로 초과수요 35만큼 수입량이 결정된다.

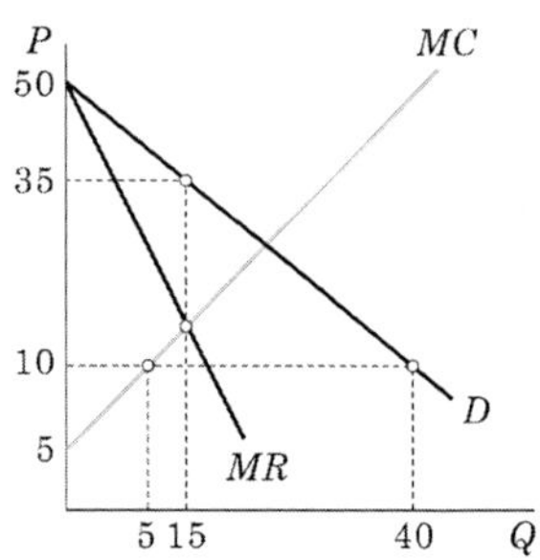

(2) 관세부과와 수입쿼터
정부가 단위당 7의 수입관세를 부과하면 국내가격이 17이 되며 균형생산량은 $17=5+q_m \rightarrow q_m=12$, 시장수요는 33이므로 초과수요 21만큼 수입할 것이다.
정부가 21만큼 수입할당을 설정하면 국내 수요함수는 $Q=29-P$로 바뀌게 되며 한계수입곡선도 $MR=29-2Q$가 된다. 한계수입과 한계비용이 일치하는 점에서 균형생산량이 결정되므로 $29-2Q=5+Q \rightarrow Q=8$, $P=21$

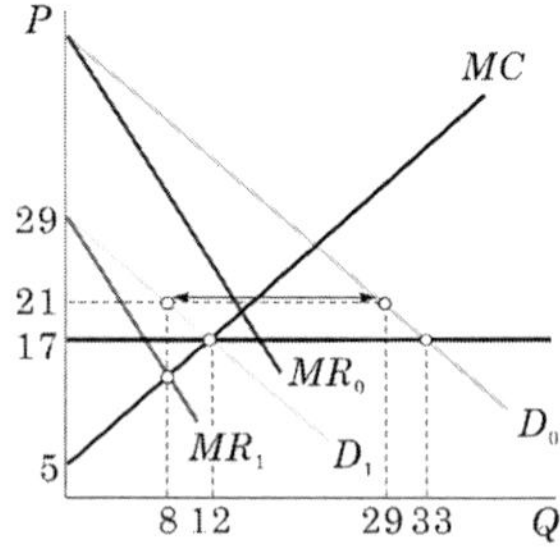

주제 2 국제금융론

1 이론요약

1. 환율이론

① 개념

구분	내용
개념	① 자국화폐와 외국화폐의 교환비율 ② 기본적으로 환율은 외환시장에서 외환에 대한 수요와 공급에 의하여 결정
실질환율	$\varepsilon = \dfrac{eP_f}{P}$ (e : 명목환율, P_f : 외국물가, P : 국내물가)

② 외환시장

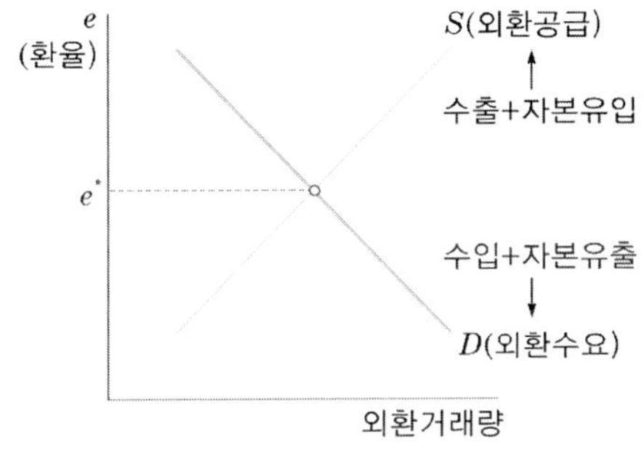

③ 외환공급곡선의 이동요인

	우측이동	좌측이동
이동요인	수출증가, 자본유입증가	수출감소, 자본유입감소
영향	환율하락	환율상승

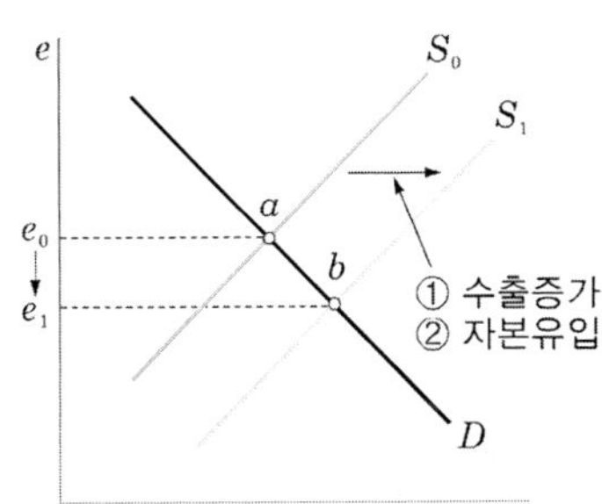

④ 외환수요곡선의 이동요인

	우측이동	좌측이동
이동요인	수입증가, 자본유출증가	수입감소, 자본유출감소
영향	환율상승	환율하락

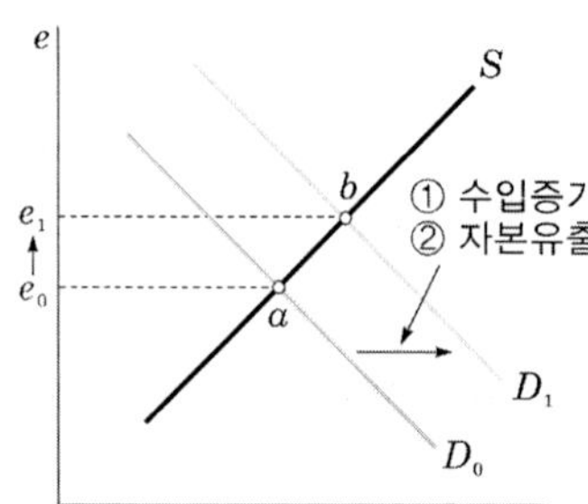

⑤ 환율변동의 효과

구분	효과
환율의 상승 (원화의 평가절하) $1=500원 → $1=1,000원	• 수출재의 달러표시 가격 하락 → 수출증가 • 수입재의 원화표시 가격 상승 → 수입감소 • 수입원자재 가격 상승으로 인한 국내물가 상승 • 외화부채의 부담증가 • 교역조건의 악화 • 해외여행 감소로 서비스 수지 개선
환율의 하락 (원화의 평가절상) $1=1,000원 → $1=500원	• 수출재의 달러표시 가격 상승 → 수입감소 • 수입재의 원화표시 가격 하락 → 수입증가 • 수입원자재 가격하락으로 인한 국내물가 하락 • 외화부채의 부담감소 • 교역조건의 개선 • 해외여행 증가로 인한 서비스 수지 악화

2. 구매력 평가설

구분	내용
절대적 구매력 평가설	① 구매력 평가설에 의해 균형 환율이 결정되면 이 환율수준에서 차익거래의 수익은 0이 된다. $$P = ePf \rightarrow e = \frac{P}{P_f}$$ ② 절대적 구매력평가는 실질환율이 1이 되어야 함을 의미한다. $$(\frac{eP^f}{P} = 1)$$
상대적 구매력 평가설	① 환율을 물가수준 비율의 관계로 나타낸 상대적 구매력 평가설은 환율변화율과 각국 인플레이션율 간의 차이로 나타낼 수 있다. ② 환율변화율=국내물가 변화율−해외물가 변화율 → $\dot{e} = \dot{P} - \dot{P}_f$

3. 이자율 평가설

구분	내용
유위험 이자율 평가설	① $r = r_f + \dfrac{e_{t+1}^e - e_t}{e_t}$ ② 자본이동이 완전히 자유로운 상태에서는 양국에서의 투자수익률이 동일해야 하므로 환율은 두 국가 사이의 명목이자율 차이만큼의 비율로 변화하게 된다.
무위험 이자율 평가설	① $r = r_f + \dfrac{f_t - e_t}{e_t}$ ② 1년 후의 현물환율이 어떻게 되느냐에 따라 해외투자로부터의 투자수익은 불확실하게 되므로 투자 초기에 선물계약을 체결함으로 위험을 제거하고자 한다.

4. 환율제도의 종류

	개념	장점	단점
고정환율제도	중앙은행이나 정부가 외환시장에 개입하여 환율을 일정하게 유지시키는 제도	① 환위험이 없으므로 국제무역과 국제간 자본거래가 확대 ② 환투기를 노린 국제간 단기자본이동이 제거	① 국제수지불균형이 자동적으로 조정되지 않는다. ② 고정환율제도하에서는 충분한 외환보유액이 필요하다. ③ 해외의 교란요인이 국내로 쉽게 전파된다. ④ 금융정책의 자율성이 상실
변동환율제도	중앙은행의 개입없이 외환시장의 수요·공급을 일치시키는 수준에서 환율이 자유롭게 결정되도록 하는 제도	① 국제수지불균형이 환율변동에 의하여 자동적으로 조정 ② 국제수지를 고려하지 않고 재정·금융정책의 실시가 가능 ③ 외환시장의 수급상황이 국내통화량에 영향을 미침	① 환위험 때문에 국제무역과 국제투자가 저해 ② 환투기로 인한 단기자본이동이 많으므로 환율이 단기적으로 불안정

5. 환율하락 시 정부 개입방법

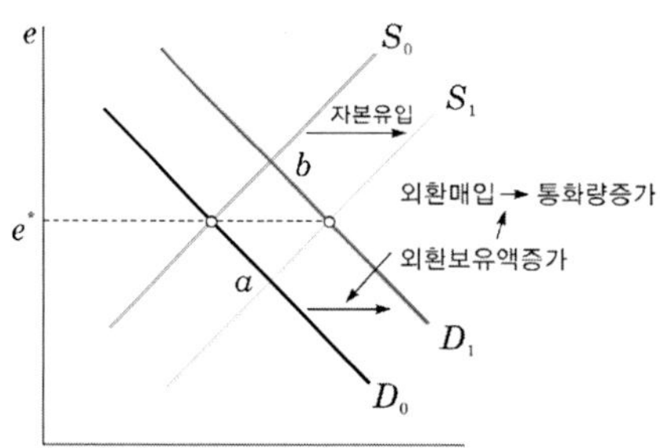

6. 환율상승 시 정부 개입방법

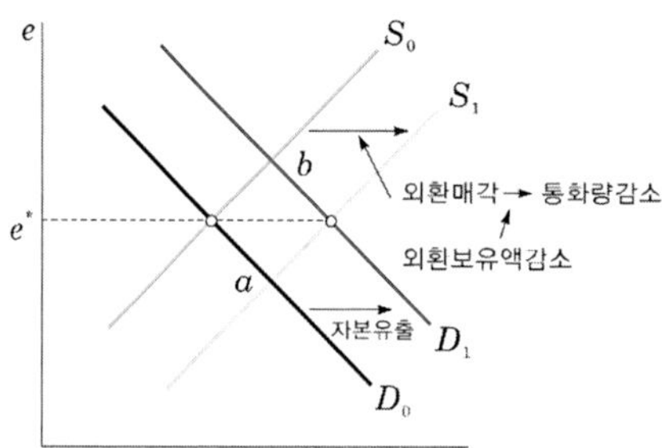

7. 국제수지(balance of payment)

구분		내용
경상수지	상품수지	상품의 수출과 수입
	서비스수지	서비스의 수출과 수입 (예 운수, 여행, 보험서비스 등)
	본원소득수지	생산요소의 제공으로 발생 (예 임금, 배당, 이자)
	이전소득수지	아무런 대가없이 무상으로 제공 (예 송금, 무상원조 등)
자본·금융계정	자본수지	기타자산의 매매를 계상 (예 자본이전, 특허권 등)
	금융계정	대외금융자산 또는 부채의 소유권 변동과 관련된 거래 (예 직접투자, 포트폴리오투자, 기타투자 등)
오차 및 누락		차변과 대변의 균형을 위해 필요한 항목

8. 경상수지와 거시경제

구분	내용
경상수지와 국내 총생산	$Y - A = X - M$ • 국내총생산(Y) > 국내총지출(A) → 경상수지 흑자 • 국내총생산(Y) < 국내총지출(A) → 경상수지 적자
경상수지와 저축	$S - I = X - M$ • 저축(S) > 투자(I) → 경상수지 흑자 • 저축(S) < 투자(I) → 경상수지 흑자

9. 마샬-러너 조건과 J-커브효과

구분	내용
마샬-러너 조건	① 환율을 상승시킬 때 경상수지가 개선되기 위한 조건 ② 자국의 수입수요의 가격탄력성 + 외국의 수입수요의 가격탄력성 > 1
J-curve 효과	① 환율을 인상시키면 일시적으로 경상수지가 악화되었다가 상당기간이 경과하여야 경상수지가 개선되는 효과 ② 단기적으로 가격효과 > 수량효과, 장기적으로 수량효과 > 가격효과 ③ 이는 단기적으로 마샬-러너조건이 성립하지 않음을 의미

10. BP곡선

구분	내용
개념	국제수지균형을 가져다 주는 이자율과 국민소득의 조합
형태	• 일반적으로 우상향 • 자본이동이 완전할수록 수평선에 가까움
이동요인	물가, 환율, 외국소득

11. 먼델-플레밍 모형

구분	내용
변동환율제도	금융정책의 효과는 강력, 재정정책의 효과는 미약
고정환율제도	재정정책의 효과는 강력, 금융정책의 효과는 미약

2 객관식 문제

01

우리나라와 미국의 인플레이션율이 각각 4%, 5%이고, 달러화 대비 원화 가치가 하락하여 명목 환율이 8% 상승하였다고 하자. 이 경우 달러화 대비 원화의 실질환율은 어떻게 변동하겠는가?

(공인회계사 · 2010)

① 1% 상승   ② 4% 상승

③ 9% 상승   ④ 3% 하락

⑤ 7% 하락

 실질환율을 변화율로 나타내면 명목환율 변화율＋외국재화의 가격 변화율－국내재화의 가격 변화율이므로 8%＋5%－4%＝9% 상승한다.   **정답 ③**

02

<보기>에서 계산된 실질환율은 얼마인가?

(국회 8급 · 2010)

외국과 국내에서 컴퓨터가 재화와 서비스의 평균적인 가격을 대표한다. 컴퓨터의 국내가격은 192만원이고 외국에서의 가격은 800달러이다. 명목환율은 1달러에 1,200원이다. (실질환율은 평균적인 외국의 재화와 서비스로 표시된 평균적인 국내재화와 서비스의 상대가격임)

① 1   ② 1/2

③ 2   ④ 1/4

⑤ 4

실질환율은 $\dfrac{eP_f}{P}$ 인데 이것은 외국재화의 상대가격이다.

반면 해당문제는 국내재화와 서비스의 상대가격이므로 실질환율은 다음과 같이 조정되어야 한다.

$\rightarrow \dfrac{P}{eP_f} = \dfrac{1,920,000}{1,200 \times 800} = 2$가 된다.   **정답 ③**

03

구매력 평가설과 이자율 평가설이 성립한다고 하자. 한국의 명목이자율은 연 4%, 미국의 명목이자율은 연 2%이며 한국의 물가상승률은 연 5%로 예상될 경우에 옳은 것을 모두 고르면?

(감정평가사 · 2008)

> 가. 한국의 실질이자율은 연 −1%이다.
> 나. 한국과 미국의 실질이자율은 동일하다.
> 다. 1년 후 원/달러 환율은 2% 상승할 것으로 예상된다.
> 라. 미국의 물가상승률은 연 2%일 것으로 예상된다.

① 가, 나　　　　　　　　　　② 가, 다
③ 나, 라　　　　　　　　　　④ 가, 나, 다
⑤ 나, 다, 라

해설　한국의 실질이자율은 명목이자율에서 물가상승률을 차감하여 연 −1%이고 미국 역시 실질이자율이 −1%가 되기 위해서는 물가상승률이 3%가 되어야 한다.　　　정답 ④

04

환율결정이론 중 무위험금리평가이론에 관한 설명으로 옳지 않은 것은?

① 선물환율이 고정되어 있는 경우 국내금리가 상승하면 자본이 유입되어 현물환율이 하락한다.
② 선물환율이 고정되어 있는 경우 국제금리가 상승하면 자본이 유출되어 현물환율이 상승한다.
③ 선물환율이 고정되어 있는 경우 현물환율이 상승하면 자본이 유출되어 국내금리가 상승한다.
④ 현물환율이 고정되어 있는 경우 선물환율이 상승하면 자본이 유출되어 국내금리가 상승한다.
⑤ 무위험금리평가이론이 성립하기 위해서는 자본이동이 완전히 자유로워야 한다.

해설　무위험이자율평가설에서 $1+r=(1+r^f)(\dfrac{f_t-e_t}{e_t})$이므로 선물환율($f_t$)이 고정되어 있는 경우

현물환율(e_t)이 상승하면 오른쪽 식이 감소하므로 왼쪽식의 경우도 감소해야 한다.
즉, 외국투자수익률이 감소하므로 자본이 유입되어 국내금리가 하락한다.　　　정답 ③

05

한국과 미국간 유위험이자율평가설(uncovered interest rate parity)이 성립한다. 원화표시 채권의 명목이자율이 6%/년, 미달러화표시 채권의 명목이자율이 4%/년, 현재 환율이 미화 1달러 당 1,200원인 경우, 다음중 3개월 후 원−달러환율의 예상치로서 가장 가까운 것은?

(보험계리사 · 2010)

① 1,176원   ② 1,194원
③ 1,206원   ④ 1,224원

해설   한국의 명목이자율이 6%이고 미국의 명목이자율이 4%이므로 환율이 2% 오를 것으로 예상된다. 따라서 현재 환율이 1달러 당 1,200원이므로 1년 후 1,224원 될 것이다.
현재 문제에서 묻는 것은 1년이 아닌 3개월 후이므로 24원을 4로 나누어 6원 오를 것으로 예상할 수 있다.

정답 ③

06

현재 현물환율(F)이 1,000원/달러이고 선물환율(F)은 1,100원/달러, 한국의 이자율은 5%, 미국의 이자율은 3%라고 가정할 때 다음 중 옳지 않은 것은? (단, 외환시장에는 이자재정거래자만이 존재하고 두 국가 간 자본이동은 완전하다고 가정한다.)   (국회 8급 · 2011)

① 한국의 이자율이 상승할 것이다.   ② 미국의 이자율은 하락할 것이다.
③ E는 상승할 것이다.   ④ F는 하락할 것이다.
⑤ 한국에 투자하는 것이 유리하다.

해설   무위험평가설에서는 $r = \dfrac{f_t - e_t}{e_t} + r_f$이므로 5% < 10% + 3%인 상태이다.

따라서 한국보다 미국에 투자하는 것이 유리하다.   정답 ⑤

07

고정환율제도와 이 제도에서 나타날 수 있는 현상에 대한 설명으로 옳은 것을 모두 고르면?   (감정평가사 · 2008)

> 가. 국제수지 흑자가 발생할 경우 국내 통화공급이 감소한다.
> 나. 국제수지 적자가 발생할 경우 중앙은행이 외환을 매각해야 한다.
> 다. 고정환율제도는 해외에서 발생한 충격을 완화시켜 주는 역할을 한다.
> 라. 국내 정책목표를 달성하기 위한 통화정책이 제약을 받는다.
>   ※ 국제수지 = 경상수지 + 자본수지

① 가, 다   ② 가, 라
③ 나, 다   ④ 나, 라
⑤ 가, 나, 라

해설   국제수지 흑자 발생 시 외환을 매입해야 환율이 안정적이므로 국내통화량이 증가한다.
외환시장의 안정화를 위해 외환을 매매하면 통화량이 변하므로 통화정책의 자율성이 상실되며 이로 인하여 고정환율제도는 해외에서 발생한 충격이 국내로 파급된다.   정답 ④

08

국제거래 중 우리나라의 경상수지 흑자를 증가시키는 것은? (감정평가사 · 2012)

① 외국인이 우리나라 기업의 주식을 매입하였다.
② 우리나라 학생의 해외유학은 증가하였다.
③ 미국 기업이 우리나라에 자동차 공장을 건설하였다.
④ 우리나라 기업이 중국기업으로부터 특허료를 지급받았다.
⑤ 우리나라 기업이 외국인에게 주식투자에 대한 배당금을 지급하였다.

주식매입이나 자동차 공장 건설은 자본수지의 개선을 가져오고 해외유학 증가는 서비스 수지의 악화를 가져온다.
특허료를 지급받으면 서비스 수지의 개선을 가져오고 배당금 지급은 본원소득수지의 악화를 가져온다.

정답 ④

09

다음과 같은 거래가 발생하였을 때 경상수지는 얼마인가? (공인회계사 · 2011)

> 가. 국내 회사가 자동차를 900만 달러 수출하였다.
> 나. 국내 회사가 철광석을 1,000만 달러 수입하였다.
> 다. 국내 회사가 500만 달러를 투자하여 미국 현지 공장을 설립하였다.
> 라. 국내 해운사가 외국 수입상으로부터 100만 달러의 운임을 받았다.
> 마. 국내 회사가 뉴욕 금융시장에서 800만 달러의 외화채권을 발행하였다.
> 바. 국내 회사가 외채에 대한 이자로 300만 달러를 지급하였다.

① 500만 달러 적자
② 300만 달러 적자
③ 100만 달러 적자
④ 경상수지 균형
⑤ 300만 달러 흑자

가 - 경상수지 900만 달러 개선　　　나 - 경상수지 1,000만 달러 악화
다 - 자본수지 500만 달러 악화　　　라 - 경상수지 100만 달러 개선
마 - 자본수지 800만 달러 개선　　　바 - 경상수지 300만 달러 악화

정답 ②

10

개방경제의 국민소득계정에 관한 설명으로 옳은 것을 모두 고른 것은? (감정평가사 · 2012)

> 가. 국민소득이 소비, 투자, 정부지출의 합보다 큰 경우에 순수출은 반드시 양(+)이 된다.
> 나. 민간투자가 민간저축보다 더 큰 경우에 순수출은 반드시 양(+)이 된다.
> 다. 정부세금 수입이 지출보다 더 큰 경우에 순수출은 반드시 양(+)이 된다.

① 가   ② 나
③ 다   ④ 가, 나
⑤ 나, 다

해설 $X - M = (S_P - I) + (T - G)$이므로 민간투자(I)가 민간저축($S_P$)보다 큰 경우 음(−)의 값을 갖기 때문에 순수출은 양(+)의 값을 갖는다고 말할 수 없다.
정부세금 수입이 지출보다 크면 $(T - G)$가 양(+)이므로 $(S_P - I)$가 양(+)의 값을 갖는 경우에만 순수출이 반드시 양(+)이 된다.   정답 ①

11

재정적자가 증가한 경우 민간저축에 변화가 없었다면 (　　)에 들어갈 내용을 순서대로 옳게 연결한 것은?   (감정평가사 · 2013)

> 투자와 순수출의 합계가 (　㉠　)하였다.   정부저축이 (　㉡　)하였다.
> 국민저축이 (　㉢　)하였다.

① ㉠ : 감소, ㉡ : 감소, ㉢ : 감소   ② ㉠ : 감소, ㉡ : 감소, ㉢ : 증가
③ ㉠ : 증가, ㉡ : 증가, ㉢ : 감소   ④ ㉠ : 증가, ㉡ : 감소, ㉢ : 감소
⑤ ㉠ : 증가, ㉡ : 증가, ㉢ : 증가

해설   정부저축은 (조세수입−정부지출)이므로 재정적자가 증가하면 정부저축은 감소한다.
또한 국민저축은 정부저축과 민간저축의 합이므로 민간저축에 변화가 없다면 국민저축 또한 감소한다.
국민저축에서 투자를 차감한 것이 순수출이므로 국민저축은 투자와 순수출의 합계가 된다.
따라서 국민저축이 감소하면 투자와 순수출의 합계 역시 감소한다.   정답 ①

12

자본이동이 완전히 자유롭고 변동환율제도를 채택한 소규모 개방경제의 IS−LM−BP모형을 고려할 때 다음 중 국민소득을 증가시키는 것은? (단, IS곡선은 우하향하고 LM곡선은 우상향한다.)   (CPA · 2013)

① 직불카드 도입에 따른 화폐수요의 감소   ② 통화공급의 감소
③ 한계소득세율의 증가   ④ 정부 이전지출의 증가
⑤ 국채의 공개시장 매각과 순수출의 증가

해설   변동환율제도에서는 LM곡선이 우측으로 이동할 때 국민소득이 증가하므로 화폐수요의 감소에 따른 LM곡선의 우측이동이 정답이다.   정답 ①

13

소국 개방경제에서 현금 자동인출기의 보급확대로 인해 통화수요가 감소했다고 가정할 경우 먼델-플레밍 모형에 의할 때 예상되는 현상을 옳게 기술한 것은? (국회 8급 · 2007)

> 가. 변동환율제의 경우 소득이 감소한다.
> 나. 변동환율제의 경우 자국화폐의 가치가 하락한다.
> 다. 변동환율제의 경우 LM곡선이 좌측으로 이동한다.
> 라. 고정환율제의 경우 LM곡선이 처음에는 좌측으로 이동했다가 다시 우측으로 이동한다.
> 마. 고정환율제의 경우 소득과 환율이 변하지 않는다.

① 가, 다   ② 가, 라
③ 나, 라   ④ 나, 마
⑤ 다, 마

> 통화수요의 감소는 LM곡선을 우측이동시킨다.
> LM곡선의 우측이동은 이자율 하락을 가져오고 외환유출을 발생시킨다.
> 변동환율제도라면 환율 상승으로 순수출 증가로 IS곡선을 우측으로 이동시킨다.
> 따라서 국민소득의 증가를 가져온다.
> 반면 고정환율제도라면 외환유출에 따른 외환매각으로 통화량 감소를 가져와 다시 LM곡선을 좌측으로 원상태로 돌아온다. 정답 ④

14

자본이동이 자유롭고 변동환율제도를 채택한 소규모 개방경제에 대한 다음 설명 중 옳은 것을 모두 고르면? (단, 우하향하는 IS곡선과 우상향하는 LM곡선을 가정한다.) (공인회계사 · 2010)

> 가. 정부지출의 증가는 재정적자와 경상수지 적자를 동시에 증가시킨다
> 나. 국채의 공개시장 매각(open market sale)은 소비 감소와 순수출 증가를 가져온다.
> 다. 투자심리 하락에 따른 투자 감소는 총수요 측면의 균형 국민소득에 아무런 영향을 미치지 못한다.
> 라. 대체 지급수단(means of payment)의 개발에 따른 화폐유통속도의 증가는 소비와 순수출의 증가를 가져온다.

① 가, 나   ② 가, 라
③ 나, 다   ④ 가, 다, 라
⑤ 나, 다, 라

> 국채의 공개시장 매각은 통화량의 감소를 가져와 LM곡선을 좌측이동시킨다.
> LM곡선의 좌측이동은 이자율 상승을 가져와 외환유입을 가져오고 환율이 하락한다.
> 환율하락은 순수출의 감소를 가져와 국민소득과 소비감소를 유발한다. 정답 ④

01

연간 수익률이 15%인 한국채권과 6%인 미국채권이 있다. 현재 한국의 투자자가 1년 후 만기가 도래하는 미국채권을 매입할 때 매입시점의 환율이 달러당 1,000원이고 채권만기에는 1,100원으로 예상된다면 이 투자자의 기대수익률은 얼마인가?

해설 외국투자수익률은 채권투자수익률＋환율상승률이므로 6%＋10%로 16%이다.

02

환율변화가 바로 경상수지 개선으로 이어지지 않는 이유 2가지를 쓰시오. (한국은행 · 2013)

해설

(1) J－커브 효과

정부가 평가절하를 하면 단기적으로는 오히려 경상수지가 악화되었다가 경상수지가 장기에 걸쳐 점진적으로 개선되는 현상을 말한다.

(2) 환율의 전가효과

1) 개념
① 환율의 전가효과는 환율의 변동이 수출재나 수입재의 가격에 반영되는 현상을 의미한다.
② 전통적인 환율이론에 따르면 평가절하시 외화표시 수출재가격에 100% 반영되어 절하폭만큼 외화표시 수출재 가격이 하락하고 수입재 국내가격에 100% 반영되어 자국통화표시 수입재의 국내가격이 상승하여 경상수지가 개선된다고 한다.
③ 현실적으로 환율의 불완전 전가현상으로 환율변동으로 인한 경상수지 불균형의 조정능력이 약화된다.

2) 불완전 환율 전가의 원인
① 가격설정능력을 가진 기업의 존재 : 기업이 불완전 경쟁시장에서 가격설정자로 행동하는 경우 환율변동의 일부를 이윤변동으로 흡수하기 때문에 평가절하 후 수출재의 외화표시 가격이 환율절하폭만큼 하락하지 않는다.
② 평가절하에 대한 인식시차 및 생산 및 상품 인지도에 따른 실행시차의 존재 : 평가절하가 일시적 현상인지 지속적인 현상인지 파악하기 어렵다는 점, 원가상승 요인을 가격상승으로 조정하는데 메뉴비용이 발생한다는 점을 들 수 있다.

03

고정환율제도의 장점과 단점 (정책금융공사 · 2011)

(1) 개념

중앙은행이나 정부가 외환시장에 개입하여 환율을 일정하게 유지시키는 제도이다.

(2) 평가절상과 평가절하

1) 정의

① 고정 환율제도에서 한 나라가 고정 환율을 인상시키는 것, 즉 자국통화의 가치를 외국통화의 가치에 비해 하락시키는 것을 평가절하(devaluation)라고 한다.

② 한 나라가 고정 환율을 인하시키는 것, 즉 자국통화의 가치를 외국통화의 가치에 비해 상승시키는 것을 평가절상(up valuation)이라 한다.

2) 효과

① 평가절하가 이루어지면 총 수요증가로 AD곡선이 우측으로 이동한다.

② 수입 원자재 가격 상승으로 생산비용이 상승하므로 AS곡선이 좌측으로 이동한다.

③ 따라서 평가절하로 물가상승으로 인한 인플레이션 발생은 명백하나 산출량 변화는 불분명하다.

(3) 고정 환율제도의 장점

① 환율이 고정되어 환위험이 없으므로 국제무역과 국제 간 자본거래가 확대된다.

② 환투기를 노린 국제 간 단기자본이동이 제거된다.

(4) 고정 환율제도의 단점

① 국제수지 불균형이 자동적으로 조정되지 않는다.

② 고정환율제도 하에서는 충분한 외환보유액(reserve)이 필요하다.

③ 해외의 교란요인이 국내로 쉽게 전파된다.

④ 중앙은행이 외환시장에 개입하는 과정에서 국내통화량이 변화하므로 통화량을 통제하는데 큰 어려움을 겪게 된다. 즉, 금융정책의 자율성이 상실된다.

04

PPP와 IRP에 대하여 서술하시오.　　　　　　　　　　(산업은행 · 2012)

(1) PPP

1) 개념

① 구매력 평가설이란 환율이 각국화폐의 구매력에 의하여 결정된다는 이론이다.

② 화폐의 구매력은 물가와 반비례하므로 양국에서 물가상승률의 차이가 환율변화율과 등일하게 된다.

2) 가정 ⋯ 일물일가의 법칙 (law of one price)

① 재화의 교역이 자유롭다.

② 각 나라가 생산하는 상품은 완전히 동질적이다.

③ 거래비용도 무시할 수 있을 정도로 작다.

3) 절대적 구매력 평가설

① 국내물가수준을 P, 외국물가수준을 P^f, 환율을 e라고 하면 절대적 구매력 평가설에 의한 환율은 다음과 같이 두 나라 물가수준의 비율로 나타낼 수 있다.

② $e = \dfrac{P}{P_f} = \dfrac{\dfrac{1}{P_f}}{\dfrac{1}{P}}$ ($\dfrac{1}{P_f}$: 외국화폐의 구매력, $\dfrac{1}{P}$: 자국화폐의 구매력)

4) 상대적 구매력 평가설

① $P = eP^f$ 식을 자연로그를 취해 시간에 대해 미분하면 그 변화율간의 관계를 다음과 같이 나타낼 수 있다.

② $\dfrac{\Delta P}{P} = \dfrac{\Delta e}{e} + \dfrac{\Delta P^f}{P^f} \rightarrow \dfrac{\Delta e}{e} = \dfrac{\Delta P}{P} - \dfrac{\Delta P^f}{P^f}$

이 식에 따르면 국내 인플레이션율과 외국 인플레이션율의 차이는 환율 변화율과 일치 한다.

5) 평가

① 실제로 많은 나라들이 관세 등 무역 장벽을 쌓고 있고, 무역에 소요되는 거래비용이 큰것이 일반적이다.

② 각 나라가 생산하는 상품이 완전히 동질적일 수 없으므로 일물일가의 법칙이 성립하지 않는다.

③ 현실적으로 국가간 이동이 용이하지 않은 수많은 비교역재가 존재한다.

④ 구매력 평가설에는 환율결정요인으로 물가만 고려하고 있다.

⑤ 가격경직성으로 실질환율이 명목환율과 거의 같은 폭으로 변동하므로 비교역재를 포함한 일반물가 수준의 차이로는 환율결정방식을 설명할 수 없다.

⑥ 구매력 평가설은 단기적인 환율의 움직임은 잘 나타내지 못하고 있으나 장기적인 환율의 변화추세는 잘 반영하는 것으로 평가된다.

⑦ 무역장벽이 낮고 거래비용이 적은 선진국들 사이에는 구매력 평가설이 잘 적용되는 것으로 나타난다.

⑧ 구매력 평가설은 경상수지측면에서 분석한 환율결정이론이다.

(2) 이자율 평가설 (interest rate parity theory)

1) 개요

① 단기자본이동에 따른 환율의 결정을 설명하려는 이론이다.

② 이자율 평가설은 환율이 두 나라간 명목이자율 차이에 의해 결정된다고 본다.

2) 가정

① 국가 간 자본이동이 완전하므로 양국에서의 투자수익률이 동일하다.

② 거래비용이 존재하지 않는다.

3) 설명

① 국내 이자율이 r, 외국이자율이 r_f, 현재 환율을 e_t, 1년 뒤의 환율을 e_{t+1}이라고 가정 한다.

② 1원을 국내에 투자하면 1년 뒤의 원리금은 (1+r)이고, 외국에 투자했을 때의 원리금은

$$\dfrac{e_{t+1}}{e_t}(1+r_f) = 1 + \dfrac{\Delta e}{e_t} + r_t 로 \ 계산된다. \ (e_{t+1} = e_t + \Delta e, \ \dfrac{\Delta e}{e_t} \cdot r_f = 0)$$

③ 국내의 투자수익률을 r, 외국에 투자하였을 때의 수익률은 $r_f + \dfrac{\Delta e}{e}$이다.

④ 자본이동이 완전히 자유로운 상태에서는 양국에서의 투자수익률이 동일해야 하므로 다음식이 성립된다.

$$r = r_f + \dfrac{\Delta e}{e}, \ \dfrac{\Delta e}{e} = r - r_f$$

⑤ 이 식에 따르면 환율은 두 나라사이의 명목이자율 차이만큼의 비율로 변화하게 된다.

4) 결론

해외투자는 환율변동을 감안하여 $(r - \dfrac{\Delta e}{e}) > r^f$ 일 경우에만 국내에 투자하며, 이에 따라 자본이 유입될 것이다.

5) 평가

① 자본통제와 같은 제도적 제약이 존재하거나 거래비용으로 인해 국가간 저본이동성이 완전하지 못하면 이자율 평가설이 성립하지 않는다.

② 따라서 이자율 평가설의 현실 부합성 여부는

　i) 두 나라간 자본이동이 얼마나 자유로운지

　ii) 금융자산이 얼마나 동질적인지에 따라 결정된다.

05

J−커브에 대해 서술하시오.

(산업은행 · 2012)

(1) 의의

① 자본이동이 통제된 고정 환율제도에서 국제수지가 균형에 도달하는 과정은 상당한 시간을 요구하는데, 이는 경상수지조정에 일반적으로 상당한 시간이 걸리기 때문이다.

② J−Curve 효과는 시간이 흐름에 따라 경상수지가 어떻게 변하는지를 설명한다.

(2) 개념

① 명목환율(e)이 상승하거나 평가절하 했을 때 경상수지가 단기적으로는 악화되었다가 시간이 지남에 따라 경상수지개선의 효과가 나타나는 것을 말한다.

② 이는 단기적으로 가격효과 보다 빠르게, 그리고 크게 나타나기 때문이다.

(3) 발생원인

① 평가절하가 이루어지면 수출가격이 하락하나 단기적으로는 수출물량이 별로 증가하지 않으므로 수출액이 감소하고, 경상수지가 악화된다.

② 시간이 지남에 따라 수출물량이 점차 증가하므로 장기에는 경상수지가 개선된다.

③ J 커브 효과라고 부르는 이유는 평가절하 시 시간의 흐름에 따라 경상수지가 J자 모양을 하면서 변화하기 때문이다.

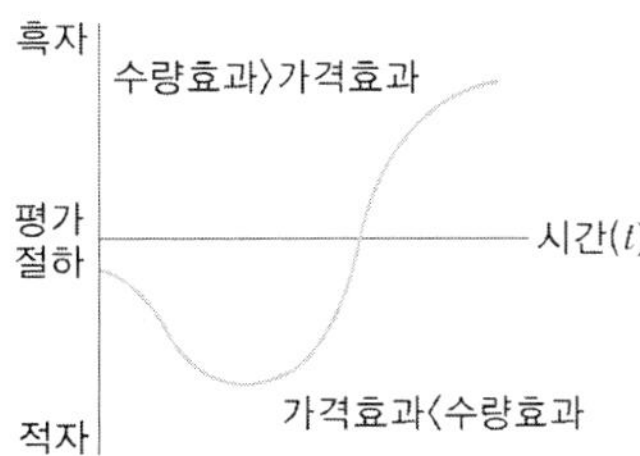

(4) 결론

① J−Curve 효과가 발생한다는 것은 단기적으로는 마샬−러너 조건이 성립하지 않음을 의미한다.

② 한국의 경우 환율상승 이 후 6개월이 지난 다음에 경상수지 개선효과가 나타난다.

06

마샬−러너조건이 성립하지 않을 때 환율이 상승한다면 국제수지의 변화를 서술하시오.

(정책금융공사 · 2011)

(1) 마샬−러너 조건의 개념

① '평가절하'를 실시할 때 경상수지가 개선되기 위해서는 양국의 수입수요의 가격탄력성의 합이 1보다 커야 함을 나타낸다.

② 마샬−러너 조건은 외환시장의 안정조건이라고도 한다.

(2) 수식

① $\varepsilon_M + \varepsilon_M^f > 1$ ε_M : 자국의 수입수요의 가격탄력성, ε_M^f : 외국의 수입수요의 가격탄력성

② 외국의 수입수요의 가격탄력성은 자국의 입장에서 보면 수출 공급의 가격탄력성이므로 다음과 같이 나타낼 수도 있다. 수입수요의 가격탄력성 + 수출 공급의 가격탄력성 > 1

(3) 마샬−러너 조건 불 성립 시

환율이 상승하더라도 수출 증가가 크지 않기 때문에 상품수지는 악화될 수 있다. 또한 환율의 상승은 원화의 가치 하락을 의미하므로 국내인의 해외 여행은 감소하므로 서비스 수지는 개선될 수 있다.

07

상대수요곡선(RD), 상대공급곡선(RS)을 도출하시오. (한국은행 · 2013)

해설

① RD는 세계시장에서 재화의 상대수요(relative demand)를 나타내고, *RS*는 상대공급(relative supply)을 나타낸다.

② 위 그림에서 횡축은 *X*재의 상대생산량으로 $(X+X^*)/(Y+Y^*)$이고, 종축은 *X*재의 상대가격으로 P_X/P_Y이다. *RD*와 *RS* 곡선이 만나는 짐에서 국제가격이 결정된다.

③ 세계상대공급곡선은 [그림 3−2]에서 보듯이 우상향하지만, 일반적인 공급곡선과는 달리 계단식의 형태를 보인다. 이는 리카도 모형의 생산가능곡선이 직선이어서 상대가격이 변하면 *X*재 또는 *Y*재의 생산이 서서히 변해가는 것이 아니라 하나의 재화 생산에 완전 특화되는 급격한 변화를 보이기 때문이다.

④ 상대수요곡선 *RD*는 우하향하는데, 이는 *X*재의 상대가격이 하락하면 *X*재에 대한 수요가 상대적으로 증가한다는 일반적인 수요의 법칙을 반영하고 있다. *X*재의 국제상대가격은 *RD*와 *RS*가 만나는 점에서 결정된다.

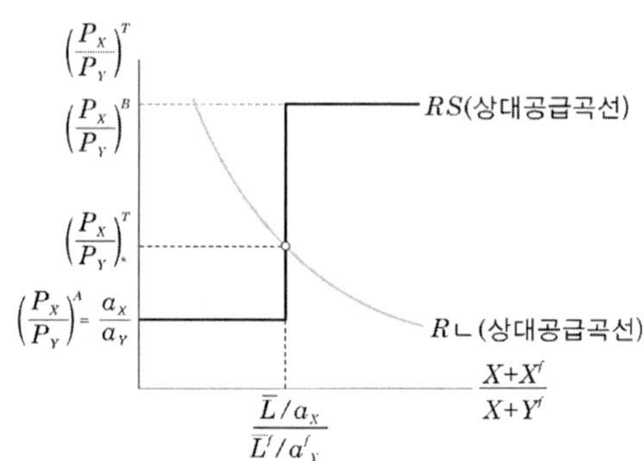

주제 3 논술

01

삼자택일의 딜레마(trilemma)에 대하여 논하시오.

해설

(1) 개념

일국은 환율의 안정성(confidence), 자본의 자유로운 이동(liquidity), 통화정책의 자율성(adjustment)라는 세 가지 목표를 동시에 달성할 수 없다

(2) 자본의 자유로운 이동과 통화정책의 자율성을 만족하는 경우

① 완전한 자본이동이 가능한 가운데 환율의 안정성을 포기하게 되면 국내경기 회복을 위한 통화정책을 자유롭게 사용할 수 있다.

② 중앙은행이 경기부양을 위해 통화량을 늘리면 LM곡선이 우측 이동하며 이자율 하락으로 인한 외환유출이 발생한다.

③ 환율이 상승하면 순수출이 증가하므로 IS곡선은 우측이동하고 국민소득은 증가하게 된다.

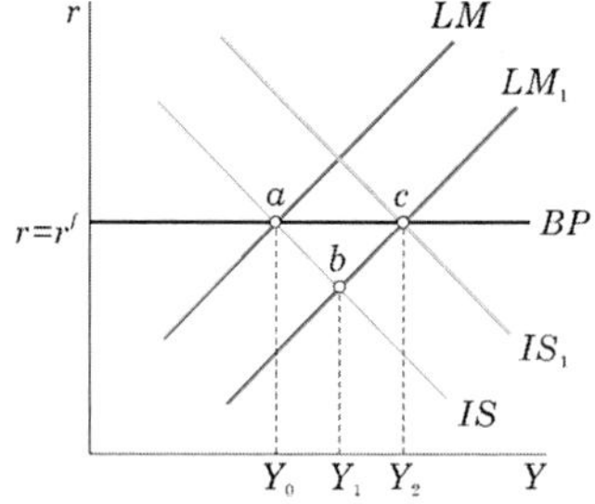

(3) 자본의 자유로운 이동과 환율의 안정성을 유지하는 경우

① 자본의 이동이 자유로운 가운데 환율의 안정성을 유지하기 위해서는 통화량은 고정되야 한다.

② 중앙은행이 통화량을 늘리면 LM곡선은 우측이동하고 이자율 하락으로 환율상승 압력이 발생하게 된다.

③ 환율이 상승하면 환율의 불안정성이 발생하게 되므로 환율의 안정성을 위해 외환당국은 외환을 매각해야 하며 이는 통화량 감소를 유발하여 다시금 LM곡선을 좌측으로 이동하게 만든다.

④ 따라서 자본시장이 완전개방한 가운데 환율의 안정성을 유지하기 위해서는 금융정책은 더 이상 국내경기조절을 위한 정책으로 사용할 수 없다.

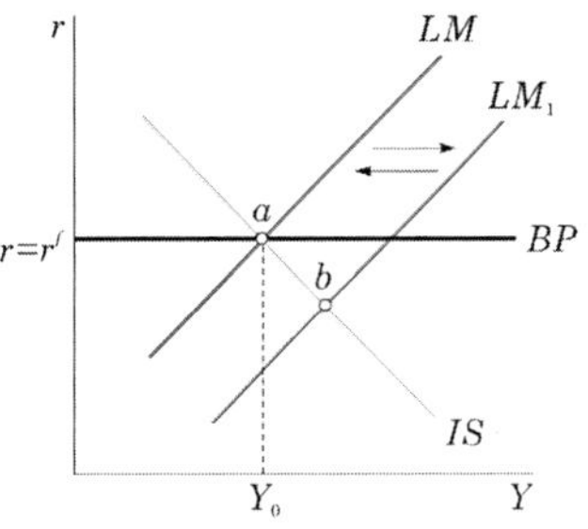

(4) 환율의 안정성과 통화정책의 자율성이 유지되는 경우

① 자본의 이동이 불가능하다면 환율의 안정성과 금융정책의 자율성을 달성할 수 있다.

② 중앙은행이 통화량을 늘리면 LM곡선은 우측이동하며 국민소득은 증가한다.

③ 국민소득 증가로 경상수지 적자가 발생하며 이는 환율 상승 압력을 유발한다.

④ 외환당국은 환율 상승 압력을 막기 위해 외환을 매각해야 하며 이는 통화량 감소를 가져와 LM곡선을 좌측이동시킨다.

⑤ 국민소득 증가가 수입의 증가로 연결되고 환율 상승 압력을 유발하는데 오랜 시간이 걸리므로 상당기간 동안 국내경기가 확대효과가 발생한다.

⑥ 따라서 자본의 이동이 불가능한 경우 환율의 안정성과 금융정책의 자율성 모두 달성할 수 있다.

02

IS-LM-BP 모형을 이용하여 변동환율제에서 재정정책과 금융정책 사용 시 경제변수들의 변화를 설명하시오.

(정책금융공사 · 2011)

(1) 완전한 자본이동

1) 확대재정정책

① 설명

㉠ 정부가 확대재정정책을 실시하면 정부지출 증가로 IS곡선이 우측 이동한다. ($IS_0 \rightarrow IS_1$)

㉡ 새로운 대내균형점 E_1에서 국내이자율이 국제금리보다 높기 때문에 ($rr > r^f$) 해외로부터 자본이 급속히 유입된다.

㉢ 외환유입으로 환율이 하락하므로 경상수지가 악화되고 IS곡선을 다시 좌측으로 이동시킨다.

㉣ 결국 최종균형은 원래의 균형점 E_0에서 이루어진다.

② 자본유입에 따른 개별시장의 효과

㉠ 외환시장

㉮ 해외자본유입은 외환공급을 증가시키고 환율이 하락하여 외환시장의 균형이 달성된다.

㉯ 환율의 변화율은 국내이자율과 r^f에서 고정된 해외이자율의 차이와 같다. $\dfrac{\Delta e}{e} = r - r^f$

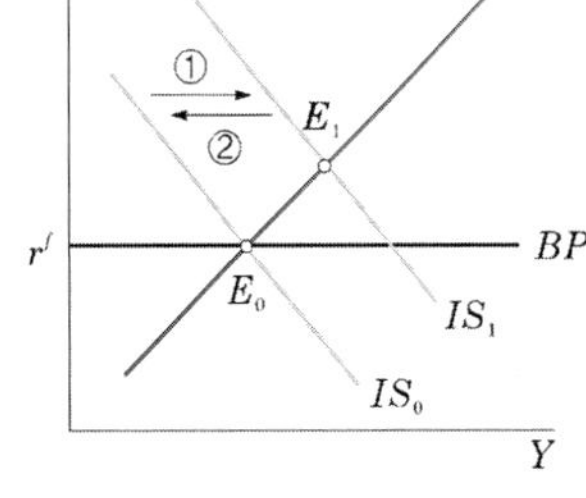

ⓛ 화폐시장

㉮ 외환시장의 균형으로 국제수지도 균형을 이루므로 국내통화량은 국제수지의 영향을 받지 않게 된다.

㉯ 따라서 국내물가수준이 변하지 않는다면 해외에서 자본이 유입되어도 LM곡선은 원래의 위치에 있게 된다.

ⓒ 생산물시장

㉮ 외환유입으로 실질환율이 하락하면 경상수지가 악화된다.

㉯ 경상수지악화는 국내생산물에 대한 총 수요를 감소시킨다.

ⓔ 결론

㉮ 재정정책은 정부지출 증가에 따른 총 수요증가분만큼 순 수출을 감소시키므로 결국 총 수요에 아무영향을 미치지 못한다.

㉯ 결국 재정정책은 총 수요를 증대시키지 못하고 경상수지만 악화시킨다.

2) 확대금융정책

① 설명

㉠ 중앙은행이 통화량을 증가시키면 LM곡선은 우측 이동한다.($LM_0 \rightarrow LM_1$)

㉡ 새로운 대내균형점 E_1에서 국내이자율이 국제이자율보다 낮으므로 $(r > r^f)$ 자본유출이 발생한다.

㉢ 외환수요증가는 환율을 상승시키고 경상 수지가 호전되므로 IS곡선이 우측 이동한다. ($IS_0 \rightarrow IS_1$)

㉣ 최종균형은 E_2에서 이루어지고, 국제수지 균형과 환율변화는 더 이상 없다.

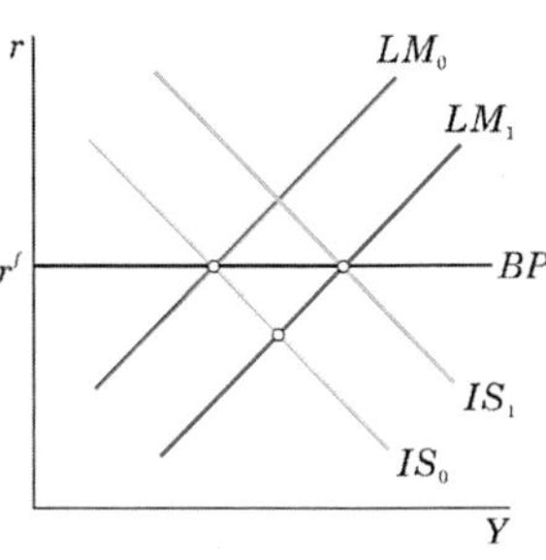

② 결론

㉠ 변동환율제도에서 화폐금융정책은 총 수요증대에 매우 효과적이다.

㉡ 이는 변동환율제도에서는 화폐금융당국이 국내통화량을 변화시킬 수 있는 반면 고정 환율제도에서는 화폐금융당국이 통화량을 조정할 수 없기 때문이다.

(2) 불완전한 자본이동

① 확대재정정책

㉠ 확대재정정책 또는 투자수요·소비수요 증가 또는 내수를 증가시키므로 IS곡선을 우측 이동시킨다. ($IS_0 \rightarrow IS_1$)

㉡ 국내이자율 상승으로 자본이 유입되므로 환율이 하락한다.

㉢ 환율하락은 순 수출을 감소시키므로 IS 곡선과 BP곡선이 좌측 이동한다. ($IS_1 \rightarrow IS_2$, $BP_0 \rightarrow BP_1$)

㉣ 따라서 국민소득과 이자율이 조금 상승 한다.

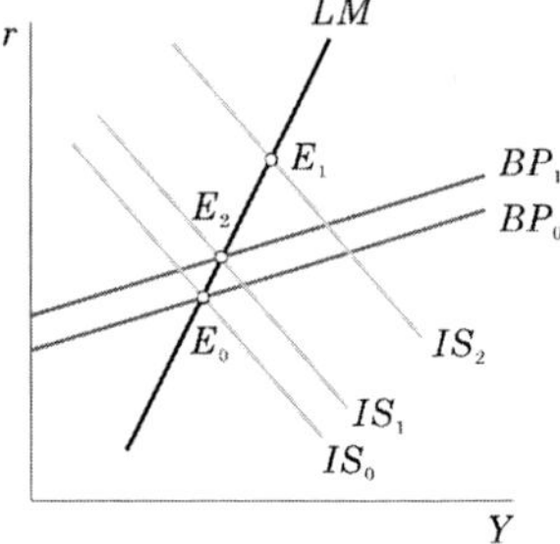

② 확대금융정책

㉠ 확대금융정책은 LM곡선을 우측 이동시킨다. ($LM_0 \rightarrow LM_1$)

㉡ E_1에서 국내이자율이 하락하므로 자본이 유출되고 환율이 상승한다.

㉢ 환율상승은 순 수출을 증가시키므로 IS 곡선과 BP곡선을 우측으로 이동시킨다.

㉣ 최종균형은 E_2점에서 이루어지고, 소득 증가와 이자율 하락이 발생한다.

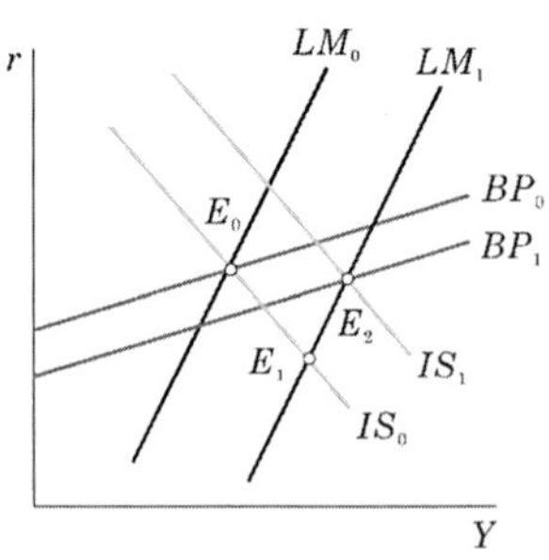

03

헥셔오린 정리를 설명하고 노동 풍부국에서의 임금과 이자율이 어떻게 되는지 설명하라.

(수출입은행 2011)

(1) 무역발생의 원인
비교생산비 차이가 발생하는 이유를 상대적 요소 부존량과 요소가격의 차이에
있다고 한다.

(2) 주요내용
헥셔-올린 이론은 요소부존량의 정리, 요소가격균등화의 정리, 스톨퍼-사무엘슨 정리, 립친스키 정리등
으로 이루어지는데 이 중에서 요소부존량의 정리와 요소가격균등화의 정리가 기본이 됨

(3) 기본가정
① 2국가-2재화-2생산요소가 존재
② 2국가의 생산면의 기술적 조건이 동일하다.
③ 2국가의 수요구조는 동일하다.
④ 국가간 생산요소의 이동은 불가능하다.
⑤ 2재화의 요소집약도는 서로 상이하다.
⑥ 2국가의 생산요소의 부존량은 상이하다.

(4) 제 1정리-요소 부존량 정리
각 국은 상대적으로 풍부하게 부존된 생산요소를 집약적으로 사용하여 생산한 재화에 비교 우위를 갖고,
이 재화를 서로 교역한다는 것을 말한다.

(5) 제 2정리-요소가격 균등화정리
자유무역은 국가간 생산요소의 이동이 없더라도 생산요소의 상대가격은 물론 절대가격도
국가간에 같아진다.

(6) 노동풍부국의 경우
노동수요의 증가로 임금은 상승하고 자본수요의 감소로 이자율은 하락한다.

04

해외 경제를 회복하기 위한 정책으로 경기견인 정책과 인근 궁핍화 정책이 있다.

(1) 경기견인정책과 인근 궁핍화 정책의 개념에 대하여 실물적 요인과 화폐적 요인으로 비교하시오
(2) 경기견인정책과 인근 궁핍화 정책이 한국 경제에 가져다 주는 효과를 비교하시오.

 **(1) 실물요인에 따른 해외경제 회복 – 견인효과**

    1) 경제회복의 원인

    소비성향의 증가, 미래기대변화에 따른 투자증대, 정부지출 증가 등의 원인으로 해외경제의 활성화가 이루어짐

    2) 한국경제에의 영향

       ① 실물적 요인에 따른 세계경제의 활성화는 자본유출과 순수출의 증가가 발생하여 IS곡선이 우측이동하고 ($IS_0 \rightarrow IS_1$), BP곡선은 상향 이동한다. ($BP_0 \rightarrow BP_1$)

       ② 따라서 세계경제의 활성화는 자국의 국민소득도 증가시키는 견인효과($Y_0 \rightarrow Y_1$)가 있다.

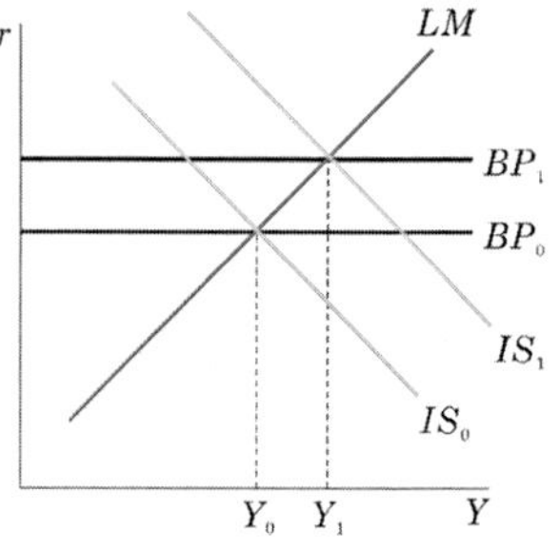

(2) 화폐적 요인에 따른 해외경제의 회복 – 인근궁핍화

    1) 경제회복의 원인

    외국 정부의 팽창적 금융정책에 따른 해외투자, 소비증가에 따른 원인으로 해외경제가 활성화 → 팽창적 금융정책의 금리인하로 인한 순수출 촉진정책

    2) 한국경제에의 영향

       ① 해외의 팽창적 금융정책은 이자율을 하락함으로 국내로 자본이 유입된다.

       ② 자본의 유입은 환율을 하락시켜 순수출을 감소시킨다.

       ③ 따라서 BP곡선이 하방이동하고 IS곡선이 좌측이동하여 한국의 국민소득을 감소시킨다.

(3) 결론

    자본의 완전이동은 일국경제의 국제경제와의 연관성을 증대시킴

    따라서 국가간 경제정책의 협력의 필요성이 증대됨

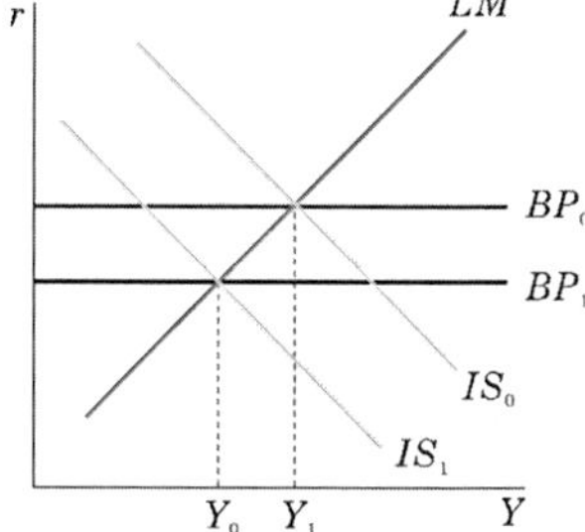

05

세계 경제 불균형의 개념과 영향에 대하여 논하시오.

 **(1) 세계 경제 불균형/글로벌 임밸런스(Global Imbalance)란?**

    ① 미국 등 선진국들은 지속적인 경상수지 적자가 발생하고 중국 및 산유국등 개발도상국들은 지속적인 경상수지 흑자가 발생하는 경우를 말함

    ② 미국의 막대한 경상수지 적자와 중국 등 아시아 신흥국들의 경상수지 흑자로 대비되는 지역 간 불균형 현상을 뜻한다. 경상수지 불균형이 빚어지는 가장 큰 원인은 무역 불균형이다.

(2) 최근의 경향

    1996년 까지 개발도상국들은 경상수지 적자가 발생하였지만 2008년부터 9,000억 달러 이상의 경상수지 흑자가 발생하고 있음

(3) 세계 경제 불균형이 발생하는 이유 – 환율조작

    중국의 경우 자국의 화폐인 위안화를 의도적으로 평가절하 하고 있다고 각국이 판단하고 있음

    평가절하를 하는 이유는 중국제품의 가격경쟁력을 향상시키기 위함

    그러나 중국 정부가 개입을 하지 않는다면 중국의 경상수지 흑자는 위안화가 평가절상 되어야 함

(4) 세계경제 불균형의 영향

1) 개발도상국으로부터 선진국으로 자금의 유출

개발도상국의 경상수지 흑자는 저축이 투자보다 초과하게 되며 선진국의 경상수지 적자는 투자가 저축보다 초과하게 되어 투자자금을 위하여 해외로부터 자금을 차입하여야 한다.

미국의 경우 달러의 유입으로 과소비가 가능하게 되었으며 이는 다시금 경상수지 적자를 계속적으로 가져오게 된 이유이기도 하다.

2) 미국 달러화의 절상

개발도상국은 넘쳐나는 자금으로 안정 자산인 미국 국채를 매입하게 되었고 이는 달러화의 절상을 가져와 다시금 미국 경상수지 적자를 가져오게 됨

3) 미국 이자율 하락

미국 국채수요의 증가는 국채 가격 상승을 가져오고 국채 가격 상승은 다시금 이자율 하락을 가져오게 됨이는 저금리로 신용 불량자의 주택수요를 가져오게 된 계기가 되었음

4) 서브프라임(sub-prime) 모기지론(mortgage loan) 사태 발생

미국 금융기관의 경우 해외에서 유입되는 자금으로 신용불량자에게 주택담보대출을 하였으며 미국 주택가격의 하락으로 서브프라임 모기지론 사태를 가져오게 된 계기가 되었음

(5) 해결책

경상수지 흑자국은 화폐가치를 높이고 적자국은 화폐가치를 낮춰야 한다.

그러나 이러지 못한다면 흑자국은 내수확대에 실패하고 적자국은 내수가 감소하므로 전세계적으로 생산능력 과잉과 총수요 부족상황에 직면하게 될 것이다.

06

미국의 금리인상이 한국경제에 미치는 영향을 논하시오. (예탁결제원 · 2014)

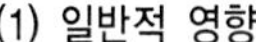

(1) 일반적 영향

양적완화를 축소하면 국내 금융시장에서 주식, 원화, 채권가격이 하락할 가능성이 있다.

(2) 외환유출

① 현재 미국금리는 0.25%이고 한국금리는 2.25%이다. 만약 미국이 정책금리를 인상하면 금리차가 축소되면서 한국에서 외환이 유출될 가능성이 있나.

② 외환유출은 BP곡선을 상방으로 이동시키고 환율의 상승을 가져온다.

③ 환율상승은 순수출을 증가시켜 IS곡선을 우측으로 시켜 국민소득의 증가를 가져온다.

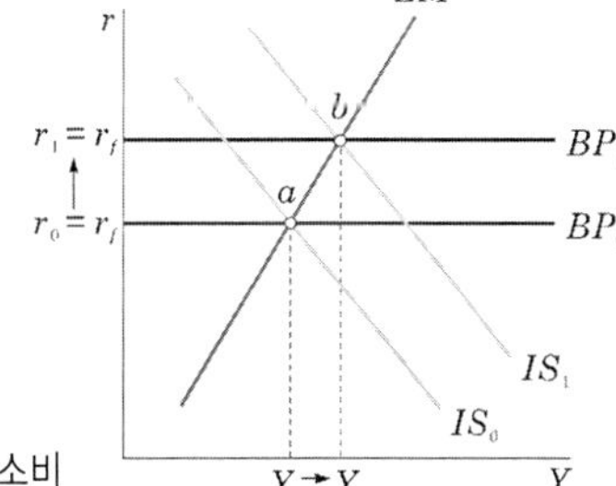

(3) 주가하락

외환유출은 주가하락을 가져올 수 있는데 주가하락은 투자 및 소비 감소를 가져올 수 있다.

(4) 채권가격하락

외환유출은 채권가격의 하락을 가져오고 채권가격의 하락은 채권금리를 상승시켜 신규채권발행의 부담을 가져올 수 있다.

부록

01 문제해결능력

1 문제해결능력

문제해결능력이란 직장생활에서 업무 수행 중에 발생되는 여러 가지 문제를 창조적, 논리적, 비판적 사고를 통해 그 문제를 올바르게 인식하고 적절히 해결하는 능력을 말한다. 최근의 문제들은 더욱 복합적이고 다양한 형태로 나타나고 있다. 그러므로, 문제해결능력은 모든 직업인들에게 직면한 문제를 바르게 인식하고 바람직한 문제 해결을 위해 요구되는 가장 중요한 요소이다.

1. 문제의 정의

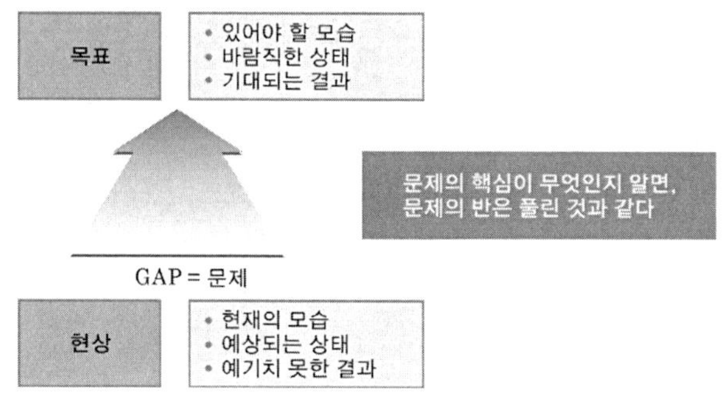

2. 문제의 의미

문제란 원활한 업무수행을 위해 해결 되어야 하는 질문이나 의논 대상을 의미한다. 즉 해결하기를 원하지만 실제로 해결해야 하는 방법을 모르고 있는 상태나 얻고자 하는 해답이 있지만 그 해답을 얻는데 필요한 일련의 행동을 알지 못한 상태이다. 이러한 문제는 흔히 문제점과 구분하지 않고 사용하는데, 문제점이란 문제의 근본원인이 되는 사항으로 문제해결에 필요한 열쇠인 핵심 사항을 말한다. 예컨대 난폭 운적으로 전복사고가 일어났을 때, 사고의 발생이 문제이며, 난폭운전은 문제점이다. 이렇게 문제점은 개선해야 할 사항이나 손을 써야 할 사항, 그에 의해서 문제가 해결될 수 있고 문제의 발생을 미리 방지할 수 있는 사항을 말한다.

3. 문제의 분류

일반적으로 문제는 창의적 문제와 분석적 문제로 나뉜다. 이 두 가지 문제는 문제제시방법, 해결방법, 해답 수, 주요 특징에 의해 다음과 같이 구분된다.

구분	창의적 문제	분석적 문제
문제제시 방법	현재 문제가 없더라도 보다 나은 방법을 찾기 위한 문제 탐구로 문제 자체가 명확하지 않음	현재의 문제점이나 미래의 문제로 예견될 것에 대한 문제 탐구로, 문제 자체가 명확함
해결 방법	창의력에 의한 많은 아이디어의 작성을 통해 해결	분석, 논리, 귀납과 같은 논리적 방법을 통해 해결
해답 수	해답의 수가 많으며, 많은 답 가운데 보다 나은 것을 선택	답의 수가 적으며, 한정되어 있음
주요 특징	주관적, 직관적, 감각적, 정성적, 개별적, 특수성	객관적, 논리적, 정량적, 이성적, 일반적, 공통성

4. 문제해결을 위한 실천 의지

업무를 추진하는 동안에 문제를 인식한다 하더라도 문제를 해결하려는 의지가 없다면 문제의 자체는 아무런 의미가 없다. 업무 상황에서 발생하는 문제를 인식하고 문제를 방치하지 않고 도전하여 해결하는 노력이 동반될 때 문제해결의 단초가 되고 개인과 조직도 발전이 있을 수 있다. 문제가 있고, 문제를 해결하는 속에 조직은 발전하게 되는데, 문제제기를 두려워하고 숨기거나 없다고 한다면, 그 조직의 발전은 멈출 것이다. 즉, 문제를 방치하지 않고 도전하여 해결하는 속에서 발전이 이루어지는 것이다. 이렇게 생각할 때 문제를 해결하려는 실천적 의지가 중요함을 알 수 있다.

5. 문제의 유형

문제를 효과적으로 해결하기 위해 문제의 유형을 파악하는 것이 우선시 되어야 한다. 문제의 유형은 그 기준에 따라 아래와 같이 구분될 수 있다.

- 기능에 따른 문제 유형 : 제조 문제, 판매 문제, 자금 문제, 인사 문제, 경리 문제, 기술상 문제
- 해결방법에 따른 문제 유형 : 논리적 문제와 창의적 문제
- 시간에 따른 문제 유형 : 과거 문제, 현재 문제, 미래 문제
- 업무수행과정중 발생한 문제 유형 : 발생형 문제(보이는 문제), 탐색형 문제(찾는 문제), 설정형 문제(미래 문제)

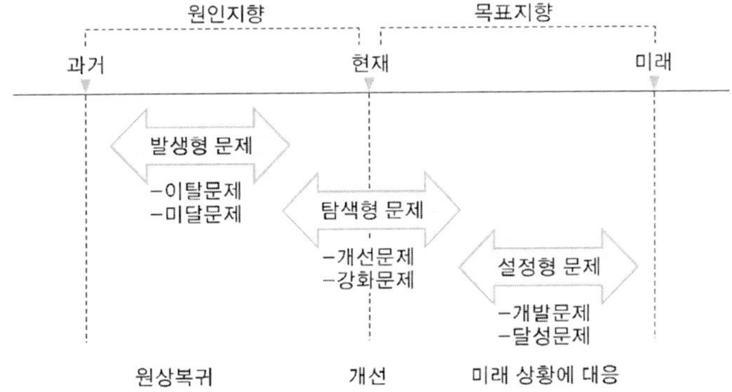

① **발생형 문제**(보이는 문제) : 우리 눈앞에 발생되어 당장 걱정하고 해결하기 위해 고민하는 문제를 의미한다. 발생형 문제는 눈에 보이는 이미 일어난 문제로, 어떤 기준을 일탈함으로써 생기는 일탈 문제와 기준에 미달하여 생기는 미달문제로 대변되며 원상복귀가 필요하다. 또한 문제의 원인이 내재되어 있기 때문에 원인지향적인 문제라고도 한다.

② **탐색형 문제**(찾는 문제) : 더 잘해야 하는 문제로 현재의 상황을 개선하거나 효율을 높이기 위한 문제를 의미한다. 탐색형 문제는 눈에 보이지 않는 문제로, 문제를 방치하면 뒤에 큰 손실이 따르거나 결국 해결할 수 없는 문제로 나타나게 된다. 이러한 탐색형 문제는 잠재문제, 예측문제, 발견문제의 세 가지 형태로 구분된다. 잠재문제는 문제가 잠재되어 있어 보지 못하고 인식하지 못하다가 결국은 문제가 확대되어 해결이 어려운 문제를 의미한다. 이와 같은 문제는 존재하나 숨어있기 때문에 조사 및 분석을 통해서 찾아야 할 필요가 있다. 예측문제는 지금 현재로는 문제가 없으나 현 상태의 진행 상황을 예측이라는 방법을 사용하여 찾아야 앞으로 일어날 수 있는 문제가 보이는 문제를 의미한다. 발견문제는 현재로서는 담당 업무에 아무런 문제가 없으나 유사 타 기업의 업무방식이나 선진기업의 업무 방법 등의 정보를 얻음으로써 보다 좋은 제도나 기법, 기술을 발견하여 개선, 향상시킬 수 있는 문제를 말한다.

③ **설정형 문제**(미래 문제) : 미래상황에 대응하는 장래의 경영전략의 문제로 앞으로 어떻게 할 것인가 하는 문제를 의미한다. 설정형 문제는 지금까지 해오던 것과 전혀 관계없이 미래 지향적으로 새로운 과제 또는 목표를 설정함에 따라 일어나는 문제로서, 목표 지향적 문제라고 할 수 있다. 따라서 이러한 과제나 목표를 달성하는데 따른 문제해결에는 지금까지 경험한 바가 없기 때문에 많은 창조적인 노력이 요구되는 문제이므로, 설정형 문제를 창조적 문제라고 하기도 한다. 다음에 제시된 각 상황들이 보이는 문제, 찾는 문제, 미래 문제 중 해당되는 문제에 "O"표시를 해 보고, 그 이유를 적어보자.

[상황 A] 제조부서의 부장 K에게 제품불량에 대한 고객들의 클레임이 발생했다.
[상황 B] 생산부서의 L에게 생산성을 15% 높이라는 임무가 떨어졌다.
[상황 C] 기획부서의 J에게 자동차 생산 분야로 진출하는데 있어서 발생 가능한 문제를 파악하라는 지시가 내려왔다.
[상황 D] 생산부서의 M은 중국에 생산라인을 설치할 때 고려해야 하는 문제들이 무엇인지를 판단해야 하는 상황에 처해 있다.
[상황 E] 경쟁사의 품질 수준이 자사의 품질 수준보다 높다는 신문기사가 발표된 후 자사 상품의 판매부진이 누적되고 있다.
[상황 F] 자사의 자금흐름이 이대로 두면 문제가 발생할 지도 모른다는 판단 하에 향후 1년간 제품판매에 따른 자금흐름에 대한 예측이 요구되었다.

	보이는 문제	찾는 문제	미래 문제
상황 A			
상황 B			
상황 C			
상황 D			

| 상황 E | | | |
| 상황 F | | | |

활동 해설

제시된 활동은 학습자들이 직접 상황을 읽고, 각 상황이 보이는 문제, 찾는 문제, 미래 문제 중 어떤 문제에 해당하는지를 작성해 봄으로써 문제의 유형을 구분해 보는 활동이다. 활동을 통해서 현재 직면하고 있는 상황만이 문제가 아니며, 현재 업무를 개선하기 위한 찾는 문제와 앞으로 발생할 수도 있는 미래의 문제도 있음으로, 문제의 유형이 보이는 문제, 찾는 문제, 미래 문제의 3가지로 구분됨을 보여준다. 활동에 제시된 각 상황에 해당하는 문제의 유형과 그 이유는 다음과 같다.

- [상황 A] 보이는 문제 [상황 B] 찾는 문제 [상황 C] 미래 문제
- [상황 D] 보이는 문제 [상황 E] 찾는 문제 [상황 F] 미래 문제

상황 A, D는 현재 직면하고 있으면서 바로 해결해야 되는 문제이므로, 보이는 문제에 해당한다. 상황 B, E는 현재 상황은 문제가 아니지만 상황 개선을 통해서 더욱 효과적인 수행을 할 수 있으므로 찾는 문제에 해당한다. 상황 C, F는 환경변화에 따라 앞으로 발생할 수 있는 문제로 미래 문제에 해당한다.

6. 문제해결의 정의 및 의의

① 정의 : 문제해결이란 목표와 현상을 분석하고, 이 분석 결과를 토대로 주요과제를 도출 바람직한 상태나 기대되는 결과가 나타나도록 최적의 해결안을 찾아 실행, 평가해 가는 활동을 의미한다.

② 의의 : 문제해결은 조직, 고객, 자신의 세 가지 측면에서 도움을 줄 수 있다.

- 조직측면에서는 자신의 속한 조직의 관련분야에서 세계 일류수준을 지향하며, 경쟁사와 대비하여 탁월하게 우위를 확보하기 위해서 끊임없는 문제해결이 요구된다.
- 고객측면에서는 고객이 불편하게 느끼는 부분을 찾아 개선과 고객감동을 통한 고객 만족을 높이는 측면에서 문제해결이 요구된다.
- 자기 자신 측면에서는 불필요한 업무를 제거하거나 단순화하여 업무를 효율적으로 처리하게 됨으로써 자신을 경쟁력 있는 사람으로 만들어 나가는데 문제해결이 요구된다.

7. 문제해결을 위한 기본적 사고

문제해결을 잘하기 위해서는 4가지 기본적 사고가 필요한데, 전략적 사고, 분석적 사고, 발상의 전환, 내외부자원의 활용이 필요하다.

① 전략적 사고를 해야 한다.

현재 당면하고 있는 문제와 그 해결방법에만 집착하지 말고, 그 문제와 해결방안이상위 시스템 또는 다른 문제와 어떻게 연결되어 있는지를 생각하는 것이 필요하다.

② 분석적 사고를 해야 한다.

전체를 각각의 요소로 나누어 그 요소의 의미를 도출한 다음 우선순위를 부여하고 구체적인 문제해결방법을 실행하는 것이 요구된다. 또한 분석적 사고는 문제가 성과 지향, 가설 지향, 사실 지향의 세 가지 경우에 따라 다음과 같은 사고가 요구된다.

- 성과 지향의 문제 : 기대하는 결과를 명시하고 효과적으로 달성하는 방법을 사전에 구상하고 실행에 옮겨라.
  - 가설 지향의 문제 : 현상 및 원인분석 전에 지식과 경험을 바탕으로 일의 과정이나 결과, 결론을 가정한 다음 검증 후 사실일 경우 다음 단계의 일을 수행하라.
  - 사실 지향의 문제 : 일상 업무에서 일어나는 상식, 편견을 타파하여 객관적 사실로부터 사고와 행동을 출발하라.

③ **발상의 전환을 하라** : 기존에 가지고 있는 사물과 세상을 바라보는 인식의 틀을 전환하여 새로운 관점에서 바로 보는 사고를 지향하라.

④ 내·외부자원을 효과적으로 활용하라

문제해결 시 기술, 재료, 방법, 사람 등 필요한 자원 확보 계획을 수립하고 내·외부자원을 효과적으로 활용도록 해야 한다.

8. 문제해결의 장애요인

문제를 해결하는데 장애가 되는 요소들은 조직이 직면한 상황과 맡고 있는 업무의 특성에 따라서 굉장히 다양하게 나타날 수 있다. 이러한 장애요소들 중 가장 대표적인 경우는 다음과 같다.

① 문제를 철저하게 분석하지 않는 경우

문제를 접한 다음 문제가 무엇인지 문제의 구도를 심도 있게 분석하지 않으면 문제해결이 어려워진다. 즉 어떤 문제가 발생하면 직관에 의해 성급하게 판단하여 문제의 본질을 명확하게 분석하지 않고 대책 안을 수립하여 실행함으로써 근본적인 문제해결을 하지 못하거나 새로운 문제를 야기하는 결과를 초래할 수 있다.

② 고정관념에 얽매이는 경우

상황이 무엇인지를 분석하기 전에 개인적인 편견이나 경험, 습관으로 증거와 논리에도 불구하고 정해진 규정과 틀에 얽매여서 새로운 아이디어와 가능성을 무시해 버릴 수 있다.

③ 쉽게 떠오르는 단순한 정보에 의지하는 경우

문제해결에 있어 종종 우리가 알고 있는 단순한 정보들에 의존하는 경향이 있다. 단순한 정보에 의지하면 문제를 해결하지 못하거나 오류를 범하게 된다.

④ 너무 많은 자료를 수집하려고 노력하는 경우

자료를 수집하는데 있어 구체적인 절차를 무시하고 많은 자료를 얻으려는 노력에만 온 정열을 쏟는 경우가 있다. 무계획적인 자료 수집은 무엇이 제대로 된 자료인지를 알지 못하는 우를 범할 우려가 많다.

9. 문제해결 방법

문제해결을 위한 방법은 크게 소프트 어프로치, 하드 어프로치, 퍼실리테이션의 세 가지로 구분된다.

① **소프트 어프로치에 의한 문제해결** : 소프트 어프로치에 의한 문제해결방법은 대부분의 기업에서 볼 수 있는 전형적인 스타일로 조직 구성원들은 같은 문화적 토양을 가지고 이심전심으로 서로를 이해하는 상황을 가정한다. 소프트 어프로치에서는 문제해결을 위해서 직접적인 표현이 바람직하지 않다고 여기며, 무언가를 시사 하거나 암시를 통하여 의사를 전달하고 기분을 서로 통하

게 함으로써 문제해결을 도모하려고 한다. 코디네이터 역할을 하는 제 3자는 결론으로 끌고 갈 지점을 미리 머릿속에 그려가면서 권위나 공감에 의지하여 의견을 중재하고, 타협과 조정을 통하여 해결을 도모한다. 결론이 애매하게 끝나는 경우가 적지 않으나, 그것은 그것대로 이심전심을 유도하여 파악하면 된다. 이러한 방법을 소프트 어프로치에 의한 문제해결방법이라고 한다.

② 하드 어프로치에 의한 문제해결 : 하드 어프로치에 의한 문제해결방법은 상이한 문화적 토양을 가지고 있는 구성원을 가정하고, 서로의 생각을 직설적으로 주장하고 논쟁이나 협상을 통해 서로의 의견을 조정해 가는 방법이다. 이 때 중심적 역할을 하는 것이 논리, 즉 사실과 원칙에 근거한 토론이다. 제 3자는 이것을 기반으로 구성원에게 지도와 설득을 하고 전원이 합의하는 일치점을 찾아내려고 한다. 이러한 방법은 합리적이긴 하지만, 잘못하면 단순한 이해관계의 조정에 그치고 말아서 그것만으로는 창조적인 아이디어나 높은 만족감을 이끌어 내기 어렵다.

2 사고력

사고력은 직장생활에서 발생하는 문제를 해결하기 위하여 요구되는 기본요소로서, 창의적, 논리적, 비판적으로 생각하는 능력이다. 직업인들은 각종 정보의 홍수 속에서 다양한 가치관의 입장에 있는 사람들과 살고 있다. 이런 상황에서 우리는 정보의 적절한 선택과 다른 사람과의 의견을 공유하기 위해서는 창의적, 논리적, 비판적 사고가 필수적이며, 이러한 사고력은 다양한 형태의 문제에 대처하고 자신들의 의견 및 행동을 피력하는데 중요한 역할을 한다.

1. 창의적사고의 의미

문제를 빠르게 해결했다고 해서 그 사람을 창의적이라고 할 수는 없다. 안 풀리는 문제, 해답이 많은 문제, 때로는 정답이 없는 문제를 해결하는 사람이야말로 창의적인 사람이라고 할 수 있다. 이렇듯 창의적인 사고란 당면한 문제를 해결하기 위해 이미 알고 있는 경험과 지식을 해체하여 다시 새로운 정보로 결합함으로써 가치 있고 참신한 아이디어를 산출하는 사고로서, 다음과 같은 의미를 포함하고 있다.

- 창의적인 사고는 발산적(확산적) 사고로서, 아이디어가 많고, 다양하고, 독특한 것을 의미한다.
- 창의적인 사고는 새롭고 유용한 아이디어를 생산해 내는 정신적인 과정이다.
- 창의적인 사고는 통상적인 것이 아니라 기발하거나, 신기하며 독창적인 것이다.
- 창의적인 사고는 유용하고 적절하며, 가치가 있어야 한다.
- 창의적인 사고는 기존의 정보(지식, 상상, 개념 등)들을 특정한 요구조건에 맞거나 유용하도록 새롭게 조합시킨 것이다.

2. 창의적사고의 특징

또한 창의적 사고는 다음과 같은 세 가지 특징을 보인다. 첫째, 창의적 사고란 정보와 정보의 조합이다. 여기에서 말하는 정보에는 주변에서 발견할 수 있는 지식(내적 정보)과 책이나 밖에서 본 현상(외부정보)의 두 종류가 있다. 이러한 정보를 조합하고 그 조합을 최종적인 해답으로 통합해야 하는 것이 창의적 사고의 첫 걸음이다. 둘째, 창의적 사고는 사회나 개인에게 새로운 가치를 창출한다. 창의적 사고는 개인이 갖춘 창의적 사고와 사회적으로 새로운 가치를 가지는 창의적 사고의 두 가지로 구분된다. 아이들의 창의적 사고는 어른들이 보기에는 보잘 것 없어 보일 수도 있다. 하지만 아이들에게는 새로운 가치가 될 수 있는 것이다. 그리고 개인이 갖춘 창의력은 계발을 통해서 그 능력을 키울 수 있다. 따라서 단순히 사회에 대한 영향력이라고 하는 것 외에도 개인이 창의적 사고를 얼마나 발전시킬 수 있는가 하는 점도 생각할 필요가 있다. 셋째, 창의적 사고는 창조적인 가능성이다. 이는 "문제를 사전에 찾아내는 힘", "문제해결에 있어서 다각도로 힌트를 찾아내는 힘", 그리고 "문제해결을 위해 끈기 있게 도전하는 태도"등이 포함된다. 다시 말해서 "창의적 사고"에는 사고력을 비롯해서 성격, 태도에 걸친 전인격적인 가능성까지도 포함된다.

이러한 창의적인 사고는 창의력 교육훈련을 통해서 개발할 수 있으며, 모험심, 호기심, 적극적, 예술적, 집념과 끈기, 자유분방적일수록 높은 창의력을 보인다.

창의력이란 무엇인가
- 당신이 만약 쇳덩어리 하나를 있는 그대로 그냥 팔면 5달러 정도 받을 것이다.
- 만약 당신이 그 쇳덩어리를 가지고 말발굽을 만들어 판다면 10달러 50센트까지 가치를 높여 팔 수 있을 것이다.
- 그런데 말발굽 대신 바늘을 만들어 팔면 3,285달러를 받을 수 있을 것이고,
- 혹은 시계의 부속품인 스프링을 만들어 판다면 25만 달러 정도까지 그 값어치를 높일 수 있을 것이다.
- 5달러와 25만 달러와의 차이, 이것이 바로 창의력인 것이다.

---

3. 창의적 사고 개발 방법

창의적인 사고는 문제에 대해서 다양한 사실을 찾거나 다채로운 아이디어를 창출하는 발산적 사고가 요구된다. 이러한 발산적 사고를 개발하기 위한 방법으로는 자유연상법, 강제연상법, 비교발상법 등이 있으며, 이는 다음 그림과 같다.

① **자유 연상법** : 자유 연상법은 어떤 생각에서 다른 생각을 계속해서 떠올리는 작용을 통해 어떤 주제에서 생각나는 것을 계속해서 열거해 나가는 발산적사고 방법이다. 예를 들어 "신차 출시"라는 주제에 대해서 "홍보를 통해 판매량을 늘린다.", "회사 내 직원들의 반응을 살핀다.", "경쟁사의 자동차와 비교한다" 등 자유롭게 아이디어를 창출하는 것으로 이는 다음 그림과 같다.

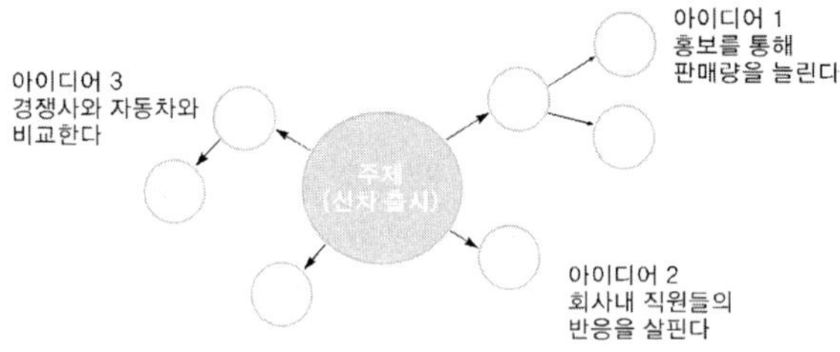

② **강제 연상법** : 강제 연상법은 각종 힌트에서 강제적으로 연결 지어서 발상하는 방법이다. 예를 들어 "신차 출시"라는 같은 주제에 대해서 판매방법, 판매대상 등의 힌트를 통해 사고 방향을 미리 정해서 발상을 하는 방법이다. 이 때 판매방법이라는 힌트에 대해서는 "신규해외 수출 지역을 물색한다."라는 아이디어를 떠 올릴 수 있을 것이다. 이러한 강제 연상법은 다음 그림과 같다.

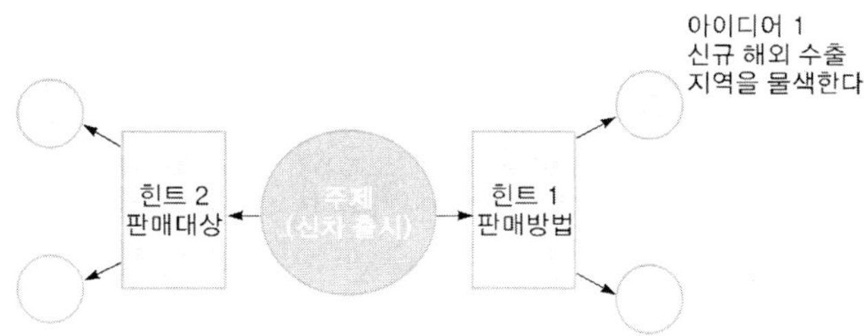

③ **비교 발상법** : 비교 발상법은 주제와 본질적으로 닮은 것을 힌트로 하여 새로운 아이디어를 얻는 방법이다. 이 때 본질적으로 닮은 것은 단순히 겉만 닮은 것이 아니고 힌트와 주제가 본질적으로 닮았다는 의미이다. 예를 들어 "신차 출시"라는 같은 주제에 대해서 생각해보면 신차는 회사에서 새롭게 생산해 낸 제품을 의미한다. 따라서 새롭게 생산해 낸 제품이 무엇인지에 대한 힌트를 먼저 찾고, 만약 지난달에 히트를 친 비누라는 신상품이 있었다고 한다면, "지난달 신상품인 비누의 판매 전략을 토대로 신차의 판매 전략을 어떻게 수립할 수 있을까"하는 아이디어를 도출할 수 있을 것이다. 이러한 비교 발상법은 다음 그림과 같다.

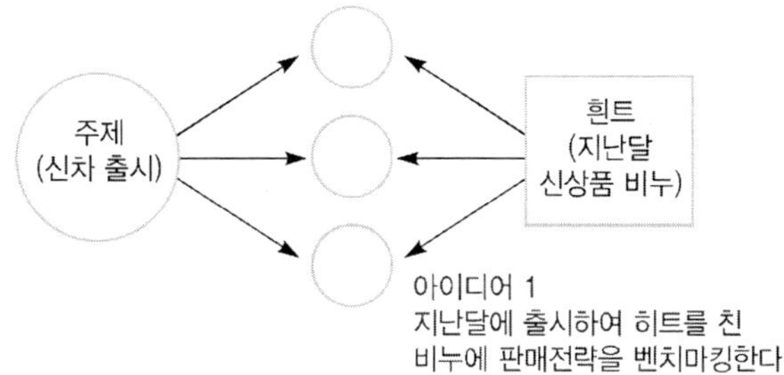

브레인스토밍(Brain Storming) : 브레인스토밍(Brain Storming)은 미국의 알렉스 오즈번이 고안한 그룹발산기법으로, 창의적인 사고를 위한 발산 방법 중 가장 흔히 사용되는 방법이다. 브레인스토밍은 집단의 효과를 살려서 아이디어의 연쇄반응을 일으켜 자유분방한 아이디어를 내고자 하는 것으로, 진행 방법은 다음과 같다.

4. 진행방법

① 주제를 구체적이고 명확하게 정한다.

논의하고자 하는 주제는 구체적이고 명확하게 주어질수록 많은 아이디어가 도출될 수 있다. 예를 들어 "현장 사고를 줄이기 위해서는"이라는 주제보다는 "구성원 전원에게 안전헬멧을 착용하는 방법"이라는 주제가 주어졌을 때 좋은 아이디어가 나오기 쉽다.

② 구성원의 얼굴을 볼 수 있는 자석 배치와 큰 용지를 준비한다. 구성원들의 얼굴을 볼 수 있도록 사각형이나 타원형으로 책상을 배치해야 하고, 칠판에 모조지를 붙이거나, 책상위에 큰 용지를 붙여서 아이디어가 떠오를 때마다 적을 수 있도록 하는 것이 바람직하다.

③ 구성원들의 다양한 의견을 도출할 수 있는 사람을 리더로 선출한다. 브레인스토밍 시에는 구성원들이 다양한 의견을 제시할 수 있는 편안한 분위기를 만드는 리더를 선출해야 한다. 직급이나 근무경력에 따라서 리더를 선출하는 것은 딱딱한 분위기를 만들 수 있기 때문에 분위기를 잘 조

성할 수 있는 사람을 직급에 관계없이 리더로 선출해야 한다. 특히 리더는 사전에 주제를 잘 분석하고 다양한 아이디어를 산출할 수 있도록 하는 방법들을 연구해야 한다.

④ 구성원은 다양한 분야의 사람들로 5－8명 정도로 구성한다. 브레인스토밍을 위한 적정한 인원은 5－8명 정도가 적당하며, 주제에 대한 전문가를 절반이하로 구성하고, 그 밖에 다양한 분야의 사람들을 참석시키는 것이 다양한 의견을 도출하는 지름길이다.

⑤ 발언은 누구나 자유롭게 할 수 있도록 하며, 모든 발언 내용을 기록한다. 브레인스토밍 시에는 누구나 무슨 말이라도 할 수 있도록 해야 하며, 발언하는 내용은 요약해서 잘 기록함으로써 내용을 구조화할 수 있어야 한다.

⑥ 아이디어에 대한 평가는 비판해서는 안 된다. 제시된 아이디어는 비판해서는 안 되며, 다양한 아이디어 중 독자성과 실현가능성을 고려해서 아이디어를 결합해서 최적의 방안을 찾아야 한다.

5. 4대 원칙

① **비판엄금**(Support) : 브레인스토밍의 특징은 개방에 있다. 비판은 커뮤니케이션의 폐쇄와 연결된다. 평가단계 이전에 결코 비판이나 판단을 해서는 안 되며 평가는 나중까지 유보한다.

② **자유분방**(Silly) : 무엇이든 자유롭게 말한다. 이런 바보 같은 소리를 해서는 안 된다는 등의 생각은 하지 않아야 한다.

③ **질보다 양**(Speed) : 질에는 관계없이 가능한 많은 아이디어들을 생성해내도록 격려한다. 양(量)이 질(質)을 낳는다는 원리는 많은 아이디어를 생성해 낼 때 유용한 아이디어가 들어있을 가능성이 더 커진다는 것을 전제로 한다. 브레인스토밍 활동을 할 때는 시간을 정해주거나 아이디어의 개수를 정해주기도 한다. 이는 두뇌를 긴장시켜 빠른 시간에 많은 아이디어를 생성하도록 유도하는 것이다.

④ **결합과 개선**(Synergy) : 다른 사람의 아이디어에 자극되어 보다 좋은 생각이 떠오른다. 서로 조합하면 재미있는 아이디어가 될 것 같은 생각이 떠오른다. 서로 조합하면 재미있는 아이디어가 될 것 같은 생각이 들면 즉시 조합시킨다. 얻은 힌트를 헛되게 해서는 안 된다.

6. 논리적 사고의 개념

논리적 사고는 직장생활 중에서 지속적으로 요구되는 능력이다. 논리적인 사고력이 없다면 아무리 많은 지식을 가지고 있더라도 자신이 만든 계획이나 주장을 주위 사람에게 이해시켜 실현시키기 어려울 것이며, 이 때 다른 사람들을 설득 하여야 하는 과정에 필요로 하는 것이 논리적 사고이다. 사례에서 제시되는 상황은 직장생활에서 흔히 겪게 되는 상황으로, 논리적인 사고의 중요성을 일깨워준다. 논리적 사고는 사고의 전개에 있어서 전후의 관계가 일치하고 있는가를 살피고, 아이디어를 평가하는 능력을 의미한다. 이러한 논리적 사고는 다른 사람을 공감시켜 움직일 수 있게 하며, 짧은 시간에 헤매지 않고 사고할 수 있게 한다. 또한 행동을 하기 전에 생각을 먼저 하게 하며, 주위를 설득하는 일이 훨씬 쉬워진다.

7. 논리적 사고의 구성요소

논리적인 사고를 하기 위해서는 다음 그림과 같이 생각하는 습관, 상대 논리의 구조화, 구체적인 생각, 타인에 대한 이해, 설득의 5가지 요소가 필요하다.

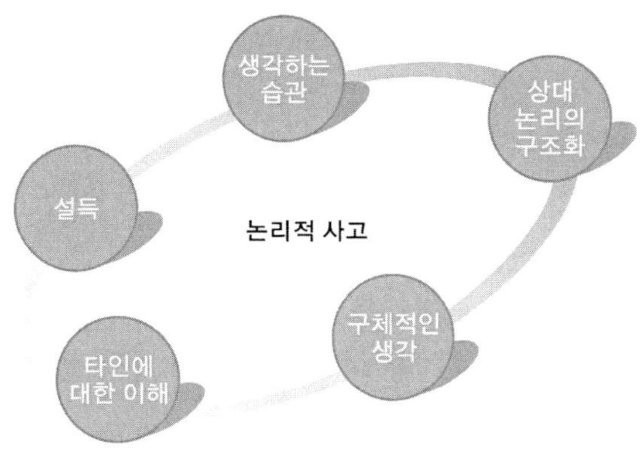

① 생각하는 습관 : 논리적 사고에 있어서 가장 기본이 되는 것은 늘 생각하는 습관을 들이는 것이다. 생각할 문제는 우리 주변에 쉽게 찾아볼 수 있으며, 특정한 문제에 대해서만 생각하는 것이 아니라 일상적인 대화, 회사의 문서, 신문의 사설 등 어디서 어떤 것을 접하든지 늘 생각하는 습관을 들이는 것이 중요하다. "이것은 조금 이상하다", "이것은 재미있지만, 왜 재미있는지 알 수 없다"라는 의문이 들었다면, 계속해서 왜 그런지에 대해서 생각해보아야 한다. 특히 이런 생각은 출퇴근길, 화장실, 잠자리에 들기 전 등 언제 어디에서나 의문을 가지고 생각하는 습관을 들여야 한다.

② 상대 논리의 구조화 : 상사에게 제출한 기획안이 거부되었을 때, 자신이 추진하고 있는 프로젝트를 거부당했을 때 왜 그럴까, 왜 자신이 생각한 것처럼 되지 않을까, 만약 된다고 한다면 무엇이 부족한 것일까 하고 생각하기 쉽다. 그러나 이 때 자신의 논리로만 생각하면 독선에 빠지기 쉽다. 이때에는 상대의 논리를 구조화하는 것이 필요하다. 상대의 논리에서 약점을 찾고, 자신의 생각을 재구축한다면 분명히 다른 메시지를 전달할 수 있다. 자신의 주장이 받아들여지지 않는 원인 중에 상대 주장에 대한 이해가 부족하다고 하는 것이 있을 수 있다.

③ 구체적인 생각 : 상대가 말하는 것을 잘 알 수 없을 때에는 구체적으로 생각해 보아야 한다. 업무 결과에 대한 구체적인 이미지를 떠올려 본다던가, 숫자를 적용하여 표현을 한다든가 하는 방법을 활용하여 구체적인 이미지를 활용하는 것은 단숨에 논리를 이해할 수 있는 경우도 많다.

④ 타인에 대한 이해 : 상대의 주장에 반론을 제시할 때에는 상대 주장의 전부를 부정하지 않는 것이 좋다. 동시에 상대의 인격을 부정해서는 안 된다. 예를 들어 "당신이 말하고 있는 것의 이 부분은 이유가 되지 못한다."고 하는 것은 주장의 부정이지만, "이런 이유를 설정한다면 애당초 비즈니스맨으로서는 불합격이다"라고 말하는 것은 바람직하지 못하다. 반론을 하든 찬성을 하든 논의를 함으로써 이해가 깊어지거나 논점이 명확해지고 새로운 지식이 생기는 등 플러스 요인이 생기는 것이 바람직하다.

⑤ 설득 : 논리적인 사고는 고정된 견해를 낳는 것이 아니며, 더구나 자신의 사상을 강요하는 것도 아니다. 자신이 함께 일을 진행하는 상대와 의논하기도 하고 설득해 나가는 가운데 자신이 깨닫지 못했던 새로운 가치를 발견하고 생각해 낼 수가 있다. 또한 반대로 상대에게 반론을 하는 가운데 상대가 미처 깨닫지 못했던 중요한 포인트를 발견할 수 있다. 설득은 공감을 필요로 한다. 설득은 논쟁을 통하여 이루어지는 것이 아니라 논증을 통해 더욱 정교해진다, 이러한 설득의 과

정은 나의 주장을 다른 사람에게 이해시켜 납득 시키고 그 사람이 내가 원하는 행동을 하게 만드는 것이며 이해는 머리로 하고 납득은 머리와 가슴이 동시에 공감 되는 것을 말하고 이 공감은 논리적 사고가 기본이 된다.

8. 논리적 사고 개발방법

논리적 사고를 개발하기 위한 방법은 여러 가지가 있으나, 그 중 가장 흔히 사용되는 방법은 피라미드 구조를 이용하는 방법과 so what기법의 두 가지가 있다. 피라미드 구조는 하위의 사실이나 현상부터 사고함으로써 상위의 주장을 만들어가는 방법으로, 다음 그림과 같이 표현할 수 있다.

① 피라미드 구조화 방법

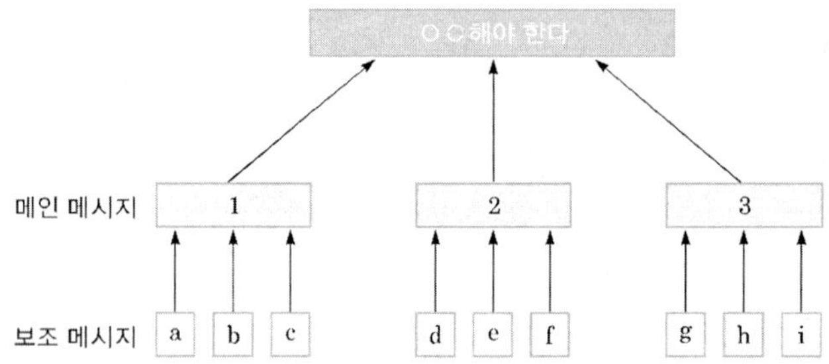

피라미드 구조는 보조 메시지들을 통해 주요 메인 메시지를 얻고, 다시 메인 메시지를 종합한 최종 적인 정보를 도출해 내는 방법이다. 예를 들어 현재 제품 판매 업무를 맡고 있는 한 부서에서 발견할 수 있는 현상(보조 메시지)이 제품 A의 판매 부진(a), 고객들의 불만 건수 증가(b), 경쟁사의 제품 B의 매출 증가(c)가 발견되었다고 한다면, 메인 메시지로 우리 회사의 제품 A에 대한 홍보가 부족하고, 고객의 만족도가 떨어지고 있다(1)라는 메인 메시지를 도출할 수 있을 것이다. 이러한 메인 메시지들을 모아서 최종적으로 결론을 도출하는 방법이 피라미드 구조이다. 이러한 피라미드 구조를 사용함으로써 주변 사람들과 논리적인 이해를 할 수 있다는 점이다.

② so what 방법 : "so what"기법은 "그래서 무엇이지"하고 자문자답하는 의미로, 눈앞에 있는 정보로부터 의미를 찾아내어, 가치 있는 정보를 이끌어 내는 사고이다. 예를 들어 다음과 같은 상황이 발생하였을 때 어떻게 "so what"을 사용하여 논리적인 사고를 하는지를 알아보자.

상황
① 우리 회사의 자동차 판매대수가 사상 처음으로 전년 대비 마이너스를 기록했다.
② 우리나라의 자동차 업계 전체는 일제히 적자 결산을 발표했다.
③ 주식 시장은 몇 주간 조금씩 하락하는 상황에 있다.

so what?을 사용한 논리적 사고의 예
ⓐ 자동차 판매의 부진
ⓑ 자동차 산업의 미래
ⓒ 자동차 산업과 주식시장의 상황
ⓓ 자동차 관련 기업의 주식을 사서는 안 된다
ⓔ 지금이야말로 자동차 관련 기업의 주식을 사야 한다.

---

a−e는 세 가지 상황으로부터 그 의미나 내용을 사고한 예이다. 이 중 a는 자동차 판매가 부진하다고 말하는데 그치고 있다. 그러나 상황의 ②, ③에 제시된 자동차 판매대수가 줄어들고, 자동차 업계 전체적인 실적이 악화되고 있으며, 이로 인해 주식 시장도 악화되고 있다는 점은 a의 메시지에 포함되어 있지 않다. 즉 a는 상황의 ①만 고려하고 있는 것으로 세 가지의 정보를 빠짐없이 고려하고, 또 모순이 없는 정보를 이끌어 내는 "so what"의 사고가 되지 않는다. b의 자동차 산업의 미래는 상황 ③의 주식시장에 대해서는 고려하고 있지 못하다. c는 주식 시장에 대해서도 포함하고 있으며, 세 가지의 상황 모두 자동차 산업의 가까운 미래를 예측하는데 사용될 수 있는 정보이기 때문에 모순은 없다. 그러나 자동차 산업과 주식시장이 어떻게 된다고 말하고 싶은 것이 전달되지 않는다. "so what"의 사고에서 중요한 점은 "그래서 도대체 무엇이 어떻다는 것인가"라는 것처럼, 무엇인가 의미 있는 메시지를 이끌어 내는 것이다. d나 e는 "주식을 사지 말라"혹은 "주식을 사라"라는 메시지가 있어 주장이 명확하며, 상황을 모두 망라하고 있으므로, "so what"을 사용하였다고 말할 수 있다.

이상에서 살펴본 바와 같이 "so what"은 단어나 체언만으로 표현하는 것이 아니라, 주어와 술어가 있는 글로 표현함으로써 "어떻게 될 것인가", "어떻게 해야 한다"라는 내용이 포함되어야 한다.

9. 비판적 사고의 의미

비판적 사고는 어떤 주제나 주장 등에 대해서 적극적으로 분석하고 종합하며 평가하는 능동적인 사고이다. 이러한 비판적 사고는 어떤 논증, 추론, 증거, 가치를 표현한 사례를 타당한 것으로 수용할 것인가 아니면 불합리한 것으로 거절할 것인가에 대한 결정을 내릴 때 요구되는 사고력이다. 비판적 사고는 지엽적이고 시시콜콜한 문제를 트집잡고 물고 늘어지는 것이 아니라 문제의 핵심을 중요한 대상으로 한다. 비판적 사고는 제기된 주장에 어떤 오류나 잘못이 있는가를 찾아내기 위하여 지엽적인 부분을 확대하여 문제로 삼는 것이 아니라, 지식, 정보를 바탕으로 한 합당한 근거에 기초를 두고 현상을 분석하고 평가하는 사고이다.

10. 비판적 사고 개발 태도

비판적 사고를 개발하기 위해서는 지적 호기심, 객관성, 개방성, 융통성, 지적 회의성, 지적 정직성, 체계성, 지속성, 결단성, 다른 관점에 대한 존중과 같은 태도가 요구된다.

① **지적 호기심** : 여러 가지 다양한 질문이나 문제에 대한 해답을 탐색하고 사건의 원인과 설명을 구하기 위하여 왜, 언제, 누가, 어디서, 어떻게, 무엇을 등에 관한 질문을 제기한다.

② **객관성** : 결론에 도달하는데 있어서 감정적, 주관적 요소를 배제하고 경험적 증거나 타당한 논증을 근거로 한다.

③ **개방성** : 다양한 여러 신념들이 진실일 수 있다는 것을 받아들인다. 편견이나 선입견에 의하여 결정을 내리지 않는다.

④ **융통성** : 개인의 신념이나 탐구방법을 변경할 수 있다. 특정한 신념의 지배를 받는 고정성, 독단적 태도, 경직성을 배격한다. 우리는 모든 해답을 알고 있지는 못하다는 것을 이해하는 것이다.

⑤ **지적 회의성** : 모든 신념은 의심스러운 것으로 개방하는 것이다. 적절한 결론이 제시되지 않는 한 결론이 참이라고 받아들이지 않는다.

⑥ **지적 정직성** : 비록 어떤 진술이 우리가 바라는 신념과 대치되는 것이라 할지라도 충분한 증거가 있으면 그것을 진실로 받아들인다.

⑦ **체계성** : 결론에 이르기까지 논리적 일관성을 유지한다. 논의하고 있는 문제의 핵심에서 벗어나지 않도록 한다.

⑧ **지속성** : 쟁점의 해답을 얻을 때까지 끈질기게 탐색하는 인내심을 갖도록 한다. 증거, 논증의 추구를 포기함이 없이 특정 관점을 지지한다.

⑨ **결단성** : 증거가 타당할 땐 결론을 맺는다. 모든 필요한 정보가 획득될 때까지 불필요한 논증, 속단을 피하고 모든 결정을 유보한다.

⑩ **다른 관점에 대한 존중** : 내가 틀릴 수 있으며 내가 거절한 아이디어가 옳을 수 있다는 것을 기꺼이 받아들이는 태도이다. 타인의 관점을 경청하고 들은 것에 대하여 정확하게 반응 한다.

11. 비판적 사고를 위한 태도

비판적인 사고를 하기 위해서는 어떤 현상에 대해서 문제의식을 가지고, 고정관념을 버려야 한다.

① **문제의식** : 비판적인 사고를 위해서 가장 먼저 필요한 것은 바로 문제의식이다. 문제의식이 왜 비판적인 사고에서 중요한지 다음 예를 통해 알아보자.

> 2002년 노벨상을 수상한 다나카 코이치씨는 평범한 샐러리맨이라는 점에서 큰 화제를 불러일으킨 적이 있었다. 다나카씨의 수상은 아세톤에 금속 분말을 녹여야 하지만 글리세린에 녹여버린 실수로부터 시작되었다. 다나카씨는 잘못 녹인 금속 분말이 아까워서 그대로 레이저에 대고 측정치를 계속해서 관찰하는 활동을 하였고, 그 결과 고분자의 질량분석이 가능한 현상을 발견하였다. 이런 면에서 볼 때 다나카씨의 발견은 우연일지 모르지만, 글리세린에 녹인 금속 분말은 어떻게 될까라는 끊임없는 문제의식을 통해서 가능한 일이었다.

다나카씨의 예에서 볼 수 있는 것처럼 문제의식을 가지고 있다면 주변에서 발생하는 사소한 일에서도 정보를 수집할 수 있으며, 이러한 정보를 통해서 새로운 아이디어를 끊임없이 생산해 낼 수 있다. 문제의식은 당장 눈앞의 문제를 자신의 문제로 여기고 진지하게 다룰 생각이 없는 한 절대로 답을 얻을 수 없다. 따라서 자신이 지니고 있는 문제와 목적을 확실하고 정확하게 파악하는 것이 비판적인 사고의 시작이다.

② **고정관념 타파** : 비판적인 사고를 하기 위한 문제의식을 가지고 있다면 다음으로 필요한 것이 지각의 폭을 넓히는 일이다. 지각의 폭을 넓히는 일은 정보에 대한 개방성을 가지고 편견을 갖지 않는 것으로, 고정관념을 타파하는 일이 중요하다. 고정관념은 사물을 바로 보는 시각에 영향을 줄 수 있으며, 일방적인 평가를 내리기 쉽다. 다음의 사례는 우리 주변에서 흔히 볼 수 있는 물건을 통해 고정관념을 탈피한 사례들이다.

상품	본래 용도	새로운 용도
스테이플러	서류 정리	벽에 종이를 고정
드라이어	머리를 말린다.	온풍을 이용해서 어깨 결림을 완화시킨다.

칫솔	양치질을 한다.	빗의 이물질을 제거한다.
스카치테이프	종이를 붙인다.	지문 채취

C-2-나. 문제처리능력

문제처리능력은 문제를 해결해 나가는 실천과정에서 실제적으로 요구되는 능력이다. 문제처리능력은 업무수행 중에 발생한 문제의 원인 및 특성을 파악하고, 적절한 해결안을 선택, 적용하고 그 결과를 평가하여 피드백 하는 능력을 말한다. 문제를 어떻게 합리적이고 효율적으로 해결할 것인가 하는 능력은 기업의 성패를 결정하는 중요한 요소로서, 문제처리능력을 배양함으로써 합리적인 문제해결이 가능하게 될 것이다.

12. 문제처리능력이란

문제처리능력이란 목표와 현상을 분석하고 이 분석결과를 토대로 문제를 도출하여 최적의 해결책을 찾아 실행, 평가 처리해 나가는 일련의 활동을 수행하는 능력이라 할 수 있다. 이러한 문제처리능력은 문제해결절차를 의미하는 것으로, 일반적인 문제해결절차는 다음 그림과 같이 문제 인식, 문제 도출, 원인 분석, 해결안 개발, 실행 및 평가의 5단계를 따른다.

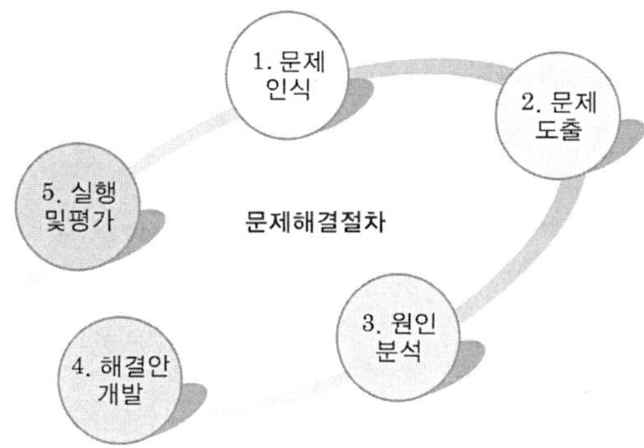

① **문제 인식** : 해결해야 할 전체 문제를 파악하여 우선순위를 정하고, 선정문제에 대한 목표를 명확히 하는 단계

② **문제 도출** : 선정된 문제를 분석하여 해결해야 할 것이 무엇인지를 명확히 하는 단계

③ **원인 분석** : 파악된 핵심문제에 대한 분석을 통해 근본 원인을 도출하는 단계

④ **해결안 개발** : 문제로부터 도출된 근본원인을 효과적으로 해결할 수 있는 최적의 해결방안을 수립하는 단계

⑤ **실행 및 평가** : 해결안 개발을 통해 만들어진 실행계획을 실제 상황에 적용하는 활동으로 당초 장애가 되는 문제의 원인들을 해결안을 사용하여 제거하는 단계

13. 문제인식의 의미와 절차

문제 인식은 문제해결과정 중 "what"을 결정하는 단계로, 해결해야 할 전체 문제를 파악하여 우선순위를 정하고, 선정문제에 대한 목표를 명확히 하는 절차를 거치며, 환경 분석, 주요 과제 도출, 과제 선정의 절차를 통해 수행된다.

절차	환경 분석	주요 과제 도출	과제 선정
내용	Business-System 상거시 환경 분석	분석자료를 토대로 성과에 미치는 영향/ 의미를 검토하여 주요 과제 도출	후보과제를 도출하고 효과 및 실행가능성 측면에서 평가하여 과제 도출

14. 환경 분석

문제가 발생하였을 때, 가장 먼저 고려해야 하는 점은 환경을 분석하는 일이다. 예를 들어 "A상품의 판매 이익이 감소하고 있다"라는 현상이 발견되었다고 한다면, "A상품의 판매 이익을 개선하는 것이 가능할까"라는 것이 주요 과제가 된다. 이 때 주요 과제를 해결하는데 있어서 가장 먼저 실시되는 것이 환경 분석이 된다. 환경 분석을 위해서 주요 사용되는 기법으로는 3C 분석, SWOT 분석 방법이 있을 수 있다.

① 3C 분석 : 사업 환경을 구성하고 있는 요소인 자사, 경쟁사, 고객을 3C라고 하며, 3C에 대한 체계적인 분석을 통해서 환경 분석을 수행할 수 있다.

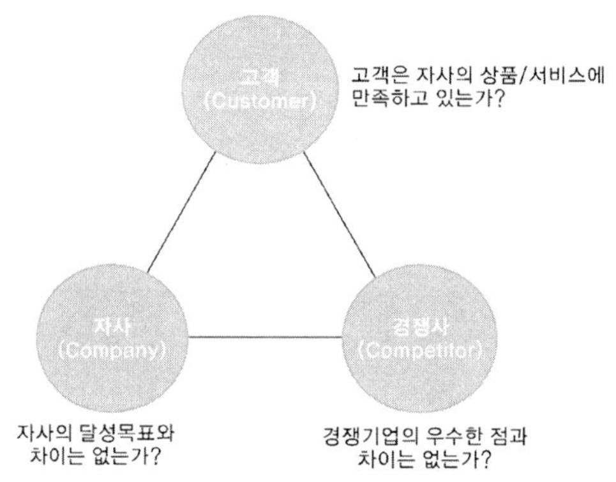

3C분석에서 고객 분석에서는 "고객은 자사의 상품/서비스에 만족하고 있는지"를, 자사 분석에서는 "자사가 세운 달성목표와 현상 간에 차이가 없는지"를 경쟁사 분석에서는 "경쟁기업의 우수한 점과 자사의 현상과 차이가 없는지"에 대한 질문을 통해서 환경을 분석하게 된다.

② SWOT 분석 : SWOT 분석은 기업내부의 강점, 약점과 외부환경의 기회, 위협요인을 분석 평가하고 이들을 서로 연관 지어 전략을 개발하고 문제해결 방안을 개발하는 방법이다.

		내부환경 요인	
		강점 (Strengths)	약점 (Weaknesses)
외부환경 요인	기회 (Opportunities)	SO 내부강점과 외부기회 요인을 극대화	WO 외부기회를 이용하여 내부약점을 강점으로 전환
	위험 (Threats)	ST 외부위협을 최소화 하기 위해 내부 강점을 극대화	WT 내부약점과 외부위험을 최소화

SWOT 분석은 내부 환경요인과 외부 환경요인의 2개의 축으로 구성되어 있다. 내부환경요인은 자사 내부의 환경을 분석하는 것으로 분석은 다시 자사의 강점과 약점으로 분석된다. 외부환경요인은 자사 외부의 환경을 분석하는 것으로 분석은 다시 기회와 위협으로 구분된다. 내부환경요인과 외부환경요인에 대한 분석이 끝난 후에 매트릭스가 겹치는 SO, WO, ST, WT에 해당되는 최종 분석을 실시하게 된다.

㉠ SWOT 분석방법

㉮ 외부환경요인 분석(Opportunities, Threats)

ⓐ 자신을 제외한 모든 것(정보)을 기술한다.

• 좋은 쪽으로 작용하는 것은 기회, 나쁜 쪽으로 작용하는 것은 위협으로 분류한다.

ⓑ 언론매체, 개인 정보망 등을 통하여 입수한 상식적인 세상의 변화 내용을 시작으로 당사자에게 미치는 영향을 순서대로, 점차 구체화한다.

ⓒ 인과관계가 있는 경우 화살표로 연결한다.

ⓓ 동일한 data라도 자신에게 긍정적으로 전개되면 기회로, 부정적으로 전개되면 위협으로 나뉘어진다.

ⓔ 외부환경분석에는 SCEPTIC 체크리스트를 활용하면 편리하다.

① social (사회), ② competition (경쟁), ③ economic (경제), ④ politic (정치), ⑤ technology (기술), ⑥ information (정보), ⑦ client (고객)

㉯ 내부환경 분석(Strength, Weakness)

ⓐ 경쟁자와 비교하여 나의 강점과 약점을 분석한다.

ⓑ 강점과 약점의 내용 : 보유하거나, 동원 가능하거나, 활용 가능한 자원(resources)

ⓒ 내부환경분석에는 MMMITI 체크리스트를 활용할 수도 있지만, 반드시 적용해서 분석할 필요는 없다.

① Man (사람), ② Material (물자), ③ Money (돈), ④ Information (정보), ⑤ Time(시간), ⑥ Image (이미지)

㉡ SWOT 전략 수립 방법 : 내부의 강점과 약점을, 외부의 기회와 위협을 대응시켜 기업의 목표를 달성하려는 SWOT분석에 의한 발전전략의 특성은 다음과 같다.

㉮ SO전략 : 외부 환경의 기회를 활용하기 위해 강점을 사용하는 전략 선택

㉯ ST전략 : 외부 환경의 위협을 회피하기 위해 강점을 사용하는 전략 선택

㉰ WO전략 : 자신의 약점을 극복함으로써 외부 환경의 기회를 활용하는 전략 선택

㉱ WT전략 : 외부 환경의 위협을 회피하고 자신의 약점을 최소화하는 전략 선택

15. 주요 과제 도출

환경 분석을 통해 현상을 파악한 후에는 분석결과를 검토하여 주요 과제를 도출해야 한다. 과제 도출을 위해서는 한 가지 안이 아닌 다양한 과제 후보안을 도출해내는 일이 선행되어야 한다. 주요 과제 도출은 다음 그림과 같은 sheet를 이용해서 하는 것이 체계적이며 바람직하다.

구분	요소1	요소2	요소3
환경			
고객			
경쟁사			
자사			

과제안	1. 2. 3. 4.

주요 과제 도출에 있어서 과제안을 작성할 때는 과제안 간의 수준은 동일한지, 표현은 구체적인지, 주어진 기간 내에 해결가능한 안들인지를 확인해야 한다.

16. 과제 선정

과제 선정은 과제안 중 효과 및 실행 가능성 측면을 평가하여 우선순위를 부여한 후 가장 우선순위가 높은 안을 선정하며, 우선순위 평가 시에는 과제의 목적, 목표, 자원현황 등을 종합적으로 고려하여 평가한다. 과제 선정은 다음 그림과 같은 sheet를 활용함으로써 효과적으로 이루어질 수 있다.

과제안	평가기준1	평가기준2	평가기준3	종합점수	우선순위
과제안1					
과제안2					
과제안3					
과제안4					

특히 과제안에 대한 평가기준은 과제해결의 중요성, 과제착수의 긴급성, 과제해결의 용이성을 고려하여 여러 개의 평가기준을 동시에 설정하는 것이 바람직하다. 또한 과제해결의 중요성에 대한 평가기준은 매출/이익 기여도, 지속성/파급성, 고객만족도 향상, 경쟁사와의 차별화, 자사 내부적 문제 해결 등이 있으며, 과제 착수의 긴급성에 대한 평가기준으로는 달성의 긴급도와 달성에 필요한 시간 등이 이용될 수 있다. 과제 해결의 용이성에 대한 평가기준은 실시상의 난이도, 필요자원 적정성 등이 있다.

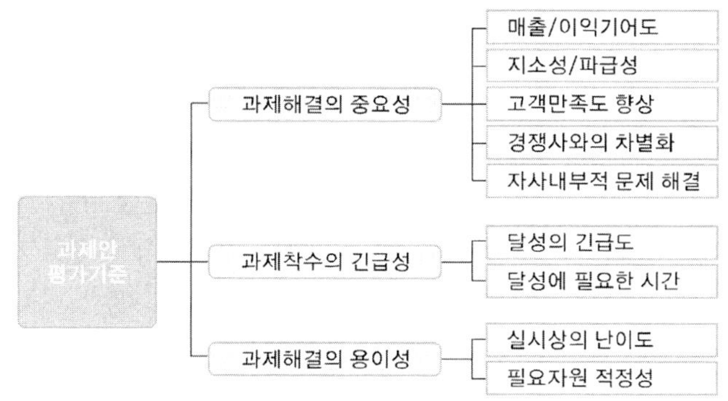

17. 문제도출의 의미와 절차

문제 도출은 선정된 문제를 분석하여 해결해야 할 것이 무엇인지를 명확히 하는 단계로 현상에 대하여 문제를 분해하여 인과관계 및 구조를 파악하는 단계이다. 이러한 문제 도출은 문제 구조 파악, 핵심 문제 선정의 절차를 거쳐 수행된다.

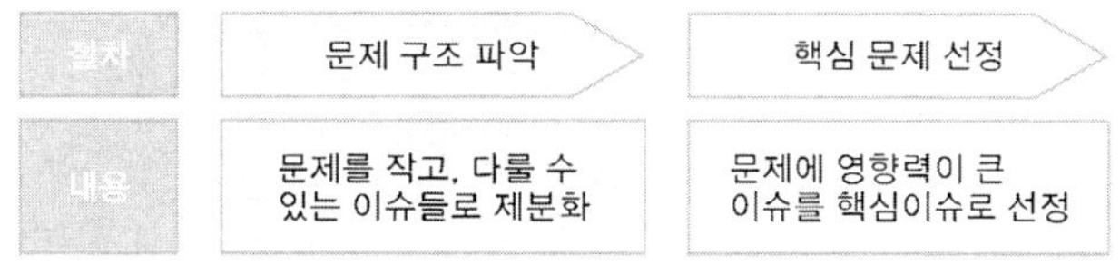

18. 문제구조 파악

전체 문제를 개별화된 세부 문제로 쪼개는 과정으로 문제의 내용 및 미치고 있는 영향 등을 파악하여 문제의 구조를 도출해내는 것이다. 문제 구조 파악에서 중요한 것은 본래 문제가 발생한 배경이나 문제를 일으키는 메커니즘을 분명히 해야 한다. 또한 문제 구조 파악을 위해서는 현상에 얽매이지 말고 문제의 본질과 실제를 봐야 하며, 한쪽만 보지 말고 다면적으로 보며, 눈앞의 결과만 보지 말고 넓은 시야로 문제를 바라봐야한다.

19. Logic Tree

이러한 문제 구조 파악을 위해서는 그림과 같은 Logic Tree 방법이 사용된다.

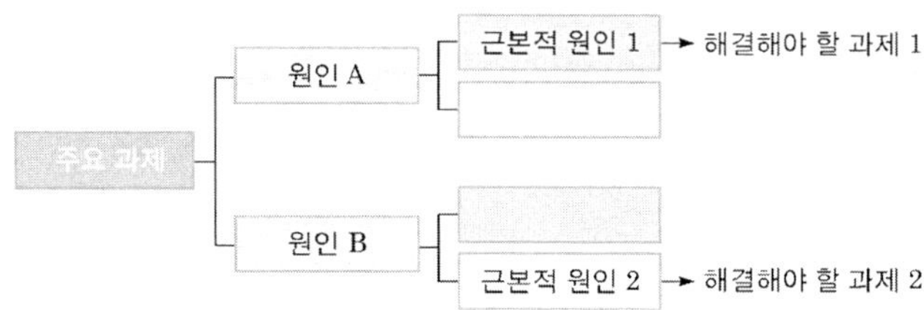

Logic Tree 방법은 문제의 원인을 깊이 파고든다든지 해결책을 구체화할 때 제한된 시간 속에 넓이와 깊이를 추구 하는데 도움이 되는 기술로, 주요 과제를 나무모양으로 분해, 정리하는 기술이다. 이러한 Logic Tree를 작성할 때에는 다음과 같은 점을 주의해야 한다.

• 전체 과제를 명확히 해야 한다.

- 분해해가는 가지의 수준을 맞춰야 한다.
- 원인이 중복되거나 누락되지 않고 각각의 합이 전체를 포함해야 한다.

20. 원인분석의 의미와 절차

원인 분석은 파악된 핵심문제에 대한 분석을 통해 근본 원인을 도출해 내는 단계이다. 원인 분석은 Issue분석, Data 분석, 원인 파악의 절차로 진행되며, 핵심 이슈에 대한 가설을 설정한 후, 가설 검증을 위해 필요한 데이터를 수집, 분석하여 문제의 근본원인을 도출해 나가는 것이다.

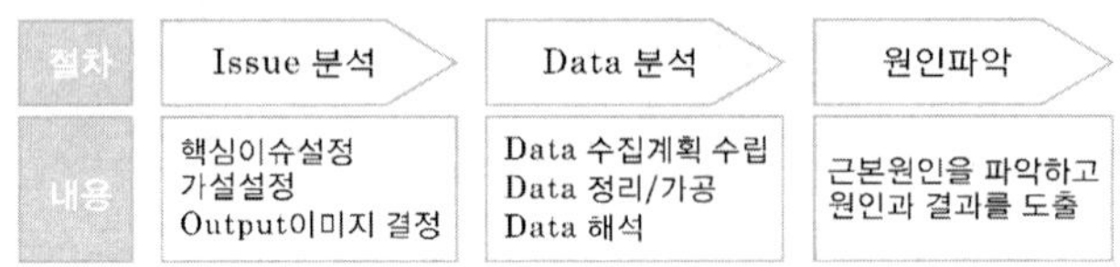

21. Issue 분석

이슈 분석은 핵심이슈 설정, 가설 설정, output 이미지 결정의 절차를 거쳐 수행된다.

① **핵심이슈 설정** : 현재 수행하고 있는 업무에 가장 크게 영향을 미치는 문제로 선정하며, 사내외 고객인터뷰 및 설문조사, 관련자료 등을 활용하여 본질적인 문제점을 파악하는 방법으로 수행된다.

② **가설설정** : 핵심이슈가 설정된 후에는 이슈에 대해 자신의 직관, 경험, 지식, 정보 등에 의존하여 일시적인 결론을 예측해보는 가설을 설정한다. 가설설정은 관련자료, 인터뷰 등을 통해 검증할 수 있어야 하며, 간단명료하게 표현하고, 논리적이며 객관적이어야 한다.

③ **Output 이미지 결정** : 가설설정 후에는 가설검증계획에 의거하여 분석결과를 미리 이미지화한다.

22. Data 분석

데이터 분석은 데이터 수집계획 수립, 데이터 수집, 데이터 분석의 절차를 거쳐 수행된다. 데이터 수집 시에는 목적에 따라 데이터 수집 범위를 정하고, 일부를 전체로 해석할 수 있는 자료는 제외해야 한다. 또한 정량적이고 객관적인 사실을 수집하고, 자료의 정보원을 명확히 해야 한다. 데이터 수집 후에는 목적에 따라 수집된 정보를 항목별로 분류 정리한 후 "what", "why", "how"측면에서 의미를 해석해야 한다.

23. 원인 파악

원인 파악은 이슈와 데이터 분석을 통해서 얻은 결과를 바탕으로 최종 원인을 확인하는 단계이다. 원인 파악 시에는 원인과 결과사이에 패턴이 있는지를 확인하는 것이 필요하며, 이러한 원인의 패턴은 다음과 같다.

① **단순한 인과관계** : 원인과 결과를 분명하게 구분할 수 있는 경우로, 어떤 원인이 앞에 있어 여기에서 결과가 생기는 인과관계를 의미하며, 소매점에서 할인율을 자꾸 내려서 매출 share가 내려가기 시작하는 경우가 이에 해당한다.

② **닭과 계란의 인과관계** : 원인과 결과를 구분하기가 어려운 경우로, 브랜드의 향상이 매출확대로 이어지고, 매출확대가 다시 브랜드의 인지도 향상으로 이어지는 경우가 이에 해당한다.

③ **복잡한 인과관계** : 단순한 인과관계와 닭과 계란의 인과관계의 두 가지 유형이 복잡하게 서로 얽혀 있는 경우로, 대부분의 경영상 과제가 이에 해당한다.

24. 해결안 개발의 의미와 절차

해결안 개발은 문제로부터 도출된 근본원인을 효과적으로 해결할 수 있는 최적의 해결방안을 수립하는 단계이다. 해결안 개발은 해결안 도출, 해결안 평가 및 최적안 선정의 절차로 진행되며, 이러한 해결안 개발 단계의 절차는 다음 그림과 같다.

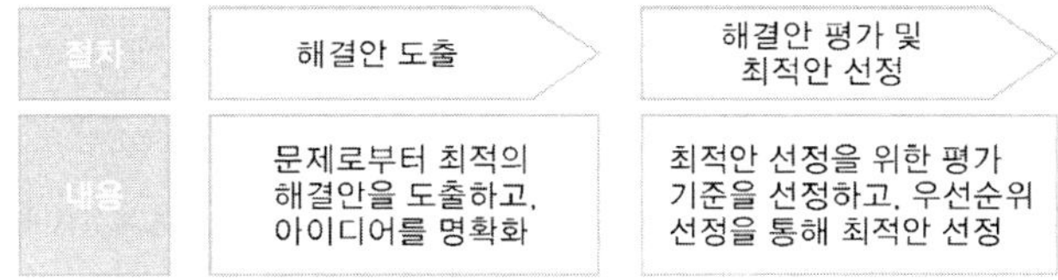

25. 해결안 도출

해결안 도출은 열거된 근본 원인을 어떠한 시각과 방법으로 제거할 것인지에 대한 독창적이고 혁신적인 아이디어를 도출하고, 같은 해결안은 그룹핑하는 과정을 통해서 해결안을 정리하는 과정으로, 다음과 같은 절차를 거쳐 수행된다.
- 근본원인으로 열거된 내용을 어떠한 방법으로 제거할 것인지를 명확히 한다.
- 독창적이고 혁신적인 방안을 도출한다.
- 전체적인 관점에서 보아 해결의 방향과 방법이 같은 것을 그룹핑한다.
- 최종 해결안을 정리한다.

26. 해결안 평가 및 최적안 선정

해결안 평가 및 최적안 선정은 문제(what), 원인(why), 방법(how)을 고려해서 해결안을 평가하고 가장 효과적인 해결안을 선정해야 한다. 해결안 선정을 위해서는 중요도와 실현가능성 등을 고려해서 종합적인 평가를 내리고, 채택 여부를 결정하는 과정으로 다음과 같은 sheet를 이용할 수 있다.

해결책	중요도		실현 가능성			종합평가	채택여부
	고객만족도	문제해결	개발기간	개발능력	적용가능성		
해결책1							
해결책2							
해결책3							
해결책4							

27. 실행 및 평가 단계의 의미와 절차

실행 및 평가는 해결안 개발을 통해 만들어진 실행계획을 실제 상황에 적용하는 활동으로 당초 장애가 되는 문제의 원인들을 해결안을 사용하여 제거해 나가는 단계이다. 실행은 실행계획 수립, 실행, Follow-up의 절차로 진행되며, 이러한 실행 단계의 절차는 다음 그림과 같다.

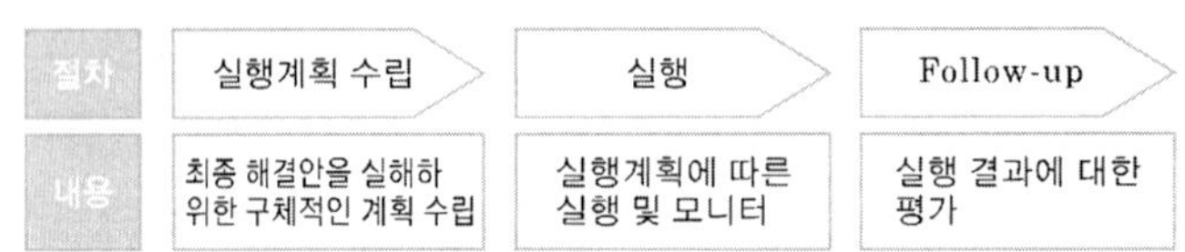

28. 실행계획 수립

실행계획 수립은 무엇을(what), 어떤 목적으로(why), 언제(when), 어디서(where), 누가(who), 어떤 방법으로(how)의 물음에 대한 답을 가지고 계획하는 단계로, 자원(인적, 물적, 예산, 시간)을 고려하여 수립해야 한다. 실행계획 수립 시에는 세부 실행내용의 난이도를 고려하여 가급적 구체적으로 세우는 것이 좋으며, 각 해결안별 구체 실행계획서를 작성함으로써 실행의 목적과 과정별 진행내용을 일목요연하게 파악하도록 하는 것이 필요하다.

29. 실행 및 Follow-up

실행 및 Follow-up단계는 가능한 사항부터 실행하며, 그 과정에서 나온 문제점을 해결해 가면서 해결안의 완성도를 높이고 일정한 수준에 도달하면 전면적으로 전개해 나가는 것이 필요하다. 즉 pilot test를 통해 문제점을 발견하고, 해결안을 보안한 후 대상범위를 넓혀서 전면적으로 실시해야 한다. 특히 실행상의 문제점 및 장애요인을 신속히 해결하기 위해서 monitoring체제를 구축하는 것이 바람직하며, 모니터 시에는 다음과 같은 사항을 고려해야 한다.

- 바람직한 상태가 달성되었는가
- 문제가 재발하지 않을 것을 확신할 수 있는가
- 사전에 목표한 기간 및 비용은 계획대로 지켜졌는가
- 혹시 또 다른 문제를 발생시키지 않았는가
- 해결책이 주는 영향은 무엇인가

수리능력

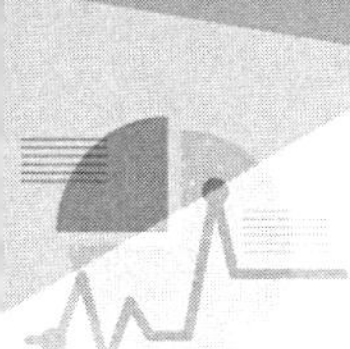

① 수리능력

수리능력은 직장생활에서 요구되는 사칙연산과 도표 또는 자료(데이터)를 정리, 요약하여 의미를 파악하거나 도표 등을 이용해서 합리적인 의사결정을 위한 객관적인 판단근거를 효과적으로 제시하는 능력을 의미한다. 직업인은 직장생활에서 만나게 되는 문제들의 해결을 위하여 기초적인 수리적 분석력이 필요하므로 수리능력의 함양이 필수적이다.

직업기초능력의 한 분야인 수리능력이란 '직장생활에서 요구되는 사칙연산과 기초적인 통계를 이해하고, 도표 또는 자료(데이터)를 정리, 요약하여 의미를 파악하거나 도표를 이용해서 합리적인 의사결정을 위한 객관적인 판단근거로 제시하는 능력'을 의미한다. 특히 직업인으로서 업무를 효과적으로 수행하기 위해서는 다단계의 복잡한 연산을 수행하고 다양한 도표를 만들고, 내용을 종합할 수 있는 능력이 매우 중요하다는 측면에서 수리능력의 함양은 필수적이다.

이러한 수리능력은 아래 그림과 같이 크게 ①기초연산능력, ②기초통계능력, ③도표분석능력, ④도표작성능력 등으로 구성된다.

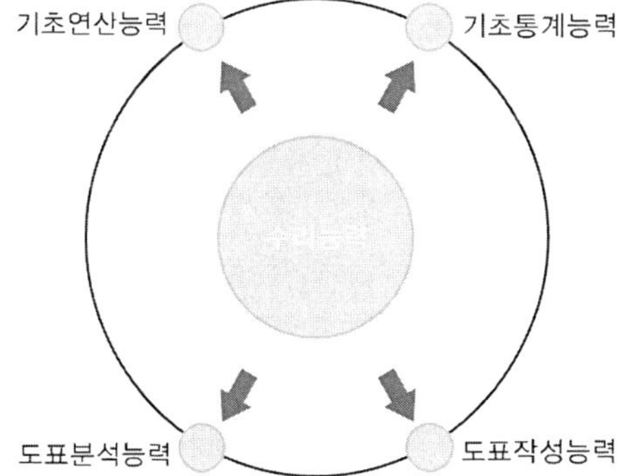

기초연산능력이란 '직장생활에서 필요한 기초적인 사칙연산과 계산방법을 이해하고 활용하는 능력'을 의미한다. 특히 기초연산능력은 직장생활에서 다단계의 복잡한 사칙연산을 수행하고, 연산결과의 오류를 판단하고 수정하는 것이 요구된다는 측면에서 필수적으로 요구되는 능력이라 할 수 있다. 구체적으로 기초연산능력은 업무상 계산을 수행하고 결과를 정리하는 경우, 업무비용을 측정하는 경우, 고객과 소비자의 정보를 조사하고 결과를 종합하는 경우, 조직의 예산을 작성하는 경우,

업무수행 경비를 제시하여야 하는 경우, 다른 상품과 가격비교를 하여야 하는 경우, 타인에게 업무내용을 간결하고 명확하게 전달하려는 경우 등에서 필요한 능력이라 할 수 있다.

기초통계능력이란 '직장생활에서 평균, 합계, 빈도와 같은 기초적인 통계기법을 활용하여 자료를 정리하고 요약하는 '능력'을 의미한다. 특히 기초통계능력은 직장생활에서 다단계의 복잡한 통계기법을 활용하여 결과의 오류를 수정하는 것이 요구된다는 측면에서 필수적으로 요구되는 능력이라 할 수 있다. 또한 이 능력은 자료특성의 계산방식과 관련이 있으므로 연산능력과 깊은 관계가 있다. 구체적으로 기초통계능력은 연간 상품 판매실적을 제시하여야 하는 경우, 업무비용을 다른 조직과 비교하여야 하는 경우, 업무 결과를 제시하여야 하는 경우, 상품판매를 위한 지역조사를 실시하여야 하는 경우등에서 필요한 능력이라 할 수 있다.

도표분석능력이란 '직장생활에서 도표(그림, 표, 그래프 등)의 의미를 파악하고, 필요한 정보를 해석하여 자료의 특성을 규명하는 '능력'을 의미한다. 특히 도표분석능력은 직장생활에서 접하는 다양한 도표를 분석하여 내용을 종합하는 것이 요구된다는 측면에서 필수적으로 요구되는 능력이라 할 수 있다. 구체적으로 도표분석능력은 업무수행과정에서 도표로 주어진 자료를 해석하는 경우, 도표로 제시된 업무비용을 측정하는 경우, 조직의 생산가동율 변화표를 분석하는 경우, 계절에 따른 고객의 요구도가 그래프로 제시된 경우, 경쟁업체와의 시장점유율이 그림으로 제시된 경우 등에서 필요한 능력, 고객과 소비자의 정보를 조사하여 자료의 경향성을 제시하는 경우이라 할 수 있다.

도표작성능력이란 '직장생활에서 자료(데이터)를 이용하여 도표를 효과적으로 제시하는 능력'을 의미한다. 특히 도표작성능력은 직장생활에서 다양한 도표를 활용하여 내용을 강조하여 제시하는 것이 매우 중요하다는 측면에서 필수적으로 요구되는 능력이라할 수 있다. 구체적으로 도표작성능력은 업무결과를 도표를 사용하여 제시하는 경우, 업무의 목적에 맞게 계산결과를 묘사하는 경우, 업무 중 계산을 수행하고 결과를 정리하는 경우, 업무에 소요되는 비용을 시각화해야 하는 경우, 고객과 소비자의 정보를 조사하고 결과를 설명하는 경우 등에서 필요한 능력이라 할 수 있다.

① **사칙연산이란** : 수 또는 식은 "얼마만큼인가"를 나타내는 "양"을 표현하는 도구이다. 사칙연산이란 이러한 수 또는 식에 관한 덧셈(+), 뺄셈(−), 곱셈(×), 나눗셈(÷) 등 네 종류의 계산법으로 사칙계산이라고도 한다. 보통 사칙연산은 일정한 원리(규칙 또는 방법)에 따라 계산한다.

② **업무수행 중 기초연산능력이 요구되는 상황** : 우리는 직장생활을 하면서 업무수행에 필요한 기초적인 사칙연산과 계산방법을 이해하고 있어야 한다. 즉, 덧셈, 뺄셈, 곱셈, 나눗셈 등과 같은 간단한 사칙연산에서부터 다단계의 복잡한 사칙연산까지 수행할 수 있어야 하며, 연산결과의 오류까지도 수정할 수 있는 능력이 요구된다. 업무수행 과정에서 연산능력이 요구되는 대표적인 상황으로는 ①업무상 계산을 수행하고 결과를 정리하는 경우, ②조직의 예산안을 작성하는 경우, ③업무비용을 측정하는 경우, ④업무수행 경비를 제시해야 하는 경우, ⑤고객과 소비자의 정보를 조사하고 결과를 종합하는 경우, ⑥다른 상품과 가격 비교를 하는 경우 등을 들 수 있다.

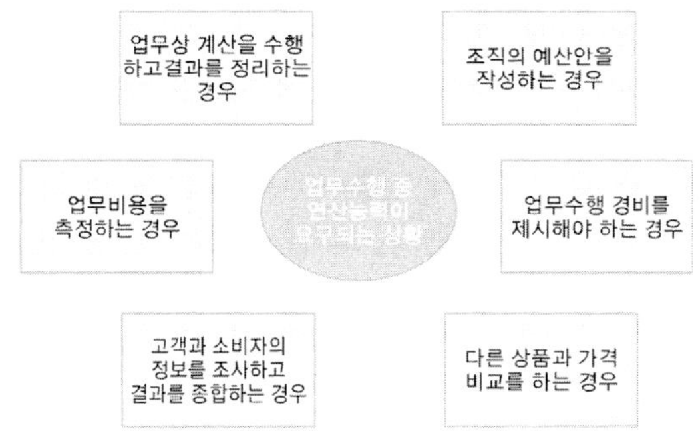

③ **통계란 무엇인가** : 통계란 어떤 현상의 상태를 양으로 반영하는 숫자이며, 특히 사회집단의 상황을 숫자로 표현한 것이다. 근래에는 통계적 방법의 급속한 진보와 보급에 따라 자연적인 현상이나 추상적인 수치의 집단도 포함해서 일체의 집단적 현상을 숫자로 나타낸 것을 통계라고 한다. 따라서 통계학이란 불확실한 상황에서 현명한 의사 결정을 하기 위한 이론과 방법을 다루는 분야이며 주로 자료의 수집과 분류, 분석과 해석의 체계를 갖는다. 통계분석은 '모르는 값'을 '아는 값(의미가 있는 값)'으로 바꾸어 가는 과정이라 할 수 있다.

④ **통계의 본질** : 주로 좁은 뜻에서의 통계, 즉 사회적 집단의 상황을 말하는 숫자로써의 통계에 관해서이다. 자연현상이나 단순히 추상적 수치의 집단에 관련되는 숫자에 대해서는 그것들이 통계로써 지니는 의의나 특질은 처음부터 문제가 되지 않는다.

통계의 본질은 그것이 우선 사회에 실재하는 고유의 사실과 결부되고, 동시에 사회적 존재로써의 집단에 관한 숫자자료인 것이다. 예를 들면, 어떤 사람의 임금 20만원, 어떤 세대의 월수입 30만원 등 그것이 고유의 사실과 연관되고 또 사회현상으로 보이는 것일지라도 단일개체에 대한 숫자 자료일 때에는 통계라고 하지 않는다. 이런 것들이 내포된 집단, 즉 노동자나 세대의 구체적인 어떤 일정집단에 대한 숫자자료, 같은 종류의 사례(개체)를 모은 집단에 대한 숫자가 통계이다.

우리가 알고자 하는 대상(분석대상)에 대하여 가장 정확한 정보를 얻는 방법은 분석대상을 모두 조사하는 것(전수조사)이다. 그러나 이는 엄청난 시간과 비용이 들기 때문에 잘 사용하지 않는다. 그래서 전체(모집단)를 잘 대표하는 일부분(표본)을 뽑고 표본을 조사, 분석하여 전체(모집단)의 특성을 유추하는 표본조사를 사용한다.

대형마트에 가면 시식코너를 만나게 되는데 여기서는 판매를 희망하는 제품 중에서 일부를 소비자가 맛을 볼 수 있도록 하고 있다. 판매를 원하는 전체 제품은 모집단이고 시식을 위해 제공되는 일부 제품은 표본이라 할 수 있다. 이때 시식용 제품의 맛이 전체 제품의 맛을 나타내므로 시식용 제품의 선택은 매우 중요하다. 통계는 조사에 있어서의 통계집단의 구성(단위, 표지, 특정한 시점 또는 시간과 장소, 범위의 규정)에 바탕을 두고 파악된다. 따라서 통계집단의 요소들인 단위, 표지, 때, 장소를 어떻게 규정하고 특히 단위나 표지에 관련해 구체적 개념이나 정의를 어떻게 정하는가는 통계의 본질과 연계되어 매우 중요하다.

통계는 일반적으로 현실의 일정한 사회관계 아래 조사자와 피조사자 사이에서 질문·회답이 이루어지는 통계조사라는 특수한 절차를 거쳐 작성되는데, 거기에는 상호협력이나 이해에 따르는 대항관계가 작용한다. 특히 통계는 필요성이나 작성능력이라는 점에서 보면 대부분 정부나 지방자치단체 등에 의한 관청통계로 작성되고 있는 특수성을 지녔다. 그리고 이들은 현실적 통계가 지닌 의의나 특질에 일정한 연관성을 갖고 있다.

이러한 사실은 통계의 이용면에서 보아, 통계의 이용에 앞서 그 통계가 무엇을 어떤 정의나 개념규정에 기초해 숫자로서 파악하고 있는가, 그 통계조사는 어떤 조사목적으로 구체적으로 무엇을 조사하고, 무엇을 통계로서 표시하는가를 음미, 검토하는 일이 중요하다는 것을 의미한다.

⑤ **통계의 기능** : 통계의 기능은 다음과 같이 크게 4가지로 생각해볼 수 있다. 첫째, 많은 수량적 자료를 처리가능하고 쉽게 이해할 수 있는 형태로 축소시킨다. 둘째, 표본을 통해 연구대상 집단의 특성을 유추한다. 셋째, 의사결정의 보조수단이 된다. 넷째, 관찰 가능한 자료를 통해 논리적으로 어떠한 결론을 추출·검증한다.

⑥ **도표의 목적** : 도표란 선, 그림, 원 등으로 그림을 그려서 내용을 시각적으로 표현하여 다른 사람이 한 눈에 자신의 주장을 알아볼 수 있게 한 것이다. 따라서 한 눈에 내용을 파악할 수 있다는데에 그 특징이 있다. 매출액의 추이, 가격의 변화 등을 수치로만 나열한 경우와 그래프로 표시한 경우의 차이는 명백하다.

그냥 지나쳐 버리기 쉬운 복잡한 수치도 그래프를 그려봄으로써 쉽게 파악할 수 있다. 또한 전체와 부분의 비교도 간단히 할 수 있다. 따라서 그래프는 다른 사람에게 설명할 때 더욱 설득력이 있다. 도표는 다음과 같은 점에서 유용성을 가진다고 할 수 있다. 도표의 작성은 여러 가지 측면에서 이점이 있으나, 구체적으로 도표작성의 목적을 들면 세 가지로 좁혀서 생각할 수 있다.

㉠ 보고·설명하기 위해 : 평소 이러한 목적으로 도표가 쓰여지는 경우가 많다. 즉, 회사내 회의에서의 설명, 상급자에게 보고를 비롯하여 각종 통계 등에 쓰여진다고 볼 수 있다.

그러나 도표가 단순히 보고·설명용으로 쓰여진다고 하면 모든 것의 사후 결과만을 표시하는 것이 되어 무의미하다. 때로는 현상분석을 하여 전체의 경향이나 이상수치를 발견하거나, 문제점을 명백히 밝혀 대책이나 계획을 세우기 위해 적극적으로 활용된다.

㉡ 상황분석을 위해 : 도표를 보다 적극적으로 활용하는 경우라고 할 수 있다. 회사의 상품별 매출액의 경향을 본다거나 거래처의 분포 등을 보는 경우 등이 그 예이다.

㉢ 관리목적을 위해 : 진도관리 도표나 회수상황 도표 등이 이에 해당된다. 실제로 각 회사마다이런 것이 사무실 벽에 많이 붙어 있는 것을 본다. 이것은 시각에 호소하여 강한 인상을 준다고 하는 도표가 지닌 성질을 유효하게 이용한 대표적인 것이다. 도표의 종류는 여러 가지있는데, 어떤 것이든 도표를 그릴 때의 주의점을 들면 다음과 같다.

- 보기 쉽게 깨끗이 그린다.
- 하나의 도표에 여러 가지 내용을 넣지 않는다.
- 특별히 순서가 정해 있지 않는 것은 큰 것부터, 왼쪽에서 오른쪽으로, 또는 위에서 아래로 그린다.
- 눈금을 잡기에 따라 크게 보이거나 작게 보이니 주의한다.
- 밑에 있는 수치를 생략할 경우에는 잘못 이해하는 경우가 생기니 주의한다.
- 컴퓨터에 의한 전산 그래프를 최대한 이용한다.

세계 최대 부호인 미국 마이크로소프트(MS)의 빌 게이츠 회장이 처음에 하버드대 법대로 입학하였지만 수리능력의 중요성을 깨닫고 수학과로 전과한 것을 아는 사람들은 많지 않다. 게이츠는 수학적 사고력을 발휘하여 MS를 설립했다. 그가 집필한 저서 '미래로 가는 길', '생각의 속도' 등에선 수학적 사고력·상상력의 중요성이 잘 드러나고 있다. 또 게이츠는 지난 3월 미국 상원 청문회에서 앞으로 더욱 가속화될 혁신시대에 살아남기 위하여 수리능력의 중요성을 더욱 강조하여야 한다고 주장했다.

그렇다면 수리능력은 왜 필요하며 직업생활과 어떤 관련이 있을까? 수리능력은 여러 자연현상이나 사회현상들을 추상화, 계량화하여 그 본질적 성질에 대해 설명하는 능력이다. 단순히 숫자를 계산하는 것만 배우는게 아니라 복잡하고 어려운 문제들을 계산하고 해결해가는 과정을 통해 논리적으로 생각하는 방법과 문제해결력을 배우는 것이다.

수리능력의 향상을 통해 수리력 뿐만 아니라 추리력, 분석적인 사고능력, 엄격한 논리체계 및 사물을 인식하고 이해하는 방법을 배우게 되는데, 이러한 것들은 모든 과학의 언어로서 자연과학, 공학, 인문학, 사회과학에 이르기까지 광범하게 응용된다.

직업 중에 수리능력이 매우 중요시 되는 직업으로는 보험계리사, 수학 및 통계 연구원, 수학교사, 자연계열 교수 등이 있다. 또 이들이 진출하는 분야도 중앙정부 및 지방자치단체의 공무원, 중·고등학교 교원, 은행·보험·증권회사, 정보통신기술업체, 소프트웨어 개발업체, 정보처리업체, 정보보안 관련 업체, 통계조사기관, 일반 기업체의 관련분야(전산실, 통계실, 자료처리실 등)와 여론조사연구소, 국방과학연구소, 기초과학지원연구소 등에 이르기까지 다양하다.

그러나 수리능력은 위와 같은 특정 직업에 종사하는 자에게만 필요한 것이 아니며, 모든 직업인들에게 공통적으로 필요한 능력이라고 할 수 있다. 다음은 수리능력이 일상생활 혹은 업무수행과정에서 중요한 이유를 설명해준다.

⑦ **수학적 사고를 통한 문제해결** : 업무수행에 있어서 다양한 문제를 해결함에 있어서 수학적 사고를 적용하는 습관을 갖게 되면 여러 문제들을 쉽게 분류하고 그 해법을 찾게 된다. 즉, 수학의 원리를 활용하면 이려운 문제들에 대한 지구력과 내성이 생겨 업무의 문제 해결이 보다 쉽고 편안해질 수 있다.

최근에는 '페르미 추정'이나 '트리즈'같이 어떠한 문제에 대해 기초적인 지식과 논리적인 추론만으로 짧은 시간에 대략적인 근사치를 추정하거나 해결책을 찾아내는 방법도 사용되고 있다.

⑧ **직업세계의 변화에의 적응** : 앞으로 수십년 간에 걸친 직업세계의 변화에 적응하기 위해서는 수리능력을 가져야한다. 나중에 유망 직업으로 전직하려는데 그 직업이 수리적인 지식을 요구한다면 그때 가서 공부하는 것은 매우 힘들기 때문이다. 수리능력은 논리적이고 단계적인 학습을 통해 향상되기 때문에 어느 과정의 앞 단계에서 제대로 학습을 하지 못했다면 다음 단계를 학습하는 것이 매우 어렵다.

⑨ **실용적 가치의 구현** : 수리능력의 향상을 통해 일상생활 혹은 업무수행에 필요한 수학적 지식이나 기능을 습득할 수 있다. 물론, 실용성은 생활수준의 발전에 따라 다양한 성격을 지니게 되며 내용도 복잡하게 된다. 실용성은 개인이나 직업에 따라 다를지라도 수리능력의 향상을 통해서

일상적으로 필요한 지식, 기능이라도 단순히 형식적인 테두리에서 머무는 것이 아니라 수량적인 사고를 할 수 있는 아이디어나 개념을 도출해낼 수 있다.

⑩ 단위환산표 : 우리가 직업인으로서 업무를 수행하는데 흔히 활용하는 단위로는 길이, 넓이, 부피, 들이, 무게, 시간, 할푼리 등이 있다.

길이는 물체의 한 끝에서 다른 한 끝까지의 거리를 의미하며, 이를 나타내는 단위로는 mm, cm, m, km 등이 있다. 넓이는 평면의 크기를 나타내는 것으로 면적이라고도 하며, 이를 나타내는 단위로는 mm^2, cm^2, m^2, km^2 등이 있다.

부피는 입체가 점유하는 공간 부분의 크기를 의미하며, 이를 나타내는 단위로는 mm^3, cm^3, m^3, km^3등이 있다. 들이는 통이나 그릇 따위의 안에 넣을 수 있는 물건 부피의 최대값을 의미하며, 이를 나타내는 단위로는 ml, dl, L kl등이 있다. 이 밖에 무게를 나타내는 단위로는 g, kg, t 등이 있고, 시간을 나타내는 단위로는 초, 분, 시 등이 있다.

단위	단위환산
길이	1cm=10mm, 1m=100cm, 1km=1,000m
넓이	$1cm^2=100mm^2$, $1m^2=10,000cm^2$, $1km^2=1,000,000m^2$
부피	$1cm^3=1,000mm^3$, $1m^3=1,000,000cm^3$, $1km^3=1,000,000,000m^3$
들이	$1ml=1cm^3$, $1dl=100cm^3=100ml$, $1L=1,000cm^3=10dl$
무게	1kg=1,000g, 1t=1,000kg=1,000,000g
시간	1분=60초, 1시간=60분=3,600초
할푼리	1푼=0.1할, 1리=0.01할, 모=0.001할

2 기초연산능력

기초연산능력은 직장생활에서 필요한 기초적인 사칙연산과 계산방법을 이해하고 활용하는 능력이다. 특히 직장생활에서 다단계의 복잡한 사칙연산을 하고, 연산 결과의 오류를 수정하는 것이 매우 중요하다는 측면에서 기초연산능력의 함양은 필수적이다.

① 사칙연산(four fundamental rules of arithmetics)사칙연산이란 수에 관한 덧셈, 뺄셈, 곱셈, 나눗셈의 네 종류의 계산법으로 사칙계산이라고도 한다. 여기서 수(數)는 일반적으로 복소수를 가리키지만 특히 범위를 실수·유리수·정수 또는 자연수 등으로 한정하여 생각할 수도 있다. 수의 범위를 복소수·실수 또는 유리수 전체로 할 때는 0으로 나누는 나눗셈만을 제외한다면 사칙은 항상 가능하다. 그러나 정수의 범위에서는 나눗셈이 언제나 가능한 것은 아니며, 또 자연수의 범위에서도 뺄셈과 나눗셈이 언제나 가능한 것은 아니다. 사칙연산이 가능한 수의 집합(이를테면 복소수·실수 또는 유리수 전체)을 체(體 : field)라고 한다. 수의 계산에서는 덧셈과 곱셈이 정의되며, 각각 교환법칙 $a+b=b+a$, $a \times b=b \times a$ 및 결합법칙 $a+(b+c)=(a+b)+c$, $a \times (b \times c)=(a \times b) \times c$가 성립한다. 덧셈과 곱셈 두 연산은 분배법칙 $(a+b) \times c=a \times c+b \times c$ 에 의해 관계 지을 수 있다. 이를테면, $7 \times 3=7+7+7$인 관계는 분배법칙을 기초로 하여 다음과

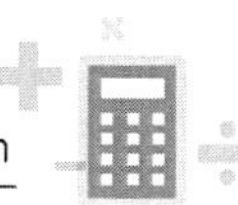

같이 증명할 수 있다.$7 \times 3 = 7 \times (2+1) = 7 \times 2 + 7 \times 1 = 7 \times (1+1) + 7 \times 1 = 7 + 7 + 7$ 뺄셈·나눗셈은 각각 덧셈·곱셈의 각 법칙에서 유도된다. 임의의 실수를 a, b라 할 때 $b + x = a$를 만족하는 x를 구하는 것을 뺄셈이라 하고 이것을 $a - b$로 쓰며 a와 b의 차라 한다. 또 $b \times x = a (b \neq 0)$를 만족하는 x를 구하는 것을 나눗셈이라 하고 이것을 $a \div b$ 또는 $\dfrac{a}{b}$로 쓰고 a와 b의 몫이라 한다.

② **효과적인 검산방법** : 흔히들 숫자의 계산에 있어서 검산은 매우 중요한 과정으로 여긴다. 하지만 실제로 검산을 하는 사람은 몇 되지 않는다. 다들 귀찮다는 이유로 또는 시간이 부족하다는 이유로 검산을 하지 못한다. 또한 실제로 검산하는 사람들도 문제풀 때와 같은 방법으로 검산을 하기 때문에 문제풀 때 했던 실수를 그대로 반복하면서 틀린 문제를 지나가는 경우가 많다. 실제로 검산은 역산으로 이루어져야 한다. 즉, 답에서 거꾸로 계산해 봄으로써 원래 답이 나오는지 계산하는 것이다.

일반적으로 자연수의 계산은 역산보다 더 빠른 암산법이 있다. 구거법이라고 하는 이 검산법은 원래의 수와 각자리 수의 합이 9로 나눈 나머지가 같다는 원리를 이용한다.

예를들어 $3456 + 341 = 3797$에서 $3+4+5+6$의 9로 나눈 나머지는 0, $3+4+1$의 9로 나눈 나머지는 8, $3+7+9+7$을 9로 나눈 나머지는 8이므로 $0+8=8$ 에서 맞는 식이 되므로 계산을 제대로 했다고 생각할 수 있다. 즉 각수를 9로 나눈 나머지만 계산해서 좌변과 우변의 9로 나눈 나머지가 같은지 판단하면 된다.

물론 구거법이 만능은 아니다. 정답과 오답의 나머지가 9가 차이가 날 경우 검산을 해도 틀린 곳을 발견 못할 수도 있다. 하지만 보통 아이들이 계산을 하면 1, 2 차이로 틀리기 때문에 일반적으로는 계산이 맞았는지 틀렸는지 쉽게 찾을 수 있다.

3 기초통계능력

기초통계능력은 직장생활에서 평균, 합계, 빈도와 같은 기초적인 통계기법을 활용하여 자료의 특성과 경향성을 파악하는 능력이다. 특히 직장생활에서 불확실한 상황에서 의사결정을 하여야 하는 경우 기초적인 통계기법을 활용하여 판단을 하는 것이 효과적이라는 측면에서 기초통계 능력이 함양은 필수적이라 할 수 있다.

① **통계(statistics)의 의미** : 통계란 집단현상에 대한 구체적인 양적 표현을 반영하는 숫자를 의미한다. 특히 사회집단 또는 자연집단의 상황을 숫자로 나타낸 것이다. 예를 들어 서울 인구의 생계비, 한국 쌀 생산량의 추이, 추출 검사한 제품 중의 불량품의 개수 등이 그것이다. 통계는 집단에 관한 것으로써, 어떤 사람의 재산이라든가 한라산의 높이 등, 어떤 개체에 관한 수적 기술은 아무리 구체적이더라도 통계는 아니다. 통계는 사회의 발전과 함께 발달해 왔는데, 오늘날의 사회생활과 과학은 통계 없이는 존재할 수 없다.

집단현상을 통계로 나타낼 때, 그 집단을 구성하는 각 개체를 통계단위 또는 단위라고 한다. 이 단위는 공통의 성질을 가지고 있는데, 이 공통의 성질을 표지라고 한다. 이를 테면 한국의 인구를 구성하는 단위는 일정한 날짜와 시간에 한국에 살고 있는 사람이며, 이 조건이 표지가 된다. 이들 단위는 표지 이외의 점에서는 이질이다. 표지에는 남녀, 산업·직업 등 질적인 것과, 연령·

소득금액 등 양적인 것이 있다. 질적인 표지의 통계를 속성통계, 양적인 표지의 통계를 변수통계라고 한다. 또, 집단의 성질에 따라 자연현상에 관한 자연통계와, 사회현상에 관한 사회통계로 나누어지는데, 자연통계는 기후통계·생물통계 등으로, 사회통계는 경제통계·경영통계 등으로 세분할 수 있다.

통계를 이용하는 데는, 작성자·작성시기·작성방법·대상(단위표지)·대상의 존재장소 등에 관한 깊은 인식을 필요로 한다. 이 같은 모든 통계는 현실의 일정한 사회관계를 바탕으로, 조사자와 피조사자 사이에서 질문·응답이 행해지는 통계조사라는 특수한 과정을 거쳐 이루어지는데, 거기에는 상호협조와 이해에 따르는 대항관계가 작용한다. 또한 통계는 그 필요성과 작성능력이라는 점으로 보아, 그 대부분이 정부나 지방자치단체 등에 의한 관청 통계로 작성된다는 특성을 지닌다. 통계에 사용되는 자료는 집중화 경향, 분산도, 비대칭도를 기준으로 파악된다. 집중화 경향은 자료들이 어느 위치에 집중되어 있는가를 나타내는 것으로 평균, 중앙값, 최빈값 등으로 나타낸다. 분산도는 자료들이 어느 정도 흩어져 있는가를 나타내는 것으로 범위, 표준편차, 분산 등으로 나타낸다. 비대칭도는 자료들이 대칭에서 얼마나 벗어나 있나를 나타내는 것으로 왜도, 첨도 등으로 나타낸다.

② 기본적인 통계치

　㉠ 빈도와 빈도분포 : 통계에 사용되기 위해 수집된 자료(원점수)는 아무런 의미가 없다. 따라서 의미있는 자료를 만들기 위해서는 정리가 필요하다. 빈도(빈도수, 도수)란 어떤 측정값의 측정된 회수 또는 각 계급에 속하는 자료의 개수를 의미한다. 빈도분포(도수분포)란 그러한 빈도를 표나 그래프로 종합적이면서도 일목요연하게 표시하는 것이다. 빈도분포는 보통 빈도수와 백분율로 나타내는 경우가 많으며, 상대도수 또는 누적도수로 나누어 표시하기도 한다. 아래의 자료는 정원이 20명인 어느 학급의 성적을 나타낸다.

> 97, 72, 80, 64, 73, 75, 74, 97, 98, 60, 88, 86, 76, 80, 75, 85, 90, 75, 87, 88

⇓

점수	인원수	점수	인원수	점수	인원수
98	1	85	1	72	1
97	2	84		71	
96		83		70	
95		82		69	
94		81		68	
93		80	2	67	
92		79		66	
91		78		65	
90	1	77		64	1
89		76	1	63	

88	2	75	3	62	
87	1	74	1	61	
86	1	73	1	60	1

계급별 점수	인원수
99−90	4
89−80	7
79−70	7
69−60	2

ⓛ 평균 : 평균은 대상집단의 성격을 함축하여 나타내고 계산이 쉬워 많이 사용된다. 자료에 대해 일종의 무게중심으로 볼 수 있다. 평균은 모든 자료의 자료값을 합한 후 자료값의 갯수로 나눈 값이다. 예를 들어 1부터 10까지의 10개의 값의 평균은$(1+2+3+4+5+6+7+8+9+10)/10=5.5$임을 알 수 있다. 평균은 관찰값(자료값) 전부에 대한 정보를 담고 있으나 극단적인 값이나 이질적인 값에 의해 쉽게 영향을 받아 전체를 바르게 대표하지 못할 가능성이 있다. 예를 들면 1, 2, 3, 4, 5의 평균은 3이나 1, 2, 3, 4, 100의 평균은 22가 된다. 아래의 표는 세계 주요국의 남녀 평균수명을 나타낸 표이다. 표로부터 한국은 2005년 당시 남자의 평균수명이 73.8세, 여자의 평균수명이 81.2세 임을 알 수 있다.

주요국 남녀 평균 수명

(단위 : 세)

국가	남자	국가	여자
세계평균	63.7	세계평균	68.2
홍콩	78.9	일본	85.8
일본	78.7	홍콩	84.9
스웨덴	78.2	스위스 · 스페인	83.5
스위스	77.9	이탈리아	83.3
캐나다	77.8	프랑스	83.2
한국	73.8	한국	81.2
북한	60.9	북한	66.8

• 자료 : 유엔인구기금(UNFPA) 2005 세계인구현황보고서

ⓒ 백분율 : 백분율은 전체의 수량을 100으로 하여, 나타내려는 수량이 그 중 몇이 되는가를 가리키는 수(퍼센트)로 나타낸다. 기호는 %(퍼센트)이며, 100분의 1이 1%에 해당된다. 백분율은 오래 전부터 실용계산의 기준으로 널리 사용되고 있으며, 원형그래프 등을 이용하면 이해하기 쉽다.

③ 범위와 평균

B집단의 표본 관찰값 : 3, 4, 6, 7

범위란 관찰값의 흩어진 정도를 나타내는 도구로써 최고값과 최저값을 가지고 파악하며, 최고값에서 최저값을 뺀 값에 1을 더한 값을 의미한다. 예를 들어 B집단의 관찰값이 3, 4, 6, 7이라면 최고값이 7이고, 최저값이 3이기 때문에 최고값에서 최저값을 뺀 값, 즉 $7-3+1=5$가 B집단의 범위가 된다. 범위는 계산이 용이한 장점이 있으나 극단적인 끝값에 의해 좌우되는 단점이 있다. 평균은 관찰값 전부에 대한 정보를 담고 있어 대상집단의 성격을 함축적으로 나타낼 수 있는 값이다. 평균에는 산술평균과 가중평균이 있고 산술평균은 전체 관찰값을 모두 더한 후 관찰값의 개수로 나눈 값을 의미한다. 예를 들어 B집단의 관찰값이 3, 4, 6, 7이라면 B집단의 평균을 구하는 수식은 아래와 같이 표현할 수 있다.

B집단의 평균 : $\dfrac{3+4+6+7}{4}=5$

가중평균은 각 관찰값에 자료의 상대적 중요도(가중치)를 곱하여 모두 더한 값을 가중치의 합계로 나누어 구한다.

④ 분산과 표준편차

A집단의 표본 관찰값 : 1, 2, 8, 9

분산이란 자료의 퍼져있는 정도를 구체적인 수치로 알려주는 도구이다. 각 관찰값과 평균값과의 제곱을 모두 더한 값을 총 회수로 나누어 구한다. 더욱 구체적으로 설명하면 각 관찰값과 평균값과의 차이의 제곱을 모두 합한 값을 개체의 수로 나눈 값을 의미한다. 예를 들어 A집단의 관찰값이 1, 2, 8, 9이고 평균이 5라면 A집단의 분산은 $(1-5)2+(2-5)2+(8-5)2+(9-5)2$을 사례수 4로 나눈 값을 의미한다. 따라서 A집단의 분산은 $16+9+9+16=50$을 사례수 4로 나눈 값, 즉 12.5가 된다.

표준편차란 분산값의 제곱근 값을 의미한다. 개념적으로는 평균으로부터 얼마나 떨어져 있는가를 나타내는 개념으로서 앞의 사례에 제시된 평균편차의 개념과 개념적으로는 동일한 개념이다. 예를 들어 A집단의 관찰값이 1, 2, 8, 9이고 평균이 5라면 A집단의 분산은 $(1-5)2+(2-5)2+(8-5)2+(9-5)2$을 사례수 4로 나눈 값, 즉 12.5가 되며, 여기서 표준편차는 12.5의 제곱근 값이 된다. 표준편차가 크면 자료들이 넓게 퍼져있고 이질성이 큰 것을 의미하고 작으면 자료들이 집중하여 있고 동질성이 커지게 된다.

⑤ 다섯숫자요약(Five Number Summary) : 평균과 표준편차만으로는 원자료의 전체적인 형태를 파악하기 어렵기 때문에 우리는 최소값, 중앙값, 최대값, 하위 25%값, 상위 25%값 등을 활용하며, 이를 다섯숫자요약(Five Number Summary)라고 부른다.

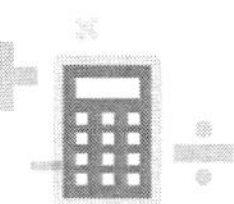

> **다섯숫자요약(Five Number Summary)**
> • 최소값(m)　　　　　　　　• 하위 25%값(Q_1)
> • 중앙값(Q_2)　　　　　　　 • 상위 25%값(Q_3)

최소값이란 원자료 중 값의 크기가 가장 작은 값을 의미한다. 사례에 제시된 한달 평균 생활비를 예로 들면 우리는 최소값으로부터 한달동안 생활비를 가장 적게 쓰는 사람의 수준을 알 수 있을 것이다. 이와는 반대로 최대값이란 원자료 중 값의 크기가 가장 큰 값을 의미한다. 이로부터 우리는 한달동안 생활비를 가장 많이 쓰는 사람의 수준을 파악할 수 있을 것이다. 중앙값이란 정확하게 중간에 있는 값을 의미한다. 이는 관찰값을 최소값부터 최대값까지 크기에 의하여 배열하였을 때 순서상 중앙에 위치하는 관찰값을 말한다. 예를 들어 46.0, 46.9, 48.2, 48.5, 50.4의 학생 5명 가운데, 즉 세 번째 있는 학생의 체중인 48.2가 중앙값이 되며, 이는 평균값과는 다르다. 자료값 중 어느 하나가 너무 크거나 작을 때 자료의 특성을 잘 나타낸다.

하위 25%값과 상위 25%값은 원자료를 크기 순으로 배열하여 4등분한 값을 의미한다. 백분위수의 관점에서 제25백분위수, 제75백분위수로 표기할 수도 있다. 사례에 제시된 한달 평균 생활비를 예로 들면 우리는 이러한 값으로부터 상위층과 하위층의 경계선을 파악할 수 있다.

⑥ **평균값과 중앙값** : 우리는 흔히 평균값을 집단을 대표하는 값으로 활용한다. 그러나 평균값과 중앙값이 다를 경우에도 평균값이 집단을 대표하는 값이라고 볼 수 있는 것인가 하는 의문이 발생한다. 다음에 제시된 유형들로부터 올바르게 통계값을 제시하는 방법에 대해서 생각해볼 수 있을 것이다.

> • 유형A : 이 지역의 생활비는 170만원으로 나타났습니다. (×)
> • 유형B : 이 지역의 평균 생활비는 170만원으로 나타났습니다.
> • 유형C : 이 지역의 생활비는 150만원으로 나타났습니다. (×)
> • 유형D : 이 지역의 생활비의 중앙값은 150만원으로 나타났습니다.

위에 세시된 4가지 자료제시 유형 중에서 A유형과 C유형은 잘못된 것이라 할 수 있다. 우리가 살펴보았듯이 평균값과 중앙값은 엄연히 다른 개념이고, 모두 중요한 개념이므로 평균값인지 중앙값인지에 대해서 명확하게 제시해주어야 할 것이다. 이는 원자료에 대한 대표값으로써 정책을 결정한다든지 평가를 받는다든지 할 때 중요한 역할을 하게 되기 때문이다. 또한, 우리가 통계값을 제시할 때에는 평균값과 중앙값 모두 똑같은 중요도를 갖고 활용할 필요가 있을 것이다.

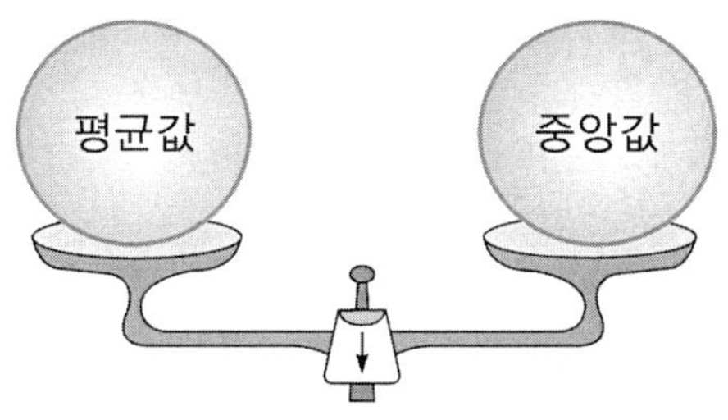

③ 도표분석능력

도표분석능력은 직장생활에서 도표(그림, 표, 그래프 등)의 의미를 파악하고, 필요한 정보를 해석하는 능력이다. 특히 직업인은 직장생활에서 다양한 도표를 종합하여 내용을 분석·종합하는 것이 매우 중요하다는 측면에서 도표분석능력의 함양은 필수적이다.

① **도표의 종류** : 도표는 크게 목적별·용도별·형상별로 구분할 수 있는데, 실제로는 목적과 용도와 형상을 여러 가지로 조합하여 하나의 도표를 작성하게 된다. 특히 도표는 관리나 문제해결의 과정에서 다양하게 활용되며, 활용되는 국면에 따라 활용되는 도표의 종류를 달리할 필요가 있을 것이다. 다음은 다양한 도표의 종류를 목적별·용도별·형상별로 분류하여 제시한 것이다. 직업인으로서 업무수행을 원활하게 하기 위해서는 다양한 도표의 종류를 암기할 필요는 없지만, 각각의 도표를 활용하여야 하는 경우에 대해서는 숙지하고 있을 필요가 있을 것이다.

② **도표의 종류별 활용**

　㉠ 선(절선) 그래프 : 선(절선) 그래프의 가장 기본적인 활용은 시간적 추이(시계열 변화)를 표시하는데 적합하다. 활용 ⑩ 년도별 매출액 추이 변화 등

　㉡ 막대 그래프 : 막대 그래프는 비교하고자 하는 수량을 막대길이로 표시하고, 그 길이를 비교하여 각 수량간의 대소관계를 나타내고자 할 때 가장 기본적으로 활용할 수 있는 그래프이다. 활용 ⑩ 영업소별 매출액, 성적별 인원분포 등

　㉢ 원 그래프 : 원 그래프는 일반적으로 내역이나 내용의 구성비를 분할하여 나타내고자 할 때 활용할 수 있는 그래프이다. 활용 ⑩ 제품별 매출액 구성비 등

ⓒ 점 그래프 : 점 그래프는 지역분포를 비롯하여 도시, 지방, 기업, 상품 등의 평가나 위치, 성격을 표시하는데 활용할 수 있는 그래프이다. 활용 ⑩ 광고비율과 이익률의 관계 등

ⓜ 층별 그래프 : 층별 그래프는 합계와 각 부분의 크기를 백분율로 나타내고 시간적 변화를 보고자 할 때, 합계와 각 부분의 크기를 실수로 나타내고 시간적 변화를 보고자 할 때 활용할 수 있는 그래프이다. 활용 ⑩ 상품별 매출액 추이 등

ⓗ 방사형그래프(레이더 차트, 거미줄 그래프) : 방사형 그래프는 다양한 요소를 비교할 때, 경과를 나타낼 때 활용할 수 있는 그래프이다. 활용 ⑩ 매출액의 계절변동 등 직업인으로서 업무에 활용할 수 있는 도표의 종류는 매우 다양하다. 이 중 대표적인 것으로는 선(절선) 그래프, 막대 그래프, 원 그래프, 점 그래프, 층별 그래프, 방사형 그래프 등이 있다. 이들 각각에 대한 특징을 살펴보면 다음과 같다.

③ 선(절선) 그래프 : 선(절선) 그래프란 주로 시간의 경과에 따라 수량에 의한 변화의 상황을 절선의 기울기로 나타내는 그래프이다. 선 그래프의 용도로는 경과·비교·분포(도수·곡선 그래프)를 비롯하여 상관관계 등을 나타낼 때(상관선 그래프·회귀선) 쓰인다. 아래의 그래프는 매출액의 추이를 나타낸 선 그래프, 즉 절선 그래프이다. 이것은 선 그래프에서 가장 기본적인 것으로 시간적 추이(시계열 변화)를 표시하는데 적합하다. 아래의 그래프는 4년간의 상품별 매출액의 추이를 나타내고 있다. 한 표에 너무 많은 선이 들어가면 복잡하여 알아보기 어렵다.

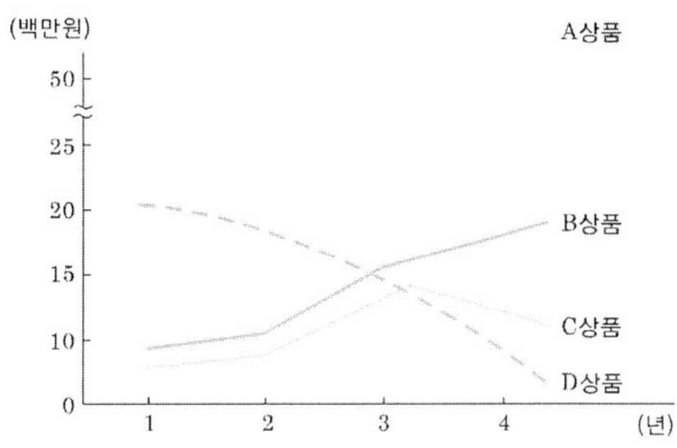

선 그래프 : 상품별 매출액 추이

④ 막대 그래프 : 막대 그래프는 봉 그래프라고도 한다. 비교하고자 하는 수량을 막대 길이로 표시하고 그 길이를 비교하여 각 수량간의 대소관계를 나타내는 것이다. 가장 간단한 형태이며, 선 그래프와 같이 각종 그래프의 기본을 이룬다. 막대 그래프는 내역·비교·경과·도수 등을 표시하는 용도로 쓰인다.

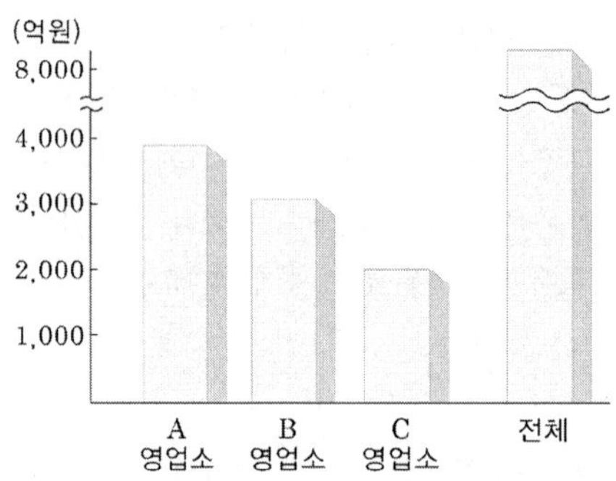

막대 그래프 : 영업소별 매출액(월평균)

⑤ 원 그래프 : 원 그래프는 일반적으로 내역이나 내용의 구성비를 원을 분할하여 작성한 것이다. 아래와 같은 파이 그래프도 원 그래프의 일종이다. 동심원을 두 개 그림으로써 투시점에 서의 매출액 크기와 구성비를 비교해볼 수도 있다. 단, 원 그래프를 정교하게 작성할 때 까다로운 것은 수치를 각도로 환산하여야 한다는 점이다.

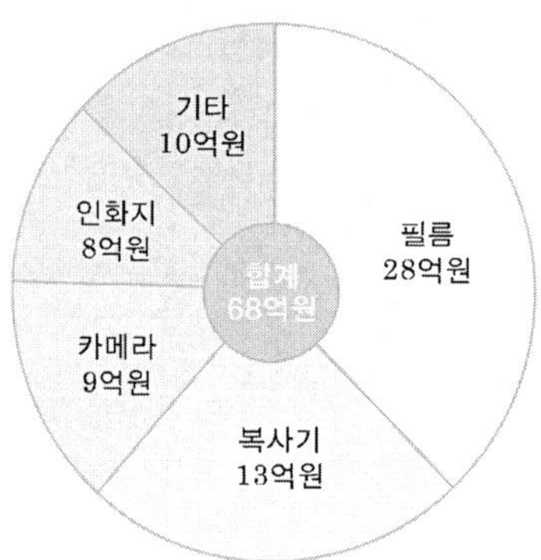

원 그래프 : 제품별 매출액 구성비

⑥ 점 그래프 : 점 그래프는 종축과 횡축에 2요소를 두고, 보고자 하는 것이 어떤 위치에 있는가를 알고자 하는데 쓰여진다. 아래의 점 그래프는 각 지역에서 쓰여지고 있는 광고비율과 이익률의 관계가 어떻게 되어 있는가를 표시한 것이다. 그래프에서 그어진 세로선과 가로선은 각기 이익률의 평균치, 광고비율의 평균치를 나타낸 것이다. 아래의 그래프를 보면 서울, 부산에서는 광고비는 높으나 이익률이 낮다. 반면 경기도, 강원도, 충청도는 광고비율이 낮으나 이익률은 높음을 알 수 있다. 점 그래프는 이와 같이 지역분포를 비롯하여 도시, 지방, 기업, 상품 등의 평가나 위치, 성격을 표시하는데 이용된다.

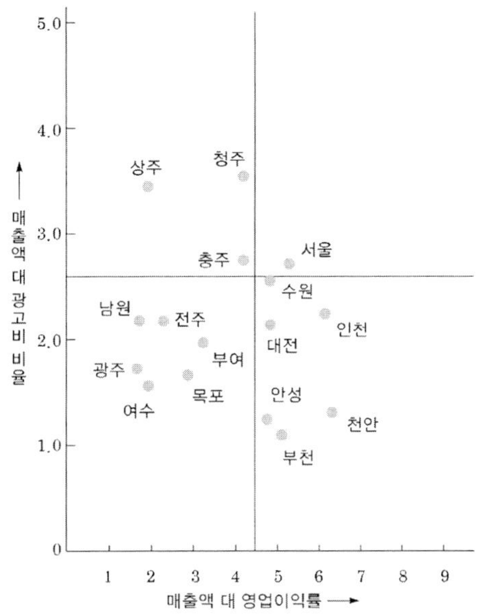

점 그래프 : 각 지역별 광고비율과 이익률의 관계

⑦ **층별 그래프** : 층별 그래프는 선 그래프의 변형으로 연속내역 봉 그래프라고 볼 수 있다. 선의 움직임보다는 선과 선 사이의 크기로써 데이터 변화를 나타내는 그래프이다. 층별 그래프는 크게 두 가지 용도로 활용되는데, 이는 ①합계와 각 부분의 크기를 백분율로 나타내고, 시간적 변화를 보고자 할 때, ②합계와 각 부분의 크기를 실수로 나타내고 시간적 변화를 보고자 할 때 등이다. 아래의 층별 그래프는 상품별 매출액 추이를 나타낸 것이다. 아래의 그래프로부터 전체 매출액 추이 변화와 함께 각 상품별 매출액의 추이변화를 알 수 있다.

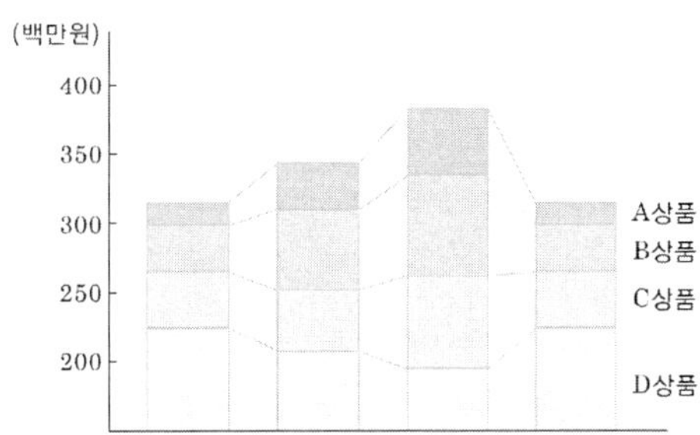

층별 그래프 : 상품별 매출액 추이

⑧ **방사형 그래프** : 방사형 그래프(레이더 차트)는 원 그래프의 일종으로 거미줄 그래프라고도 한다. 비교하는 수량을 직경, 또는 반경으로 나누어 원의 중심에서의 거리에 따라 각 수량의 관계를 나타내는 그래프이다. 방사형 그래프는 대표적으로 비교하거나 경과를 나타내는 용도로 활용된다.

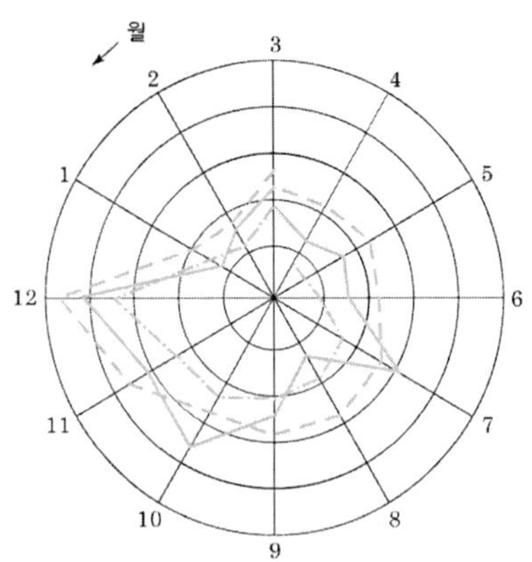

방사형 그래프 : 월별 · 상품별 매출액 추이

실제로 도표를 읽고 해석하는 일은 쉽지 않은 경우가 많으며, 잘못 해석하여 곤란을 겪은 경우도 많다. 특히 효과적으로 도표를 해석하기 위해서는 사전에 많은 연습이 필요하다.

⑨ 도표 해석상의 유의사항

　㉠ 요구되는 지식의 수준 : 도표의 해석은 특별한 지식을 요구하지 않는 경우가 대부분이다. 그러나 지식의 수준에는 차이가 있어 어떤 사람에게는 상식이 어떤 사람에게는 지식일 수 있다. 따라서 직업인으로서 자신의 업무와 관련된 기본적인 지식의 습득을 통하여 특별한 지식을 일반지식 즉, 상식화할 필요가 있다.

　㉡ 도표에 제시된 자료의 의미에 대한 정확한 숙지 주어진 도표를 무심코 해석하다 보면 자료가 지니고 있는 진정한 의미를 확대하여 해석할 수도 있다. 예컨대 K사의 지원자 수가 많았다는 것이 반드시 K사의 근로자 수가 많다는 것을 의미하지 않는데 양자를 같은 것으로 오인할 수 있다.

　㉢ 도표로부터 알 수 있는 것과 없는 것의 구별 : 주어진 도표로부터 알 수 있는 것과 알 수 없는 것을 완벽하게 구별할 필요가 있다. 즉, 주어진 도표로부터 의미를 확대하여 해석하여서는 곤란하며, 주어진 도표를 토대로 자신의 주장을 충분히 추론할 수 있는 보편타당한 근거를 제시해주어야 한다.

　㉣ 총량의 증가와 비율증가의 구분 : 비율이 같다고 하더라도 총량에 있어서는 많은 차이가 있을 수 있다. 또한 비율에 차이가 있다고 하더라도 총량이 표시되어 있지 않은 경우 비율차이를 근거로 절대적 양의 크기를 평가할 수 없기 때문에 이에 대한 세심한 검토가 요구된다.

　㉤ 백분위수와 사분위수의 이해 : 백분위수는 크기 순으로 배열한 자료를 100등분 하는 수의 값을 의미한다. 예컨대 제 p백분위수란 자료를 크기 순으로 배열하였을 때 p%의 관찰값이 그 값보다 작거나 같고, $(100-p)$%의 관찰값이 그 값보다 크거나 같게 되는 값을 말한다. 한편, 사분위수란 자료를 4등분한 것으로 제1사분위수는 제25백분위수, 제2사분위수는 제50백분위수(중앙치), 제3사분위수는 제75백분위수에 해당한다.

⑩ 도표의 작성절차

　㉠ 어떠한 도표로 작성할 것인지를 결정 : 업무수행 과정에서 도표를 작성할 때에는 우선 주어진

자료를 면밀히 검토하여 어떠한 도표를 활용하여 작성할 것인지를 결정한다. 도표는 목적이나 상황에 따라 올바르게 활용할 때 실효를 거둘 수 있으므로 우선적으로 어떠한 도표를 활용할 것인지를 결정하는 일이 선행되어야 한다.

ⓛ 가로축과 세로축에 나타낼 것을 결정 : 주어진 자료를 활용하여 가로축과 세로축에 무엇을 나타낼 것인지를 결정하여야 한다. 일반적으로 가로축에는 명칭구분(연, 월, 장소 등), 세로축에는 수량(금액, 매출액 등)을 나타내며 축의 모양은 L자형이 일반적이다.

ⓒ 가로축과 세로축의 눈금의 크기를 결정 : 주어진 자료를 가장 잘 표현할 수 있도록 가로축과 세로축의 눈금의 크기를 결정하여야 한다. 한 눈금의 크기가 너무 크거나 작으면 자료의 변화를 잘 표현할 수 없으므로 자료를 가장 잘 표현할 수 있도록 한 눈금의 크기를 정하는 것이 바람직하다.

ⓔ 자료를 가로축과 세로축이 만나는 곳에 표시 : 자료 각각을 결정된 축에 표시한다. 이 때 가로축과 세로축이 만나는 곳에 정확히 표시하여야 정확한 그래프를 작성할 수 있으므로 주의하여야 한다.

ⓜ 표시된 점에 따라 도표 작성 : 표시된 점들을 활용하여 실제로 도표를 작성한다. 선 그래프라면 표시된 점들을 선분으로 이어 도표를 작성하며, 막대 그래프라면 표시된 점들을 활용하여 막대를 그려도표를 작성하게 된다.

ⓗ 도표의 제목 및 단위 표시 : 도표를 작성한 후에는 도표의 상단 혹은 하단에 제목과 함께 단위를 표기한다. 직업인으로서 업무수행과정에서 도표를 작성할 때에는 여러 가지 사항에 주의하여야 한다. 특히 도표의 종류별로 유의하여야 할 사항들이 있으며, 이를 준수할 때 보다 효과적으로 업무수행결과를 제시할 수 있을 것이다. 다음은 도표의 종류별로 도표작성시 유의하여야 할 사항들을 제시한 것이다.

⑪ 선(절선) 그래프 작성 시 유의점 : 일반적으로 선(절선) 그래프를 작성할 때에는 세로축에 수량(금액, 매출액 등), 가로축에 명칭구분(연, 월, 장소 등)을 제시하며, 축의 모양은 L자형으로 하는 것이 일반적이다. 또한, 선 그래프에서는 선의 높이에 따라 수치를 파악하는 경우가 많으므로 세로축의 눈금을 가로축의 눈금보다 크게 하는 것이 효과적이다.

특히 선이 두 종류 이상인 경우에는 반드시 무슨 선인지 그 명칭을 기입하여 주어야할 것이며, 그래프를 보다 보기 쉽게 하기 위해서는 중요한 선을 다른 선보다 굵게 한다든지 그 선만 색을 다르게 하는 등의 노력을 기울일 필요가 있다.

⑫ 막대 그래프 작성 시 유의점 : 막대를 세로로 할 것인가 가로로 할 것인가의 선택은 개인의 취향에 따라 다르나, 세로로 하는 것이 보다 일반적이다. 또한, 축은 L자형이 일반적이나 가로 막대 그래프는 사방을 틀로 싸는 것이 좋다.

가로축은 명칭구분(연, 월, 장소, 종류 등)으로, 세로축은 수량(금액, 매출액 등)으로 정하며, 막대 수가 부득이하게 많을 경우에는 눈금선을 기입하는 것이 알아보기 쉽다. 또한, 막대의 폭은 모두 같게 하여야 하는 것은 꼭 지켜야 할 사항이다.

⑬ 원 그래프 작성 시 유의점 : 일반적으로 원 그래프를 작성할 때에는 정각 12시의 선을 시작선으로 하며, 이를 기점으로 하여 오른쪽으로 그리는 것이 보통이다. 또한, 분할선은 구성비율이 큰

순서로 그리되, '기타' 항목은 구성비율의 크기에 관계없이 가장 뒤에 그리는 것이 좋다. 아울러 각 항목의 명칭은 같은 방향으로 기록하는 것이 일반적이지만, 만일 각도가 적어서 명칭을 기록하기 힘든 경우에는 지시선을 써서 기록한다.

⑭ **층별 그래프 작성 시 유의점** : 층별을 세로로 할 것인가 가로로 할 것인가 하는 것은 작성자의 기호나 공간에 따라 판단한다. 그러나 구성비율 그래프는 가로로 작성하는 것이 좋다. 단, 눈금은 선 그래프나 막대 그래프보다 적게 하고 눈금선을 넣지 않아야 하며, 층별로 색이나 모양이 모두 완전히 다른 것이어야 한다. 또한, 같은 항목은 옆에 있는 층과 선으로 연결하여 보기 쉽도록 하여야 하며, 가장 중요한 것은 세로 방향일 경우 위로부터 아래로, 가로 방향일 경우 왼쪽에서 오른쪽으로 나열하면 보기가 좋다.

⑮ **엑셀프로그램을 활용한 그래프 그리기** : 그래프를 그리기 위해서는 우선 자료를 입력하여야 한다. 이를 위해서는 우선 변수의 성격을 이해할 필요가 있다. 아래의 그림에서 A1에 입력한 "구분"은 A열을 대표하는 명칭으로 그래프를 그릴 때 X축의 데이터값으로 사용된다. B1과 C1에 입력한 "명수"와 "퍼센트"는 그래프에서 Y축의 데이터값으로 사용된다. 따라서 아래의 자료로 그래프를 그리면 X축값은 하나이지만 Y축값은 두 개가 된다.

자료의 입력

이제 그래프를 실제로 그리기 위해서 풀다운메뉴의 [삽입]을 선택한다. 아래의 그림과 같이 여러 유형의 그래프에 대한 아이콘이 나타나므로 원하는 것을 클릭하거나 왼쪽 하단의 전그래프를 그리고자 하는 차트삽입 아이콘(아래 그림에서 굵은 원형)을 눌러 차트삽입 메뉴에서 원하는 그래프의 종류를 선택한다.

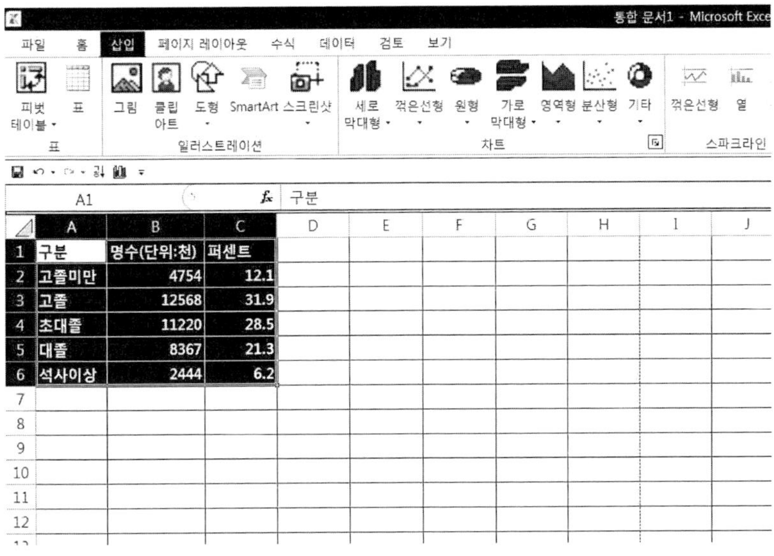

삽입－차트 선택

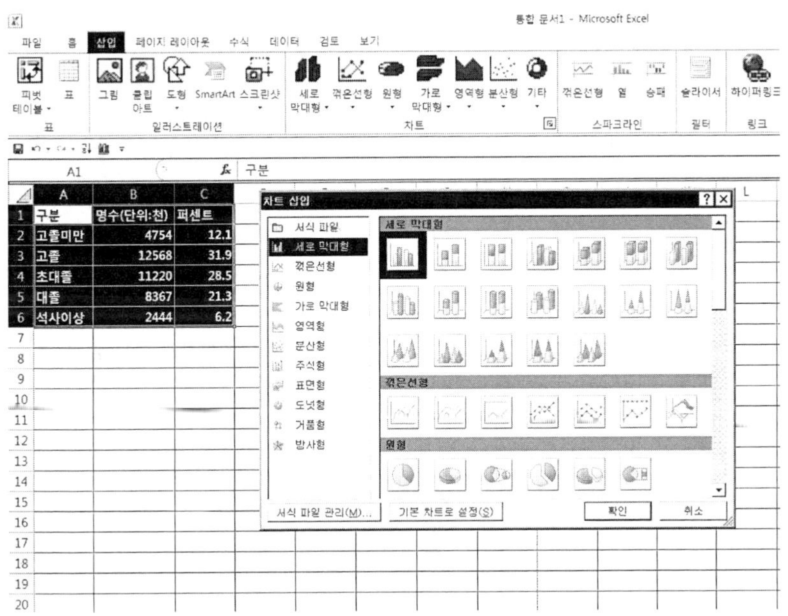

그래프의 종류 선택하고 그리기

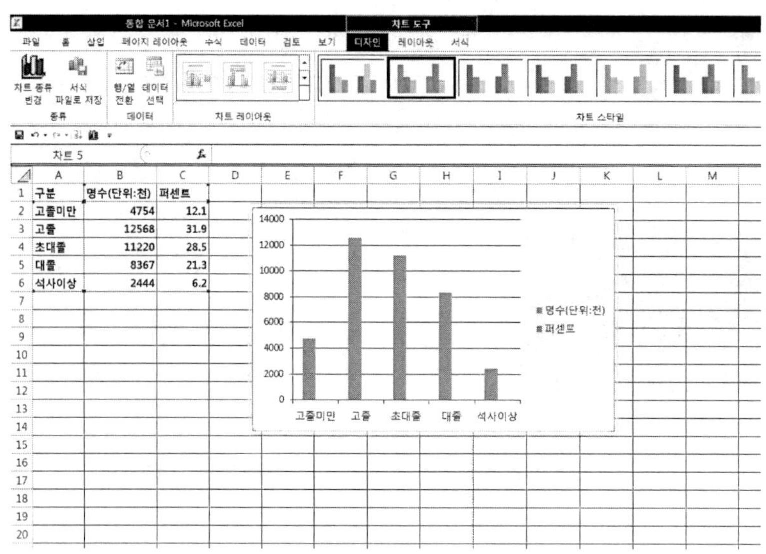

데이터의 범위와 계열 수정

그래프가 그려진 뒤 X축이나 Y축의 축값을 수정하려고 할 때는 그래프에서 원하는 축의 축값을 더블클릭하거나 축값에 마우스를 위치시키고 마우스의 오른쪽버튼을 누르면 아래 그림과 같이 축서식 창이 나타난다.

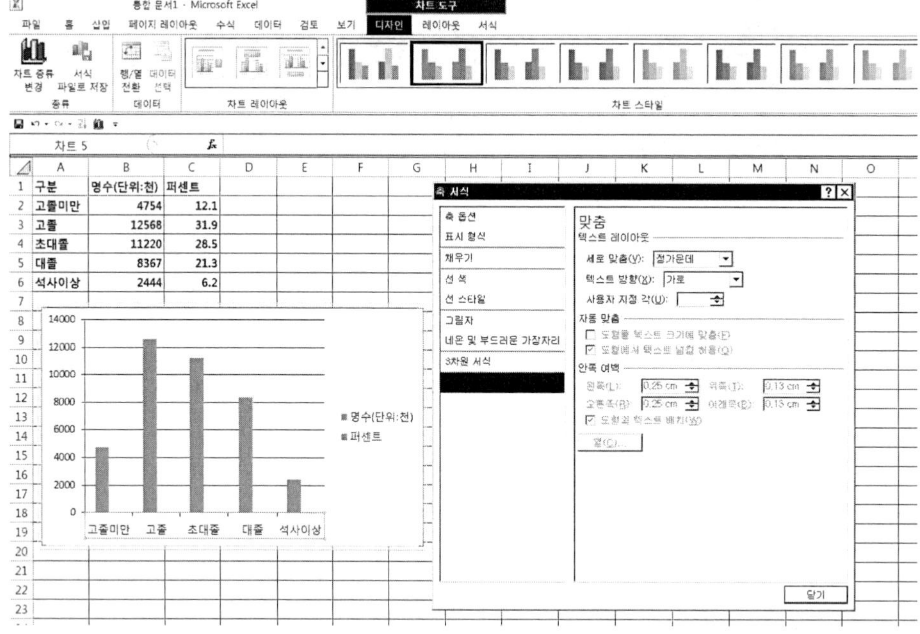

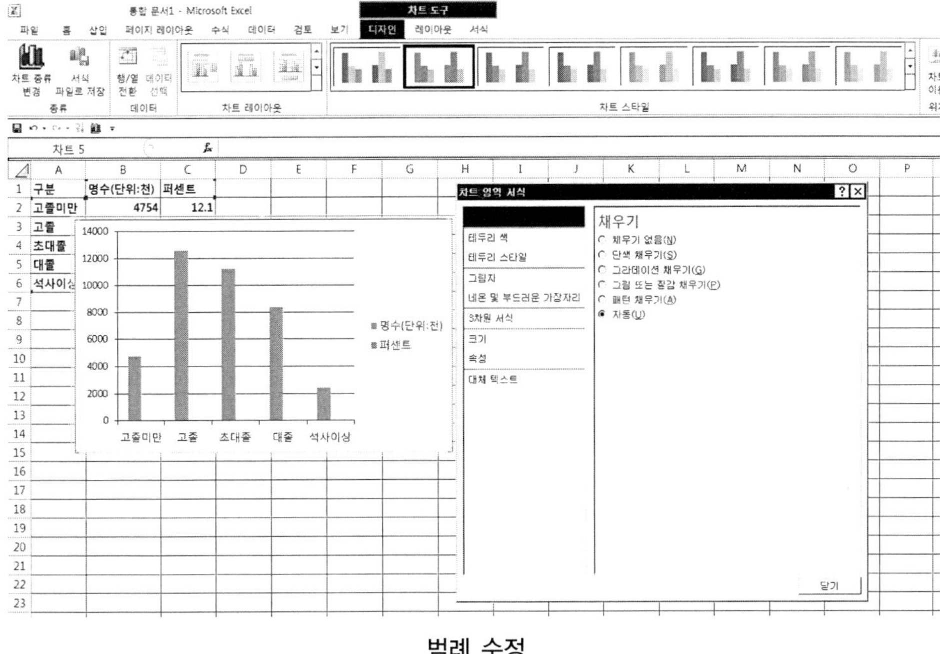

범례 수정

그래프에 있는 범례를 수정할 때는 범례를 클릭하면 아래 그림과 같이 범례서식이 나타난다. 범례 위치의 변경은 드래그하면 원하는 위치로 변경할 수 있다.

1 정보능력

1. 정보와 자료 및 지식의 차이점은

정보는 전 세계에 산재해 있는 자료들 중에 필요한 것만을 골라내어 얻을 수도 있지만, 경우에 따라서는 전문가들의 손에 의해 자료들을 가공하고 처리해야만 '정보'로서의 가치를 얻을 수 있는 것들도 많다. 예를 들어 우리나라에서 한해 동안 소비되는 담배의 양이 얼마나 되는지를 알기 위해서는 각 시·도에서 소비되는 담배의 양에 관한 자료를 수집하여 집계를 해야 한다. 이렇게 집계된 결과는 바로 우리가 얻고자 하는 '정보'가 되고, 각 시·도의 담배 소비량은 정보를 얻기 위해 입력한 '자료'가 된다. 따라서 자료(data)와 정보(information)와 지식(knowledge)은 본질적으로 구분되어 있는 서로 다른 것이 아니기 때문에, 굳이 뗄레야 뗄 수 없는 불가분의 관계로 보아야 한다. 정보와 지식, 자료의 고전적인 구분은 McDonough가 그의 책 '정보경제학'에서 시도하였다. 그는 비교적 단순한 방법으로 정보와 지식, 자료를 구분하고 있다. 즉, 자료는 '가치가 평가되지 않은 메시지', 정보는 '특정상황에서 평가된 자료', 지식은 '정보가 더 넓은 시간·내용의 관계를 나타내는 것'이라고 정의하였다.

McDonough는 그 책의 많은 부분에서 정보와 지식을 교환 가능한 용어로 사용하고 있지만 일반적으로 자료와 정보, 지식과의 관계는 '자료⊇지식⊇정보'와 같은 포함관계로 나타낼 수 있다. 이러한 포함관계는 엘렌 켄트로의 지식삼각형에서 잘 표현되고 있다. 엘렌 켄트로는 가장 기본적인 하단부부터 데이터, 정보, 지식의 순으로 삼각형을 구성하도록 표현하고 있으며, 지식 위에 특별히 지혜를 포함시키고 있다.

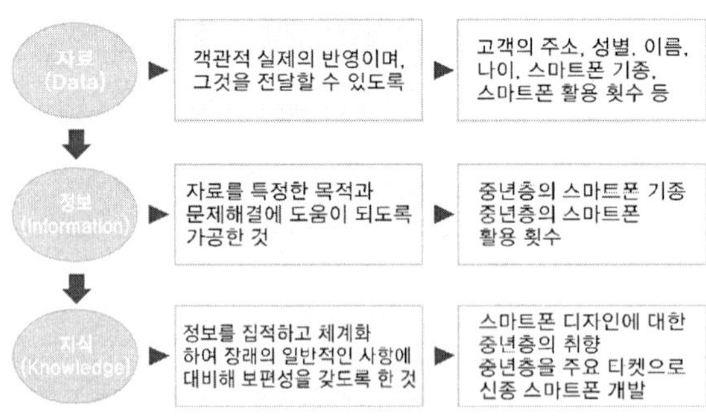

① **자료**(data) : '자료'란 정보 작성을 위하여 필요한 데이터를 말하는 것으로, 이는 '아직 특정의 목적에 대하여 평가되지 않은 상태의 숫자나 문자들의 단순한 나열'을 뜻한다.

② **정보**(Information) : '정보'란 자료를 일정한 프로그램에 따라 컴퓨터가 처리·가공함으로써 '특정한 목적을 달성하는데 필요하거나 특정한 의미를 가진 것으로 다시 생산된 것'을 뜻한다.

③ **정보처리**(Information Processing) : 자료를 가공하여 이용 가능한 정보로 만드는 과정, 자료처리(data processing)라고도하며 일반적으로 컴퓨터가 담당한다.

④ **지식**(Knowledge) : '지식'이란 '어떤 특정의 목적을 달성하기 위해 과학적 또는 이론적으로 추상화되거나 정립되어 있는 일반화된 정보'를 뜻하는 것으로, 어떤 대상에 대하여 원리적·통일적으로 조직되어 객관적 타당성을 요구할 수 있는 판단의 체계를 제시한다.

2. 정보는 항상 가치있는 것인가

우리가 필요로 하는 정보의 가치는 여러 가지 상황에 따라서 아주 달라질 수 있다. 다시 말해 정보의 가치를 평가하는 절대적인 기준은 없다는 것이다. 즉, 정보의 가치는 우리의 요구, 사용 목적, 그것이 활용되는 시기와 장소에 따라서 다르게 평가된다.

이러한 점에서 볼 때, 정보의 가치는 다른 재화와 비슷한 성격을 갖는다. 예를 들어, 어느 학생의 신체 정보는 그 학생과 관련이 있거나 그 학생을 필요로 하는 소속 스포츠팀이나 양복점에서는 아주 유용한 가치의 정보가 될 수 있지만, 그 학생과 무관한 사람이나 집단에게 가치가 없는 정보가 될 수 있다.

적시성과 독점성은 정보의 핵심적인 특성이다. 따라서 정보는 우리가 원하는 시간에 제공되어야 하며, 원하는 시간에 제공되지 못하는 정보는 정보로서의 가치가 없어지게 될 것이다. 또한 정보는 아무리 중요한 내용이라도 공개가 되고 나면 그 가치가 급격하게 떨어지는 것이 보통이다. 따라서 정보는 공개 정보보다는 반공개 정보가, 반공개 정보보다는 비공개 정보가 더 큰 가치를 가질 수 있다. 그러나 비공개 정보는 정보의 활용이라는 면에서 경제성이 떨어지고, 공개 정보는 경쟁성이 떨어지게 된다. 따라서 정보는 공개 정보와 비공개 정보를 적절히 구성함으로써 경제성과 경쟁성을 동시에 추구해야 한다

3. 정보화 사회란

정보화 사회란 이 세상에서 필요로 하는 정보가 사회의 중심이 되는 사회로서 컴퓨터 기술과 정보통신 기술을 활용하여 사회 각 분야에서 필요로 하는 가치 있는 정보를 창출하고, 보다 유익하고 윤택한 생활을 영위하는 사회로 발전시켜 나가는 것을 뜻한다. 정보화 사회는 정보의 사회적 중요성이 가장 많이 요구된다. 따라서 개인 생활을 비롯하여 정치, 경제, 문화, 교육, 스포츠 등 거의 모든 분야의 사회 생활에서 정보에 의존하는 경향이 점점 더 커질 수 밖에 없다.

정보화 사회는 컴퓨터와 전자통신 기술의 결합인 정보통신 기술의 발전과 이와 관련된 다양한 소프트웨어의 개발에 의해 네트워크화가 이루어져, 전 세계를 하나의 공간으로 여기는 수평적 네트워크 커뮤니케이션이 가능한 사회로 만들어 간다. 또, 정보화 사회는 경제 활동의 중심이 상품의 정보나 서비스, 지식의 생산으로 옮겨지는 사회라는 특징을 나타낸다. 즉, 지식정보와 관련된 산업이 부가가치를 높일 수 있는 사회로 변화되고 있다.

결국 정보화 사회는 눈으로 볼 수 있는 물질이나 에너지 이상으로 정보 자체가 중요한 자원이 되는 사회이기 때문에, 정보의 가치 생산을 중심으로 사회 전체가 움직이고 있다.

4. 정보화가 왜 필요할까

우리나라의 정보화 구호는 '산업화는 늦었지만 정보화는 앞장서자'이다. 이런 구호아래 정부는 정보화에 매진하고 있다. 선진국에서 지하철은 우리보다 무려 100년 이상 앞서있고 산업화 역시 영국의 제임스 와트가 증기기관을 발명한 것이 1760년경이니까 무려 우리보다 200년 이상 빠르다. 지금 우리나라 경제가 발달했다고 하나 선진국에 중요기술은 종속이 되어 선진국 손에 놀아나고 있다. 예를 들면, 우리가 세계 최초로 상용화에 성공했다는 CDMA방식의 스마트폰을 보면 스마트폰 하나 생산할 때마다 막대한 로열티를 미국 퀄컴사에 지불하고 있다. 미국은 손 하나 안대고 여유있게 막대한 로열티를 챙기고 있다.

반도체 역시 마찬가지이다. 핵심은 다 선진국 것이다. 그래도 지식정보화라는 용어도 나오고 앞서 나가자는 구호도 나오고 있는 것이다. 기초 기술개발이 없이는 우리나라 경제는 영원히 외국의 손에 좌지우지 당하고 말 것이다. 정보화를 이룩하여 기술 대국을 만들려는 이유는 바로 여기에 있다.

5. 미래의 사회는

① 부가가치 창출요인이 토지, 자본, 노동에서 지식 및 정보 생산 요소로 전환 지식·정보가 부가가치 창출의 3/4을 차지할 것이다. 정보 기술(IT)산업의 주류를 이루고 있는 컴퓨터가 경제 체제에 미치는 영향은 막대하다. 컴퓨터 네트워크는 기존경제 체제를 리히터 지진계로 표현할 때, 강도 10.5에 해당되는 지각 변동을 줄지도 모른다. 정보기술(IT) 이후 차세대 대표적인 주력 산업은 생명공학(BT)이다. 배아줄기세포를 위시해서 생명공학 발전의 주도권을 쥐는 자가 미래 사회 장악하게 될 것이다. 생명공학 못지않게 미래 산업을 끌어갈 분야는 나노(NT) 분야이며, 환경보전을 위한 기술(ET)도 독일 본에서 개최된 '04 유네스코 국제직업기술교육전문가 대회에서 'Learning for Work, Citizenship and Sustainability' ; 'Work Skills for Sustainable Development'를 선언할 만큼 중요한 산업분야이다. 문화 산업(CT)의 대표적 예로 영화 "아바타"는 전 세계적으로도 흥행 신기록을 수립하였는데 아바타 한 편의 수입이 부가 판권을 포함해 최소한 한국의 문화체육관광부 예산(3조 1,747억 원)과 맞먹는 3조 원을 넘어섰다는 추산이 나오기도 하였다. 이 액수는 연간 현대자동차 YF쏘나타 12만 9,375대 판매액, 서울 강남구 109 m^2(약 33평) 아파트 2,771채 가격과 유사한 수준이다. 우리나라의 경우 드라마 "대장금"이 70억원의 제작비가 투입되었는데, 직접적으로 창출한 생산유발 효과만 1,000억원대에 달하는 것으로 분석되었다. 대장금과 관련된 광고 수익은 249억원에 달하고, 테마파크 입장료(28억원), 출판물(12억원) 등 다양한 수익이 발생했다는 분석이다. 우주항공기술(ST) 역시 새로운 삶의 세계를 개척하고 있다. 이상의 6T는 미래를 이끌어갈 주요 산업으로 토지, 노동, 자본보다는 새로운 지식과 기술을 개발·활용·공유·저장할 수 있는 지식근로자를 요구하고 있다.

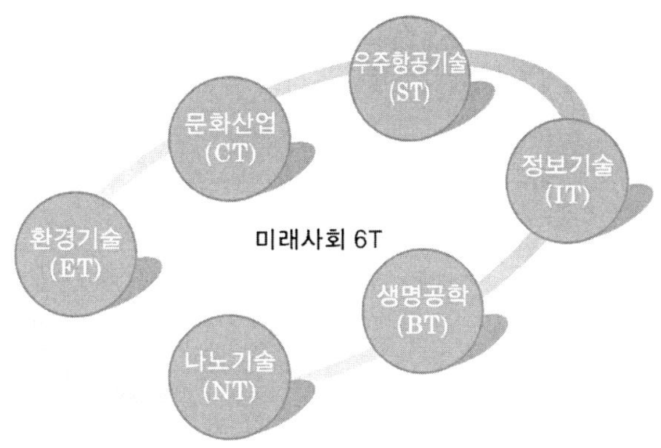

② **세계화의 진전** : 세계화는 모든 국가의 시장이 국경 없는 하나의 세계 시장으로 통합됨을 의미한다. 이때 세계 시장에는 실물 상품뿐만 아니라 노동, 자본, 기술 등의 생산 요소와 교육과 같은 서비스의 국제 교류도 모두 포함된다. 세계화의 예로는 WTO, FTA 등에 의한 무역개방화, 국가 간의 전자 상거래(electronic commerce : EC), 가상은행, 사이버 백화점, 사이버 대학교, 한국 기업의 외국 공장 설립, 다국적 기업의 국내 설치 및 산업 연수생들의 국내산업체 근무, 외국 대학 및 학원의 국내 설치 등을 들 수 있다.

③ **지식의 폭발적인 증가** : 미래사회에서는 지식 특히, 과학적 지식이 폭발적으로 증가할 것이다. 2000년 포드 자동차 기술 담당 이사는 지식과 기술이 빠른 속도로 변하고 있기 때문에 산업 사회(포드자동차 회사)에서 공학사의 학위를 인정할 수 있는 유효 기한이 2년 정도에 불과하다고 한다. 2020년이 되면 지식은 73일을 한 주기로 2배씩 증가한다고 OECD보고서는 밝히고 있으며, 2050년경이 되면 지식이 급증하여 지금의 지식은 1% 밖에 사용할 수 없게 될 것이라고 전망하는 미래학자도 있다.

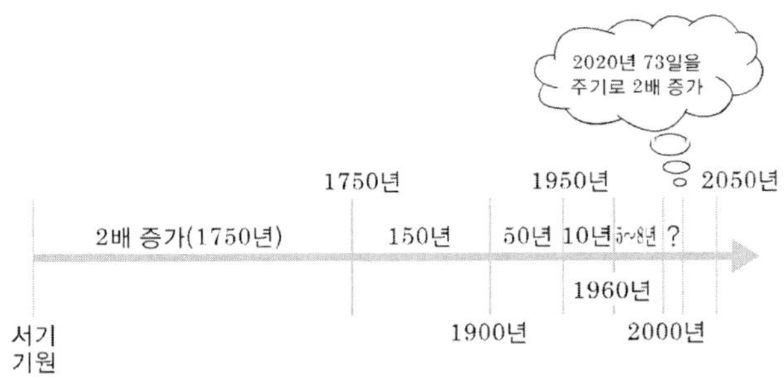

6. 정보화 사회에서 필수적으로 해야 할 일

첫째, 정보검색이다. 인터넷에는 수많은 사이트가 있다. 여기서 내가 원하는 정보를 찾는 것을 정보 검색, 즉 소위 말하는 인터넷 서핑이라는 것이다. 인터넷에는 수많은 사이트가 있다. 그 많은 사이트에서 내가 원하는 것을 찾기란 그렇게 만만치 않다.

지금은 다행히도 검색방법이 발전하여 문장검색용 검색엔진도 나오고, 자연어 검색방법도 나와서 네티즌들로부터 대환영을 받고 있다. 무엇보다도 검색이 그만큼 쉬워졌다는 것이다. 그러나 궁극적으로는 타인의 힘을 빌리지 않고 내가 원하는 정보는 무엇이든지 다 찾을 수가 있도록 돼야 한다.

즉, 당신은 자신이 가고 싶은 곳이라든지 궁금한 사항을 해결할 정도는 돼야한다는 것이다. 예를 들면, 여름방학 때 대학생이 미국으로 배낭여행을 간다고 할 때 자기가 방문할 행선지에 대한 모든 정보, 즉 숙박, 교통, 기후, 지리, 음식 등에 대한 것을 사전에 파악할 정도는 돼야한다.

둘째, 정보관리이다. 인터넷에서 어렵게 검색하여 찾아낸 결과를 관리하지 못하여 머리 속에만 입력하고 컴퓨터를 끄면 잊어버리는 것은 정보관리를 못하는 것이다. 자기가 검색한 내용에 대하여 파일로 만들어 보관하든 프린터로 출력하여 인쇄물로 보관하든 언제든지 필요할 때 다시 볼 수 있을 정도가 되어야 한다.

셋째, 정보전파이다. 이것은 정보관리를 못한 사람은 어렵다. 오로지 입을 이용해서만 전파가 가능하다. 요즘은 전자우편을 사용해서 정보를 전파하기 때문에 매우 쉽다. 참으로 편리한 세상이 아닐 수 없다. 인터넷만 이용하면 편안히 서울에 앉아서 미국에도 논문을 보낼 수가 있다.

7. 기업 경영 분야에서의 활용

기업 경영에서는 생산에서부터 판매, 회계, 재무, 인사 및 조직관리는 물론 금융 업무까지도 컴퓨터를 널리 활용하고 있다.

경영정보시스템(MIS : Management Information System)이나 의사결정지원시스템(DSS : Decision Support System) 등은 기업경영에 필요한 정보를 효과적으로 활용할 수 있도록 지원해 주어 경영자가 신속한 의사결정을 할 수 있도록 해 준다. 또한, 사무 자동화(OA : Office Automation)가 이루어져 문서 작성과 보관은 물론 컴퓨터로 업무를 결재하는 전자 결재 시스템이 도입되어 업무 처리의 효율을 높이고 있다.

최근에는 정보 통신 기술의 발달로 생산에서 소비까지 전 과정을 컴퓨터로 처리하는 전자 상거래(EC : Electronic Commerce)가 활성화되어 기업은 물류 비용을 줄이고, 소비자는 값싸고 질 좋은 제품을 집에서 구매할 수 있어 소비자와 기업 모두에게 이익을 주고 있다. 즉, 전자 상거래(EC : Electronic Commerce)는 기업이나 개인의 상품 구매에 대한 활동을 컴퓨터나 정보 통신망 등 전자화된 기술을 이용하여 수행하는 시스템을 의미하여, 나아가서는 이에 따라 실현되는 경제 활동을 의미하기도 한다.

8. 행정 분야에서의 활용

행정기관에서는 민원처리, 각종 행정 통계 등의 여러 가지 행정에 관련된 정보를 데이터베이스를 구축하여 활용하고 있다.

행정 업무의 사무 자동화(OA : Office Automation)가 이루어져 있고, 모든 민원 서류를 정보 통신망을 이용하여 원격지에서 발급받을 수 있을 뿐만 아니라 가까운 은행에서도 세금과 공과금을 납부할 수 있게 되었다.

특히, 가상 우체국과 전자 주민 카드 등이 곧 실용화되면 행정 서비스 분야에서도 보다 편리한 생활이 펼쳐질 전망이다. 전자 주민 카드는 반도체 칩이 부착되어 있어 주민등록, 건강보험, 운전 면허증 등의 신분을 확인할 수 있는 수단을 제공할 뿐만 아니라 향후에는 신용카드를 대신하여 물품 구매에서 지하철 개찰까지 대신하게 될 것이다.

9. 산업 분야에서의 활용

컴퓨터는 공업, 상업 등 각 분야에서 널리 활용될 뿐만 아니라 중요한 역할을 담당하고 있다. 공업에서는 컴퓨터를 이용하여 제품의 수주에서부터 설계, 제조, 검사, 출하에 이르기까지의 모든 제품 공정 과정을 자동화하여 생산성 향상과 원가 절감, 불량품 감소 등으로 제품의 경쟁력을 높이고 있다. 공장 자동화(FA : Factory Automation)의 대표적인 예로는 컴퓨터 이용 설계(CAD : Computer Aided Design)와 컴퓨터 이용 생산(CAM : Computer Aided Manufacturing)이 있다. 또한, 산업 현장에서 사람이 하기 힘든 위험한 일이나 비위생적인 작업, 정교한 일 등에 이용하고 있는 산업용 로봇도 컴퓨터를 이용한 기술 분야이다.

그리고 편의점이나 백화점 등에서 상품의 판매 시점관리(POS : Point Of Sales) 시스템을 이용해서 매출액 계산, 원가 및 재고 관리 등에 컴퓨터가 활용되고 있다. 이러한 시스템의 도입으로 신속하고 정확하게 계산을 하며 능률적으로 관리할 수 있을 뿐만 아니라 판매 자료를 분석하여 의사 결정에 활용할 수도 있게 된 것이다.

재배나 사육시설에서 농작물과 가축이 잘 자랄 수 있도록 온도, 습도, 이산화탄소 농도 및 일조 시간 등을 조절하는 데에도 컴퓨터가 이용될 뿐만 아니라, 농산물을 가공하는 공장의 자동화를 통한 식품 가공 산업의 발전에도 이용되고 있다. 또한 생체 공학 및 유전자 공학 기술, 그리고 작물이나 품종의 개량에도 이용되며, 농가에서 기상 정보, 병충해 방제 정보, 시장 정보 등 농업 정보를 얻는 데에도 이용되고 있다.

또한, 전파를 발사하여 어류의 이동 상황 등을 분석하여 어로를 개척하고 양식장의 환경 제어, 수산 가공 등에 컴퓨터가 이용되고 있으며, 배의 운항 일정과 항로 등을 자동으로 제어하는 안전 관리 시스템 등에도 컴퓨터가 이용되고 있다.

10. 기타 분야에서의 활용

컴퓨터는 교육, 연구소, 출판, 가정, 도서관, 예술 분야 등에서도 널리 활용되고 있다. 교육에서의 컴퓨터 이용은 컴퓨터 보조 교육(CAI : Computer Assisted Instruction)과 컴퓨터 관리 교육(CMI : Computer Managed Instruction)로 구분해볼 수 있다. 컴퓨터보조 교육(CAI : Computer Assisted Instruction)은 강의나 학습에 컴퓨터를 이용하는 것으로, 학습자가 프로그램을 이용하여 개인차에 따라 학습 속도와 학습 시간을 조절하여 학습하는 방식이다. 컴퓨터 관리 교육(CMI : Computer Managed Instruction)은 학습 지도 자료의 정리, 성적 관리, 진로 지도, 교육 계획 등에 활용된다. 앞으로는 학생들이 사용하는 모든 교과의 서책형 교과서가 자기주도적 학습을 실현할 수 있는 '디지털 교과서'로 전환된다. '디지털 교과서'는 기존 교과 내용에 다양한 참고자료와 학습 지원 기능이 부가되며 PC, 스마트 패드, 스마트 TV 등 모든 단말기에서 사용할 수 있는 전자적 매체로서의 역할을 수행하고, 학생들의 무거운 책가방을 대신하고 학부모들에게는 학습지와 참고서를 별도로 구입하는 부담을 덜어줄 것으로 기대된다.

복잡한 계산이나 정밀한 분석 및 실험 등의 연구 분야에서 여러 가지 형태로 컴퓨터를 이용하여 정확도와 정밀도를 높이고 있다. 많은 작가들이 직접 개인용 컴퓨터로 워드 프로세서와 그래픽 소프트웨어 등을 이용해서 책을 저술하고 있으며, 인터넷을 통해 독자들에게 분배하고 있다. 신문, 잡지 등의 출판물이 컴퓨터를 이용해서 제작되고 있기 때문에 인터넷을 통해서 필요한 검색 단어와 날짜 등을 입력하면 필요한 기사를 쉽게 얻을 수 있다. 가정에서는 보안, 냉·난방 조절, 생활 정보 검색, 홈 뱅킹과 홈 쇼핑 등에 이용되고 있다. 또한, 정보 통신의 발달로 집에서 컴퓨터를 이용해서 업무를 보는 재택 근무가 점차 일반화되고 있다.

11. 정보의 기획

정보의 전략적 기획이란 정보활동의 가장 첫 단계로서 정보관리의 가장 중요한 단계이며 보통은 5W 2H에 의해 기획을 한다.

> **[5W 2H]**
> - WHAT(무엇을) : 정보의 입수대상을 명확히 한다.
> - WHERE(어디에서) : 정보의 소스(정보원)를 파악한다.
> - WHEN(언제까지) : 정보의 요구(수집)시점을 고려한다.
> - WHY(왜) : 정보의 필요목적을 염두에 둔다.
> - WHO(누가) : 정보활동의 주체를 확정한다.
> - HOW(어떻게) : 정보의 수집방법을 검토한다.
> - HOW MUCH(얼마나) : 정보수집의 비용성(효용성)을 중시한다.

12. 정보의 수집

정보의 수집은 다양한 정보원으로부터 목적에 적합한 정보를 입수하는 것이라 할 수 있다. 정보 수집의 목적에는 여러 가지가 있겠지만, 최종적으로는 '예측'을 잘하기 위해서다. 과거의 정보를 모아 연구하는 것도 결국 장래가 어떻게 될까를 예측하기 위해서다.

쉽게 번 돈은 쉽게 없어진다. 이처럼 정보도 편하게 얻은 것은 몸에 배지 않는다. 역시 꾸준히 모은 정보만이 자기 것이 된다. 정보수집은 어떤 의미에서 공부와도 같다. 공부는 매일 조금씩 조금씩 해나가는 것이 중요하다. 벼락치기로 하는 공부는 결국 머릿속에서 사라지고 만다. 따라서 정보수집에 지름길은 없다. 스스로 땀을 흘려 정보를 접하는 기회를 많이 가지는 것만이 정보를 모으기 위한 유일한 길이다.

13. 정보의 관리

'구슬이 서말이라도 꿰어야 보배'라는 속담이 있다. 여러 가지 채널과 갖은 노력 끝에 입수한 정보가 우리가 필요한 시점에 즉시 활용되기 위해서는 모든 정보가 차곡차곡 정리되어 있어야 한다. 정보의 관리란 수집된 다양한 형태의 정보(보통 생정보)를 어떤 문제해결이나 결론도출에 사용하기 쉬운 형태로 바꾸는 일이다. 정보를 관리할 때에는 특히 다음의 세 가지를 고려하여야 한다.

> **정보관리의 원칙**
> - 목적성 : 사용목적을 명확히 설명해야 한다.
> - 용이성 : 쉽게 작업할 수 있어야 한다.
> - 유용성 : 즉시 사용할 수 있어야 한다.

14. 정보의 활용

산업사회에서 문맹을 결정하는 기준이 문자에 대한 이해를 바탕으로 한다면 지식정보 사회에서 문맹을 결정하는 기준은 정보활용능력에 해당한다. 정보활용능력은 정보기기에 대한 이해나 최신 정보기술이 제공하는 주요 기능, 특성에 대한 지식을 아는 능력만 포함되는 것이 아니라 정보가 필요하다는 문제 상황을 인지할 수 있는 능력, 문제 해결에 적합한 정보를 찾고 선택할 수 있는 능력, 찾은 정보를 문제해결에 적용할 수 있는 능력, 그리고 윤리의식을 가지고 합법적으로 정보를 활용할 수 있는 능력 등 다양한 능력이 수반되어야 한다.

15. 인터넷의 역기능

① **불건전 정보의 유통** : 음란 사이트, 엽기 사이트, 도박 사이트, 폭력 사이트, 반사회적 사이트 등 우리에게 유해한 불건전 정보가 유통될 수 있다.

② **개인 정보 유출** : 해킹이나 바이러스 감염 등으로 개인정보가 누출되어 사생활에 침해를 받을 수 있다.

③ **사이버 성폭력** : 채팅이나 게시판을 통해 성적으로 수치심을 주는 사이버 성폭력이 일어나고 있으며, 실제 성폭력으로 이어지는 경우도 있다.

④ **사이버 언어폭력** : 사이버 성폭력과 마찬가지로 서로 얼굴을 볼 수 없기 때문에 욕설이나 비방, 유언비어 등 언어폭력이 많이 일어나고 있다. 사이버 언어폭력의 유형으로는 욕설, 비방(명예훼손), 도배, 성적 욕설(음담패설), 유언비어, 악성 댓글 등이 있다.

⑤ **언어 훼손** : 보다 쉽게, 보다 빠르게, 또는 단순히 재미로 줄여 쓰고, 이어 쓰고, 발음 나는 대로 쓰는 등 올바른 언어를 사용하지 않아 실제 생활에서 언어 사용의 문제를 가져올 수 있다.

⑥ **인터넷 중독** : 인터넷 이용이 보편화되면서 인터넷에 지나치게 빠져 생활의 곤란을 겪게 되는 경우도 많이 생기고 있다. 특히 청소년은 온라인 게임이나 음란물에 지나치게 몰입하여 중독이 되는 경우가 많다.

⑦ **불건전한 교제** : 채팅이나 메신저를 이용하여 불건전한 교제의 가능성이 있다.

⑧ **저작권 침해** : 불법으로 복제된 소프트웨어 파일 등을 배포하거나 저작권자의 동의 없이 공개하기도 한다.

⑨ **컴퓨터 바이러스** : 컴퓨터 내부에 침투하여 자료를 손상시키거나 다른 프로그램들을 파괴시키는 컴퓨터 프로그램의 일종이다. 컴퓨터 바이러스는 호기심이나 악의를 가진 프로그래머에 의해 제작되어 사용자 몰래 유포된다.

> **컴퓨터 바이러스 예방법**
> 1. 출처가 불분명한 전자 우편의 첨부파일은 백신 프로그램으로 바이러스 검사 후 사용한다.
> 2. 실시간 감시 기능이 있는 백신 프로그램을 설치하고 정기적으로 업데이트한다.
> 3. 바이러스가 활동하는 날에는 시스템을 사전에 미리 검사한다.
> 4. 정품 소프트웨어를 구입하여 사용하는 습관을 가진다.
> 5. 중요한 파일은 습관적으로 별도의 보조 기억 장치에 미리 백업을 해 놓는다.
> 6. 프로그램을 복사할 때는 바이러스 감염 여부를 확인한다.

⑩ 해킹(hacking) : 해킹(hacking)은 다른 시스템에 불법적으로 침입하여 시스템에 저장된 정보를 임의로 변경, 삭제 또는 절취하는 행위를 말한다. 원래 해킹(hacking)은 자신의 실력을 자랑하기 위해 다른 시스템에 접근하는 행위로 네트워크의 보안을 지키는 역할을 하였으나, 점차 해킹의 기술이 발전하면서 크래킹(cracking)과 동일한 의미로 사용되고 있다.

⑪ 스팸 메일(spam mail) : 스팸 메일(spam mail)은 컴퓨터 통신망을 이용하여 수신자의 동의없이 불특정 다수에게 일방적이고 대량으로 전달되는 전자 우편물을 말한다. 이러한 스팸 메일(spam mail)은 쓰레기와 같다고 하여 정크 메일(junk mail)이라고도 한다.

16. 사이버 공간에서 지켜야 할 예절

네티켓은 사이버 공간에서 지켜야 하는 예절을 뜻한다. 네티켓은 통신망을 뜻하는 네트워크와 예절을 뜻하는 에티켓의 합성어로, 네티즌이 사이버 공간에서 지켜야 할 비공식적인 규약이라고 할 수 있다.

네티켓은 법적인 제재에 의존하는 타율적 해결보다는 네티즌 스스로 자율적으로 사이버 공간의 문제를 미리 방지하고 이성적으로 해결해 나가자는 적극적 의미를 가지고 있다. 인터넷이라는 가상공간은 익명성과 쌍방향성이라는 특성에 의해 오해를 사거나 다른 사람들의 감정을 해칠 수도 있다. 따라서 현실공간에 비해 오히려 더욱 더 예절이 필요한 공간이 가상공간이다.

① 전자우편(E-mail)을 사용할 때의 네티켓 : 인터넷 중 가장 인기가 높은 분야는 웹(Web)이지만, 가장 널리 쓰이는 것은 바로 네트워크를 통한 전자우편이다. 전자우편은 사용하는 빈도와 정보의 전달 용량 측면에서 많은 부분을 차지하고 있는 만큼 이를 올바르게 사용해 타인에게 피해를 주지 않도록 해야 할 것이다. 그렇다면 전자우편을 사용할 때 지켜야 할 네티켓에는 어떠한 것들이 있을까?

> **'전자우편(E-mail) 사용할 때의 네티켓'**
> - 메시지는 가능한 짧게 요점만 작성한다.
> - 메일을 보내기 전에 주소가 올바른지 다시 한번 확인한다.
> - 제목은 메시지 내용을 함축해 간략하게 써야 한다.
> - 가능한 메시지 끝에 signature(성명, 직위, 단체명, 메일주소, 전화번호 등)을 포함시키되, 너무 길지 않도록 한다.
> - 메일 상에서 타인에 대해 말할 때는 정중함을 지켜야 한다. 메일은 쉽게 전파될 수 있기 때문이다.
> - 타인에게 피해를 주는 언어(비방이나 욕설)는 쓰지 않는다.

② 온라인 대화(채팅)를 할 때의 네티켓 : 온라인 대화는 다양한 대화방에서 다양한 사람들과 대화할 수 있는 이점이 있으며, 실시간으로 진행된다는 점에서 네티켓이 각별히 신경을 써야 한다. 최근 무절제한 대화사용을 금하기 위해 ID를 실명화하고, 나이 조회 기능을 부여하자는 주장도

일고 있지만, 익명성 보장이라는 측면에서 반대 의견도 만만치 않아 양쪽이 현재 팽팽하게 대립되고 있다. 그렇다면 온라인 대화(채팅)를 할 때 지켜야 할 네티켓에는 어떠한 것들이 있을까?

'온라인 대화(채팅)를 할 때의 네티켓'

• 마주보고 이야기하는 마음가짐으로 임한다.
• 대화방에 들어가면 지금까지 진행된 대화의 내용과 분위기를 경청하라.
• 엔터키를 치기 전에 한번 더 생각하라.
• 광고, 홍보 등을 목적으로 악용하지 말라.
• 유언비어, 속어와 욕설 게재는 삼가고, 상호 비방의 내용은 금한다.

'이모티콘(Emoticon)'

이모티콘(Emoticon)은 감정(Emotion)과 아이콘(Icon)의 합성어이다. 컴퓨터 자판의 문자와 기호, 숫자 등을 적절히 조합해 미세한 감정이나 특정한 상황을 상징적이며 재미있게 표현하는 사이버 공간 특유의 언어이다.

이모티콘(Emoticon)은 최초로 1980년대에 미국의 한 대학생이 사용했으며, PC통신과 인터넷 상용화 초창기에 웃는 모습이 주류를 이루었기 때문에 스마일리(Smiley)로 불리기도 하였다. 이모티콘(Emoticon)은 국가에 따라 사용하는 경향이 다르고 새로운 아이디어로 계속 증가하고 있다. 현재 한국과 미국 등에서 사용 중인 이모티콘(Emoticon)은 2천여개에 이르는 것으로 추정되고 있다.

감정내용	이모티콘	감정내용	이모티콘
웃는 표정	(^_^)	침묵	-_-
반가운 표정	*^^*	소리 내어 웃기	^0^
수줍은 표정	(∨-∨)	윙크	-_*
난감한 표정	^^;	화난 표정	'-(

---

③ 게시판을 사용할 때의 네티켓 : 인터넷 게시판은 회원이나 불특정 다수의 사용자들에게 각종 안내문이나 공지 사항, 정보의 제공을 위해 공개된 전자 게시판을 뜻한다. 게시판에 글을 올릴 때에는 많은 사람들이 자신이 올린 내용을 보고 있다는 것을 항상 명심하고, 게시판의 기능을 최대한 즐겁게 사용할 수 있도록 해야 한다. 그렇다면 게시판을 사용할 때 지켜야 할 네티켓에는 어떠한 것들이 있을까

'게시판을 사용할 때의 네티켓'

• 글의 내용은 간결하게 요점만 작성한다.
• 제목에는 글의 내용을 파악할 수 있는 함축된 단어를 쓴다.
• 글을 쓰기 전에 이미 같은 내용의 글이 없는지 확인한다.
• 글의 내용 중에 잘못된 점이 있으면 빨리 수정하거나 삭제한다.
• 게시판의 주제와 관련 없는 내용은 올리지 않는다.

---

④ 공개 자료실에서의 네티켓
- 음란물을 올리지 않는다.
- 상업용 소프트웨어를 올리지 않는다.
- 공개 자료실에 등록한 자료는 가급적 압축한다.
- 프로그램을 올릴 때에는 사전에 바이러스 감염 여부를 점검한다.
- 유익한 자료를 받았을 때에는 올린 사람에게 감사의 편지를 보낸다.

⑤ 인터넷 게임을 할 때의 네티켓
- 상대방에게 항상 경어를 사용한다.
- 인터넷 게임에 너무 집착하지 않는다.
- 온라인 게임은 온라인상의 오락으로 끝나야 한다.
- 게임 중에 일방적으로 퇴장하는 것은 무례한 일이다.
- 매일 본다고 상대를 존중하는 것을 잊어서는 안 된다.
- 게이머도 일종의 스포츠맨이므로 스포츠맨십을 가져야 한다.
- 이겼을 때는 상대를 위로하고 졌을 때는 깨끗하게 물러서야 한다.

17. 개인정보에는 어떠한 것들이 있을까

최근에는 여러 가지 방법을 동원하여 개인정보를 수집하고 분석하는 마케팅 기술이 개발되고 있는 실정이므로 앞으로는 개인정보의 침해를 프라이버시 침해라는 관점에서 보다는 일종의 재산보호 차원에서 다루고 있는 추세이다. 다양한 분야에서 사용할 수 있는 개인정보에는 다음과 같은 것들이 있다.

분류	내용
일반 정보	이름 주민등록번호, 운전면허정보, 주소, 전화번호, 생년월일, 출생지, 본적지, 성별 국적 등
가족 정보	가족의 이름, 직업, 생년월일, 주민등록번호, 출생지 등
교육 및 훈련 정보	최종학력, 성적, 기술자격증/전문면허증, 이수훈련 프로그램, 서클 활동, 성별사항, 성격/형태보고 등
병역 정보	군번 및 계급, 제대유형, 주특기, 근무부대 등
부동산 및 등산 정보	소유주택 및 토지, 자동차, 저축현황, 현금카드, 주식 및 채권, 수집품, 고가의 예술품, 보석 등
소득 정보	연봉, 소득의 원천, 소득세 지불 현황 등
기타 수익 정보	보험가입현황, 수익지, 회사의 판공비 등
신용 정보	대부상황, 저당, 신용카드, 담보설정 여부 등
고용 정보	고용주, 회사주소, 상관의 이름, 직무수행 평가 기록, 훈련기록, 성별기록 등
법적 정보	전과기록, 구속기록, 이혼기록 등
의료 정보	가족병력기록, 과거 의료기록, 신체장애, 혈액형 등
조직 정보	노조가입, 정당가입, 클럽회원, 종교단체 활동 등
습관 및 취미 정보	흡연/음주량, 여가활동, 도박상황, 비디오 대여기록 등

18. 개인정보 유출 방지를 위해서는 어떻게 해야 할까

개인정보에 대한 보안이나 유출을 방지하기 위한 여러 가지 방법이 있을 수 있다. 다음에 소개된 방법을 잘 활용하면 최대한 개인정보의 유출을 막을 수 있을 것이다.

1) 회원 가입 시 이용 약관을 읽어라!

   이용 약관에 기재된 항목 중 개인정보보호와 이용자 권리에 대한 조항은 유심히 읽어야 하며, 혹 3자에게 정보를 제공할 수 있다고 명시된 부분이 있는지 재확인해야 한다.

2) 이용 목적에 부합하는 정보를 요구하는지 확인하라!

   정보를 수집할 때에는 수집 및 이용목적을 제시해야 한다. 특별한 설명 없이 학력, 결혼여부, 월급, 자동차 소유 여부 등을 요구한다면 가입여부를 재고해봐야 한다.

3) 비밀번호는 정기적으로 교체하라!

   평상시 비밀번호는 주기적으로 바꾸는 것이 좋다. 대부분의 경우 동일한 ID와 비밀번호를 몇 년씩 사용하는 경우가 많은데 이럴수록 비밀번호와 ID가 노출되기 쉽다.

4) 정체불명의 사이트는 멀리하라!

   수많은 사이트에서 경품 이벤트를 통해 회원가입을 권유하고 있다. 정체가 불분명한 사이트에서 지나치게 개인정보를 입력하면 가입여부를 다시 한 번 생각해 보는 것이 좋다.

5) 가입 해지 시 정보 파기 여부를 확인하라!

   가입만 해지해선 소용이 없다. 개인정보도 탈퇴 즉시 해지하는지 여부를 확인하자. 일부 사이트는 해지 후에도 몇 개월간 개인정보를 파기하지 않는다는 조항이 있다.

6) 뻔한 비밀번호를 쓰지 말라!

   생년월일이나 전화번호 등 남들이 쉽게 유추할 수 있는 비밀번호는 자제해야 한다. 또한 동일한 번호를 연속적으로 사용하는 것도 바람직하지 않다.

② 컴퓨터활용능력

1. 전자우편(E-mail) 서비스

전자우편(e-mail)은 정보 통신망을 이용하여 다른 사용자들과 편지나 여러 정보를 주고받는 통신 방법을 말한다. 전자우편은 편지나 정보를 주고받는다는 점에서 일반우편과 유사하다. 그러나 일반우편은 사람에 의해 전달되지만, 전자우편은 정보 통신망을 통하여 전달되므로 빠르고 정확하게 전달될 수 있다.

전자우편을 이용하려면 통신망 회사에 회원으로 가입하여 유료로 전자우편을 이용하거나, 인터넷에 무료로 전자우편을 이용할 수 있게 해 주는 웹사이트에 가입하여 이용할 수 있다. 그 밖에도 회사나 학교같은 기관에서 제공하는 전자우편 시스템에 계정을 만들어서 전자우편을 이용할 수도 있다. 전자우편의 주소는 일반우편의 주소와 비슷하다. 전자우편의 주소는 3개의 기본요소를 가지고 있다. 이름과 @, 그리고 도메인 이름이 그것이다. 이름은 사용자가 메일 서버에 로그인할 때 사용하는 ID를 의미한다. 그리고 도메인 이름은 메일 서버의 도메인 이름을 나타낸다. 사용자 ID가 guest, 도메인 이름이 daehan.hs.kr인 사용자가 있다면 이사람의 인터넷 전자우편 주소는 guest@daehan.hs.kr이 된다.

2. 인터넷 디스크/웹 하드

인터넷 디스크(Internet Harddisk)란 웹 서버에 대용량의 저장 기능을 갖추고 사용자가 개인용 컴퓨터(PC)의 하드디스크와 같은 기능을 인터넷을 통하여 이용할 수 있게 하는 서비스를 뜻한다. 초기에는 대용량의 파일 작업을 하는 디자이너, 설계사, 건축가들이 빈번하게 이루어지는 공동 작업과 자료 교환을 용이하게 하기 위해 각 회사 나름대로 인터넷 하드 디스크 역할을 하는 웹 디스크(Web-disk)를 구축하게 되었는데, 이와 똑같은 시스템을 사용자에게 무료로 제공하는 웹 사이트들이 생겨나기 시작하면서, 일반인들도 인터넷 디스크를 이용하게 된 것이다. 파일을 올리고 내리기, 파일 및 폴더의 생성·변경·이동·삭제·복사, 메모장 작성, 간편한 자동 백업 따위의 다양하고 편리한 기능을 제공해 많은 가입자를 확보하고 있다. 즉, 자유롭고 편리한 파일 공유·전송·저장, 저장 매체의 파손·분실·도난방지, 파일 전달 기능을 활용한 공동 연구 및 부서 간의 공동업무 수행, 안전한 데이터 백업 및 복구, 저렴한 비용과 인터넷 연결만으로 즉시 제공되는 서비스, 각종 보안장치를 통한 외부의 불법접근 차단, 전 세계 어디서나 이용 가능한 서비스 제공, 대용량 자료의 빠르고 정확한 전달 등이 가능해진 것이다.

그러면서 인터넷 디스크(Internet Harddisk), 웹 디스크(Web-disk), 웹 하드(Web Hard), 파일박스, 피디 박스 등 다양한 용어가 생겨나기 시작했다. 즉, 모두 같은 서비스를 뜻하는 것이다. 현재 네티즌들 사이에서 가장 많이 사용하는 용어는 웹 하드(Web Hard)와 웹 디스크이다.

현재 웹 메일 서비스를 제공하고 있는 곳에서는 거의 대부분 웹 하드 서비스도 함께 무료로 제공하고 있다. 메일 서비스에 접속하여 웹 하드, 파일박스, 마이박스, 저장 공간 등의 용어가 있는지 잘 살펴보고, 이러한 서비스를 잘 이용하면 디스켓이나 USB와 같은 이동 장치를 들고 다니는 불편함을 덜 수 있다.

3. 메신저

메신저란 인터넷에서 실시간으로 메시지와 데이터를 주고 받을 수 있는 소프트웨어이다. 메신저를 사용하면 다음과 같은 장점이 있다.

첫째, 메신저를 사용하면 인터넷에 접속해 있는지를 확인 할 수 있으므로 응답이 즉시 이루어져서 전자우편보다 훨씬 속도가 빠르다.

둘째, 컴퓨터로 작업을 하면서 메시지를 주고받을 수 있다.

셋째, 여러 사람과의 채팅과 음성채팅도 지원하며, 대용량의 동영상 파일은 물론 이동전화에 문자 메시지도 보낼 수 있다.

넷째, 뉴스나 증권, 음악 정보 등의 서비스도 제공받을 수 있다.

메신저는 프로그램을 갖춘 사이트에 접속하여 회원으로 등록한 뒤 해당 프로그램을 다운로드 받아 컴퓨터에 설치하여 사용하면 된다. 다운로드받지 않고 로그인과 동시에 사용할 수 있는 사이트도 있다. 회원가입과 사용료는 대부분 무료이다.

4. 클라우드 컴퓨팅(Cloud Computing)

클라우드 컴퓨팅이란 사용자들이 복잡한 정보를 보관하기 위해 별도의 데이터 센터를 구축하지 않고도, 인터넷을 통해 제공되는 서버를 활용해 정보를 보관하고 있다가 필요할 때 꺼내 쓰는 기술을

말한다. '구름 저 너머'에 있는 것과 같은 인터넷의 영역에서 전산 자산을 이용할 수 있다고 해서 '클라우드 컴퓨팅'이라고 부른다.

클라우드 컴퓨팅의 핵심은 데이터의 저장·처리·네트워킹 및 다양한 어플리케이션 사용 등 IT 관련 서비스를 인터넷과 같은 네트워크를 기반으로 제공하는데 있다.

특히, 모바일 사회에선 사용자가 웹하드 등 저장 공간에 개인과 관련된 콘텐츠를 저장해두고 장소와 시간에 관계없이 다양한 단말기를 통해 꺼내 쓸 수 있다. 주소록, 동영상, 음원, 오피스 문서, 게임, 메일 등 다양한 콘텐츠가 그 대상이다.

스마트폰과 PC, TV를 연결하는 3스크린 시대가 열리게 되면, 스마트폰으로 이동 중 보던 영상을 집에 도착하면 TV로 이어 볼 수 있을 것이다.

5. SNS(Social Networking Service)

온라인 인맥 구축을 목적으로 개설된 커뮤니티형 웹사이트이다. 미국의 트위터, 마이스페이스, 페이스북, 한국의 싸이월드, 미투데이 같은 1인 미디어와 정보공유 등을 포괄하는 개념이다. 현재 많은 사람이 다른 사람과 의사소통을 하거나 정보를 공유·검색하는 데 SNS를 일상적으로 이용하고 있다. SNS는 이외에도 전자우편이나 인스턴트 메신저 서비스로 사용자끼리 서로 연락할 수 있는 수단을 제공한다. 연예인은 팬들과 소통하는 수단으로, 각 나라의 대통령도 국민들과 소통하는 수단으로 SNS를 이용하는 사례가 늘고 있다.

6. 인터넷을 통해 물건 사고팔기(전자상거래)

좁은 뜻으로의 전자상거래란 인터넷이라는 전자적인 매체를 통하여 상품을 사고팔거나, 재화나 용역을 거래하는 사이버 비즈니스를 뜻한다. 넓은 뜻으로의 전자상거래는 소비자와의 거래뿐만 아니라 거래와 관련된 공급자, 금융기관, 정부기관, 운송기관 등과 같이 거래에 관련되는 모든 기관과의 관련행위를 포함하는 뜻이다. 거래되는 상품에는 전자부품, 컴퓨터, 의류, 책 등과 같은 물리적 상품이 있고, 주식 정보, MP3 파일, 전자책(e-Book), 보험 정보, 재테크 정보, 소프트웨어 등과 같은 디지털 상품이 있다.

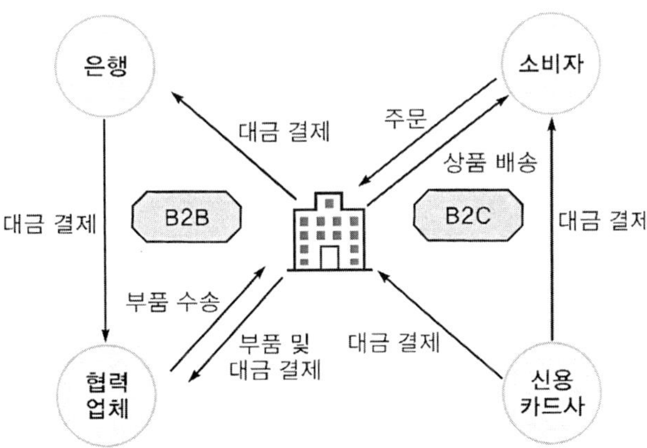

정보검색이란 여러 곳에 분산되어 있는 수많은 정보 중에서 특정 목적에 적합한 정보만을 신속하고 정확하게 찾아내어 수집, 분류, 축적하는 과정을 뜻한다. 인터넷에는 세상 사람들이 필요로 하는 정보의 분야가 너무도 많기 때문에 잘못 하다가는 정보의 바다에 빠져서 허우적거리느라 시간만 낭비하고 원하는 것은 하나도 얻지 못하는 경우도 많이 있다.

인터넷 정보검색은 책에 있는 그대로 외우기만 하면 되는 암기과목이 아니다. 자기 스스로 드넓은 정보의 바다로 나아갈 길을 만들고, '어디로 어떻게 가면 내가 원하는 정보를 찾을 수 있겠다!'라는 확신을 질 수 있어야 하는 것이다.

7. 정보검색 단계

검색 주제에 대한 사전 지식 확보가 정보검색에 많은 시간을 절약할 수 있다. 정보검색에 앞서 다음과 같이 늘 한번 쯤 생각해 보는 습관이 필요하다.

첫째, 뉴스 정보인가?

둘째, 인터넷 정보원을 활용해야 하는가?

셋째, 논문자료에서 찾을 수 있지 않을까?

넷째, 해당 주제와 관련있는 학회나 관공서 사이트에서 찾을 수 있지는 않을까?

즉, 찾고자 하는 하는 정보가 존재할 수 있는 위치(knowwhere)에 대하여 많은 관심과 사전 지식이 필요하다. 일반적인 정보검색 단계는 다음과 같다.

> ① 검색주제 선정 → ② 정보원 선택 → ③ 검색식 작성 → ④ 결과 출력

8. 검색엔진의 유형

① **키워드 검색 방식** : 키워드 검색 방식은 찾고자 하는 정보와 관련된 핵심적인 언어인 키워드를 직접 입력하여 이를 검색 엔진에 보내어 검색 엔진이 키워드와 관련된 정보를 찾는 방식이다. 사용자 입장에서는 키워드만을 입력하여 정보 검색을 간단히 할 수 있는 장점이 있는 반면에, 키워드가 불명확하게 입력된 경우에는 검색 결과가 너무 많아 효율적인 검색이 어려울 수 있는 단점이 있다.

② **주제별 검색 방식** : 주제별 검색 방식은 인터넷상에 존재하는 웹 문서들을 주제별, 계층별로 정리하여 데이터베이스를 구축한 후 이용하는 방식이다. 사용자는 단지 자신이 원하는 정보를 찾을 때까지 상위의 주제부터 하위의 주제까지 분류되어 있는 내용을 선택하여 검색하면 원하는 정보를 발견하게 된다.

③ **자연어 검색 방식** : 자연어 검색 방식은 검색엔진에서 문장 형태의 질의어를 형태소 분석을 거쳐 언제(when), 어디서(where), 누가(who), 무엇을(what), 왜(why), 어떻게(how), 얼마나(How much)에 해당하는 5W 2H를 읽어내고 분석하여 각 질문에 답이 들어있는 사이트를 연결해 주는 검색엔진이다.

④ **통합형 검색 방식** : 통합형 검색 방식의 검색은 키워드 검색 방식과 매우 유사하다. 그러나 통합형 검색방식은 키워드 검색 방식과 같이 검색 엔진 자신만의 데이터베이스를 구축하여 관리하는

방식이 아니라, 사용자가 입력하는 검색어들이 연계된 다른 검색 엔진에게 보내고, 이를 통하여 얻어진 검색 결과를 사용자에게 보여주는 방식을 사용한다.

9. 정보검색 연산자

하나의 단어(키워드)로 검색을 하면 검색 결과가 너무 많아져서, 이용자가 원하는 정보와 상관없는 것들이 많이 포함된다. 따라서 검색과 관련 있는 2개 이상의 단어를 연산자로 조합하여 키워드로 사용하는 것이 가장 일반적인 검색 방법이다. 연산자는 대/소문자의 구분이 없으며, 앞뒤로 반드시 공백(space)을 넣어주어야 한다. 가장 공통적으로 사용하는 연산자의 종류와 검색 조건을 비교하면 다음과 같다.

기호	연산자	검색 조건
*, &	AND	두 단어가 모두 포함된 문서를 검색 ⑩ 인공위성 and 자동차, 인공위성 * 자동차
|	OR	두 단어가 모두 포함되거나, 두 단어 중에서 하나만 포함된 문서를 검색 ⑩ 인공위성 or 자동차, 인공위성 | 자동차
-, !	NOT	'-'기호나 '!'기호 다음에 오는 단어를 포함하지 않는 문서를 검색 ⑩ 인공위성 not 자동차, 인공위성 ! 자동차
~, ncar	인접검색	앞/뒤의 단어가 가깝게 인접해 있는 문서를 검색 ⑩ 인공위성 near 자동차

10. 검색엔진의 종류 및 특징

검색엔진(Search Engine)이란 인터넷상에 산재해 있는 정보를 수집한 후, 이를 체계적으로 데이터베이스로 구축하여 사용자가 원하는 정보를 쉽게 찾을 수 있도록 안내자역할로 도움을 주는 웹 사이트 또는 프로그램을 뜻한다. 포털 사이트(Portal Site)란 사용자가 인터넷에서 어떤 정보를 찾으려고 할 때 가장 먼저 접속하는 사이트를 뜻한다. 포털 사이트의 가장 대표적인 예로는 네이버, 다음, 구글, 야후 코리아 등과 같은 검색사이트와 언론매체 뉴스 사이트를 들 수 있다. 최근 대부분의 포털 사이트에서는 정보 검색 뿐만 아니라 카페, 뉴스, 웹 메일, 블로그, 미니홈피, 커뮤니티 형성 등 매우 다양한인터넷 서비스를 제공하고 있다.

① 네이버(Naver)－http：//www.naver.com/

국내 검색, 국외 검색, 신문 검색, 이미지 검색, 사운드 검색 등의 기능을 제공하고 있다. 이중에서 국외 검색은 해외 검색엔진들에게 얻은 결과만을 보여주는 형식을 유지하고 있다. 이외에도 자연어 검색과 결과 내 검색 기능을 지원하고, 링크 인기도(%)에 따른 사이트 순위를 제공하며, 어린이 전용으로 주니어 네이버를 제공하고 있다.

② 다음(Daum)－http：//www.daum.net/

인터넷 포털 웹사이트로서 "한메일"(현재의 다음 메일)이라는 이름으로 대한민국 최초의 웹 이메일 서비스를 열었으며, 이밖에도 온라인 커뮤니티 서비스 'Daum 카페', 뉴스서비스 '미디어다음', 커뮤니케이션 서비스 '마이피플' 등을 서비스하고 있다.

③ **구글(Google) - http∶//www.google.co.kr/**

인터넷에서 정보를 쉽고 빠르게 검색할 수 있도록 고안된 세계 최대의 인터넷 검색엔진이다. 구글(google)이란 이름은 10의 100제곱을 뜻하는 수학 용어 구골(googol)에서 유래했다. 주요 사업 분야는 인터넷 검색 서비스와 광고 프로그램이다. 검색 서비스는 독자적인 검색 기술에 따라 완전 자동화된 일련의 옵션과 기능을 포함하고 있다. 세계 어디서든 접속이 가능하며, 30억 쪽이 넘는 방대한 웹사이트와 인터넷 포털사이트에 쉽게 접근할 수 있다. 광고는 온라인 광고주와 웹 게시자에게 맞는 옵션을 제공할 수 있는 텍스트 기반 프로그램을 채택하고 있다. 구글은 PDF, 포스트스크립트, 마이크로소프트 워드, 플래시 문서들을 포함한 웹 문서 검색 서비스를 제공한다. 이 외에 구글 이미지 검색, Google 뉴스 한국, 구글 뉴스그룹, 구글 웹 디렉토리, 구글 비디오, Froogle 서비스에서 이름이 변경된 상품 검색, 구글 맵, 구글 어스 등의 주요 검색 서비스가 있다.

④ **야후 코리아 - http∶//kr.yahoo.com/**

주제별 검색과 검색어를 이용한 검색을 모두 지원하고 있으며, 대소문자를 구별하지 않는 특징이 있다. 또한, 야후 코리아에서는 일본어 웹 페이지 검색(클릭 일본)서비스를 제공하고 있으며, 어린이 전용으로 야후 꾸러기를 지원하고 있다.

⑤ **외국 검색엔진**

　　㉠ 영문 검색엔진

- 구글　http∶//www.Google.com/
- 야후　http∶//www.Yahoc.com/
- 알타비스타　http∶//www.Altavista.com/
- 애스크　http∶//www.Ask.com/

　　㉡ 일본어 검색엔지

- Yahoo Japan　http∶//www.yahoc.co.jp/
- LYoos Japan　http∶//www.Jyocs.co.jp/
- SearchDesk　http∶//www.searchdesk.com/(일본의 모든 검색엔진들을 제공)

　　㉢ 중국어 검색엔진

- Yahoo Chinese　http∶//cn.yahoo.com/
- 중국 검색 포털사이트　http∶//www.china.com/
- SurfChina　http∶//www.surfchina.com/
  (중국에 관련된 정보를 분류표로 제공하고 동시에 중국의 각종 통계자료도 제공)

ⓔ 인도어 검색엔진

> • Jadoo http://www.Jadoo.com/
> • SAIR Search http://www.samllan.com/
>   (인도, 파키스탄, 네팔, 방글라데시, 스리랑카에 관한 정보 제공)
> • Locate India http://www.locateindia.com/
>   (인도의 경제와 비즈니스에 관련된 전문 정보 제공)

ⓜ 프랑스어 검색엔진

> • Yahoo France http://fr.yahoo.com/

11. 인터넷 정보 검색을 할 때의 주의 사항

인터넷상에는 많은 정보가 존재하고 있다. 이 중에는 우리가 원하는 정보도 있지만 그렇지 않은 정보가 대부분이라고 할 수 있다. 이런 정보의 홍수 속에서 우리가 원하는 정보를 빠르게 찾아서 이용하려면 몇 가지 검색 기술이 필요하다.

① 인터넷에서 정보 검색을 하려면 검색 엔진을 사용하게 되는데, 검색 엔진을 사용할 경우 각각의 검색 엔진에서 사용할 수 있는 기능들에 대한 도움말을 사전에 반드시 읽어서 검색 엔진의 특징을 알아두어야 한다.

② 일반적인 검색 이외에 특정한 데이터(논문, 특허 등)는 나름대로의 검색 방법이 따로 존재하므로 적절한 검색 엔진의 선택이 중요하다. 한 검색 엔진을 이용하여 원하는 검색 결과가 나오지 않았을 경우에는 다른 검색 엔진을 이용하여 검색한다.

③ 키워드의 선택이 중요하다. 키워드가 너무 짧으면 원하는 결과를 쉽게 찾을 수 없는 경우가 많으므로 키워드는 구체적이고 자세하게 만드는 것이 좋은 방법이다. 또, 특정한 키워드에 대하여 검색 결과가 너무 많이 나오는 경우에는 검색 엔진에서 결과내 재검색 기능을 지원하도록 하면 이를 활용하여 검색 결과의 범위를 좁힐 수 있으므로 검색 시간을 단축할 수 있다.

④ 검색 엔진마다 검색 연산자가 약간씩 다르므로 이를 정확히 숙지한 후 키워드와 검색 연산자를 조합하여 작성한 검색식을 정보 검색에 이용한다.

⑤ 검색 속도가 매우 느린 경우에는 웹 브라우저에서 그림 파일을 보이지 않도록 선택하면 보다 빠르게 검색할 수 있다.

⑥ 웹 검색이 정보 검색의 최선은 아니다라는 사실에 주의한다. 웹 검색 이외에도 각종 BBS, 뉴스 그룹, 메일링 리스트도 이용하고, 도서관 자료와 정보를 가지고 있는 사람에게 직접 전자우편으로 부탁하는 등의 다른 방법들도 적극 활용하여야 한다.

⑦ 웹 검색 결과로 검색 엔진이 제시하는 결과물의 가중치를 너무 신뢰해서는 안된다. 검색 엔진 나름대로 정확성이 높다고 판단되는 데이터를 화면의 상단에 표시하지만 실제 그렇지 않은 경우가 많이 발생하므로 사용자 자신이 직접 보면서 검색한 자료가 자신이 원하는 자료인지 판단해야 한다.

12. 워드프로세서

우리가 보는 책이나 신문, 잡지 등은 여러 가지 형태의 문자와 그림, 표, 그래프 등이 조화롭게 구성되어 만들어진 것이다. 이와 같이 여러 형태의 문서를 작성, 편집, 저장, 인쇄할 수 있는 프로그램을 워드프로세서라고 한다.

워드프로세서를 이용하여 글을 쓰거나 문서를 작성하게 되면, 키보드로 입력한 문서의 내용을 화면으로 확인하면서 쉽게 문서를 고칠 수 있고, 문서가 완벽하게 작성된 후에 인쇄하거나 디스크와 같은 보조기억장치에 보관하여 두었다가 필요할 때 다시 불러내어 사용할 수 있어 편리하다.

워드프로세서는 글이나 그림을 입력하여 편집하고, 작업한 문서를 저장하고 인쇄할 수 있다. 워드프로세서의 주요기능은 다음과 같다.

입력기능	키보드나 마우스를 통하여 한글, 영문, 한자, 등 각국의 언어, 숫자, 특수문자, 그림 사진, 도형 등을 입력할 수 있는 기능
표시기능	입력한 내용을 표시 장치를 통해 화면에 나타내주는 기능
저장기능	입력된 내용을 저장하여 필요할 때 사용할 수 있는 기능
편집기능	문서의 내용이나 형태 등을 변경해 새롭게 문서를 꾸미는 기능
인쇄기능	작성된 문서를 프린터로 출력하는 기능

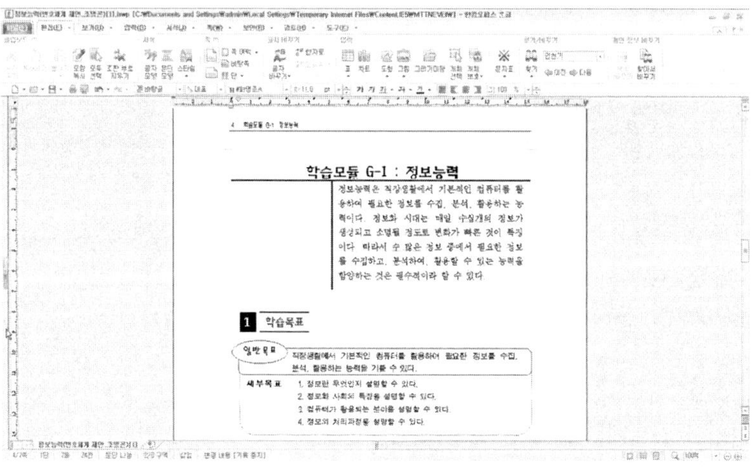

한컴오피스 한글 2010

13. 스프레드시트

스프레드시트(Spread Sheet)는 전자 계산표 또는 표 계산 프로그램으로 워드프로세서와 같이 문서를 작성하고 편집하는 기능 이외에 수치나 공식을 입력하여 그 값을 계산해 내고, 계산 결과를 차트로 표시할 수 있는 특별한 기능을 가지고 있다. 원래 스프레드시트는 미국인들이 경리, 회계 상 사용하던 일정한 형태의 계산용지를 일컫는 말로 이것을 화면 그대로 옮겨 계산식 등을 첨가한 것이 스프레드시트의 시작이었으며, 틀린 부분만 수정해 주면 해당 부분이 자동적으로 계산되어 큰 환영을 받았다. 최초의 스프레드시트는 몇 개의 셀만을 이용해서 단순 계산만 할 수 있는 프로그램이었

으나, 오늘날의 스프레드시트는 작업 능력의 향상과 함께 데이터베이스 및 그래픽 기능이 추가되고 다양한 함수를 제공해주며 통신 기능까지 갖추게 되었다.

스프레드시트의 구성단위는 셀, 열, 행, 영역 등 4가지다. 가로행과 세로행이 교차하면서 셀이라는 공간이 구성되는데, 이 셀은 정보를 저장하는 단위이다. 예를 들면 생산비나 판매물품 수 같은 것이 셀에 표시하게 되어 있다. 처리하고자 하는 숫자와 데이터를 셀에 기입하고 이 셀들을 수학방정식에 연결하면 셀 내용이 바뀌면서 그와 연결된 셀 내용들이 바뀌게 된다.

스프레드시트 기술은 눈부시게 발전하여 파일 간을 서로 연결시켜 내용의 복사, 이동, 연산을 할 수 있으며 메모리가 허용하는 한도의 파일을 동시에 불러들여 한꺼번에 볼 수도 있다. 또한 2차원과 3차원 그래프 등 다양한 형태의 그래프를 작성할 수 있다. 스프레드시트의 대표적 제품으로는 엑셀을 들 수 있다.

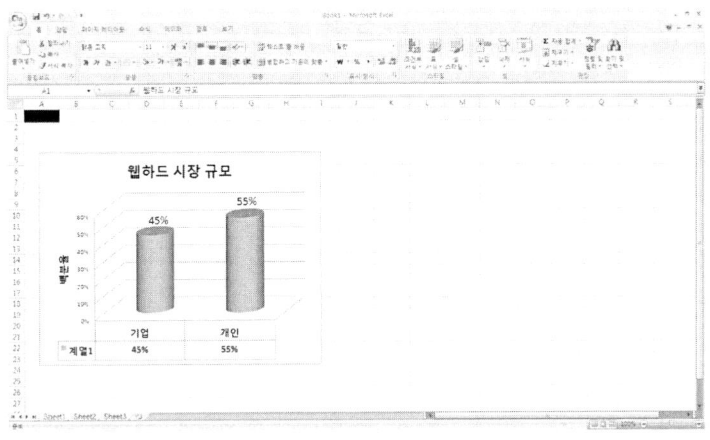

Microsoft Office Excel 2007

14. 프리젠테이션

프리젠테이션(Presentation)은 컴퓨터나 기타 멀티미디어를 이용하여 그 속에 담겨 있는 각종 정보를 사용자 또는 대상자에게 전달하는 행위를 의미한다. 프리젠테이션 프로그램은 보고, 회의, 상담, 교육 등에서 정보를 전달하는데 널리 활용되는 것으로 파워포인트, 프리랜스 그래픽스 등이 있다.

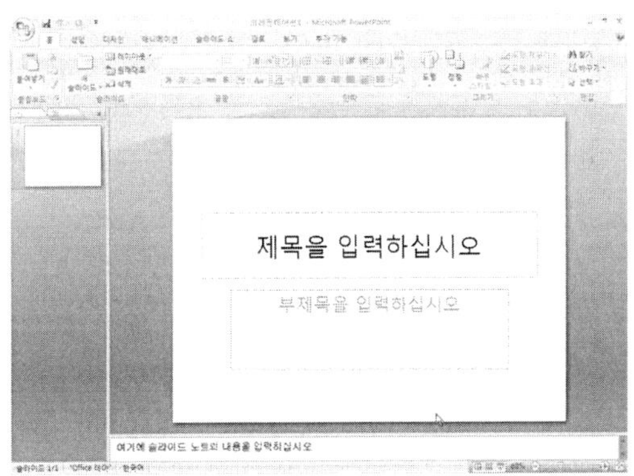

Microsoft Office PowerPoint 2007

15. 데이터베이스

데이터베이스(Database)는 대량의 자료를 관리하고 내용을 구조화하여 검색이나 자료관리 작업을 효과적으로 실행하는 프로그램으로, 테이블, 질의, 폼, 보고서 등을 작성할 수 있는 기능을 가지고 있다. 데이터베이스의 대표적인 프로그램으로는 오라클(Oracle), 액세스(Access) 등이 있다.

16. 그래픽 소프트웨어

그래픽 소프트웨어(Graphic Software)는 새로운 그림을 그리거나 그림 도는 사진 파일을 불러와 편집하는 프로그램으로, 그림 확대, 그림 축소, 필터 기능을 가지고 있다. 그래픽 소프트웨어의 대표적인 프로그램으로는 포토샵(PhotoShop), 3DS MAX, 코렐드로(Coredraw) 등이 있다.

17. 유틸리티 프로그램

사용자가 컴퓨터를 좀더 쉽게 사용할 수 있도록 도와주는 소프트웨어(프로그램)를 '유틸리티 프로그램'이라고 하고 통상 줄여서 '유틸리티'라고 한다. 유틸리티 프로그램은 본격적인 응용 소프트웨어라고 하기에는 크기가 작고 기능이 단순하다는 특징을 가지고 있으며, 사용자가 컴퓨터를 사용하면서 처리하게 되는 여러 가지 작업, 예를 들면 압축해제, 바이러스 치료, 텍스트 편집, 이미지 편집 등의 일을 편리하게 할 수 있도록 도와주는 소프트웨어를 의미한다.

① **파일 압축 유틸리티** : 파일의 크기를 압축하거나 줄여준다. 파일을 압축하면 하드 디스크 또는 플로피 디스크의 저장 용량을 적게 차지하므로 디스크의 저장 공간을 넓혀 주고, 파일을 전송하거나 내려받을 때 걸리는 시간을 단축할 수 있다. 파일 압축 유틸리티 프로그램으로는 ALzip, 밤톨이, Winzip 등이 있다.

② **바이러스 백신 프로그램** : 컴퓨터 바이러스란 컴퓨터 프로그램이나 실행 가능한 부분을 변형하여, 여기에 자기 자신 또는 자신의 변형을 복제하여 컴퓨터 작동에 피해를 주는 명령어들의 조합을 뜻한다. 바이러스 백신 프로그램이란 컴퓨터 바이러스를 찾아내고 기능을 정지시키거나 제거하여 손상된 파일을 치료하는 기능을 가진 소프트웨어를 뜻한다. 따라서 백신 프로그램은 일종의 치료제 역할을 하는 프로그램으로, 사전에 바이러스 프로그램의 감염을 막지는 못한다. 항상 새로운 바이러스 프로그램이 나타나면 이를 치료하는 기능을 추가하는 것을 반복하므로, 바이러스 프로그램을 뒤쫓아 가는 형편이라고 할 수 있다. 대표적인 바이러스 백신 프로그램으로는 V3, V3＋Neo, 다잡아, 터보백신, 바이로봇, 안티바이러스 등이 있다.

③ **화면 캡처 프로그램** : 모니터 화면에 나타나는 영상을 사용자가 원하는 크기, 모양 등을 선택하여 이미지 파일로 만들어 주는 프로그램이다. 캡처 프로그램으로는 스태그잇(snagit), 캡순이, 안카메라 등이 있다. 이 프로그램들은 나름대로 각각의 특징이 존재하므로 사용자는 작업의 성격에 알맞은 프로그램을 적절하게 선택하여 사용하면 된다.

④ **이미지 뷰어 프로그램** : 이미지 뷰어 프로그램은 그림 파일이나 디지털 카레마로 찍은 이미지 파일들을 볼 수 있도록 도와주는 유틸리티 프로그램이다. 여러 장의 이미지를 편리하게 볼 수 있도록 화면 크기에 맞게 확대, 축소, 연속 보기, 두 장 보기 등의 기능이 있으며, 이미지 뷰어 프로그램은 bmp, jpg, tif, gif, wmf 등의 확장자를 가진 파일을 열어볼 수 있다.

⑤ **동영상 재생 프로그램** : 동영상 재생 프로그램은 각종 영화나 애니메이션을 감상하거나 음악을 즐길 수 있는 유틸리티 프로그램이다. 느린 속도와 빠른 속도로 선택 재생이 가능하고 재생 시

점을 임의로 조정할 수 있다. 또한 볼륨과 이퀄라이저를 조절하여 각자의 취향에 맞는 사운드를 즐길 수 있도록 많은 기능을 지원하고 있다.

18. 데이터베이스란

파일시스템에서는 하나의 파일은 독립적이고 어떤 업무를 처리하는데 필요한 모든 정보를 가지고 있다. 파일도 데이터의 집합이므로 데이터베이스라고 볼 수도 있으나 일반적으로 데이터베이스라 함은 여러 개의 서로 연관된 파일을 의미한다. 이런 여러 개의 파일이 서로 연관되어 있으므로 사용자는 여러 개의 파일에 있는 정보를 한 번에 검색해 볼 수 있다. 데이터베이스 관리시스템은 데이터와 파일, 그들의 관계 등을 생성하고, 유지하고 검색할 수 있게 해주는 소프트웨어이다. 반면에 파일관리시스템은 한 번에 한 개의 파일에 대해서 생성, 유지, 검색을 할 수 있는 소프트웨어다.

19. 데이터베이스의 필요성

① 데이터의 중복을 줄인다.

데이터베이스 시스템을 이용하면 데이터의 중복이 현저하게 줄어든다. 여러 곳에서 이용되는 데이터를 한 곳에서만 가지고 있으므로 데이터 유지비용을 줄여 줄 수 있다.

② 데이터의 무결성을 높인다.

데이터가 중복되지 않고 한 곳에만 기록되어 있으므로 데이터의 무결성, 즉 결함이 없는 데이터를 유지하는 것이 훨씬 쉬워졌다. 데이터가 변경되면 한 곳에서만 수정하면 되므로 해당 데이터를 이용하는 모든 어플리케이션은 즉시 최신의 데이터를 이용할 수 있다.

③ 검색을 쉽게 해준다.

한 번에 여러 파일에서 데이터를 찾아내는 기능은 원하는 검색이나 보고서 작성 등을 쉽게 할 수 있게 해준다.

④ 데이터의 안정성을 높인다.

대부분의 데이터베이스 관리시스템은 사용자가 정보에 대한 보안등급을 정할 수 있게 해준다. 예를 들어 어떤 부서의 관리자는 급여데이터에 대해서 읽기권한만을 가질 수 있다. 그 관리자는 해당 데이터를 읽어 볼 수는 있으나 변경할 수는 없는 것이나, 그러나 급여부서의 총책임자에게는 읽기와 쓰기 권한을 모두 부여하여 데이터를 변경할 수 있게 할 수 있다. 일반 사원에게는 읽기와 쓰기 권한 모두 허용되지 않으므로 급여사항에 대한 보안을 유지할 수 있다.

⑤ 프로그램의 개발기간을 단축한다.

데이터가 훨씬 조직적으로 저장되어 있으므로 이러한 데이터를 이용하는 프로그램의 개발이 훨씬 쉬워지고 기간도 단축된다.

20. 데이터베이스의 기능

① 입력 기능 : 형식화된 폼을 사용하여 내용을 편리하게 입력할 수 있다.

② 데이터의 검색 기능 : 필터나 쿼리 기능을 이용하여 데이터를 빠르게 검색하고 추출할 수 있다.

③ 데이터의 일괄 관리 : 테이블을 사용하여 데이터를 관리하기 쉬우며, 많은 데이터를 종류별로 분류하여 일괄적으로 관리할 수 있다.

④ 보고서 기능 : 데이터베이스에 있는 데이터로 청구서나 명세서 등의 서류를 손쉽게 만들 수 있다.

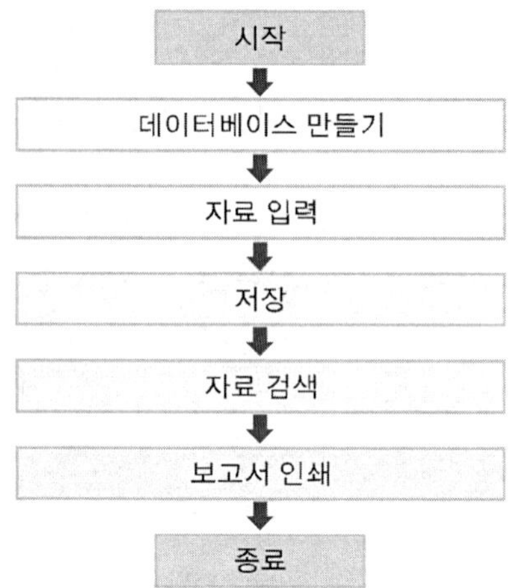

③ 정보처리능력

1. 정보는 왜 필요할까

정보의 활용은 의사결정을 하거나 문제의 답을 알아내고자 할때 가지고 있는 정보로는 부족하여 새로운 정보가 필요하다는 상황을 인식하는 순간부터 시작된다. 지금 처한 상황을 해결하기 위해서 특정 정보가 필요하다는 것을 알아야만 정보를 찾으려는 시도를 하게 될 것이기 때문이다. 당신은 문제 상황이 발생하면 처음에는 문제를 인식하기는 하지만 어떠한 정보가 필요한지는 실제로 표현할 수 없을지 모른다. 하지만 필요한 정보가 구체적으로 무엇인지 고민하면서 찾아나가는 과정을 거치면서 필요로 하는 정보와 필요하지 않은 정보를 가려낼 수 있을 것이다. 필요한 정보가 무엇인지 구체적으로 인식하게 되면 찾고자 하는 정보를 어디서 수집할 수 있을지를 탐색하게 될 것이다.

2. 정보는 어디서 수집할 수 있을까

우리는 흔히 필요한 정보를 수집할 수 있는 원천을 정보원(sources)이라 부른다. 정보원(sources)은 정보를 수집하는 사람의 입장에서 볼 때 공개된 것은 물론이고 비공개된것도 포함되며 수집자의 주위에 있는 유형의 객체 가운데서 발생시키는 모든 것이 정보원이라 할 수 있다.

1차 자료	단행본, 학술지와 학술지 논문, 학술회의자료, 연구보고서, 학위논문, 특허정보, 표준 및 규격자료, 레터, 출판 전 배표자료, 신문, 잡지, 웹 정보자원 등
2차 자료	사전, 백과사전, 편람, 연감, 서지데이터베이스 등

이러한 정보원(sources)은 크게 1차 자료와 2차 자료로 구분할 수 있다. 1차 자료는 원래의 연구 성과가 기록된 자료를 의미한다. 2차 자료는 1차 자료를 효과적으로 찾아 보기 위한 자료 혹은 1차 자료에 포함되어 있는 정보를 압축·정리해서 읽기 쉬운 형태로 제공하는 자료를 의미한다.

위와 같은 정보원(sources)을 구축하기 위해서는 우선 입수해야 할 정보와 그 정보의 소스(정보원)

을 결합하여 필요정보에 결합되는 정보원(sources)이 없을 경우 최우선적으로 결합되는 정보원(sources)을 찾아내야 한다. 정보원(sources)은 가급적 전문가나 이해당사자를 대상으로 하는 것이 좋으며, 구축되는 정보원(sources)은 정기적으로 관리하는 것이 중요하다. 특히, 중요한 정보원(sources)에 대해서는 별도로 관리하는 것이 필요하다.

3. 정보수집을 잘 하려면

필요한 정보를 효과적으로 수집하려면 다음과 같은 사항에 항상 관심을 가지고 주의하는 것이 필요하다.

① 정보는 인간력이다.

우선 정보(情報)란 두 글자를 자세히 보도록 하자. 그것은 '인정 정'에 '보답할 보'를 쓰는데 이것은 상당히 깊은 뜻을 갖는다. 왜냐하면 정말로 중요한 정보는 신뢰관계가 좋은 사람에게만 전해지기 때문이다. 정보기술의 발달로 TV회의나 원격조정 미팅 등을 통해서도 어느 정도 정보를 얻을 수 있지만 역시 정보는 얼굴을 마주해야만 전해지는 것이다. 당연히 중요한 정보를 수집하기 위해서는 우선적으로 신뢰관계가 전제가 되어야 할 것이다.

② 인포메이션 vs 인텔리전스 : 우리에게는 정보라는 단어가 하나밖에 없지만, 영어에는 정보에 해당하는 단어가 2개가 있다. 하나는 일반적으로 정보라고 번역되는 '인포메이션(information)'이고, 다른 하나는 '인텔리전스(intelligence)'다. 그렇다면 인포메이션과 인텔리전스에는 어떤 차이가 있을까 인포메이션은 하나하나의 개별적인 정보를 나타낸다. 예를 들어, 오늘의 일본경제 주가가 16,500엔이라든가, 일본의 수도가 도쿄라든가 하는 식의 단순한 정보이다. 이에 반해 인텔리전스란 정보의 홍수라고 불리는 사회의 무수히 많은 인포메이션 중에 몇 가지를 선별해 그것을 연결시켜 뭔가 판단하기 쉽게 도와주는 하나의 정보 덩어리라고 할 수 있다. 즉, 일본경제 주가가 16,500엔이라는 인포메이션은 단순한 정보에 불과하지만, 앞으로 주가가 오를지 내릴지를 어느 정도 예측한다면 이는 인텔리전스가 되는 것이다. 결국 우리는 단순한 인포메이션을 수집할 것이 아니라 직접적으로 도움을 줄 수 있는 인텔리전스를 수집할 필요가 있다.

③ 선수필승(先手必勝) : '공격은 최대의 방어'라는 말이 있다. 정보에 있어서도 마찬가지다. 다른 사람보다 1초라도 빨리 정보를 쥔 사람이 우위에 서게 된다. 예를 들어, 2시간 후면 누구라도 알 수 있는 내용을 다른 사람에게 말해줄 수 있다면 '와! 이 사람 정보가 빠른 사람이네'하며 다르게 보게 될 것이다. '지옥귀'라는 말이 있는데, 이처럼 변화가 심한 시대에는 정보를 빨리 잡는다는 것이 상당히 중요한 포인트가 된다. 때로는 질이나 내용보다는 정보를 남보다 빠르게 잡는 것만으로도 앞설 수 있다. 더군다나 격동의 시대에는 빠른 정보수집이 결정적인 효과를 가져 올 가능성이 클 것이다.

④ 머릿속에 서랍을 많이 만들자 : 정보수집에 있어서 얼렁뚱땅 쉽게 얻어지는 것은 절대 없을 것이다. 자신에게 맞는 방법을 찾아 꾸준히 노력하다보면 언젠가는 큰 것을 얻을 수 있을 것이다. 그러나 아무리 정리 박스라는 물리적인 것을 사용한다 해도 자기 머릿속에 서랍을 만들어두지 않으면 정리도 되지 않을뿐더러 정보수집을 효과적으로 할 수 없을 것이다. 예를 들어, 신문을 읽다가 앞으로 일본은 노인대국이 될 것이라는 기사를 봤다고 하자. 그 기사에 흥미를 느꼈다면 머릿속에 '노인왕국'이라는 서랍을 하나 설정하는 것이다. 이렇게 머릿속에 서랍을 만들어 자기

나름대로 정리를 해놓으면, 신문을 읽더라도 사람들의 얘기를 듣다 가도 '이건 쓸만하겠다', '이건 관계가 있겠다'라는 식으로 구분이 갈 수 있을 것이다.

⑤ **정보수집용 하드웨어 활용** : 사람의 기억력이란 한계가 있기 마련이다. 그래서 중요한 큰 봉투만을 머릿속 서랍에 두고, 세세한 정보들은 정리 박스, 스크랩 등을 활용하여 수집하는 것이 필요할 것이다. 또한, 지금 당장은 유용하지 않은 정보일지라도 향후 유용한 정보가 될 수 있는 것들은 이러한 물리적인 하드웨어를 활용하여 수집하는 것이 필요할 것이다.

4. 목록을 이용한 정보관리

정보목록은 정보에서 중요한 항목을 찾아 기술한 후 정리하면서 만들어진다. 예를 들어 업무 보고서를 쓰기 위해 책을 10권 찾았을 경우, 찾은 책에 대한 저자, 출판일, 제목, 출판사순으로 기술한 후 저자의 가나다순으로 배열을 한다면 10권의 책을 목록으로 만든 것이다. 이렇게 한번 목록을 만들기 시작한 다음 워드프로세서, 엑셀같은 프로그램을 이용해서 목록파일을 저장해 놓으면, 후에 다른 정보를 찾았을 때 저자의 가나다순에 맞춰 새로운 정보를 추가하는 것은 간단한 일이다. 목록을 디지털 파일로 저장해놓는 것은 또 하나의 장점이 될 수 있는데, 그것은 대부분의 소프트웨어가 검색기능을 제공하기 때문이다. 즉, 워드프로세서, 엑셀 등과 같은 소프트웨어들의 찾기 기능을 이용하면 목록에서 특정 용어를 이용하여 검색이 가능해진다. 예를 들어 'S 문화사'에서 출판한 자료를 찾고 싶으면 찾기 기능 창을 통해 'S 문화사'라고 입력하고 찾기 버튼을 누르면 쉽게 찾을 수 있다.

5. 색인을 이용한 정보관리

정보내에 포함되어 있는 키워드나 단락과 같은 세부적인 요소나 정보의 주제, 사용했던 용도로 정보를 찾고자 할 때는 목록을 가지고서 쉽게 찾을 수가 없다. 예를 들어 '정보사회의 이해'라는 책 속에서 '정보과잉'이라는 현상이 설명되어 있다면 나중에 '정보과잉리스크'라는 정보를 찾고 싶을 때 어느 책에서 봤는지 기억하는 것은 쉽지 않다. 이런 문제를 해결하기 위해 주요 키워드나 주제어를 가지고 소장하고 있는 정보원(sources)을 관리하는 방식이 색인을 이용한 정보관리이다. 목록은 한 정보원(sources)에 하나만 만드는 것이지만 색인은 여러 개를 추출하여 한 정보원(sources)에 여러 색인어를 부여할 수 있다. 색인은 정보를 찾을 때 쓸 수 있는 키워드인 색인어와 색인어의 출처인 위치정보로 구성된다.

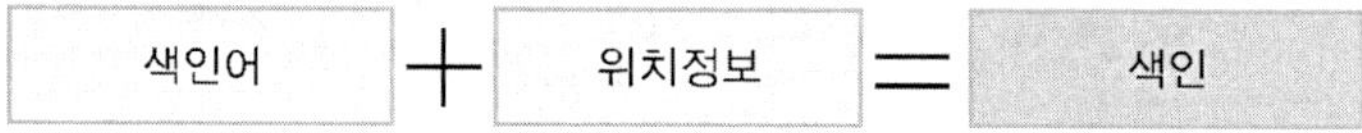

카드를 이용해서 색인을 만들 경우 장점은 컴퓨터를 켜지 않고도 책이나 학술지를 읽다가 간단하게 내용을 기록하기에 편리하고, 가지고 다니기도 쉽다는 것이다. 색인카드는 크기별로 구입도 쉽다. 만든 색인카드는 카드함에 가나다순으로 정렬할 수 있고 새로운 색인카드가 추가될 때 마다 기존의 카드 사이에 끼워넣기만 하면 된다. 디지털 파일에 색인을 저장, 관리하는 방식도 기본 구조는 색인카드와 크게 다를 것이 없다. 단, 디지털 파일에 색인을 저장할 경우 추가와 삭제, 변경이 쉽다는 점에서 정보관리에 효율적이다.

6. 분류를 이용한 정보관리

개인이 가지고 있는 정보를 유사한 것끼리 모아 체계화하여 정리를 해두면 나중에 저장해놓은 정보를 찾을 때 검색시간을 단축할 수 있고 관련 정보를 한번에 찾을 수 있다. 개인이 정보를 관리할 때 분류를 사용하는 대표적인 사례는 컴퓨터 폴더를 생성하여 디렉토리를 만들 때나 웹 브라우저에서 즐겨찾기를 만들 때이다. 정보를 분류할 때는 나름대로 기준을 가지고 체계적으로 정리하는 것이 좋다. 예를 들어, 디지털 카메라로 찍은 사진 파일을 정리한다고 생각해보자. 한 번은 사진을 시간별로 폴더를 만들어 저장해놓고 다음에는 촬영장소로 폴더를 만들어 저장해놓는다면 1−2년만 지나도 이전 사진파일을 찾는 것이 쉽지 않을 것이다. 디렉토리를 만들거나 즐겨찾기 항목을 만들 때에는 몇 가지 기준을 가지고 만드는 것이 좋다.

기준	내용	예
시간적 기준	정보의 발생 시간별로 분류	2012년 본, 7월 등
주제적 기준	정보의 냉용에 따라 분류	정보사회, 서울대학교 등
기능적/용도별 기준	정보가 이용되는 기능이니 용도에 따라 분류	참고자료용, 강의용, 보고서 적성용 등
유형적 기준	정보의 유형에 따라 분류	도서, 비디오, CD, 한글파일, 파워포인트 파일 등

정보를 수집·관리하였다고 하여 모두 활용할 수 있는 것은 아닐 것이며, 모두 유용한 것은 아니다. 정보활용은 물론 수집한 정보를 그대로 활용하는 경우도 있지만, 일정한 형태로 표현하여 장래에 활용되는 정보까지 매우 다양한 활용 형태가 존재하고 있다.

> **정보활용 형태**
> • 수집한 정보를 그대로 활용한다.
> • 수집한 정보를 그대로 활용하되 일정한 형태로 표현하여 활용한다.
> • 수집한 정보를 정리, 분석, 가공하여 활용한다.
> • 수집한 정보를 정리, 가공하여 활용하되 일정한 형태로 표현하여 활용한다.
> • 생산된 정보를 일정한 형태로 재표현하여 활용한다.
> • 일정한 형태로 표현한 정보, 한번 이용한 정보를 보존 정리하여 장래에 활용 한다.

그렇다면 모든 정보는 유용하며 활용가능한 것인가? 정보는 크게 동적정보와 정적정보로 구분할 수 있다. 동적정보는 시시각각으로 변화하는 정보를 의미한다. 반대로 보존되어 멈추어 있는 정보를 정적정보(저장정보)라고 한다. 신문이나 텔레비전의 뉴스는 상황변화에 따라 수시로 변하기 때문에 동적정보이다. 반면에 잡지나 책에 들어있는 정보는 정적정보이다. CD−ROM이나 비디오테이프 등에 수록되어 있는 영상정보도 일정한 형태로 보존되어 언제든지 동일한 상태로 재생할 수 있기 때문에 정적정보로 간주할 수 있다.

우리에게 문제가 되는 것은 동적정보이다. 밀려와서 쌓이기만 하는 정보의 대부분은 동적정보이다. 이들 정보는 미련없이 버려도 아무 상관없다. 오히려 정보를 입수한 그 자리에서 판단해 처리하면 미련없이 버릴 수 있다는 점이 동적정보의 특징이다. 그런 줄도 모르고 보통의 사람들은 물건과 마찬가지로 아깝다고 생각한 나머지 모아두는 경우가 보통이다.

예를 들면 신문기사 오려두기가 있다. 인터넷을 활용하기 전까지 대부분의 사람들은 매일 많은 신문기사를 저장했다. 이러한 행위는 직장상사로부터는 칭찬을 받을지 모르지만 실제 업무에는 거의 활용가능성이 없다. 동적정보는 유통기한이 있기 마련이다. IT시대를 사는 비즈니스맨의 입에서는 '모아 둔 정보가 아깝다'는 말이 나와서는 곤란하다.

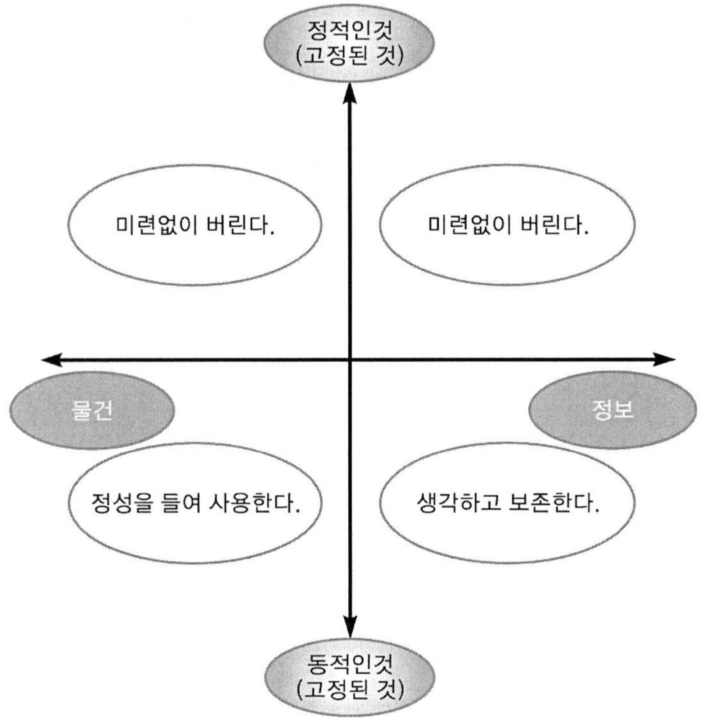

조직이해능력

조직이해능력은 직업인이 자신이 속한 조직의 경영과 체제업무를 이해하고, 직장생활과 관련된 국제감각을 가지는 능력을 의미한다. 직업인은 조직의 한 구성원으로서 조직의 경영, 체제, 업무 등의 구성요소와 조직을 둘러싼 환경을 이해하는 조직이해능력의 함양이 필수적이다.

우리의 삶은 조직과 밀접하게 이루어진다. 우리는 병원에서 태어나고, 학교를 다니며, 직장생활을 하고, 정부에 세금을 납부한다. 각종 건설회사가 지은 집에 살며, 은행에 가서 저금을 하기도 한다. 현대 조직론의 대가인 에치오니(Etzioni)는 "우리는 조직 속에서 태어났고, 조직에 의해 교육받으며, 우리 생애의 태반을 조직 속에서 보낸다. 많은 여가시간을 조직 내에서 놀며 기도하며 보낸다. 인간은 대부분 조직 속에서 숨을 거둘 것이며, 죽어서 매장을 해야 할때가 오면 조직 중 가장 큰 조직인 국가로부터 매장 허가를 받아야 할 것이다."라고 하여 조직생활이 인간에게 미치는 중요성을 강조하였다.

① **조직이란** : 조직은 두 사람 이상이 공동의 목표를 달성하기 위해 의식적으로 구성된 상호작용과 조정을 행하는 행동의 집합체이다. 그러나 단순히 사람들이 모였다고 해서 조직이라고 하지는 않는다. 조직은 목적을 가지고 있고, 구조가 있으며, 목적을 달성하기 위해 구성원들은 서로 협동적인 노력을 하고, 외부 환경과 긴밀한 관계를 가지고 있다. 조직은 일반적으로 재화나 서비스의 생산이라는 경제적 기능과 조직구성원들에게 만족감을 주고 협동을 지속시키는 사회적 기능을 갖는다. 사람들은 조직에 속하거나 다른 조직에서 생산한 상품이나 서비스를 이용하고, 다른 조직과 함께 일을 하면서 관계를 맺는다.

특히, 현대사회에서 인간의 생활은 조직 내에서 또는 조직과의 관계 속에서 이루어진다. 특히 직업인으로서 조직이란 직장을 의미한다. 직장은 사람들이 일을 하는데 필요한 물리적 장소이며 심리적 공간이다. 물리적 장소란 외형적으로 건물의 형태를 가지고 있는 것을 의미하며, 자신의 업무를 처리하는 활동영역이다. 심리적 공간으로서 직장은 직업인들이 일을 하면서 만족을 얻기도 하고, 좌절감을 경험하기도 하는 무형의 공간이다.

② **기업이란** : 우리가 직장생활을 하는 대표적인 조직이 기업이다. 기업은 노동, 자본, 물자, 기술 등을 투입하여 제품이나 서비스를 산출하는 기관이다. 기업은 최소의 비용으로 최대의 효과를 얻음으로써 차액인 이윤을 극대화하기 위해 만들어진 조직이다. 그러나 최근에는 기업이 이윤창출만을 목적으로 하기보다 고객에게 보다 좋은 상품과 서비스를 제공하고 잠재적 고객에게 마케팅을 하는 고객을 만족시키는 주체로 이해되고 있다. 또한 정보화 시대가 도래함에 따라 사람들의 창조적인 지적활동이 새로운 가치를 창출하는데 기초가 되고 있어, 기업들은 구성원들을 하나의 인적자원으로 삼고 그들의 능력개발을 위해 노력하고 있다.

③ **조직이해능력은 왜 필요한 것일까** : 직업인들은 깨어있는 시간의 대부분을 직장에서 보내거나, 자신의 직업과 관련 있는 사람들을 만난다. 직업인은 한 조직의 구성원이 되기도 하지만, 업무를 처리하는 중에 다른 조직의 고객이 되기도 한다. 직업인들은 이처럼 조직에서 일을 한다. 일의 종류와 내용은 조직마다, 개인마다 다르지만 사람들은 자신이 좋아하는 일을 하고 싶어 하며, 더 잘하고 싶어 한다. 조직에서 자신에게 주어진 일을 성공적으로 수행하기 위해서는 우리는 조직이 돌아가는 기본적인 원리를 알아야 한다. 따라서 직업인들은 자신의 업무를 효과적으로 수행하기 위하여 국제적인 동향을 포함하여 조직의 체제와 경영에 대해 이해하는 조직이해능력을 기를 필요가 있다.

개개인을 안다고 조직의 실체를 완전히 알 수 있는 것은 아니다. 구성원들을 연결하는 조직의 목적, 구조, 환경 등을 알아야 조직을 제대로 이해할 수 있게 되며, 업무 성과도 높일 수 있다. 조직의 규모가 작다면 공통된 목적과 조직의 구조를 이해하고 서로 도움을 주고받는 것이 별도의 노력 없이 가능할 수도 있지만, 조직의 규모가 커지게 되면 구성원간의 정보를 공유하고 하나의 방향으로 나아가 최상의 성과를 창출하는 것이 어렵게 된다. 그래서 많은 기업들은 신입사원들에게 자신의 조직의 목표와 체제를 이해시키는데 많은 시간과 관심을 기울이고 있다.

즉, 조직의 구성원이 개인의 업무성과를 높이고 나아가 조직 전체의 경영효과를 높이기 위해서는 개개인과 긍정적인 인간관계를 갖는 것뿐만 아니라 조직의 체제와 경영원리를 이해하는 것이 중요하다.

④ **조직의 유형** : 우리 주위에서 볼 수 있는 조직으로는 정부, 기업, 학교, 병원, 군대, 가정, 경찰서, 연구소, 시민단체, 종교단체, 노동조합 등이 있다. 이러한 조직들은 어떠한 기준으로 구분할 수 있을까? 조직의 유형을 구분하는 것은 조직의 성격과 활동을 이해하는데 좋은 나침반이 된다. 먼저 조직은 공식화 정도에 따라 공식조직(formal organization)과 비공식조직(informal organization)으로 구분할 수 있다. 공식조직은 조직의 구조, 기능, 규정 등이 조직화되어 있는 조직을 의미하며, 비공식조직은 개인들의 협동과 상호작용에 따라 형성된 자발적인 집단 조직이다. 즉, 비공식조직은 인간관계에 따라 형성된 것으로, 조직이 발달해 온 역사를 보면 비공식조직으로부터 공식화가 진행되어 공식조직으로 발전해 왔다. 조직의 규모가 커지면서 점차 조직 구성원들의 행동을 통제할 장치를 마련하게 되었고 이는 공식화되게 된다. 그러나 공식조직 내에서 인간관계를 지향하면서 비공식조직이 새롭게 생성되기도 한다. 이는 자연스러운 인간관계가 됨에 따라 일체감을 느끼고, 바람직한 가치체계나 행동유형 등이 공유되면서 하나의 조직문화가 되어 공식조직의 기능을 보완해주기도 한다.

또한 조직은 영리성을 기준으로 영리조직과 비영리조직으로 구분할 수 있다. 영리조직은 기업과 같이 이윤을 목적으로 하는 조직이며, 비영리조직은 정부조직을 비롯하여 공익을 추구하는 병원, 대학, 시민단체, 종교단체 등이 해당한다.

조직을 규모로 구분하여 보았을 때, 가족 소유의 상점과 같이 소규모 조직도 있지만 대기업과 같이 대규모 조직도 있으며, 최근에는 다국적 기업도 증가하고 있다. 다국적 기업이란 동시에 둘 이상의 국가에서 법인을 등록하고 경영활동을 벌이는 기업으로 대표적으로 SONY, 3M, 존슨앤존슨, 맥도날드 등이 있으며 우리나라 기업으로는 삼성전자, LG전자, 포스코 등이 해외법인을 등록하고 활동하고 있다.

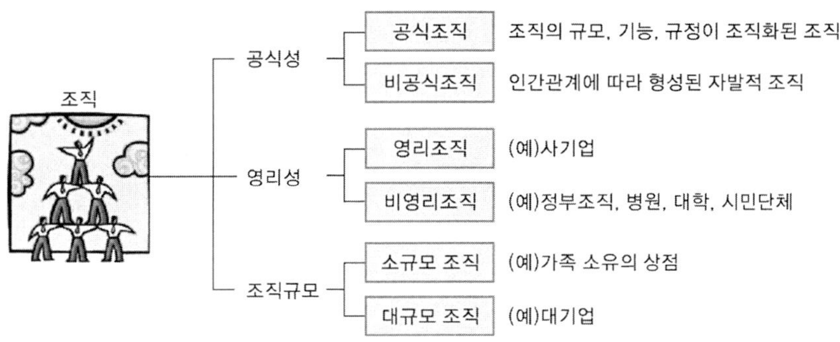

하나의 조직이 조직의 목적을 달성하기 위해서는 이를 관리, 운영하는 활동이 요구된다. 경영이란 조직이 수립한 목적을 달성하기 위하여 계획을 세우고 실행하고 그 결과를 평가하는 과정이다. 직업인은 조직의한 구성원으로서 자신이 속한 조직이 어떻게 운영되고 있으며, 어떤 방향으로 흘러가고 있는지, 현재 운영체제의 문제는 무엇이고 생산성을 높이기 위해 어떻게 개선되어야 하는지 등을 이해하고 자신의 업무에 적용하는 경영이해능력이 요구된다.

⑤ **경영의 의미 및 내용** : 경영은 한마디로 조직의 목적을 달성하기 위한 전략, 관리, 운영활동이다. 즉, 경영은 경영의 대상인 조직과 조직의 목적, 경영의 내용인 전략, 관리, 운영으로 이루어진다. 과거에는 경영(administration)을 단순히 관리(management)라고 생각하였다. 관리는 투입되는 자원을 최소화하거나 주어진 자원을 이용하여 추구하는 목표를 최대한 달성하기 위한 활동이다. 그러나 경영은 관리 이외에도 조직의 목적을 설정하고 이를 달성하기 위하여 의사결정을 하는 전략이나 관리활동을 수행하는 운영도 중요하다. 특히, 조직을 둘러싼 환경이 급변하면서 이에 적응하기 위한 전략이 중요해지고 있다. 경영의 내용이 전략, 관리, 운영으로 구분될 수는 있지만 실제 경영활동에서 이는 구별되지 않고 동시에 복합적으로 이루어진다.

⑥ **경영의 구성요소** : 경영은 경영목적, 인적자원, 자금, 경영전략의 4요소로 구성된다. 경영목적은 조직의 목적을 달성하기 위해 경영자가 수립하는 것으로 보다 구체적인 방법과 과정이 담겨 있다. 인적자원은 조직에서 일하는 구성원으로 경영은 이들의 직무수행에 기초하여 이루어지기 때문에 인적자원의 배치 및 활용이 중요하다. 자금은 경영을 하는데 사용할 수 있는 금전으로 자금이 충분히 확보되는 정도에 따라 경영의 방향과 범위가 정해지게 된다. 경영전략은 조직이 변화하는 환경에 적응하기 위하여 경영활동을 체계화하는 것으로, 목표달성을 위한 수단이다. 경영전략은 조직의 목적에 따라 전략목표를 설정하고, 조직의 내·외부 환경을 분석하여 도출된다. 예를 들어, 경영전략으로는 원가절감이나 상품의 차별화를 통해 해당 산업에서 우위를 점하는 전략이 있다.

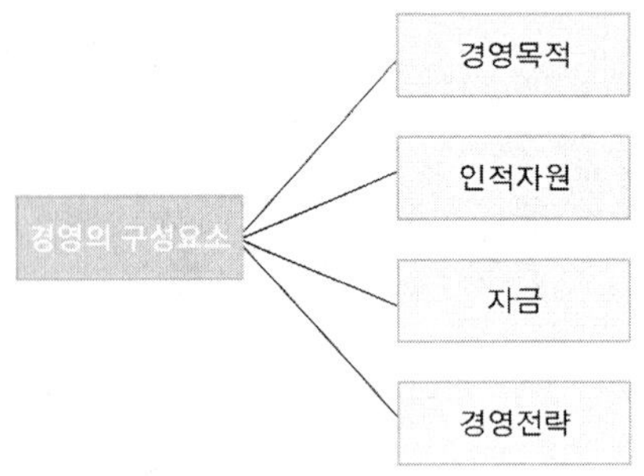

⑦ **경영자의 역할** : 경영자는 조직의 전략, 관리 및 운영활동을 주관하며, 조직구성원들과 의사결정을 통해 조직이 나아갈 방향을 제시하고 조직의 유지와 발전에 대해 책임을 지는 사람이다. 경영자는 조직의 변화방향을 설정하는 리더이며, 조직구성원들이 조직의 목표에 부합된 활동을 할 수 있도록 이를 결합시키고 관리하는 관리자이다.

조직의 규모가 커지게 되면 한 명의 경영자가 조직의 모든 경영활동을 수행하는데 한계가 있으므로, 수직적 체계에 따라 최고경영자, 중간경영자 및 하부경영자로 구분되게 된다. 최고경영자는 조직의 최상위층으로 조직의 혁신기능과 의사결정기능을 조직 전체의 수준에서 담당하게 된다. 중간경영자는 재무관리, 생산관리, 인사관리 등과 같이 경영부문별로 최고경영층이 설정한 경영목표, 전략, 정책을 집행하기 위한 제반활동을 수행하게 된다. 하위경영자는 현장에서 실제로 작업을 하는 근로자를 직접 지휘, 감독하는 경영층을 의미한다.

민츠버그(Mintzberg)는 경영자의 역할을 대인적, 정보적, 의사결정적 활동의 3가지로 구분하였다. 대인적 역할은 상징자 혹은 지도자로서 대외적으로 조직을 대표하고, 대내적으로 조직을 이끄는 리더로서 역할을 의미하며, 정보적 역할은 조직을 둘러싼 외부환경의 변화를 모니터링하고, 이를 조직에 전달하는 정보전달자의 역할을 의미한다. 의사결정적 역할은 조직 내 문제를 해결하고 대외적 협상을 주도하는 협상가, 분쟁조정자, 자원배분자로서의 역할을 의미한다.

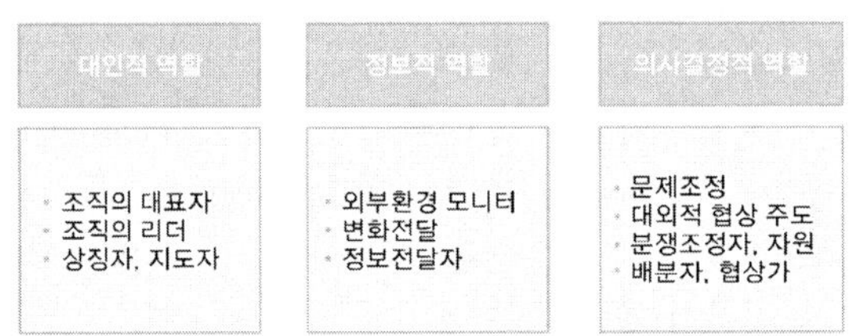

조직은 하나의 체제(system)이다. 조직은 다양한 요소들로 구성되어 있기 때문에 조직을 이해하기 위해서는 조직의 한 단면만을 보고 판단해서는 안 된다. 이처럼 특정한 방식이나 양식으로 서로 결합된 부분들의 총체를 체제라고 한다.

조직은 목적과 목표를 가지고 있으며, 이를 달성하기 위해 다양한 조직구조를 사용한다. 이렇게 조직이 형성되고 발전되면 조직구성원들이 공유하는 가치관, 신념, 규범 등의 조직문화가 형성되게 된다. 또한 조직의 효율성을 높이기 위해서 규칙과 규정을 제정하고 업무를 분화한다. 따라서 직업인은 한 조직의 구성원으로서 조직의 구조와 목적, 체제 구성요소, 규칙, 규정 등 자신이 속한 조직의 체제를 이해하는 체제이해능력이 요구된다.

⑧ **조직체제 구성요소** : 조직의 체제는 조직목표, 조직구조, 조직문화, 규칙 및 규정으로 이루어진다. 조직의 목표는 조직이 달성하려는 장래의 상태로 조직이 존재하는 정당성과 합법성을 제공한다. 조직목표에는 전체 조직의 성과, 자원, 시장, 인력개발, 혁신과 변화, 생산성에 대한 목표가 포함된다.

조직의 구조는 조직 내의 부문 사이에 형성된 관계로 조직목표를 달성하기 위한 조직 구성원들의 상호작용을 보여준다. 조직구조는 의사결정권의 집중정도, 명령계통, 최고경영자의 통제, 규칙과 규제의 정도에 따라 달라지며 구성원들의 업무나 권한이 분명하게 정의된 기계적 조직과 의사결정권이 하부구성원들에게 많이 위임되고 업무가 고정적이지 않은 유기적 조직으로 구분될 수 있다. 직업인은 조직의 구조를 조직도로 쉽게 파악할 수 있다. 조직도는 구성원들의 임무, 수행하는 과업, 일하는 장소 등을 파악하는데 용이하다. 한편 조직이 지속되게 되면 조직구성원들간 생활양식이나 가치를 공유하게 되는데 이를 조직문화라고 한다. 조직문화는 조직구성원들의 사고와 행동에 영향을 미치며 일체감과 정체성을 부여하고 조직이 안정적으로 유지되게 한다. 이에 따라 최근 조직문화에 대한 중요성이 부각되면서 조직문화를 긍정적인 방향으로 조성하기 위한 경영층의 노력이 이루어지고 있다.

조직의 규칙과 규정은 조직의 목표나 전략에 따라 수립되며, 조직구성원들의 활동범위를 제약하고 일관성을 부여하는 기능을 한다. 예를 들어, 인사규정, 총무규정, 회계규정 등이 있다. 특히 조직이 구성원들의 행동을 관리하기 위하여 규칙이나 절차에 의존하고 있는 공식화정도에 따라 조직의 구조가 결정되기도 한다.

조직 전체를 운영하는 것이 경영이라면, 조직 구성원들은 조직의 목적을 달성하기 위해서 주어진 업무를 수행한다. 업무는 조직이 개인에게 부여한 의무이자 책임이다. 조직은 목표달성을 위해서 통합되어야 하기 때문에, 개인은 자신이 하고자 하는 업무를 선택할 수 있는 권한이 미약하다. 따라서 직업인은 자신에게 주어진 업무의 성격과 내용을 알고 그에 필요한 지식, 기술, 행동을 확인하는 업무이해능력을 길러야 한다.

⑨ **업무 배정** : 조직의 업무는 조직 전체의 목적을 달성하기 위해 배분되는 것으로 목적 달성을 위해 효과적으로 분배되고, 원활하게 처리되는 구조가 되어야 한다. 이는 조직을 세로로 분할하는 것으로 업무의 종류, 성격, 범위를 명확하게 하고 구분하는 기준에 따라 나누어진다. 업무를 실제로 배정할 때에는 일의 동일성, 유사성이나 일의 관련성에 따라 이루어진다. 일의 동일성이나 유사성이란 일의 성격이 완전히 같거나 비슷할 때에 그것을 하나의 그룹으로 묶어 동일한 부문에 배정하는 것으로, 예를 들어 문서 사무, 회계 사무, 판매 활동 또는 제조 활동과 같은 것이 있다. 한편, 일의 관련성에 따라서 구분하는 경우 일의 상호관련성에 따라 구분하기도 한다. 예를 들면, 의사결정 과정에서 중요한 것인지 이견이 있는 것인지에 따라 구분되기도 하며, 동시간대에 해야 되는 일을 하나의 업무로 묶기도 한다.

직위는 조직의 각 구성원들에게 수행해야 할 일정 업무가 할당되고 그 업무를 수행하는데 필요한 권한과 책임이 부여된 조직상의 위치이다. 즉, 직위는 조직의 업무체계 중에서 하나의 업무가 차지하는 위치이며, 직업인이 조직 내에서 책임을 수행하고 권한을 행사하는 기반이 된다.

⑩ **업무의 특성 및 권한** : 조직에서 업무가 배정되면 직업인에게는 각자 업무가 주어지게 되며, 직업인은 업무를 선택할 수 있는 재량권이 매우 적기 때문에 조직 내에서 업무의 특성과 역할을

확인할 수 있어야 한다. 업무는 요구되는 지식, 기술, 도구의 종류가 다르고 다양하게 이루어지며, 자율성이나 재량권도 다르다. 특히 직업인들이 업무를 공적으로 수행할 수 있는 힘을 업무 권한이라고 하며, 이는 자신의 결정에 다른 사람들이 따르게 할 수 있는 힘이기도 하다. 직업인은 업무 권한에 따라 자신이 수행한 일에 대한 책임도 부여받게 된다.

⑪ **업무 수행 계획** : 업무를 효과적으로 수행하기 위해서는 체계적인 업무 수행 계획을 수립할 필요가 있다. 업무 수행 계획은 조직의 목적이나 방침에 부합되도록 조직이 정한 규칙이나 규정, 시간 등의 제약요인을 확인하는 것이 선행되어야 한다. 따라서 조직의 업무지침을 확인하고 개인의 업무지침을 수립하며, 활용 가능한 자원을 확인하고 이에 따라 업무 수행을 체계적으로 표현하는 업무 수행 시트를 작성하도록 한다.

조직은 환경 속에 존재하며 환경의 변화에 적응해야 하고, 급변하는 현대사회에서 조직과 환경의 관계는 더욱 강조되고 있다. 특히, 이제는 조직들이 국제 환경을 무시하고는 생존할 수 없는 시대가 되었다. 통신기술 등의 비약적 발전으로 전 세계는 하나의 시장으로 움직이고 있으며, 해외의 조직과 구성원들이 고객이 되고 있다. 따라서 직업인들에게 다른 나라의 문화를 이해하고 국제적인 동향을 이해하며 이를 업무에 활용하는 국제감각이 요구되고 있다.

⑫ **조직과 환경의 관계** : 정치적·법적 환경은 정치체제의 구조와 과정, 조직과 관련된 법적 규범체제를 의미한다. 우리나라에서 조직과 관련된 법령으로는 중소기업육성법, 정부조직법, 기업구조조정촉진법, 사회적 기업육성법, 비영리민간단체지원법 등이 있으며, 직업인이 직장생활을 하면서 알아야 할 조직관련 법으로는 근로기준법, 근로자복지기본법 등이 있다. 경제적 환경은 조직이 속해있는 경제체제의 상태를 말하며, 이윤을 추구하는 기업들은 경제적 환경에 매우 많은 영향을 받는다. 문화적 환경은 조직 구성원들의 가치와 신념을 결정하게 되어 조직의 설계와 형태, 그리고 조직문화에 영향을 미치게 된다. 기술적 환경은 새로운 기술이 개발되면 중요한 환경변수로 떠오르게 된다.

⑬ **세계화와 국제동향** : 세계화는 활동범위가 세계로 확대되는 것을 의미한다. 국가 간 1인당 국민소득의 격차가 좁혀지고, 생활패턴과 소비자 기호가 유사해지는 시장요인이나 통신시설과 운송수단의 발달은 세계화를 촉진시킨다. 세계화가 이루어지면 조직은 해외에 직접 투자를 하거나, 원자재를 보다 싼 가격에 수입하며, 세계 시장에서 경쟁하게 된다. 세계화가 진행됨에 따라 조직의 구성원들도 직장생활을 하는 동안에 직·간접적으로 영향을 받게 되고, 세계 수준으로 의식, 태도 및 행동을 확대해야 한다.

세계화 시대에 업무를 효과적으로 수행하기 위해서는 관련 국제동향을 파악할 필요가 있다. 이는 조직의 업무와 관련된 국제적인 법규나 규정을 숙지하고, 특정 국가에서 관련 업무 동향을 점검하며, 국제적인 상황변화에 능동적으로 대처하는 것이다.

⑭ **이문화 이해와 국제매너** : 국제감각은 단순히 외국어를 잘하는 능력이 아니라 나와 다른 나라의 문화를 이해하는 이문화 이해와 국제적 동향을 자신의 업무에 적용하는 능력을 모두 포함하는 개념이다. 이문화 이해는 내가 속한 문화와 다르다고 해서 무조건 나쁘거나 저급한 문화로 여기는 것이 아니라 그 나라 고유의 문화를 인정하고 해야 할 일과 해서는 안되는 일을 구별할 수 있는 것이다. 그러나 문화란 장시간에 걸쳐 무의식적으로 형성되는 영역으로 외국문화를 이해하는 것은 한계가 있으므로 지속적인 학습과 노력이 요구된다.

직업인이 외국인과 함께 일을 하려면 이문화 이해에 기반을 둔 이문화 커뮤니케이션능력이 요구된다. 이문화 커뮤니케이션은 상이한 문화 간의 의사소통으로 언어적과 비언어적인 커뮤니케이션으로 구분될 수 있다. 특히 국제관계에서는 언어적 커뮤니케이션보다 비언어적 커뮤니케이션에서 오해를 불러일으키는 경우가 많다. 같은 행동이라 하더라도 문화적 배경에 따라 다르게 받아들여질 수 있으므로, 인사하는 법이나 식사예절과 같은 국제매너를 알아둘 필요가 있다.

조직과 환경은 영향을 주고받는다. 조직도 환경에 영향을 미치기는 하지만, 환경은 조직의 생성, 지속 및 발전에 지대한 영향력을 가지고 있다. 오늘날 조직을 둘러싼 환경은 급변하고 있으며, 조직은 생존하기 위하여 이러한 환경의 변화를 읽고 적응해 나가야 한다. 이처럼 조직이 새로운 아이디어나 행동을 받아들이는 것을 조직변화 혹은 조직혁신이라고 한다.

조직에서 일하는 직업인들은 환경의 변화를 인지하고 이것의 수용가능성을 평가한 후, 새로운 아이디어를 내거나, 새로운 기술을 채택하거나, 또는 관리자층의 변화방향에 대해 공감하고 실행하는 역할을 담당한다.

⑮ **조직변화의 과정** : 조직의 변화는 환경의 변화를 인지하는 데에서 시작된다. 환경의 변화는 해당 조직에 영향을 미치는 변화를 인식하는 것으로 이는 조직구성원들이 현실에 안주하려는 경향이 있으면 인식하기 어렵다. 환경의 변화가 인지되면 이에 적응하기 위한 조직변화 방향을 수립한다. 이때는 조직의 세부목표나 경영방식을 수정하거나, 규칙이나 규정 등을 새로 제정하기도 한다. 특히, 체계적으로 구체적인 추진전략을 수립하고, 추진전략별 우선순위를 마련해야 한다. 이에 따라 조직변화를 실행하며, 마지막으로 조직개혁의 진행사항과 성과를 평가한다.

⑯ **조직변화의 유형** : 조직변화는 제품과 서비스, 전략, 구조, 기술, 문화 등에서 이루어질 수 있다. 제품이나 서비스는 기존 제품이나 서비스의 문제점을 인식하고 고객의 요구에 부응하기 위한 것으로, 고객을 늘리거나 새로운 시장을 확대하기 위해서 변화된다. 전략이나 구조의 변화는 조직의 목적을 달성하고 효율성을 높이기 위해서 조직의 경영과 관계되며, 조직구조, 경영방식, 각종 시스템 등을 개선하는 것이다. 기술변화는 새로운 기술이 도입되는 것으로 신기술이 발명되었을 때나 생산성을 높이기 위해 이루어진다. 문화의 변화는 구성원들의 사고방식이나 가치체계를 변화시키는 것으로 조직의 목적과 일치시키기 위해 문화를 유도하기도 한다.

조직은 사람들로 이루어진 집합체이며, 개인은 조직을 구성하는 가장 기본 단위이다. 개인은 이미 존재하는 조직에 가입하거나 여러 명에서 공동의 목적을 가지고 조직을 만듦으로써 조직생활을 시작한다. 직업인의 직장에서의 조직생활은 일을 하는 것이다. 직업인은 일이라는 수단을 통해 조직의 목표를 달성하게 되며, 이 일은 개인에게는 직업이 된다.

⑰ **조직과 나와의 관계** : 개인과 조직은 유기적인 관계를 맺고 있기 때문에 하나가 잘못되면 다른 하나도 영향을 받게 된다. 개인은 조직에 필요한 지식, 기술, 경험 등 개인이 갖고 있는 여러 가지 자원을 제공한다. 조직은 구성원들이 해야 할 일을 정해 주고, 개인은 조직이 정해준 범위 내에서 업무를 수행한다. 조직의 목표에 어긋나거나 정해준 범위 외의 업무를 성취하게 되면, 오히려 조직에 불이익을 주게 된다. 이처럼 조직의 목표달성에 필요한 업무를 성취할 수 있는 개

인의 역량(competency)이 중요하며, 이러한 개인별 역량의 결과가 조직의 성과로 이어진다. 개인이 자신의 역량을 활용하여 조직에 여러 가지 공헌을 하게 되면, 조직은 개인에게 보상을 제공한다. 이는 연봉, 성과급과 같은 물질적 보상과 인정, 칭찬 등과 같은 비물질적 보상이 있다. 또한, 조직이 직접적으로 제공하는 보상은 아니지만 개인은 성공적으로 업무를 수행했을 때에 만족감을 느끼고 조직에 더욱 몰입하게 된다. 최근에는 많은 조직에서 구성원들의 참여를 통해 조직의 목표를 자신의 목표로 내면화하도록 하여, 목표달성에 대한 의지를 높이고 있다.

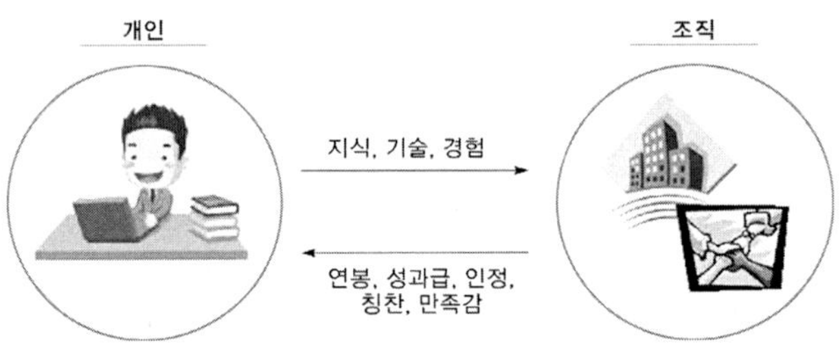

⑱ **조직과 직업** : 직업이란 일정한 지식과 기술을 가지고 장시간에 걸쳐 종사하는 일이다. 사람들이 조직에 들어와서 오랫동안 조직으로부터 주어진 업무를 수행하다보면 그 일은 하나의 직업이 된다. 조직은 개인의 적성이나 능력을 고려하여 개인에게 적합한 업무를 부여하거나 교육시키고, 새로운 사람을 선발하기도 한다. 개인들은 직업인으로서 조직의 업무에 적응하기 위하여 조직의 경영, 체제와 자신의 업무를 이해하고자 노력한다.

1 경영이해능력

경영이해능력은 직업인이 자신이 속한 조직의 경영 목표와 경영 방법을 이해하는 능력이다. 직업인은 조직의 구성원으로서 직장생활을 하는 동안에 경영자가 수행하는 조직의 목적과 전략을 이해할 필요가 있다. 따라서 경영원리를 이해하고 경영상의 문제점을 개선하는 경영이해능력의 함양이 요구된다.

조직은 목적을 가지고 있기 때문에 목적을 달성하기 위하여 지속적인 관리와 운영이 요구된다. 경영이란 조직의 목적을 달성하기 위한 전략, 관리, 운영활동이다. 조직은 다양한 유형이 있기 때문에 모든 조직에 공통적인 경영원리를 적용하는 것은 불가능하다. 그러나 특정 조직에게 적합한 특수경영 외에 일반경영은 조직의 특성에 관계없이 공통적으로 적용할 수 있는 개념이다.

① **경영의 구성요소** : 경영의 구성요소에는 일반적으로 경영목적, 인적자원, 자금, 전략의 4요소가 있다. 경영목적은 조직의 목적을 어떤 과정과 방법을 택하여 수행할 것인가를 구체적으로 제시해준다. 조직의 목적을 달성하기 위해 조직을 이끌어 나가는 경영자는 조직의 목적이 어느 정도 달성되었는지 그리고 얼마나 효율적으로 달성되었는지에 대해 평가를 받게된다.

인적자원은 조직에서 일하고 있는 구성원들로 이들이 어떠한 역량을 가지고 어떻게 직무를 수행하는지에 따라 경영성과가 달라진다. 경영자는 조직의 목적과 필요에 부합하는 인적자원을 채용하고 이를 적재적소에 배치, 활용할 수 있어야 한다.

자금은 경영활동에 사용할 수 있는 금전을 의미한다. 자금이 부족할 경우 원하는 경영목표를 달

성하는데 어려움을 겪게 된다. 특히, 이윤추구를 목적으로 하는 사기업에서 자금은 이를 통해 새로운 이윤을 창출하는 기초가 된다.

전략은 조직이 가지고 있는 자원을 효과적으로 운영하여 무엇을 해야 하며, 어떤 것을 달성해야 하는가를 알려준다. 즉, 경영전략이란 기업 내 모든 인적 물적 자원을 경영목적을 달성하기 위해 조직화 하고, 이를 실행에 옮겨 경쟁우위를 달성하는 일련의 방침 및 활동이다.

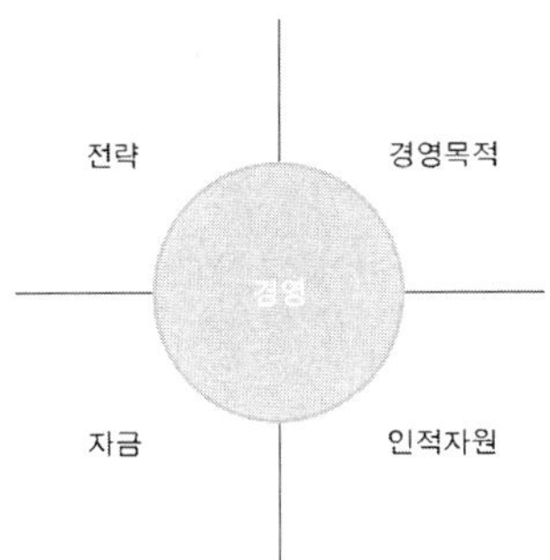

② **경영의 과정** : 경영은 경영자가 경영목표를 설정하고, 경영자원을 조달·배분하여 경영활동을 실행하며, 이를 평가하는 일련의 과정으로 이해될 수 있다. 계획이란 조직의 미래상을 결정하고 이를 달성하기 위한 대안을 분석하고 목표를 수립하며 실행방안을 선정하는 과정이다. 이에 따라 경영실행이 이루어지며 이 단계에서는 조직목적을 달성하기 위한 활동들과 조직구성원을 관리한다. 경영실행에 대한 평가는 수행결과를 감독하고 교정하여 다시 피드백하는 단계로 이루어진다.

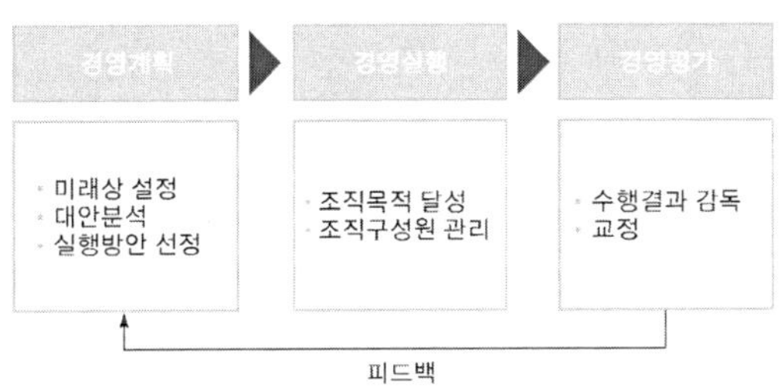

③ **경영활동 유형** : 경영활동은 외부경영활동과 내부경영활동으로 구분하여 볼 수 있다. 외부경영활동은 조직 내부를 관리하고 운영하는 것이 아니라 조직외부에서 조직의 효과성을 높이기 위해 이루어지는 활동이다. 예를 들어 기업에서는 주로 시장에서 이루어지는 활동으로 총수입을 극대화하고 총비용을 극소화하여 이윤을 창출하는 것이다. 이는 대외적 이윤추구활동으로서 대표적으로 마케팅 활동이 있다. 한편, 내부경영활동은 조직내부에서 인적, 물적 자원 및 생산기술을 관리하는 것이다. 여기에는 인사관리, 재무관리, 생산관리 등이 해당된다.

조직에서 의사결정은 개인의 의사결정에 비해 복잡하며, 신속하게 이루어져야 할 때가 많고, 확실하지 못한 환경에서 이루어지기도 한다. 또한 한 사람의 관리자에 의해 결정되는 것이 아니라 많은 구성원들의 참여와 협력이 요구된다. 문제를 해결하기 위해서 여러 부서가 관여하고, 다양한 견해를 내기도 하며, 심지어 외부의 조직이 개입되기도 한다.

④ **의사결정의 과정** : 조직에서의 의사결정은 문제가 확실하게 분석 가능하고 해결방안이 확실한 경우도 있지만 대부분 제한된 정보와 여러 견해들이 공존하게 된다. 또한 혁신적인 결정보다 현재의 체제 내에서 순차적, 부분적으로 의사결정이 이루어져서 기존의 결정을 점증적으로 수정해 나가는 방식으로 이루어진다. 따라서 조직에서의 의사결정에 대한 여러 모형들이 있지만 문제 발견에서 해결안 제시까지 구조화된 행동 순서를 나타내고 있는 점진적 의사결정 모형을 활용할 수 있다.

2 확인 단계

확인 단계는 의사결정이 필요한 문제를 인식하고, 이를 진단하는 단계이다. 진단단계는 문제의 심각성에 따라서 체계적으로 이루어지기도 하며, 비공식적으로 이루어지기도 한다. 또한 문제를 신속히 해결할 필요가 있는 경우에는 진단시간을 줄이고 즉각적인 대응이 필요하다.

3 개발 단계

개발 단계는 확인된 문제에 대하여 해결방안을 모색하는 단계이다. 개발 단계는 2가지 방식으로 이루어질 수 있다. 먼저 조직 내의 기존 해결 방법 중에서 새로운 문제의 해결 방법을 찾는 탐색과정이다. 이는 조직 내 관련자와의 대화나 공식적인 문서 등을 참고하여 이루어질 수 있다.

이전에 없었던 새로운 문제의 경우 이에 대한 해결안을 설계해야 한다. 이 경우에는 의사결정자들이 모호한 해결방법만을 가지고 있기 때문에 다양한 의사결정 기법을 통하여 시행착오적 과정을 거치면서 적합한 해결방법을 찾아나간다.

4 선택단계

해결방안을 마련하면 실행 가능한 해결안을 선택한다. 선택을 위한 방법은 3가지로 이루어질 수 있다. 한 사람의 의사결정권자의 판단에 의한 선택, 경영과학 기법과 같은 분석에 의한 선택, 이해관계집단의 토의와 교섭에 의한 선택 등이 있다. 이렇게 해결방안이 선택되면 마지막으로 조직 내에서 공식적인 승인절차를 거친 후 실행된다.

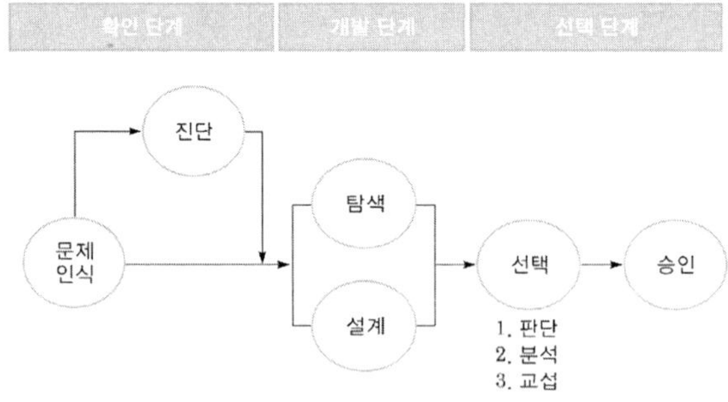

① **집단의사결정의 특징** : 조직 내에서는 개인이 단독으로 의사결정을 내리는 경우도 있지만 집단이 의사결정을 하기도 한다. 집단의사결정은 한 사람이 가진 지식보다 집단이 가지고 있는 지식

과 정보가 더 많아 효과적인 결정을 할 수 있다. 또한 다양한 집단구성원이 갖고 있는 능력은 각기 다르므로 각자 다른 시각으로 문제를 바라봄에 따라 다양한 견해를 가지고 접근할 수 있다. 집단의사결정을 할 경우 결정된 사항에 대하여 의사결정에 참여한 사람들이 해결책을 수월하게 수용하고, 의사소통의 기회도 향상되는 장점이 있다. 반면에 의견이 불일치하는 경우 의사결정을 내리는데 시간이 많이 소요되며, 특정 구성원에 의해 의사결정이 독점될 가능성이 있다.

② **브레인스토밍** : 집단에서 의사결정을 하는 대표적인 방법으로 브레인스토밍이 있다. 브레인스토밍은 여러 명이 한 가지의 문제를 놓고 아이디어를 비판 없이 제시하여 그 중에서 최선책을 찾아내는 방법으로, 다음과 같은 규칙을 준수하는 것이 중요하다.

㉠ 다른 사람이 아이디어를 제시할 때에는 비판하지 않는다.

㉡ 문제에 대한 제안은 자유롭게 이루어질 수 있다.

㉢ 아이디어는 많이 나올수록 좋다.

㉣ 모든 아이디어들이 제안되고 나면 이를 결합하고 해결책을 마련한다.

조직의 경영전략은 조직이 변화하는 환경에 적응하기 위하여 경영활동을 체계화하는 것으로, 전략은 목표가 아니라 목표달성을 위한 수단이 된다. 경영전략은 조직의 경영자가 수립하게 되지만, 모든 직업인은 자신이 속한 조직의 경영전략을 이해해야 조직목표를 달성하는데 기여할 수 있다.

③ **경영전략의 추진과정** : 조직은 먼저 경영전략을 통해 미래에 도달하고자 하는 미래의 모습인 비전을 규명하고, 미션(전략목표)을 설정한다. 전략목표를 설정하면 전략대안들을 수립하고 실행 및 통제하는 관리과정을 거친다. 최적의 대안을 수립하기 위하여 조직의 내·외부 환경을 분석한다. 조직의 내·외부 환경을 분석하는데 유용하게 이용될 수 있는 방법으로는 SWOT 분석이 가장 많이 활용되고 있다. SWOT 분석에서 조직 내부 환경으로는 조직이 우위를 점할 수 있는 장점(Strength)과 조직의 효과적인 성과를 방해하는 자원, 기술, 능력 면에서의 약점(Weakness)이 있다. 조직의 외부 환경은 기회요인(Opportunity)과 위협요인(Threat)으로 나뉘며, 기회요인은 조직 활동에 이점을 주는 환경요인이고, 위협요인은 조직 활동에 불이익을 주는 환경요인이다.

환경 분석이 이루어지면, 이를 토대로 전략을 도출한다. 조직의 경영전략은 조직전략, 사업전략, 부문전략으로 구분할 수 있으며 이들은 위계적 수준을 가지고 있다. 가장 상위단계 전략인 조직전략은 조직의 사명을 정의하고, 사업전략은 사업수준에서 각 사업의 경쟁적 우위를 점하기 위한 방향과 방법을 다룬다. 그리고 부문전략은 기능부서별로 사업전략을 구체화하여 세부적인 수행방법을 결정한다. 경영전략의 예로는 원가우위전략, 차별화전략 등이 있다. 경영전략이 수립되면 이를 실행하여 경영목적을 달성하고 결과를 평가하여 피드백하는 과정을 거친다.

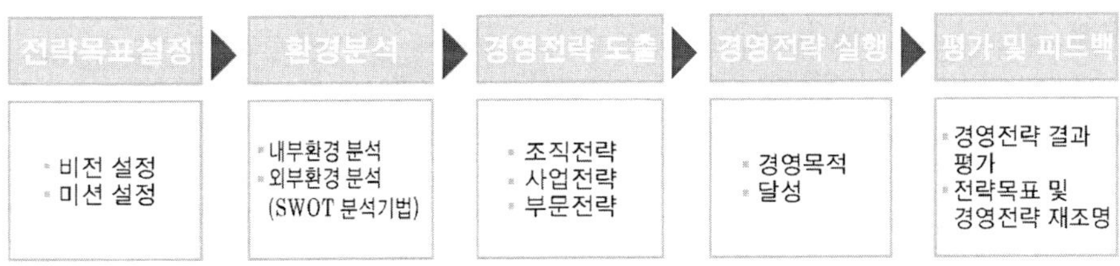

④ **경영전략의 유형** : 조직의 경영전략은 경영자의 경영이념이나 조직의 특성에 따라 다양하다. 이 중 대표적인 경영전략으로 마이클 포터(Michael E. Porter)의 본원적 경쟁전략이 있다. 본원적 경쟁전략은 해당 사업에서 경쟁우위를 확보하기 위한 전략으로 원가우위 전략, 차별화전략, 집중화 전략으로 구분된다.

원가우위 전략은 원가절감을 통해 해당 산업에서 우위를 점하는 전략으로, 이를 위해서는 대량생산을 통해 단위 원가를 낮추거나 새로운 생산기술을 개발할 필요가 있다. 여기에는 70년대 우리나라의 섬유업체나 신발업체, 가발업체 등이 미국시장에 진출할 때 취한 전략이 해당한다.

차별화 전략은 조직이 생산품이나 서비스를 차별화하여 고객에게 가치가 있고 독특하게 인식되도록 하는 전략이다. 차별화 전략을 활용하기 위해서는 연구개발이나 광고를 통하여 기술, 품질, 서비스, 브랜드 이미지를 개선할 필요가 있다.

집중화 전략은 특정 시장이나 고객에게 한정된 전략으로, 원가우위나 차별화 전략이 산업 전체를 대상으로 하는 것에 비해 집중화 전략은 특정 산업을 대상으로 한다. 즉, 차별화 전략에서는 경쟁조직들이 소홀히 하고 있는 한정된 시장을 원가우위나 차별화전략을 써서 집중적으로 공략하는 방법이다.

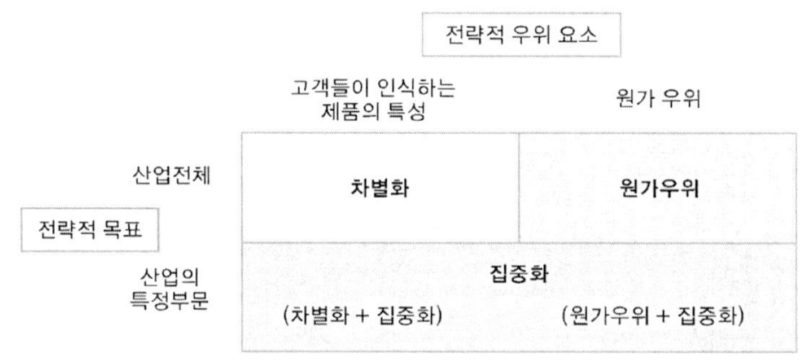

조직의 구성원들이 경영에 참여할 수 있는 방법은 무엇이 있을까? 산업민주주의의 발달과 함께 근로자 또는 노동조합을 경영의 파트너로 인정하는 협력적 노사관계가 중시됨에 따라 이들을 조직의 경영의사결정 과정에 참여시키는 경영참가제도가 논의되고 있다. 특히, 최근에는 국제경쟁의 가속화와 급격한 기술발전과 같은 환경변화에 따라 대립적인 노사관계만으로는 한계가 있다고 지적되면서 점차 경영참가의 중요성이 커지고 있다.

⑤ **경영참가제도의 목적** : 경영참가제도의 가장 큰 목적은 경영의 민주성을 제고하는 것이다. 근로자 또는 노동조합이 경영과정에 참여하여 자신의 의사를 반영함으로써 공동으로 문제를 해결하고, 노사 간의 세력 균형을 이룰 수 있다. 또한 근로자나 노동조합이 새로운 아이디어를 제시하거나 현장에 적합한 개선방안을 마련해줌으로써 경영의 효율성을 제고할 수 있다. 이를 통해 궁극적으로는 노사 간 대화의 장이 마련되고 상호 신뢰를 증진시킬 수 있다.

⑥ **경영참가제도의 유형** : 경영참가제도는 조직의 경영에 참가하는 공동의사결정제도와 노사협의회제도, 이윤에 참가하는 이윤분배제도, 자본에 참가하는 종업원지주제도 및 노동주제도 등이 있다.

5 경영참가

경영참가는 경영자의 권한인 의사결정과정에 근로자 또는 노동조합이 참여하는 것이다. 대표적으로 노사협의회는 노사 대표로 구성되는 합동기구로서 생산성 향상, 근로자복지 증진, 교육훈련, 기타 작업환경 개선 등을 논의한다. 경영참가의 초기단계에서는 경영자층이 경영 관련 정보를 근로자에게 제공하고 근로자들은 의견만을 제출하는 정보참가 단계를 가진다. 정보참가 단계보다 근로자들의 참여권한이 확대되면 노사 간 서로 의견을 교환하여 토론하며 협의하는 협의 참가 단계를 거친다. 다만 이 단계에서 이루어진 협의결과에 대한 시행은 경영자들에게 달려있다. 마지막은 근로자와 경영자가 공동으로 결정하고 결과에 대하여 공동의 책임을 지는 결정참가 단계이다. 이 단계에서는 경영자의 일방적인 경영권은 인정되지 않는다.

6 이윤참가

이윤참가는 조직의 경영성과에 대하여 근로자에게 배분하는 것으로 조직체에 대한 구성원의 몰입과 관심을 높일 수 있는 방법이다. 이는 경영의 성과증진에 근로자 혹은 노동조합이 적극적으로 기여하고 그 대가로서 임금 이외의 형태로 보상을 받는다. 이윤참가는 생산의 판매 가치나 부가 가치의 증대를 기준으로 성과배분을 하기도 한다.

7 자본참가

자본참가는 근로자가 조직 재산의 소유에 참여하는 것이다. 이는 근로자가 경영방침에 따라 회사의 주식을 취득하는 종업원지주제도, 노동제공을 출자의 한 형식으로 간주하여 주식을 제공하는 노동주제도 등이 있다. 자본참가 방식은 근로자들이 주인의식과 충성심을 가지게 되고, 성취동기를 유발할 수 있으며, 퇴직 후에 생활자금을 확보할 수 있는 한 방법이 된다.

① **경영참가제도의 문제점** : 경영참가제도를 통해 근로자들이 조직에 소속감을 느끼고 몰입하게 되어 발전적 협력이 가능하지만, 이는 모든 조직에 효과적이거나 반드시 확대되어야 할 제도는 아니다. 경영능력이 부족한 근로자가 경영에 참여할 경우 의사결정이 늦어지고 합리적으로 일어날 수 없으며, 대표로 참여하는 근로자가 조합원들의 권익을 지속적으로 보장할 수 있는가도 문제가 된다. 또한 경영자의 고유한 권리인 경영권을 약화시키고, 오히려 경영참가제도를 통해 분배 문제를 해결함으로써 노동조합의 단체교섭 기능이 약화될 수 있다. 따라서 경영참가제도가 발전적으로 이루어지도록 근로자들의 경영능력을 기르고 경영자와 근로자간 서로 협력할 수 있는 자세를 견지해야 한다.

8 체제이해능력

체제이해능력은 조직의 구조와 목적, 체제 구성요소, 규칙, 규정 등을 이해하는 능력이다. 직업인은 자신이 속한 조직이 사회적, 조직적, 기술적으로 어떻게 작용하고 작동하는지를 이해했을 때 조직의 요구에 효과적으로 부응할 수 있다. 따라서 조직체제의 다양한 요소의 작용원리를 이해하고 문제점을 개선할 수 있는 체제이해능력의 함양이 요구된다.

조직구성원들이 자신의 업무에 몰입하고 성실하게 일을 수행한다고 하여, 전체 조직의 목표가 달성되는 것은 아니다. 조직목표는 조직이 달성하려는 미래의 상태이며, 대기업, 정부부처, 종교단체를 비롯하여 심지어 작은 가게도 달성하고자 하는 목표를 가지고 있다. 조직의 목표는 미래지향적이지만 현재의 조직행동의 방향을 결정해주는 역할을 한다.

① **조직목표의 기능 및 특징** : 조직목표는 공식적 목표와 실제적 목표가 다를 수 있다. 즉, 조직이 존재하는 이유와 관련된 조직의 사명과 사명을 달성하기 위한 세부목표를 가지고 있다. 조직의 사명은 조직의 비전, 가치와 신념, 조직의 존재 이유 등을 공식적인 목표로 표현한 것이다. 반면에, 세부목표 혹은 운영목표는 조직이 실제적인 활동을 통해 달성하고자 하는 것으로 사명에 비해 측정 가능한 형태로 기술되는 단기적인 목표이다. 조직의 사명은 조직이 존재하는 정당성과 합법성을 제공하는데 반해, 운영목표는 조직이 나아갈 방향을 제시하고 조직구성원들이 여러 가지 행동대안 가운데서 적합한 것을 선택하고 의사 결정할 수 있는 기준을 제시한다. 또한 조직구성원들이 공통된 조직목표 아래에서 소속감과 일체감을 느끼고 행동수행의 동기를 가지게 하며, 조직구성원들의 수행을 평가할 수 있는 기준이 된다. 그리고 조직구조나 운영과정과 같이 조직체제를 구체화할 수 있는 기준이 된다.

> **조직 목표의 기능**
> - 조직이 존재하는 정당성과 합법성 제공
> - 조직구성원 의사결정의 기준
> - 수행평가 기준
> - 조직이 나아갈 방향 제시
> - 조직구성원 행동수행의 동기유발
> - 조직설계의 기준

한편, 조직은 다수의 조직목표를 추구할 수 있다. 이러한 조직목표들은 위계적 상호관계가 있어서 서로 상하관계에 있으면서 영향을 주고받는다. 또한 조직목표들은 조직의 구조, 조직의 전략, 조직의 문화 등과 같은 조직체제의 다양한 구성요소들과 상호관계를 가지고 있다. 그런데 이러한 조직목표들은 한번 수립되면 달성될 때까지 지속되는 것이 아니라 환경이나 조직 내의 다양한 원인들에 의하여 변동되거나 없어지고 새로운 목표로 대치되기도 한다. 조직목표가 수정되거나 새로운 목표가 형성되는데 영향을 미치는 조직 내적 요인으로는 조직리더의 결단이나 태도변화, 조직 내 권력구조 변화, 목표형성 과정 변화 등이 있으며, 외적 요인으로는 경쟁업체의 변화, 조직자원의 변화, 경제정책의 변화 등이 있다.

> **조직 목표의 특징**
> - 공식적 목표와 실제적 목표가 다를 수 있음
> - 조직목표간 위계적 관계가 있음
> - 조직의 구성요소와 상호관계를 가짐
> - 다수의 조직목표 추구 가능
> - 가변적 속성

② **조직목표의 분류** : 조직설계 학자인 리처드(Richard L. Daft)는 조직이 일차적으로 수행해야할 과업인 운영목표에는 조직전체의 성과, 자원, 시장, 인력개발, 혁신과 변화, 생산성에 관한 목표가 포함된다고 하였다.

전체성과란 영리조직은 수익성, 사회복지기관은 서비스 제공과 같은 조직의 성장목표이다. 자원에 관한 목표는 조직에 필요한 재료와 재무자원을 획득하는 것이며, 시장과 관련된 조직목표는 시장점유율이나 시장에서의 지위향상과 같은 목표이다. 인력개발은 조직구성원에 대한 교육훈련, 승진, 성장 등과 관련된 목표이며, 혁신과 변화는 불확실한 환경변화에 대한 적응가능성을 높이고 내부의 유연성을 향상시키고자 수립하는 것이다. 생산성은 투입된 자원에 대비한 산출량을 높이기 위한 목표로 단위생산비용, 조직구성원 1인당 생산량 및 투입비용 등으로 산출할 수 있다.

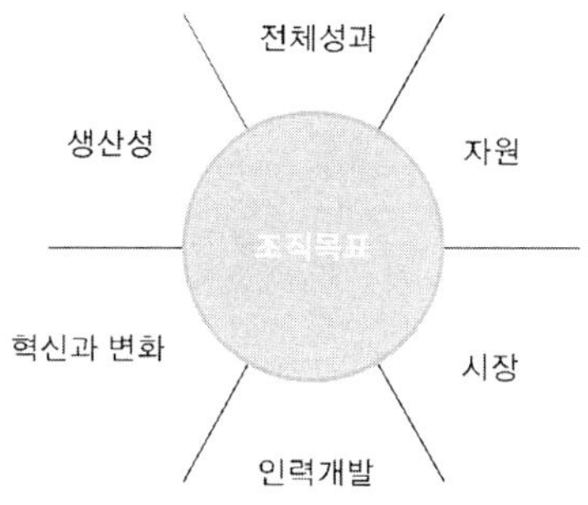

조직은 일정한 양식과 관계가 확립되어 있으며, 조직구성원들은 이러한 유형화된 형태에 따라 상호작용을 한다. 조직구조는 조직 내의 부문 사이에 형성된 관계로 즉, 조직목표를 달성하기 위한 조직구성원들의 유형화된 상호작용과 이에 영향을 미치는 매개체이다. 직업인들은 자신에게 주어진 업무를 혼자서만 수행할 수 없으며, 조직의 구성원들과 상호작용할 필요가 있다. 이때, 자신이 속한 조직구조의 특징을 모르면, 자신에게 주어진 업무의 범위와 권한이 어디까지인지, 자신이 필요로 하는 정보를 누구에게 얻어야 할지, 어떤 방식으로 구해야 할지 알지 못하게 된다.

③ 조직구조의 구분 : 조직구조는 의사결정 권한의 집중정도, 명령계통, 최고경영자의 통제, 규칙과 규제의 정도 등에 따라 기계적인 조직과 유기적인 조직으로 구분할 수 있다. 기계적 조직은 구성원들의 업무가 분명하게 정의되고 많은 규칙과 규제들이 있으며, 상하간 의사소통이 공식적인 경로를 통해 이루어지고 엄격한 위계질서가 존재한다. 대표적인 기계적 조직으로는 군대가 있다. 반면에, 유기적 조직은 의사결정권한이 조직의 하부구성원들에게 많이 위임되어 있으며 업무도 고정되지 않고 공유 가능한 조직이다. 유기적 조직에서는 비공식적인 상호 의사소통이 원활히 이루어지며, 규제나 통제의 정도가 낮아 변화에 따라 쉽게 변할 수 있는 특징을 가진다.

④ 조직구조의 결정요인 : 조직구조는 조직마다 다양하게 이루어진다. 조직구조는 조직목표의 효과적 달성에 영향을 미친다. 조직구조에 대한 많은 연구들은 조직구조에 영향을 미치는 요인으로 조직의 전략, 규모, 기술, 환경 등이 있으며, 이에 따라 기계적 조직 혹은 유기적 조직으로 설계되며, 조직 활동의 결과로서 조직의 성과와 구성원들의 조직만족이 결정된다. 다만, 조직성과와 만족은 조직구성원들의 개인적 성향과 조직문화의 차이에 따라 달라진다. 조직구조 결정요인으로서 조직전략은 조직의 목적을 달성하기 위하여 수립한 계획으로 조직이 자원을 배분하고 경쟁적 우위를 달성하기 위한 주요 방침이다. 따라서 조직의 전략이 바뀌게 되면 구조가 바뀌게 된다. 한편, 소규모조직과 대규모조직은 다른 조직구조를 가지게 된다. 대규모조직은 소규모조직에 비해 업무가 전문화, 분화되어 있고 많은 규칙과 규정이 존재하게 된다. 기술은 조직이 투입요소를 산출물로 전환시키는 지식, 기계, 절차 등을 의미하며, 소량생산기술을 가진 조직은 유

기적 조직구조를, 대량생산기술을 가진 조직은 기계적 조직구조를 가진다. 조직은 환경의 변화에 적절하게 대응 해야 하므로 환경에 따라 조직의 구조가 달라진다. 안정적이고 확실한 환경에서는 기계적 조직이 적합하고, 급변하는 환경에서는 유기적 조직이 적합하다.

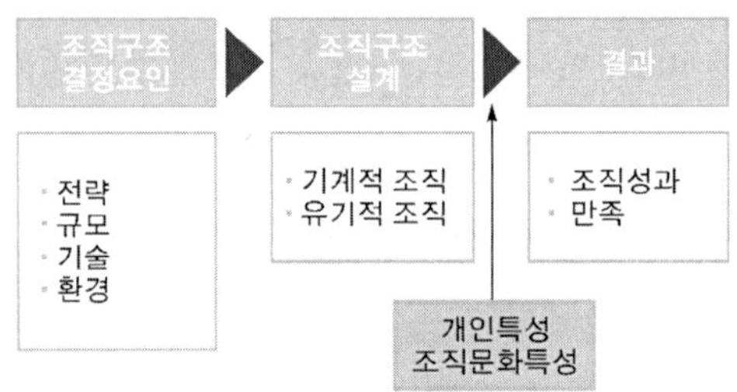

⑤ **조직구조의 형태** : 조직도를 살펴보면 조직 내적인 구조는 볼 수 없지만 구성원들의 임무, 수행하는 과업, 일하는 장소 등과 같은 일하는 방식과 관련된 체계를 알 수 있으므로 한 조직을 이해하는데 유용하다. 조직도를 통해 조직이 어떻게 구성되어 있는지를 알 수 있고, 조직에서 하는 일은 무엇이며, 조직구성원들이 어떻게 상호작용하는지를 파악할 수 있다. 대부분의 조직은 조직의 CEO가 조직의 최상층에 있고, 조직구성원들이 단계적으로 배열되는 구조를 가지고 있다. 환경이 안정적이거나 일상적인 기술, 조직의 내부 효율성을 중요시하며 기업의 규모가 작을 때에는 업무의 내용이 유사하고 관련성이 있는 것들을 결합해서 그림과 같이 기능적 조직구조 형태를 이룬다.

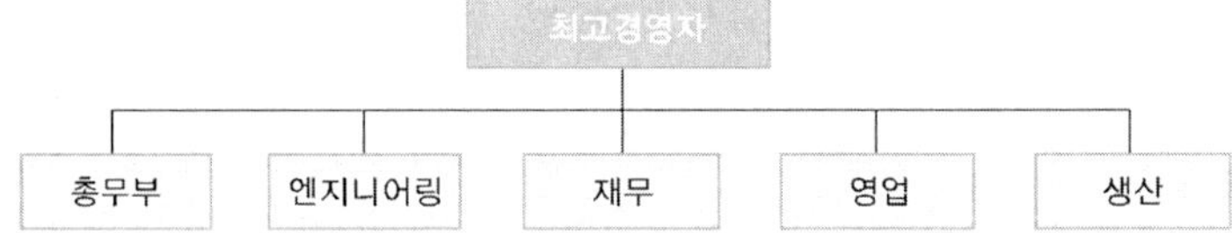

급변하는 환경변화에 효과적으로 대응하고 제품, 지역, 고객별 차이에 신속하게 적응하기 위해서는 분권화된 의사결정이 가능한 사업별 조직구조 형태를 이룰 필요가 있다. 사업별 조직구조는 개별 제품, 서비스, 제품그룹, 주요 프로젝트나 프로그램 등에 따라 조직화된다. 즉, 그림과 같이 제품에 따라 조직이 구성되고 각 사업별 구조 아래 생산, 판매, 회계 등의 역할이 이루어진다.

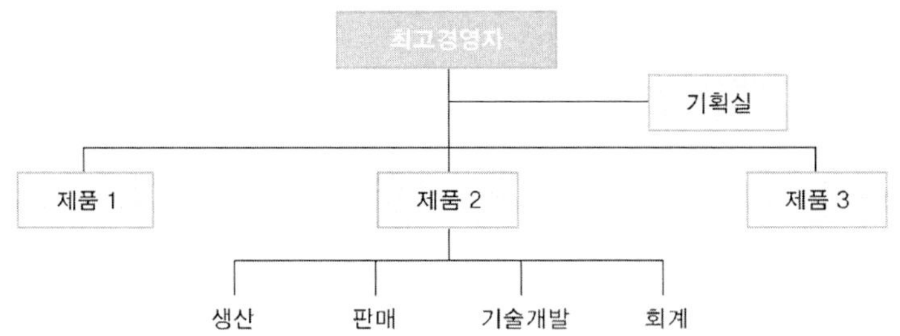

조직문화는 조직구성원들의 공유된 생활양식이나 가치이다. 즉, 조직문화는 한 조직체의 구성원들이 모두 공유하고 있는 가치관과 신념, 이데올로기와 관습, 규범과 전통 및 지식과 기술 등을 모두 포함한 종합적인 개념으로 조직전체와 구성원들의 행동에 영향을 미친다. 조직의 구성원들

은 조직문화 속에서 활동하고 있지만 이를 의식하지 못하는 경우가 많다. 조직문화에 자연스럽게 융화되어 생활하는 경우도 있지만, 새로운 직장으로 옮겼을 때와 같이 조직문화의 특징을 알지 못하여 조직적응에 문제를 일으키는 경우도 있다. 따라서 직업인들은 조직문화의 특징은 어떤 것이 있으며, 자신이 속한 조직은 어떤 특징을 가지는 지를 이해할 필요가 있다.

⑥ **조직문화의 기능** : 조직문화는 조직의 방향을 결정하고 존속하게 하는데 중요한 요인이다. 첫째, 조직문화는 구성원들에게 일체감과 정체성을 부여한다. 특히, 외부환경이 변하게 되면 조직구성원의 결속력을 강화시켜주는 역할을 한다. 둘째, 조직문화는 조직몰입을 높여준다. 조직구성원들은 조직에 소속감을 느끼고 조직의 목표를 달성하기 위하여 자신의 노력과 능력을 기울인다. 셋째, 조직문화는 구성원들의 행동지침으로 작용한다. 조직문화는 구성원의 사고방식과 행동양식을 규정하여, 구성원들은 조직에서 해오던 방식대로 업무를 처리하게 된다. 이는 조직문화가 구성원을 조직에 적응하도록 사회화하고 일탈적 행동을 통제하는 기능을 한다. 넷째, 조직문화는 조직의 안정성을 가져온다. 따라서 많은 조직들은 그 조직만의 독특한 조직문화를 만들기 위해 노력하기도 한다. 그러나 강한 조직문화는 다양한 조직구성원들의 의견을 받아들일 수 없거나, 조직이 변화해야 할 시기에 장애요인으로 작용하기도 한다.

> **조직문화의 기능**
> - 조직구성원들에게 일체감, 정체성 부여
> - 조직몰입 향상
> - 조직구성원들의 행동지침 : 사회화 및 일탈행동 통제
> - 조직의 안정성 유지

⑦ **조직문화 구성요소** : 조직문화가 어떻게 구성되는지를 이해하면 조직문화를 구체적으로 이해하는데 도움이 된다. 미국 선진 기업의 성공 사례를 연구한 피터(Peters)와 워터맨(Waterman)의 저서 「In Search of Excellence」에서는 7−S 모형을 통해 조직문화의 구성요소와 이들의 상호작용을 개념화하였다. 이는 세계적 기업인 맥킨지(McKinsey)에 의해서 개발된 것으로 조직문화를 구성하고 있는 '7S'는 공유가치(Shared Value), 리더십 스타일(Style), 구성원(Staff), 시스템(System), 구조(Structure), 전략(Strategy), 관리기술(Skill)을 말한다. '공유가치'는 조직 구성원들의 행동이나 사고를 특정 방향으로 이끌어 가는 원칙이나 기준이다. '리더십 스타일'은 구성원들을 이끌어 나가는 리더의 전반적인 조직관리스타일이다. 조직의 '구성원'은 조직의 인력 구성과 구성원들의 능력과 전문성, 가치관과 신념, 욕구와 동기, 지각과 태도 그리고 그들의 행동 패턴 등을 의미하며, '시스템'은 조직 운영의 의사 결정과 일상 운영의 틀이 되는 각종 시스템을 의미한다. '구조'는 조직의 전략을 수행하는데 필요한 틀로서 구성원의 역할과 그들 간의 상호관계를 지배하는 공식요소를, '전략'은 조직의 장기적인 목적과 계획 그리고 이를 달성하기 위한 장기적인 행동지침을, '기술'은 하드웨어는 물론 이를 사용하는 소프트웨어 기술을 포함하는 요소를 의미한다. 이처럼 조직문화는 조직의 체제를 구성하는 다양한 요소들과 밀접한 관계를 가지며 조직의 주된 특성이 된다.

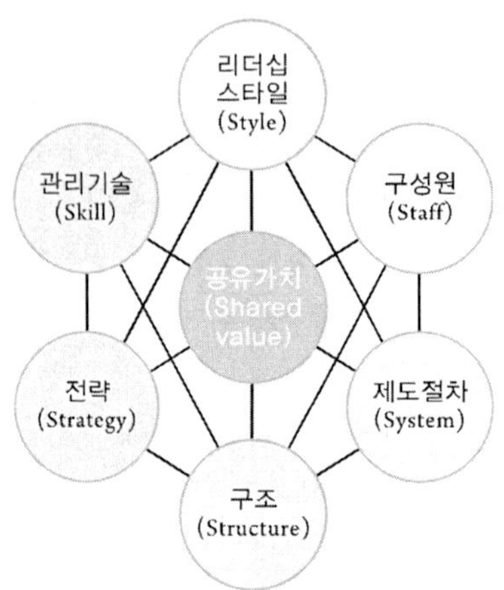

조직체제 안에는 집단이 있다. 집단은 조직구성원들 몇 명이 모여 일정한 상호작용의 체제를 이룰 때에 형성된다. 하나의 대규모 조직은 집단이라는 하위체제로 구분될 수 있다. 직업인들은 자신이 속한 집단에서 소속감을 느끼며, 필요한 정보를 획득하고, 인간관계를 확장하는 등의 요구를 충족할 수 있다. 특히 최근에는 수직적·수평적 장벽을 허물고 보다 자율적인 환경 속에서, 인적자원을 효율적으로 활용하고 내부유연성을 강화하기 위한 조직형태인 팀에 대한 관심이 증가하고 있다.

⑧ **집단의 유형** : 조직 내 집단은 공식적인 집단과 비공식적인 집단으로 구분할 수 있다. 공식적인 집단은 조직의 공식적인 목표를 추구하기 위해 조직에서 의도적으로 만든 집단이다. 따라서 공식적인 집단의 목표나 임무는 비교적 명확하게 규정되어 있으며, 여기에 참여하는 구성원들도 인위적으로 결정되는 경우가 많다. 공식적 집단의 예로는 상설 혹은 임시위원회, 임무수행을 위한 작업팀 등이 있다.

반면에, 비공식적인 집단은 조직구성원들의 요구에 따라 자발적으로 형성된 집단이다. 이는 공식적인 업무수행 이외에 다양한 요구들에 의해 이루어진다. 예를 들어 업무수행능력 향상을 위해 자발적으로 형성된 스터디 모임, 봉사활동 동아리, 각종 친목회 등이 있을 수 있다.

⑨ **집단 간 관계** : 조직 내에는 다양한 집단이 존재하기 때문에 집단 간 경쟁이 발생하기도 한다. 집단간 경쟁이 일어나는 원인은 조직 내의 한정된 자원을 더 많이 가지려고 하거나 서로 상반되는 목표를 추구하기 때문이다. 집단 간 경쟁이 일어나면 집단 내부에서는 응집성이 강화되고 집단의 활동이 더욱 조직화되기도 하지만, 집단 간 경쟁이 과열되면 공통된 목적을 추구하는 조직 내에서 집단 간 갈등은 자원의 낭비, 업무 방해, 비능률 등의 문제를 초래하게 된다. 따라서 직업인들은 집단에 참여하여 소속감을 느끼고 다양한 요구들을 충족하는 것은 바람직하지만, 집단 간 경쟁이 심화되어 조직 전체의 효율성을 저해하는 일이 없도록 관련 집단과 원활한 상호작용을 위해 노력해야 한다.

⑩ **팀의 역할과 성공조건** : 팀은 구성원들이 공동의 목표를 성취하기 위하여 서로 기술을 공유하고 공동으로 책임을 지는 집단이다. 팀은 다른 집단들에 비해 구성원들의 개인적 기여를 강조하고, 개인적 책임뿐만 아니라 상호 공동책임을 중요시하며, 공동목표의 추구를 위해 헌신해야 한다는

의식을 공유한다. 또한 다른 집단과 비교하여 팀에서는 자율성을 가지고 스스로 관리하는 경향이 있다. 따라서 팀은 생산성을 높이고 의사결정을 신속하게 내리며 구성원들의 다양한 창의성 향상을 도모하기 위하여 조직되지만, 팀이 성공적으로 운영되기 위해서는 조직 구성원들의 협력 의지와 관리자층의 지지가 요구된다.

⑨ 업무이해능력

업무이해능력은 직업인이 자신에게 주어진 업무의 성격과 내용을 알고 그에 필요한 지식, 기술, 행동을 확인하는 능력이다. 조직생활에서 가장 기본이 되는 직업인의 역할은 자신의 업무를 효과적으로 수행하는 것이다. 주어진 업무의 특성을 파악하고 조직 내에서 업무처리 절차를 이해하는 업무이해능력은 업무를 효과적으로 수행하는데 기초가 된다.

조직에서 업무는 상품이나 서비스를 창출하기 위한 생산적인 활동이다. 조직의 목적을 달성하기 위해 중요한 근거가 된다. 조직 내에서 구성원들이 수행하는 업무는 조직의 구조를 결정한다. 직업인은 자신이 속한 조직의 다양한 업무를 통해 조직의 체제를 이해할 수 있으며, 자신에게 주어진 업무의 특성을 파악하여 전체 조직의 체제 내에서 효과적으로 업무를 수행할 수 있다.

① 업무의 종류 : 조직의 목적이나 규모에 따라 업무는 다양하게 구성될 수 있다. 예를 들어, 연구소에는 인사, 회계 관련 업무 외에 연구 개발업무가 있다. 또한, 같은 규모의 조직이라고 하더라도 업무의 종류와 범위가 다를 수 있다. 이처럼 업무의 종류를 세분화할 것인가, 업무의 수를 줄일 것인가의 문제도 조직에 따라 다양하게 결정될 수 있다. 이는 각 조직마다 외부적인 상황이 서로 다르고 오랜 세월에 걸쳐 형성된 특유의 조직문화와 내부권력구조, 그리고 성공여건 내지 조직의 강점과 약점이 서로 다르다는 점에서 그 원인을 찾을 수 있다. 대부분의 조직에서는 총무, 인사, 회계, 생산 등의 업무를 담당하며 각 업무의 예시를 제시하면 다음과 같다.

부서	업무(예)
총무부	주주총회 및 이사회개최 관련 업무, 의전 및 비서업무, 집기비품 및 소모품의 구입과 관리, 사무실 임차 및 관리, 차량 및 통신시설의 운영, 국내외 출장 업무 협조, 복리후생 업무, 법률자문과 소송관리, 사내외 홍보 광고업무
인사부	조직기구의 개편 및 조정, 업무분장 및 조정, 인력수급계획 및 관리, 직무 및 정원의 조정 종합, 노사관리, 평가관리, 상벌관리, 인사발령, 교육체계 수립 및 관리, 임금제도, 복리후생제도 및 지원업무, 복무관리, 퇴직관리
기획부	경영계획 및 전략 수립, 전사기획업무 종합 및 조정, 중장기 사업계획의 종합 및 조정, 경영정보 조사 및 기획보고, 경영진단업무, 종합예산수립 및 실적관리, 단기사업계획 종합 및 조정, 사업계획, 손익추정, 실적관리 및 분석
회계부	회계제도의 유지 및 관리, 재무상태 및 경영실적 보고, 결산 관련 업무, 재무제표 분석 및 보고, 법인세, 부가가치세, 국세 지방세 업무자문 및 지원, 보험가입 및 보상업무, 고정자산 관련 업무
영업부	판매 계획, 판매예산의 편성, 시장조사, 광고 선전, 견적 및 계약, 제조지시서의 발행, 외상매출금의 청구 및 회수, 제품의 재고 조절, 거래처로부터의 불만처리, 제품의 애프터서비스, 판매원가 및 판매가격의 조사 검토

② **업무의 특성** : 조직 내에서 업무는 조직의 목적을 보다 효과적으로 달성하기 위하여 세분화된 것이므로 궁극적으로는 같은 목적을 지향한다. 이처럼 조직의 목적을 달성하기 위하여 업무는 통합되어야 하므로, 업무는 직업인들에게 부여되며 개인이 선호하는 업무를 임의로 선택할 수 있는 재량권이 매우 적다. 또한 업무는 조직 내 다른 업무와 밀접한 관련성을 가지고 있다. 즉, 업무가 독립적으로 이루어지지만 업무 간에는 서열성이 있어서 순차적으로 이루어지기도 하며, 서로 정보를 주고받기도 한다.

한편, 조직이라는 전체로 통합되기 위하여 업무는 다양한 특성을 가지고 있다. 개별업무들은 요구되는 지식, 기술, 도구의 종류가 다르고 이들 간의 다양성도 차이가 있다. 또한 어떤 업무는 구매에서 출고와 같이 일련의 과정을 거치는 반면, 어떤 업무는 상대적으로 독립되어 이루어지기도 한다. 연구, 개발 등과 같은 업무는 자율적이고 재량권이 많은 반면, 조립, 생산 등과 같은 업무는 주어진 절차에 따라 이루어지는 경우도 있다.

> **업무의 특성**
> - 공통된 조직의 목적 지향
> - 다른 업무와의 관계, 독립성
> - 요구되는 지식, 기술, 도구의 다양성
> - 업무수행의 자율성, 재량권

조직에는 다양한 업무가 있으며, 업무에 따라 이를 수행하는 절차나 과정이 다르다. 또한 개인의 선호도에 따라서 효과적인 업무수행 방법이나 노하우가 있다. 그러나 일반적으로 조직에서의 업무는 조직이 정한 규칙과 규정, 시간 등의 제약이 있다. 따라서 업무를 효과적으로 수행하기 위해서는 자신에게 주어진 자원과 제약요건을 확인하고, 이에 따라 구체적인 계획을 수립할 필요가 있다.

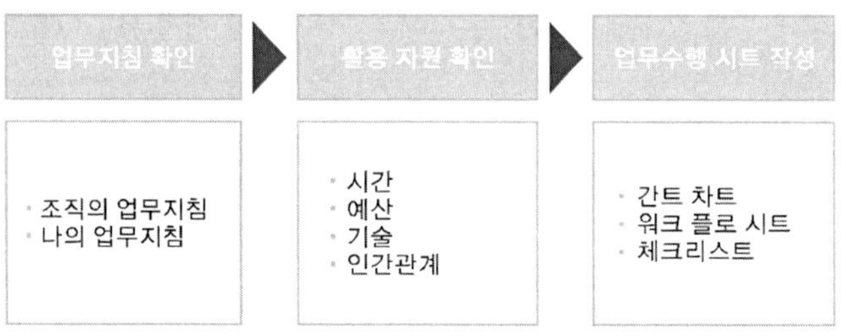

10 업무지침 확인

업무지침은 업무를 수행하는데 안내자 역할을 한다. 특히, 조직의 업무지침은 개인이 임의로 업무를 수행하지 않고 조직의 목적에 부합될 수 있도록 안내한다. 따라서 업무를 수행하는데 있어서 업무와 관련된 지침을 확인하는 것이 첫 단계이다.

한편, 직업인들은 조직의 업무지침을 토대로 개인의 업무지침을 작성할 수 있으며, 이는 업무수행의 준거가 되고 시간을 절약하는데 도움이 된다. 개인의 업무지침을 작성할 때에는 조직의 업무지침, 장단기 목표, 경영전략, 조직구조, 규칙 및 규정 등을 고려하도록 한다. 다만, 조직이나 개인의 업무지침 모두 환경의 변화에 따라 신속하게 수정되지 않으면 오히려 잘못된 결과를 낳을 수 있으므로 3개월에 한번 정도 지속적인 개정이 필요하다.

11 활용자원 확인

업무지침을 수립하면 자신에게 주어진 자원을 확인한다. 업무와 관련된 자원으로는 시간, 예산, 기술 등의 물적 자원과 조직 내·외부에서 공동으로 일을 수행하는 인적자원이 있다. 조직 내에서 이러한 자원들은 무한정으로 주어지는 것이 아니므로, 제한된 조건 하에서 효과적으로 활용할 수밖에 없다. 또한 자신의 업무를 수행하는데 요구되는 지식, 기술이 부족하다면 이를 함양하기 위한 계획을 수립해야 한다.

12 업무수행 시트 작성

활용자원을 확인한 다음 구체적인 업무수행 계획을 수립한다. 여기에는 간트 차트, 워크 플로 시트, 체크리스트 등이 있으며 개인의 경험에 따라 자유롭게 작성할 수 있다. 업무수행 시트를 작성하면, 마지막에 급하게 일을 처리하지 않고 주어진 시간 내에 끝마칠 수 있으며, 세부적인 단계로 구분하여 단계별로 협조를 구해야 할 사항과 처리해야 할 일을 체계적으로 알 수 있고, 문제가 발생할 경우 발생지점을 정확히 파악하여 시간과 비용을 절약할 수 있는 장점이 있다.

① 간트 차트(Gantt chart) : 간트 차트는 미국의 간트(Henry Laurence Gantt)가 1919년에 창안한 작업진도 도표로, 단계별로 업무를 시작해서 끝나는데 걸리는 시간을 바(bar) 형식으로 표시할 한 것이다. 이는 전체 일정을 한 눈에 볼 수 있고, 단계별로 소요되는 시간과 각 업무활동 사이의 관계를 보여줄 수 있다. 최근에는 마이크로 엑셀 등의 프로그램으로 단계별 시작일과 종료일을 기입하면 쉽게 간트 차트를 만들어 사용할 수 있다.

업무	6월	7월	8월	9월
설계				
자료수집				
기본설계				
타당성 조사 및 실시설계				
시공				
시공				
결과 보고				

② 워크 플로 시트(Work flow sheet) : 워크 플로 시트는 일의 흐름을 동적으로 보여주는데 효과적이다. 특히 워크 플로 시트에 사용하는 도형을 다르게 표현함으로써 주된 작업과 부차적인 작업, 혼자 처리할 수 있는 일과 다른 사람의 협조를 필요로 하는 일, 주의해야 할 일, 컴퓨터와 같은 도구를 사용해서 할 일 등을 구분해서 표현할 수 있다. 예를 들어 다음의 예시에서 사각형은 주된 업무를, 타원은 세부 절차를 , 원은 시작과 종료를 나타낸다. 또한, 각 활동별로 소요시간을 표기하면 더욱 효과적이다.

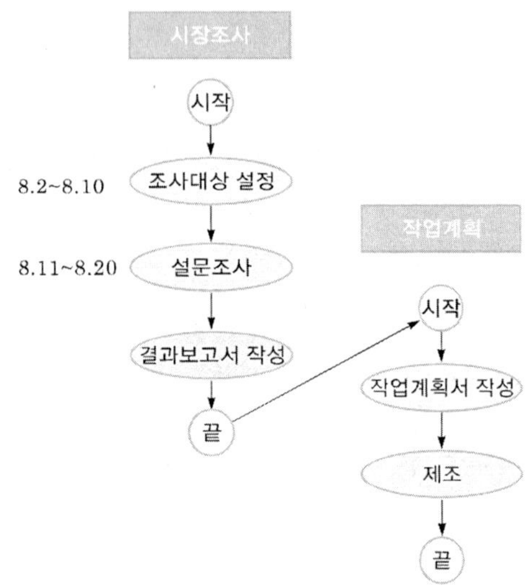

③ 체크리스트(Checklist) : 체크리스트는 업무의 각 단계를 효과적으로 수행했는지를 스스로 점검 해볼 수 있는 도구이다. 체크리스트는 시간의 흐름을 표현하는 데에는 한계가 있지만, 업무를 세부적인 활동들로 나누고 각 활동별로 기대되는 수행수준을 달성했는지를 확인하는 데에는 효 과적이다.

업무		체크	
		YES	NO
고객관리	고객 대장을 정비하였는가?		
	3개월에 한 번씩 고객 구매 데이터를 분석하였는가?		
	고객의 청구 내용 문의에 정확하게 응대하였는가?		
	고객 데이터를 분석하여 판매 촉진 기획에 활용하였는가?		

업무를 수행하다 보면 아무리 계획을 체계적으로 세웠다고 하더라도 여러 가지 방해요인에 의해 좌절감을 경험하는 경우가 있다. 이러한 방해요인들은 사소해 보이지만 생산성을 방해하는 가장 큰 주범이다. 따라서 업무를 효과적으로 수행하기 위해서는 이러한 방해요인에는 어떤 것이 있 는지 알아야 한다. 특히, 방해요인들을 잘 활용하면 오히려 도움이 되는 경우도 있으므로 이를 효과적으로 통제하고 관리할 필요가 있다.

④ 방문, 인터넷, 전화, 메신저 : 다른 사람들의 방문, 인터넷, 전화, 메신저 등은 업무계획과 관계없 이 갑자기 찾아오는 경우가 많다. 특히 최근에는 쉴 새 없이 쏟아지는 광고메일들을 정리하고 업무에 도움이 되는 메일을 선별하는 것이 문제가 되고 있다. 그러나 무조건적으로 다른 사람들 과 대화를 단절하는 것은 비현실적이며 바람직하지도 않다.

이들을 효과적으로 통제할 수 있는 제1의 원칙은 시간을 정해 놓으라는 것이다. 반드시 모든 메 일에 즉각적으로 대답할 필요가 없으며, 걸려오는 모든 전화에 그 시간에 통화할 필요는 없다. 하루 일과 중 메일을 확인하는 시간을 3시간에 10분 단위로 계획하거나, 외부 방문시간을 정하

거나, 메신저에 접속하는 시간을 정한다. 또한 각 통화마다 3분 이내 통화원칙을 세우거나, 사적인 전화는 나중에 다시 걸겠다고 한 후 업무 시간 외에 통화하도록 한다.

⑤ 갈등관리 : 조직 내 갈등은 개인적인 갈등이 아니더라도, 집단적 갈등, 타 조직과의 갈등 등이 발생할 수 있다. 이러한 갈등은 업무시간을 지체하게 하고, 정신적인 스트레스를 가져오지만 항상 부정적인 결과만을 초래하는 것은 아니다. 갈등은 새로운 시각에서 문제를 바라보게 하고, 다른 업무에 대한 이해를 증진시켜주며, 조직의 침체를 예방해주기도 한다.

갈등을 효과적으로 관리하기 위해서는 먼저, 갈등상황을 받아들이고 이를 객관적으로 평가해보아야 한다. 갈등을 유발시킨 원인은 무엇인지, 장기적으로 조직에 이익이 될 수 있는 해결책은 무엇인지를 생각해본다. 그리고 갈등을 해결하는데 가장 중요한 것은 대화와 협상으로 의견일치에 초점을 맞추고, 양측에 도움이 될 수 있는 해결방법을 찾는데 주력한다. 한편, 어떤 경우에는 직접적인 해결보다 일단 갈등상황에서 벗어나는 회피전략이 더욱 효과적일 수 있으므로, 갈등의 해결이 중대한 분열을 초래할 가능성이 있을 때에는 충분한 해결시간을 가지고 서서히 접근하도록 한다.

⑥ 스트레스 : 업무 스트레스는 새로운 기술, 과중한 업무, 인간관계, 경력개발 등에 대한 부담으로 발생한다. 과중한 업무 스트레스는 개인뿐만 아니라 조직에도 부정적인 결과를 가져와서 과로나 정신적 불안감을 조성하고 심한 경우 우울증, 심장마비 등 질병에 이르게 한다. 그러나 적정수준의 스트레스는 사람들을 자극하여 개인의 능력을 개선하고 최적의 성과를 내게 해준다.

스트레스를 관리하기 위해서는 시간 관리를 통해 업무과중을 극복하고, 명상과 같은 방법으로 긍정적인 사고방식을 가지며, 신체적 운동을 하거나 전문가의 도움을 받는다. 조직차원에서는 직무를 재설계하거나 역할을 재설정하고 심리적으로 안정을 찾을 수 있도록 학습동아리 활동과 같은 사회적 관계형성을 장려한다.

13 국제감각

국제감각은 직장생활을 하는 동안에 다른 나라의 문화를 이해하고 국제적인 동향을 이해하는 능력이다. 오늘날 21세기 지구촌은 국경을 초월한 개방화, 정보화, 세계화가 이루어지고 있으며, 직업인은 직장생활 중에 국제적인 동향을 고려하고 다른 나라 사람들과 함께 일을 하는 경우가 많아졌다. 따라서 세계화시대에 능력 있는 직업인이 되기 위해서는 국제감각을 길러야 한다.

세계는 이제 3Bs(국경 : Border, 경계 : Boundary, 장벽 : Barrier)가 완화되고 있다. 국제간 물적, 인적자원의 이동이 자유롭게 이루어지며, 통신 산업의 발달로 네트워크가 형성되었다. 이처럼 세계는 하나의 지구촌이라는 말로 표현될 만큼 밀접하게 서로 영향을 주고받으며 살아가고 있다.

① 세계화란

세계화란 활동범위가 세계로 확대되는 것을 의미한다.

개인은 세계화에 따라 자유롭게 다른 나라로 이동을 하고, 다른 나라에서 생산된 상품이나 서비스를 이용한다. 조직은 세계시장에서 경쟁하고 살아남아야 하는 역량을 가져야 한다. 최근에는 다국적 내지 초국적 기업이 등장하여 범지구적 시스템과 네트워크 안에서 기업 활동이 이루어지는 국제경영이 중요시되고 있다. 또한 세계화는 경제나 산업 등의 측면에서 벗어나 문화, 정치와 다른 영역까지 확대되는 개념으로 이해되고 있다. 구체적으로 세계화에 따른 변화는 어떤 것이 있을까? 먼저 세계적인 경제통합은 가장 큰 변화이다. 20세기에 들어오면서 기업은 새로운 기술을 확보하여 세계적인 주도기업으로 국경을 넘어 확장하게 되었으며, 다국적 기업의 증가에 따라 국가 간의 경제통합은 강화되었다. 최근 우리나라는 다른 나라들과 자유무역협정(Free Trade Agreement : FTA)을 체결하여 국가 간 무역장벽을 없애기 위해 노력하고 있다. 이러한 경제적인 변화는 정치적인 전망이나 산업에 대한 조직들의 태도 변화를 야기하고 있으며, 전 세계적으로 국가에서 운영하거나 관리하던 공기업을 민영화하는 등 새로운 경쟁과 시장 환경이 조성되고 있는 추세이다.

② 국제적 식견과 능력은 왜 필요한 것일까

세계화가 이루어지면 조직은 해외에 직접 투자할 수 있으며, 원자재를 보다 더 싼 가격에 수입할 수 있고, 수송비가 절감되며, 무역장벽이 낮아져 시장이 확대되는 경제적인 이익을 얻을 수 있다. 반면에 그만큼 경쟁이 세계적인 수준에서 치열해지기 때문에 국제적인 감각을 가지고 세계화 대응 전략을 마련해야 한다.

세계화가 진행됨에 따라 조직구성원들도 다양한 문화의 사람들을 만나고 대화하며 거래 혹은 협상해야 할 일들이 증가하고 있다. 조직의 시장이 세계로 확대되는 것에 맞춰 조직구성원들의 의식과 태도, 행동도 세계수준에 이르러야 한다. 그러나 세계 경제포럼(WEF)이 조사한 2006-2007년 국가 경쟁력 순위에서 한국인의 국제감각은 2005년 19위에서 2006년 24위로 5단계나 떨어진 것으로 발표되어 국제적 식견이나 능력이 아직까지 부족한 실정임을 알 수 있다.

국제감각은 단순히 영어만을 잘하는 것을 의미하지 않는다. 65억 인류가 살고 있는 세계를 하나의 공동체로 인식하고, 문화적 배경을 달리하고 있는 다른 나라 사람과의 효과적인 커뮤니케이션을 위해 각 국가의 문화적 특징, 의식, 예절 등 세계 각국의 시장과 다양성에 적응할 수 있는 능력을 말하며, 자신의 업무와 관련하여 국제적인 동향을 파악하고 이를 적용할 수있는 능력을 의미한다.

세계화시대가 도래함에 따라 직업인들은 다른 나라 사람과 함께 일할 기회가 증가되었지만, 다른 나라의 문화를 잘 이해하지 못하면 종종 심각한 결과에 이르는 경우가 있다. 이러한 실수를 막기 위해서는 먼저 다양한 문화에 호의적인 태도를 가져야 한다. 우리나라 문화와 다르다고 해서 나쁘거나 저급한 문화로 여겨서는 안되며 그 나라 고유의 문화를 인정할 수 있어야 한다. 그리고 다른 나라에서 해야할 일과 하지 말아야 할 일, 해도 되는 일과 해서는 안되는 일을 구별하기 위한 노력을 기울여야 한다. 그러나 모든 나라에 공통적으로 적용되는 기준은 없으며, 문화란 글로써 설명할 수 없는 부분도 많이 있기 때문에 외국 문화를 완벽하게 이해하기란 어려운 일이며, 장시간 동안 많은 분야에 걸친 폭넓은 지식이 필요하다.

③ 문화충격 : 문화충격(culture shock)은 한 문화권에 속한 사람이 다른 문화를 접하게 되었을 때 체험하는 충격을 의미한다. 문화는 종종 전체의 90%가 표면 아래 감추어진 빙하에 비유된다. 우리가 눈으로 볼 수 있는 음악, 음식, 예술, 의복, 디자인, 건축, 정치, 종교 등과 같은 문화는 10% 밖에 해당되지 않는 것이다. 따라서 개인이 자란 문화에서 체험된 방식이 아닌 다른 방식을

느끼게 되면 의식적 혹은 무의식적으로 이질적으로 상대 문화를 대하게 되고 불일치, 위화감, 심리적 부적응 상태를 경험하게 된다.

문화충격에 대비하기 위해서 가장 중요한 것은 다른 문화에 대해 개방적인 태도를 견지하는 것이다. 자신이 속한 문화의 기준으로 다른 문화를 평가하지 말고, 자신의 정체성은 유지하되, 새롭고 다른 것을 경험하는데 즐거움을 느끼도록 적극적 자세를 취한다.

④ **이문화 커뮤니케이션이란** : 특히 직업인이 외국인과 함께 일하는 국제 비즈니스에서는 커뮤니케이션이 매우 중요하다. 직업인은 자신이 속한 조직의 목적을 달성하기 위해 외국인을 설득하거나 이해시켜야 한다. 이와 같이 서로 상이한 문화간 커뮤니케이션을 이문화 커뮤니케이션(intercultural communication)이라고 한다. 반면에 국제 커뮤니케이션(international communication)은 국가 간의 커뮤니케이션으로 직업인이 자신의 일을 수행하는 가운데 문화배경을 달리하는 사람과 커뮤니케이션을 하는 것은 이문화 커뮤니케이션에 해당된다.

이문화 커뮤니케이션은 언어적과 비언어적으로 구분된다. 언어적 커뮤니케이션은 의사를 전달할 때 직접적으로 이용되는 것으로 이는 외국어 사용능력과 직결된다. 그러나 국제관계에서는 이러한 언어적 커뮤니케이션 외에 비언어적 커뮤니케이션 때문에 여러 가지 문제를 겪는 경우가 많다. 즉, 아무리 외국어를 유창하게 하는 사람이라고 하더라도 문화적 배경을 잘 모르면 언어에 내포된 의미를 잘못 해석하거나 수용하지 않을 수도 있다.

또한, 대접을 잘하겠다고 한 행동이 오히려 모욕감이나 당혹감을 주는 행동으로 비춰질 수도 있다. 따라서 국제 사회에서 성공적인 업무 성과를 내기 위해서는 외국어활용능력을 키우는 것뿐만 아니라 상대국의 문화적 배경에 입각한 생활양식, 행동규범, 가치관 등을 사전에 이해하기 위한 노력을 지속적으로 해야 한다.

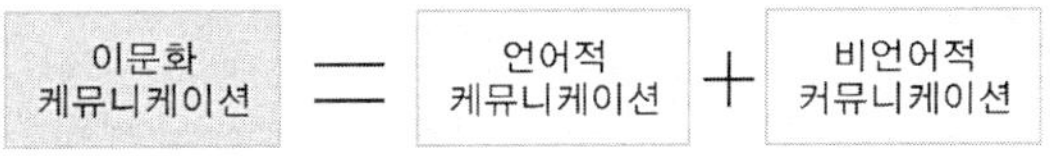

글로벌시대에 성공하려면 국제감각을 길러야 한다. 국제감각은 외국의 문화를 이해하는 것뿐만 아니라 관련 업무의 국제적인 동향을 이해하고 이를 업무에 적용하는 능력이다. 구체적으로는 각종매체(신문, 잡지, 인터넷 등)를 활용하여 국제적인 동향을 파악하는 능력, 조직의 업무와 관련된 국제적인 법규나 규정을 숙지하기, 특정 국가의 관련업무 동향 점검하기, 국제적인 상황변화에 능동적으로 대처하는 능력 등이 요구된다.

⑤ **국제동향 파악 방법** : 국제적인 동향을 파악하기 위해 직업인이 일상생활에서 실천할 수 있는 방법들은 다음과 같다. 국제감각은 하루아침에 길러지는 것이 아니므로, 매일 규칙적으로 실행해서 축적해나가는 것이 중요하다.

- 관련 분야 해외사이트를 방문하여 최신 이슈를 확인한다.
- 매일 신문의 국제면을 읽는다.
- 업무와 관련된 국제잡지를 정기 구독한다.
- 노동부, 한국산업인력공단, 산업자원부, 중소기업청, 상공회의소, 산업별인적자원개발협의체 등의 사이트를 방문해 국제동향을 확인한다.

- 국제학술대회에 참석한다.
- 업무와 관련된 주요 용어의 외국어를 알아둔다.
- 해외서점 사이트를 방문해 최신 서적 목록과 주요 내용을 파악한다.
- 외국인 친구를 사귀고 대화를 자주 나눈다.

⑥ **국제적인 법규나 규정 숙지하기** : 업무와 관련된 국제적인 법규나 규정을 제대로 이해하지 못하면 큰 피해를 입을 수 있다. 국제적인 법규는 국제적으로 통용되는 국제규정 외에 각 나라마다 산업 활동을 규제해 놓은 법이 있다. 예를 들어, 대부분의 나라에서는 광고나 해외투자 등에 대한 법률이 마련되어 있다. 우리나라에서는 합법적인 행동이 다른 나라에서는 불법일 수 있다는 사실을 기억하고, 직업인은 국제적인 업무를 수행하기 전에 국제적인 법규나 규정을 알아보는 노력을 기울여야 한다.

국제사회에서 직업인은 일을 하는 가운데 외국인과 적절한 커뮤니케이션을 하기 위해 노력해야 한다. 외국인들은 여행객들의 실수는 그냥 넘어가기도 하지만, 업무추진 중에 저지르는 실수에는 관대하지 않다. 조직을 대표하여 파견된 사람들이므로 직업인들의 실수는 자칫하면 조직전체의 모습으로 비춰질 수 있으며, 이러한 실수의 결과는 업무성과에 큰 영향을 미친다. 따라서 직업인은 자국문화 중심적으로 행동하지 않고, 다른 나라 문화를 순응하고 관습을 존중해 주어야 한다. 그러나 문화권마다 다른 관습과 행동양식을 가지고 있어서 공통된 기준으로 이해하기는 어렵다. 비즈니스에서 글로벌 경쟁력을 갖추기 위해 알아두어야할 몇 가지 국제매너를 알아보자.

⑦ **인사하는 법** : 요즘 국제적으로 인사를 할 때 악수를 많이 한다. 사람에 따라서 악수를 할 때 친밀감의 표현으로 손을 꼭 잡는 사람도 있고, 예의를 표시하기 위해 손끝만 살짝 잡는 사람도 있다. 그러나 미국에서는 악수할 때 손끝만 잡는 것을 예의에 어긋나는 것으로 생각한다. 따라서 영미권에서 악수는 일어서서, 상대방의 눈이나 얼굴을 보면서, 오른손으로 상대방의 오른손을 잠시 힘주어서 잡았다가 놓아야 한다. 또한 미국에서는 이름이나 호칭을 자신의 마음대로 부르지 않고 어떻게 부를지 먼저 물어보는 것이 예의이며, 인사를 하거나 이야기할 때 너무 다가가서 말하지 않고 상대방의 개인공간(personal space)을 지켜줘야 한다. 아프리카의 경우는 오히려 상대방과 시선을 마주보며 대화하면 실례이므로 코 끝 정도를 보면서 대화하도록 한다. 한편, 러시아와 라틴아메리카에서는 포옹을 주로 하는데, 우리나라 사람들은 포옹을 하거나 입을 맞추는 인사법에 익숙하지 않아 어색해하는 경우가 많다. 그러나 이는 매우 친밀함의 표현이므로 이를 이해하고 자연스럽게 받아주는 것이 좋다.

업무와 관련해서 사람들을 만나면 명함을 많이 주고받는다. 영미권의 명함은 사교용과 업무용으로 나누어지며, 업무용 명함에는 성명, 직장주소, 직위가 표시되어 있다. 업무용 명함은 악수를 한 이후 교환하며, 아랫사람이나 손님이 먼저 꺼내 오른손으로 상대방에게 주고, 받는 사람은 두 손으로 받는 것이 예의이다. 그리고 받은 명함은 한번 보고나서 탁자 위에 보이게 놓은 채로 대화를 하거나, 명함지갑에 넣는다. 명함을 꾸기거나 계속 만지는 것은 예의에 어긋나는 일이다.

⑧ **시간약속 지키기** : 각 문화권에 따라서 시간에 대한 관념이 다르다. 미국인은 시간을 돈과 같이 생각해서 시간엄수를 매우 중요하게 생각하며, 시간을 지키지 않는 사람과는 같이 일을 하려고 하지 않는다. 반면, 라틴아메리카나 동부 유럽, 아랍지역에서는 약속된 시간에 나오는 법이 없

다. 시간 약속은 형식적일뿐이며, 상대방이 당연히 기다려줄 것으로 생각한다. 따라서 이 지역 사람들과 일을 같이 할 때는 인내를 가지고 예의바르게 기다려주는 것이 필요하다.

⑨ **식사예절** : 일을 하다보면 같이 식사를 하게 되는 경우가 있다. 이때 다음과 같은 매너를 지켜야 한다. 먼저 서양요리에서 스프는 소리 내면서 먹지 않으며, 몸쪽의 바깥쪽에서부터 포크나 나이프를 사용한다. 또한 뜨거운 스프는 입으로 불어서 식히지 않고 숟가락으로 저어서 식혀야 한다. 빵은 수프를 먹고 난 후부터 먹으며, 디저트 직전부터 식사가 끝날 때까지 먹을 수 있다. 빵은 칼이나 치아로 자르지 않고 손으로 떼어 먹는다. 생선요리는 뒤집어 먹지 않고, 스테이크는 처음에 다 잘라놓지 않고 잘라 가면서 먹는 것이 좋다.

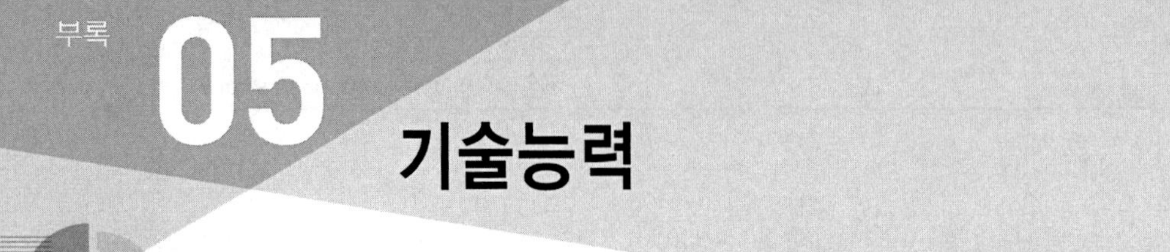

05 기술능력

기술능력은 일상적으로 요구되는 수단, 도구, 조작 등에 관한 기술적인 요소들을 이해하고, 적절한 기술을 선택하며, 적용하는 능력을 의미한다. 직업인이 직장 생활에서 일상적으로 접하는 기술을 이해하고, 효율적인 기술을 선택하여 다양한 상황에 기술을 적용하기 위해서는 기본적인 기술능력의 함양은 필수적이다.

1 기술이란 무엇인가?

기술의 의미는 거대한 산의 정상을 보는 것과 같아서 보는 사람의 관점에 따라 서로 다른 정의를 내릴 수 있다.

몇몇 학자들은 기술을 "물리적인 것뿐만 아니라 사회적인 것으로서 지적인 도구를 특정한 목적에 사용하는 지식체계", "인간이 주위환경에 대한 통제를 확대시키는 데 필요한 지식의 적용" 등으로 정의하였다. 또한 일부 학자들은 보다 구체적인 기술의 개념으로 "제품이나 용역을 생산하는 원료, 생산공정, 생산방법, 자본재 등에 관한 지식의 집합체"라고 정의하기도 하였다.

기술은 노하우(know-how)와 노와이(know-why)로 나눌 수 있으며, know-how란 흔히 특허권을 수반하지 않는 과학자, 엔지니어 등이 가지고 있는 체화된 기술이다. know-why는 어떻게 기술이 성립하고 작용하는가에 관한 원리적 측면에 중심을 둔 개념이다. 이 두 가지 지식은 획득과 전수방법에 차이가 있다. know-how는 경험적이고 반복적인 행위에 의해 얻어지는 것이며, 이러한 성격의 지식을 흔히 technique, 혹은 art라고 부른다. 반면, know-why는 이론적인 지식으로서 과학적인 탐구에 의해 얻어진다.

기술은 원래 know-how의 개념이 강하였으나 시대가 지남에 따라 know-how와 know-why가 결합하게 되었으며, 현대적 기술은 주로 과학을 기반으로 하는 기술(science-based technology)이 되었다.

2 기술의 특징은 무엇일까?

일반적으로 기술에 대한 특징은 다음과 같이 정의될 수 있다. 첫째, 하드웨어나 인간에 의해 만들어진 비자연적인 대상, 혹은 그 이상을 의미한다. 둘째, 기술은 '노하우(know-how)'를 포함한다. 즉, 기술을 설계하고, 생산하고, 사용하기 위해 필요한 정보, 기술, 절차를 갖는데 노하우(know-how)가 필요한 것이다. 셋째, 기술은 하드웨어를 생산하는 과정이다. 넷째, 기술은 인간의 능력을 확장시키기 위한 하드웨어와 그것의 활용을 뜻한다. 다섯째, 기술은 정의 가능한 문제를 해결하기

위해 순서화되고 이해 가능한 노력이다. 이와 같은 기술이 어떻게 형성되는가를 이해하는 것과 사회에 의해 형성되는 방법을 이해하는 것은 두 가지 원칙에 근거한다. 먼저 기술은 사회적 변화의 요인이다. 기술체계는 의사소통의 속도를 증가시켰으며, 이것은 개인으로 하여금 현명한 의사결정을 할 수 있도록 도와준다. 또한, 사회는 기술 개발에 영향을 준다. 사회적, 역사적, 문화적 요인은 기술이 어떻게 활용되는가를 결정한다. 기술은 두 개의 개념으로 구분될 수 있으며, 하나는 모든 직업 세계에서 필요로 하는 기술적 요소들로 이루어지는 광의의 개념이며, 다른 하나는 구체적 직무 수행 능력 형태를 의미하는 협의의 개념이다.

3 기술과 과학은 어떻게 다른가?

'기술'에 대한 사전적 정의는 '과학이론을 실제로 적용하여 자연의 사물을 인간 생활에 유용하도록 가공하는 수단'이다. 그러면 이렇게 기술을 가능하게 하는 '과학'은 '보편적인 진리나 법칙의 발견을 목적으로 한 체계적인 지식'이다. 이러한 정의에 따르면 과학은 인간이 원하는 방식으로 활용하도록 해주는 상호연관적인 지식들임을 알 수 있다. 이런 까닭으로 기술이 과학의 응용이라고 정의하였다.

20세기 중엽 이후 1970년대까지는 기술이 과학의 응용이라는 인식이 지배적이었다. 즉, 과학이라는 지식이 응용되면 기술 인공물(artifacts)을 낳는다고 보는 것이었다. 따라서 기술이 과학의 응용이라고 간주했던 사람들은 과학을 발전시키는 것이 자동적으로 기술 발전을 낳는다고 믿었다. 제 2차 세계대전 동안 미국의 군사 연구를 총괄 지휘했던 바니바 부시(Vannevar Bush)는 1944년에 쓴 『과학, 그 끝없는 개척자(Science, the Endless Frontier)』에서 과학이 기술을 낳고, 기술이 산업을 발전시킨다고 설명했다.

그러나 1970년대 들어서는 "기술도 과학과 마찬가지로 지식이다"라는 시각으로 변화하였다. 과학과 기술의 상호작용은 지식이 사물에 응용되는 것이 아니라, 지식과 지식 사이의 상호작용이라는 것이다. 즉, 기술은 과학과 같이 추상적인 이론보다는 실용성, 효용성, 디자인을 강조하고, 과학은 그 반대로 추상적 이론, 지식을 위한 지식, 본질에 대한 이해를 강조한다고 생각하게 되었다.

4 기술능력이란 무엇인가?

기술능력은 직업에 종사하기 위해 모든 사람들이 필요로 하는 능력이다. 기술능력은 넓은 의미로 확대해 보면 기술교양(technical literacy)이라는 개념으로 사용될 수 있으며, 기술교양의 개념을 보다 구체화시킨 개념으로 볼 수 있다. 일반적으로 기술교양을 지닌 사람들은,
첫째, 기술학의 특성과 역할을 이해한다.
둘째, 기술체계가 설계되고, 사용되고, 통제되어지는 방법을 이해한다.
셋째, 기술과 관련된 이익을 가치화하고 위험을 평가할 수 있다.
넷째, 기술에 의한 윤리적 딜레마에 대해 합리적으로 반응할 수 있다.

즉, 기술교양은 모든 사람들이 광범위한 관점에서 기술의 특성, 기술적 행동, 기술의 힘, 기술의 결과에 대해 어느 정도의 지식을 가지는 것을 의미한다. 본질적으로 그것은 실천적 문제(practical problem)를 해결할 수 있는 생산력, 체계, 환경을 설계하고 개발해야 할 때, 비판적 사고를 갖게 되는 것을 포함한다. 즉 기술교양은 기술을 사용하고 운영하고 이해하는 능력이다.

5 기술능력이 뛰어난 사람은 어떤 사람일까?

기술능력이 뛰어난 사람은 다음과 같은 능력을 보유한 사람을 말한다.
첫째, 실질적 해결을 필요로 하는 문제를 인식한다.
둘째, 인식된 문제를 위해 다양한 해결책을 개발하고 평가한다.
셋째, 실제적 문제를 해결하기 위해 지식이나 기타 자원을 선택, 최적화시키며, 적용한다.
넷째, 주어진 한계 속에서 그리고 제한된 자원을 가지고 일한다.
다섯째, 기술적 해결에 대한 효용성을 평가한다.
여섯째, 여러 상황 속에서 기술의 체계와 도구를 사용하고 배울 수 있다.
그러나 기술능력이 뛰어나다는 것이 반드시 직무에서 요구되는 구체적인 기능을 소유하고 있다는 것만을 의미하지는 않는다. 결국 기술능력을 기르기 위해서는 직무의 구체화 기술을 위한 훈련 프로그램을 통해서가 아니라, 전반적인 직업적, 기술적 프로그램을 통해서 학습되어야 할 것이다. 각 개인은 구체적인 일련의 장비 중 하나를 '수리하는 사람'으로서 전문가가 될 필요는 없다. 다만, 적절한 체계를 선택하는 데 현명한 의사결정을 할 수 있어야 하며, 효과적으로 그것들을 활용할 수 있어야 한다.

6 그렇다면 기술능력은 왜 중요한 것일까?

기술능력은 인간 행위의 혁신을 가져오며, 지식의 생성능력을 포함하고, 문제 해결을 위한 도구를 개발하는 인간의 능력을 확장시킨다. 이와 같은 능력을 향상시키는 것은 기술교양의 향상을 통해 이루어질 수 있다. 기술능력에 대한 광범위한 관점으로서의 기술교양은 기술의 특성, 행동, 결과에 대한 지식을 갖고, 기술을 사용, 운영, 이해하기 위한 능력을 기르는 것이다.
이처럼 기술능력을 기르는 것은 보편적으로 체계를 개발하고 문제를 해결하고 인간적 능력을 확장시키기 위한 지식과 과정의 생성을 포함한다. 이것은 기술적 지식, 기술적 과정, 기술적 조건에 대한 이해를 포함한다. 기술교양을 지닌 사람은 기술적 과정과 혁신에 대해 비판적으로 조사하고 질문한다. 새로운 기술의 창조와 사용에 대한 의사결정은 인간, 사회적/환경적 이슈를 포함한다. 가치는 또한 지적 과정에 영향을 주며, 비판적 판단 능력은 학생의 능력을 증가시키는 기술을 포함한다.

7 기술능력은 반드시 기술관련 직업에만 필요한 것일까?

일반적으로 기술능력은 제조업을 비롯한 기능·기술직 종사자들에게 많이 해당될 것이라고 생각하기 쉽지만, 기술능력은 반드시 기술직 종사자에게만 해당되는 것은 아니라고 보기 때문에 기술능력을 보다 확대하여 이해하는 것이 바람직하다. 즉, 기술능력을 일반적으로 사용되는 기술교양(Technological Literacy)의 개념을 보다 구체화시킨 개념으로 보는 것이 바람직하다.

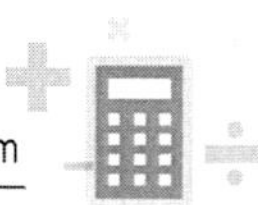

결국 기술을 사회의 모든 체계에서 필요로 하는 분야라고 이해한다면, 사회 모든 직업인이 지녀야 할 능력으로 이해할 수 있다. 이것은 모든 직업에 종사하는 사람들이 지녀야 할 직업기초능력으로서 기술능력을 지녀야 한다는 것이다.

8 전문 연수원을 통한 기술과정 연수

전문 연수원을 통한 기술과정 연수를 실시할 경우에는 일반적으로 다음과 같은 장점이 있다.

첫째, 연수 시설이 없어 체계적인 교육을 받기 어려운 회사의 경우, 전문적인 교육을 통해 양질의 인재양성 기회를 제공한다. 둘째, 각 분야의 전문가들로 구성하여 이론을 겸한 실무중심의 교육을 실시할 수 있다. 셋째, 다년간에 걸친 연수 분야의 노하우를 가지고 체계적이고 현장과 밀착된 교육이 가능하다. 넷째, 최신 실습장비, 시청각 시설, 전산시설 등 교육에 필요한 각종 부대시설을 활용할 수 있다. 다섯째, 산학협력연수 및 국내외 우수연수기관과 협력한 연수도 가능하다. 여섯째, 연수비가 자체적으로 교육을 하는 것보다 저렴하며, 고용보험환급을 받을 수 있어 교육비 부담이 적다.

9 e-learning을 활용한 기술교육

E-learning을 활용한 기술연수는 일반적으로 다음과 같은 장점이 있다. 첫째, 정해진 시간과 장소에 모여서 학습을 할 필요가 없고 원하는 시간과 장소에서 컴퓨터만 사용가능한 인터넷에 연결되어 있다면 학습이 가능하기 때문에 시간적·공간적으로 독립적이다. 둘째, 원하는 내용을 원하는 순서에 맞게 원하는 시간만큼 학습이 가능하며, 개개인의 요구에 맞게 개별화, 맞춤화가 가능하기 때문에 학습자 스스로가 학습을 조절 및 통제할 수 있다. 셋째, 칠판 판서 및 책이 아니라 비디오, 사진, 텍스트, 소리, 동영상 등 멀티미디어를 이용한 학습이 가능하다. 넷째, 이메일, 토론방, 자료실 등을 통해 의사교환과 상호작용이 자유롭게 이루어질 수 있다. 다섯째, 한번 출판되면 새로운 내용을 반영하기 어려운 책에 비해 업데이트를 통해 새로운 내용을 반영하기 쉽기 때문에 새로운 교육에의 요구나 내용을 신속하게 반영할 수 있어 교육에 소요되는 비용을 절감할 수 있다. 반면에 직접적으로 교수자와 동료들간의 인간적인 접촉이 상대적으로 적고, 중도탈락율이 높으며, 기술교육의 특성상 현장 중심의 실무 교육이 중요힘에도 불구하고 현장중심의 교육이 힘든 단점이 있다.

10 상급학교 진학을 통한 기술교육

폴리텍대학, 인력개발원과 같은 실무중심 전문교육기관이나 전문대학, 대학 및 대학원과 같은 상급학교 진학을 통한 교육은 학문적이면서 최신 기술의 흐름을 반영하고 있는 기술교육이 가능하다. 또한 관련 산업체와의 프로젝트 활동이 가능하기 때문에 실무 중심의 기술교육이 가능하다. 그리고 관련분야에서 종사하고 있는 사람들과 함께 교육받기 때문에 인적 네트워크 형성에 도움이 되고, 경쟁을 통하여 학습효과를 향상시킬 수 있는 장점이 있는 반면 e-learning을 통한 교육과 달리 원하는 시간에 학습을 할 수 없고 일정 시간을 할애해야 하며, 학습자 스스로가 학습을 조절하거나 통제할 수 없다는 단점이 있다.

11 OJT를 활용한 기술교육

OJT(On the Job Training)란 조직 안에서 피교육자인 종업원이 직무에 종사하면서 받게 되는 교육 훈련방법이다. 집합교육으로는 기본적·일반적 사항 밖에 훈련시킬 수 없다는 반성에서 나온 것으로 피교육자인 종업원이 '업무수행의 중단되는 일이 없이 업무수행에 필요한 지식·기술·능력·태도를 교육훈련 받는 것'을 말하며, 직장훈련·직장지도·직무상 지도 등이라고도 한다. 모든 관리자·감독자는 업무수행상의 지휘감독자이자 업무수행 과정에서 부하직원의 능력향상을 책임지는 교육자이어야 한다는 생각을 기반으로 한다. 따라서 직장 상사나 선배가 지도·조언을 해주는 형태로 훈련이 행하여지기 때문에, 교육자와 피교육자 사이에 친밀감을 조성하며 시간의 낭비가 적고 조직의 필요에 합치되는 교육훈련을 할 수 있다는 장점이 있다.

그러나 지도자의 높은 자질이 요구되며 교육훈련 내용의 체계화가 어렵다는 등의 단점이 있다. 이에 따라 OJT의 대상은 비교적 기술직을 대상으로 하지만, 관리직이나 전문직에도 점점 적용시켜나가고 있다.

12 지속가능한 발전이란

지속가능한 발전(sustainable development)이라는 개념은 1970년대를 통해 기업과 정부에서 인구와 산업의 발전이 무한히 계속될 수 없다는 문제를 제기하면서 등장했다. 그리고 1987년의 세계경제발전위원회(WCED)의 보고서가 "환경보호와 경제적 발전이 반드시 갈등 관계에 있는 것만은 아니다"라고 하면서 널리 퍼지게 되었다.

지속가능한 발전은 지금 지구촌의 현재와 미래를 포괄하는 개념이다. 따라서 지속가능한 발전은 지금 우리의 현재욕구를 충족시키지만, 동시에 후속 세대의 욕구 충족을 침해하지 않는 발전을 의미한다. 또한, 지속가능한 발전은 경제적 활력, 사회적 평등, 환경의 보존을 동시에 충족시키는 발전을 의미한다. 지속가능한 발전에서 발전은 현재와 미래 세대의 발전과 환경적 요구를 충족하는 방향으로 이루어져야 하며, 그렇기 때문에 환경보호가 발전의 중심적인 요소가 되어야 한다.

지속가능한 발전은 의식주만을 해결하는 상태를 바람직하다고 보지 않는다. 지금 지구의 전 인구가 선진국 수준의 풍요를 누리려면 지구에서 사용 가능한 모든 자원의 세 배 이상을 소모해야 한다. 그런데 만약 그렇게 자원을 소모한다면, 그런 발전은 지속가능한 발전이 아니다. 그렇기 때문에 우리는 지속가능한 발전을 가능케 하는 기술에 대해서 관심을 가져야 한다. 지속가능한 발전을 가능케 하는 기술을 '지속가능한 기술(sustainable technology)'이라고 정의할 수 있다.

13 지속가능한 기술이란

지속가능한 기술 중에는 풍력발전, 조력발전, 태양열 발전처럼 지금의 주된 발전기술과는 상당히 차이를 보이는 기술도 있다. 그렇지만 많은 지속가능한 기술들은 지금 우리가 가진 기술과 그 형태에서 크게 다르지 않다. 더 중요한 것은 그 기술이 디자인될 때 얼마나 더 많이 사회적, 환경적 연관에 중심을 두는 가이다.

지속가능한 기술은① 이용 가능한 자원과 에너지를 고려하고, ② 자원이 사용되고 그것이 재생산되

는 비율의 조화를 추구하며, ③ 이러한 자원의 질을 생각하고, ④ 자원이 생산적인 방식으로 사용되는가에 주의를 기울이는 기술이라고할수있다. 즉, 지속가능한 기술은 되도록 태양 에너지와 같이 고갈되지 않는 자연 에너지를 활용하며, 낭비적인 소비 형태를 지양하고, 기술적 효용만이 아닌 환경효용(eco-efficiency)을 추구한다.

14 지속가능한 기술 사례

지속가능한 기술이 기업의 경제적 이익을 높여주는 예들이 있다. 1980년대 중엽에 코닥의 연구자들은 카메라를 들고 다니지 않으면서도 사진을 찍고 싶어 하는 소비자들의 욕구가 전 세계적으로 커지고 있음을 인식하고 일회용 카메라를 개발했다. 그런데 이 카메라의 문제는 환경친화적이지 못하다는 것이었다. 환경운동가들은 코닥의 신제품을 공격하기 시작하였고, 이는 코닥 회사 전체의 이미지에 안 좋은 결과를 가져왔다. 그래서 코닥의 연구자들은 1989년부터 일회용카메라의 주요 부품들을 재디자인하기 시작했다. 코닥 본사의 기술자, 디자이너, 경영인, 환경학자들이 새로운 제품을 디자인했고, 이 과정에서 인화와 현상을 담당하는 매장의 주인들과도 협력했다. 매장의 협력 없이는 환경 친화적인 제품을 만들 수가 없었기 때문이다. 그 결과 코닥은 덜 복잡하고, 재활용이 쉽고, 재사용도 가능한 제품을 만들어내는 데 성공했다. 이렇게 만든 카메라는 공장에서 조립하기도 더 쉬웠다. 이러한 환경 친화적인 재설계는 회사 이미지에도 도움이 되었고, 이 사건 이후 코닥의 시장 점유율은 과거에 비해 더 많이 상승했다. 제품에 사용되는 재료를 줄이고, 유해한 쓰레기를 최소화한 코닥의 일회용 카메라는 코닥사에 큰 이윤을 가져다준 사업 라인이 되었던 것이다. 우리나라의 경우에는 한화그룹이 지속가능한 기술을 개발하고 있는 대표적인 기업이다. 한화그룹은 '한화환경 연구소'를 설립하여 사후처리 환경기술과 사전 오염 예방을 위한 청정생산기술 진단 및 컨설팅뿐만 아니라 정부 및 환경단체와도 연대, 환경 성과 평가 등 구체적인 실천 방안들을 연구하였다. 한화는 석유화학, 화약, 기계 등 제조 공정에서부터 미리 친환경 여부를 살피는 청정생산기술을 도입했다. 즉, 사후 처리방식에서 사전평가 방식으로 환경에 대한 고려를 한 단계 높인 것이다.

한화는 지속가능한 기술을 다수 개발했다. 우선 잉크, 도료, 코팅에 쓰이던 유기 용제를 물로 대체한 수용성 수지를 개발했다. 이 신제품은 휘발성 유기화합물의 배출이 없었기 때문에 대기오염 물질을 줄이는 친환경 제품으로 평가받으며, 인쇄성, 전이성, 관택성이 우수하고 휘발분 함량이 낮아 거품 발생이 적기 때문에 작업성이 우수한 특징을 가지고 있다. 또한, 2003년부터는 기존에 소각 처리해야 했던 석유화학 옥탄올 공정을 변경하여 폐수처리로 전환하고 공정 최적화를 통해 화약 제조 공정에 발생하는 총 질소의 양을 원천적으로 감소시키는 공정 혁신을 이룸으로써 연간 4천 톤의 오염 물질 발생량을 줄였으며 60억원의 원가도 절감했다.

15 산업 재해란

산업 재해란 산업 활동 중의 사고로 인해 사망하거나 부상을 당하고, 또는 유해 물질에 의한 중독 등으로 직업성 질환에 걸리거나 신체적 장애를 가져오는 것을 말한다. 우리나라 산업 안전 보건법에서는 근로자가 업무에 관계되는 건설물·설비·원재료·가스·증기·분진 등에 의하거나, 직업과 관련된 기타 업무에 의하여 사망 또는 부상하거나 질병에 걸리게 되는 것을 산업 재해로 정의하고 있다.

16 산업 재해의 기본적 원인

① 교육적 원인 : 안전 지식의 불충분, 안전 수칙의 오해, 경험이나 훈련의 불충분과 작업관리자의 작업 방법의 교육 불충분, 유해 위험 작업 교육 불충분 등이 있다.
② 기술적 원인 : 건물·기계 장치의 설계 불량, 구조물의 불안정, 재료의 부적합, 생산 공정의 부적당, 점검· 정비·보존의 불량 등이 있다.
③ 작업 관리상 원인 : 안전 관리 조직의 결함, 안전 수칙 미지정, 작업 준비 불충분, 인원 배치 및 작업 지시 부적당 등이 있다.

17 산업 재해의 직접적 원인

① 불안전한 행동 : 위험 장소 접근, 안전 장치 기능 제거, 보호 장비의 미착용 및 잘못사용, 운전 중인 기계의 속도 조작, 기계·기구의 잘못된 사용, 위험물 취급 부주의, 불안전한 상태 방치, 불안전한 자세와 동작, 감독 및 연락 잘못 등이 있다.
② 불안전한 상태 : 시설물 자체 결함, 전기 시설물의 누전, 구조물의 불안정, 소방기구의 미확보, 안전 보호 장치결함, 복장·보호구의 결함, 시설물의 배치 및 장소 불량, 작업 환경 결함, 생산 공정의 결함, 경계 표시 설비의 결함 등이 있다.

18 산업 재해가 개인과 기업에 끼치는 영향

① 개인에게 끼치는 영향 : 재해를 당한 본인 및 가족의 정신적·육체적 고통, 일시적 또는 영구적인 노동력 상실, 본인과 가족의 생계에 대한 막대한 손실
② 기업에 끼치는 영향 : 재해를 당한 근로자의 보상 부담, 재해를 당한 노동 인력 결손으로 인한 작업 지연, 재해로 인한 건물, 기계, 기구 등의 파손, 재해로 인한 근로 의욕 침체와 생산성 저하

19 산업 재해의 예방과 대책

산업 재해를 예방하기 위해서는 사고의 원인이 되는 불안전한 행동과 불안전한 상태의 유형을 이해하고, 이들을 잘 분석하여 적절한 대책을 수립해야 한다.
산업 재해의 예방 대책은 다음의 5단계로 이루어진다.

① 안전 관리 조직	경영자는 안전 목표를 설정하고, 안전 관리 책임자를 선정하며, 안전 계획을 수립하고, 이를 시행·감독해야 한다.
⇩	
② 사실의 발견	사고 조사, 안전 점검, 현장 분석, 작업자의 제안 및 여론조사, 관찰 및 보고서 연구 등을 통하여 사실을 발견한다.
⇩	
③ 원인 분석	재해의 발생 장소, 재해 형태, 재해 정도, 관련 인원, 직원 감독의 적절성, 공구 및 장비의 상태 등을 정확히 분석한다.
⇩	
④ 기술 공고화	원인 분석을 토대로 적절한 시정책, 즉 기술적 개선, 인사 조정 및 교체, 교육, 설득, 공학적 조치 등을 선정한다.
⇩	
⑤ 시정책 적용 및 뒤처리 :	안전에 대한 교육 및 훈련 실시, 안전 시설과 장비의 결함 개선, 안전 감독 실시 등의 선정된 시정책을 적용한다.

20 불안전한 행동 방지 및 불안전한 상태 제거를 위한 방법

① 불안전한 행동 방지 방법 : 근로자의 불안전한 행동을 지적할 수 있는 안전 규칙 및 안전 수칙을 제정한다. 근로자 상호간에 불안전한 행동을 지적하여 안전에 대한 이해를 증진시킨다. 정리·정돈, 조명, 환기 등을 잘 수행하여 쾌적한 작업 환경을 조성한다.

② 불안전한 상태를 제거하는 방법 : 각종 기계·설비 등을 안전성이 보장되도록 제작하고, 항상 양호한 상태로 작동되도록 유지 관리를 철저히 해야 한다. 또한 기후, 조명, 소음, 환기, 진동 등의 환경 요인을 잘 관리하여 사고 요인을 미리 제거한다.

21 기술 시스템이란 무엇인가

기술 시스템(technological system)은 현대 기술의 특성을 이해하는 데 있어서 매우 중요한 개념이다. 개별 기술이 네트워크로 결합해서 기술 시스템을 만드는 점은 과학에서는 볼 수 없는 기술의 독특한 특성이기도 하다.

기술이 발전하면서 이전에는 없던 연관이 개별 기술들 사이에서 만들어지고 있다. 보다 명확한 이해를 위해서 산업혁명을 예를 들어 설명하면, 산업혁명 당시 증기기관은 광산에서 더 많은 석탄을 캐내기 위해서(광산 갱도에 고인 물을 더 효율적으로 퍼내기 위해서) 개발되었고 그 용도에 사용되었다. 증기기관이 광산에 응용되면서 석탄 생산이 늘었고, 공장은 수력 대신 석탄과 증기기관을 동력원으로 이용했다. 이제 광산과 도시의 공장을 연결해서 석탄을 수송하기 위한 새로운 운송 기술이 필요해졌으며, 철도는 이러한 필요를 충족시킨 기술이었다. 이렇게 광산 기술, 증기기관, 공장, 운송기술이 발전하면서 서로 밀접히 연결되는 현상이 나타났던 것이다.

비슷한 발전을 철도와 전신의 경우에도 볼 수 있다. 철도와 전신은 서로 독립적으로 발전한 기술이었지만 곧 서로 통합되기 시작했다. 우선 전신선이 철도를 따라 놓이면서, 철도 운행을 통제하는 일을 담당했다. 이렇게 철도 운행이 효율적으로 통제되면서, 전신은 곧 철도회사의 본부와 지부를 연결해서 상부의 명령이 하부로 효율적으로 전달되게 하는 역할을 했고, 이는 회사의 조직을 훨씬 더 크고 복잡하고, 위계적으로 만들었다. 철도회사는 전신에 더 많은 투자를 하고, 전신 기술을 발전시키는 데 중요한 역할을 담당했다.

이렇게 기술이 연결되어 시스템을 만든다는 점을 파악하고 '기술 시스템'이란 개념을 주장한 사람이 미국의 기술사학자 휴즈(Thomas Hughes)이다. 휴즈는 에디슨의 전력 시스템을 예로 들면서, 에디슨의 전력 시스템이 발전하는 과정을 일반화하여 기술 시스템의 특성을 일반화했다.

기술 시스템은 인공물의 집합체만이 아니라 회사, 투자회사, 법적 제도, 정치, 과학, 자연자원을 모두 포함하는 것이기 때문에, 기술 시스템에는 기술적인 것(the technical)과 사회적인 것(the social)이 결합해서 공존하고 있다. 이러한 의미에서 기술 시스템은 사회기술시스템(sociotechnical system)이라고 불리기도 한다.

22 기술 시스템의 발전 단계

기술 시스템은 다음과 같이 대략 4단계를 거쳐 발전한다.

1단계 : 발명, 개발, 혁신의 단계	기술 시스템이 탄생하고 성장
⇩	
2단계 : 기술 이전의 단계	성공적인 기술이 다른 지역으로 이동
⇩	
3단계 : 기술 경쟁의 단계	기술 시스템 사이의 경쟁
⇩	
4단계 : 기술 공고화 단계	경쟁에서 승리한 기술시스템의 관성화

무엇보다도 중요한 것은 각 단계에서 핵심적인 역할을 하는 사람들이 다르다는 것이다. 첫 번째와 두 번째 단계에서는 시스템을 디자인하고 초기 발전을 추진하는 기술자들의 역할이 중요하다. 에디슨과 같은 기술자들은 발명에도 능하고 동시에 사업에도 능한 사람이었는데, 그래서 이런 기술자들을 "발명가 겸 기업가"라고 부른다. 반면에 기술시스템의 경쟁 단계에서는 기업가들의 역할이 더 중요하게 부상하며, 시스템이 공고해지면 자문 엔지니어와 금융전문가의 역할이 중요해진다.

23 기술 혁신의 특성

1. 기술혁신은 그 과정 자체가 매우 불확실하고 장기간의 시간을 필요로 한다.

새로운 기술을 개발하기 위한 아이디어의 원천이나 신제품에 대한 소비자의 수요, 기술 개발의 결과 등은 예측하기가 어렵다. 따라서 기술 개발의 목표, 일정, 비용 지출, 수익 등에 대한 사전계획을 세우기 어렵다. 기술혁신의 성공이 사전의 의도나 계획보다는 우연에 의해 이루어지는 경우도 많다. 또한 기술 개발에 대한 기업의 투자가 가시적인 성과로 나타나기까지는 비교적 장시간을 필요로 한다.

2. 기술혁신은 지식 집약적인 활동이다.

인간의 개별적인 지능과 창의성, 상호학습을 통해 새로운 지식과 경험은 빠른 속도로 축적되고 학습되지만, 기술개발에 참가한 엔지니어의 지식은 문서화되기 어렵기 때문에 다른 사람들에게 쉽게 전파될 수 없다. 따라서 연구개발에 참가한 연구원과 엔지니어들이 그 기업을 떠나는 경우 기술과 지식의 손실이 크게 발생하여 기술 개발을 지속할 수 없는 경우가 종종 발생한다.

3. 혁신 과정의 불확실성과 모호함은 기업 내에서 많은 논쟁과 갈등을 유발할 수 있다.

기술혁신은 기업의 기존 조직 운영 절차나 제품구성, 생산방식, 나아가 조직의 권력구조자체에도 새로운 변화를 야기함으로써 조직의 이해관계자간의 갈등이 구조적으로 존재하게 된다. 이 과정에서 조직 내에서 이익을 보는 집단과 손해를 보는 집단이 생길 수 있으며, 이들 간에 기술 개발의 대안을 놓고 상호대립하고 충돌하여 갈등을 일으킬 수 있다.

4. 기술혁신은 조직의 경계를 넘다드는 특성을 갖고 있다.

기술혁신은 연구개발 부서 단독으로 수행될 수 없다. 새로운 제품에 관한 아이디어는 마케팅 부서를 통해 고객으로부터 수집될 필요도 있으며, 구매 부서를 통해 원재료나 설비 공급업체로부터 얻어질 수도 있다. 또한 기술을 개발하는 과정에서도 생산부서나 품질관리 담당자 혹은 외부 전문가들의 자문을 필요로 하기도 한다. 그리고 기술혁신은 상호의존성을 갖고 있어서 하나의 기술이 개발되면 그 기술이 다른 기술 개발에 영향을 미칠 수 있다.

24 기술혁신의 과정과 역할

아이디어 단계에서부터 시작하여 상업화 단계에 이르기까지 기술혁신의 전 과정이 성공적으로 수행되기 위해서는 다섯 가지 핵심적인 역할이 혁신에 참여하는 핵심 인력들에 의해 수행되어야 한다. 그 역할은 다음과 같은 아이디어 창안, 챔피언, 프로젝트 관리, 정보 수문장, 후원 등의 역할이다.

기술 혁신 과정	혁신 활동	필요한 자질과 능력
아이디어 창안 (dea generation)	• 아이디어을 창출하고 가능성을 검증 • 일을 수행하는 시로운 방법 고안 • 혁신적인 진보를 위한 탐색	• 각 분양의 전문지식 • 추상화와 개념화 능력 • 새로운 분야의 일을 즐김
침피언 (entrepreneuring or championing)	• 아이디어의 전파 • 혁신을 위한 자원 확보 • 아이디어 실현을 위한 헌신	• 정력적이고 위험을 감수함 • 아이디어의 응용에 관심
프로젝트 관리 (orojecdl leading)	• 리더십 발휘 • 프로젝트의 기획 및 조직 • 프로젝트의 효과적인 진행 감독	• 의사결정 능력 • 업무 수행 방법에 대한 지식
정보 수문자 (gate keeping)	• 조직외부의 정보를 내부 구성원들에게 전달 • 조직 내 정보원 가능	• 높은 수준의 기술적 열량 • 원만한 대인 관계 능력

후원 (sponsoring or ooaching)	• 혁신에 대한 격려와 안내 • 불필요한 제약에서 프로젝트 보호 • 혁신에 대한 자원 획득을 지원	조직의 주요 의사결정에 대한 영향력

25 실패의 원인과 10가지 교훈

일본에서 '실패학'을 처음으로 제창했던 하타무라 요타로는 실패의 원인을 10가지로 분류 하였다.

```
1. 무지                    2. 부주의
3. 차례 미준수             4. 오만
5. 조사, 검토 부족         6. 조건의 변화
7. 기획 불량              8. 가치관 불량
9. 조직운영 불량          10. 미지
```

여기서 보듯이 실패의 원인은 무수히 많은 데, 이중에는 우리가 일을 하는 과정에서 어쩔 수 없이 일어나거나 직면하는 원인이 있는 반면에, 태만이나 고의적 부정처럼 의도적인 행위에 의한 원인도 있다.

그는 또 수많은 실패 사례를 연구한 뒤에 얻어낸 '실패 관련 10가지 교훈'을 다음과 같이 제시하고 있다.

```
1. 성공은 99%의 실패로부터 얻은 교훈과 1%의 영감으로 구성된다.
2. 실패는 어떻게든 감추려는 속성이 있다.
3. 방치해 놓은 실패는 성장한다.
4. 실패의 하인리히 법칙 – 엄청난 실패는 29건의 작은 실패와 300건의 실수를 저지른 뒤에 발생한다.
5. 실패는 전달되는 중에 항상 축소한다.
6. 실패를 비난, 추궁할수록 더 큰 실패를 낳는다.
7. 실패 정보는 모으는 것보다 고르는 것이 더 중요하다.
8. 실패에는 필요한 실패와 일어나선 안 될 실패가 있다.
9. 실패는 숨길수록 병이되고 드러낼수록 성공한다.
10. 좁게 보면 성공인 것이 전체를 보면 실패일 수 있다.
```

26 기술적 실패 또는 실패한 기술

기술적 실패에는 다양한 유형이 있고, 기술이 실패하는 데에는 다양한 이유가 있다. 실패에 다양한 유형이 있듯이 역으로 기술이 성공하는 데에도 다양한 유형이 있고 다른 이유들이 있다. 혁신적인 기술능력을 가진 사람들은 성공과 실패의 경계를 유동적인 것으로 만들어, 실패의 영역에서 성공의 영역으로 자신의 기술을 이동시킬 줄 안다. 실패 중에는 기술자들이 반드시 겪어야 하는 '에디슨식의 실패'가 있고 아무런 보탬이 되지 않는 실패도 존재한다. 우리의 기술 문화는 지금까지 성공만을 목표로 달려온 경향이 있기 때문에 모든 실패를 다 나쁜 것으로 보는데, 이것을 올바른 태도가 아니다.

이 결과 우리나라에서는 '모든 연구가 성공했다'는 웃지 못 할 상황까지 발생한다. 개개인은 연구 개발과 같이 지식을 획득하는 과정에서 항상 실패를 겪는다. 이러한 실패는 용서받을 수 있고, 오히려 바람직한 실패이다. 그렇지만 실패를 은폐하거나 과거의 실패를 반복하는 것은 어떤 의미에서도 바람직하지 않다. 특히 실패를 은폐하다보면 실패가 계속 반복될 수 있고, 이러다보면 실패는 커다란 재앙을 낳기도 한다.

27 전기전자정보공학분야

전기전자정보공학분야에서 유망한 기술로 전망되는 것은 지능형 로봇 분야이다. 지능형 로봇의 장점은 인간과 로봇이 자연스럽게 서로를 인지하고 정서적으로 공감하며 상호 작용할 수 있는 것이다. 이제 로봇은 우리 생활에 도움을 주는 로봇에서 더 나아가 인간과 함께 살아가는 동반자적 역할을 하게 될 것이다.

지능형 로봇은 소득 2만 달러 시대를 선도할 미래 유망산업으로 발전할 것이며, 타 분야에 대한 기술적 파급 효과가 큰 첨단 기술의 복합체이다. 산업적 측면에서 보아 지능형 로봇 분야는 자동차 산업 규모 이상의 성장 잠재력을 가지고 있으며 기술 혁신과 신규투자가 유망한 신산업으로, 국내 로봇 산업은 2020년 국내 시장 규모 100조 원을 달성할 것으로 예측되고 있다. 최근에는 기술혁신과 사회적 패러다임의 변화에 따라 인간 공존, 삶의 질 향상을 이룩하기 위한 새로운 '지능형 로봇'의 개념이 나타나고 있다. 지능형 로봇은 최근 IT기술의 융복합화, 지능화 추세에 따라 점차 네트워크를 통한 로봇의 기능 분산, 가상 공간 내에서의 동작 등 IT와 융합한 '네트워크 기반 로봇'의 개념을 포함하고 있다.

일본이 산업형 로봇 시장을 주도하였다면, IT기술이 접목되는 지능형 로봇은 우리나라가 주도하기 위하여 국가 발전 전략에 따라 국가 성장 동력산업으로 육성하고 있다.

28 기계공학분야

기계공학분야에서는 친환경 자동차 기술이 유망될 것으로 전망된다. 친환경 자동차기술은 CO2로 인한 환경오염을 방지하고, 화석연료의 고갈에 대비하여 새로운 대체에너지원을 찾고자 하는 기술이다. 친환경 자동차 기술 중 대표적인 것이 하이브리드 기술과 연료전지 기술이다. 2030년경에는 점차 하이브리드나 연료전지 자동차가 전체 시장의 주류를 이루게 될 것이다. 하이브리드 자동차 기술이란 엔진과 전기모터를 상황에 따라 효율적으로 사용하는 기술이다. 출발이나 가속을 하는 큰 힘을 필요로할 때에는 엔진과 모터를 동시에 사용하고 감속시는 모터의 동력이 되는 배터리를 충전하여 출발이나 저속주행에 사용한다. 하이브리드 기술을 사용하면 가솔린 엔진 차량에 비해 50〜80%연비를 향상시킬 수 있다는 장점이 된다. 하이브리드 기술이 엔진과 모터를 함께 사용한다면 연료전지 기술은 오직 모터만 사용한다. 모터의 동력은 연료전지의 전기에너지다. 연료전지는 차량에 적재된 수소와 외부 공기를 통해 유입되는 산소를 이용하여 전기에너지를 생성한다. 연료전지의 이용에 따른 배기가스는 수증기뿐이어서 오염물질이 배출되지 않는 혁신신적인 장점이다. 하지만 수소탱크의 적재는 폭발의 위험이 있고 대량생성의 제한성 등으로 인해 약점으로 인식되고 있다.

29 건설환경공학분야

건설환경공학분야에서 유망한 기술로 떠오르고 있는 것은 "지속 가능한 건축 시스템기술"이다. 건축 산업은 총 CO_2 배출량의 36%를 차지하며, 이중 1/3은 건물의 신축과 개 · 보수가 차지하고 있어 이 분야에서의 CO_2 배출량의 저감은 생산업 활동을 위축시키지 않고 효율적으로 CO_2 배출량의 감소를 구현할 수 있는 좋은 방법 중 하나이다. 건축시스템 기술 분야의 CO_2 배출량 저감 기여방안은 첫째, 에너지 소비가 적고, 폐기물 물량이 적은 재료 및 공법의 사용, 둘째, 건축물의 수명을 장수명화하는 내구성 설계, 셋째, 철거 건축물의 재사용 및 재이용이

가능토록 하는 모듈화 및 유닛화 설계 등이다. CO_2 배출량 저감을 위한 "지속 가능한 건축 시스템기술"이란 장수명화가 가능하도록 건축물의 구조 성능이 향상되고, 리모델링이 용이하며, 건물 해체 시 구조 부재의 재사용이 가능하여 친환경적이고 에너지 절약이 가능한 건축을 구현할 수 있는 건축 시스템 기술이다.

30 화학생명공학분야

우리는 무병장수에 대해 끊임없는 관심을 가져왔고, 앞으로 15−20년 후 인류의 소망인 무병장수 시대가 열릴 것이라는 연구 결과가 주목받고 있다. 2020년 이른바 나노미터(nm : 10억분의 1m) 크기의 '혈관 청소용 나노로봇'이 등장하여 자동차 정비공이 수리하듯이 사람의 몸속 혈관에서 깨끗이 청소하고 손상된 부위를 수리한다. 각 개인의 유전적 특징을 고려한 맞춤 의학 및 신약 개발을 가능하게 하거나 질병을 효과적으로 치료할 수 있다. 스마트 약이라는 '나노 캡슐'은 몸 안을 헤엄치고 다니다가 특정 질병의 바이러스를 만나면 약물을 내보내 물리친다. 이것을 약물 전달 시스템이라고 한다. 기존의 항암제는 암세포뿐만 아니라 정상 세포에 대해서도 강한 독성을 나타내지만 이것은 암세포에만 선택적으로 작용한다. 이 약물을 전달하므로 부작용을 최소화시키고 그 효능과 효과를 극대화시킨다. 2025년경에 등장하는 알약 형태의 '바이오칩'은 가정에서도 손쉽게 의료 서비스를 받을 수 있게 한다. 이 알약을 먹게 되면 그 사람의 건강 상태를 체크해 무선으로 병원에 검사 결과를 전송하게 된다. 장기기 노화되어 더 이상 구실을 못한다고 판단되면, 자신의 줄기세포를 가지고 배양한 새 장기로 대체할 수 있게 된다.

31 기술선택을 위한 의사결정

기술선택이란 기업이 어떤 기술을 외부로부터 도입하거나 자체 개발하여 활용할 것인가를 결정하는 것이다. 기술을 선택하는데 따른 의사결정은 크게 다음과 같은 두 가지방법이 있을 수 있다.

① 상향식 기술선택(bottom up approach) : 기업 전체 차원에서 필요한 기술에 대한 체계적인 분석이나 검토 없이 연구자나 엔지니어들이 자율적으로 기술을 선택하는 것이다. 이러한 방법은 기술 개발 실무를 담당하는 기술자들의 흥미를 유발하고, 그들의 창의적인 아이디어를 활용할 수 있다는 장점이 있다. 반면, 기술자들이 자신의 과학기술 전문 분야에 대한 지식과 흥미만을 고려하여 기술을 선택할 경우, 시장의 고객들이 요구하는 제품이나 서비스를 개발하는데 부적합한 기술이 선택되거나, 경쟁기업과의 경쟁에서 승리할 수 없는 기술이 선택될 수 있는 단점이 있다.

② **하향식 기술선택**(top down approach) : 기술경영진과 기술기획담당자들에 의한 체계적인 분석을 통해 기업이 획득해야 하는 대상기술과 목표기술수준을 결정하는 것이다. 이 방법은 먼저 기업이 직면하고 있는 외부환경과 기업의 보유 자원에 대한 분석을 통해 기업의 중장기적인 사업목표를 설정하고, 이를 달성하기 위해 확보해야 하는 핵심고객층과 그들에게 제공하고자 하는 제품과 서비스를 결정해야 한다. 그 다음으로는 사업전략의 성공적인 수행을 위해 필요한 기술들을 열거하고, 각각의 기술에 대한 획득의 우선순위를 결정하는 것이다.

32 기술선택을 위한 절차

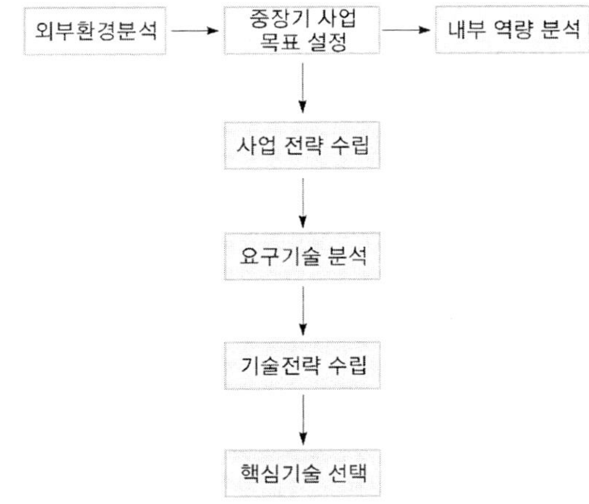

① **외부 환경 분석** : 수요변화 및 경쟁자 변화, 기술 변화 등 분석
② **중장기 사업목표 설정** : 기업의 장기비전, 중장기 매출목표 및 이익목표 설정
③ **내부 역량 분석** : 기술능력, 생산능력, 마케팅/영업능력, 재무능력 등 분석
④ **사업 전략 수립** : 사업 영역결정, 경쟁 우위 확보 방안 수립
⑤ **요구기술 분석** : 제품 설계/디자인 기술, 제품 생산공정, 원재료/부품 제조기술 분석
⑥ **기술전략 수립** : 핵심기술의 선택, 기술 획득 방법 결정

33 기술선택을 위한 우선순위 결정

① 제품의 성능이나 원가에 미치는 영향력이 큰 기술
② 기술을 활용한 제품의 매출과 이익 창출 잠재력이 큰 기술
③ 쉽게 구할 수 없는 기술
④ 기업 간에 모방이 어려운 기술
⑤ 기업이 생산하는 제품 및 서비스에 보다 광범위하게 활용할 수 있는 기술
⑥ 최신 기술로 진부화될 가능성이 적은 기술

34 벤치마킹의 종류

1. 비교대상에 따른 분류

① **내부 벤치마킹** : 같은 기업 내의 다른 지역, 타 부서, 국가 간의 유사한 활용을 비교대상으로 함. 자료 수집이 용이하며 다각화된 우량기업의 경우 효과가 큰 반면 관점이 제한적일 수 있고 편중된 내부 시각에 대한 우려가 있다는 단점이 있음.

② **경쟁적 벤치마킹** : 동일 업종에서 고객을 직접적으로 공유하는 경쟁기업을 대상으로 함. 이 방법은 경영 성과와 관련된 정보 입수가 가능하며, 업무/기술에 대한 비교가 가능한 반면 윤리적인 문제가 발생할 소지가 있으며, 대상의 적대적 태도로 인해 자료 수집이 어렵다는 단점이 있음

③ **비경쟁적 벤치마킹** : 제품, 서비스 및 프로세스의 단위 분야에 있어 가장 우수한 실무를 보이는 비경쟁적 기업 내의 유사 분야를 대상으로 하는 방법임. 이 방법은 혁신적인 아이디어의 창출 가능성은 높은 반면 다른 환경의 사례를 가공하지 않고 적용할 경우 효과를 보지 못할 가능성이 높음

④ **글로벌 벤치마킹** : 프로세스에 있어 최고로 우수한 성과를 보유한 동일업종의 비경쟁적 기업을 대상으로 함. 접근 및 자료 수집이 용이하고 비교 가능한 업무/기술 습득이 상대적으로 용이한 반면, 문화 및 제도적인 차이로 발생되는 효과에 대한 검토가 없을 경우, 잘못된 분석결과의 발생 가능성이 높음

2. 수행 방식에 따른 분류

① **직접적 벤치마킹** : 벤치마킹 대상을 직접 방문하여 수행하는 방법. 이 방법은 필요로 하는 정확한 자료의 입수 및 조사가 가능하며 Contact Point의 확보로 벤치마킹의 이후에도 계속적으로 자료의 입수 및 조사가 가능한 장점이 있는 반면 벤치마킹 수행과 관련된 비용 및 시간이 많이 소요되며 적절한 대상 선정에 한계가 있음.

② **간접적 벤치마킹** : 인터넷 및 문서형태의 자료를 통해서 수행하는 방법임. 이 방법은 벤치마킹 대상의 수에 제한이 없고 다양하며, 비용 또는 시간적 측면에서 상대적으로 많이 절감할 수 있다는 장점이 있는 반면 벤치마킹 결과가 피상적이며 정확한 자료의 확보가 어렵고, 특히 핵심자료의 수집이 상대적으로 어렵다는 단점이 있음.

35 벤치마킹의 주요 단계들

벤치마킹 프로세스 모델은 데밍에 의해 주창된 프로세스 관리를 위한 4단계 발전 절차를 활용하여 구성할 수 있다.

1단계 : 계획단계	계획 단계에서는 기업은 반드시 자사의 핵심 성공요인, 핵심 프로세스, 핵심 역량 등을 파악해야 하고, 벤치마킹 되어야 할 프로세스는 문서화 되어야 하고 특성이 기술되어져야 한다. 그리고 벤치마킹 파트너 선정에 필요한 요구조건도 작성되어야 한다.
⇩	
2단계 : 자료 수집 단계	벤치마킹 프로세스의 자료수집 단계에서는 내부 데이터 수집 자료 및 문헌 조사, 외부 데이터 수집이 포함된다.
3단계 : 분석단계	벤치마킹 프로세스 모델의 분석단계에서는 데이터 분석, 근본원인 분석(root cause andlysis), 결과 예측, 동안 판단 등의 업무를 수행하여야 한다. 분석단계의 목적은 벤치마킹 수행을 위해 개선 가능한 프로세스 동인들을 확인하기 위한 것이다.
4단계 : 개선단계	개선 단계의 궁극적인 목표는 자사의 핵심 프로세스를 개선함으로써 벤치마킹결과를 현실화 시키자는 것이다. 이 단계에서는 벤치마킹 연구를 통해 얻은 정보를 활용함으로써 향상된 프로세스를 조직에 적용시켜 지속적인 향상을 유도하여야 한다.

36 매뉴얼에는 무엇이 있을까

1. 제품 매뉴얼

① 사용자를 위해 제품의 특징이나 기능 설명, 사용방법과 고장 조치방법, 유지 보수 및 A/S, 폐기까지 제품에 관련된 모든 서비스에 대해 소비자가 알아야할 모든 정보를 제공하는 것.

② 제품 사용자의 유형과 사용 능력을 파악하고 혹시 모를 사용자의 오작동까지 고려하여 만들어져야 함.

③ 제품의 의도된 안전한 사용과 사용 중 해야 할 일 또는 하지 말아야할 일까지 정의해야함.

2. 업무 매뉴얼

① 어떤 일의 진행 방식, 지켜야할 규칙, 관리상의 절차 등을 일관성 있게 여러 사람이 보고 따라할 수 있도록 표준화하여 설명하는 지침서.

② 예를 들면 프랜차이즈 점포의 경우 '편의점 운영 매뉴얼', '제품 진열 매뉴얼', 기업의 경우 '부서 운영 매뉴얼', '품질 경영 매뉴얼' 등이 있음.

③ 올림픽이나 스포츠의 경우 '올림픽 운영 매뉴얼', '경기 운영 매뉴얼'등이 있으며, 재난대비 매뉴얼인 '재난대비 국민행동 매뉴얼' 등도 있음.

37 매뉴얼 작성을 위한 Tip

1. 내용이 정확해야 한다.

① 매뉴얼의 서술은 가능한 한 단순하고 간결해야 하며 비전문가도 쉽게 이해할 수 있어야 한다.
② 매뉴얼 내용 서술에 애매모호한 단어 사용을 금지해야 한다. 매뉴얼 개발자는 제품에 대해 충분한 지식을 습득해야 하며 추측성 기능의 내용 서술은 절대 금물이다. 추측성 기능 설명은 문장을 애매모호하게 만들 뿐만 아니라 사용자에게 사고를 유발시켜 신체적 재산적 손실을 가져다 줄 수도 있다.

2. 사용자가 알기 쉽게 쉬운 문장으로 쓰여야 한다.

① 한 문장은 통상 단 하나의 명령, 또는 밀접하게 관련된 몇 가지 명령만을 포함하여야 한다.
② 의미전달을 명확하게 하기 위해서는 수동태보다는 능동태의 동사를 사용하며, 명령을 사용함에 있어서 약한 형태보다는 단정적으로 표현하고, 추상적 명사보다는 행위동사를 사용한다.

3. 사용자의 심리적 배려가 있어야 한다.

"어디서? 누가? 무엇을? 언제? 어떻게? 왜"라는 사용자의 질문들을 예상하고 사용자에게 답을 제공하여야 한다. 그리고 사용자가 한번 본 후 더 이상 매뉴얼이 필요하지 않도록, 빨리 외울 수 있도록 배려하는 것도 필요하다.

4. 사용자가 찾고자 하는 정보를 쉽게 찾을 수 있어야 한다.

사용자가 필요한 정보를 빨리 찾기 쉽도록 구성해야 한다. 사용자가 원하는 정보를 빠른 시간 내에 찾지 못한다면 어려운 매뉴얼이 된다. 짧고 의미 있는 제목과 비고(note)는 사용자가 원하는 정보의 위치를 파악하는 데 도움이 될 수 있다.

5. 사용하기 쉬어야 한다.

매뉴얼의 내용이 아무리 훌륭하게 만들어 졌다 해도 사용자가 보기 불편하게 크다거나 혹은 작거나, 복잡한 구조의 일부 전자 매뉴얼처럼 접근하기 힘들다면 아무 소용이 없다. 사용이 용이하도록 하는 것은 매뉴얼의 제작형태에 따라 달라진다.

38 지식재산권이란

지식재산권(intellectual property)은 인간의 창조적 활동 또는 경험 등을 통해 창출하거나 발견한 지식·정보·기술이나 표현, 표시 그 밖에 무형적인 것으로서 재산적 가치가 실현될 수 있는 지적 창작물에 부여된 권리를 말한다. 지적 소유권이라고도 한다. 지식재산권의 특징은 다음과 같다.

1. 국가 산업발전 및 경쟁력을 결정짓는 '산업자본'이다.

산업이 발전한 선진국은 지식재산권 특히 산업재산권을 많이 확보하여 타인에게 실시 사용권을 설정하거나 권리자체를 양도하여 판매수입이나 로열티를 받을 수 있게 하고 있다.

2. 눈에 보이지 않는 무형의 재산이다.

지식재산권은 실체가 없는 기술상품으로서 상품과 같이 물체가 아니라 수출·입이 자유로워 국경 이동을 통한 세계적인 상품으로 전파될 수 있다.

3. 지식재산권을 활용한 다국적기업화가 이루어지고 있다.

다국적기업화는 각국 경제의 상호관계를 긴밀하게 하여 기술 제휴 등의 협력을 기반으로 국가간의 장벽을 허물어 세계화를 촉진시키고 있다.

4. 연쇄적인 기술개발을 촉진하는 계기를 마련해 주고 있다.

기술개발 결과에 대해 독점적 권리를 보장해 주고, 특허를 통한 기술개발의 성과가 알려지면서 더 나은 기술개발을 촉진하는 계기를 만들어 주고 있다.

지식재산권은 ①산업분야의 창작물과 관련된 산업재산권(특허권, 실용신안권, 상표권, 디자인권 등)또는 공업소유권, ②문화예술분야의 창작물과 관련된 저작권, ③반도체배치설계나 온라인디지털콘텐츠와 같이 경제, 사회·문화의 변화나 과학기술의 발전에 따라 새로운 분야에서 출현하는 '신지식 재산권'으로 분류한다.

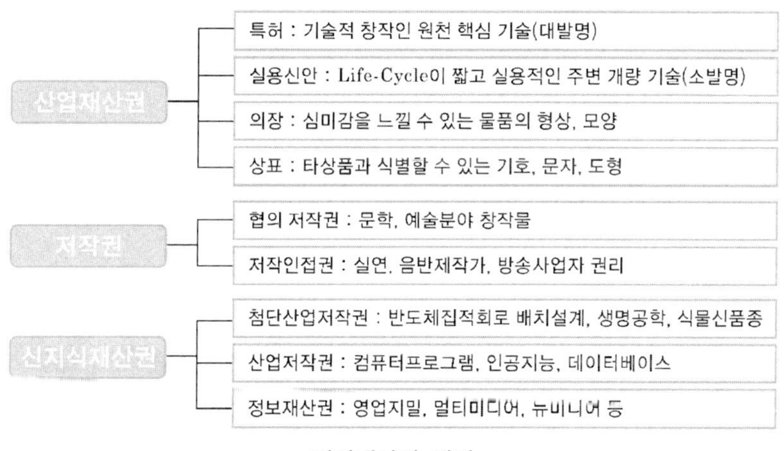

지식재산권 체계

39 산업재산권이란

산업재산권이란 특허권, 실용신안권, 의장권 및 상표권을 총칭하며 산업활동과 관련된 사람의 정신적 창작물(연구결과)이나 창작된 방법에 대해 인정하는 독점적 권리이다. 산업재산권은 새로운 발명과 고안에 대하여 그 창작자에게 일정기간동안 독점 배타적인 권리를 부여하는 대신 이를 일반에게 공개하여야 하며 일정 존속기간이 지나면 이용·실시하도록 함으로써 기술진보와 산업발전을 추구한다.

1. 특허

특허권은 발명한 사람이 자기가 발명한 기술을 독점적으로 사용할 수 있는 권리이다. 발명은 '자연법칙을 이용한 기술적 사상(idea)의 창작으로서 기술 수준이 높은 것'을 말한다. 벨이 전기·전자를 응용하여 처음으로 전화기를 생각해 낸 것과 같은 대발명의 권리를 확보하는 것을 특허라고 할 수 있다. 특허는 설정등록일 후 출원일로부터 20년간 권리를 인정받을 수 있다. 특허제도는 발명을 보호, 장려하고 그 이용을 도모함으로써 기술의 발전을 촉진하여 산업발전에 이바지함을 목적으로 한다. 특허의 요건으로는 ①발명이 성립되어야 하고, ②산업상 이용 가능해야 하며, ③새로운 것으로 진보적인 발명이라야 하며, ④법적으로 특허를 받을 수 없는 사유에 해당되지 않아야 한다.

2. 실용신안

실용신안은 기술적 창작 수준이 소발명 정도인 실용적인 창작(고안)을 보호하기 위한 제도로서 보호 대상은 특허제도와 다소 다르나 전체적으로 특허제도와 유사한 제도이다. 즉, 실용신안은 발명처럼 고도하지 않은 것으로 물품의 형상, 구조 및 조합이 대상이 된다. 실용신안권은 등록일로부터 출원 후 10년이다.

3. 의장

산업재산권법에서 말하는 의장이란 심미성을 가진 고안으로서 물품의 외관에 미적인 감각을 느낄 수 있게 하는 것이다. 의장은 물품 자체에 표현되는 것으로 물품을 떠나서는 존재할 수 없다. 따라서 물품이 다르면 동일한 형상의 디자인이라 하더라도 별개의 의장이 된다. 최근에는 의류나 문구류 등 패션제품은 물론이고 자동차의 디자인까지 소비자의 관심을 끌기위한 디자인 개발에 총력을 기울이고 있다. 의장의 보호기간은 설정 등록일로부터 15년이다.

4. 상표

상표는 제조회사가 자사제품의 신용을 유지하기 위해 제품이나 포장 등에 표시하는 표장으로서의 상호나 마크이다. 현대 사회는 우수한 상표의 선택과 상표 관리가 광고보다 큰 효과를 나타낼 수 가 있다. 따라서 상표는 기업의 꽃이라고도 한다. 상표의 배타적 권리보장 기간은 등록 후 10년이다. 기술을 이해하고 선택하였다고 하여 모두 적용할 수 있는 것은 아니며, 모두 자신의 직장에 필요한 것은 아니다. 기술 적용은 물론 선택한 기술을 그대로 활용하는 경우도 있지만, 가공하여 활용할 수도 있기 때문에 그 활용 형태가 매우 다양하다.

> **기술 적용 형태**
> - 선택한 기술을 그대로 적용한다.
> - 선택한 기술을 그대로 적용하되, 불필요한 기술은 과감히 버리고 적용한다.
> - 선택한 기술을 분석하고, 가공하여 활용한다.

우리가 기술을 적용할 때에는 선택한 기술을 어떻게 적용할 것인가에 먼저 초점을 두고 생각해야 한다.

첫째, 선택한 기술을 그대로 적용하는 경우, 시간을 절약할 수 있고 쉽게 받아들여 적용할 수 있으

며, 비용 측면에서도 절감의 효과를 거둘 수 있다. 그러나 선택한 기술이 적합하지 않은 경우, 실패로 돌아갈 수 있는 위험부담이 큰 단점이 있다.

둘째, 선택한 기술을 그대로 적용하되, 불필요한 기술은 과감히 버리고 적용한다. 이 경우 시간을 절약할 수 있고 비용측면에서도 절감의 효과를 누릴 수 있으며, 프로세스의 효율성을 기할 수 있다. 하지만 부적절한 기술을 선택할 경우 실패로 돌아갈 수 있는 위험부담이 있으며, 과감하게 버린 기술이 과연 불필요한가에 대한 문제점이 있을 수 있다.

셋째, 선택한 기술을 분석하고, 가공하여 활용하는 경우, 그대로 받아들여 적용하는 것보다는 시간적인 부담이 있을 수 있지만, 자신의 직장에 대한 여건과 환경 분석 그리고 업무 프로세스의 효율성을 최대화할 수 있는 장점이 있다.

40 기술 적용시 고려 사항

기술 적용에 따른 비용이 많이 드는가? : 아무리 자신의 직장에 적합한 기술임과 동시에 성과를 높일 수 있는 기술이라고 할지라도 기술 적용에 따른 비용이 성과보다 더 많이 든다면 그것은 좋은 기술이라고 할 수 없다. 좋은 기술이란 자신의 직장생활에서 반드시 요구됨과 동시에 업내 용 기술을 이해하고 선택하였다고 하여 모두 적용할 수 있는 것은 아니며, 모두 자신의 직장에 필요한 것은 아니다. 기술 적용은 물론 선택한 기술을 그대로 활용하는 경우도 있지만, 가공하여 활용할 수도 있기 때문에 그 활용 형태가 매우 다양하다.

41 기술 적용 형태

- 선택한 기술을 그대로 적용한다.
- 선택한 기술을 그대로 적용하되, 불필요한 기술은 과감히 버리고 적용한다.
- 선택한 기술을 분석하고, 가공하여 활용한다.

우리가 기술을 적용할 때에는 선택한 기술을 어떻게 적용할 것인가에 먼저 초점을 두고 생각해야 한다.

첫째, 선택한 기술을 그대로 적용하는 경우, 시간을 절약할 수 있고 쉽게 받아들여 적용할 수 있으며, 비용 측면에서도 절감의 효과를 거둘 수 있다. 그러나 선택한 기술이 적합하지 않은 경우, 실패로 돌아갈 수 있는 위험부담이 큰 단점이 있다.

둘째, 선택한 기술을 그대로 적용하되, 불필요한 기술은 과감히 버리고 적용한다. 이 경우 시간을 절약할 수 있고 비용측면에서도 절감의 효과를 누릴 수 있으며, 프로세스의 효율성을 기할 수 있다. 하지만 부적절한 기술을 선택할 경우 실패로 돌아갈 수 있는 위험부담이 있으며, 과감하게 버린 기술이 과연 불필요한가에 대한 문제점이 있을 수 있다.

셋째, 선택한 기술을 분석하고, 가공하여 활용하는 경우, 그대로 받아들여 적용하는 것보다는 시간적인 부담이 있을 수 있지만, 자신의 직장에 대한 여건과 환경 분석 그리고 업무 프로세스의 효율성을 최대화할 수 있는 장점이 있다.

42 기술 적용시 고려 사항

① 기술 적용에 따른 비용이 많이 드는가?

아무리 자신의 직장에 적합한 기술임과 동시에 성과를 높일 수 있는 기술이라고 할지라도 기술 적용에 따른 비용이 성과보다 더 많이 든다면 그것은 좋은 기술이라고 할 수 없다. 좋은 기술이란 자신의 직장생활에서 반드시 요구됨과 동시에 업무 프로세스의 효율성을 높이고 성과를 향상시키면서 기술을 적용하는 데 요구되는 비용이 합리적이어야 한다.

② 기술의 수명 주기는 어떻게 되는가?

지금 현재 자신의 직장생활에서 요구되는 기술이라 할지라도 단기간에 기술이 진보하거나 변화할 것이라고 예상되는 기술을 적용하는 것은 바람직하지 못하다. 그 기술을 적용하는 데 비용이 드는 것은 물론이다. 그리고 그것을 익숙하게 활용할 수 있도록 적응하는 데에도 일정한 시간이 요구되는데 그 기간 동안에 또 다른 새로운 기술이 등장하게 된다면 현재 활용하고 있는 기술의 가치는 떨어지게 될 것이다. 따라서 현재 자신이, 또는 회사에서 적용하고자 하는 기술의 수명 주기를 고려하는 것은 매우 중요한 일이다.

③ 기술의 전략적 중요도는 어떻게 되는가?

새로운 기술을 선택하여 적용하는데 있어 해당 기술이 얼마나 자신의 직장생활의 성과 향상을 위해 전략적으로 중요한가를 확인하는 활동은 매우 중요한 일이다. 새로운 기술의 도입은 대개의 경우 환경의 변화를 시도하거나 경영혁신을 꾀하기 위해 이루어지는 경우가 많기 때문에 회사의 전략과 얼마나 조합을 이루느냐를 판단하는 것은 매우 중요한 일이다.

④ 잠재적으로 응용 가능성이 있는가?

새롭게 받아들여 활용하고자 하는 기술이 단순한 기술인지, 아니면 가까운 미래에 또 다른 발전된 기술로 응용 가능성이 있는지를 검토하는 것은 매우 중요한 일이다. 기술이라는 것은 보다 발전된 방향으로 변화하고자 하는 특성이 있기 때문에 끊임없이 연구하고 개발해야 한다. 따라서 현재 받아들이고자 하는 기술이 자신의 직장에 대한 특성과 회사의 비전과 전략에 맞추어 응용 가능한가를 고려해보는 것은 매우 중요한 일이다.

43 기술경영자의 능력

기술경영자는 일반적으로는 기술개발이 결과 지향적으로 수행되도록 유도하는 능력을 갖추어야 하고, 기술개발 과제의 세부 사항까지 파악할 수 있도록 치밀해야 하며, 기술개발 과제의 전 과정을 전체적으로 조망할 수 있는 능력을 가져야 한다고 볼 수 있다. 그러나 이러한 능력만으로는 충분하지 못하다. 기술개발은 사람이 중심이 되어 진행되며, 기계적인 관리보다는 조직 및 인간 행동상의 요인들이 더 중요하게 작용하기 때문이다. 기술경영자에게 필요한 능력에 대해 살펴보면 다음과 같이 정리할 수 있다.

- 기술을 기업의 전반적인 전략 목표에 통합시키는 능력
- 빠르고 효과적으로 새로운 기술을 습득하고 기존의 기술에서 탈피하는 능력
- 기술을 효과적으로 평가할 수 있는 능력
- 기술 이전을 효과적으로 할 수 있는 능력
- 새로운 제품개발 시간을 단축할 수 있는 능력
- 크고 복잡하고 서로 다른 분야에 걸쳐 있는 프로젝트를 수행할 수 있는 능력
- 조직 내의 기술 이용을 수행할 수 있는 능력
- 기술 전문 인력을 운용할 수 있는 능력

기술경영자는 기술의 성격 및 이와 관련된 동향, 사업 환경 등을 이해해야 통합적인 문제해결과 함께 기술혁신을 달성할 수 있다. 기술경영자는 기술적인 전문성을 갖추었을 때 비로써 팀원들 간의 대화를 효과적으로 이끌어 낼 수 있다.

반면, 중간급 매니저라고 할 수 있는 기술관리자는 기술경영자와는 조금 다른 능력이 필요하다. 기술관리자에게 요구되는 능력에는 무엇이 있는지 살펴보면 다음과 같다.

- 기술을 운용하거나 문제 해결을 할 수 있는 능력
- 기술직과 의사소통을 할 수 있는 능력
- 혁신적인 환경을 조성할 수 있는 능력
- 기술적, 사업적, 인간적인 능력을 통합할 수 있는 능력
- 시스템적인 관점에서 인식하는 능력
- 공학적 도구나 지원방식에 대한 이해 능력
- 기술이나 추세에 대한 이해 능력
- 기술팀을 통합할 수 있는 능력

그 밖의 중요한 역할은 아니지만 기술적인 능력 외에 추가적으로 요구되는 것은 계획서 작성, 인력 관리, 예산 관리, 일정 관리 등을 포함하는 행정능력이라고 할 수 있는데, 구체적인 능력들은 다음과 같다.

- 다기능적인 프로그램을 계획하고 조직할 수 있는 능력
- 우수한 인력을 유인하고 확보할 수 있는 능력
- 자원을 측정하거나 협상할 수 있는 능력
- 타 조직과 협력할 수 있는 능력
- 업무의 상태, 진행 및 실적을 측정할 수 있는 능력
- 다양한 분야에 걸쳐 있는 업무를 계획할 수 있는 능력
- 정책이나 운영 절차를 이해할 수 있는 능력
- 권한 위임을 효과적으로 할 수 있는 능력
- 의사소통을 효과적으로 할 수 있는 능력

44 네트워크 혁명의 특징

정보통신 네트워크가 전 지구적이기 때문에 네트워크 혁명도 본질적으로 전 지구적이다. 인터넷과 미디어는 전 세계의 정보와 지식을 거대한 하나의 네트로 연결하고 있다. 금융 자본은 밤도 없이 24시간 전 세계를 돌아다니고, 생산과 시장은 범세계적 네트워크의 이점을 좇아 이동하고 있다. 전 세계의 사람들과 이들의 지식, 활동이 연결되면서 나의 지식과 활동이 지구 반대편에 있는 사람에게 미치는 영향의 범위와 정도가 증대되고, 반대로 지구 저쪽에서 내려진 결정이 내게 영향을 미칠 수 있는 가능성도 커졌다. 이 중에는 내가 예측할 수 있고 내게 도움이 되는 것도 있지만, 그렇지 못한 것도

많다. 범세계적인 상호 영향이 보편화 되면서 사회의 위험과 개인의 불안이 증가한다. 사람과 사람이 연결되는 방식이 혁신적으로 바뀌는 네트워크 혁명의 사회는 연계와 상호의존으로 특징 지워지는 사회이다. 이러한 성숙한 사회에서는 '이타적 개인주의'라는 새로운 공동체 철학의 의미가 부각된다. 원자화된 개인주의나 협동을 배제한 경쟁만으로는 성공을 꿈꾸기 힘들기 때문이다. 네트워크를 풍성하게 만들고 그 열매를 같이 나누는 것이 함께 사는 방식이다. 기업과 기업 사이에, 개인과 공동체 사이에, 노동자와 기업가 사이에 새로운 창조적인 긴장 관계가 만들어지는 것이다.

45 네트워크 혁명의 3가지 법칙

① **무어의 법칙** : 컴퓨터의 반도체 성능이 18개월마다 2배씩 증가한다는 법칙이다. 인텔의 설립자 고든 무어(Gordon Moore)가 처음으로 주장했고, 지금까지도 들어맞고 있다.

② **메트칼피의 법칙** : 네트워크의 가치는 사용자 수의 제곱에 비례한다는 법칙으로, 근거리 통신망 이더넷(ethernet)의 창시자 로버트 메트칼피(Robert Metcalfe)에 의해 주장되었다. 많은 사람이 연결되도록 네트워크를 형성하는 것이 중요하다는 내용이다. 네트워크에 기반한 경제활동을 하는 사람들이 특히 주목해야 할 법칙이다.

③ **카오의 법칙** : 창조성은 네트워크에 접속되어 있는 다양성에 지수함수로 비례한다는 법칙으로 다양한 사고를 가진 사람이 네트워크로 연결되면 그만큼 정보교환이 활발해져 창조성이 증가한다는 내용이다. 법칙경영 컨설턴트 존 카오(John Kao)가 주장한 법칙이다.

46 네트워크 혁명의 역기능

네트워크 혁명은 순기능만이 아니라 역기능도 수반된다. 디지털 격차(digital divide), 정보화에 따른 실업의 문제, 인터넷 게임과 채팅 중독, 범죄 및 반사회적인 사이트의 활성화, 정보기술을 이용한 감시 등이 네트워크 혁명의 대표적인 역기능들이다. 이러한 역기능의 발생 요인은 네트워크가 원격으로 온라인 침투가 용이하고 누구나 접근가능한 개방시스템의 특성에 있다. 그러나 이러한 문제들을 잘 살펴보면, 이러한 문제들이 반드시 인터넷 때문에 생겼다고 보기는 힘들다. 그 전에도 정보 격차, 기술이 야기하는 실업 문제, TV 중독, 범죄자들 간의 네트워크 악용 등이 있었기 때문이다. 문제는 인터넷이 사람들은 연결하고 정보의 유통을 용이하게 함으로써 이러한 역기능이 쉽게 결합되고 증폭되었다는 데 있다. 또한 이러한 역기능은 네트워크의 순기능과도 잘 분리가 되지 않기 때

문에 해결책을 더욱 어렵게 만들고 있다. 예를 들어 나이스(Neis)는 정보의 중앙 집권과 이를 통한 통제와 감시를 용이하게 하지만, 또 행정적인 효율을 높이는 것도 사실이다. 또한 반사회적인 사이트들을 없애겠다고 법률과 단속을 강화하면, 인터넷 곳곳에서 이루어지는 자유로운 의견 교환을 위축시키기 쉽다. 따라서 네트워크의 역기능을 없애는 것은 쉬운 일이 아니며, 이에 대한 심사숙고가 필요하다. 다행히 최근 네트워크 역기능에 대한 대응으로 법적, 제도적 기반을 구축하고 있으며 사회전반에 걸친 정보화 윤리의식을 강화시키고 있고 또한 정보 보호 기술의 발전에 힘입어 암호화 제품이나 시스템 보완관리 제품이 개발되고 관련 산업이 육성되고 있다.

47 4대 핵심 기술의 융합

2020년까지 인간 활동의 향상을 위해 특별히 중요한 융합기술로는 다음 네 가지가 언급되었다.

① 제조, 건설, 교통, 의학, 과학기술 연구에서 사용되는 새로운 범주의 물질, 장치, 시스템.이를 위해서는 나노기술이 무엇보다 중요하며, 정보기술 역시 그 역할이 막중하다. 미래의 산업은 생물학적 과정을 활용하여 신소재를 생산한다. 따라서 재료과학 연구가 수학, 물리학, 화학, 생물학에서 핵심이 된다.

② 나노 규모의 부품과 공정의 시스템을 가진 물질 중에서 가장 복잡한 생물 세포나노기술, 생명공학기술, 정보기술의 융합연구가 중요하다. 정보기술 중에서 가상현실(VR)과 증강현실(AR) 기법은 세포 연구에 큰 도움이 된다.

③ 유비쿼터스 및 글로벌 네트워크 요소를 통합하는 컴퓨터 및 통신시스템의 기본 원리.나노 기술이 컴퓨터 하드웨어의 신속한 향상을 위해 필요하다. 인지과학은 인간에게 가장 효과적으로 정보를 제시하는 방법을 제공한다.

④ 사람의 뇌와 마음의 구조와 기능 : 생명공학기술, 나노기술, 정보기술과 인지과학이 뇌와 마음의 연구에 새로운 기법을 제공한다.

NBIC 융합기술의 상호관계를 다음과 같이 표현하고 있다. "인지과학자가 (무엇인가를) 생각한다면, 나노기술자가 조립하고, 생명공학기술자가 실현하며, 정보기술자가 조정 및 관리한다."

융합기술은 미래사회의 경제·사회적 다양한 수요를 충족시키기 위해 과학, 기술, 문화 등과의 창조적 융합이 강조되는 개념으로 변전되고 있다. 따라서 융합기술의 새로운 정의는 NT, BT, IT 등의 신기술간 또는 이들과 기존 산업·학문 간의 상승적인 결합을 통해 새로운 창조적 가치를 창출함으로써 미래 경제와 사회·문화의 변화를 주도하는 기술이다.

한편 융합기술의 활용목적별 유형은 원천기술창조형, 신산업창출형, 산업고도화형으로 나눌 수 있다.

원천기술창조형은 이종 신기술 또는 신기술과 학문이 결합하여 새로운 기술을 창조하거나 융합기술을 촉진하는 유형이다. 예로서 미래유망 파이오니어사업(교과부), 신기술 융합형 원천기술 개발사업(교과부) 등이 있다.

신산업창출형은 경제·사회·문화적 수요에 따른 신산업·서비스 구현을 위해 이종신기술과 제품/서비스가 결합하는 유형이다. 예로서 휴머노이드 로봇(지경부), u−실버융합(지경부·복지부) 등이 있다.

산업고도화형은 신기술과 기존 전통산업이 결합하여 현재의 시장 수요를 충족시킬 수 있는 산업 및 서비스를 고도화하는 유형이다. 예로서 미래형 자동차(지경부), 유비쿼터스-시티(국토부) 등이 있다.

금융권공기업 약술 · 경제논술 및 객관식 문제집

초판 발행 2015년 9월 10일

편 저 자 고범석
발 행 처 오스틴북스
인　　쇄 새솔문화
조　　판 오스틴북스

등 록 일 자 2010년 2월 26일
등 록 번 호 제396-2010-000009호

주　　소 경기도 고양시 일산동구 백석동 1351번지
전　　화 070-4123-5716
팩　　스 031-902-5716
홈 페 이 지 www.austinbooks.co.kr

정　　가 32,000원
ISBN 978-89-94874-80-7